D1547874

LA PENSÉE CHINOISE

Bibliothèque de « L'Évolution de l'Humanité »

MARCEL GRANET

LA PENSÉE CHINOISE

Préface de Léon Vandermeersch

Albin Michel

Bibliothèque de « L'Évolution de l'Humanité »

© La Renaissance du Livre, 1934
© Editions Albin Michel S.A., 1988 et 1999
22, rue Huyghens, 75014 Paris

ISBN 2-226-10474-7
ISSN 0755-1770

Préface

L'époque de l'œuvre sinologique de Granet – entre 1912, date de l'article sur les *Coutumes matrimoniales de la Chine antique* (*T'oung Pao*, vol. 13), et 1939, date de l'ouvrage sur les *Catégories matrimoniales et relations de proximité dans la Chine ancienne* (*Annales sociologiques*, série B, fascicules 1-3), œuvres posthumes mises à part – est celle de la découverte sociologique de la Chine. La toute nouvelle science des sociétés ne pouvait en effet manquer de très vite s'intéresser à *la plus massive et la plus durable* de celles-ci (cf. *infra*, p. 476). Ainsi le jeune Granet, qui s'était agrégé dès son passage à l'École normale au groupe des durkheimiens de l'établissement, profite-t-il de son séjour à la Fondation Thiers, de 1908 à 1911, pour s'initier au chinois sous l'égide d'Édouard Chavannes, et se faire ensuite charger d'une mission scientifique à Pékin « à l'effet d'y poursuivre des études sur la famille chinoise », études qui s'élargiront bientôt à toutes les dimensions de la société chinoise ancienne. Au même moment, du côté de la sociologie allemande, Max Weber éprouve le besoin de conforter ses analyses de l'origine du système capitaliste dans le puritanisme anglo-saxon par une interprétation *a contrario* de l'incompatibilité du confucianisme et du taoïsme avec le capitalisme. Quant à la sinologie chinoise elle-même, la première étude de sociologie scientifique qu'elle produit paraît en 1930, sous le titre de *Recherches sur la société de la Chine ancienne* ; elle émane de Guo

Moruo (1892-1978), qui s'était initié à la sociologie marxiste allemande à travers ce qu'en donnait à savoir au Japon le militant socialiste Kawakami Hajime, ancien correspondant de l'*Asahi* en Allemagne pendant la Première Guerre mondiale. Aujourd'hui, de l'œuvre scientifique de Guo Moruo ne subsistent que les remarquables travaux de paléographie sur les inscriptions sur os ou écailles et sur bronze ; tout ce qui relève de la théorisation sociologique de la féodalité chinoise a été vidé de signification par la perte de crédit du dogmatisme marxiste tel qu'il avait été appliqué à l'histoire de la Chine. Et pour ce qui est de l'interprétation weberienne du confucianisme, elle s'est trouvée largement remise en cause du fait du récent développement économique de type proprement capitaliste de l'ensemble de l'Extrême-Orient confucianisé. Ce sont donc en fin de compte les travaux de Granet qu'a fait le moins vieillir le progrès des connaissances sinologiques, et surtout ceux qui relèvent de la sociologie de *La Pensée chinoise*, dont l'actualité, après trois quarts de siècle, ne se dément pas. Car, d'un autre côté, ce que Granet a pu écrire sur *La Civilisation chinoise* ancienne a été rendu obsolète par le traitement par prétérition de toute la protohistoire de la Chine, auquel il s'était résigné pour l'ensemble de ce qui précède la période des *Printemps et automnes* (770-476 av. J.-C.). « L'histoire de la Chine ancienne », écrivait-il en 1925, en désignant ainsi les temps antérieurs à la première datation fermement établie de faits rapportés par les anciens annalistes chinois, celle du début de la co-régence des ducs de Shao et de Zhou en 842-828 av. J.-C., « ne peut inspirer aucune confiance. Elle résulte presque entièrement de la projection dans le passé des idées et des thèmes de combat qui, à l'époque des Han, animaient des Écoles rivales » (*Danses et légendes...*, 1925, p. 619). Et il ajoutait : « Il se peut qu'il y ait eu, avant la civilisation confucéenne, plusieurs civilisations chinoises. La question ne sera réglée que par des fouilles. » Or précisément les fouilles, qui commençaient à peine à se multiplier à l'époque où étaient écrites les lignes ci-dessus, ont depuis largement dévoilé, à travers une documentation archéologique d'une extraordinaire richesse, une civilisation chinoise préconfucéenne – celle de la dynastie des Shang (XVIe-XIe av. J.-C.), connus plutôt sous le nom de Yin à partir de leur installation dans leur dernière capitale, aujourd'hui Anyang, à la fin du XIVe siècle – nullement édifiée sur la base de petites communautés paysannes plus ou moins indépendantes les unes des autres et qui se seraient progressivement transformées en chefferies confédérées dans un nouvel État féodal, ainsi que le supposait Granet, mais au contraire sur la base d'une organisation étatique très fortement centralisée, gouvernée de façon très autoritaire, qu'une crise due précisément aux excès du pouvoir central a conduit à réarticuler en une formation étatique très décentralisée, où les rapports de pouvoir aristocratiques ont été d'un seul coup systématiquement assouplis, ce qui leur a donné la nature d'une sorte de féodalité. Mais *La Pensée chinoise* dont traite Granet est justement celle de cet État post-Yin, aux institutions évoluées en monarchie féodale de la dynastie Zhou (Tcheou dans la transcription qu'utilise Granet), paradigme de la civilisation confucéenne. L'impeccable analyse qu'en fait le sinologue français n'est donc guère entachée par ce que pouvait avoir de hasardeux ce qu'il risque de reconstruction hypothétique de l'État préconfucéen.

En quoi cette analyse est-elle sociologique ? En ceci que, la pensée chinoise ne s'exprimant à l'époque que dans des textes totalement impersonnels, elle n'est saisissable que dans des traits généraux de mentalité où se sont fondues les psychologies individuelles. D'où vient d'ailleurs que si « pour découvrir ce qui constitue [pour ainsi dire] le fond institutionnel de la pensée chinoise, on dispose de renseignements assez bons, [en revanche ceux-ci] ne pourraient guère autoriser à composer une histoire de la philosophie comparable à celles qu'il a été possible d'écrire pour d'autres pays que le Chine » (p. 9-10). Ce *fond institutionnel de la pensée* auquel vont s'attacher les recherches de Granet n'est autre, bien sûr, que la *mentalité collective* durkheimienne, qui, en Chine, a l'avantage de se livrer au chercheur moulée telle quelle dans les textes de la tradition, alors qu'ailleurs il faut, pour la découvrir, distiller sociologiquement la somme des comportements individuels. Ainsi, l'enquête de Granet procède selon une démarche inverse de celle qui caractérisera plus tard la méthode des historiens de la mentalité de l'École des Annales. Ceux-ci imagineront de chercher dans tous les gestes et comportements quotidiens des acteurs sociaux pris individuellement ce qui est le reflet d'une mentalité collective. Au contraire, ce que Granet exploite dans le cas chinois, c'est l'avantage de trouver dans les textes anciens, toutes formulées, des *idées directrices* formant un corpus cohérent, dont il n'y a plus qu'à analyser le contenu pour expliquer ce qu'est la mentalité chinoise. Cette explication, elle réside dans ce que Granet appelle le *retour au fait,* c'est-à-dire au trait de mœurs sous-jacent à la formule textuelle. Voilà en quoi, sur les textes, le travail du sociologue se distingue du travail du philologue. « Le fait singulier – que l'on nomme le fait historique et qui est le fait tel que l'enregistre l'histoire – est, non pas un fait brut, mais le produit d'une élaboration ; c'est une construction abstraite, réalisée par le travail critique de l'historien, à partir d'une donnée qui constitue le fait réel. Cette donnée complexe – émotionnelle plus encore qu'intellectuelle, et, plus encore qu'émotionnelle, pratique – est le *thème* traditionnel, stéréotypé, convenu, ou le *schème,* la suite de thèmes, non moins traditionnel et non moins convenu, dans lesquels s'est nécessairement formulé, tout d'abord, ce qui a mérité de donner lieu à un procès d'enregistrement. » (*Danses...,* p. 37). Ce dont il s'agit, c'est de retrouver le sens de ces *thèmes,* de ces *schèmes,* ce à quoi la critique philologique ne saurait servir. « Il est dans la pratique impossible, et il serait en fait d'un intérêt à peu près nul, de déceler les interpolations et les contaminations des textes » (*ibid.,* p. 592). Mais « il faut avoir lu Morgan et les travaux des sociologues pour reconnaître la valeur du principe qui inspira les historiens chinois. Ils ne comprirent, ni n'inventèrent le schème qui les guida dans leurs arrangements de faits : il leur fut imposé par la tradition » (*ibid.,* p. 47).

C'est au relevé systématique des principaux *thèmes et schèmes* structurant l'univers mental des Chinois que Granet consacre l'essentiel de *La Pensée chinoise.* Le premier de ces schèmes est celui d'un espace-temps tel que l'étendue et la durée sont intégrées l'une à l'autre en une catégorie unique de saisie de la complexité du cosmos, dont l'extension ne prend sens qu'indissociablement dans ces deux dimensions à la fois. L'esprit chinois ne procède pas en *analysant* le milieu cosmique complexe par abstraction de formes homogènes – ce qui conduirait aux concepts d'espace et de temps distincts – mais en le *décomposant* en portions hétérogènes dont l'organisation se comprend à la lumière d'un *principe d'ordre* induisant le classement de ces portions suivant ce que Granet appelle des *rubriques* emblématiques. Sous son aspect d'étendue, le cosmos se décompose ainsi en régions classées sous les emblèmes des points cardinaux, au nombre de cinq puisqu'on y comprend le centre, voire de sept quand on y comprend aussi le haut et le bas. Ces régions sont emblématiquement hiérarchisées : l'Est, correspondant à la gauche, l'emporte sur l'Ouest, correspondant à la droite ; le Sud l'emporte sur le Nord. Il en va de même des places dans les cérémonies, les banquets, les joutes, etc., où la préséance revient à la gauche sur la droite (encore que ces valeurs seront inversées sous les Han), au Sud sur le Nord. De même, sous son aspect de durée, le cosmos se décompose en saisons, correspondant aux régions de l'espace, et donc au nombre de cinq : au printemps confondu avec l'Est, à l'été confondu avec le Sud, à l'automne confondu avec l'Ouest et à l'hiver confondu avec le Nord s'ajoute une saison centrale, calendairement éclatée en quatre périodes de dix-huit jours chacune, chacune prise sur la fin de chaque saison, mais cosmiquement constituée en saison-pivot autour de laquelle tournent les quatre saisons trimestrielles. Le second schème est celui du *yin* et du *yang*, emblèmes de toutes les oppositions symétriques : du masculin et du féminin, du jour et de la nuit, de l'ombre et de la lumière, du Ciel et de la Terre, du soleil et de la lune, du mouvement et du repos, de l'interne et de l'externe, etc. Ces oppositions, cependant, sont comprises comme n'étant jamais absolues. Un germe de *yin* subsiste toujours dans le *yang*, et un germe de *yang* dans le *yin*, si bien que, dans le mouvement des cycles cosmiques, lorsque chacun des contraires parvient à son paroxysme il se renverse dans l'autre. Viennent en troi-

sième lieu les différents schèmes de comput régulier des
événements et des choses non aléatoires : schème numérique décimal ordinaire, schème numérique dénaire dit des
dix troncs célestes, schème duodénaire dit des *douze branches
terrestres*, schème sexagésimal de la combinaison des deux
précédents en binômes de branches terrestres et de troncs
célestes associés chacune à chacun. Enfin, entremêlés à
ceux-ci, les schèmes de comput divinatoire des événements
et des choses aléatoires, systématisés sous la forme des
soixante-quatre hexagrammes du *Yijing* (*Yi king* dans la
transcription utilisée par Granet), formant une sorte d'algèbre fondée sur les symboles du pair et de l'impair, qui a
fait l'objet d'innombrables spéculations théoriques et qui
est appliquée aux réalités du monde par une méthode de
tirage au sort, procédant par divisions aléatoires successives
d'un faisceau de tiges d'achillée, des symboles pairs et
impairs rapportés à chaque cas d'espèce. « La répartition
des choses entre les divers Éléments et les divers Trigrammes » [qui sont les facteurs premiers des Hexagrammes],
écrit Granet, « tient dans ce système la première place.
Mais d'autres classifications, également à base numérique,
viennent s'y enchevêtrer, compliquant (ou même inversant)
les correspondances et les antagonismes » (p. 242). *Correspondances*, tel est le maître mot de la sociologie sinologique
de Granet : « Dominée tout entière par l'idée d'efficacité,
la pensée chinoise se meut dans un monde de symboles
fait de *correspondances* et d'*oppositions* qu'il suffit, quand
on veut agir ou comprendre, de faire jouer » (p. 124).

Comment s'est formé, dans la mentalité chinoise, ce
système universel de *correspondances* ? Par la distillation
spéculative des mythes et des légendes de l'époque primitive. Ainsi la série des dix troncs célestes est-elle liée au
mythe des dix soleils, dont neuf furent abattus à coup de
flèches par le Maître archer Yi ; celle des douze branches
terrestres, à la représentation mythique des douze animaux
du zodiac chinois ; celle des cinq éléments cosmiques, au
mythe de la fonte par Nügua (Niu-koua) de pierres de cinq
couleurs pour réparer le ciel abîmé par le monstre Gong-
gong (Kong-kong) ; celle des soixante-quatre hexagrammes, au développement du système cabalistique des tri-

grammes inventé par le légendaire empereur Fuxi (Fou-hi), etc. Connaître l'univers, c'est répertorier les innombrables correspondances des cycles, des structures, des formes, des nombres, par lesquelles les phénomènes s'expliquent les uns par les autres. La spéculation qui s'exerce sur ces correspondances n'en tire pas des concepts, mais des images intellectuelles que Granet appelle des *emblèmes*. Les emblèmes diffèrent des idées en ce qu'ils se relient les uns aux autres par des homologies et des analogies qui ne donnent pas prise au principe de contradiction. Ainsi fonctionne une pensée purement symbolique, dont le registre s'écarte sensiblement de celui de la pensée authentiquement rationnelle. On raisonne sur des idées, pas sur des emblèmes. Sur les emblèmes, on procède par des rapprochements qui permettent de dégager des modèles. Les grands modèles emblématiques définissent les rites, qui forment les mécanismes par lesquels fonctionnent naturellement tous les rouages du cosmos, et artificiellement ceux de la société bien gouvernée, à savoir la société gouvernée par des règles de conduite rituelle édictée à l'imitation des grandes lois du Ciel et de la Terre pour être observées dans tous les rapports sociaux. La validité des rites, tant au niveau des lois macrocosmiques qu'au niveau de leur application en règles de conduite sociale − niveau où Granet leur donne le nom d'*Étiquette* −, se constate dans leur *efficace*. C'est à la recherche du maximum d'efficace que se consacrent tous les *Maîtres* de la pensée chinoise ancienne, auxquels Granet consacre la dernière partie de son ouvrage. « Tous », écrit-il, « étaient capables de parler de tout, très rares ceux qui se préoccupaient de donner un tour systématique à l'ensemble de leur enseignement. Chacun s'attachait à mettre en valeur l'efficace de la recette de sagesse qui constituait le secret de son "École" » (p. 18). Recettes de gouvernement chez les politiciens et les légistes, recettes de persuasion chez les sophistes, recettes de bien public chez les confucéens et les moïstes, recettes de longue vie et de sainteté chez les taoïstes, mais nulle part de vraie élaboration théorique. « Les polémiques sont inspirées par des soucis de prestige ; le sentiment de la valeur propre aux idées apparaît peu : les maîtres cherchent moins à faire preuve d'originalité doctrinale qu'à faire briller l'efficacité de la panacée qu'ils préconisent » (p. 346).

D'où vient que la pensée chinoise soit si peu portée à théoriser, à raisonner, à conceptualiser ? Pour Granet, de la langue chinoise elle-même, qui ne se prêterait absolument pas à instrumentaliser ces opérations de l'esprit. Le chinois, estime Granet, est une langue de communication de l'émotion, visant moins à informer qu'à conduire l'action, et qui ne convient pas à l'expression des idées. « Le mot, en chinois, écrit-il, est bien autre chose qu'un signe servant à noter un concept. Il ne correspond pas à une notion dont on tient à fixer, de façon aussi définie que possible, le degré d'abstraction et de généralité. Il évoque, en faisant d'abord apparaître la plus active d'entre elles, un complexe indéfini d'images particulières » (p. 37). Ce qui conduit Granet à porter un jugement aussi dépréciatif sur l'aptitude de la langue chinoise à servir la pensée rationnelle, c'est qu'il projette sur les structures de la langue même le trait qui lui est apparu comme le plus caractéristique de la pensée chinoise telle que nous la livrent les textes, à savoir : de ne chercher à construire que des « systèmes d'emblèmes ». Dans la langue chinoise, affirme-t-il, le mot n'est qu'un emblème : phonétiquement invariable, simple emblème vocal, lequel, qui plus est, se trouve représenté dans l'écriture idéographique – Granet préfère parler d'*écriture figurative* –, par une graphie purement emblématique. Ce qui signifie, aux yeux de Granet, que, faute de possibilité de flexion, rien ne distinguant morphologiquement les noms, les verbes et les adjectifs, et donc un même mot pouvant assurer dans la phrase, selon sa position, une fonction aussi bien verbale que nominale ou adjectivale, ce qui peut être mis en valeur par la langue ne tient qu'à l'ordre des mots, et n'est par conséquent que « le degré d'importance affective et pratique attribuée aux différents éléments d'un ensemble émotionnel », ce qui n'offre que « peu de commodité pour l'expression abstraite des idées » (p. 36). Quant à l'*écriture figurative*, c'est-à-dire l'idéographie chinoise, où Leibniz imaginait à tort qu'on pouvait voir une sorte d'algèbre des idées, son mérite, pense Granet, n'est que de donner le sentiment que les emblèmes que sont les mots-graphies « valent en tant que forces agissantes, en tant que forces réelles » (p. 51).

Sur ces deux points Granet se méprend. Quant au premier, si a régné longtemps l'opinion que le processus de l'abstraction nécessitait le soutien linguistique de l'existence de certains morphèmes tels qu'en français les terminaisons en *-ité*, *-itude*, présents dans toutes les langues indo-européennes mais absents des langues monosyllabiques non flexionnelles comme le chinois, plus personne ne soutient aujourd'hui que le chinois manque pour cette raison de moyen d'exprimer l'abstraction. Pour ne prendre qu'un exemple typique, le *Canon moïste* regorge de formules telle que celle que voici : « le cercle du petit cercle et le cercle du grand cercle sont identiques », qui, sans disposer de morphème en *-ité*, n'en identifie pas moins parfaitement la notion abstraite de *circularité*. La langue chinoise permet d'ailleurs si bien le raisonnement abstrait que l'on peut trouver en chinois des traités comme ceux de l'École bouddhique du pur cognitivisme de Xuanzang (env. 596-664), dépassant en raffinement d'abstraction même son homologue du *yogâcâra* indien. Quant au deuxième point, l'idéographie chinoise, bien qu'il ne puisse évidemment s'agir d'une algèbre des idées, témoigne, de la part des scribes qui l'ont inventée, d'un extraordinaire sens de la rationalisation du lexique. Si cette écriture a pu définitivement s'imposer dans sa forme idéographique, en évitant la mutation en écriture phonématique par laquelle ont dû passer au contraire toutes les autres écritures primitivement conçues comme idéographies, n'est-ce pas en raison de cette remarquable rationalisation, qui a consisté à restructurer le lexique de la langue naturelle, en en systématisant progressivement toutes les graphies recomposées en ce que Granet appelle les *graphies complexes,* constituées d'un *radical* et d'une *phonétique* ? Algèbre des idées, certainement pas ; mais algèbre des mots, oui. Encore aurait-il fallu ne pas confondre les deux dans le terme fort mal choisi d'*idéographie*. Ajoutons que la systématisation rationnelle du lexique dans l'écriture chinoise s'est trouvée grandement facilitée par la nature non flexionnelle de la langue, dont il ressort du même coup d'autant mieux qu'il ne s'agit en

aucune façon d'un obstacle à l'exercice de la pensée rai-
sonnée. Bertrand Russell était déjà d'avis que l'« excellence
de la grammaire comme guide est proportionnelle au petit
nombre des inflexions, c'est-à-dire au degré d'analyse effec-
tuée par la langue considérée » (cf. *Principia Mathematica*).
Ce qui est aujourd'hui confirmé par le fait que le chinois,
avec son écriture idéographique, se prête bien mieux que
les langues indo-européennes au traitement informatique.
Les thèses linguistiques de Granet ne sont donc plus sou-
tenables.

Mais cela n'enlève rien à la pertinence de ses analyses
sociologiques. En particulier, que les auteurs chinois
n'aient eu aucun penchant pour l'explicitation de tous les
cheminements de la pensée, mais affectionnent au
contraire la présentation la plus cursive possible des seules
conclusions de leurs réflexions, et qu'ils préfèrent l'argumentation par paraboles à la démonstration raisonnante,
est judicieusement relevé par Granet. « La littérature chinoise, écrit-il, est une littérature de centons. Quand ils
veulent prouver ou expliquer, quand ils songent à raconter
ou à décrire, les auteurs les plus originaux se servent d'historiettes stéréotypées et d'expressions convenues, puisées à
un fonds commun. Ce fonds n'est pas très abondant et,
d'ailleurs, on ne cherche guère à le renouveler » (p. 54).
Et plus loin : « La pensée se propage (plutôt qu'elle ne se
transmet) de l'auteur au lecteur (disons plutôt du maître
au disciple ; disons mieux : du chef au fidèle) sans qu'on
ménage à ce dernier la moindre économie d'efforts, sans
que, d'autre part, on lui laisse la moindre facilité d'évasion.
Il n'est pas appelé à accepter les idées, dans leur détail et
leur système, après avoir été admis à les contrôler analytiquement. Dominé par une suggestion globale, il se trouve
appréhendé d'un seul coup par un système entier de
notions » (p. 65). C'est que la littérature chinoise n'est devenue une littérature d'auteurs qu'après une très longue
période – de huit siècles – d'écriture réservée à l'enregistrement de formules divinatoires, administratives et rituelles, sans aucune émergence de *genres littéraires* à proprement parler. Ce qui la rend si différente de la littérature
occidentale, c'est cette longue gestation dans la forme pre-

mière d'une écriture de scribes, d'abord fabriquée pour noter des formules oraculaires réduites à leur plus simple expression. Ainsi que l'écrit Christoph Harbsmeier en conclusion du volume consacré à la langue et à la logique de la grande encyclopédie de la science et de la civilisation chinoises initiée par Joseph Needham : « Le scribe qui a enregistré les discours rapportés dans la partie la plus ancienne du *Livre des Documents Shu Ching* (*Shujing*) a résumé et condensé ces discours en en concoctant, dirais-je, la quintessence. Il ne visait nullement à créer l'illusion qu'il enregistrait un flux de paroles telles quelles dans l'immédiateté du débit des mots. [...] L'acte culturel de rédaction de ces documents était un acte de condensation. Rhétoriquement parlant, au plein sens du terme, dans la Chine pré-bouddhique, écrire était mettre en abrégé » (*Science and Civilisation in China,* vol. VII : 1, Cambridge, 1998, p. 415-416). À l'époque de Granet, on ignorait encore tout, en Occident, de la protolittérature chinoise purement oraculaire, dont le déchiffrement venait seulement de commencer en Chine même. Que l'éminent sinologue n'ait pas été en mesure de connaître les germes primitifs de la pensée chinoise qu'il étudiait, son mérite n'en est que plus grand d'avoir si subtilement dégagé, et décrit en termes d'une acribie si révélatrice, l'ensemble des caractéristiques de cette pensée, dans son originalité la plus significative. Si l'on ajoute qu'il reste toujours vrai que « les Chinois ont conquis à leurs mœurs, à leurs arts, à leur écriture, à leur sagesse, l'Extrême-Orient tout entier », et que « dans tout l'Extrême-Orient, de nos jours encore, aucun peuple, qu'il paraisse déchu ou qu'il s'enorgueillisse d'une puissance neuve, n'oserait renier la civilisation chinoise » (p. 474), il faut convenir que l'ouvrage de Granet garde, pour le lecteur d'aujourd'hui, toute sa portée comme clé de l'intelligence d'une culture plurimillénaire inopinément en train de refaire surface en pleine post-modernité.

Janvier 1999,
Léon Vandermeersch
Directeur d'études honoraire
à l'École pratique des Hautes Études

Introduction

J'ai déjà, en analysant le système d'attitudes et de conduites qui commande la vie publique et privée des Chinois, essayé de donner une idée de leur civilisation. Je vais tenter, pour préciser l'esquisse, de décrire le système de partis pris, de conceptions, de symboles, qui régit en Chine la vie de l'esprit. Je ne prétends offrir au lecteur de ce livre qu'un complément de *La Civilisation chinoise* ([1]) *.

Quand j'ai présenté celle-ci, j'ai indiqué que je ne voyais (pour le moment) aucun moyen d'écrire un Manuel d'Antiquités chinoises. Cette opinion a dicté le plan de mon premier volume. Un sentiment analogue inspire le second : je n'aurais pas accepté la tâche de rédiger un Manuel de Littérature ou de Philosophie de la Chine.

Beaucoup d'ouvrages ont été publiés qui peuvent prétendre à un pareil titre. Je renvoie tout de suite à ces livres excellents ([2]) ceux qui désirent être renseignés à tout prix sur le classement des Œuvres ou la filiation des Doctrines. Même si l'inventaire des documents ne m'avait point montré que vouloir restituer dans le détail l'histoire des « théories philosophiques » était une entreprise pour le moins prématurée, je me serais encore proposé de faire entrevoir les règles essentielles auxquelles, dans son ensemble, obéit la pensée chinoise. Il n'est pas inutile de le signaler : pour découvrir ce qui constitue, si je puis dire, le fond institution-

---

* Les notes sont reportées en fin de volume.

nel de la pensée chinoise, on dispose de renseignements
assez bons, mais ils ne pourraient guère autoriser à composer
une Histoire de la Philosophie comparable à celles qu'il a
été possible d'écrire pour d'autres pays que la Chine.

*
* *

La Chine ancienne, plutôt qu'une Philosophie, a possédé
une Sagesse. Celle-ci s'est exprimée dans des œuvres de
caractères très divers. Elle s'est très rarement traduite sous
la forme d'exposés dogmatiques.

Il ne nous est parvenu qu'un petit nombre d'ouvrages
attribués à l'Antiquité. Leur histoire est obscure, leur texte
incertain, leur langue mal connue et leur interprétation
commandée par des gloses tardives, tendancieuses, scolastiques.

Nous ne savons d'ailleurs à peu près rien de positif sur
l'histoire ancienne de la Chine.

Qu'il s'agisse de Confucius, de Mö tseu, de Tchouang
tseu,... la personnalité des penseurs les plus illustres se
laisse à peine entrevoir. Nous n'avons, le plus souvent, sur
leur vie, aucun renseignement, ou presque, qui soit utile
ou concret. En général, nous ne connaissons que des dates,
parfois contestées : au reste, elles se rapportent à des temps
pour lesquels l'histoire est particulièrement vide de faits.
Certains « auteurs », Tchouang tseu, par exemple, ou Lie
tseu, n'ont pas même une légende.

Sur les enseignements, nous ne possédons que rarement
des témoignages directs. La tradition orthodoxe attribue à
Confucius la rédaction d'un grand nombre d'œuvres :
presque tous les classiques. Dès qu'ils échappent à des
préoccupations apologétiques ou scolaires, les critiques
avouent qu'il reste tout au plus du Maître un Recueil
d'Entretiens (le *Louen yu*). On n'est pas sûr que ce recueil,
dans sa forme originale, ait été l'œuvre des premiers disciples ;
en tout cas, nous ne possédons pas cette compilation, sans
doute tardive ; il ne nous est parvenu qu'une édition remaniée, postérieure d'environ cinq cents ans à la mort du Sage [3].

Tous les interprètes s'accordent à reconnaître des passages ou des chapitres interpolés dans les œuvres les plus authentiques et le mieux éditées. L'accord cesse dès qu'il s'agit de faire le tri. Tchouang tseu ([4]) est un vigoureux penseur et le plus original des écrivains chinois : tel critique reconnaîtra la manière et le style de Tchouang tseu dans le chapitre sur les spadassins, mais non dans le chapitre sur le brigand Che, cependant qu'un autre érudit éliminera *les Spadassins* pour conserver *le Brigand* ([5]). Le *Han Fei tseu* est l'ouvrage d'un des auteurs dont la vie est la mieux connue ; il fut écrit peu de temps avant la formation de l'Empire, et sa transmission première s'est opérée sans grands à-coups. Cependant l'un des meilleurs critiques contemporains, sur les 55 sections de l'ouvrage, n'en veut conserver que 7. Ceci, du reste, ne l'empêche pas, quand il analyse la doctrine, de se référer aux sections condamnées ([6]).

Après s'être donné beaucoup de peine pour attribuer une date aux œuvres et pour fixer leur aspect original, on aboutit d'ordinaire à des conclusions aussi vagues et décevantes que celles-ci : « *Dans l'ensemble*, l'ouvrage *paraît* dater de la seconde moitié du IIIᵉ siècle (av. J.-C.), mais il n'est pas entièrement de la main de Han Feï; comme pour Tchouang tseu, Mö tseu et la plupart des philosophes *de cette époque*, *une partie importante* est due *aux disciples* du Maître... il n'est que *rarement* possible de distinguer entre les parties qui *peuvent* remonter au Maître et celles qui *doivent* être attribuées à son école ([7]). »

Depuis le IVᵉ siècle, tout au moins, considérable a été le rôle joué par des *Écoles* (*Kia*) ou plutôt l'importance accordée aux polémiques entre Écoles. Les plus âpres de ces polémiques sont celles qu'entretenaient les disciples d'un même patron : tel fut le cas, au dire du *Tchouang tseu* ([8]), pour les disciples de Mö tseu ; tel aussi paraît avoir été le cas pour les disciples de Confucius ([9]). Mais (c'est un fait significatif) jusqu'à l'époque des Han, on confond toujours, lorsqu'on pense aux doctrines, l'ensemble des tenants de Mö tseu (*mö*) et l'ensemble des tenants de Confucius (*jou*) sous une désignation commune (*jou-mö*) : cette expression se trouve très rarement dédoublée. Les polémiques entre *Écoles* traduisent des conflits de prestige. Elles n'entraînent pas la preuve d'une opposition proprement doctrinale.

Au reste, si l'usage veut qu'on traduise le mot *Kia* par *École*, il importe d'avertir que les Chinois lui donnent une acceptation très large. Ils l'emploient à propos des différents Arts [les corps de *recettes* que détiennent par exemple les maîtres en mathématiques, astronomie, divination, médecine...] ([10]), tout aussi bien qu'à propos des diverses Méthodes de conduite [les *recettes* de vie patronnées par tel ou tel maître de Sagesse]. Ces méthodes, qui ont pour objet de régler les conduites, s'enseignent à l'aide d'attitudes. Chacune suppose, assurément, une certaine conception de la vie et du monde, mais aucune ne vise d'abord à se traduire en un système dogmatique.

L'idée d'opposer des Écoles, comme si celles-ci avaient eu pour premier objet de donner un enseignement théorique, est une idée relativement tardive. Elle est née de préoccupations pratiques, si même elle n'est pas d'inspiration mnémotechnique. La répartition des Œuvres et des Auteurs entre les *Écoles*, qui est à l'origine de tous les classements proposés, est empruntée au *Traité sur la Littérature* qu'on trouve inséré dans l'*Histoire des Premiers Han*. Or, ce traité est une œuvre de bibliothécaire, et le classement qu'il a réussi à imposer n'est qu'un classement de catalogue. Après avoir rangé par catégories les Œuvres que l'on conservait, on a admis que chaque lot correspondait à l'enseignement d'une *École* ou d'*Écoles* apparentées dont on a alors songé à définir l'originalité dogmatique.

Même si nous pouvions supposer que les *Écoles* ou les Auteurs dont nous avons à nous occuper sont surtout intéressants par leurs conceptions théoriques, le projet d'exposer le détail et les rapports des théories devrait être considéré comme extraordinairement aventureux, car l'étude du « vocabulaire philosophique » présente, en Chine, des difficultés singulières.

Je montrerai plus loin que la langue chinoise ne paraît point organisée pour exprimer des *concepts*. Aux signes abstraits qui peuvent aider à spécifier les idées, elle préfère des symboles riches de suggestions pratiques ; au lieu d'une acception définie, ils possèdent une efficacité indéterminée : celle-ci tend à procurer, — non pas, succédant à une analyse, un acquiescement à de simples jugements qui visent à permettre des identifications précises, — mais, accompagnant une adhésion d'ensemble de la pensée, une sorte de conversion totale de la conduite. Il convient donc de rompre avec la tendance, qui prévaut encore, de rendre ces *emblèmes*, lourds de jugements de valeur où s'exprime une civilisation originale, par des termes empruntés (après une assimilation rapide et qui ne tient point compte de la divergence des mentalités) au vocabulaire — conventionnel lui aussi mais visant expressément à une précision impersonnelle et objective — des philosophes d'Occident. Sinon on s'exposerait aux pires anachronismes, comme c'est le cas, par exemple, quand on traduit par « altruisme » ([11]) le terme *jen* (caractéristique de la position confucéenne, ou par « amour universel », l'expression *kien ngai* ([12]) (significative de l'attitude de Mö tseu). On s'exposerait encore — conséquence autrement grave — à trahir, si je puis dire, dans son esprit même (c'est le cas, par exemple, quand on prête aux Chinois une distinction entre « substances » et « forces »), une mentalité philosophique qui se détourne des conceptions définies, car elle est commandée par un idéal d'efficacité.

D'autre part, même si nous pouvions supposer que les Sages chinois ont constitué un vocabulaire destiné à permettre l'expression conceptuelle de « théories », tout essai pour restituer une histoire des Doctrines se heurterait (pour l'instant) à une autre difficulté. Nous dépendons, pour la lecture des textes anciens, des commentaires dont toutes les Œuvres ont été dotées. Les plus anciens de ces commentaires datent des environs de l'ère chrétienne. Ils ne sont pas antérieurs au mouvement de pensée qui, au temps des Han, orienta définitivement la Chine vers les voies de l'orthodoxie. Ils donnent « l'interprétation *correcte* », c'est-à-dire l'interprétation exigée des candidats dans les examens qui ouvraient accès aux honneurs et aux carrières officielles. Aucun lecteur (un Chinois moins que tout autre) ne lit un texte librement. Il est sollicité par les gloses, même s'il les sait inspirées par un système d'interprétation qu'imprègnent des préoccupations scolaires, morales, politiques. Nul, en effet, n'accède au texte, écrit dans une langue archaïque, que par la glose. Le travail qui consiste à dépasser le commentaire doit être accompli sans que (pour le moment) on puisse s'aider d'un manuel, de stylistique ou même de philologie chinoises. Ce travail, d'ailleurs, est dominé par l'incertitude la plus grave : l'esprit orthodoxe, qui inspire tout le détail des gloses, oscille entre deux passions : une passion de polémique qui incline à prêter une valeur irréductible aux interprétations opposées, une passion de conciliation qui empêche toujours de définir rigoureusement. Il n'est guère facile, dans le détail des cas, de distinguer dans les formules orthodoxes l'aspect original des idées. Il faudrait un bonheur constant de divination pour restituer dans leur pureté les « théories » et se mettre ainsi en mesure de définir idéologiquement leurs relations. Quelle chance y a-t-il de reconstituer, par surcroît, l'histoire de leurs rapports réels ?

Aucun accord n'existe pour le moment entre spécialistes sur les grandes lignes de l'histoire ancienne de la Chine. Tant qu'on n'avait pas pris conscience du caractère dogmatique des traditions chinoises, et, tout particulièrement, des traditions relatives à l'histoire littéraire, on pouvait se risquer à conter l'histoire des « Doctrines ». On admettait, en effet, que les Œuvres conservées, si elles se trouvaient peu nombreuses, étaient cependant les plus importantes ; on ne s'avisait pas de penser qu'elles étaient devenues classiques parce qu'elles étaient les seules conservées. Comme la tradition les échelonnait sur quelques bons siècles (de Yu le Grand à Confucius en passant par le duc de Tcheou), on ne voyait aucune difficulté à retracer l'évolution des conceptions chinoises, — ou plutôt à parler de la grandeur et de la décadence des Doctrines, — tout en se persuadant qu'on faisait ainsi œuvre historique.

Peut-on conserver la même illusion aujourd'hui où les critiques attribuent à une brève période (vᵉ-iiiᵉ siècles) la quasi-totalité des Œuvres qu'ils considèrent encore comme anciennes ? Pour justifier une réponse négative, il devrait suffire de remarquer que, de toutes les époques de l'histoire de Chine (si mal connue dans son ensemble), celle-ci est l'une des plus mal connues. C'est celle sur laquelle nous possédons le moins de renseignements proprement historiques. Tous, d'ailleurs, sont suspects, et l'ensemble des faits se réduit à une chronologie abstraite, d'ailleurs souvent incertaine.

Néanmoins, ceux-là mêmes qui voient dans les ve-iiie siècles l'époque des « romans historiques » et des supercheries littéraires continuent d'imaginer que le premier travail, ou le seul positif, consiste à établir un classement chronologique des « Théories ». Ils le tirent du classement qu'ils admettent pour les Œuvres. Ils ne résistent pas à la tentation de déterminer la date où apparut telle conception ; ils ne consentent pas à ignorer ceux qui l'ont « inventée ». Ils savent, par exemple, que l'invention de « la théorie philosophique » du Yin et du Yang (élaborée, disent-ils, au cours du ve siècle et « généralement adoptée par tous les philosophes » dès la fin de ce siècle) est due à une « École de Métaphysiciens », dont « l'œuvre tient tout entière dans un opuscule (intitulé le *Hi ts'eu*) » (13). Tout ce qu'ils devraient dire est que le *Hi ts'eu* est le fragment philosophique qu'ils estiment le plus ancien parmi ceux qui nomment le Yin et le Yang. Sans doute la philosophie est-elle exposée à confondre l'histoire des faits et celle des documents, mais un historien, qui se propose de dater autre chose que des références, ne devrait-il pas se rappeler sans cesse que la preuve par l'absence lui est interdite ? Il ne peut constater que des absences de témoignages. S'il s'agissait d'écrire l'histoire philosophique d'une période connue par des témoignages sincères et contrôlables, et si, d'ailleurs, ces documents formaient un ensemble qui paraîtrait intact, nul ne croirait que la revue *supposée complète* des seuls *faits enregistrés* l'autoriserait à attribuer une sorte de commencement absolu à telle ou telle conception. Doit-on profiter de la médiocrité proclamée des témoignages pour parler d'invention et d'origine première, dès qu'on pense avoir daté l'attestation qui, dans un vide quasi total d'attestations, paraît la plus ancienne ?

Si, en l'espèce, la critique littéraire a tant de présomption, c'est qu'elle part de postulats qu'elle oublie de rendre explicites. On admet tout uniment qu'une conception (disons, par exemple, celle du Yin et du Yang) commune (ainsi qu'on l'avoue) à tous les penseurs de la fin du vᵉ siècle (nous n'en connaissons guère de plus anciens) s'est élaborée dans le cours du vᵉ siècle parce qu'on postule qu'avant Confucius et le début du vᵉ siècle la philosophie chinoise n'était pas « sortie de l'enfance.» (14). Ce jugement sur les faits n'est rien d'autre encore que la transposition d'une opinion sur les documents : on ne pense posséder aucune œuvre « métaphysique » écrite avant le temps de Confucius. Accordons, si on l'exige, que jamais, avant cette date, *nul*, en effet, n'en écrivit... Ira-t-on jusqu'à affirmer qu'auparavant il n'y eut aussi aucun enseignement oral ? Les Œuvres prêtées aux vᵉ-iiiᵉ siècles ont été (personne ne le nie pour la plupart d'entre elles) transmises d'abord par voie orale. Avant que ne fût produit le petit nombre d'écrits qui n'ont pas été perdus, l'enseignement oral n'a-t-il rien « inventé » en fait d'idées ou de « théories » ? Si l'on écrit une histoire où l'on s'applique à attribuer à l'auteur de tel document conservé l'invention de telle Doctrine, c'est que l'on donne (implicitement) une réponse négative à cette question — et, si on répond négativement, c'est qu'on obéit, avec une apparence de liberté critique, à une conception orthodoxe de l'histoire de Chine. On suppose (avec les traditionalistes) que les vᵉ-iiiᵉ siècles furent une époque d'anarchie ; on postule ensuite (en vertu d'une idée toute faite) que cette anarchie « favorisa l'éclosion » de la réflexion philosophique ; on induit enfin qu'avant la période troublée des Royaumes Combattants les Chinois n'avaient point « philosophé », car ils possédaient un régime politique stable et vivaient en obéissant passivement à un parfait conformisme. Ceci revient simplement à admettre que les traditions de l'histoire officielle sont justes et que la Chine a formé anciennement un État homogène doté d'une civilisation fermement assise.

Je n'admets pas, pour ma part, cette vue théorique sur l'histoire chinoise. Je ne lui opposerai cependant aucune autre conception. Il me suffira pour l'instant de noter que, même débarrassée de toute hypothèse sur leurs origines, l'analyse des opinions formulées par les penseurs que quelque écrit permet de connaître risque d'être singulièrement imprécise et surtout mal orientée, si on ne la complète point par l'inventaire des idées qui relèvent d'une tradition anonyme.

Les remarques qui précèdent indiquent les raisons qui m'ont interdit de donner à un essai sur la pensée chinoise la forme d'une histoire suivie des doctrines. J'ai rejeté résolument toute ordonnance chronologique et n'ai aucunement cherché à renseigner sur tout — c'est-à-dire sur tout un détail de discussions traditionnelles. Je ne vois, par exemple, aucun moyen de déterminer si Confucius estimait bonne ou mauvaise la « nature » de l'homme, et je ne trouverais, à entrer dans le débat, aucun des avantages que pensent en retirer tels ou tels patrons de sagesse, missionnaires importés en Chine ou politiciens indigènes : à jouer, dans une mêlée d'opinions aventurées, le rôle d'arbitre, on ne gagne tout au plus qu'un renom de finesse ou même d'érudition. Je me proposerai simplement d'analyser, en m'y prenant de la manière qui aura le plus de chance d'être objective, un certain nombre de conceptions et d'attitudes chinoises. — Je n'ai considéré, pour avoir le temps de les examiner avec attention, que les plus significatives d'entre elles.

Mon Livre IV a pour titre *Sectes et Écoles*. Les trois premiers Livres visent à faire connaître les conceptions chinoises qu'il n'y avait ni possibilité ni, du reste, avantage à envisager autrement que comme des *notions communes* : elles signalent certaines habitudes mentales auxquelles les Chinois semblent attribuer une puissance impérative. J'ai rejeté dans le dernier Livre les conceptions qu'il me paraissait possible — je ne dis pas de rattacher à un Auteur ou à une « École » — mais d'étudier *commodément* par rapport à des Œuvres attestant certaines directions de la pensée chinoise ; ces conceptions signalent des tendances moins constantes ou moins profondes et sont remarquables, précisément, par leurs fortunes diverses : leur principal intérêt est qu'elles peuvent contribuer à faire entrevoir l'orientation que la pensée chinoise a acquise dans son ensemble.

Sous le titre *Sectes et Écoles*, je donnerai, sur les Hommes et les Œuvres, les quelques renseignements qui ne me paraissent pas trop incertains. Je ne tirerai, en revanche, des ouvrages, pour les prêter aux auteurs, aucune sorte d'exposé dogmatique.

Tous les maîtres de l'ancienne Chine ajoutaient à « des connaissances vastes » la science de « quelque spécialité » ([15]). Tous étaient capables de parler de tout, très rares ceux qui se préoccupaient de donner un tour systématique à l'ensemble de leur enseignement. Chacun s'attachait à mettre en valeur l'efficace de la recette de sagesse qui constituait le secret de son « École ».

Je n'essaierai pas de définir les enseignements en énumérant les idées accueillies par chacune des Écoles. De pareils inventaires ne permettraient même pas de rien conclure sur les connexions des diverses « doctrines ». Toutes les œuvres abondent en développements purement parasites : l'écrivain a trouvé profitable de faire parade de son information ou expédient d'argumenter *ad hominem*. Nul ne se complaît autant qu'un Chinois à juxtaposer les thèmes empruntés (sans conviction) aux conceptions les plus divergentes, ou à employer (par astuce pure) les raisonnements qui donnent prise sur autrui sans qu'on en accepte soi-même la légitimité. Je me garderai, en conséquence, d'affirmer, par exemple, que tel écrivain de l'École des Lois à qui il arrive d'argumenter en « taoïste » est, en quelque manière, un adepte du Taoïsme. L'emploi ornemental ou dialectique d'idées empruntées à un enseignement concurrent constitue, en soi, un fait significatif : il mérite d'être noté, non parce qu'il peut être pris immédiatement pour l'indice d'une connexion doctrinale, mais parce qu'il révèle un trait de l'esprit chinois. Il témoigne tout ensemble de la force de l'esprit sectaire et de l'attrait du syncrétisme. Cette indication de portée générale doit être retenue une fois pour toutes. En revanche, si l'on veut atteindre l'essence d'une « doctrine » chinoise, on se montrerait malavisé en portant son attention sur les idées que ses adeptes semblent avoir accueillies et que, pourtant, ils n'ont aucunement tenté d'ajuster à leurs conceptions.

Pour ne point trop risquer de trahir les faits, il convient de ne jamais oublier qu'une « doctrine » chinoise doit être définie, non en tentant de déterminer les articulations d'un système dogmatique, mais en essayant de dégager une sorte de formule maîtresse ou de recette centrale. « Vous pensez sans doute — a dit, paraît-il, Confucius — que je suis un homme qui a appris beaucoup de choses et qui s'en souvient ? ...

Non pas : *un unique* (principe me suffit) *pour* (tout) *embrasser* ([16]). » Cette parole peut faire sentir l'intérêt d'un nouveau trait de l'esprit chinois : aucune recette ne vaut, si elle ne paraît pas posséder tout ensemble une essence singulière et une vertu de panacée. Il faut qu'elle se présente comme spécifique tout en se proclamant omnivalente. Tout Maître de Sagesse prétend donc dispenser un Savoir d'une qualité toute particulière (c'est le Savoir de tel Sage) et d'une efficacité indéfinie (il implique toute une entente de la vie). Faire connaître les conceptions ou, plutôt, les attitudes propres à une École ou, plutôt, à une Secte, revient à tenter de découvrir le secret ou le maître-mot jadis révélé aux adeptes à l'aide des procédés qui conviennent aux enseignements ésotériques.

Ces secrets, bien entendu, ou ces maîtres-mots, les disciples les acquéraient, non de façon discursive, mais par voie d'initiation, à la suite d'un long entraînement. Aussi ne peut-on se flatter d'atteindre l'essence d'un enseignement tant qu'on ne connaît point le système de pratiques qui (bien plus qu'un corps de doctrine) permettait à cette essence d'être appréhendée ou, pour mieux dire, *réalisée*. Certains ouvrages célèbres, le *Tao tö king*, le *Yi king*, sont faits d'une suite d'adages ; pris dans leur sens littéral, ils paraissent vides, extravagants ou plats : c'est un fait, cependant, que, pendant de longs siècles et de nos jours encore, ces livres ont inspiré des *exercices* de méditation ou même une *discipline* de la vie. Ils peuvent, non sans raison, paraître hermétiques. D'autres ouvrages ne le paraissent point. Du seul fait qu'ils semblent se prêter à une analyse discursive des idées, nous avons tendance à admettre que nous les comprenons. La doctrine qu'ils peuvent préconiser n'en demeure pas moins impénétrable tant qu'on n'arrive pas à déterminer les attitudes qu'elle commande et qui l'expriment réellement.

Pour restituer le sens des différents corps de pratiques et pour deviner à notre tour la formule maîtresse des « doctrines », il convient d'abord de chercher à reconnaître le genre d'efficacité que l'ensemble des maîtres anciens attribuaient à leurs recettes. On a remarqué depuis longtemps que toute la Sagesse chinoise a des fins politiques. Précisons en disant que les Sectes ou Écoles se sont toutes proposé de réaliser un *aménagement* de la vie et des activités humaines prises dans leur *totalité* — entendez : dans la totalité de leurs prolongements, non seulement sociaux, mais cosmiques. Chaque Maître professe une Sagesse qui dépasse l'ordre moral et même l'ordre politique : elle correspond à une certaine attitude vis-à-vis de la civilisation ou, si l'on veut, à une certaine *recette d'action civilisatrice*. D'où il suit qu'il n'est pas impossible de retrouver la signification précise d'une attitude déterminée ou d'une recette spécifique, si l'on s'efforce d'abord de préciser la position que les différents groupements sectaires occupent dans l'histoire de la société chinoise, dans le développement de la civilisation chinoise.

Une première conséquence est que le travail critique doit être dominé non par des recherches de philologie ou même d'histoire pure (ce qui, vu l'état des documents et des études, est, après tout, fort heureux), mais par l'étude des faits sociaux. Nul ne sait mieux que moi combien sont neuves les recherches sur la société chinoise et rares les résultats qu'on peut considérer comme acquis. On en peut tirer cependant une indication assez sûre pour servir de fil conducteur : l'époque où ont paru les Sectes dont nous pouvons essayer de connaître la « doctrine » est celle où l'ordre féodal s'effondrait et où se préparait l'unité impériale. Cette simple constatation, on le verra plus loin, fournit un point de départ d'où l'on peut s'acheminer, par exemple, vers une interprétation précise de l'attitude de Mö tseu ou de celle des Maîtres taoïstes.

Une seconde conséquence est que nous aurons à fixer la position de divers groupements sectaires dans le monde féodal finissant, plutôt qu'à déterminer (supposé que ce soit possible) l'ordre chronologique des « doctrines ». Je décrirai donc les plus significatives des attitudes qui s'expriment dans les conceptions propres aux « Écoles » chinoises, sans jamais songer à les présenter dans un ordre historique. Je les grouperai de façon à faire ressortir que ces attitudes correspondent à un certain nombre de préoccupations techniques. Elles trahissent diverses espèces de *mentalités corporatives*. Elles renseignent sur l'importance des impulsions que la pensée chinoise est susceptible de recevoir lorsque la société se prépare à un nouveau conformisme : ces circonstances favorables font alors accueillir l'influence de spécialistes dont l'esprit de corps se trouve momentanément animé d'un surcroît de conscience ou d'imagination créatrice.

Deux « doctrines », en raison de leur fortune, méritent une attention particulière : celle qu'on qualifie de taoïste, celle qui se réclame du patronage de Confucius. J'étudierai plus longuement que toute autre l' « École taoïste » et j'accorderai tout un chapitre à l'orthodoxie confucéenne.

L'une et l'autre sont remarquables par la puissance de l'esprit sectaire et, en même temps, par la force de leurs appétits syncrétistes. Toutes deux, en effet, ont l'ambition de constituer une orthodoxie. Dans un cas comme dans l'autre, cette orthodoxie se signale par une prétention de Sagesse à la fois universelle et exclusive, — sans que cependant soit professé un dogme ou que les articles de l'enseignement soient le moins du monde arrangés en système : ils forment une sorte de confédération envahissante dont la masse est sans cesse grossie grâce à un parti pris d'annexion ou de conciliation. A ces sortes de rassemblements d'idées, il manque (comme à l'Empire chinois) d'être organisés et articulés, mais (de même que l'Empire a pour fondement une unité de civilisation), le Taoïsme et l'Orthodoxie tirent leur puissance d'une force particulière d'animation. Si leur opposition paraît être celle de deux partis pris (l'un en faveur d'une sorte de *naturisme* à fond magico-mystique, l'autre en faveur d'une espèce de *sociocentrisme* d'intentions positives), le Taoïsme et l'Orthodoxie confucéenne s'inspirent tous deux (de façon inégalement apparente mais également profonde) d'une double tendance, « *universiste* » ([17]) et *humaniste* à la fois. C'est cette tendance, double et commune, qui explique leurs fortunes jumelles et leur opposition dans l'histoire comme leur conciliation dans les esprits.

Les opinions professées dans ces diverses Sectes ou Écoles signalent certaines orientations secondaires de la pensée chinoise. Pour entrevoir, autrement que par contraste, son orientation profonde, il convient de considérer les données fournies par les mythes et le folklore avec autant d'attention que les témoignages empruntés aux « œuvres philosophiques ». Mes trois premiers Livres traitent de *notions communes* qu'il n'y avait point avantage à envisager d'abord sous l'aspect qu'ont pu leur donner tel travail de réflexion technique ou telle mentalité corporative. Si j'ai commencé par elles, c'est qu'il m'est apparu qu'elles permettaient d'atteindre une sorte de fond institutionnel — très résistant — de la mentalité chinoise.

Cette résistance invite, certes, à présumer que ce fond est très ancien. Je n'entends pas, cependant, par la place que je leur attribue, donner à croire que ces « notions communes » représentent une espèce de Sagesse préexistant à l'activité de toute École ou de toute Secte. Si l'activité des Sectes et des Écoles n'est un peu connue qu'à partir d'une époque relativement tardive (ve siècle av. J.-C.), les documents qui renseignent sur le fond institutionnel de la pensée sont, de leur côté et par nature, intemporels. Je ne veux point, par cette qualification, suggérer ni, bien entendu, que ce fond est demeuré invariable, ni que rien de son évolution ne peut être connu : je dirai tout à l'heure par quelle méthode j'ai cru pouvoir donner une idée du progrès des idées chinoises. Pour l'instant, je tiens à marquer que ce n'est point une vue sur l'histoire, mais des raisons de commodité et, du reste, l'état et la nature des documents, qui m'ont conduit à ne point commencer par parler des Écoles et des Sectes. Je crois que l'on comprendrait difficilement les attitudes propres aux diverses Écoles si l'on n'était point d'abord renseigné sur un ensemble d'attitudes mentales qui, plus directement et mieux que les conceptions des Écoles, éclairent les règles fondamentales de pensée adoptées par les Chinois. Mais le lecteur est averti : je ne lui présente pas les conceptions dont je m'occupe en premier lieu comme un système de notions qui seraient, toutes et sous tous leurs aspects, antérieures au travail théorique des premières Écoles connues.

J'ai donné tout d'abord quelques renseignements sur la langue et le style. Il n'était pas inutile, pour débuter, d'insister sur les caractères que présente en Chine *l'expression* (orale ou écrite) *de la pensée* (Livre I). Tout essai de critique ou d'interprétation des œuvres et des idées doit en tenir compte. En particulier, tout ce qu'on entend conter sur les différences qui séparent la langue parlée et la langue écrite invite à supposer que la langue littéraire correspond, dès l'antiquité, à une sorte de langue morte ou savante. Or le chinois, tel qu'il s'écrit, recherche avant tout les effets d'action qui semblent réservés à la parole vivante. Ce fait permet d'apprécier l'importance longtemps conservée par l'enseignement oral. Il semble même indiquer qu'à l'époque où ont été conçues les œuvres dans lesquelles de nombreuses générations ont cherché des modèles de style, l'écriture n'était guère utilisée en dehors des actes officiels. Sous prétexte que l'invention de l'écriture remonte pour le moins au deuxième millénaire avant Jésus-Christ, on est tenté de prêter d'antiques origines à la littérature chinoise, — cependant qu'en raison de la date relativement basse qu'on attribue aux rédactions conservées, on est souvent conduit à déclarer tardif l'éveil de la pensée philosophique ou savante. De cet ensemble de postulats contradictoires procèdent des tentatives anarchiques de datation de « théories » qui détournent d'une histoire positive des idées. On renoncera à ces postulats et à ces errements en faveur d'une recherche mieux orientée, dès que l'on aura constaté que le langage des « philosophes » chinois, loin d'être de formation livresque, procède d'une tradition d'enseignement oral et pragmatique.

Les remarques que je présente sur la langue et le style n'ont pas été inspirées par les préoccupations propres au critique littéraire ou au linguiste pur, ni par l'intention de donner, à titre de préliminaires, une description détaillée de la langue ou une esquisse de l'histoire des styles. Si j'ai groupé ces chapitres de début sous la rubrique : *l'expression de la pensée*, c'est que j'ai considéré le langage comme celle des *symboliques* dont il était le plus commode de partir pour signaler certaines dispositions de l'esprit chinois. L'examen en effet, des éléments du langage et du style conduit à deux observations essentielles. Les Chinois, d'une part, semblent éviter tous les artifices qui tendent à utiliser l'expression verbale des idées de manière à économiser les opérations mentales ; ils dédaignent les formes analytiques ; ils n'em-

ploient aucun signe auquel ils ne prêtent que la simple
valeur d'un signe ; ils désirent que, dans tous les éléments
du langage : vocables et graphies, rythmes et sentences,
éclate l'efficience propre aux *emblèmes*. Ils veulent qu'écrite
ou parlée l'expression *figure* la pensée et que cette figuration
concrète impose le sentiment qu'exprimer ou plutôt figurer
ce n'est point simplement évoquer, mais susciter, mais réaliser. — Si les Chinois, d'autre part, réclament pour le langage une efficience aussi parfaite, c'est qu'ils ne le séparent
point d'un vaste système d'attitudes destinées à permettre
aux hommes de *figurer* dans ses divers aspects l'action
civilisatrice qu'ils entendent exercer sur toutes les appartenances humaines, y compris l'Univers.

Une même idée de l'Univers se retrouve dans l'ensemble
des auteurs chinois. Des surcharges scolastiques peuvent
l'alourdir plus ou moins, mais elle procède directement de
conceptions mythiques. — Emprunter au savant n'est pas
le fait du sage : voilà sans doute la raison pour laquelle nous
ne savons à peu près rien du développement de la pensée
scientifique en Chine. En partant de cette absence de renseignements, on a pu soutenir l'hypothèse que c'est seulement
après les conquêtes de Darius, ou même celles d'Alexandre,
que des « étrangers » auraient révélé aux Chinois « les propriétés du cercle et du carré » ([18]) : ce seraient aussi des étrangers
qui leur auraient tardivement fait connaître le compas,
l'équerre et le gnomon ([19])... Je croirai difficilement, pour ma
part, que le progrès des techniques indigènes (rappelons ici
l'admiration de Biot pour les chars et les arcs chinois) ne s'est
point accompagné, *dans certains milieux*, d'un effort de
réflexion proprement scientifique ([20]). Mais le fait est qu'il
n'en reste aucune trace certaine. Et c'est un fait aussi que,
lorsqu'ils argumentent et quel que soit le sujet, les penseurs
chinois ne songent à accréditer leurs opinions qu'à l'aide
d'historiettes vénérables, de légendes et de thèmes mythiques.
L'histoire de la pensée est remarquable en Chine par l'indépendance que le savoir philosophique entend conserver à
l'égard de ce que nous appelons la science. Enregistrer cette
donnée a, pour notre sujet, plus d'importance que de dresser
un inventaire des connaissances où l'on essaierait (sans grand

espoir d'arriver à quelque précision) de marquer les progrès
de l'esprit scientifique : quoi qu'il en soit de ces progrès,
ils n'ont exercé anciennement sur la pensée chinoise aucune
influence qui soit sensible.

Aussi ne me suis-je pas occupé du *Système du Monde*
(Livre III) conçu par les Chinois pour faire connaître les
résultats qu'ils avaient obtenus dans diverses sciences et
pour dire à quelle classification des sciences ces résultats
les avaient conduits. J'ai cherché simplement à découvrir
quel esprit animait certaines techniques qu'on ne cultivait
ni en vue de la connaissance pure, ni même pour acquérir
des connaissances ; j'ai mis en évidence le système de fins
toutes pratiques que ces arts tendaient à réaliser, et j'ai
essayé de déterminer les principes de ce système. Comme
il ne s'agissait pas de dénombrer des connaissances positives
dont l'ordre d'acquisition aurait été important à fixer et
que j'avais uniquement à donner des exemples en prenant
soin (dans la mesure du possible) de distinguer entre les
formules mythiques ou scolastiques d'un *savoir* de fonds
homogène, j'ai, pour aller plus à fond (quand je le pouvais),
emprunté de préférence mes exemples à la pensée mythique,
mais je n'ai nullement négligé les formulations pédantes
ou relativement tardives qui proclament l'autorité *durable*
de ce vieux savoir. — Il inspire entièrement la Scolastique
à laquelle a fini par aboutir l'effort de pensée *des Sectes et des
Écoles* (Livre IV). J'ai donc réservé pour le Livre III l'examen du *Système du Monde* imaginé par les Chinois. Au reste,
l'idée maîtresse du système ne pouvait être dégagée commodément que lorsque l'analyse des *Idées directrices* de la pensée
chinoise (Livre II) en aurait fait apercevoir le fondement.
La représentation que les Chinois se font de l'Univers repose
sur une théorie du microcosme. Celle-ci se rattache aux
premiers essais de classifications de la pensée chinoise. Elle
dérive d'une croyance extrêmement tenace : l'Homme et la
Nature ne forment pas deux règnes séparés, mais une *société*
unique. Tel est le principe des diverses techniques qui
réglementent les attitudes humaines. C'est grâce à une participation active des humains et par l'effet d'une sorte de
discipline civilisatrice que se réalise l'Ordre universel. A la
place d'une *Science* ayant pour objet la connaissance du

Monde, les Chinois ont conçu une *Étiquette* de la vie
qu'ils supposent assez efficace pour instaurer un Ordre
total.

La catégorie d'Ordre ou de Totalité est la catégorie
suprême de la pensée chinoise : elle a pour symbole le Tao,
emblème essentiellement concret. J'ai abordé l'étude des
catégories concrètes de l'esprit sitôt après avoir montré, par
l'examen des éléments du langage, que les Chinois prêtaient
à leurs emblèmes un pouvoir de figuration qu'ils ne distin-
guaient pas d'une efficience réalisatrice. Quelques emblèmes,
remarquables parce qu'ils sont les plus synthétiques de tous,
apparaissent doués d'une puissance d'animation et d'organisation qu'on ne peut caractériser qu'en la qualifiant de
totale. La fonction souveraine qu'ils se voient attribuer rend
manifeste le fait que la pensée chinoise s'est refusée à distinguer le logique et le réel. Elle a dédaigné les ressources
de clarté qu'apportent à l'esprit une logique de l'extension
et une physique de la quantité. Elle n'a point voulu considérer à titre d'abstractions les Nombres, l'Espace, le Temps.
Aussi n'a-t-elle point estimé utile de constituer des catégories
abstraites telles que nos catégories de Genre, de Substance et
de Force. La notion de Tao dépasse les notions de force et
de substance, et le Yin et le Yang, qui valent indistinctement comme forces, substances et genres, sont encore autre
chose, puisque ces emblèmes ont pour fonction de classer
et d'animer tout ensemble les aspects antithétiques de
l'Ordre universel : le Tao, le Yin et le Yang évoquent syn-
thétiquement, suscitent globalement l'ordonnance rythmique
qui préside à la vie du monde et à l'activité de l'esprit. La
pensée chinoise semble entièrement commandée par les
idées jointes d'ordre, de total et de rythme.

L'intime liaison de ces notions et, plus encore, l'efficience
souveraine qu'on leur prête suffiraient à révéler l'origine
sociale des catégories chinoises. Cette origine se trouve
confirmée dès qu'on analyse le contenu des *idées directrices*.
Qu'il s'agisse de la notion chinoise d'Espace ou de celles
de Temps, de Nombre, d'Éléments, de Tao, de Yin et de
Yang, ce contenu ne peut s'expliquer uniquement par les
conceptions propres aux penseurs ou aux techniciens qui les

utilisèrent. Il n'est certes pas inutile pour les interpréter de considérer l'emploi qu'elles ont reçu dans telle ou telle spécialité du savoir qui apprend à aménager les occasions et les sites : art géographique ou calendérique, musique ou architecture, art des devins, technique des mutations... Mais on ne touche au fond et l'interprétation n'a quelque chance d'être correcte et complète que lorsqu'on envisage les notions directrices en cherchant à déterminer leurs rapports avec la structure de la société chinoise. Par suite, si je me suis refusé à dater ces idées par la date (supposée) du fragment « philosophique » où l'on voit mentionnés pour la première fois les termes qui les notent, j'ai essayé de fixer le temps et l'ordre de leur formation en mettant à profit le fait que celle-ci est liée à des circonstances sociales. Les notions auxquelles les Chinois attribuent une fonction de catégories dépendent, pour l'essentiel, des principes sur lesquels repose l'organisation de la société : elles représentent une espèce de fond institutionnel de la pensée chinoise, et leur analyse se confond (comme on le verra par exemple pour les idées de Temps, d'Espace et même de Nombre) avec une étude de morphologie sociale. Mais ces idées-maîtresses ne sont pas toutes devenues explicites au même moment de l'histoire : aussi se signalent-elles par quelques traits qui les situent ou les datent. Si le Yin et le Yang forment un *couple* et paraissent présider conjointement au rythme qui fonde l'Ordre universel, c'est que leur conception relève d'un âge de l'histoire où un principe de roulement suffisait à régler l'activité sociale répartie entre deux groupements complémentaires. La conception du Tao remonte à une époque moins archaïque ; elle n'a pu devenir explicite qu'à un moment où la structure de la société était plus compliquée et dans des milieux où l'on révérait l'autorité de Chefs justifiés à se présenter comme les seuls auteurs de l'ordre dans le monde : alors et là seulement, put être imaginée l'idée d'un pouvoir d'animation *unique* et *central.*

Classer les notions en les rapportant à des milieux dont on connaît la place et le rôle dans l'histoire de la société chinoise, c'est esquisser l'histoire des idées, et c'est même indiquer des dates. Si ces dates ne peuvent s'exprimer au moyen de chiffres, elles n'ont pas, sans doute, un moindre caractère de précision concrète. Pourtant, je le sais bien, certains liront avec déplaisir des « dissertations » où, faute de dates abstraites et de noms propres, les idées sembleront sortir directement de la foule. Qu'y puis-je ? — Je me suis interdit d'employer même les désignations (évidemment commodes mais d'une précision toute fictive) telles que « l'École des Devins ». Je les ai évitées par pure prudence et non pas, on peut le croire, par oubli du fait que, pour produire des idées, il faut des individus. J'ai pu montrer que le contenu des idées directrices s'explique par la structure de la société chinoise et que l'évolution de ces idées dépend très strictement de l'évolution sociale. Il est évidemment regrettable qu'on n'ait pas le moyen de citer les noms et de donner les dates des personnages qui furent les témoins actifs de ces évolutions parallèles. L'essentiel cependant est qu'on en peut marquer le parallélisme. Quel qu'ait été le génie des sages qui prirent conscience des principes directeurs de la pensée et de l'organisation chinoises, l'explication de ces principes se trouve bien moins dans ce génie que dans l'histoire du système social.

Cette histoire est remarquable, en Chine, par une continuité dont on ne trouve nulle part l'équivalent. Les philosophes chinois de toute École n'ont jamais cessé de penser que le système national de symboles, fruit d'une longue tradition de sagesse, ne pouvait pas, dans son ensemble, ne pas être à la fois adéquat et efficace : autant dire qu'ils professent pour lui la confiance qu'en Occident nous inspire la Raison.

Celle-ci nous paraît correspondre à un corps de notions directrices dont les notions chinoises semblent différer profondément. Comme on le verra, ces dernières se rattachent à un système de classification qu'il est très légitime de rapprocher des « classifications primitives ». Il serait assez facile d'attribuer aux Chinois une mentalité « mystique » ou « prélogique » si l'on interprétait à la lettre les symboles qu'ils révèrent.

Mais, en considérant comme des invitations étranges et singulières ces produits de la pensée humaine, j'aurais cru manquer à l'esprit de l'humanisme comme au principe de toute recherche positive. D'ailleurs, l'injustice qu'impliquerait un préjugé défavorable se trouve démontrée par l'analyse des idées directrices ; ces cadres permanents de la pensée sont calqués sur les cadres d'une organisation sociale dont la durée suffit à prouver la valeur : il faut donc que ces règles d'action et de pensée répondent en quelque manière à la nature des choses ([21]). La Sagesse chinoise n'a sans doute pas su se défendre de dévier vers une pure scolastique ; à partir de la fondation de l'Empire, l'Orthodoxie a imposé son règne, et le principal souci de la pensée savante a été le classement mnémotechnique d'un vieux savoir : dès lors, le sens expérimental a fait défaut. Mais ce savoir scolastique s'était constitué à partir d'expériences dont est sortie, avec la notion même de classement, l'idée que toute organisation tire sa valeur d'une efficience constatée. Arbitraires assurément en quelque mesure comme toutes les créations humaines, les aménagements sociaux qui ont servi de modèles à l'aménagement de l'esprit reposent néanmoins sur un effort persévérant d'adaptation expérimentale. C'est une tentative longtemps poursuivie d'*organisation de l'expérience* qui est à l'origine des catégories chinoises : il y aurait imprudence à préjuger qu'elles sont, en tout point, mal fondées. Elles paraissent s'opposer à nos propres idées directrices et peuvent nous surprendre par un parti pris hostile à l'égard de toute abstraction. Mais les Chinois ont su dégager une logique de la hiérarchie ou de l'efficacité qui s'ajuste parfaitement à leur goût pour les symboles concrets. Et si, en se refusant à prêter un aspect d'entités abstraites au Temps, à l'Espace et aux Nombres, ils se sont détournés d'une physique quantitative et se sont cantonnés (non sans résultats profitables) dans la poursuite du furtif ou du *singulier*, rien ne les a empêchés, — aucun préjugé théologique ne les poussant à imaginer que l'Homme formait à lui seul dans la nature un règne mystérieux, — d'édifier toute leur sagesse sur une psychologie d'esprit positif. — Peut-être est-on conduit à une appréciation plus équitable de la pensée chinoise quand on s'est aperçu que le crédit des notions qui lui servent de principes directeurs tient non pas à la vogue de tel ou tel enseignement, mais à l'efficience longuement éprouvée d'un système de discipline sociale ([22]).

⁎

J'avais à faire connaître le système de pensée qui, joint à leur système social, définit la civilisation des Chinois. J'ai dû, car je ne disposais que de renseignements incomplets et frustes, procéder par de lentes analyses qu'il m'a fallu présenter sous la forme de dissertations séparées. J'ai cherché à les grouper de façon à indiquer la structure et le mouvement qui caractérisent le corps de « doctrines » ou de règles d'action que j'avais à interpréter. L'idée qui semble l'animer est que la pensée humaine a pour fonction non la connaissance pure, mais une action civilisatrice : son rôle est de sécréter un ordre agissant et total. Il n'y a point, par suite, de notion qui ne se confonde avec une attitude, ni de doctrine qui ne s'identifie avec une recette de vie. Définir, pour l'essentiel, le système de pensée des Chinois revient à caractériser l'ensemble des attitudes chinoises. Aussi la conclusion que j'ai donnée à ce volume vaut-elle pour le volume précédent. Si ce titre ne supposait pas une ambition déplacée, je pourrais dire qu'elle a pour objet de faire entrevoir « l'esprit des mœurs chinoises ». Je me suis proposé d'y signaler les plus remarquables des partis pris d'où la civilisation de la Chine tire son originalité. Ce résumé, bien entendu, n'est que le résumé de mon expérience. On le reconnaîtra sans doute : si un esprit systématique apparaît dans ces conclusions provisoires, c'est que j'avais à définir l'esprit d'un système ([23]).

Livre premier : L'expression de la pensée

Ces premiers chapitres ont pour objet de renseigner sur la langue, l'écriture, la stylistique, la rythmique chinoises. Nous sommes habitués à considérer le langage comme une symbolique spécialement organisée pour communiquer des idées. Les Chinois ne mettent pas l'art du langage à part des autres procédés de signalisation et d'action. Il leur paraît solidaire de tout un corps de techniques servant à situer les individus dans le système de civilisation que forment la Société et l'Univers. Ces diverses techniques de l'attitude visent d'abord à l'action. Quand ils parlent et quand ils écrivent, les Chinois, au moyen de gestes stylisés (vocaux ou autres), cherchent à figurer et à suggérer des conduites. Leurs penseurs n'ont pas des prétentions différentes. Ils se contentent parfaitement d'un système traditionnel de symboles plus puissants pour orienter l'action qu'aptes à formuler des concepts, des théories ou des dogmes.

Chapitre premier

La langue et l'écriture

Le chinois est une grande langue de civilisation qui a réussi à devenir et à rester l'instrument de culture de tout l'Extrême-Orient. Elle a, de plus, servi d'organe à l'une des littératures les plus variées et les plus riches. — La langue chinoise appartient au type monosyllabique. L'écriture est figurative.

I. LES EMBLÈMES VOCAUX

Dans l'état actuel de nos connaissances, c'est seulement pendant la période comprise entre le VIᵉ siècle de notre ère et les temps modernes qu'on peut suivre l'évolution phonétique et morphologique du chinois ([24]). Pour les temps plus anciens qui nous intéressent ici, les documents ne renseignent que d'une manière insuffisante sur la prononciation et la langue parlée.

Les spécialistes admettent que le chinois est une langue du groupe dit *sino-tibétain*. Tous les parlers de ce groupe sont caractérisés par une tendance au monosyllabisme. Le « sino-tibétain commun » était-il une langue monosyllabique ? Certains pensent qu' « il serait inexact » de le définir ainsi « si l'on entend par là un idiome dont tous les mots à l'origine n'auraient eu qu'une syllabe » ([25]). Il ne paraît point possible, pour le moment, d'isoler les racines primitives. On considère cependant comme probable qu'à date ancienne « de nombreux mots étaient plus longs qu'ils ne le sont aujourd'hui et comprenaient, outre la racine, un ou plusieurs affixes et peut-être même une désinence. Au cours des siècles, ces agrégats se sont réduits graduellement » ([26]). M. Karlgren a même essayé de démontrer que les Chinois employaient jadis des pronoms personnels différents au cas-sujet et au cas-régime ([27]). Les documents qu'il a étudiés ne sont certainement pas antérieurs aux VIIIe-Ve siècles avant notre ère. Les Chinois de l'époque féodale auraient donc parlé une langue où existaient des traces de flexion (déclinaison sinon conjugaison).

Il paraît, d'autre part, que le chinois archaïque était phonétiquement moins pauvre que le chinois moderne. Les consonnes, initiales ou finales, étaient plus nombreuses. La série des vocales comprenait un assez grand nombre de diphtongues et de triphtongues. Chaque mot portait un ton dont la hauteur variait selon que l'initiale était sourde ou sonore, tandis que l'inflexion dépendait, semble-t-il, de la finale. Ces tons étaient au nombre de huit : quatre dans la série basse, quatre dans la série haute. Ils pouvaient aider à différencier les homophones ([28]). Si, en prononçant un mot, on faisait passer le ton de la série basse à la série haute ou inversement, la valeur de ce mot se trouvait modifiée. Là encore, il y a (peut-être) trace d'un procédé ancien de dérivation.

Il est impossible de dire si les différents procédés de dérivation qu'on pense avoir restitués et dont il n'y a guère moyen de déterminer l'importance témoignent d'un état archaïque du chinois ou s'il faut y voir l'amorce d'un développement de la langue — d'ailleurs rapidement arrêté.

Quoi qu'il en soit, la langue parlée aux temps les plus anciens de l'histoire chinoise ([29]) apparaît déjà comme une langue d'un phonétisme très pauvre et dont la morphologie est extrêmement réduite.

Même si l'on postule que, dans l'idiome chinois, les mots n'étaient point primitivement monosyllabiques, on doit reconnaître que nulle part la tendance au monosyllabisme n'a été plus forte. S'il est vrai que les Chinois aient employé des affixes, le rôle de ceux-ci était, en tout cas, si restreint que le sujet parlant n'avait guère le moyen de prendre conscience d'aucune dérivation. Il avait à utiliser des mots qui, réduits à l'état de monosyllabes, dépourvus de toute souplesse, de toute fluidité, se présentaient à lui, pratiquement, comme autant de racines indépendantes.

Nous ne connaissons pas l'importance des variétés dialectales qui pouvaient distinguer les parlers des différents pays de la Chine ancienne.

Le fait qu'une même langue se retrouve dans l'ensemble des chansons locales (*Kouo fong : Chansons de pays*) qui forment la première partie du *Che king* prouve peu de chose. Il n'est pas impossible que ces chansons aient été remaniées au moment où on en fit une anthologie. On peut cependant supposer que tous les sujets de la vieille Confédération chinoise avaient conscience qu'ils parlaient un même idiome.

Il y a des chances que l'habitude des réunions interféodales ait favorisé le développement d'un parler commun aux nobles des différentes seigneuries.

Ceux-ci considéraient cette langue commune comme la seule qui fût digne d'eux. Un prince de Wei (seigneurie du Ho-nan), revenu dans son pays après un temps de captivité, se plaisait à imiter la façon de parler de ses vainqueurs, les gens de Wou (Ngan-houei). On s'écria aussitôt : « Le prince de Wei n'évitera pas le Sort ! Ne sera-ce point de mourir chez les Barbares ? Il fut leur prisonnier. Il se plaît à parler leur langue ! Le voilà décidément lié à eux [30] ! »

On doit admettre que, dès l'époque féodale, le chinois est une langue de civilisation [31].

Il mérite de l'être parce qu'il est l'organe d'une culture originale et parce qu'il présente certaines qualités. Ces qualités, à vrai dire, sont très différentes de celles que nous serions tentés de demander à une langue choisie pour assurer une bonne transmission de la pensée.

Les mots, brefs à l'excès et que la pauvreté du phonétisme rendait souvent difficiles à distinguer, pouvaient, pour la plupart, être employés indifféremment comme noms, verbes, adjectifs, sans que leur forme fût changée sensiblement [32]. Quelques particules, qui, du reste, servaient chacune à plusieurs fins et valaient surtout comme ponctuations orales, aidaient à faire entendre le sens de la phrase.

Mais seule une construction rigide pouvait apporter quelque clarté à l'expression des idées. Or, quand on écrivait, c'était bien à l'ordinaire, un emploi strict de la règle de position qui fixait le rôle syntactique de chaque mot. Mais, quand on parlait, l'ordre des mots était déterminé par la succession des émotions. Cet ordre ne faisait que mettre en valeur le degré d'importance affective et pratique attribué aux différents éléments d'un ensemble émotionnel.

La langue offrait peu de commodités pour l'expression abstraite des idées. Sa fortune comme langue de civilisation a cependant été prodigieuse.

Le chinois, il est vrai, possède une force admirable pour communiquer un choc sentimental, pour inviter à prendre parti. Langage rude et fin à la fois, tout concret et puissant d'action, on sent qu'il s'est formé dans des palabres où s'affrontaient des volontés rusées.

Peu importait d'exprimer clairement des idées. On désirait, avant tout, arriver (discrètement tout ensemble et impérativement) à faire entendre son vouloir. — Un guerrier, avant que le combat ne s'engage, s'adresse à un ami qu'il a dans l'autre camp. Il veut lui donner de prudents conseils, l'engager à fuir à travers les boues de la plaine inondée, lui faire entrevoir qu'en ce cas il pourrait lui porter secours... Cependant il se borne à lui dire : « Avez-vous du levain de blé ? » — « Non », répond l'autre [qui, peut-être, ne comprend pas]. — Avez-vous du levain (de plantes) de montagne ? » — « Non », répond de nouveau l'autre. [Malgré l'insistance sur le mot *levain* (le levain passait pour être un excellent préventif contre l'influence pernicieuse de l'*humidité*), il ne comprend point encore — ou feint de ne pas comprendre : sans doute désire-t-il recevoir, avec un conseil plus explicite, l'engagement qu'on lui viendra en aide.] L'ami reprend alors [évitant encore le mot essentiel, mais le suggérant avec force] : « Le poisson du Fleuve aura mal au ventre. Quel remède lui donnerez-vous ? » Et l'autre [qui se décide enfin] : « Regardez les puits sans *eau*. Vous l'en retirerez. » Il va donc, au gros du combat, se cacher dans une fondrière boueuse et, le danger passé, son ami l'y retrouve. Le donneur de conseil a concentré l'attention sur un mot qu'il s'est bien gardé de prononcer — tout en sachant lui donner une pleine valeur d'impératif complexe. (« Songez à l'eau ! — Méfiez-vous de l'eau ! — Servez-vous de l'eau ! = *Sauvez-vous*, en utilisant, avec prudence, l'inondation ! »)

Le langage vise, avant tout, à agir. Il prétend moins à informer clairement qu'à diriger la conduite. « L'art de s'exprimer (*wen*) rend la parole puissante ([33]). » Cet art, tel qu'il apparaît dans les récits anciens de transactions ou de palabres, ne se soucie aucunement de notions explicites ou de raisonnements en forme. Pour prendre barre sur un adversaire, pour peser sur la conduite de l'ami ou du client, il suffit qu'accumulant les formules on impose à la pensée un mot, un verbe, qui la possédera entièrement.

Le mot, en chinois, est bien autre chose qu'un signe servant à noter un concept. Il ne correspond pas à une notion dont on tient à fixer, de façon aussi définie que possible, le degré d'abstraction et de généralité. Il évoque, en faisant d'abord apparaître la plus active d'entre elles, un complexe indéfini d'images particulières.

Il n'existe point de mot qui signifie simplement « vieillard ». Il y a, en revanche, un grand nombre de termes qui peignent différents aspects de la vieillesse : l'aspect de ceux qui, déjà, ont besoin d'une alimentation plus riche (*k'i*), l'aspect de ceux dont la respiration est suffocante (*k'ao*), etc. Ces évocations concrètes entraînent une foule d'autres visions qui sont, toutes, aussi concrètes : tout le détail, par exemple, du mode de vie propre à ceux dont la décrépitude requiert une nourriture carnée, — ils sont ceux qu'on doit exempter du service militaire, — ceux qu'on ne peut plus obliger à aller à l'école (sorte de prytanée), — ceux pour qui, en prévision de leur mort, on doit tenir prêt tout le matériel funéraire dont la préparation exige un an de travail, — ceux qui ont le droit de porter un bâton en pleine ville, du moins quand celle-ci n'est pas une capitale, etc. Telles sont les images, éveillées, entre autres, par le mot *k'i*, lequel, au total, correspond à une notion quasi singulière, celle de : vieillard de soixante à soixante-dix ans. A soixante-dix ans, on devient spécifiquement vieux. On mérite alors d'être appelé : *lao*. Ce mot évoque un moment caractéristique de la vie qui est l'arrivée à la vieillesse. Il n'équivaut pas au concept : vieux. Il entraîne l'apparition d'une suite d'images qui ne se fondent point en une idée abstraite. Si ce flot d'évocations n'est point arrêté, la représentation embrassera l'ensemble des aspects qui singularisent les différentes catégories de gens pour lesquels a pris fin la période active de la vie. Quand elle aura atteint son maximum d'ampleur, cette représentation restera encore dominée par une vision caractéristique, celle de l'entrée dans la retraite, ou, plus exactement, celle du *geste rituel* par lequel on prend congé de son chef. Aussi le mot *lao*, comme la plupart des mots chinois, garde-t-il, même quand on l'emploie de façon nominale, une sorte de valeur vivante. Il ne cesse pas d'évoquer une action et demeure foncièrement verbe (se déclarer vieux ; être déclaré vieux ; prendre sa retraite).

Le mot, de même qu'il ne correspond pas à un concept, n'est pas non plus un simple signe. Ce n'est pas un signe abstrait auquel on ne donne vie qu'à l'aide d'artifices grammaticaux ou syntactiques. Dans sa forme immuable de monosyllabe, dans son aspect neutre, il retient toute l'énergie impérative de l'acte dont il est le correspondant vocal, — dont il est l'emblème.

Cette puissance des mots et ce caractère qu'ils possèdent d'être considérés, non pas comme de simples signes, mais comme des emblèmes vocaux, éclatent dans certains termes, qui d'ordinaire s'emploient redoublés et forment des *auxiliaires descriptifs*.

L'importance de ces auxiliaires descriptifs est un des traits de la poésie ancienne. Mais ils jouent un rôle considérable dans la poésie chinoise de tous les temps, et la prose elle-même ne les ignore pas (³⁴) Quand un poète peint les jeux de deux sortes de sauterelles à l'aide des auxiliaires *yao-yao* et *t'i-t'i*, il n'entend point (ses interprètes nous l'affirment) se borner à décrire avec expression. Il veut conseiller — il prétend *ordonner* — à ses auditeurs d'obéir à un ensemble de règles dont les gestes des sauterelles sont l'*emblème naturel*, dont les auxiliaires qui les peignent sont l'*emblème vocal*. Ces règles sont très particulières et cependant orientent largement la conduite. On ne conçoit pas (il ne se peut pas) que, *par une sorte d'effet direct*, les emblèmes

vocaux *yao-yao* et *t'i-t'i* n'imposent point, par leur force
seule, le respect d'obligations (mariage hors de la famille
et de la résidence, entrée en ménage après la saison des
travaux agricoles, etc.) impliquant toute une discipline de
vie (séparation des sexes, rites de la vie de ménage, etc.) ([35]).
L'auxiliaire *siu* peint le bruit particulier que font avec leurs
ailes les couples d'oies sauvages ; l'auxiliaire *yong* rend le cri
de ces mêmes oies, quand, à l'appel du mâle, la femelle
répond. De nos jours encore, il suffit d'évoquer ces peintures vocales (on peut pour cela se borner à inscrire sur une
pancarte les caractères correspondants, l'*emblème scriptural*
tenant la place de l'*emblème vocal*, qui est lui-même l'équivalent de l'*emblème naturel*), pour être assuré (du moins si
l'on porte cette pancarte, *à la place convenable*, en tête d'un
cortège nuptial) que l'épouse s'imprégnera tout aussitôt de la
vertu d'une oie femelle : elle suivra, sans le dépasser jamais,
le chef du ménage, et, désormais soumise à tous ses ordres,
elle lui répondra sur le ton d'un unisson harmonieux ([36]).
Utilisés par la plus savante des rhétoriques, les concepts
abstraits de pudeur, de soumission, de modestie auraient-
ils des effets plus puissants ?
  Certains auxiliaires descriptifs ressemblent à des onoma-
topées. La plupart d'entre eux sont des peintures vocales,
mais non dans le sens réaliste du mot. *K'i-k'i*, qui peint le
chant du coq tout comme celui du loriot, évoque encore les
bourrasques du vent du nord ([37]). Les monosyllabes homophones abondent dans le chinois, très pauvre en sons, très
riche en mots : deux homophones, chacun avec la même
force de suggestion, à la fois singulière et indéfinie, peuvent
éveiller les séries d'images les plus dissemblables. Rien,
dans leur vocabulaire ou leur grammaire, ne laisse entrevoir
que les Chinois aient éprouvé le besoin de donner aux mots,
avec un aspect nettement individualisé, le moyen de signaler
clairement leur sens ou leur fonction. On peut parfois songer
à retrouver dans certains mots une sorte de musique imita-
tive. Ce n'est point d'elle qu'ils tirent une puissance évocatrice telle que les prononcer c'est contraindre. Si en chacun
d'eux demeure, avec une sorte d'efficace, une valeur latente
d'impératif, cela tient à une attitude d'ensemble à l'égard de
la parole. Les Chinois ne semblent pas s'être souciés de cons-

tituer un matériel d'expressions claires qui vaudraient uniquement en tant que signes, mais qui, en elles-mêmes, seraient indifférentes. Ils paraissent tenir à ce que chacun des mots de leur langue les invitent à sentir que la parole est acte.

Le terme chinois qui signifie : vie et destinée (*ming*), ne se distingue guère de celui (*ming*) qui sert à désigner les symboles vocaux (ou graphiques). Peu importe que les noms de deux êtres se ressemblent au point qu'il y ait chance de les confondre : chacun de ces noms exprime intégralement une essence individuelle. C'est peu de dire qu'il l'exprime : *il l'appelle*, il l'amène à la réalité. Savoir le nom, dire le mot, c'est posséder l'être ou créer la chose. Toute bête est domptée par qui sait la nommer. Je sais dire le nom de ce couple de jeunes gens : ils revêtent aussitôt, faisan et faisane, la forme qui convient à leur essence et qui me donne prise sur eux. J'ai pour soldat des tigres si je les appelle : « tigres ! ». Je ne veux point devenir impie, j'arrête donc ma voiture et je fais demi-tour, car je viens d'apprendre que le nom de la bourgade prochaine est : « la mère opprimée ». Quand je sacrifie, j'emploie le terme convenable, et les dieux aussitôt agréent mon offrande : elle est parfaite. Je connais la formule juste pour demander une fiancée : la fille est à moi. La malédiction que j'exhale est une force concrète : elle assaille mon adversaire, il en subit les effets, il en reconnaît la réalité. Je sors d'un sang princier, je deviendrai pourtant garçon d'écurie, car on m'a appelé « palefrenier ». Je me nomme Yu, j'ai droit au fief de Yu, la volonté du suzerain ne peut me l'enlever : je ne puis être dépossédé de la chose, puisque j'en détiens l'emblème. J'ai tué un seigneur : aucun crime n'a été commis si nul n'a osé dire « c'est un assassinat » ! Pour que ma seigneurie périsse, il suffit que, violant les règles protocolaires du langage, je me sois désigné par une expression qui ne convenait point : elle disqualifie, avec moi, mon pays [38].

C'est dans l'art de la parole que s'exaltent et culminent la *magie des souffles* et la vertu de l'*étiquette*. Affecter un vocable, c'est attribuer un rang, un sort — un emblème. Quand on parle, nomme, désigne, on ne se borne pas à décrire ou à classer idéalement. Le vocable qualifie et contamine, il provoque le destin, il suscite le réel. Réalité emblématique, la parole commande aux phénomènes.

Le vocabulaire ancien comprend un certain nombre de ces vocables usés que les grammairiens modernes qualifient de « mots vides » ou de « mots morts ». Les autres, « les mots vivants », sont infiniment plus nombreux : ce sont ceux en qui réside une force capable de résister à l'usure. Qu'ils expriment une action, un état (n'importe quelle espèce d'apparence phénoménale), tous ces mots suscitent, si je puis dire, une essence individuelle. Tous participent de la nature des noms propres. Ils valent en tant qu'*appellations*, en tant qu'appellations singulières. D'où ce pullulement des mots qui fait un si étrange contraste avec la pauvreté du phonétisme. Il y a de nombreux termes, de sens très divers, qui se prononcent *peng, hong, sseu, tsou* ; en revanche, il n'y a aucune expression qui, phonétiquement bien individualisée et claire pour l'oreille, exprime l'idée générale, abstraite et neutre de « mourir ». On ne peut exprimer l'idée « mourir », sans qualifier et juger le défunt, sans évoquer (au moyen d'un seul monosyllabe) tout un ensemble de pratiques rituelles, tout un ordre de la société. Selon que vous aurez dit *peng, hong, sseu* ou *tsou*, le défunt *sera mort* (c'est-à-dire qu'il aura été convenable, pour ce qui est du deuil, de le traiter) en *Fils du Ciel*, en *seigneur fieffé*, en *grand-officier*, ou en *homme du peuple*. Par l'effet d'un seul mot, vous aurez disposé du sort du défunt, fixé sa destinée dans l'autre vie, classé sa famille, à moins que, incapable de porter un jugement valable, vous ne vous soyez disqualifié vous-même — car la force d'un emblème se retrouve contre qui sait mal l'attribuer. La vie chinoise est dominée par l'Étiquette. Le vocabulaire s'est accru, démesurément, de façon à permettre qu'à chaque situation correspondît un terme protocolairement juste et, partant, doué d'efficace. Cet immense vocabulaire ne correspond point à un inventaire où l'on viserait à la clarté : il forme un répertoire de jugements de valeur, jugements singuliers et pourvus d'efficience. Il constitue un système de symboles dont l'emploi, à titre d'emblèmes agissants, doit permettre de réaliser un ordre réglé par l'Étiquette.

Le chinois ancien, avec son abondant vocabulaire, dispose non pas d'un grand nombre de signes faciles à reconnaître et notant des notions distinctes, mais d'un riche répertoire d'emblèmes vocaux. A ceux-ci, il importe peu de donner une individualité sensible, un extérieur concret, une allure qui apparente ou qui distingue. Chacun, selon les circontances — et la mimique — qui orienteront en un sens déterminé les préoccupations des interlocuteurs, peut retrouver, dans sa force entière, une puissance particulière de suggestion. La langue chinoise ne s'est pas plus souciée de conserver ou d'accroître sa richesse phonétique que de développer sa morphologie. Elle n'a pas cherché à se perfectionner dans le sens de la clarté. Elle ne s'est point modelée de façon à paraître faite pour exprimer des idées. Elle a tenu à rester riche de valeurs concrètes et surtout à ne pas laisser amoindrir la puissance, affective et pratique, qui, en tant qu'il est senti comme un emblème, appartient à chaque mot.

II. LES EMBLÈMES GRAPHIQUES

Le Chinois, quand il s'exprime, paraît préoccupé d'efficacité, plus qu'il ne semble obéir à des besoins d'ordre strictement intellectuel.

Cette orientation de l'esprit explique sans doute le fait que l'écriture n'a jamais, en Chine, cessé d'être une écriture emblématique.

Cette écriture est souvent qualifiée d'idéographique, parce qu'un *caractère* spécial est affecté à chaque mot. Les caractères sont plus ou moins compliqués. Ils se résolvent en un certain nombre d'éléments graphiques, dépourvus de signification et qui correspondent simplement à un certain mouvement de l'outil employé par l'écrivain. Ces traits, groupés en plus ou moins grand nombre, forment de petites figures. Les figures que l'on arrive simplement à décomposer en traits élémentaires sont qualifiées de symboles ou d'images. On retrouve chez les unes la représentation d'une chose (arbre); les autres paraissent évoquer une idée (sortir). Ces caractères que l'on nomme simples, sont relativement peu nombreux. Les caractères dits complexes sont en bien plus grand nombre. Quand on considère qu'un caractère com-

Mou : bois (fig. d'un arbre); écriture dite sigillaire.

Mou : bois; écriture dite des tribunaux.

Tch'ou : sortir; écriture dite sigillaire.

Tch'ou : sortir; écriture dite des tribunaux.

Yi : habit.

Yi : habit (en composition, à titre de clé).

Tao : couteau.

(Habit + couteau =) commencement.

Li : village.

[Habit + *li*, (village), =] doublure (*li*).

Arrêter (image d'un pied)

Figure (privée d'un trait) représentant une lance.

Arrêter (les) lances = guerrier.

Chien : écriture dite sigillaire.

Chien : écriture dite des tribunaux.

Main droite: écriture dite sigillaire.

(Deux mains droites =) amitié; écriture dite sigillaire.

Amitié; écriture dite des tribunaux.

Froid : écriture dite sigillaire.

Froid; écriture dite des tribunaux.

Cheval; écriture dite des tribunaux.

Long, chef (= homme à tête de cheval *ou* longs cheveux retenus par une broche).

(Cheveux retenus par une broche =) long, chef; écriture dite sigillaire.

plexe est uniquement formé de composants (images ou symboles) concourant tous à indiquer le sens (habit + couteau
= commencement), on admet qu'on est encore en présence
d'un idéogramme ([39]). Le plus souvent on aboutit, par l'analyse graphique, à isoler deux parties. L'une (simple) est
alors qualifiée de *radical*; elle est censée donner une indication sur le sens. La seconde (considérée comme plus ou
moins complexe), qualifiée de *phonétique*, est censée donner
une indication sur la prononciation. Les caractères de ce
type, dits *complexes phoniques*, ne sont pas présentés comme
des idéogrammes. Ils évoquent un mot en faisant d'abord
songer (par leur radical) à une catégorie d'objets, puis en
spécifiant (grâce à la phonétique) cet objet : il est, dans la
catégorie indiquée, celui (ou l'un de ceux) qui correspond
(à peu près) à telle prononciation [doublure (*li*) = vêtement
(radical) + *li* (phonétique; le signe qui appelle cette prononciation signifie village)].

Leibniz a écrit ([40]) : « S'il y avait (dans l'écriture chinoise)...
un certain nombre de caractères fondamentaux dont les
autres ne fussent que les combinaisons », cette écriture
« aurait quelque analogie avec l'analyse des pensées ». Il suffit
de savoir que la plupart des caractères sont considérés comme
des *complexes phoniques*, pour sentir combien est fausse
l'idée que les Chinois auraient procédé à l'invention de leur
écriture comme à celle d'une algèbre en combinant des
signes choisis pour représenter les notions essentielles.

Les mérites de l'écriture chinoise sont d'un ordre tout
autre : pratique et non pas intellectuel. Cette écriture peut
être utilisée par des populations parlant des dialectes — ou
même des idiomes — différents, le lecteur lisant à sa manière
ce que l'écrivain a écrit en pensant à des mots de même sens,
mais qu'il pouvait prononcer de façon toute différente. Indépendante des changements de la prononciation au cours des
temps, cette écriture est un admirable organe de culture traditionnelle. Indépendante des prononciations locales qu'elle
tolère, elle a pour principal avantage d'être ce qu'on pourrait appeler une écriture de civilisation.

Elle a servi puissamment à la diffusion de la civilisation
chinoise. C'est en partie à cette raison qu'elle a dû de ne
point se voir encore remplacée par une écriture phonétique.

D'autre part, elle a pu être conservée parce que la tendance de la langue au monosyllabisme ne s'atténuant point sensiblement, il n'était besoin, pour l'écrire, que de figurer des racines. On n'avait aucunement à noter des flexions. On peut, du reste, penser que l'habitude de l'écriture figurative a été un obstacle pour tout développement de la langue qui aurait amené à utiliser les divers procédés possibles de dérivation.

Dans les idiomes qui admettent ces procédés, la conscience des dérivations peut prédisposer et aider à l'analyse des idées. Contrairement à ce que Leibniz imaginait, l'écriture chinoise n'est point faite pour rendre un service analogue. Les combinaisons de traits que l'on nomme improprement des radicaux ne sont nullement des caractères symbolisant des notions fondamentales. Il suffira d'indiquer qu'un de ces soi-disant radicaux prétend représenter les dents canines et un autre les incisives, mais qu'il n'y en a aucun répondant à l'idée « générale » de dents. A vrai dire, ces radicaux correspondent à des rubriques destinées à faciliter non pas un classement à prétention d'objectivité, mais une recherche pratique dans les lexiques et, sans doute, un apprentissage plus aisé de l'écriture.

Ts'in Che Houang-ti ([41]), afin d'imposer à l'Empire entier l'écriture officielle en usage dans le pays de T'sin, fit publier par son ministre Li Sseu un recueil contenant, dit-on, trois mille caractères dont l'emploi devint obligatoire pour tous les scribes. La proscription des manuscrits des « Cent Écoles » fut, peut-être, entre autres raisons, édictée pour empêcher la conservation des modes d'écriture propres aux Six Royaumes détruits par Ts'in. D'autre part, le développement de la bureaucratie impériale mit en faveur l'emploi d'une cursive (on la dénomme : écriture des tribunaux) que les savants affectèrent de considérer comme une écriture moderne, issue, *par simple déformation*, de l'écriture correcte, seule en usage, affirmait-on, dans l'antiquité ([42]). Favorisés par le besoin d'*interpréter* en caractères *modernes* les manuscrits qu'en vue de reconstituer les œuvres classiques ([43]) les savants des Han surent retrouver ou restituer en écriture archaïque ou archaïsante, les travaux lexicographiques se poursuivirent et aboutirent (vers 100 ap. J.-C.) à la composition d'un grand recueil

connu sous le nom de *Chouo wen*. Son auteur s'efforça d'isoler
dans chaque caractère des éléments composants qu'il pré-
senta comme étant employés en vue d'indiquer soit le sens,
soit la prononciation. Il détermina, parmi les éléments significatifs, 540 signes graphiques qui lui servirent de rubriques
pour classer l'ensemble des caractères étudiés, au nombre de
10 000 environ. De ces rubriques, réduites en nombre,
furent tirés les radicaux qui, dans les dictionnaires modernes,
permettent de chercher un mot, à la manière des initiales
dans nos dictionnaires phonétiques. Il conviendrait de les
qualifier de *clés*, et il ne faudrait aucunement les prendre
pour des *racines graphiques*. Cependant l'idée que le développement de l'écriture avait été unilinéaire et que l'analyse du
Chouo wen valait pour les différents types de symbolisation
graphique, a conféré à cette analyse le crédit d'une explication étymologique. *On s'est efforcé dès lors d'expliquer les
caractères à partir* d'un lot de formes primitives *dont ils
seraient issus par voie de combinaison.* Et l'on a admis, sans
discussion, que les primitives étant, à l'origine, des dessins
réalistes, les caractères complexes doivent se comprendre à
la manière de rébus.

L'idée que les caractères ont valeur de rébus paraît ancienne.
Un chef vainqueur (596) pressé d'élever un monument
triomphal répond que son premier devoir est de remettre les
armes aux fourreaux, car « le caractère *wou* (guerrier) est
formé des éléments : *arrêter* (image d'un pied) *les lances*
(image d'une lance) ([44]) ». Cette anecdote laisse entrevoir la
valeur pratique de l'explication par rébus. On ne sert, pour
justifier la conduite ou les jugements motivant la conduite,
d'une sorte d'*expérience* consignée dans l'écriture.

Cette expérience est considérée comme parfaitement adéquate à la réalité des choses. Il faut entendre par là qu'elle
est pleine d'efficace, ou, si l'on préfère, pleine d'une sagesse
divine. La tradition veut que l'écriture ait été inventée par
un ministre de Houang-ti, le premier des Souverains, après
un examen des traces laissées sur le sol par les oiseaux. On
explique de même, à partir de l'auguration, l'origine des
figures proprement divinatoires. On explique encore ces
dernières à partir de l'usage des cordes nouées et, précisé-

ment, le plus ancien système d'écriture (on lui attribue la valeur d'un système de gouvernement) consistait à se servir de nœuds ou de tailles (*fou*). Les tailles valaient comme talismans (leur nom sert toujours à désigner ces derniers). Les signes graphiques (ces traditions le prouvent) se distinguent mal des symboles à vertus magiques. Au reste, leur utilisation par les hommes en démontra la parfaite efficacité. Dès que les emblèmes graphiques furent inventés, les démons s'enfuirent en gémissant ([45]) : les humains avaient prise sur eux.

Le premier devoir du Chef est de fournir aux hommes les emblèmes qui permettent de domestiquer la Nature, parce qu'ils signalent, pour chacun des êtres, sa personnalité, ainsi que sa place et son rang dans le Monde. Aux premiers jours de la civilisation chinoise, Houang-ti acquit la gloire d'un héros fondateur, car il prit soin de donner à toutes choses une désignation (*ming*) correcte (*tcheng*), ceci « afin d'éclairer le peuple sur les ressources utilisables ». « Rendre les désignations correctes (*tcheng ming*) » est, en effet, la première des obligations gouvernementales. Le Prince a pour mission de mettre de l'ordre tout ensemble dans les choses et les actions : il ajuste les actions aux choses. Il y parvient d'emblée en fixant les dénominations (*ming* : la prononciation des mots) et les signes d'écriture (*ming* : les caractères) ([46]).

Houang-ti, le premier Souverain, commença par fonder l'ordre social ; il affecta aux différentes familles un nom destiné à singulariser leur Vertu. Il y réussit, dit-on, en jouant de la flûte. On sait que la vertu spécifique d'une race seigneuriale s'exprimait par une danse chantée (à motif animal ou végétal). Sans doute convient-il de reconnaître aux anciens noms de famille la valeur d'une sorte de devise musicale, — laquelle, graphiquement, se traduit par une espèce de blason, — l'entière efficace de la danse et des chants demeurant aussi bien dans l'emblème graphique que dans l'emblème vocal. Mais les hommes ne forment point dans la nature un règne séparé, et les règles qui s'imposent à qui veut définir les familles humaines s'imposent aussi quand il s'agit d'adapter un signe à chaque chose. Le devoir essentiel de tout gouvernement est d'obtenir une répartition harmonieuse de l'ensemble des êtres. Il y parvient en répartissant les emblèmes, devises orales et graphiques. Il a pour principale charge de surveiller le système des désignations. Toute appellation vicieuse dans la langue comme dans l'écriture révélerait une insuffisance de la Vertu souveraine. Aussi le suzerain doit-il, tous les neuf ans ([47]), réunir une commission chargée de vérifier si les emblèmes visuels ou auditifs ne cessent point de constituer une symbolique conforme au génie de la dynastie. Cette commission s'occupe à la fois des vocables et des caractères : elle est donc composée de scribes et de musiciens aveugles ([48]).

Symboles également puissants, les signes d'écriture et les signes vocaux, qu'un même terme (*ming*) sert à nommer, sont considérés comme étant strictement solidaires. Cette conception permet de comprendre pourquoi les signes où l'on reconnaît des « complexes *phoniques* » ne sont pas moins *représentatifs de la réalité* que les caractères, dits idéographiques, où l'on veut uniquement voir des dessins. Fait remarquable : la partie dite *phonétique* de ces complexes en est le plus souvent l'élément stable. Le *radical*, au contraire, est instable et souvent, se trouve supprimé. Il est l'élément le moins significatif. Il joue, tout au plus, le rôle d'un spécificateur. Normalement, il n'a guère que l'utilité, toute pratique, de faciliter un classement (technique) des signes (et non pas une classification des notions). Ces prétendus radicaux apparaissent comme des éléments superfétatoires. En revanche, chacun des groupements de traits, qu'on traite souvent de « phonétique », forme un symbole en soi complet et correspond d'ordinaire, beaucoup mieux que le radical, à ce que nous pourrions être tentés d'appeler une racine. Solidaire d'un signe vocal dans lequel on tient à voir une valeur d'emblème, le signe graphique est lui-même considéré comme une figuration adéquate, ou plutôt, si je puis dire, comme une appellation efficace.

L'écriture, étant données ces dispositions d'esprit, n'a point besoin d'être idéographique au sens strict du mot. En revanche, elle ne saurait se dispenser d'être figurative. Par contrecoup, la parole se trouve liée, pour une même destinée, à l'écriture. D'où l'importance de cette dernière dans le développement de la langue chinoise et le fait que (tel un charme que double un talisman) la vertu des vocables est comme sustentée par la vertu des graphies. Le mot prononcé et le signe écrit sont, — joints ou séparés, mais tendant toujours à se prêter appui, — des correspondants emblématiques que l'on estime exactement adéquats aux réalités qu'ils notent ou suscitent ; en eux et en elles réside la même efficacité, tant du moins que reste valable un certain ordre de civilisation.

Cet ordre ne diffère pas du système général de symbolisation. Il y a, par suite, identité complète (ou, plutôt, on tient à penser qu'il y a réellement identité) entre le sens de la correction du langage (écrit ou parlé), le sentiment de la civilisation et la conscience de la *valeur étymologique* des signes.

Ces conceptions et ces doctrines, qui font entrevoir l'attitude chinoise à l'égard des procédés d'expression, n'impliquent nullement que la symbolisation vocale ait relevé d'un art réaliste du chant et la symbolisation graphique d'un art réaliste du dessin.

Confucius a, paraît-il, déclaré que le signe figurant le chien en était le parfait dessin (⁴⁹). Il est clair, à considérer ce signe, que, pour le Sage, une représentation peut être adéquate sans chercher à reproduire l'ensemble des caractères propres à l'objet. Elle l'est lorsque, de façon stylisée, elle fait apparaître une attitude estimée caractéristique ou jugée significative d'un certain type d'action ou de rapports. Il en est de même pour les idées figurées. L'idée d'ami ou d'amitié est suggérée par la représentation schématique de deux mains unies (caractère dit simple). Les différents contrats (contrats de fiançailles, de compagnonnage militaire, d'affiliation) créateurs de liens extra-familiaux se liaient par la paumée. Le signe d'écriture met sur la voie d'une sorte d'*idée à valeur générale* en évoquant d'abord un *geste consacré riche de conséquences diverses*. Aussi suggestif est le caractère (dit complexe) qui déclenche la série de représentations conduisant à l'idée de froid. On y retrouve divers signes élémentaires qui font penser à l'homme, à la paille, à la maison. L'ensemble fait surgir l'évocation du *geste initial* de l'hivernage. Les paysans chinois, lors de leur rentrée au village (délaissé pendant la saison des travaux de plein champ et des grandes pluies), commençaient par reboucher avec de la paille les murs de pisé et les toits de chaume de leurs masures.

L'emblème graphique enregistre (ou prétend enregistrer) un geste stylisé. Il possède un pouvoir d'évocation *correcte*, car le geste qu'il figure (ou prétend figurer) est un geste à valeur *rituelle* (ou, du moins, senti comme tel). Il provoque l'apparition d'un flux d'images qui permet une sorte de *reconstruction étymologique* des notions.

Cette reconstruction d'où les notions, comme les signes, tirent une espèce d'autorité, n'a rien de commun (est-il superflu de le dire ?) avec ce qu'un savant appellerait une recherche étymologique. La diversité des opinions formulées par les paléographes en fait foi. Chacun, ou plutôt chaque école, isole, définit et regroupe à sa manière les éléments dont la combinaison a, prétend-on, formé le caractère ; chacun, d'après l'orientation de sa pensée ou d'après les besoins du moment, trouve le sens du rébus. Dans le caractère que l'on prononce *tchang* (croître, grandir) ou *tch'ang* (long, chef), les uns voient des cheveux assez *longs* pour qu'il faille les retenir par une broche ; dans le même caractère, d'autres distinguent sans effort un homme à tête de cheval (⁵⁰). En fait, ces deux explications étymologiques se relient aisément et de façon suggestive. Le double sens et la double étymologie s'expliquent par la parenté de deux danses anciennes. L'une est la danse du *chef* (et de ses femmes), qui se fait en tournoyant et *cheveux* épars. L'autre est une danse à *cheval* : les cavaliers tournent en rond, cheveux et *crinières* s'éployant. Un récit significatif montre qu'on pensait s'emparer d'un génie de la végétation en le faisant entourer par des cavaliers aux cheveux épars et, aussi (car l'emblème graphique n'a pas moins de puissance que la danse rituelle), qu'on pouvait réduire ce génie à merci par la seule représentation d'une tête à la chevelure éployée (⁵¹). Lorsqu'il doit, en dansant, faire éclater son pouvoir sur la nature et que, se mettant en pleine action, il laisse une force divine échapper des *longs* cheveux qu'il fait alors s'éployer, le *chef* se qualifie comme tel, et, du même coup, il fait *grandir* et *croître* la végétation et les troupeaux. L'écriture figurative tend à retenir quelque chose de la valeur étymologique. Mais peu importe qu'en fait elle retienne ou non le sens premier ; peu importe que la reconstruction étymologique soit imaginaire ou exacte : l'essentiel est que les graphies procurent le sentiment que les notions demeurent attachées à de véritables emblèmes.

Le mérite premier de l'écriture figurative est dans le fait qu'elle permet aux signes graphiques et, par leur intermédiaire, aux mots, de donner l'impression qu'ils valent en tant que forces agissantes, en tant que forces réelles.

La langue chinoise se souciant aussi peu de la richesse phonétique que des enrichissements procurés par l'usage des dérivations, l'écriture a servi à accroître le vocabulaire. Dès qu'on eut admis l'idée que les signes avaient été formés par voie de combinaison, dès qu'on eut appris à les décomposer en éléments pourvus d'une signification, les ressources pour créer des caractères devinrent illimitées. Pour obtenir un terme nouveau, de prononciation définie, il suffisait de combiner avec un radical choisi l'un des anciens ensembles graphiques pourvu de cette prononciation ou d'une prononciation voisine. Dès lors l'invention graphique a pu fonctionner à la manière d'un procédé de dérivation, mais en multipliant les homophones et en aboutissant souvent à masquer la parenté réelle des notions. Chaque caractère nouveau (tout aussi bien que n'importe quel *complexe phonique*) pouvait figurer concrètement une réalité. Le goût du concret, joint à la passion de l'étiquette, entraîna une prolifération extraordinaire des signes graphiques.

En 485 après Jésus-Christ, les lexiques s'augmentèrent par décret impérial d'un millier de termes nouveaux ([52]). On voit que demeurait intacte la conception faisant du chef de l'État le maître du système national de symboles. En même temps qu'elle, sans doute, restait valable l'idée que les signes graphiques, dans leur ensemble, sont solidaires d'un certain ordre de civilisation et que chacun d'entre eux possède la puissance de réalisation caractéristique des emblèmes.

On n'a point mention, pour l'antiquité, d'enrichissements aussi massifs. Mais la prolifération des caractères est assurément un fait ancien. De très bonne heure, l'art des écrivains et *surtout celui des poètes* a paru tenir à l'abondance des signes graphiques utilisés dans leur manuscrit. Ce fait signale l'action dominante que le système d'écriture a exercé sur le développement de la langue. Il faut supposer que les poèmes, au cours de leur récitation, *parlaient aux yeux*, si je puis dire, grâce à la mise en branle d'une mémoire graphique doublant la mémoire verbale. Il nous est difficile de nous représenter le procédé, mais il est clair qu'il a eu un effet décisif : les mots ne devinrent jamais de simples signes.

L'écriture figurative a aidé la plupart des mots à garder, avec une sorte de fraîcheur et le caractère de *mots vivants*, un entier pouvoir d'expression concrète. Conservée, sinon choisie, en vertu d'une disposition de l'esprit chinois qui semble profonde, elle a empêché le vocabulaire de former un matériel abstrait. Elle paraît convenir à une pensée qui ne se propose point d'économiser les opérations mentales.

Chapitre II

Le style

Nous sommes peu renseignés sur la stylistique chinoise, — moins bien encore que sur la langue. L'art d'écrire n'a guère été, en Chine, l'objet d' « études » précises. Quand il arrive aux sinologues d'Occident de s'occuper de questions de style, s'ils ne se bornent point à formuler des appréciations, ils visent presque uniquement à dater ou à localiser les Œuvres ([53]). Ils prétendent, au reste, y arriver par les voies ordinaires de la simple philologie et ne poussent guère jusqu'aux recherches de stylistique. D'ailleurs l'histoire littéraire de la Chine est entièrement à refaire : elle reste dominée, même chez nous, par les postulats de l'orthodoxie indigène. Par exemple, on exprime assez souvent l'idée que la prose chinoise dérive, d'une part, de l'art des scribes, de l'autre de l'art des devins ([54]) ; les premiers auraient fixé les principes du style historique ou documentaire, les autres créé le style philosophique ou scientifique. On se borne à caractériser ces deux styles en affirmant que celui-ci est concis jusqu'à l'obscurité, celui-là simple, aride, précis, sec. Ces généralités dispensent d'apporter la preuve que scribes et devins formaient des écoles distinctes des corporations opposées. Les faits semblent imposer l'opinion contraire, mais peu importe si l'on entend continuer à croire que la pensée de Confucius, grand patron de l'école historique, n'a subi que de très loin l'influence des techniciens de la magie et de la divination : devant un dogme, qu'importent les faits ? Si, décidé à partir de ceux-ci, on se libérait des préjugés dogmatiques qui commandent encore le classement des œuvres et des personnages, une constatation pourrait orienter de façon positive une recherche sur la stylistique chinoise. Les œuvres anciennes (quelle que soit l'école à laquelle on décide de les rattacher) [55] renferment de nombreux passages en vers, — si peu distincts du contexte que la critique, souvent, n'a discerné que fort tard leur caractère poétique. Il y a donc quelques raisons de supposer que les façons de dire de la prose littéraire chinoise ne se différencient guère de celles qu'utilisait l'ancienne poésie. En suggérant que la prose archaïque (modèle de la prose savante dont le prestige tient à l'emploi d'une langue écrite distincte de la langue vulgaire au point de paraître quasi sacrée ou de passer pour une langue morte) n'est point une création due entièrement à des lettrés ou à des sages, on risque certes d'avancer une opinion qui sera reçue comme hérétique [56] ; on aggravera l'attentat si l'on ajoute que la poésie dont la prose archaïque ou archaïsante tire ses procédés, apparaît, non pas comme une poésie savante, mais simplement comme une poésie d'ordre religieux. Ces hypothèses, pourtant, rendent compte, on va le voir, des caractères les plus remarquables du style chinois.

Les Chinois, quand ils parlent et quand ils écrivent, s'expriment uniformément en employant des formules consacrées. Ils composent leur discours à l'aide de sentences qu'ils enchaînent rythmiquement. Rythmes et sentences concourent à pourvoir d'autorité les développements et les phrases. Ceux-ci (de même que les mots valent pour leur force agissante) visent surtout un effet d'action.

I. LES SENTENCES

La littérature chinoise est une littérature de centons. Quand ils veulent prouver ou expliquer, quand ils songent à raconter ou à décrire, les auteurs les plus originaux se servent d'historiettes stéréotypées et d'expressions convenues, puisées à un fonds commun. Ce fonds n'est pas très abondant et, d'ailleurs, on ne cherche guère à le renouveler. Une bonne partie des thèmes qui ont joui d'une faveur permanente se retrouvent dans les productions les plus anciennes et les plus spontanées de la poésie chinoise.

Un lot important de poèmes anciens a été conservé dans le *Che king* ([57]). Nous ne possédons aucune œuvre chinoise authentique qui soit sensiblement plus ancienne. Ce classique ne contient sans doute que des pièces antérieures au Ve siècle avant Jésus-Christ. Le choix des poésies, si l'on veut croire la tradition, est dû à Confucius. Le Maître n'aurait admis dans son anthologie que des poèmes inspirés par la plus pure sagesse. Ils se présentent dans son recueil groupés en quatre sections. Tous appartiennent au genre de la poésie dite régulière (*che*) ; les vers, qui le plus souvent sont de quatre caractères (quatre syllabes), se répartissent en couplets offrant des combinaisons de rimes assez peu variées. Les trois dernières sections renferment des pièces parfois fort courtes, mais parfois assez longues ; celles de la première partie (*Kouo fong*) n'ont pour la plupart que trois couplets (en général douze vers en tout). Dans l'ensemble, ni la composition ni les procédés rythmiques ne diffèrent grandement d'une section à l'autre. La tradition orthodoxe affirme, d'autre part, l'unité de l'inspiration. Tous les poèmes du *Kouo fong* auraient été composés et chantés à l'occasion de circonstances historiques définies et du reste bien connues. Tous posséderaient à la fois un intérêt politique et une valeur rituelle, car ils auraient eu pour objet de dicter aux princes leur conduite et de la rendre conforme aux bonnes mœurs ([58]). Cette doctrine traditionnelle a le mérite de mettre en évidence le caractère religieux commun à toutes ces poésies. Ce caractère est essentiel : il explique seul la conservation de ces poèmes et l'utilisation qui en a été faite au cours de l'histoire chinoise, car le *Che king* est le classique qui inspire le plus de respect ; on y trouve, mieux que dans les rituels eux-mêmes, des principes de conduite. Les opinions courantes, aujourd'hui encore, dans la critique occidentale sont beaucoup plus simplistes. Les Occidentaux ne reconnaissent d'ordinaire un sens religieux qu'à certaines « odes » des derrières sections ; ils affirment aussitôt que, banales à l'extrême, leur valeur poétique « n'est pas très haute » ([59]). Ils accordent plus d'intérêt aux poèmes, qu'ils traitent volontiers d' « élégies » ou de « satires », car ils y sentent une inspiration toute profane. Quant aux poèmes du *Kouo fong*, ils voient en eux, comme les Chinois, des œuvres de circonstance, mais ne comprennent point

qu'elles aient pu, tout de même, présenter un intérêt rituel.
Ils les qualifient donc de *lieder* ou de « poèmes d'imitation
populaire » et pensent ainsi se libérer heureusement de la
tradition indigène ([60]). A moins que cette dernière n'inspire
une foi aveugle, on doit renoncer à la prétention de déterminer, une par une, le sens de poésies pour la plupart remaniées
bien que faites d'éléments anciens. En revanche, si l'on porte
son attention sur ces éléments et si on envisage ces thèmes
dans leur ensemble ([61]), quelques faits importants se déga-
gent nettement, et d'abord celui-ci : l'ancienne poésie chinoise appartient au type gnomique. Elle aime à se parer de
toute la sagesse et de tout le prestige des proverbes.

Elle se soucie médiocrement des nouveautés d'expressions,
des combinaisons inédites, des métaphores originales. Les
mêmes images reviennent sans cesse. Elles sont toutes d'ins-
pirations très voisines et, d'ailleurs, tirées sur un très petit
nombre de modèles. « Voici que tombent les prunes ! » —
« Voici que chante le loriot ! » — « A l'unisson, crient les
mouettes ! » — « Se répondant, brament les cerfs ! » Ces images
ne furent point inventées par goût de l'expression neuve,
destinées à se faner avec le temps : ce sont des dictons de
calendrier. On en retrouve une bonne partie dans les calendriers rustiques que les Chinois ont conservés ([62]). Or, elles
se rapportent surtout aux périodes du printemps et de l'automne. Nous savons qu'alors se tenaient de grandes fêtes
dont la tradition s'est maintenue dans certains coins de l'Asie.
Ces fêtes ont pour objet de renouveler entre les hommes et la
nature un bon accord dont paraît dépendre le sort de tous les
êtres. Tous les êtres, de même, concourent à la fête. Celle-ci
se passe en chants et en danses. Tandis que sur les fleurs
brille la rosée printanière ou que sur la terre givrée tombent
au vent d'automne les fruits mûrs et les feuilles flétries,
mêlant leurs voix et leurs gestes aux appels que, mâles et
femelles, les sauterelles, les cerfs, les mouettes, se lancent en
se poursuivant, les gars et les filles des champs forment des
chœurs de danse qui se répondent par vers alternés. Hommes
et choses, plantes et bêtes confondent leurs activités comme
s'ils conspiraient au même but. Ils semblent, unis par le
désir d'obéir de concert à un ordre valable pour tous, s'envoyer des signaux ou répondre à des commandements ([63]).

Ce sont ces signaux et ces commandements qui, enregistrés dans les vers, valent tout ensemble comme thèmes poétiques et comme dictons de calendrier. A chaque fête, ainsi que l'ont fait les aïeux, tous les acteurs s'efforcent de collaborer avec la Nature. A tous et depuis toujours, le même paysage rituel propose impérieusement les mêmes images. Chacun les réinvente et croit improviser. Tous pensent apporter une collaboration efficace à l'œuvre commune, dès qu'ils ont retrouvé, par un libre effort, les formules dont les ancêtres vérifièrent le pouvoir. Fraîches trouvailles autant que centons restitués, les thèmes que peuvent inspirer les jeux de cette improvisation traditionnelle (⁶⁴) durent, sous forme de proverbes, mais, librement recréés, sont choisis pour leur convenance parfaite. Ils valent, à titre de signaux adéquats, parce qu'ils correspondent exactement aux signaux que répète et qu'invente la nature en fête, cependant que, dans leurs joutes chantées, les hommes rivalisent de savoir traditionnel et d'esprit inventif. Retenant en eux tout le génie créateur qu'il a fallu, au cours des temps, dépenser pour les parfaire, riches d'efficience, ils valent en tant qu'emblèmes (⁶⁵).

Faites de dictons de calendrier, les poésies du *Kouo fong* ont pu conserver, en même temps que la puissance gnomique affirmée par la tradition chinoise, un air de fraîcheur et de grâce libre qui peut inviter à les traiter de « lieder ». Dans ces dictons demeure, avec une essence de nécessité qui est la vertu première de tout rite, l'âme de spontanéité qui est le moteur de tous les jeux. Ils possèdent l'entière efficacité et la jeunesse sans cesse renaissante des jeux et des rites. Ils ne prendront jamais l'aspect de métaphores usagées qui peuvent recevoir une signification définie et abstraite. Ce sont des emblèmes vivaces, débordants d'affinités, éclatants de puissance évocatrice, et, si je puis dire, d'omnivalence symbolique. Ils ne peuvent cesser de dicter aux hommes, avec tel geste initial, toute la conduite qui s'impose quand on veut aider la nature et, à la nature elle-même, ils savent toujours, d'un seul signe, rappeler l'ensemble de ses devoirs traditionnels. Aux fêtes du printemps, les jeunes gens qui passent la rivière, dansant et jupes troussées, chantent ces vers : « C'est la crue au gué où l'eau monte ! — C'est l'appel des perdrix criant (⁶⁶) ! » Au thème de la crue printanière, le thème de la quête amoureuse répond, comme un écho, dans leur chanson. Mais, dans la réalité de la fête, ces signaux solidaires se suscitent effectivement l'un l'autre, et l'un et l'autre sont suscités dès que la danse et le chant des jeunes couples réalisent emblématiquement l'un ou l'autre : c'est cette danse et c'est ce chant qui, faisant tout ensemble s'accoupler les perdrix et grossir, autant qu'il convient, la crue saisonnière, réussiront à faire apparaître *tous* les signes du printemps. La biche qu'on tue pour offrir sa peau en cadeau de noces, la blanche litière de chiendent sur laquelle on devra présenter ce don lorsque viendra avec l'automne le temps d'entrer en ménage, les sollicitations des garçons émus, à l'approche de l'hiver, par l'influence du *Yin* (principe féminin) et, chez les filles, le souvenir des jours printaniers où elles durent obéir à l'appel du *Yang* (principe mâle), tous ces thèmes qui s'appellent, mais qui évoquent aussi une foule de thèmes correspondants, peuvent, en un couplet, suggérer toutes les émotions et inviter à tous les actes que les rites et les jeux des fêtes saisonnières présentent comme un ensemble lié. Mais, au lieu de chanter : « Dans la plaine est la biche morte ! — d'herbe blanche, enveloppez-la ! — Une fille songe au printemps ! — Bon jeune homme, demandez-la ! ([67]) », il suffira, *en deux mots*, de rappeler le thème « songer au printemps » pour que jeux et rites, gestes humains et correspondances naturelles apparaissent dans leur liaison nécessaire et voulue. Et si même un poète emploie, en bonne place, *le seul mot* « printemps », non seulement il suggérera, avec leur cortège rituel d'images, toutes les alternatives de l'angoisse amoureuse, mais il pensera encore obliger l'auditeur à ressentir, en plein accord avec les volontés de la nature et les coutumes des aïeux, un sentiment si actif qu'il faut lui attribuer la valeur d'un vœu et d'un ordre. On voit pourquoi le mot, comme la formule elle-même, n'est pas, en chinois, un simple signe, mais un emblème, pourquoi le mot juste n'est pas un terme à acception claire et distincte, mais une expression où éclate la force de solliciter et de contraindre. Le mot, quand on l'isole, continue à apparaître comme le verbe le plus actif d'une sentence qu'il évoque dans sa toute-puissance de signal et d'emblème. Il retient, condensées en lui, toutes les vertus (l'énergie réalisatrice de l'impératif, la piété ingénieuse de l'optatif, le charme inspiré du jeu, la puissance adéquate du rite) que possède d'abord, rite, prière, ordre, jeu, le thème poétique.

Quelques poésies du *Kouo fong* demeurent, dans la forme où on nous les a transmises, assez proches des chants improvisés dans les vieilles fêtes rustiques. Mais, chansons populaires remaniées ou compositions nourries d'emprunts, le plus grand nombre se présentent comme des œuvres plus ou moins savantes. Il n'y a aucune raison de rejeter la tradition qui les donne pour des poésies de cour. Rien même n'est plus instructif que l'explication détaillée qui se fonde sur cette tradition. Les Chinois admettent comme allant de soi que les thèmes poétiques, les dictons de calendrier, mis en couplets par de sages poètes ou des vassaux fidèles (c'est tout un), ont eu la force d'instruire et de corriger [68]. *Sentence* allégorique, toute comparaison consacrée révèle l'ordre de la nature et, par suite, dévoile et provoque le Destin. La perdrix qui chante appelant le mâle au temps des crues printanières peut — sans qu'il soit besoin de la nommer, et cependant en lui donnant un conseil, en lui lançant une invective — évoquer la princesse Yi Kiang. Cette dame, qui épousa le duc Siuan de Wei (718-699) après avoir été la femme de son père, était destinée à mal finir. Elle se suicida, en effet, dès que le duc l'eut remplacée dans sa faveur par l'épouse prétendue de son propre fils. Le thème de la quête amoureuse est solidaire de tout un ensemble d'usages naturels et d'observances humaines. En l'espèce (et par l'effet d'une intention qui n'a pas même besoin de s'exprimer), les perdrix qui chantent signifient à Yi Kiang qu'elle aura à payer par le sort malheureux dû à qui contrevient à l'ordre des choses son union irrégulière avec le duc Siuan [69]. Une métaphore consacrée donne au poète la force de maudire avec précision et de lier à son destin tel coupable déterminé. L'utilisation occasionnelle d'un thème poétique ne lui enlève rien, on le voit, de sa puissance de sollicitation. Ceci reste vrai même dans le cas où le thème se trouve entièrement détourné de son sens premier. La princesse Siuan Kiang, d'abord destinée au fils aîné du duc Siuan de Wei, épousa le duc lui-même et fit alors, en vraie marâtre, tuer son premier fiancé. Elle devait, s'unissant, sur le tard, avec un frère cadet de son malheureux

prétendu, régulariser enfin sa situation. Pour l'inviter à
s'apparier convenablement, un poète, affirme-t-on, lui chanta : « Les cailles vont par couples — et les pies vont par
paires ! » Or, les mêmes vers furent utilisés (en 545) dans un
tournoi de chansons donné à l'occasion d'un banquet diplomatique. Les diplomates, dans ces rencontres, n'inventent
rien, ni couplets ni thèmes. Ils se contentent de donner, par
un sous-entendu que les circonstances éclairent, un sens détourné à des vers-proverbes. Ils pensent ainsi séduire les
volontés et contraindre les décisions. Lorsque, à l'intention
d'un ministre étranger, un ambitieux chanta : « Les cailles
vont par couples — et les pies vont par paires ! » le thème
de la quête amoureuse servit, en vertu d'une transposition
latente, à pousser un homme d'État, non pas à se marier, mais
à se lier secrètement avec un conspirateur (70). Par le seul
fait qu'il parle avec autorité, le thème poétique peut tout dire.
Si les auteurs s'appliquent à parler par proverbes, ce n'est
point qu'ils pensent de façon commune, c'est que la bonne
façon, et la plus fine, de faire valoir leur pensée, est de la
glisser dans une formule éprouvée dont elle empruntera le
crédit. Les centons possèdent une sorte de force, neutre et
concrète, qui peut, de façon latente, se particulariser à l'infini, tout en conservant dans les applications les plus singulières, un réel pouvoir d'inviter à agir.

Les expressions convenues, puissantes pour suggérer des
actions, peuvent encore servir à décrire et même avec une
vigueur singulière. Il y a dans le *Che king* un « passage narra-
tif » où le goût européen a pu découvrir un petit « tableau
assez vivant ». C'est, nous dit-on, une scène de beuverie où
l'on voit « les courtisans ivres se querellant » (71). En fait, il
s'agit de vassaux qui se saoulent par devoir au cours d'un
festin offert aux Ancêtres ; ce ne sont pas ces derniers qui
doivent le moins boire, eux, ou, du moins, les figurants dont
leurs âmes viennent prendre possession. Tous s'agitent, inspirés par une frénésie traditionnellement réglée, « *renversant
les vases, les pots* », [il faut bien, après s'en être servi dans une
orgie sanctifiante, casser la vaisselle sacrée] (72), « *dansant sans
trêve en titubant* » [ainsi doivent chanceler ceux qui travaillent à entrer en transes et prétendent porter le poids d'un
esprit saint] (73), « *se levant et se relayant* » [la danse de relais

s'impose dans les cérémonies où l'on cherche à faire circuler les âmes] ([74]), « *bonnets penchés prêts à tomber* » [on peut, certes, trouver l'expression pittoresque ; elle a, en réalité, une valeur rituelle : un rite essentiel des fêtes orgiaques obligeait les acteurs à s'arracher les uns aux autres leurs coiffures, car les chevelures libérées devaient s'éployer « tels de roides drapeaux » dans le tournoiement qui précédait la prostration finale], « *dansant sans trêve en tourbillon* » [cette danse tournoyante qui devait s'exécuter le corps ployé, la tête renversée, le danseur paraissant s'enlever comme aspiré au souffle du vent, est dépeinte ici au moyen d'un auxiliaire descriptif qui forme un thème repris, en prose et en vers, dès qu'on veut évoquer la danse extatique]. Si un critique occidental peut opposer cette description « pittoresque » aux passages des odes « strictement religieuses » qu'il juge « d'une banalité extrême », c'est qu'il oublie que rien, sinon la danse, n'a plus de valeur rituelle que l'ivresse, — qu'aucun acte ne comporte autant de piété que la danse en état d'ivresse, — et, enfin, que les ballets qui préparent à l'extase sont de tous le plus minutieusement réglés. Aussi, pour décrire une danse orgiaque, l'auteur ne s'est pas plus livré à la fantaisie que s'il avait entrepris d'évoquer un cérémonial d'apparence plus compassée. Dans les réceptions solennelles, un maître des cérémonies surveille tout le détail des saluts, tandis qu'afin d'en avertir l'histoire un annaliste se hâte de consigner les moindres fautes de tenue. Mais aux beuveries sacrées assistent aussi, obligatoirement, un annaliste et un cérémoniaire chargés de rappeler à l'ordre et de noter d'infamie ceux qui, se saoulant mal ou titubant sans perfection, se dérobent aux plus menus devoirs de l'ivresse extatique ([75]). Tandis que les acteurs par une gesticulation correcte, parfont la cérémonie, le poète qui évoque la scène, non pour en faire un « tableau », mais *pour en donner le modèle*, s'applique, *s'il est sincère* (s'il met *tout son cœur* à obéir aux usages), à employer les formules traditionnelles qui, seules, sont adéquates. On peut trouver que sa description est pittoresque : elle se propose uniquement d'être efficiente.

L'efficacité des formules est aussi le but premier des poésies chantées au cours des cérémonies sacrées. Déclarer banales les « odes » du *Che king* (dont les thèmes ont été repris

indéfiniment par la poésie religieuse), c'est ne pas les comprendre : elles ne sont pas moins riches que toute autre pièce
en vigueur descriptive et en nuances de sentiments. Pour
conférer la majorité, utilisant la puissance de réalisation que
possèdent les formules convenues, on souhaite au jeune noble
(on le rend capable) d'arriver au grand âge où « les sourcils
s'allongent », où « les cheveux jaunissent » ([76]). Ce sont là des
vœux tout concrets, dont les retentissements sont infinis.
Chaque fois qu'on les formule, ils éveillent une émotion
singulière. Un poète, qui, par exemple, veut porter bonheur
au prince de Song ([77]), utilisera les mêmes centons. En sus
de la puissance bénéficiente qu'il conserve entière et d'un air
de grandeur impersonnelle dont le poème tire son envol
lyrique, le thème des cheveux jaunissants et des longs sourcils peut servir parfaitement (les gloses l'affirment) à exprimer un vœu empreint d'une effusion tout intime et particu-
larisé par l'intention la plus déterminée. Il ne convient pas
que la prière, le vœu, le commandement aient l'air de trop
se particulariser. Ils perdraient en efficace ce qu'ils semble-
raient gagner en précision. Au contraire, les formules stéréotypées dont le pouvoir de suggestion concrète est indéfini,
ont la force de signaler, par quelque prolongement secret, les
nuances les plus fines du désir : celles-là mêmes qui, en
termes analytiques, seraient inexprimables. Les poèmes du
Che king qui sont écrits dans la langue la plus proverbiale
sont assurément ceux (l'opinion publique en fait foi) où se
sont signifiées les pensées les plus subtiles. La même règle
vaut pour les œuvres de tous les temps, de tous les genres.
Les poésies les plus riches en expressions consacrées sont
les plus admirées. Dans aucune, les formules convenues ne
se pressent autant que dans ces sortes de méditations mystiques ([78]) où le lyrisme chinois donne sa note la plus haute.
La densité en centons ne mesure pas seulement le savoir traditionnel du poète : la densité la plus forte est la marque de la
pensée la plus profonde.

Les formes anciennes de l'improvisation lyrique font
comprendre la valeur d'emblèmes que possèdent les dictons
poétiques, leur puissance de suggestion, leur vigueur descriptive. Le fait essentiel à noter est que le rôle des centons
n'est pas moins grand dans la prose que dans la poésie, dans

le style savant que dans la langue vulgaire. L'historien paraît avoir pour tâche de noter des faits singuliers. Il est vrai qu'au moyen de noms et de dates il situe les événements. Mais il y a, pour localiser, dater, nommer, des formes convenues ; à elles seules, elles impliquent une sorte de *sentence* : l'historien a déjà porté un jugement quand il semble commencer un récit. Ce récit, du reste, ne sera qu'une suite de jugements, rendus au moyen de formules consacrées et, par suite, décisifs. Confucius fut un maître dans le savant emploi de ces formules ; aussi réussit-il à montrer « ce que sont les rites et l'équité » : tel est l'idéal de l'historien, au dire de Sseu-ma Ts'ien, qui s'y connaissait (⁷⁹). Cependant le même Sseu-ma Ts'ien a composé des narrations qui donnent aux Occidentaux l'impression « d'une photographie merveilleusement nette », tel par exemple le passage des *Mémoires historiques* où il fait voir comment l'impératrice Lu se vengea d'une rivale (⁸⁰). Il serait aisé de montrer que, faite d'éléments folkloriques, cette narration est entièrement écrite à l'aide d'expressions stéréotypées. Le cas est si peu exceptionnel qu'un lecteur attentif des Annales chinoises hésite constamment : veut-on lui présenter des faits particuliers, singularisés, ou lui apprendre ce qu'il convient de faire ou de ne pas faire ? La rédaction en termes rituels s'explique-t-elle simplement par un parti pris de stylistes ou bien l'histoire n'a-t-elle à conter qu'une succession d'incidents rituels ? Il n'y a pas à décider : en fait, le goût des formules toutes faites n'est que l'un des aspects d'une adhésion générale à une morale conformiste. Des expressions proverbiales peuvent servir à tracer le portrait physique et moral de personnages dont l'idéal constant fut de marquer leur ressemblance avec tel ou tel héros typique. Elles peuvent encore servir à relater les événements de façon adéquate si les actions des hommes cherchent toujours à se couler dans les formes du cérémonial. Les biographies passent *à juste titre* pour être les parties les plus vivantes et les plus instructives des Annales chinoises. Il y a de grandes chances que, pour la plupart, elles dérivent d'*éloges funèbres* (⁸¹). Il est certain, en tout cas, qu'elles paraissent d'autant mieux réussies qu'elles sont plus riches en centons. L'un des morceaux d'histoire les plus vantés, la biographie de Kouan tseu par Sseu-ma Ts'ien, n'est qu'un

« discours chinois », une mosaïque de proverbes. On y trouve,
de façon éclatante, le mérite premier des récits historiques :
elle enseigne des attitudes. — On devine déjà, je suppose,
que, de tous les auteurs, ceux qui devront au plus haut degré
posséder le génie du proverbe, ce sont les philosophes. Mais
(et c'est là un fait remarquable), le génie du proverbe est
indispensable, non pas aux seuls tenants de la tradition orthodoxe : il l'est aussi, il l'est surtout aux maîtres de la pensée
mystique, à ceux dont l'objet est d'exprimer l'indicible. C'est
à l'aide de dictons qu'ils notent les sentiments les plus fuga-
ces d'une expérience extatique qu'ils présentent cependant
comme étant d'ordre strictement individuel. Chez Lao tseu ou
Tchouang tseu, l'effusion mystique se traduit au moyen de
locutions traditionnelles, — tout à fait analogues aux auxiliaires descriptifs dont j'ai marqué plus haut le caractère
proverbial tout en signalant leur pouvoir indéfini de suggestion.

Comme les annalistes, les philosophes chinois sont des
conteurs d'historiettes. Dans les ouvrages de tous genres, on
trouve, utilisées à satiété, les mêmes anecdotes, — si bien
qu'un lecteur occidental lisant pour la première fois une
œuvre chinoise éprouve presque immanquablement une
impression de déjà lu. Les anecdotes diffèrent parfois par
quelques détails d'arrangement ou de style ; parfois les thèmes subsistent seuls, le paysage, temps et lieu, et les personnages variant ; le plus souvent, elles sont reprises textuelle-
ment, et leur forme paraît stéréotypée. Les critiques en ce
cas parlent volontiers d'emprunt. Ils affirment, par exemple,
qu'un certain lot d'anecdotes commun au *Tchouang tseu* et au
Lie tseu provient d'une contamination des deux ouvrages ([82]).
En réalité, il n'est même pas sûr que l'emploi d'un même
matériel d'expressions prouve une communauté de doctrine
ou de pensée. Une même anecdote, contée dans les mêmes
termes, peut servir à défendre des opinions très diverses.
Quand il parle de ces singes qui, condamnés par un éleveur
appauvri à un régime moins abondant, refusèrent, indignés,
un dîner fait de quatre taros et un déjeuner réduit à trois,
puis mangèrent avec satisfaction quatre taros le matin et
trois le soir, Lie tseu se propose de rabaisser l'orgueil humain
et de mettre en évidence les analogies profondes qui existent

entre l'homme et l'animal. La même fable, sans le moindre changement, défend, dans Tchouang tseu, la thèse que tout jugement est subjectif ; c'est là un fait heureux : si l'on sait mettre à profit la variabilité des jugements, qui peut, par bonheur, aller jusqu'à l'absurde, on tient le moyen de dresser les singes et de gouverner les hommes ([83]). Chaque auteur, pour affabuler sa pensée, emprunte à la tradition, mais il suffit que diffère l'esprit des développements où elle est insérée pour que l'historiette traditionnelle s'emploie à provoquer les mouvements de pensée les plus divers. Les anecdotes stéréotypées forment un fonds où puisent les auteurs les plus originaux. Le succès de ces fables tient à la puissance neutre qui se dégage d'elles : elle est, comme dans le cas des simples formules et aussi des mots, d'autant plus active que, par leur dehors, ces fables sont d'apparence plus commune. Il s'agit moins, en effet, de leur faire exprimer des idées, *une par une*, que d'utiliser leur prestige afin de pourvoir d'autorité le développement *tout entier*. Elles ont pour vertu non de définir, dans ses éléments, la pensée, mais de l'accréditer dans son ensemble. Elles disposent l'esprit à accepter une suggestion. Elles ne font pas pénétrer en lui, dans un ordre logique, des idées déterminées dès l'abord. Elles mettent en branle l'imagination et la rendent docile, tandis que le mouvement général du développement l'invite à s'acheminer dans une direction définie. La pensée se propage (plutôt qu'elle ne se transmet) de l'auteur au lecteur (disons plutôt : du maître au disciple ; disons mieux : du chef au fidèle) sans qu'on ménage à ce dernier la moindre économie d'efforts, sans que, d'autre part, on lui laisse la moindre facilité d'évasion. Il n'est pas appelé à accepter les idées, dans leur détail et leur système, après avoir été admis à les contrôler analytiquement. Dominé par une suggestion globale, il se trouve appréhendé d'un seul coup par un système entier de notions.

Le lot d'anecdotes donnant autorité aux idées, loin d'aller se diversifiant, a tendu à se réduire, cependant que chaque historiette plaisait davantage exprimée en termes immuables. On comprend fort bien que le parti pris d'éveiller la pensée et non de l'informer présentait de grands avantages tant dans la vie de Cour que dans l'enseignement des sectes. Dans ces milieux, l'essentiel est de s'entendre à mots couverts, d'accroître l'esprit de finesse, de développer l'intuition. Au reste, dans les rapports entre personnes, grâce à la mimique qui accompagne les formules et à l'art qu'on peut mettre à détacher les mots, les suggestions les plus précises peuvent s'insinuer dans la plus neutre des formules. Mais le fait significatif est que la littérature écrite s'est accommodée d'un fonds restreint d'historiettes schématisées, qu'elle a tendu à les réduire en nombre et à réduire chacune d'elles à un simple dicton de forme invariable ([84]). Au lieu de raconter, avec tout un détail anecdotique que, danseur *à un pied* (*yi tsiu*) K'ouei *suffisait à lui seul* (*yi tsiu*) à animer d'un mouvement irrésistible les sauteries sacrées de la Cour royale, on a préféré, dans tel ou tel développement, se borner à écrire *K'ouei yi tsiu* ou même à évoquer le nom de K'ouei. On signalait ainsi soit qu'*il suffit d'un* ministre bien choisi pour conduire efficacement les affaires de l'État, soit qu'un *unipède* n'est point surpassé dans l'art de se mouvoir par les êtres sans pattes ou les mille-pieds. Et l'un ou l'autre sens s'imposait selon que le développement d'ensemble visait à éveiller l'idée, tantôt qu'en vertu de l'équivalence des divers états de nature l'efficace résulte de la simple conservation des caractères naturels, tantôt et à l'opposé qu'une stricte convenance à la fonction est le vrai principe de l'efficace ([85]). L'idée, dans les deux cas, tire sa force d'un même thème mystique lié à une pratique rituelle. La danse sur un pied est l'un des grands devoirs du chef ; chargé de féconder la nature, il provoque en dansant la montée de la sève ([86]). On le voit, l'autorité d'un complexe mythique lié à un système de pratiques rituelles demeure, intacte et multiple, dans le centon où ce complexe tend à se cristalliser.

Ainsi le schème mythique, le thème littéraire, le mot lui-même ont pu conserver, dans sa fraîcheur, la plasticité omnivalente des emblèmes, même quand, sans le secours direct de la mimique, ils sont employés par la littérature écrite. Variée, puissante, raffinée, cette littérature se soucie peu des formes discursives. La prose la plus savante conserve le même idéal que la poésie la plus archaïque. Elle préfère les symboles qui parlent avec le plus d'autorité. Peu importe s'ils ne peuvent guère évoquer des concepts clairs et distincts ; l'essentiel, c'est qu'ils suggèrent avec force et entraînent l'adhésion. La parole écrite (aidée par l'écriture emblématique) veut d'abord retenir la pleine efficacité de la parole vivante ; elle s'applique à conserver le pouvoir des chants qu'une mimique rituelle accompagne.

II. LES RYTHMES

La mimique et le rythme sont, avec l'emploi des auxiliaires descriptifs, les grands moyens d'action dont dispose un orateur chinois. Même dans la prose écrite, le rythme n'est pas moins essentiel qu'en poésie. C'est le rythme qui lie le discours et permet de comprendre.

De même que les mots, vocables ayant une apparence de racines, figurant dans les locutions, simplement juxtaposés, sans qu'aucun d'eux soit sensiblement modifié dans sa forme par l'emploi qui en est fait ou par son contact avec les mots voisins, de même les historiettes, auxquelles on conserve volontiers leur rédaction traditionnelle, se succèdent dans un ouvrage sans qu'on éprouve le besoin de marquer leurs connexions ; de même encore les formules stéréotypées qu'on aligne en vue de former une phrase se suivent sans s'influencer l'une l'autre et comme disposées sur le même plan. Tous les éléments du discours semblent, intangibles dans leur forme et isolés dans la composition, conserver une sorte d'indépendance jalouse. Les formules, éléments de la phrase, ne comprennent qu'un petit nombre de mots. Rien, sinon leur position, ne détermine le rôle et les rapports de ces derniers ; encore la règle de position n'est-elle point valable en tous les cas ; la valeur syntactique des mots n'est alors aperçue que lorsqu'on a d'abord saisi le sens global de la formule : ce sens s'appréhende d'un coup, mais à condition que la formule soit brève. Ces brèves sentences, au contraire, se trouvent réunies parfois en assez grand nombre dans une seule phrase. Elles sont simplement placées bout à bout — séparées, en certains cas, par des termes qui méritent le nom de ponctuations orales. Ils notent différents types d'arrêt de la pensée plus qu'ils ne signalent des modes divers de liaisons et de rapports. Isolées par eux, plutôt que raccordées, les formules à forme fixe se succèdent, ressemblant beaucoup moins à des propositions qu'à des locutions adverbiales.

Dans le chinois écrit (si on le lisait simplement des yeux),
rien le plus souvent ne ferait distinguer, à titre de dominante,
une locution parmi les autres ; on n'apercevrait pas non plus,
de façon claire, les subordinations diverses de ces dernières.
Il faut, pour comprendre, que la voix ponctue et trouve le
mouvement de la phrase.

Là est la raison pour laquelle, dès l'antiquité, l'enseignement a consisté dans une récitation scandée faite par le maître, reprise par les élèves. Ceux-ci étaient entraînés à « couper
les phrases des auteurs d'après le sens » ([87]). Cet apprentissage se renouvelait pour chaque auteur, ou presque, et
toujours par l'unique procédé de la récitation scandée, sans
aucun exercice comparable à l'analyse grammaticale ou logique ([88]). Pour trouver le sens, l'essentiel est donc de connaître la ponctuation. Il semble (on l'imaginerait volontiers) que,
pour faciliter la lecture, les Chinois auraient dû, de très
bonne heure, songer à éditer des livres ponctués. En fait, il
leur a fallu plus de temps pour s'y résoudre que n'en ont
mis, pour s'en aviser, les peuples écrivant une langue où il
n'y a guère de difficultés à discerner la fin des phrases. Et
même, il y a peu d'années, ils réservaient encore leur génie
typographique à l'invention de signes (parfois multicolores,
dans les éditions de luxe) servant à *pointer*, dans des *textes
sans ponctuation*, les passages importants et les mots remarquables.

Ces pratiques sont significatives. Elles montrent que, dans
cet exercice de l'esprit qu'est la lecture, ce qui importe c'est
de ne point ménager les efforts du lecteur, — et, peut-être
encore, d'obtenir que, n'ayant point économisé sa peine, il
accorde avec plus d'abandon, son admiration ou son assen-
timent. Dans les conférences ésotériques ou même dans les
simples palabres, l'objet premier de l'orateur est de glisser
dans un amas de formules riches de sollicitations neutres et
pressantes une locution ou un verbe agissant, dont le vulgaire ne mérite point de deviner la force précise et les dessous,
mais qu'on voudra bien, peut-être, signaler aux esprits
éveillés par tel geste ou tel débit convenus. De même, l'écrivain, ses exégètes et ses éditeurs, s'ils peuvent consentir à
marquer les mots actifs et les locutions dominantes, s'inter-
diront d'indiquer les mouvements de détail et les articulations

secrètes de la pensée. Celle-ci, dans sa pleine richesse, sera communiquée au seul lecteur qui, si son esprit s'éveille au signal puissant et furtif qu'une formule ou un verbe lui auront fait entendre, pourra, par un effort comparable à celui d'un adepte cherchant l'initiation, pénétrer l'essence rythmique de la phrase.

Pour composer en chinois, il n'y a pas (puisque cette langue s'est refusée à demander tout appui à une syntaxe variée et précise) d'autre moyen que de recourir à la magie des rythmes. On ne peut arriver à s'exprimer qu'après un apprentissage où l'on s'est entraîné à employer, dans leur pleine efficacité, non seulement des formules proverbiales, mais encore des rythmes consacrés.

Les œuvres chinoises se répartissent en genres, que la critique indigène considère comme nettement tranchés. Ce qui détermine le classement, c'est le type de l'inspiration (qui paraît solidaire d'une attitude morale définie) et, en même temps, le système rythmique : ce dernier paraît s'imposer à la manière d'une attitude d'ensemble et correspondre à une certaine façon d'envisager le monde et la vie. Par exemple, tous les *fou* anciens qui sont présentés comme des méditations élégiaques témoignent d'une propension à une certaine qualité d'effusion mystique ; ce type d'inspiration se traduit rythmiquement par une espèce de soupir obligatoirement placé en césure dans chaque verset. Le rythme particulier aux *fou* pourrait, assurément, être caractérisé par bien d'autres règles. Nul n'a jamais éprouvé le besoin de les définir : on apprend à composer un *fou*, non pas en se faisant enseigner le détail des règles, mais en s'entraînant à saisir l'essence rythmique du genre. Cette essence est tenue pour significative d'un mode particulier d'activité spirituelle. Elle n'est pas susceptible de se transmettre par voie dialectique. Ni l'entente d'une certaine langue, ni le sens de la langue, ni l'entente de certains rythmes, ni le sens du rythme ne sauraient s'enseigner par chapitres au moyen d'un cours de rhétorique. Le génie des sentences et le génie des rythmes n'ont point pour objet d'orner et de diversifier le discours. Tous deux se confondent toujours avec une puissance d'inspiration elle-même indistincte d'un savoir traditionnel.

Ces caractères de l'apprentissage littéraire se comprennent, ainsi que l'importance du rythme et le succès de certains rythmes, dès qu'on connaît les conditions anciennes de l'invention lyrique. Sur ces conditions, certaines chansons du *Kouo fong*, malgré les remaniements, renseignent assez bien. L'invention des sentences poétiques dont elles sont formées est due à une improvisation traditionnelle ; celle-ci correspond à une véritable épreuve de savoir qu'on impose aux jeunes gens, au moment de leur initiation. L'initiation se fait au cours de fêtes saisonnières. Formant des chœurs qui rivalisent en chantant, les garçons et les filles se font vis-à-vis et se répondent tour à tour. Chacune des répliques échangées forme un vers ou plutôt un distique ; un couplet est fait dès que deux distiques ont été échangés. Les couplets suivants ne comportent guère que des variantes des deux thèmes qui s'opposent dans le premier couplet ([89]). D'ordinaire, l'un de ces thèmes enregistre un signal donné par la nature, l'autre donne la formule des gestes par lesquels les humains répondent à ce signal. Cet échange de répliques rend manifeste la solidarité établie par la fête entre tous les acteurs qu'y délèguent la société et la nature. Mis en correspondance par leur symétrie, les thèmes (thème humain et thème naturel) acquièrent une valeur d'emblèmes : ils s'appellent, ils se suscitent, ils se provoquent l'un et l'autre. Inhérent aux sentences, le rythme est un des éléments de leur efficace, car l'équivalence emblématique des réalités évoquées par les distiques jumeaux est rendue sensible par leur analogie rythmique.

Mais l'analogie rythmique a encore pour effet d'accroître la puissance des emblèmes : elle multiplie leurs affinités et leur pouvoir d'évocation. Quand arrive le terme des assemblées équinoxiales, et que le Yang et le Yin, ces principes, mâle et femelle, de l'alternance des saisons, s'opposent et s'appellent pour jouter face à face, les signes émouvants qui préludent à leurs noces se multiplient dans le Monde. Ces signaux multiples sont repris en des vers qui alternent par des chœurs opposés. Ils leur servent à composer des litanies jumelles, incantations accouplées qui enchaînent les volontés et font concorder les désirs ([90]). Les forces antithétiques dont l'union fait vivre l'univers célébreront avec discipline leurs noces équinoxiales, aussitôt qu'au son des tambourins d'argile les chœurs de danse, évoquant le roulement du Tonnerre et le grondement des Eaux, auront, dans une procession qui piétine, lentement parcouru le paysage rituel, ou bondi, sans se lasser, sur le tertre sacré. Tantôt, dans les chansons, les thèmes s'enchaînent dans une progression piétinante, et tantôt, comme un refrain qui rebondit, un même thème est repris sans trêve, à peine nuancé par quelques variations. Que les sentences se répètent ou s'accumulent, un même effet de martellement s'ajoute pour discipliner les chœurs à leur efficace première ([91]).

Dans tous les genres, même en prose, où, visant à la noblesse et à la force, ils veulent agir en communiquant d'abord le sentiment d'un équilibre ordonné et puissant (telles sont les caractéristiques du style *kou-wen*, idéal de la prose savante), les auteurs chinois composent en employant de brèves sentences strictement balancées et liées entre elles par l'analogie rythmique. Ils les accumulent sans crainte de redondance, répétant parfois, comme un refrain, une formule dominante qui prend la valeur d'un motif central (et que nous traduirions sous la forme d'une proposition principale) ; ou bien encore, grâce à de subtils procédés de parallélisme, ils substituent à un thème majeur des formules apparentées : l'idée s'accroît alors en force, sustentée plutôt que diversifiée par le développement de ces variations thématiques.

Le rythme, dans la prose chinoise, a les mêmes fonctions que remplit ailleurs la syntaxe. Les rythmes favoris de cette prose dérivent de la poésie chorale. Cependant, elle utilise parfois des rythmes plus heurtés, sinon plus libres, qui, eux aussi, furent créés pour la poésie. Les versets saccadés, les stances essoufflées des *fou* s'opposent aux vers (*che*) et aux couplets réguliers du *Che king*. Tandis que l'on retrouve en ces derniers la majesté lente des danses d'ensemble et la symétrie tranquille des chants choraux, les autres portent la marque d'une danse et d'une musique toutes différentes. Quelques-uns des *fou* les plus anciens accompagnaient des cérémonies d'esprit magique plutôt que religieux ([92]). On s'y proposait d'évoquer les âmes (*tchao houen*), non pas comme dans les cérémonies régulières du culte ancestral, pour qu'elles vinssent prendre, ainsi qu'il se doit, possession de leurs descendants, mais pour arriver, par leur intermédiaire, à entrer en contact avec un monde d'énergie spirituelle : il s'agissait d'acquérir ainsi un surcroît de vie, de puissance personnelle, de prestige magique, Le rite essentiel de ces cérémonies était une danse des femmes, épouses du chef ou sorcières. Nues et parfumées, elles attiraient et captaient les âmes séduites, se relayant pour tournoyer une fleur à la main et se passant l'âme et la fleur au moment où, les yeux pâmés, lasses de porter le dieu, l'épuisement les jetait à terre. Cependant, tassés dans une salle close où ronflaient les tambours légers accompagnés de cithares et de flûtes aiguës, les assistants, sentant souffler sur eux « le vent qui terrifie », entendaient s'élever des voix surnaturelles. Ces gracieux sabbats ne sont pas des ballets moins bien réglés que les autres, mais l'évocation des esprits, haletante, ponctuée de soupirs mourants, d'appels frénétiques, forme un chant tumultueux où les formules consacrées se heurtent sur le rythme saccadé propre aux éjaculations mystiques.

Ce rythme est resté particulier au *fou*. On peut cependant penser que, bien connu des écrivains de l'école mystique, il n'a pas été sans influence sur leur prose, plus variée, plus nerveuse. Dans cette prose, abondent, en effet, les nuances rythmiques qui remplacent en chinois ce qu'on appelle les nuances de la syntaxe. Elles servent à organiser le discours. Elles servent encore à communiquer aux sentences une vibration particulière ; celle-ci, en les situant dans un certain monde de l'activité mentale, qualifie leur inspiration et leur confère une efficacité spécifique.

On ne comprend guère un auteur chinois tant qu'on n'a pas pénétré les secrets rythmiques au moyen desquels il signale et livre le fin mot de sa pensée. Aucun auteur, d'autre part, n'arriverait à se faire entendre s'il ne savait point utiliser la vertu des rythmes. Sur ce point, nul n'a jamais possédé la maîtrise de Tchouang tseu. Or, Tchouang tseu nous apparaît comme le moins imperméable des penseurs chinois. Il donne, en même temps et à bon droit encore, l'impression qu'il est aussi le plus profond et le plus fin. Sa puissance et son aisance rythmiques semblent correspondre au libre jeu d'une intelligence toute concrète. Ne faut-il pas induire que, dans son expression, la pensée chinoise, dès qu'elle s'élève un peu haut, est de nature strictement poétique et musicale ? Elle ne cherche point pour se transmettre à s'appuyer sur un matériel de signes clairs et distincts. Elle se communique, plastiquement et pour ainsi dire en dessous, — non point de façon discursive, détail après détail, par le truchement d'artifices du langage, — mais en bloc et comme en appariant des mouvements, induits, d'esprit à esprit, par la magie des rythmes et des symboles. Aussi, dans les écoles où a fleuri la pensée la plus profonde, a-t-on pu se proposer comme idéal d'enseignement véritable et concret un enseignement sans paroles ([93]).

Le chinois a pu devenir une puissante langue de civilisation et une grande langue littéraire sans se soucier plus de richesse phonétique que de commodité graphique, sans davantage chercher à créer un matériel abstrait d'expression ou à se munir d'un outillage syntactique. Il a réussi à conserver aux mots et aux sentences une valeur emblématique entièrement concrète. Il a su réserver au rythme seul le soin d'organiser l'expression de la pensée. Comme s'il prétendait, avant tout, soustraire l'esprit à la crainte que les idées ne devinssent stériles si elles s'exprimaient mécaniquement et de façon économique, il s'est refusé à leur offrir ces instruments commodes de spécification et de coordination apparentes que sont les signes abstraits et les artifices grammaticaux. Il est demeuré rebelle, obstinément, aux précisions formelles, par goût de l'expression adéquate, concrète, synthétique. La puissance impérieuse du verbe entendu comme un geste complet, ordre, vœu, prière et rite, voilà ce que ce langage a fait effort pour retenir, délaissant sans peine tout le reste. La langue chinoise n'apparaît point organisée pour noter des concepts, analyser des idées, exposer discursivement des doctrines. Elle est tout entière façonnée pour communiquer des attitudes sentimentales, pour suggérer des conduites, pour convaincre, pour convertir.

Ces traits ne paraîtront pas sans intérêt, si l'on n'oublie point que le chinois est la langue de civilisation ou, si l'on veut, l'instrument de culture qui a supporté le plus aisément la plus longue mise à l'épreuve.

Livre deuxième : Les idées directrices

Un Chinois, surtout s'il est philosophe et prétend enseigner, n'a jamais recours pour traduire le détail de ses opinions qu'aux seules formules dont un lointain passé garantit l'efficace. Quant aux notions qui semblent destinées à ordonner la pensée, elles sont signalées chez tous les auteurs par des symboles qui, plus que tous les autres, paraissent doués d'une efficace indéterminée. Rebelles par cela même à toute abstraction, ces symboles notent des idées directrices dont le mérite principal tient à leur caractère de notions synthétiques. Elles jouent le rôle de catégories, mais ce sont des catégories concrètes.

Rien, chez aucun Sage de l'Ancienne Chine, ne laisse entrevoir qu'il ait jamais éprouvé le besoin de faire appel à des notions comparables à nos idées abstraites de nombre, de temps, d'espace, de cause... C'est, en revanche, à l'aide d'un couple de symboles concrets (le Yin et le Yang) que les Sages de toutes les « Écoles » cherchent à traduire un sentiment du *Rythme* qui leur permet de concevoir les rapports des Temps, des Espaces et des Nombres en les envisageant comme un ensemble de jeux concertés. Le Tao est l'emblème d'une notion plus synthétique encore, entièrement différente de notre idée de cause et bien plus large : par elle, — je ne puis dire : est évoqué le Principe unique d'un ordre universel ; je dois dire : — par elle, est évoqué, dans sa totalité et son unité, un Ordre à la fois idéal et agissant. Le Tao, catégorie suprême, le Yin et le Yang, catégories secondes, sont des

Emblèmes actifs. Ils commandent tout ensemble l'ordonnance du Monde et celle de l'Esprit. Nul ne songe à les définir. Tous leur prêtent, en revanche, une qualité d'efficace, qui ne semble pas se distinguer d'une valeur rationnelle.

Ces notions cardinales inspirent aux Chinois une confiance unanime. La plupart des interprètes d'Occident voient cependant en elles les produits de telle ou telle pensée doctrinale. Ils les traitent comme des conceptions savantes, susceptibles, par suite, d'être définies ou qualifiées abstraitement. Ils commencent, en général, par leur chercher des équivalents dans la langue conceptuelle de nos philosophes. Ils aboutissent d'ordinaire, dès qu'ils les ont présentés comme des entités scolastiques, à des déclarer tout ensemble curieuses et sans valeur. Elles leur paraissent témoigner du fait que la pensée chinoise ressortit à une mentalité qu'on peut (pour se servir d'expressions toutes faites et qui soient à la mode) qualifier de « prélogique » ou de « mythique » (⁹⁴).

Pour analyser ces notions, j'ai dû me servir de thèmes mythiques ou rituels : c'est que j'ai voulu m'appliquer à respecter ce qui fait leur originalité, c'est-à-dire, tout justement, leur qualité de notions synthétiques et efficaces. Sans tenter de les définir ou de les qualifier, j'ai essayé de reconnaître leur contenu et de faire apparaître leurs utilisations multiples. L'analyse demandait quelque minutie. Tant pis si elle peut paraître lente... Tant pis si elle exige quelques détours... Il n'était guère possible d'indiquer le rôle des notions de Yin et de Yang sans dire d'abord comment étaient imaginés le Temps et l'Espace. Il convenait aussi de renseigner sur la conception que les Chinois se font des Nombres auxquels ils attribuent surtout des fonctions classificatoires et protocolaires, avant d'aborder avec la notion de Tao, catégorie suprême de la pensée, l'analyse des attitudes propres aux Chinois en matière de physique et de logique. Le sujet imposait ce procédé par approches successives. C'est le seul qui permettait de faire sentir que les idées directrices de la pensée chinoise ont, bien que concrètes, valeur de catégories : leur qualité de notions concrètes ne les empêche nullement d'introduire dans la vie de l'esprit, ou d'y signaler, un principe d'organisation et d'intelligibilité.

Chapitre premier

Le temps et l'espace

La pensée, savante ou vulgaire, obéit en Chine à une représentation de l'Espace et du Temps qui n'est point purement empirique. Elle se distingue des impressions de durée et d'étendue qui composent l'expérience individuelle. Elle est impersonnelle. Elle s'impose avec l'autorité d'une catégorie. Mais ce ne sont pas comme des lieux neutres que le Temps et l'Espace apparaissent aux Chinois : ils n'ont point à y loger des concepts abstraits.

Aucun philosophe n'a songé à concevoir le Temps sous l'aspect d'une durée monotone constituée par la succession, selon un mouvement uniforme, de moments qualitativement semblables. Aucun n'a trouvé intérêt à considérer l'Espace comme une étendue simple résultant de la juxtaposition d'éléments homogènes, comme une étendue dont toutes les parties seraient superposables. Tous préfèrent voir dans le Temps un ensemble d'*ères*, de saisons et d'époques, dans l'Espace un complexe de *domaines*, de climats et d'orients. Dans chaque orient, l'étendue se singularise et prend les attributs particuliers à un climat ou à un domaine. Parallèlement, la durée se diversifie en périodes de natures diverses, chacune revêtue des caractères propres à une saison ou à une ère. Mais, tandis que deux parties de l'Espace peuvent différer radicalement l'une de l'autre et, de même, deux portions du Temps, chaque période est solidaire d'un climat, chaque orient lié à une saison. A toute partie individualisée de la durée correspond une portion singulière de l'étendue.

Une même nature leur appartient en commun, signalée, pour toutes deux, par un lot *indivis* d'attributs.

Une ère, un monde, nouveaux tous deux, se trouvèrent constitués, sitôt que, manifestant la vertu des Tcheou, apparut un corbeau rouge. Le rouge (parmi d'autres emblèmes) caractérise l'Époque des Tcheou, l'Empire des Tcheou, et il caractérise encore l'Été comme le Sud [95]. La vertu de sociabilité (*jen*) est un attribut à l'Est. Un ethnographe qui entreprend de décrire les mœurs des contrées orientales, constate, pour commencer, qu'il y règne une exemplaire bonté. Aussitôt, il conte la fin du plus fameux héros de ces régions. C'était un être sans rigidité aucune, dépourvu d'os, tout en muscle, et il périt pour la raison justement qu'il était trop bon. Les muscles ressortissent à l'Est, comme le foie et la couleur verte, qui est la couleur du printemps; c'est la saison où la nature manifeste sa bonté, vertu de l'Orient [96]. Les bossus, ainsi que les montagnes, abondent à l'Ouest qu'ils qualifient, de même que la hotte des récoltes évoque l'Automne. Une bosse est une excroissance de peau; la peau dépend du poumon, le poumon de l'automne et de même la couleur blanche. Mais qui dit peau, dit cuir et cuirasse, c'est-à-dire guerre et punition. Aussi les barbares d'Occident sont-ils taxés d'humeur batailleuse, cependant que les exécutions, pénales ou militaires, sont réservées à l'Automne et que, remarquable par ses poils blancs, le génie des châtiments réside à l'Ouest. Les poils tiennent de la peau et le blanc est l'emblème significatif de l'Ouest et de l'Automne, comme il l'est de l'époque des Yin. Celle-ci fut inaugurée, caractérisée par le règne de T'ang le Victorieux, héros célèbre par les châtiments qu'il infligea et par la façon qu'il avait de marcher le corps tout courbé [97].

Ces exemples suffiront à montrer qu'ayant à localiser dans le Temps et l'Espace, non pas des concepts définis et distincts, mais des emblèmes riches d'affinités, les Chinois n'avaient aucune disposition à concevoir, comme deux milieux indépendants et neutres, un Temps abstrait, un Espace abstrait. Pour abriter leurs jeux de symboles, ils avaient tout au contraire avantage à conserver aux représentations liées d'Espace et de Temps, avec un maximum d'attributs concrets, une solidarité favorable à l'interaction des emblèmes.

Tant qu'on ne voit pas, dans l'Espace et le Temps, deux concepts indépendants ou deux entités autonomes, ils peuvent constituer un milieu d'action qui est aussi un milieu réceptif. Discontinus et solidaires, ils affectent conjointement des qualités, tout en recevant ensemble des déterminations. Toute localisation, spatiale ou temporelle, suffit dès lors à particulariser, et de même il est possible d'imposer au Temps comme à l'Espace tels ou tels caractères concrets. On peut agir sur l'Espace à l'aide d'emblèmes temporels ; sur le Temps, à l'aide d'emblèmes spatiaux ; sur tous deux à la fois, au moyen des symboles multiples et liés qui signalent les aspects particuliers de l'Univers. Un guitariste veut-il, en plein hiver, faire revenir l'été ? Il lui suffit, s'il connaît bien son art, de faire résonner celle des notes de la gamme qui est l'emblème de l'Été, du Rouge, du Midi ([98]). Pour capter dans sa force l'énergie mâle du Yang, on doit faire face au Midi ; un sage général (peu importe la route qu'il donne à suivre à son armée) sait toujours recueillir cette énergie : il n'a besoin pour cela que de faire déployer à l'avant-garde la bannière de l'Oiseau Rouge ([99]).

Le Temps et l'Espace ne sont jamais conçus indépendamment des actions concrètes qu'ils exercent en tant que complexes d'emblèmes solidaires, indépendamment des actions qu'on peut exercer sur eux au moyen d'emblèmes appelés à les singulariser. Les mots *che* et *fang* s'appliquent, le premier à toutes les portions de la durée, le second à toutes parties de l'étendue, mais envisagées, chaque fois, les unes comme les autres, sous un aspect singulier. Ces termes n'évoquent ni l'Espace en soi, ni le Temps en soi. *Che* appelle l'idée de circonstance, l'idée d'occasion (propice ou non pour une certaine action) ; *fang*, l'idée d'orientation, de site (favorable ou non pour tel cas particulier). Formant un complexe de conditions emblématiques à la fois déterminantes et déterminées, le Temps et l'Espace sont toujours imaginés comme un ensemble de groupements, concrets et divers, de *sites* et d'*occasions*.

Ces groupements sont l'objet d'un savoir qui, par la matière sur laquelle il s'exerce, tout comme par ses fins pratiques, se distingue des sciences de l'étendue et de celles de la durée. On a longtemps admiré les anciens Chinois pour leur chronologie astronomique. On a aujourd'hui tendance à affirmer qu'ils reçurent tardivement de l'étranger leurs premières notions géométriques et tout ce qu'il y a de précis dans leur astronomie ([100]). Il n'y a pas lieu ici d'entrer dans un débat où le manque d'informations se fait sentir cruellement. Il suffira de noter, d'une part : que les techniques chinoises auraient difficilement atteint la perfection qu'on y constate, si elles ne s'étaient pas appuyées sur des connaissances géométriques élémentaires ; d'autre part, que la spéculation philosophique s'est toujours complu, sinon bornée, à partir d'un *savoir* dont l'objet est de *classer, en vue de l'action et en raison de leurs efficacités particulières, les sites et les occasions*. C'est en ratiocinant sur ce savoir que les Sages ont espéré découvrir les principes d'un art suprême. L'objet de cet art, qui tient lieu de physique comme de morale, est d'aménager l'Univers en même temps que la Société. Ces préoccupations dernières des philosophes permettent d'entrevoir le caractère fondamental des idées chinoises relatives à l'Espace et au Temps. Les représentations collectives dont elles dérivent ne sont que la traduction des principes qui présidaient à la répartition des groupements humains : l'étude de ces représentations se confond avec une étude de morphologie sociale.

**

La vertu propre du Temps est de procéder par révolution. Cette nature cyclique l'apparente au rond et l'oppose à l'Espace, dont le premier caractère est d'être carré. Telles sont, si je puis dire, les formes pures de la durée et de l'étendue. Les formes intermédiaires, combinaisons du rond et du carré, — tel par exemple, l'oblong ([101]), — ne sont, chacune, que le symbole d'une interaction particulière de l'Espace et du Temps. On a vu que la convexité des montagnes et des dos arqués est l'emblème d'une étendue de caractère automnal : tout Espace est informé en raison de sa liaison avec une espèce de Temps. Mais l'Espace, en principe, est carré : toute surface, donc, est, en soi, carrée (si bien que pour donner la dimension de la zone éclairée par la lumière que produit, par exemple, un grand flambeau, il

suffira d'indiquer la dimension d'un de ses quatre côtés) ([102]).
La Terre, qui est carrée, se divise en carrés. Les murs extérieurs des principautés doivent former un carré et de même
les murailles des villes qu'ils englobent, — *les champs et les
camps étant carrés eux aussi* ([103]). Chaque côté de la Terre
correspond à un orient. Camps, bâtisses et villes, de même,
doivent être orientés. La détermination des orients comme
celle des sites [le mot *fang* ([104]), orient, site, a encore le
sens de carré et d'équerre] appartient au Chef en tant
qu'il préside les assemblées religieuses ([105]). Les techniques
de la division et de l'aménagement de l'Espace (arpentage,
urbanisme, architecture, géographie politique) et les spéculations géométriques qu'elles supposent ([106]) se rattachent
apparemment aux pratiques du culte public.

Les fidèles, en effet, se formaient en carré. L'Autel du
Sol, autour duquel se faisaient d'ordinaire les grands rassemblements, était un tertre carré ; son sommet était recouvert de terre jaune (couleur du Centre) ; ses côtés (tournés
vers les quatre orients), revêtus de terres verte, rouge,
blanche ou noire. *Ce carré sacré représente la totalité de
l'Empire.* On est pourvu d'un domaine dès qu'on s'est vu
attribuer une motte de terre, empruntée à l'Autel du Sol.
Cette motte sera blanche et prise à l'Ouest si le fief octroyé
appartient à l'Occident, verte s'il est dans l'Est ([107]). Mais
que survienne, par exemple, une éclipse, et que les hommes
s'en inquiètent comme d'une menace de destruction!
Les vassaux accourent au centre de la patrie : pour la sauver,
pour reconstituer, dans son intégrité, l'Espace détraqué
(et le Temps comme lui), ils se groupent et forment le carré.
Ils réussissent à écarter le danger si chacun d'eux se présente avec les insignes qui expriment, si je puis dire, sa
nature spatiale et celle de son fief. Ce sera, pour ceux de
l'Orient, qui s'alignent à l'Est, une arbalète, des vêtements
et un fanion verts ([108]). L'Espace se trouve restauré dans toutes ses dimensions (et jusque dans le domaine des Astres),
par la seule force des emblèmes correctement disposés dans
le lieu-saint des réunions fédérales.

On voit que l'idée d'une Terre carrée, d'un Espace carré
apparaît liée à un ensemble de règles sociales. L'une d'elles,
l'ordonnance des assemblées, a dû jouer un rôle décisif pour

rendre sensible et imposer à tous tout le détail des symboles qui constituent la représentation de l'Espace. Elle explique la forme carrée, significative de l'étendue. Elle explique encore le caractère d'hétérogénéité dont cette dernière est dotée : les symboles des différentes sortes d'étendue se confondent avec les emblèmes agissants des divers groupes sociaux qui adhèrent à ces espaces. Mais ceux-ci ne se distinguent pas uniquement par des particularités correspondant aux attributs des groupements humains qui se partagent le monde. A ces différences spécifiques s'ajoute une différence de valeur.

L'étendue ne reste point indéfiniment elle-même. Pardelà les quatre côtés de l'Espace, se trouvent, formant une sorte de frange, quatre vagues régions qu'on nomme les Quatre Mers. Dans ces Mers diverses, habitent quatre espèces de Barbares. Ceux-ci, apparentés à différents animaux, participent tous de la nature des Bêtes. Les Chinois — les humains — ne peuvent résider dans les Marches du Monde sans perdre tout aussitôt leur statut d'hommes. Les bannis, qu'on veut disqualifier, revêtent, dès qu'on les y expulse, l'apparence à demi animale qui signale les êtres de ces confins déserts ([109]). L'Espace inculte ne supporte que des êtres imparfaits. Il n'est qu'un espace dilué, une étendue qui s'évanouit.

L'Espace plein n'existe que là où l'étendue est socialisée. Lorsqu'un Chef qui se charge d'aménager le monde promulgue ses ordonnances, par-delà le carré que, se pressant autour de lui, forment les fidèles, un carré plus vaste est dessiné par les chefs sauvages appelés à la cérémonie pour y figurer la Barbarie et les lointains vagues où l'Univers s'estompe. Mais les Barbares des Quatre Mers doivent s'aligner en dehors de l'enceinte rituelle que les fidèles garnissent à eux seuls, car, seuls, ils font partie d'une société constituée ([110]).

Ainsi se manifeste, ainsi s'établit la hiérarchie des étendues. L'étendue n'est entièrement elle-même, elle ne possède, si je puis dire, sa densité intégrale que dans l'enceinte où tous ses attributs se fédèrent. L'emplacement sacré des réunions fédérales est un monde clos qui équivaut à l'Espace total et à l'Espace entier. Il est le lieu où, regroupant les emblèmes de ses différentes fractions, le groupe social connaît sa diversité, sa hiérarchie, son ordre et où il prend conscience de sa force une et complexe.

C'est là seulement où le groupe fédéré éprouve son union, que l'étendue, compacte et pleine, concentrée, cohérente, peut paraître une. La Capitale, où l'on s'assemble, doit être choisie (après une inspection de l'étendue) dans un site qui s'atteste voisin de « la résidence céleste », dans un site qui, par la convergence des rivières et la confluence des climats, s'avère comme le centre du monde ([111]). C'est uniquement à son voisinage que les mesures de distance restent constantes : là, « pour apporter le tribut des quatre côtés du monde, les *li* de la route sont uniformes » ([112]). Le Chef vit en un milieu d'Espace *pur* où l'étendue est, en un sens, *homogène*, mais non parce qu'elle est *vide d'attributs* ; en ce point de convergence et d'union, l'Espace se constitue dans son intégralité, car il y reçoit l'*ensemble de ses attributions*.

L'Espace est tantôt imaginé comme composé de secteurs, — *espaces singularisés* correspondant chacun à une saison, — qui, se touchant par les pointes, s'unissent au centre d'un carré ; tantôt comme formé de carrés emboîtés — *espaces hiérarchisés* que distingue, si l'on peut dire, une différence de tension plutôt que de teneur ([113]). Ces carrés sont au nombre de *cinq* ; au centre est le domaine royal ; aux confins, les marches barbares. Dans les trois carrés médians habitent les vassaux, appelés à la cour plus ou moins fréquemment en raison de la distance de leur domaine. Leur dignité, comme celle de l'espace où ils commandent, est exprimée par la fréquence de leurs communions avec le Chef ; ils se rendent tous les mois, toutes les saisons ou tous les ans, dans ce centre intact de l'Espace qu'est la capitale ; là, le suzerain leur délègue un certain *pouvoir d'animation* dont procède la *qualité de cohésion* particulière à leur domaine ([114]). Ce pouvoir d'animation spatiale, s'il est appelé à s'exercer dans une portion plus centrale et plus noble de l'étendue, doit aller se restaurer plus fréquemment à la source de toute coexistence. La dignité des espaces résulte d'une sorte de *création rythmée*, l'aptitude à faire coexister qui sous-tend, pour ainsi parler, toute étendue, étant fonction d'une aptitude à faire durer : l'Espace ne se conçoit pas indépendamment du Temps.

La nécessité d'une réfection périodique de l'Espace n'est pas moins nécessaire quand il s'agit d'imprimer un caractère singulier à ses différentes portions. Le Roi passe quatre années à recevoir les visites des vassaux ; après quoi, il rend les visites et parcourt les fiefs. Il ne peut manquer de faire un tour d'Empire tous les *cinq* ans. Il règle sa marche de façon à se trouver dans l'Est à l'équinoxe de Printemps, au Sud au solstice d'Été, en plein Ouest au cœur de l'Automne, au Nord plein au plein de l'Hiver. A chacune de ces stations cardinales, le suzerain donne audience aux feudataires de l'un des quatre Orients. Assemblant autour de lui un quadrant de l'Empire, il tient d'abord une cour toute verte, puis une toute rouge, puis une blanche, puis une noire, car il doit, en des temps et des lieux cohérents, vérifier les insignes qui proclament et instaurent la nature propre à chacun des quartiers de l'Univers [115].

Le Chef s'applique à aménager l'Espace en adaptant les étendues aux durées, mais la raison de sa circulation souveraine se trouve d'abord dans la nécessité d'une reconstitution rythmée de l'Étendue. La reconstitution quinquennale ravive la cohésion qu'il a inaugurée en prenant le pouvoir. A chaque avènement, les cinq carrés emboîtés qui constituent l'Empire refluent à la Capitale, où doit se recréer, pour un temps, l'Espace entier. Le Roi ouvre alors les portes de sa ville carrée et, expulsant les méchants aux quatre frontières du monde, il reçoit les hôtes des quatre Orients. Jusque dans les lointains de l'Univers, il qualifie les différents espaces. De même qu'il les singularise en distribuant des emblèmes conformes aux sites différents, il les hiérarchise en conférant les insignes qui révèlent les dignités inégales [116].

C'est en classant et en répartissant à temps réglés les groupes qui composent la société humaine que le Chef parvient *à instituer et à faire durer* un certain ordre de l'Espace. Cet ordre peut être qualifié de féodal ; il fut, en effet, conçu par une société féodale, et c'est, sans doute, parce que, dans son fond, cette société est demeurée féodale que l'Espace n'a point cessé d'être imaginé comme une fédération hiérarchisée d'étendues hétérogènes. Caractérisé par une sorte de diversité cohérente, il n'est point *partout* le même. Il n'est pas non plus *toujours* le même. Il n'y a qu'un Espace vide là où l'étendue n'est pas socialisée, et la cohésion de l'étendue va diminuant ([117]) à mesure que se dilue le souvenir des assemblées fédérales où, dans une enceinte sacrée qui les réunit à temps rythmés, les hommes arrivent à prêter au monde une espèce d'unité, car c'est alors que se reforge en eux l'orgueil d'appartenir à une société qui forme un *tout* et semble *une*. Aussi, la représentation d'un Espace complexe, clos et instable, s'accompagne-t-elle d'une représentation du Temps qui fait de la durée un ensemble de retours, une succession d'ères closes, cycliques, discontinues, complètes en soi, centrées, chacune, comme l'est l'Espace, autour d'une espèce de point temporaire d'émanation.

***

Aucun philosophe chinois n'a voulu voir dans le Temps un paramètre. A tous, l'étendue apparaît tantôt diluée, tantôt concentrée. La durée n'est pas non plus imaginée comme toujours égale à elle-même. La discontinuité qu'on lui prête n'est nullement l'effet du cours variable de l'activité de l'esprit chez les individus. Elle n'est ni anarchique ni totale. Les Chinois décomposent le Temps en périodes comme ils décomposent l'Espace en régions, mais ils définissent chacune des parties composantes par un lot d'attributs ([118]). Cette définition est acceptée par tous les esprits : à chaque espèce de Temps correspond une notion impersonnelle, bien que concrète. Ce caractère concret éclate dans le fait que chaque période est marquée par les attributs propres à une saison de l'année, à une heure du jour. Il ne faudrait point en conclure tout de suite que les Chinois ont édifié leur conception de la durée en se bornant à ne point distinguer le Temps (tout court) du temps qu'il fait ou du temps astronomique. Les saisons n'ont fourni que des emblèmes à la conception chinoise du Temps. Si elles ont été appelées à les fournir, c'est pour la raison que (l'Espace étant figuré comme clos) le Temps paraissait avoir une nature cyclique et que l'année, avec ses saisons, offrait l'image d'un cycle ainsi que des symboles propres à caractériser des cycles divers.

La représentation chinoise du Temps se confond avec celle

d'un ordre liturgique. Le cycle annuel des saisons n'en est pas le prototype. Cet ordre embrasse un moment de l'Histoire (dynastie, règne, portion de règne) que distingue un ensemble de règles ou, si l'on veut, une formule de vie singularisant cette époque de la civilisation. Dans ce corps de conventions figurent d'abord les décrets dont procède, avec un aménagement particulier de l'Espace, un aménagement particulier du Temps. La promulgation d'un *Calendrier*, décret inaugural d'un règne, est l'acte décisif d'une cérémonie d'avènement. Mais, avant que puisse s'installer un ordre neuf du Temps, il faut que l'ordre ancien soit d'abord aboli. Toute étape de la durée suppose une éviction liée à une création. Il en est ainsi pour les différentes étapes de la vie humaine ([119]). Une femme ne passe de l'état de fille à l'état d'épouse, un homme ne sort de la vie pour entrer dans la mort, un nouveau-né n'abandonne le monde des ancêtres pour pénétrer dans la portion vivante de la famille que si des gestes de congé ont précédé les fêtes d'accueil. Initial en apparence, le rite inaugural de la naissance, du mariage, de la mort, a la valeur d'un rite central. La puissance qu'il dégage entraîne comme la propagation d'une onde. En avant comme en arrière et marquant, pour ainsi dire, les sommets d'une série d'ondulations concentriques, des cérémonies, que séparent des temps de stage, concourent au même résultat que le rite central. Cette sorte de propagation rythmique, qui commande l'organisation d'un ensemble liturgique, est signalée par l'emploi de certains nombres. Pour marquer la valeur entière de toute liturgie, c'est de l'unité que l'on part, car elle est l'emblème du total ; mais, comme il faut pouvoir la décomposer, on l'envisage sous l'aspect de la dizaine ou de la centaine. 10 peut se décomposer en $3 + (2 + 2) + 3$, 100 en $30 + (20 + 20) + 30$. Aux deux bouts de la série, 3 ou 30 indiquent la longueur des périodes qui bordent immédiatement soit l'entrée, soit la sortie ; $7 [= 3 + (2 + 2)$ ou $(2 + 2) + 3]$, ou 70, celle des périodes liminaires ou terminales (dont 50 ou 5 marquent parfois un moment important). Aussi les termes des cérémonies réparties autour d'un geste central sont-ils le plus souvent signalés par les nombres 3 (= 30), [5 (= 50)] et 7 (= 70), qui servent à rythmer le Temps ([120]). Les durées proprement liturgiques ne sont point les seules qui soient senties comme rythmées et comme totales. Le *temps historique* ne paraît pas constitué autrement. Les érudits, quand ils reconstruisent le passé, ont la conviction d'atteindre la vérité chronologique dès qu'ils parviennent à situer les faits dans les cadres rythmiques d'une liturgie.

Chouen, sitôt qu'il eut vécu trente ans, devint le ministre de Yao. A cinquante ans, il exerça le pouvoir qu'après une nouvelle cérémonie son maître lui céda. Il devait, après être monté sur le trône, céder lui-même la direction de l'Empire à un ministre-successeur. La règle (conservée dans les usages domestiques) est qu'un chef abandonne le pouvoir à soixante-dix ans. Pour que l'histoire parût en tous points correcte, on aurait dû nous dire que Chouen, abandonnant le gouvernement à soixante-dix ans, comme le fit Yao, sut se réserver une retraite dont la durée fut de trente années (comme avait duré trente ans le temps passé, au début de la vie, hors de toute fonction), car (souverain parfait et dont la vertu devait profiter à *cent* générations de descendants), Chouen vécut exactement *cent* ans. L'essentiel a été dit cependant, puisque, s'il n'est pas indiqué pour Chouen dont la carrière, pour tout le reste, est si régulière, l'âge véridique de la retraite a du moins été donné pour Yao ([121]). Portion de la durée en soi complète un règne, telle est du moins la conviction des historiens, doit se présenter avec une organisation rythmée identique à celle d'un ensemble liturgique.

Le règne de Chouen méritait qu'on lui prêtât la régularité d'une liturgie parfaite. Ce souverain est connu pour un exploit qui lui permit de renouveler la durée. Il inaugura les temps nouveaux en procédant, pour commencer, à une cérémonie d'expulsion. Il bannit, les reléguant en marge du monde, des êtres qu'infestait une vertu nocive : c'étaient les rejetons dégénérés, les restes maléficients de dynasties dont le temps était fini. Tout ordre périmé de la durée doit achever de s'évanouir dans les lointains vagues où l'étendue se dilue et se termine ([122]). Deux domaines ne peuvent rester contigus, simplement séparés par une frontière idéale : il faut qu'un fossé les isole. Deux ères ne peuvent se succéder sans qu'on ne marque une rupture de continuité : ce sont deux cycles auxquels il est interdit de se compénétrer. Un cycle, cependant, quand il se trouve achevé, n'est point voué à une destruction définitive : il suffit qu'un ordre périmé du temps soit mis hors d'état de contaminer l'ordre régnant.

Au moment même où une dynastie chinoise proclamait son avènement en promulguant le calendrier destiné à particulariser sa période de domination, elle prenait soin de distraire de l'Empire des fiefs destinés aux rejetons des dynasties déchues. Ces derniers étaient chargés de conserver dans ces *domaines clos* les règlements significatifs d'un *cycle révolu* de l'histoire (¹²³). De même, on ne détruisait pas les Autels du Sol des dynasties tombées : on se contentait de les emmurer (¹²⁴). Si la conservation de ces « témoins » était jugée nécessaire, c'est que l'on prévoyait un retour de fortune pour l'ordre de civilisation dont ils conservaient le souvenir et, si je puis dire, la semence.

Des conceptions analogues se retrouvent dans les règles du culte ancestral (¹²⁵). Seuls, les aïeux appartenant aux *quatre* générations immédiatement antérieures à celle du chef du culte ont droit à une place réservée dans le temple domestique. Ils y sont représentés par des tablettes que l'on conserve dans des chapelles orientées et disposées en *carré*. Sur ces tablettes, qui conservent leur mémoire, leur nom personnel doit être inscrit. Aucun des noms des membres disparus de la famille ne peut être repris dans la parenté tant que les tablettes qui les portent demeurent dans l'une de ces chapelles. Mais quand meurt le chef de culte et qu'il faut donner une place à la tablette de ce nouvel ancêtre, on doit éliminer la tablette sur laquelle est inscrit le nom de son trisaïeul. Tout aussitôt ce nom peut être redonné à un enfant de la famille. Avec celui-ci reparaît l'une des vertus qui président à l'ordre domestique : cette vertu s'est conservée dans la retraite du temple ancestral, où elle effectuait une sorte de stage la préparant à une renaissance, cependant que *quatre* générations de chefs de famille se succédaient dans l'exercice de l'autorité.

De même, quand ils font de l'histoire et mettent de l'ordre dans le passé, les Chinois admettent que les dynasties se relaient au pouvoir, animées de vertus différentes et se succédant de façon cyclique. Tant que règne l'une des *cinq* vertus qui peuvent caractériser une ère, les *quatre* autres, destinées à reparaître, se conservent par l'effet d'une sorte de quarantaine restauratrice. L'idée du retour cyclique des Cinq Vertus souveraines n'est, à titre de théorie, attestée qu'à partir des IVe-IIIe siècles av. J.-C. : elle inspirait dès ce temps une entière confiance, car c'est alors qu'elle servit de cadre aux érudits empressés de reconstituer les antiquités nationales ([126]). Quant aux sentiments dont cette idée procède, ils se retrouvent au cœur d'anciennes données mythiques. Lorsque Chouen expulsa les vertus périmées, il les expédia dans les marges de l'Univers, non pour les faire périr, nous dit-on, mais pour leur permettre de se rénover. Tandis que lui-même, vertu neuve et prête à dominer, prenait, au centre de l'Espace humanisé, possession d'une capitale *carrée*, c'est aux *quatre* frontières de l'étendue qu'il logea, pour une longue pénitence, des vertus provisoirement épuisées, lesquelles, tout justement, se trouvaient être au nombre de *quatre* ([127]).

La conception d'un Temps qui se décompose en ères, complètes en elles-mêmes, tout autant que finies et en nombre fini, s'accorde avec une conception de l'Espace qui décompose un monde clos en une confédération de secteurs. Toutes deux ont pour fondement une ordonnance fédérale de la société. Un suzerain, dont l'autorité repose sur un pouvoir de délégation, n'apparaît point revêtu d'une Majesté qui lui confère des pouvoirs indéfinis. Il a des pairs, et ceux-ci escomptent qu'ils auront leur tour de domination. Le pouvoir d'animer le Temps et l'Espace n'est conféré que pour une ère dont le terme viendra et dont le retour doit être prévu, car le prestige d'une dynastie ou d'un chef est soumis aux jeux réglés de la fortune féodale.

Les ères dynastiques sont signalées par les mêmes lots d'emblèmes que les saisons et les orients. Le rythme saisonnier a-t-il inspiré *directement* l'idée de leur succession cyclique ? On l'admettra difficilement si l'on songe à l'importance de l'idée de Centre : elle joue un rôle égal dans les représentations de Temps et dans celles d'Espace. Envisagée du point de vue de l'étendue, elle correspond à l'idée de fédération. Elle paraît liée, d'autre part, à une conception liturgique de la durée : l'ordre liturgique qui caractérise une ère et a sa source dans un pouvoir régulateur d'essence finie paraît émaner d'une sorte de centre d'émission que déterminent simultanément la proclamation d'un calendrier et l'inauguration d'une capitale fédérale. L'idée que toute durée ne se conçoit point sans un centre n'est pas passée sans artifice des unités de temps de nature proprement sociale (comme le sont les ères) à l'année, unité de durée conventionnelle, mais liée à des données d'expérience. Il n'a été possible de l'appliquer à une durée définie par le cours des astres qu'en vertu d'une liaison préétablie des représentations de Temps et d'Espace.

Une ancienne tradition ([128]) veut, on l'a vu, que les souverains de jadis aient fait périodiquement un tour d'Empire, commençant par le Levant et suivant la marche du Soleil, de manière à adapter exactement les Temps aux Espaces. Ces souverains n'étaient obligés d'imiter le soleil que tous les cinq ans. Une fois faite cette commémoration *quinquennale* de la promulgation du calendrier, ils pouvaient, pendant *quatre* années entières, demeurer dans leur capitale. Ils indiquaient alors le centre de l'Espace après en avoir tracé les pourtours. Ils avaient aussi défini le cycle des saisons, tout en commémorant la fondation d'une ère. Mais, au cours de leur circumambulation, ils n'avaient pas pu fixer de centre à l'année.

D'après une autre tradition ([129]), une capitale ne mérite ce nom que si elle possède un *Ming t'ang*. Le *Ming t'ang* constitue une prérogative proprement royale et la marque d'un pouvoir solidement établi. C'est une Maison du Calendrier, où l'on voit comme une concentration de l'Univers. Édifiée sur une base carrée, car la Terre est carrée, cette maison doit être recouverte d'un toit de chaume, rond à la façon du Ciel. Chaque année et durant toute l'année, le souverain circule sous ce toit. En se plaçant à l'orient convenable, il inaugure successivement les saisons et les mois. La station qu'il fait, au deuxième mois de printemps, revêtu de vert et placé au plein Est, équivaut, puisqu'il ne se trompe ni sur le site ni sur l'emblème, à une visite équinoxiale du Levant. Mais le chef ne peut poursuivre indéfiniment sa circulation périphérique sous peine de ne jamais porter les insignes qui correspondent au Centre et sont l'apanage du suzerain. Aussi, quand est fini le troisième mois de l'Été, interrompt-il le travail qui lui permet de singulariser les diverses durées. Il se vêt alors de jaune, et, cessant d'imiter la marche du soleil, va se poster au centre du *Ming t'ang*. S'il veut animer l'Espace, il faut bien qu'il occupe cette place royale et, dès qu'il s'y arrête, c'est d'elle qu'il semble animer le Temps : il a donné un centre à l'année. — Pour permettre au souverain d'exercer son action centrale, il a fallu, entre le sixième mois qui marque la fin de l'Été et le septième qui est le premier de l'Automne, instituer une sorte de temps de repos que l'on compte pour un mois, bien qu'on ne lui attribue aucune durée définie ([130]). Il n'a qu'une durée de raison ; celle-ci n'enlève rien ni aux douze mois ni aux saisons, et cependant elle est loin d'être nulle : elle équivaut à l'année entière, car c'est en elle que paraît résider le moteur de l'année.

Le Temps est constitué par la succession cyclique d'ères qui, toutes, dynasties, règnes, périodes quinquennales, années elles-mêmes, doivent être assimilées à une liturgie et qui, toutes, même l'année, ont un centre. On ne reçoit point d'ordre, en effet, liturgique ou géographique, temporel ou spatial, sans supposer qu'il a, si je puis dire, pour garant, un pouvoir éminent dont la place, vue dans l'Espace, paraît centrale. Cette conception traduit un progrès de l'organisation sociale désormais orientée vers un idéal de hiérarchie et de stabilité relative. La notion de centre dont l'importance accuse ce progrès est loin d'être primitive : elle s'est substituée à la notion d'axe. Le rôle joué par cette dernière demeure sensible dans les calendriers de l'âge féodal où l'on voit que les jours environnant les deux solstices méritent un respect particulier ([131]). Ce rôle est plus sensible encore dans divers mythes d'esprit archaïque. En eux s'est conservé le souvenir d'une époque où la conception d'une ordonnance hiérarchique de l'Espace et du Temps tendait à remplacer une représentation de l'Univers et de la société simplement fondée sur les idées d'opposition et d'alternance.

Yao, sans songer à visiter l'Empire ou à circuler dans un *Ming t'ang*, mit de l'ordre dans le monde en se bornant à

envoyer aux quatre pôles quatre délégués à l'astronomie ;
Chouen réussit, à son tour, à instaurer un ordre neuf en se
contentant d'expédier quatre bannis sur quatre monts
polaires. — Les délégués de Yao ([132]) étaient les deux frères
Hi et les deux frères Ho. Hi-ho est le Soleil, ou, plutôt, la
Mère des Soleils qui sont dix (un pour chacun des jours du
cycle dénaire). Hi-ho est *un*, comme il est dix, mais il est
d'abord *un couple*, car la Mère des Soleils est mariée. Aussi
Hi et Ho sont-ils un couple d'astronomes. Couple complexe à vrai dire : il y a 3 Hi et 3 Ho. Ils forment cependant
un total, non pas de 6, mais de 4, dès qu'on leur a distribué
les saisons et les orients. C'est que Yao, enlevant leurs chefs
à ces chœurs opposés, a pris soin de conserver à la Capitale
— proches émanations de son pouvoir régulateur — l'aîné
des 3 Hi et l'aîné des 3 Ho. Il forme avec ces aînés une triade
auguste et centrale. Si on veut la compter pour 1, un centre
se trouve constitué au milieu du carré. Tel un Soleil,
central et fixe, l'autorité éminente du Chef y éclate à demeure,
tandis qu'elle se manifeste, écartelée aux quatre orients,
sous l'aspect particulier qui convient à chacun des quadrants du monde. L'année se distribue dès lors en *secteurs*
auxquels on peut prêter des emblèmes empruntés aux *saisons*.
Ces secteurs rayonnants semblent émaner d'un Soleil-
maître condamné à s'écarteler, parce qu'il doit régenter les
différents espaces. C'est cependant 6 et non pas 4 (ou 5) qui
est le nombre véritable d'une famille solaire, de même que
c'est le simple affrontement par bandes et non la répartition
en carré qui indique la division première de l'Espace.

Nous connaissons d'autres fils du Soleil que les Hi et les
Ho : non seulement ils étaient six comme ces derniers, mais
nous savons, en outre, qu'ils sortirent du ventre de leur mère
3 par la gauche (= Est) et *3 par la droite* (= Ouest) ([133]). De
même encore que les Hi et les Ho, les bannis de Chouen ([134]),
qui rénovent leurs vertus aux quatre orients, semblent
d'abord compter pour quatre, et, cependant, ils forment, eux
encore, une double bande de trois. L'un d'eux se nomme
Trois-Miao. Les autres composent un trio où deux comparses
encadrent un puissant personnage. Ce dernier, nommé
Kouen, devait, transformé en tortue à *trois* pattes, aller
régner à l'Extrême-*Orient* (= gauche), sur un Mont des

Oiseaux. Face à lui, et eux aussi sur un Mont des Oiseaux, mais à l'Extrême-*Occident* (= droite), se dressaient les Trois-Miao, Hibou à *triple* corps. Coupables d'avoir détraqué le Temps, les Trois-Miao furent, au cours d'une fête dansée, domptés par un Héros à qui cet exploit, — il dansait lui-même revêtu de plumes, — gagna le trône [135]. Quant à Kouen, qui ne sut danser qu'une danse impuissante, il fut sacrifié par Chouen, à qui il avait disputé l'Empire [136]. Or, dans les ballets des vieux âges, les danseurs, nous dit-on, se groupaient par trois [137]. Nous savons même, par un exemple significatif, que les fêtes d'inauguration d'une ère nouvelle consistaient en un combat rituel opposant deux chefs encadrés chacun par deux seconds [138]. Ils représentaient deux groupes *complémentaires*, deux *moitiés* de la société qui, *par roulement*, se partageaient l'autorité [139].

Ce principe d'alternance simple explique l'opposition face à face des acteurs. Au lieu de former le carré, ils se disposaient, sur l'aire rituelle, de part et d'autre d'une ligne axiale séparant les deux camps. La représentation du Temps et de l'Espace, qui les suppose décomposés en secteurs se rattachant à un centre dont procède leur pouvoir de durer et de coexister, a permis d'emprunter aux saisons et aux orients les emblèmes destinés à particulariser les durées comme les étendues. Cette conception procède d'une représentation plus ancienne. Les éléments de cette dernière dérivent entièrement, non pas de simples sensations individuelles ou de l'observation de la nature, mais d'usages purement sociaux. Ils sont empruntés à l'image qu'offraient, en des circonstances particulièrement émouvantes, deux bandes s'affrontant en une joute rituelle. Avant que les jeux de la politique féodale n'aient fait alterner à la place souveraine les représentants des diverses vertus qui exprimaient les aspects particuliers de la durée et de l'étendue, c'était un combat rituel qui amenait tour à tour au pouvoir les représentants de deux groupes complémentaires. Un rythme à deux temps, fondé sur la simple opposition et l'alternance simple, commandait alors l'organisation sociale. Il commanda aussi les représentations jumelles de Temps et d'Espace.

Ce rythme simple est celui qu'impose à la vie de société un besoin périodique de réfection. L'espace est fait d'étendues tantôt pleines et tantôt diluées ; il se vide et s'exténue là où toute vie sociale paraît manquer ; il semble résider entièrement dans l'enceinte sacrée des réunions fédérales. La durée est faite de temps faibles et de temps forts : elle paraît se réfugier tout entière dans les périodes de fêtes et d'assemblées plénières. Les mots *houei* et *ki* signifient tous deux : temps, mais au sens d'occurrence ; *ki* évoque surtout l'idée de rendez-vous ou de terme ; *houei*, celles de réunion (marché, foire, fête), de congrégation, de société. La durée n'est vraiment elle-même, intacte et dense, que dans les occasions enrichies par la vie en commun qui font date et semblent fonder le Temps.

La station que les rituels savants imposent une fois par an au Souverain dressé au centre du *Ming t'ang*, comme s'il était le pivot de l'année, semble correspondre à une période de retraite pendant laquelle les chefs anciens devaient se confiner au plus profond de leur demeure ([140]). Sur la durée de cette retraite, les diverses données mythiques ne sont pas d'accord : elle se continuait pendant douze jours, dit-on, ou bien était terminée le septième jour. Il y a des raisons de penser que les six ou douze jours de retraite étaient consacrés soit aux six animaux domestiques, soit aux douze animaux qui sont les emblèmes des douze mois ([141]). Ces jours étaient employés à des rites et à des observations ([142]) qui permettaient de pronostiquer (ou, pour mieux dire, de *déterminer* à l'aide de présages), la prospérité des élevages et le succès des récoltes. Dans les douze jours, par exemple, on voyait une préfiguration des douze mois de l'année. On considérait cette période privilégiée comme une sorte de *temps concentré, équivalant à la durée entière de l'année.* La longueur variable qu'on lui attribue s'explique par la concurrence de deux définitions savantes de l'année et l'existence d'un calendrier luni-solaire. L'année solaire était estimée à 366 jours ; l'année religieuse n'en comptait que 360. Les 12 mois lunaires se virent d'abord attribuer 29 jours (le quinzième jour a toujours été considéré comme étant celui de la pleine lune et le centre du mois), puis on porta à 30 jours la durée de 6 d'entre eux. La durée totale des

12 lunaisons [(348 ou) 354 jours] se trouvait inférieure de 6 (ou de 12) jours à celle de l'année religieuse, de 12 (ou de 18) jours à celle de l'année solaire. Ceci, dans la pratique, conduisit à adopter le système des *cycles quinquennaux* et des mois intercalaires : on attribua 354 jours et 12 mois aux 1re, 2e et 4e années de chaque cycle, 13 mois et 384 jours aux 3e et 5e années [143]. Cependant la pensée religieuse ne cessa point d'accorder une sorte d'existence séparée aux 12 premiers jours de l'année [144].

A ces jours de nature particulière semble s'être attachée une fête dont le nom peut s'entendre avec le sens de : fête de *la* (plus) *longue* nuit. Ce sens s'imposa dès qu'on eut l'idée de faire passer par les solstices l'axe de l'année et qu'on vit dans le solstice d'hiver un point initial. Mais le début de l'année chinoise est, par principe, variable : c'est en fixant les heures, jours et mois initiaux que les différentes dynasties déterminaient leurs insignes et leur calendrier de façon à singulariser le temps de leur domination. Fait remarquable : le début de l'année n'a jamais oscillé qu'entre les divers mois de la saison froide. La fête hivernale n'a pas été, dès l'origine, une fête solsticielle : son nom peut vouloir dire : fête de l'*allongement* des nuits, — et il est certain qu'elle présente tous les caractères d'une fête des récoltes. Sa durée, d'abord fort longue, était en fait déterminée par des termes réels, ceux du gel et du dégel [145]. Elle s'étendait, avec ses cérémonies initiales et terminales, sur toute la période de l'hivernage, si bien que de nombreux épisodes rituels ont pu s'en détacher : attribués aux huitième et deuxième mois [146], ils ont marqué les deux bouts d'un axe équinoxial de l'année. Les cérémonies de la liturgie annuelle eurent alors tendance à se répartir en considération à la fois de cet axe équinoxial et de l'axe solsticiel : c'est ainsi que, se conformant à une division de l'Espace par *quadrants*, un ordre liturgique, fondé sur la division de l'année en quatre saisons, servit à rythmer le Temps. Mais on doit noter qu'une des extrémités de la croisée est restée à peu près vide de valeur religieuse : elle correspond simplement aux vacances d'été, simple temps de repos et d'abstention. Les vacances d'hiver ont une autre importance. Même réduites à une période de six ou de douze jours, elles semblent valoir autant que l'année entière.

Elles doivent cette valeur au fait qu'elles ont fini par résorber en elles toute la puissance dégagée par les fêtes de la morte-saison ([147]). Celle-ci, qui s'intercale entre deux années réelles, entre deux campagnes agricoles, enferme en elle le seul Temps qui *compte* et qui *date*. C'est la période où les hommes que la vie des champs ne disperse plus se rassemblent dans les hameaux et les bourgades. A une durée profane, égoïste, monotone et vide d'émotions, succède alors une durée qu'emplissent les espoirs religieux et l'activité créatrice propres aux exercices accomplis en commun. Un rythme simple oppose — comme un temps faible à un temps fort — la période de vie disséminée où ne subsiste qu'une activité sociale latente, à la période de congrégation consacrée tout entière à la réfection des liens sociaux. Ce rythme n'est pas calqué *directement* sur le rythme saisonnier. S'il paraît dépendre de l'ensemble des conditions naturelles qui commandent l'existence d'une société vivant surtout d'agriculture, c'est que la saison pendant laquelle la Terre n'accepte plus le travail humain s'offre comme le temps où les hommes peuvent le plus commodément s'occuper d'intérêts qui ne sont pas profanes. La Nature offre le signal et procure l'occasion. Mais le besoin qui pousse à saisir l'occasion et à percevoir le signal a sa source dans la vie sociale elle-même. Une société ne peut durer sans se recréer. Les Chinois furent conduits à penser que la durée ne saurait subsister sans réfections périodiques, parce qu'eux-mêmes se sentaient obligés à se réunir périodiquement en assemblées. Comme les fêtes où le groupe humain reprenait vie se célébraient à chaque morte-saison, ils imaginèrent que le renouvellement du Temps devait se faire chaque année. De là procède, avec l'idée même d'un cycle annuel et le souci d'en retrouver l'équivalent dans la Nature, le désir d'attacher désormais chacune des manifestations de la vie sociale à un signal extérieur fourni par les manifestations naturelles. Mais les vieilles fêtes de la morte-saison n'exprimaient, en principe, que des besoins d'ordre humain, des besoins proprement sociaux ([148]). La preuve s'en trouve dans le fait que leur objet premier et principal fut non pas de mériter d'heureuses saisons ou une bonne année, mais d'obtenir la perpétuation du groupement social.

Celui-ci, pour y arriver, mettait en action toutes les forces dont il pouvait disposer. Il dépensait tout et il se dépensait tout entier : vivants et morts, êtres et choses, biens et produits de toute sorte, les humains comme les dieux, les femmes avec les hommes, les jeunes en face des vieux, tout se mêlait alors en une orgie âpre et vivifiante. Les joutes qui préparaient cette communion totale cherchaient surtout à mettre aux prises, de toutes les façons possibles, les défunts et les vivants, les vieux et les jeunes, tout le passé et tout l'avenir. Ainsi s'établissait entre les générations une continuité dont profitait le Temps lui-même, — si bien que sa *réfection* parut ressembler à un *rajeunissement*. On put dès lors imaginer que l'on célébrait la fête avec l'intention d'inaugurer l'année nouvelle et de préparer le succès de la prochaine campagne agricole. Les réjouissances se terminaient cependant par un vivat, indéfiniment répété de proche en proche : « Dix mille années ! Dix mille années [149] ! » Quand la fête fut célébrée au profit de chefs investis du pouvoir de faire durer et coexister, ce vivat parut correspondre à une acclamation d'avènement, à un souhait dynastique, à l'inauguration d'une ère. Il servait aussi, employé pour *désigner* le chef, à concentrer dans sa personne une puissance de vie impliquant des espoirs illimités de perpétuation [150]. Au temps où la fête de la longue nuit se confondait encore avec l'assemblée hivernale d'une communauté paysanne, dans ce cri de « Dix mille années ! » se *signifiait* avant tout la confiance d'une race dans le succès de ses labeurs, succès sans cesse renouvelé et qui garantissait au groupe humain une sorte de pérennité. Vide et comme sans force dans le courant des jours, la durée, au cours des assemblées de la morte-saison, s'emplissait tout à coup de réalité vivante. Riche d'espoirs et de souvenirs confondus, elle s'imprégnait de ce pouvoir de réalisation qui signale les désirs exaltés par l'action en commun. Tout le passé, tout l'avenir, le Temps entier (avec l'Espace entier) semblaient se condenser dans les occasions saintes (attachées à des sites sacrés) où un groupe humain arrivait à se concevoir comme une unité permanente et *totale*.

⁎
⁎

Dans les civilisations où l'activité sociale ne cesse guère d'être intense, la continuité paraît être un caractère essentiel de la durée. Portée à un maximum d'intensité pendant la retraite hivernale, la vie sociale des anciens Chinois, dès que la reprise des travaux profanes obligeait les hommes à la dispersion, se trouvait brusquement réduite à peu de chose. Aussi le Temps (et l'Espace) paraissaient-ils présenter une densité entière dans les seuls moments (et lieux) réservés aux assemblées et aux fêtes. Liés à des espaces pleins, des temps forts alternaient avec des temps faibles liés à des espaces vides. La nécessité d'une réfection rythmée du sentiment social entraîna l'idée que l'Espace et le Temps possédaient en commun une constitution rythmique. Cette constitution rythmique, dont le principe se trouve dans l'antithèse des périodes de dispersion et de concentration, s'exprima d'abord par les idées jointes d'opposition et d'alternance simples, et la représentation de l'Espace et du Temps impliqua dès l'origine le sentiment d'une différence de valeur entre deux qualités d'étendue et de durée.

D'autre part, la durée et l'étendue ne paraissaient exister pleinement que là où elles étaient socialisées : soumises à la nécessité d'une création périodique, elles semblèrent émaner d'une sorte de centre. Ceci permit aux représentations spatiales de réagir sur la représentation du Temps qui, d'abord, les avait informées. A l'idée que les étendues comme les durées étaient de valeur inégale, s'ajouta l'idée que les durées comme les étendues étaient de nature variée. Ce progrès s'accomplit dès que la représentation de l'Espace fut commandée, non plus par le spectacle de deux camps garnis par des bandes s'affrontant face à face, mais par celui d'une formation en carré, la ligne axiale séparant les partis s'étant résorbée en un centre occupé par un Chef. Cette dernière disposition a pour principe un accroissement de complication de la structure sociale. Celle-ci ne repose plus sur une division en deux groupes complémentaires qui dominent à tour de rôle. Elle a pour fondement une organisation fédérale. Placé en un point de convergence, le suzerain dont la vertu régente la confédération semble occupé à unifier du divers. Au cours des fêtes fédérales, cette diversité apparaît répartie en quatre quadrants : aussi emprunte-t-elle ses emblèmes aux quatre orients. L'Espace se trouve ainsi diversifié en étendues orientées : le Temps aussitôt paraît se décomposer en durées pourvues d'attributs saisonniers. Si les groupes d'une confédération n'alternent plus au pouvoir selon le rythme simple qui convient à deux groupes complémentaires, un principe de roulement continue de régenter l'organisation féodale. C'est pourquoi le temps paraît formé d'ères qui, se succédant de façon cyclique, sont elles-mêmes imaginées sous l'aspect de cycles. Ainsi s'explique la théorie des *Cinq* Vertus souveraines, tantôt placées en un poste central de commandement, tantôt reléguées en quarantaine aux quatre bords de l'Empire. Mais l'Espace, après avoir, du fait de sa division en quadrants, imposé au Temps un rythme quinaire, doit lui-même lui emprunter ce rythme. Ainsi s'explique la division de l'étendue en cinq carrés emboîtés, espaces hiérarchisés que distingue leur degré de cohésion : celui-ci est signalé, pour chacun d'eux, par la périodicité caractéristique du rythme de réfection qui leur est propre.

Les Chinois ne se sont point souciés de concevoir le Temps et l'Espace comme deux milieux homogènes, aptes à loger des concepts abstraits. Ils les ont décomposés conjointement en *cinq* grandes rubriques, dont ils se servent pour répartir les emblèmes signalant la diversité des occasions et des sites. Cette conception leur a fourni les cadres d'une sorte d'art total : appuyé sur un savoir qui nous semble tout scolastique, cet art tend à réaliser, par le simple emploi d'emblèmes efficaces, un aménagement du monde qui s'inspire de l'aménagement de la société. D'autre part, les Chinois ont évité de voir dans l'Espace et le Temps deux concepts indépendants ou deux entités autonomes. Ils aperçoivent en eux *un* complexe *de rubriques* identifiées à des ensembles agissants, à des groupements concrets. Loin de leur paraître incohérents, les jeux de ces rubriques leur semblent commandés par un principe d'ordre : ce principe se confond avec le sentiment de l'efficacité du rythme. Manifeste dans le domaine de l'organisation sociale, cette efficacité ne paraît pas avoir une moindre valeur quand il s'agit d'organiser la pensée. — On va voir que ce même sentiment de l'efficience universelle du rythme se trouve au fond de la conception du Yin et du Yang.

Chapitre II

Le Yin et le Yang

La philosophie chinoise (du moins dans toute la partie connue de son histoire) ([151]) est dominée par les notions de Yin et de Yang. Tous les interprètes le reconnaissent. Tous aussi considèrent ces emblèmes avec la nuance de respect qui s'attache aux termes philosophiques et qui impose de voir en eux l'expression d'une pensée savante. Enclins à interpréter le Yin et le Yang en leur prêtant la valeur stricte qui semble convenir aux créations doctrinales, ils s'empressent de qualifier ces symboles chinois en empruntant des termes au langage défini des philosophes d'Occident. Aussi déclarent-ils tout uniment tantôt que le Yin et le Yang sont des *forces*, tantôt que ce sont des *substances*. Ceux qui les traitent de forces — telle est, en général, l'opinion des critiques chinois contemporains — y trouvent l'avantage de rapprocher ces antiques emblèmes des symboles dont use la physique moderne ([152]). Les autres — ce sont des Occidentaux — entendent réagir contre cette interprétation anachronique ([153]). Ils affirment donc (tout à l'opposé) que le Yin et le Yang sont des substances, — sans songer à se demander si, dans la philosophie de la Chine ancienne, s'offre la moindre apparence d'une distinction entre substances et forces. Tirant argument de leur définition, ils prêtent à la pensée chinoise une tendance vers un dualisme substantialiste et se préparent à découvrir dans le Tao la conception d'une réalité suprême analogue à un principe divin ([154]).

Pour échapper à tout parti pris, il convient de passer en

revue les emplois anciens des termes *yin* et *yang*, — ceci en
évitant tout pédantisme chronologique et en songeant aux
dangers de la preuve par l'absence. — C'est aux premiers
astronomes que la tradition chinoise fait remonter la conception du Yin et du Yang ([155]) : de fait, on trouve mention de
ces symboles dans un calendrier dont l'histoire peut être
suivie à partir du IIIe siècle avant notre ère ([156]). Il est à la
mode, de nos jours, d'attribuer aux théoriciens de la divination la première idée d'une conception métaphysique du Yin
et du Yang : ces termes apparaissent en effet assez fréquemment dans un opuscule se rapportant à l'art divinatoire. Ce
traité a longtemps passé pour être l'œuvre de Confucius
(début du Ve siècle). On préfère aujourd'hui le dater des
IVe-IIIe siècles ([157]). Les théoriciens de la musique n'ont
jamais cessé de fonder leurs spéculations sur le thème d'une
action concertante (*tiao*) prêtée au Yin et au Yang. Ce thème
est l'un de ceux qu'aime tout particulièrement à évoquer
Tchouang tseu, auteur du IVe siècle, dont la pensée se rattache au courant taoïste ([158]). Une allusion, courte et précise,
à cette action concertante, se retrouve dans un passage de
Mö tseu ([159]) : comme la doctrine de Confucius, celle de
Mö tseu se rattache à une tradition de pensée humaniste.
Son œuvre date de la fin du Ve siècle av. J.-C. Ajoutons que
les termes *yin* et *yang* figurent dans la nomenclature géographique : celle-ci, au moins pour ce qui est des lieux saints et
des capitales, s'inspirait certainement de principes religieux.
— Dès la période qui s'étend du Ve au IIIe siècle, les symboles Yin et Yang se trouvent employés par des théoriciens
d'orientations très diverses. Cet emploi très large donne
l'impression que ces deux symboles signalent des notions
inspirant un vaste ensemble de techniques et de doctrines.

Cette impression se trouve confirmée dès que l'on songe
à vérifier dans le *Che king* l'usage des mots *yin* et *yang*. On
néglige d'ordinaire d'en tenir compte. On suppose qu'il ne
peut s'agir que d'emplois vulgaires auxquels on dénie tout
intérêt philosophique. Le *Che king*, cependant, quand il
s'agit d'une étude de termes et de notions, fournit le fond le
plus solide : ce recueil poétique, dont la compilation ne peut
être postérieure au début du Ve siècle, est, de tous les documents anciens, celui qui a le mieux résisté aux interpolations.

Dans la langue du *Che king*, le mot *yin* évoque l'idée de temps froid et couvert ([160]), de ciel pluvieux ([161]); il s'applique à ce qui est intérieur (*nei*) ([162]) et, par exemple, qualifie la retraite sombre et froide où, pendant l'été, on conserve la glace ([163]). Le mot *yang* éveille l'idée d'ensoleillement ([164]) et de chaleur ([165]); il peut encore servir à peindre le mâle aspect d'un danseur en pleine action ([166]); il s'applique aux jours printaniers où la chaleur solaire commence à faire sentir sa force ([167]) et aussi au dixième mois de l'année où débute la retraite hivernale ([168]). Les mots *yin* et *yang* signalent des aspects antithétiques et concrets du Temps. Ils signalent, de même, des aspects antithétiques et concrets de l'Espace. *Yin* se dit des versants ombreux, de l'*ubac* (nord de la montagne, sud de la rivière); *yang*, des versants ensoleillés (nord de la rivière, sud de la montagne), de l'*adret* ([169]), bonne exposition pour une capitale ([170]). Or, quand il s'agissait de déterminer l'emplacement de la ville, le Fondateur, revêtant ses ornements sacrés, commençait par procéder à une inspection des sites à laquelle succédaient des opérations divinatoires : cette inspection est qualifiée d'examen du Yin et du Yang (ou, si l'on veut traduire, d'examen des versants sombres ou ensoleillés) ([171]). Il est sans doute utile de rappeler ici que le dixième mois de l'année, qualifié de mois *yang* par le *Che king*, est celui où les rites ordonnaient de commencer les constructions : on doit penser qu'on en choisissait alors le site. Les premiers jours de printemps sont ceux où les constructions doivent être terminées et, sans doute, inaugurées ([172]); à ces jours convient aussi l'épithète *yang*. Ces témoignages, les plus anciens et les plus certains de tous ceux qu'on possède, ne peuvent être négligés. Ils signalent la richesse concrète des termes *yin* et *yang*. Ces symboles paraissent avoir été utilisés par des techniques variées : mais ce sont toutes des techniques rituelles et elles se rattachent à un savoir total. Ce savoir est celui dont l'analyse des représentations de Temps et d'Espace a pu faire pressentir l'importance et l'antiquité. Il a pour objet l'utilisation religieuse des sites et des occasions. Il commande la liturgie et le cérémonial : l'art topographique comme l'art chronologique.

* **

De ce savoir dépend l'ensemble des techniques dites divinatoires. Rien d'étonnant, par suite, s'il se trouve (tenons ici compte des hasards qui ont présidé à la conservation des documents) que les plus anciens développements *connus* sur le Yin et le Yang sont contenus dans le *Hi ts'eu*, petit traité annexé au *Yi king* (le seul manuel de divination qui ne soit pas perdu). Rien d'étonnant, non plus, si l'auteur de *Hi ts'eu* parle du Yin et du Yang sans songer à en donner une définition ([173]). Il suffit, à vrai dire, de le lire sans préjugé pour sentir qu'il procède par allusion à des notions connues. On va même voir que le seul aphorisme contenant les mots *yin* et *yang* où nous puissions deviner l'idée qu'il se faisait de ces symboles apparaît comme une formule toute faite, comme un véritable centon : c'est même en ce fait que réside la seule chance qui nous soit donnée d'arriver à interpréter cet aphorisme.

« *Une* (fois) *Yin*, *une* (fois) *Yang* (yi Yin yi Yang), *c'est là le Tao* ([174]) ! » écrit le *Hi ts'eu*. Tout dans cet adage est à deviner. La traduction la plus littérale risque d'en fausser le sens. Celle que je viens de donner est déjà tendancieuse : elle suggère l'interprétation : « un temps de Yin, un temps de Yang... ». Il y a, sans doute, des chances qu'un auteur préoccupé de divination envisage les choses du point de vue du Temps ; cependant, prise en elle-même, la formule pourrait tout aussi bien se lire : « un (*côté*) Yin, un (*côté*) Yang... ». Ce qu'on a appris sur la liaison des représentations d'Espace et de Temps permet déjà de rejeter comme partielles l'une et l'autre de ces interprétations. Il y a lieu de présumer que les idées d'alternance et d'opposition sont suggérées, toutes les deux ensemble, par le rapprochement des emblèmes Yin, Yang et Tao. Mais ce n'est point tout : la seule transcription est déjà interprétative, car elle comporte l'emploi de majuscules ou de minuscules. Faut-il écrire :

$$\left\{ \begin{array}{l} \text{« D'abord le Yin, puis le Yang,} \\ \text{« Ici le Yin, là le Yang,} \end{array} \right\} \text{c'est là le Tao ! »}$$

ou bien

$$\left\{ \begin{array}{l} \text{« Un temps yin, un temps yang,} \\ \text{« Un côté yin, un côté yang,} \end{array} \right\} \text{c'est là le Tao ! » ?}$$

S'agit-il de Substances ou de Forces (disons, pour plus de prudence, de Principes) qui alternent *ou* qui s'opposent ? Ou bien, s'agit-il d'aspects opposés *et* alternants ? Il est impossible de rien décider en essayant de fixer tout de suite le sens du mot *tao* : tout ce que le *Hi ts'eu* pourrait nous apprendre, c'est que ce mot signale une notion apparentée aux idées de *yi* (mutation), de *pien* (changement cyclique), de *t'ong* (interpénétration mutuelle). Une seule voie nous est ouverte. L'aphorisme du *Hi ts'eu* est remarquable par sa forme : on peut espérer en éclaircir le sens si on le rapproche de formules présentant une constitution analogue.

Le *Hi ts'eu* fournit deux de ces formules. Au début du traité, figure un passage destiné à rendre sensible l'exacte correspondance qui existe entre les manipulations divinatoires et les opérations de la Nature. L'aphorisme « *une* (fois) *froid, une* (fois) *chaud* » ou « *un* (temps de) *froid, un* (temps de) *chaleur* » suit immédiatement une formule évoquant les révolutions du Soleil et de la Lune. Il précède l'indication que le Tao, sous l'aspect de *K'ien* (*K'ien tao*), constitue le mâle et que, sous l'aspect de *K'ouen* (*K'ouen tao*), il constitue la femelle (¹⁷⁵). Toute la tradition reconnaît dans *K'ien* et dans *K'ouen* [qui sont, lignes indivises ou lignes discontinues, les symboles primordiaux de la divination] la représentation graphique du Yang et du Yin. Le *Hi ts'eu*, dans un autre endroit, assimile K'ouen, symbole féminin, à la porte quand elle est fermée [la femelle se tient cachée et forme intérieurement (*nei*) cachette à l'embryon] et K'ien, symbole mâle, à la porte qui s'ouvre [le mâle se répand et se produit ; il produit, pousse et croît (*cheng*) ; il s'extériorise (*wai*) (¹⁷⁶)]. Après quoi, l'auteur ajoute « *une* (fois) *fermée, une* (fois) *ouverte*, c'est là le cycle d'évolution (*pien*) ! un va-et-vient (*wang lai*) sans terme, c'est là l'interpénétration mutuelle (*t'ong*) (¹⁷⁷) ! » Le rapprochement de ces formules suggère l'impression que les notions de Yin et de Yang s'insèrent dans un ensemble de représentations que domine l'idée de rythme. On croit même entrevoir que cette idée peut avoir pour symbole *toute image* enregistrant deux *aspects* antithétiques.

Une formule voisine nous est fournie par le *Kouei tsang*. Tel est le nom d'un manuel de divination perdu depuis longtemps (¹⁷⁸). Il y a des chances que le *Kouei tsang* se soit rattaché aux anciennes traditions religieuses d'une manière

bien plus étroite que le *Yi king*. A en juger d'après les
fragments qui nous restent, il abondait en thèmes mythologiques ([179]). Nous avons conservé deux passages où il est question de Hi-ho. C'est aux astronomes Hi et Ho que la tradition, au temps des Han ([180]), attribuait la conception du Yin
et du Yang. Mais nous savons que Hi-ho est la mère des
Soleils ou le Soleil lui-même. Le *Kouei tsang*, qui nous en
parle en vers, le connaît comme tel. Il décrit son ascension
au long du Mûrier creux, demeure solaire et royale, qui se
dresse dans la vallée du Levant (*yang*) ([181]). C'est là, dit-il,
que Hi-ho « (en) *entrant*, (en) *sortant* (fait l') *obscurité* (ou la)
lumière (*houei ming*) ». Le *Kouei tsang* écrit ailleurs : « Regar-
de-le monter au ciel — *un* (temps de) *lumière*, *un* (temps d')
obscurité (*yi ming yi houei*) — c'est le fils de Hi-ho — *sortant*
du Val du Levant ! » Ces deux fragments sont dignes d'attention. Ils font apparaître le fond mythique et l'étroite correspondance des thèmes du va-et-vient (porte ouverte et fermée, entrée et sortie) et de l'opposition de l'ombre et de la
lumière. Ils montrent aussi que nous avons affaire à des formules stéréotypées, à des dictons riches de poésie.

J'ai montré plus haut que ces centons sont remarquables
par une sorte d'équivalence symbolique qui leur permet de
se susciter les uns les autres. Le dicton

« *yi ming yi houei* » $\begin{cases} \text{d'abord la lumière, puis l'obscurité !} \\ \text{ici la lumière, là l'obscurité !} \end{cases}$

— si voisin par la forme et le sens (du moins si l'on n'oublie
pas les significations premières des termes *yin* et *yang*) de
l'aphorisme du *Hi ts'eu*

« *yi yin yi yang* » $\begin{cases} \text{d'abord l'ombre, puis l'ensoleillement} \\ \text{ici l'ombreux, là l'ensoleillé !} \end{cases}$

— se retrouve, tel quel, dans un passage de Tchouang tseu.

Il y est placé [comme dans le *Hi t'seu* l'aphorisme « *un*
(temps de) *froid*, *un* (temps de) *chaud* »] à côté d'une formule
évoquant les révolutions du Soleil et de la Lune. Tchouang
tseu, dans ce développement qui n'a rien de proprement
taoïste, vise, de façon explicite, à décrire les jeux du Yin et
du Yang ([182]). Il les décrit plus longuement dans un autre
passage ([183]), où se pressent les dictons de même forme : « un
(temps de) plénitude, un (temps de) décrépitude... un (temps
d') affinement, un (temps d') épaissisement... un (temps de)

vie, un (temps de) mort... un (temps d') affaissement, un (temps de) surrection... ». Tchouang tseu multiplie ces dictons dans une page très poétique où il essaie de donner une transposition littéraire d'une antique symphonie (il se pourrait bien qu'il en ait utilisé le livret) ; cette symphonie précisément se rattachait au mythe de Hi-ho : elle célébrait l'Étang sacré, où, chaque matin, la Mère des Soleils lave le Soleil Levant ([184]).

Un des dictons qui figurent dans cette sorte de poème mérite une attention particulière. C'est le dicton : « *yi ts'ing yi tchouo* ». Je l'ai rendu par la formule : « un temps d'affinement, un temps d'épaississement ». *Ts'ing* donne l'idée du pur, du ténu ; *tchouo*, l'idée du mélangé, du lourd. Ces termes opposés font apparaître l'image de la *lie* qui se dépose au-dessous de la partie clarifiée d'une boisson fermentée. Ils peuvent servir à évoquer les deux aspects antithétiques de ce que nous appellerions matière ou substance. Mais *tchouo* qualifie aussi les sons *troubles* et sourds, les notes basses et graves ; *ts'ing*, les sons *clairs* et purs, les notes aiguës et hautes ([185]). Aussi le dicton doit-il se lire comme s'il signifiait

$$\text{indistinctement :} \left\{ \begin{array}{cc} \text{ici du ténu,} & \text{là du lourd.} \\ \updownarrow & \updownarrow \\ \text{d'abord de l'aigu,} & \text{puis du grave.} \end{array} \right\}$$

Et, en effet, quand Tchouang tseu, avec le désir de révéler la constitution de toutes choses, écrit, à grand renfort de centons, une manière de symphonie cosmique, il ne paraît pas qu'il ait la moindre idée d'une distinction entre la matière et le rythme ([186]). Il ne pense point à opposer, comme des entités indépendantes, des forces ou des substances ; il ne suppose de réalité transcendante à aucun principe ; il se borne à évoquer un choix d'images contrastantes. Or, le centon « *yi ts'ing yi tchouo* » est suivi par une formule (elle paraît, elle aussi, impliquer une métaphore musicale) qui a surtout la valeur d'un résumé : « Le Yin et le Yang concertent (*tiao*) et s'harmonisent (*ho*) ([187]) », telle est cette formule que Tchouang tseu énonce après avoir énuméré quelques-uns des contrastes significatifs révélant la constitution rythmique de l'Univers. L'antithèse du Yin et du Yang peut, semble-t-il (sans doute parce qu'elle est particulièrement émouvante) ([188]), servir à évoquer tous les contrastes possibles : d'où une tendance à retrouver en chacun de ceux-ci l'antithèse du Yin et du Yang, qui paraît les résumer tous. Cette antithèse n'est en rien celle de deux Substances, de deux Forces, de deux Principes. C'est tout simplement celle de deux Emblèmes, plus riches que tous les autres en puissance suggestive. A eux deux, ils savent évoquer, groupés par couples, tous les autres emblèmes. Ils les évoquent avec tant de force qu'ils ont l'air de les *susciter*, eux et leur accouplement. Aussi prête-t-on au Yin et au Yang la dignité, l'*autorité* d'un couple de *Rubriques-maîtresses*. C'est en raison de cette autorité que le couple Yin-Yang se voit attribuer cette union harmonique, cette action concertante (*tiao ho*) que l'on imagine saisir au fond de toute antithèse et qui paraît présider à la totalité des contrastes qui constituent l'Univers ([189]).

Par une coïncidence significative (elle prouve le crédit des centons et que les philosophes s'inspirent de la sagesse commune), Mö tseu évoque, lui aussi, cette action concertante (*tiao*) dans l'unique passage où il nomme le Yin et le Yang. Ce morceau (s'il n'est pas interpolé) est le plus ancien fragment philosophique qui mentionne ces symboles ([190]). Il est intéressant à d'autres égards. Mö tseu parle du Yin et du Yang (après avoir, lui aussi, indiqué l'antithèse du chaud et du froid) dans un développement qui porte sur le Ciel et le cours du temps et qui, d'autre part, est remarquable par l'emploi de métaphores empruntées à la musique. L'action concertante du Yin et du Yang (fait non moins remarquable) n'est point donnée comme ayant son principe dans le Yin et le Yang eux-mêmes. *Sa source est d'ordre social.* Le rythme a, non pas un *auteur*, mais une sorte de *régent responsable*, lequel appartient au monde humain. La qualité de régulateur du rythme universel est une prérogative princière, car c'est au Chef que la société délègue une *responsabilité*, une *autorité* plénières. « Un Roi-Saint fait surgir en temps convenable (*tsie*) ([191]) les quatre saisons ; il fait concerter (*tiao*) le Yin et le Yang, la pluie et la rosée. » On voit que les deux grands symboles se trouvent ici placés sur le même rang que la pluie et la rosée ([192]). C'est là, sans doute, le trait le plus intéressant de ce passage. Il permet de confirmer ce que suggéraient les analyses précédentes : le Yin et le Yang valent en tant qu'emblèmes, et ils expriment des *aspects concrets.* Ce que Mö tseu désire évoquer, en l'espèce, c'est précisément l'image que, pris dans leur signification initiale, ces deux emblèmes évoquent, en effet : quand elle est mentionnée à côté de l'opposition de la rosée et de la pluie, l'opposition du Yang et du Yin signale certainement l'antithèse des aspects ombreux et ensoleillés. Nous aurons à expliquer pourquoi cette antithèse, parmi tant d'autres, a fourni les emblèmes appelés à jouer le rôle de Rubriques-maîtresses. Nous devrons alors nous rappeler que le contraste du Yin et du Yang compose une sorte de spectacle qu'un ordre musical semble régler. L'essentiel, pour l'instant, est de noter que rien n'invite à voir, dans le Yin et le Yang, des Substances, des Forces, des Principes : ce ne sont que des Emblèmes pourvus d'une puissance d'évocation vraiment indéfinie et, pour bien dire, totale.

La « théorie » du Yin et du Yang doit, sans doute, beaucoup aux musiciens, — plus, peut-être, encore qu'aux astronomes et aux devins. Mais, assurément, devins, astronomes, musiciens sont partis d'une représentation qui, traduite en mythes ([183]), relevait de la pensée commune. Cette pensée paraît dominée par l'idée que le contraste de deux aspects concrets caractérise l'Univers ainsi que chacune de ses apparences. Quand (en raison de telle ou telle préoccupation d'ordre technique) on envisage le contraste du point de vue de la durée (c'est le cas des sciences strictement divinatoires en tant qu'elles se distinguent de la science des sites et se soucient surtout de la connaissance des occasions), l'opposition des aspects entraîne l'idée de leur alternance. Aussi conçoit-on que le monde ne présente aucune apparence qui ne corresponde à une *totalité d'ordre cyclique (tao, pien, t'ong)* constituée par la conjugaison de *deux manifestations alternantes et complémentaires.* Mais cette conjugaison ne s'opère pas moins dans le domaine de l'Espace que dans celui du Temps. L'idée d'alternance peut être suggérée par une disposition spatiale comme par une disposition temporelle. La juxtaposition de secteurs rayonnants l'évoque tout aussi bien qu'une succession en forme de cycle. C'est même, nous

l'avons vu, en vertu de sa liaison à l'Espace et non pas par
une extension abusive des caractères du temps concret que
le Temps se décompose en ensembles cycliques dont certains (le règne ou l'ère) se distinguent nettement de l'année.
Cette remarque conduit à présumer que le Yin et le Yang
ont pu, en tant qu'emblèmes utilisés par les astronomes, être
pris pour des entités cosmogoniques, mais qu'ils ne correspondaient point, dans le principe, à des représentations simplement temporelles. La pensée chinoise, commune ou
même technique, ne sépare jamais la considération des temps
de celle des étendues. Le fait que les termes adoptés pour
exprimer l'opposition cyclique des aspects constitutifs de
toute réalité impliquent des images spatiales, en donne une
preuve nouvelle. L'aphorisme du *Hi ts'eu* : « *yi yin yi
yang* » ([194]) peut se rendre sans dommage par la formule « *un*
(temps) *yin*, *un* (temps) *yang* », quand on l'interprète du point
de vue des devins. Mais elle implique aussi l'idée : « *un* (côté)
yin, *un* (côté) *yang* ([195]) ». Le seul moyen de ne point l'interpréter de façon trop partielle est donc de lire : « *un* (aspect) *yin*,
un (aspect) *yang* », — de ne point oublier que cette opposition
éveille une image concrète et complexe, celle d'un aspect
d'ombre conjugué à un aspect de lumière, — et de sous-entendre, enfin, que ces aspects antithétiques sont toujours
sentis comme alternants : ils paraissent alterner non seulement quand on envisage la succession des périodes d'obscurité (nuit, hiver) et des périodes lumineuses (jour, été), mais
encore quand on évoque simultanément le spectacle double
d'un paysage où l'on *pourrait* passer d'un versant ombreux
(*yin* : ubac) à un versant ensoleillé (*yang* : adret).

* * *

Il est difficile, on le voit, de considérer les termes *yin* et
yang comme des vocables affectés arbitrairement par des
astronomes ou des devins à des entités inventées par eux. Ces
mots évoquent d'abord une image, et celle-ci est remarquable
en ceci qu'elle implique une représentation liée des Espaces
et des Temps. L'idée d'alternance, cependant, semble l'avoir
emporté (si peu que ce soit) sur l'idée d'opposition. Ce fait
ne doit pas être négligé. Il signale l'un des services qu'ont

rendus les symboles Yin et Yang. Ils ont été utilisés comme principes directeurs par les sages qui ont organisé le Calendrier. Les Chinois voient dans le Calendrier une loi suprême ([196]). Cette loi leur paraît régir les pratiques de la Nature parce qu'elle est la règle qui domine l'ensemble des habitudes humaines. Dans l'emploi qu'en font les calendriers, le Yin et le Yang apparaissent comme les principes du rythme des saisons. — Si les savants ont pu leur confier ce rôle, c'est que ces emblèmes avaient le pouvoir d'évoquer la *formule rythmique du régime de vie* anciennement adopté par les Chinois.

Sitôt après avoir parlé de l'action concertante du Yin et du Yang, Tchouang tseu cite le dicton : « Les animaux hibernants commencent à bouger. » Toujours lié (comme il l'est dans ce passage du *Tchouang tseu*) à l'idée d'un réveil printanier de l'activité du Tonnerre, ce thème est répété par tous les calendriers, savants ou non. D'après le *Yue ling*, le Tonnerre commence à se faire entendre, et les animaux hibernants sortent de leurs cachettes, — ils s'y enferment et le Tonnerre cesse de se manifester, à deux moments précis de l'année solaire : ce sont deux équinoxes, instants dramatiques où, dit-on, les énergies du Yin et celles du Yang se balancent exactement, s'apprêtant, les unes ou les autres, à triompher ou à décliner. Dans le *Yue ling*, en effet, calendrier savant à base astronomique, le Yin et le Yang figurent sous l'aspect de deux entités antagonistes : l'une correspond à l'ensemble des énergies destructrices (Hiver), l'autre à l'ensemble des énergies vivifiantes (Été) ([197]). Le Yin et le Yang ne sont pas mentionnés dans les calendriers plus anciens où rien, non plus, n'indique le besoin de diviser le Temps au moyen de repères fournis par la marche du soleil. Les moments de l'année que les Chinois trouvèrent d'abord dignes d'intérêt sont uniquement ceux que des centons suffisaient à signaler. Ces remarques paysannes sur les habitudes de la Nature peuvent, sans le secours d'aucune précision d'ordre astronomique, indiquer parfaitement aux hommes la succession des besognes utiles. Elles rendent sensibles, d'autre part, les principales règles qui président à l'activité sociale. C'est ainsi, par exemple, que la disparition et la réapparition des hibernants marquent respectivement le début et la fin de la morte-saison. Les hommes passent cette période dramatique en demeurant, eux aussi, cachés dans leurs retraites d'hiver. En fait, le temps de réclusion n'a jamais duré de l'équinoxe d'automne à l'équinoxe de printemps. Aussi bien, loin de songer à rapporter la sortie des hibernants à un terme de l'année solaire, un calendrier ancien fait-il, *tout au contraire*, commencer l'année à l'instant fixé par ce signal naturel ([198]). Il voit en lui le point initial d'un *cycle liturgique* dont tous les temps sont déterminés concrètement par les *signaux* (gestes des animaux, habitudes de la végétation) que les centons rustiques savent enregistrer. Si les calendriers anciens valaient comme des lois, c'est qu'ils étaient faits de proverbes. Ils ne s'encombrèrent que tardivement de notations astronomiques. L'art savant du Calendrier eut alors à distribuer, par rapport à des repères célestes, les remarques paysannes jugées suffisantes jadis pour organiser l'activité sociale ([199]). C'est alors aussi que cet art fit explicitement appel aux symboles Yin et Yang. Simples concepts, produits artificiels d'une conception doctrinale, ces notions n'auraient pas eu la vertu d'établir une correspondance entre les remarques proverbiales et les repères astronomiques. En dépit de la foi nouvelle que l'astronomie leur inspirait, les techniciens du calendrier n'ont point songé à se débarrasser d'une notation rustique du temps faite de signaux vénérables. C'est apparemment dans le même patrimoine de symboles qu'ils ont trouvé, — quitte à les transformer peu à peu en principes scolastiques, — les notions qui, d'abord toutes concrètes, pouvaient efficacement servir de principes de classement.

Le Yin et le Yang ont été appelés à organiser la matière du calendrier, parce que ces Emblèmes évoquaient avec une puissance particulière la conjugaison rythmique de deux aspects concrets antithétiques. En effet, le trait le plus remarquable du lot de thèmes utilisés par les calendriers est qu'ils *se conjuguent par deux*, s'accouplant de la même manière que le Yin et le Yang. Les hibernants gagnent ou quittent leurs retraites ; les oies sauvages volent vers le Nord ou vers le Midi. D'après la théorie que soutiennent les glossateurs, les mouvements de *va-et-vient*, d'*entrée et de sortie* ([200]), qu'expriment ces dictons opposés, sont commandés par le rythme de l'activité solaire : ils méritent à ce titre de signaler les jeux et les triomphes alternés du Yin et du Yang. Tout autre était le point de vue de la pensée mythique. Il nous en reste de bons témoignages. Réglant leur vie sur la marche du soleil, les hirondelles, au dire des savants, marquent exactement, avec leurs arrivées et leurs départs, les deux termes équinoxiaux. Mais les calendriers rustiques nous apprennent que les hirondelles ne font pas que se déplacer. A l'automne, elles se retirent dans des cachettes marines, — cependant que les hibernants (à savoir : les rongeurs, les ours et, aussi, les léopards) réintègrent des cachettes souterraines ([201]). Les informations des mythes étaient plus précises encore et plus concrètes. Les hirondelles *cessent* d'être hirondelles, quand il s'agit de passer l'hiver : en pénétrant dans leurs retraites aquatiques, elles *deviennent* coquillages. Les calendriers les plus savants n'ont pas oublié qu'une *formule de vie* analogue s'imposait aux moineaux comme aux cailles. A la fin des beaux jours, les moineaux plongent dans la mer ou la rivière Houai : durant la froide saison, où ils se cachent, ils ne sont plus que des huîtres. De même, la caille est un mulot que le printemps transforme. Quand elle a chanté tout l'été, elle se terre et reste mulot jusqu'à la saison nouvelle ([202]). Tout changement d'habitat est lié, comme on voit, à l'adoption d'un nouveau régime d'existence, — lequel comporte un changement substantiel d'aspect ; je ne dis pas un changement de substance, car il ne s'agit, au vrai, que d'une mutation. Cette mutation est tout à fait analogue à celles dont s'occupe l'art divinatoire quand il considère les alternances obtenues en substituant l'un à l'autre tels symboles graphiques représentatifs du Yin ou du Yang. C'est précisément parce qu'ils enregistrent de semblables mutations que les centons de calendrier valent à titre de signaux. La chasse et la pêche sont interdites tant que la loutre et l'épervier n'ont pas inauguré par un sacrifice la saison où ils tuent oiseaux ou poissons. Au moment même où l'épervier sacrifie, il subit une mutation : depuis la fermeture de la chasse, il vivait avec les mœurs et l'aspect d'un ramier. Les hommes, de leur côté, ne redeviennent des chasseurs qu'à l'instant où, par l'effet d'un sacrifice opérant une mutation d'emblèmes, le signal de l'épervier se substitue dans les cieux au signal du ramier. Inversement, pour que les femmes s'occupent des vers à soie, il faut que, sur les mûriers, se fasse entendre, non plus le cri de l'épervier poursuivant sa proie, mais le chant du ramier [203]. Les mutations animales sont les signaux et les emblèmes des transformations de l'activité sociale. Ces dernières, comme les mutations elles-mêmes, s'accompagnent de changements d'habitat, de variations morphologiques. On sait l'importance qu'a conservée, même dans le *Hi ts'eu*, le thème du *va-et-vient* lié aux idées d'*entrée* et de *sortie*. On sait encore que la retraite et la vie cachée ont le Yin pour emblème, tandis que le Yang symbolise toutes les manifestations actives. La tradition philosophique n'a jamais cessé de voir dans l'un le symbole des activités qui s'étalent, dans l'autre l'emblème des énergies repliées et latentes. Ne semble-t-il pas que (bien avant l'époque où la réflexion savante s'est efforcée de leur prêter la valeur d'entités cosmogoniques), les notions de Yin et de Yang étaient incluses dans les dictons antithétiques qui donnaient la formule de vie des animaux, servaient de signaux à l'activité des hommes, marquaient les temps du rythme universel, — et méritaient enfin de fournir les symboles choisis pour présider à l'organisation du Calendrier ?

Les techniciens du Calendrier ont réparti les signaux rustiques tout au long de l'année. Ils les ont, avec plus ou moins d'adresse, accolés un par un à toute la suite des termes de l'année solaire. Une semblable répartition ne se retrouve pas dans les calendriers les plus vieux [204]. Tout au contraire, les signaux abondent et se pressent dans les périodes où les hommes changeaient à la fois de genre de vie et d'habitat. Au reste, ces calendriers anciens ne se distinguent guère de chants d'espérance ou d'actions de grâces, enchaînant, en de véritables litanies, une foule de thèmes rustiques. Nous avons conservé un de ces cantiques et nous savons qu'on le chantait dans les assemblées paysannes de la morte-saison. Tous les signaux que la Nature, dans les années passées, leur avait généreusement prodigués, les hommes les répétaient à leur tour avec l'espoir d'obliger, par l'efficace de leur chant, la Nature à les répéter à nouveau au cours des années à venir [205]. Ces litanies de proverbes devaient un surcroît d'efficience à la disposition des chanteurs et à l'arrangement de la fête. Ceux-ci ne nous sont connus, à vrai dire, que par des rituels savants. On y affirme que les participants devaient se former en groupes orientés. Les chefs de chœur représentaient les aspects alternants et opposés qui constituent l'Espace et le Temps ; ils figuraient le Ciel et la Terre, le Soleil et la Lune, le Sud et l'Été, l'Hiver et le Nord, le Printemps et l'Est, l'Ouest et l'Automne. Tous les acteurs, la joute terminée, communiaient, en mangeant la viande d'un chien : on l'avait fait bouillir à l'Est (puisque l'Est, c'est le Printemps), point de départ, nous dit-on, de l'activité du Yang ([206]). Nombre de raffinements théoriques se sont sans doute glissés dans ces descriptions ou ces interprétations tardives. A coup sûr, ce n'est point une conception *élaborée* du Yin et du Yang qui a d'abord commandé l'ordonnance de la fête. Tout au contraire, ce qui a permis d'élaborer cette conception, c'est le travail de réflexion dont cet arrangement a fourni la matière. Les assemblées de la morte-saison où les hommes rappelaient en vers et mimaient sans doute avec leurs gestes les habitudes des animaux ([207]), se tenaient dans un abri souterrain, sorte de maison commune dont les traditions relatives au *Ming t'ang* et des mythes tels que celui de Hi-ho et du Mûrier creux ont conservé le souvenir. Les hibernants et les oiseaux migrateurs menaient, dans une cachette appropriée à leur aspect hivernal, une vie ralentie et recluse. Les hommes, de leur côté, en attendant que la venue du printemps leur permît de casser la glace qui emprisonnait les eaux et la terre et de l'enfermer à son tour dans une cachette pleine d'ombre ([208]), se soumettaient, dans l'ombre, à une retraite : ils préparaient, pour les jours du renouveau, le réveil de leurs énergies. Ces pratiques et les sentiments qui les accompagnaient expliquent l'une des idées qui dominent la conception savante du Yin et du Yang. Les philosophes admettent que, pendant tout l'hiver, le Yang, circonvenu par le Yin, subit, au fond des Sources souterraines ([209]), au-dessous de la terre glacée, une sorte d'épreuve annuelle dont il sort vivifié. Il s'évade de sa prison au début du printemps en frappant le sol du talon : c'est alors que la glace se fend d'elle-même et que les sources

se réveillent ([210]). Sans la moindre métaphysique, les
anciens Chinois savaient entendre ce signal de délivrance.
Ils n'avaient qu'à écouter la danse piétinante des faisans.
Les hommes avaient de bonnes raisons pour ne point ignorer
les mœurs et les gestes de ces oiseaux. Ils avaient appris à
danser eux-mêmes, en se revêtant de leurs plumes, la danse
des faisans. Ils savaient donc que ceux-ci s'étaient préparés à
donner le branle au renouveau, à faire monter la sève, à
libérer les eaux, à délivrer le Tonnerre, en passant la morte-
saison confinés en des retraites souterraines ou aquatiques,
ici sous l'apparence d'huîtres, là, sous forme de serpents ([211]).
— « *Un* (aspect de) *dragon, un* (aspect de) *serpent!* » s'écrie
Tchouang tseu ([212]), quand il veut donner la formule d'une
vie bien réglée ; nul ne peut se soustraire à la loi universelle
du rythme : le Sage sait se plier à un régime alterné fait
d'activité libérée et de retraite restauratrice. Ce régime est
celui que suivaient les anciens Chinois, leur vie sociale étant
commandée par un besoin périodique de réfection. Les
mythes imposaient le même régime aux dragons ainsi qu'aux
faisans : aussi le faisan pouvait-il fournir aux hommes des
signaux d'action et le dragon des conseils de sagesse. —
Mais n'est-il pas remarquable que le précepte par lequel
Tchouang tseu résume toute l'expérience de sa nation soit
emprunté au thème des *mutations rythmiques* et qu'il revête
exactement la forme de l'aphorisme du *Hi ts'eu* : « *Un*
(aspect), *yin, un* (aspect) *yang* » ?
    Les notions de Yin et de Yang ont pu servir à organiser
le Calendrier, parce que, comme les dictons dont est fait
celui-ci, ces notions ont pour fondement *une ordonnance
rythmique de la vie sociale qui est la contrepartie d'une
double morphologie.* Cette double morphologie s'est traduite,
dans le domaine des mythes, par le thème des alternances
de forme. Le besoin de signaux naturels conduisait à prêter
aux choses une formule de vie où pouvait se retrouver le
rythme qui animait la société. Par une voie parallèle, on a
déterminé cette formule de vie en attribuant aux réalités
choisies pour fournir des signaux des *formes alternantes*
destinées à servir tour à tour d'emblèmes aux *aspects
contrastants* que, dans les occupations comme dans l'habitat,
prend successivement la vie sociale. L'Univers, tel que le

faisait apparaître cet ensemble de notations mythiques, semblait constitué par une collection de formes antithétiques alternant de façon cyclique. Dès lors, l'ordre du monde a paru résulter de l'*interaction de deux* lots *d'aspects complémentaires.* Il a suffi que le Yin et le Yang fussent considérés comme les Emblèmes-maîtres de ces deux groupements opposés pour que les savants aient été conduits à leur prêter la valeur de deux entités antagonistes. Les devins ont vu en eux les principes de toute mutation. Les astronomes, aussi facilement, en ont fait deux principes cosmogoniques tenus pour responsables de l'ordre des saisons et du rythme de l'activité solaire. Même dans ces emplois techniques, l'origine sociale et la valeur concrète de ces deux Emblèmes demeurent sensibles. L'opposition classique du Yin et du Yang pris pour symboles des énergies latentes ou agissantes, cachées ou manifestes, rappelle exactement la vieille formule de la vie sociale, qui tantôt se dépensait dans les champs ensoleillés et tantôt se restaurait dans l'obscurité des retraites hivernales.

Un lot de dictons signalant des aspects alternants a été choisi pour donner la formule et pour marquer les temps du rythme qui commande l'activité des hommes et semble présider à la vie de l'Univers. Ces dictons ont l'apparence de formules poétiques. Pourquoi les a-t-on empruntés à la poésie et pourquoi aussi se plaît-on d'ordinaire à exprimer l'idée du rythme des saisons à l'aide de métaphores musicales ? Pour quelles raisons, enfin, le Yin et le Yang ont-ils mérité d'être traités comme les Emblèmes-maîtres de cette collection de symboles antithétiques ?

Les termes *yin* et *yang*, même quand c'est une pensée savante et technique qui les emploie, ne servent pas simplement à désigner des entités antagonistes. Ils servent aussi de rubriques à deux classes opposées de symboles. Si l'on tend à les considérer comme des principes efficients, on tend aussi, simultanément et dans la même mesure, à voir en eux des rubriques efficaces. Ils forment à la fois un *couple d'activités alternantes* et un *groupement biparti de formes* _alternées_. Ils président au classement de toutes choses. Les Chinois, en effet, ont réussi à organiser leur pensée sans songer vraiment à constituer des espèces et des _genres_. Ils se contentent de diverses répartitions à base numérique et dotent, si je puis dire, la simple bipartition d'une sorte de puissance souveraine en matière de classification. Dans leur langue, cependant (et le contraste mérite d'être souligné), l'idée de genre (au sens grammatical du mot) ne paraît jouer aucun rôle. Le chinois ignore la catégorie grammaticale de genre, tandis que la pensée chinoise est entièrement dominée par la catégorie de _sexe_. Aucun mot ne peut être qualifié de masculin ou de féminin. En revanche, toutes les choses, toutes les notions sont réparties entre le Yin et le Yang.

La tradition philosophique s'accorde à reconnaître une nature féminine à tout ce qui est _yin_, une nature masculine à tout ce qui est _yang_. C'est ainsi, par exemple, qu'on oppose comme le mâle au femelle les symboles divinatoires _K'ien_ et _K'ouen_, lesquels passent, le premier, pour figurer le Yang et, le second, pour figurer le Yin. Cette représentation sexuelle du Yin et du Yang n'est point particulière aux théoriciens de la divination. Le _Hi ts'eu_, en vue d'interpréter un passage du _Yi king_ relatif au mariage humain, a recours au dicton « le mâle et le femelle mêlent leurs essences (_tsing_ = liqueurs sexuelles) et les dix mille Êtres se produisent » ([213]). La crudité de l'expression est significative. Il ne faut pas oublier cependant que les expressions « dix mille êtres », « mâle et femelle » se rapportent uniquement, en l'espèce, à des symboles divinatoires. En fait, un des principaux efforts de la tradition orthodoxe a consisté à enlever tout sens réaliste à l'opposition sexuelle du Yin et du Yang. Elle y a réussi à tel point qu'on a longtemps félicité les Chinois pour n'avoir jamais ni dans leurs conceptions ni dans leurs pratiques religieuses accordé la moindre place à la « sensualité » ([214]). Aussi se trouve-t-il, même aujourd'hui, des exégètes qui discourent sur le Yin et le Yang sans signaler que la fortune de ces symboles est due à l'importance de la catégorie de sexe ([215]).

Celle-ci, malgré les apparences imposées par un souci croissant de prud'homie, n'a pas cessé de régir la pensée

philosophique. Elle doit cet empire au fait qu'elle a d'abord
régi la pensée mythique : le thème de l'*hiérogamie* domine
toute la mythologie chinoise. Les ritualistes, d'autre part,
ont toujours soutenu que l'harmonie (*ho*) de toutes les
choses *yin* et *yang* (le Soleil et la Lune, le Ciel et la Terre,
le Feu et l'Eau) dépendait de la vie sexuelle des souverains
et d'une réglementation des mœurs excluant les excès de
débauche et, plus encore, de chasteté. La multiplication
des espèces animales et végétales est due, comme la santé
du Monde, à la pratique d'hiérogamies régulières (²¹⁶).
Les Chefs, qui portèrent d'abord le titre de Grands Entre-
metteurs, avaient pour première fonction de présider à des
fêtes sexuelles. Ces fêtes revenaient, à temps réglés, établir
le bon accord de deux groupements antagonistes. L'un
représentait la société des hommes, l'autre celle des femmes,
car l'opposition des sexes était la règle cardinale de l'organisation chinoise (²¹⁷). Elle n'a jamais cessé de l'être. Jamais
non plus la catégorie de sexe n'a perdu son prestige.

C'est uniquement en considérant les formes anciennes de
l'opposition des sexes qu'on peut arriver à comprendre les
notions de Yin et de Yang, leur contenu, leur rôle, leur
fortune et leurs noms eux-mêmes. Dans la vieille Chine,
les hommes et les femmes s'opposaient à la manière de deux
corporations concurrentes. Une barrière d'interdits sexuels
et techniques les séparait. Laboureurs et tisserandes formaient des groupements que la différence des genres de vie,
des intérêts, des richesses, des attraits, rendait rivaux mais
aussi solidaires. Ces *groupes complémentaires* se divisaient
le travail, répartissant entre eux les diverses besognes ainsi
que les *temps* et les *lieux* où celles-ci devaient se faire.
Chacun avait une *formule de vie*, et la vie sociale résultait
de l'*interaction de ces deux formules*.

Les tisserandes, qui n'abandonnaient jamais leur village,
employaient l'hiver à préparer pour la saison nouvelle les
étoffes de chanvre. L'hiver était pour les hommes une morte-
saison. Ils prenaient du repos avant d'aller travailler dans
les champs. Le Yin et le Yang se relayent à l'ouvrage de la
même manière : ils manifestent leur activité le premier en
hiver, le second dans la saison chaude. — Les hommes et les
femmes, que leur industrie enrichissait tour à tour, se ren-

contraient au début et à la fin de l'hivernage. Ces rencontres étaient l'occasion de foires (*houei*) et de rendez-vous (*ki*) où chaque corporation, les tisserandes au printemps, les laboureurs à l'automne, passait à tour de rôle au premier plan. Le Yin et le Yang se donnent eux aussi des rendez-vous (*ki*) et se réunissent (*houei*), disent les savants, aux termes équinoxiaux, avant que l'un ou l'autre ne cesse ou ne commence son règne. — On sait que le Yin et le Yang ont pour emblème la porte : la porte est aussi l'emblème des fêtes sexuelles ([218]). On ouvrait, au printemps, les portes des hameaux, et les laboureurs partaient pour passer l'été à besogner dans les champs : le Yang évoque l'image d'une porte qui s'ouvre, entraînant l'idée de génération, de production, de force qui se manifeste. En hiver, les portes des villages étaient tenues fermées : l'hiver est la saison du Yin, dont le symbole est une porte close. — Les savants affirment que, pendant la saison glaciale, le Yang est condamné à vivre dans une retraite souterraine, circonvenu de tous côtés par le Yin. Il y a des raisons de croire que la maison commune où les hommes se réunissaient pendant la morte-saison était une sorte de cave située au centre du hameau et environnée par toutes les demeures particulières : celles-ci, aux origines de la vie villageoise, appartenaient aux femmes. — Redevenus des laboureurs, les hommes, une fois restaurées leurs énergies, allaient s'activer au soleil dans la pleine campagne. Les tisserandes, au contraire, ne travaillaient que dans des lieux obscurs : dès qu'elles se mettaient à tisser les vêtements de fêtes, elles devaient fuir le soleil ([219]). Les deux sexes étaient soumis à une discipline antithétique. Leurs domaines respectifs étaient l'intérieur (*nei*) et l'extérieur (*wai*) : ce sont aussi les domaines respectifs du Yin et du Yang, de l'ombre et de la lumière. Aussi l'opposition des sexes s'est-elle traduite mythiquement par l'opposition du Yin et du Yang.

Ces oppositions symétriques se manifestaient conjointement dans le spectacle qu'offraient au printemps et à l'automne les assemblées des fêtes sexuelles. Ces fêtes avaient lieu dans des vallons où la rivière marquait une sorte de frontière sacrée. C'est en la franchissant que les représentants des deux corporations rivales commençaient à se mêler et préludaient à l'hiérogamie collective qui terminait les réjouissances. Mais ils commençaient par former des chœurs antagonistes. De part et d'autre d'un *axe rituel*, ils se provoquaient en vers, alignés face à face. Si, dans le camp féminin, on s'émouvait alors en reconnaissant au camp adverse un aspect vraiment mâle (*yang-yang*) ([220]), c'est apparemment que le Yang (versant ensoleillé) était réservé au groupe voué aux labeurs de plein soleil. Aux hommes l'adret (*yang*) appartenait, et aux femmes l'ubac (*yin*). Le champ de fête présentait en spectacle, versant d'ombre touchant au versant de lumière, groupements sexuels s'affrontant pour s'unir, le Yin et le Yang tout entiers ([221]).

« Le Yang appelle, le Yin répond » ; « les garçons appellent, les filles répondent » ([222]). Ces formules jumelles signalent la discipline antithétique qui commande les rapports des deux symboles antagonistes, comme elle règle la concurrence des deux corporations rivales. Les termes qu'on emploie sont significatifs : ils ne s'expliquent qu'à titre d'allusions aux rites et aux jeux des fêtes sexuelles. On dit du Yang qu'il appelle et commence le chant (*tch'ang*) : c'est ce que font en réalité les garçons au cours de la fête chantée. On dit du Yin qu'il répond en donnant une réplique harmonieuse (*ho*) : tel était effectivement le rôle des filles. Filles et garçons préludaient à leur union (*ho*) par une joute (*king*) : le Yin et le Yang joutent (*king*) eux aussi avant de s'unir (*ho*), et ils le font, comme les délégués des deux corporations rivales, chaque printemps et chaque automne. Le mot (*ho*), qui désigne ces unions symétriques, s'applique encore aux répliques chantées qui marquent l'accord parfait des jouteurs ; il sert de même à exprimer l'harmonie (*ho*) qui résulte de l'action concertante (*tiao* ou *tiao ho*) du Yin et du Yang. On comprend maintenant pourquoi c'est au moyen de métaphores musicales qu'on se plaît à évoquer la concurrence rythmique des symboles Yin et Yang : la conception comme le nom de ces emblèmes procèdent du spectacle des assemblées où, alignés face à l'ombre ou face au soleil, deux chœurs chantants se donnaient la réplique. Ils rivalisaient en talent inventif et en savoir proverbial, se livrant à une improvisation traditionnelle. Ainsi furent inventés la plupart des centons poétiques qui formèrent la matière du calendrier ;

ces centons évoquent les images qu'offrait, aux changements
de saison, le paysage rituel des fêtes : d'où leur valeur
d'emblèmes et de signaux. Leur origine explique encore la
liaison qui, dès le principe, les unit aux symboles Yin et
Yang. C'est en vertu de cette liaison première que ce couple
de symboles a pu présider à l'organisation savante du
calendrier. Une théorie du Temps s'est trouvée constituée
dès que l'on eut distribué dans les saisons classées sous
l'une ou l'autre de ces Rubriques-maîtresses, la masse des
centons poétiques qui s'opposaient par deux comme autant
de couples antithétiques. Dans cet ensemble d'emblèmes
contrastants fournis tour à tour par le paysage des assemblées
d'automne et de printemps, l'opposition essentielle, la plus
visible, la plus émouvante, la seule qui évoquât instan-
tanément le drame tout entier, c'était l'opposition des chœurs
antagonistes s'affrontant comme l'ombre et la lumière.
Aussi le Yin et le Yang ont-ils mérité d'être considérés
comme des emblèmes qui résumaient, évoquaient, sus-
citaient tous les autres. Ils ont donc constitué un Couple
de Rubriques efficaces répondant du classement de tous les
aspects alternants et — tout aussi bien — un Couple de
Symboles efficients responsables de l'universelle alternance.
    La conception du Yin et du Yang s'est ébauchée à l'occa-
sion de spectacles dramatiques où joutaient et communiaient
deux corporations solidaires et rivales, deux groupements
complémentaires. L'assistance paraissait comprendre la
totalité du groupe humain, et la totalité des choses de la
nature, présentes ou évoquées, figurait à la fête. Le champ
où ces conventions s'assemblaient représentait l'espace
entier, la durée entière tenait dans la joute où les centons
poétiques rappelaient les signaux successifs de l'Univers.
Ce spectacle *total* était un spectacle *animé*. Tant que durait
le combat de danse et de poésie, les deux partis rivaux
devaient faire alterner leurs chants [223]. Tandis que, garni
par les chœurs antagonistes, le champ du duel paraissait
composé d'étendues affrontées et de genre contraire, le
temps de la joute, occupé par une alternance de chants et
de danses antithétiques, semblait constitué par l'interaction
de deux groupements concurrents et de sexe opposé. Ainsi
s'explique, avec la diversité des étendues et celle des durées,

la *liaison rythmique* des Espaces et des Temps sous la domination des catégories Yin et Yang. Se distribuant chacun en durées ou en étendues qui s'opposent et alternent, ni l'Espace ni le Temps ne sont un, pas plus qu'ils ne peuvent se concevoir séparément — mais ils forment à eux deux *un* ensemble indissoluble ([224]). Ce même ensemble embrasse et le monde naturel et le monde humain : il est, pour parler plus exactement, identique à la *société totale* qui groupe, en deux camps opposés, toutes les réalités concevables. — L'opposition des sexes apparaissait comme le fondement de l'ordre social et servait de principe à une répartition saisonnière des activités humaines. De même, l'opposition du Yin et du Yang apparut comme le fondement de l'ordre universel : on vit en elle le principe d'une distribution rythmique des œuvres naturelles. Jamais l'*unité* de l'Univers ne pouvait être sentie plus parfaitement, ni mieux sentie comme entière, que dans les instants sacrés où, tout en procédant à une distribution cohérente des sites, des occasions, des activités, des emplois, des emblèmes, on restaurait un ordre total en pensant à célébrer des noces collectives, cependant que le Yin et le Yang s'unissaient eux aussi et communiaient sexuellement. Si donc le Temps, l'Espace, la Société, l'Univers doivent une *ordonnance bipartite* à la catégorie de sexe, ce n'est nullement par l'effet d'une tendance métaphysique à un dualisme substantialiste ([225]). *A l'idée de couple demeure associée l'idée de communion, et la notion de totalité commande la règle de bipartition.* L'opposition du Yin et du Yang n'est pas conçue en principe (et n'a jamais été conçue) comme une opposition absolue comparable à celles de l'Être et du Non-Être, du Bien et du Mal ([226]). C'est une opposition relative et de *nature rythmique,* entre deux groupements rivaux et solidaires, complémentaires au même titre que deux corporations sexuelles, alternant comme elles à la besogne et passant tour à tour au premier plan. Le fondement de cette alternance se trouve dans le fait que, — au temps où se forma la conception du Yin et du Yang (et c'est là une preuve décisive de l'antiquité de cette conception), — l'ordre social reposait, non sur un idéal d'autorité, mais sur un principe de *roulement* ([227]). Aussi le Yin et le Yang ne sont-ils imaginés ni comme des

Principes ni comme des Substances. Si l'on conte qu'afin de restaurer l'ordre universel ils doivent célébrer leurs noces à chaque équinoxe, ce n'est point en sous-entendant qu'un Principe mâle s'unit alors à un Principe femelle. Il s'agit bien de noces réelles, mais leur réalité est d'ordre emblématique. Elles correspondent, dans le monde naturel, aux fêtes qui, chaque printemps et chaque automne, ravivent, dans les groupes humains, le sentiment d'une *unité communielle*. Les noces du Yin et du Yang, comme celles des paysans, sont des *noces collectives*. Elles sont visibles dans l'arc-en-ciel. L'arc-en-ciel n'est lui-même rien d'autre qu'un emblème ou un signal. La fête se réverbère en lui. Aussi est-il fait de l'accolement de bandes de couleurs opposées, sombres et claires [228]. Ces couleurs antithétiques ne signalent point deux Substances différentes : ce sont de simples *appartenances* des groupements féminin et masculin, car *le sombre appartient aux femmes et la clarté aux hommes*. Même quand ils joutent ensemblent et qu'ils s'accolent pour s'unir, il ne faut voir dans le Yin et le Yang que les *Rubriques-maîtresses de deux lots d'emblèmes*. Ce ne sont point deux Réalités antagonistes, mais *deux groupements rivaux*. Bien plus que des groupements de réalités ou de forces, ce sont des *groupements d'aspects et d'emplois* : ce sont, au juste, *deux classes d'attributs ou d'attributions partagées entre les deux moitiés du corps social*.

.*.

Le Yin et le Yang ne peuvent être définis ni comme de pures entités logiques, ni comme de simples principes cosmogoniques. Ce ne sont ni des substances, ni des forces, ni des genres. Ils sont tout cela indistinctement pour la pensée commune, et aucun technicien ne les envisage jamais sous l'un de ces aspects à l'exclusion des autres. On ne les réalise pas plus qu'on ne les transcende ou qu'on ne cherche à en faire des abstractions. Dominée tout entière par l'idée d'efficacité, la pensée chinoise se meut dans un monde de symboles fait de *correspondances* et d'*oppositions* qu'il suffit, quand on veut agir ou comprendre, de faire jouer. On sait et on peut dès qu'on possède la double liste des emblèmes qui *s'attirent* ou *se contrarient*. La catégorie de sexe fait apparaître son efficace dans l'agencement des groupements humains. Elle s'impose donc comme principe d'une classification d'ensemble. Dès lors, la totalité des aspects contrastants qui constituent la société formée par les hommes et les choses, s'arrange en deux bandes affrontées d'appartenances masculines ou féminines. Symboles des *oppositions* et des *communions* sexuelles, le Yin et le Yang semblent conduire la joute concertante où ces aspects s'appellent et se répondent comme autant d'emblèmes et de signaux. Ils les suscitent par paires et forment eux-mêmes un Couple de Rubriques.

Les Chinois n'ont aucun goût pour classer par *genres* et par *espèces*. Ils évitent de penser à l'aide de concepts qui, logés dans un Temps et un Espace abstraits, définissent l'idée sans évoquer le réel. Aux concepts définis, ils préfèrent les symboles riches d'affinités ; au lieu de distinguer dans le Temps et l'Espace deux entités indépendantes, ils logent les jeux de leurs emblèmes dans un milieu concret constitué par leur interaction : ils ne détachent pas le Yin et le Yang des réalités sociales dont ces symboles évoquent l'ordre rythmique. L'empire qu'ils accordent à la catégorie de sexe implique le dédain de la catégorie de genre ([229]). L'une permet un classement neutre des notions qui les distrait de la durée et de l'étendue. L'autre conduit à des classifications d'emblèmes que domine la vision de leurs rapports concrets, c'est-à-dire de leurs *positions respectives* dans ce milieu actif que forment l'Espace et le Temps. On les voit d'abord qui s'opposent en s'affrontant, régis par une loi d'alternance simple, et on les groupe par paires : c'est qu'alors la *catégorie de sexe* règne seule — à la manière d'une *catégorie de couple*. Elle constitue, sous cet aspect, la première des *catégories numériques*. Elle permet en effet de noter la disposition la plus simple que prend, dans l'Espace et le Temps, une totalité qu'on ne peut concevoir comme *indivisible*, car ce qui a permis de l'imaginer, c'est le spectacle des assemblées plénières d'un groupement humain : *si ce groupement était entièrement homogène, il n'aurait aucun besoin de refaire son unité.*

Le sentiment de l'ordre harmonieux que les joutes procuraient à l'ensemble des êtres a conféré à la classification bipartite un tel prestige religieux que nulle autre n'a pu la surpasser en autorité. Les Chinois ne se sont point condamnés à ne trouver de l'ordre que là où régnait la bipartition ; mais le principe de leurs divers classements n'a pas varié. Tous impliquent l'analyse d'un *total* senti comme plus ou moins complexe et, toujours, cette analyse procède d'une *image* : celle-ci, tout ensemble *rythmique* et *géométrique*, fait apparaître la répartition, dans l'Espace et le Temps, des *éléments* entre lesquels le total se trouve décomposé, si bien qu'un *emblème numérique* suffit à signaler le mode de groupement de ces éléments et, par suite, à déceler la nature intime du total. D'où l'importance des notions liées de *Nombre* et d'*Élément*.

Chapitre III

Les nombres

L'idée de quantité ne joue autant dire aucun rôle dans les spéculations philosophiques des Chinois. Les Nombres, cependant, intéressent passionnément les Sages de l'ancienne Chine (²³⁰). Mais, — quelles qu'aient pu être les connaissances arithmétiques ou géométriques (²³¹) de certaines corporations (arpenteurs, charpentiers, architectes, charrons, musiciens...), — nul Sage n'a accepté de les utiliser, si ce n'est dans la mesure où, sans jamais contraindre à des opérations dont le résultat ne se pût commander, ce savoir facilitait des jeux numériques. Chacun entendait manipuler les Nombres comme il maniait les Emblèmes : et, pour les Chinois, en effet, les Nombres sont remarquables, à la façon des Emblèmes, par une polyvalence propice aux manipulations efficientes.

Sachant, par exemple (et désirant, d'abord, justifier cette connaissance en la rattachant à un savoir d'ensemble), que, pour l'espèce humaine, la vie embryonnaire dure 10 mois (²³²), un philosophe (²³³) raisonnait ainsi : « (Le) Ciel (vaut) 1 ; (la) Terre (vaut) 2 ; l'Homme (vaut) 3 ; 3 (fois) 3 (font) 9 ; 9 (fois) 9 (font) 81 [= (octante et) 1] ; 1 régit le Soleil ; le nombre du Soleil est [1 (dizaine) =] 10 ; le Soleil régit l'Homme ; c'est pourquoi (tout) homme naît au 10ᵉ mois (de la gestation) (²³⁴). » Et le sage poursuivait, nous apprenant [car 9 × 8 font (septante et) 2] que le cheval, régi par la Lune qui vaut 2, a besoin — il y a [2 (+ une dizaine) =] 12 lunaisons (²³⁵) — de 12 mois de gestation.

Puis (et simplement en continuant de multiplier 9 par **7,
6, 5,** etc.) ([236]), il trouvait encore à enseigner que les chiennes
portent [9 × 7 = (soixante et) 3] **3** mois ; les truies [9 × 6 =
(cinquante et) 4] **4** mois ; les guenons [9 × 5 = (quarante et)
5] **5** mois ; les biches [9 × 4 = (trente et) 6] **6** mois ; les
tigresses [9 × 3 = (vingt et) 7] **7** mois..., d'où l'on peut
voir : d'une part, qu'une *équivalence symbolique* rapproche
81 de 10, mais aussi 72 de 12, tandis que 63 ou 54 signifient
3 ou **4** ; et, d'autre part, que **2** (interchangeable avec **12**
ou **72**) régit la Lune et (*vaut*) la Terre, cependant que **10**
(interchangeable avec **1** et **81**, qui lui-même équivaut à
9 et à **3**) régit le Soleil tout en (*valant*) le Ciel ([237]).

Un symbole numérique *commande* à tout un lot de réalités et d'emblèmes ; mais, à ce même mot, peuvent être attachés divers nombres, que l'on considère, *en l'espèce*, comme
équivalents. A côté d'une valeur quantitative qui les distingue, mais qu'on tend à négliger, les Nombres possèdent
une valeur symbolique beaucoup plus intéressante, car,
n'offrant aucune résistance au génie opératoire, elle les laisse
se prêter à une sorte d'alchimie. Les Nombres sont susceptibles de *mutations*. Ils le sont en raison de l'efficience multiple dont ils paraissent dotés et qui dérive de leur fonction
principale ; ils servent et valent en tant que *Rubriques emblématiques*.

Les Nombres permettent de classer les choses, mais non
pas à la manière de simples numéros d'ordre, — pas plus,
du reste, qu'en définissant quantitativement des collections.
Les Chinois ne se préoccupent pas tantôt d'attribuer un
rang qui ne soit qu'un rang, tantôt d'établir un décompte
du seul point de vue de la quantité. Ils se servent des Nombres pour exprimer les *qualités* de certains groupements
ou pour indiquer une ordonnance *hiérarchique*. En plus de
leur *fonction classificatoire* et liée à elle, les Nombres ont une
fonction protocolaire.

I. NOMBRES, SIGNES CYCLIQUES, ÉLÉMENTS

La distinction d'un emploi cardinal, ordinal ou distributif
des Nombres ne présente pas pour les Chinois un intérêt
essentiel. On se sert des Nombres pour classer parce qu'ils

peuvent servir à situer et à figurer concrètement. Ce sont des emblèmes. On leur attribue tout d'abord un véritable pouvoir descriptif.

***

Pour décrire numériquement, les Chinois disposent de trois séries de signes : l'une dénaire, l'autre duodénaire ([238]), la troisième décimale. On qualifie, en effet, de Nombres (*chou*), les signes de ces trois séries, indistinctement.

Les nombres des séries dénaire et duonénaire sont figurés par des symboles qu'on envisage rarement sans leur prêter une valeur d'images.

Jen (l'un des termes de la série de dix) suggère à Sseu-ma Ts'ien l'idée d'un fardeau (*jen*) ([239]) ; ce signe fait voir les dix mille espèces d'êtres au moment où ils sont *portés* et *nourris* dans les bas-fonds du Monde. Le *Chouo wen*, de son côté, reconnaît dans *jen* la figuration d'une femme grosse (*jen*), qui *porte* son fardeau, qui *nourrit* un embryon. Pareillement, selon le *Chouo wen*, *tch'en* (de la série de douze) note l'ébranlement (*tchen*) que produit le Tonnerre ; il montre, dit Sseu-ma Ts'ien, (les femelles) des dix mille espèces qui viennent de concevoir (*tchen*) ([240]). Ce sont là des images complémentaires, car un autre signe (prononcé *tchen* lui aussi) évoque indifféremment la femme que la fécondation *émeut* ou la Terre qu'*ébranle* le Tonnerre ([241]).

Les valeurs attribuées à ces images sont remarquables : entre les gestes de la Nature et les comportements humains, elles font apparaître une intime concordance. On peut deviner qu'à ce titre elles peuvent être utilisées comme *signaux de calendrier*. Ceux-ci, comme de juste, comportent une *indication topographique*.

Tch'en, en effet, est l'emblème de l'E-S-E ainsi que du troisième mois de printemps ; c'est seulement une fois l'équinoxe passé que les premiers grondements du Tonnerre doivent se faire entendre. Le Tonnerre, alors, ouvrant et ébranlant le sol, s'évade de la retraite souterraine où l'hiver l'a confiné : les hommes, désormais, pourront ouvrir la terre et l'émouvoir par de fructueux labours ; mais, si elle ne veut pas qu'à peine fécondée, son fruit lui échappe et ne mûrisse point, toute femme devra vivre dans la retraite sitôt entendu le signal du Tonnerre ou l'ordre que répète un battant de bois ébranlant une cloche ([242]). De même, emblème du plein Nord et du solstice d'hiver, *jen* préside à la *naissance* du Yang — indiquée dans le cycle duodénaire par le signe *tseu* (dont le sens est « *enfant* ») qu'encadrent *jen* et *kouei* du cycle dénaire. Tandis que *jen* signifie « gestation », *kouei* figure les Eaux qui, des quatre Orients, pénètrent dans le sein de la Terre. Celle-ci s'ouvre à elles vers le pôle Nord ; aussi *kouei*, tout en marquant leurs sites, désigne-t-il les humeurs fécondes qui permettent aux femmes de concevoir et de nourrir leur faix : les temps propices à la conception sont la mi-hiver ainsi que la mi-nuit, et le plein nord est l'orient favorable ([243]).

Les signes des séries dénaire et duodénaire suscitent des groupements d'images (qui n'ont rien d'arbitraire, car dans leur assemblage s'exprime le lien de fait unissant à son cadre naturel telle ou telle catégorie d'usages). Ces symboles, — que l'on considère comme des nombres, — servent donc de rubriques à des ensembles concrets qu'ils paraissent *spécifier* par le seul fait qu'ils les *situent* dans le Temps et l'Espace.

Le Monde est un univers clos ; comme lui, l'Espace et le Temps sont finis. Aussi les signes numériques affectés comme étiquettes aux secteurs de l'Espace-Temps sont-ils en nombre fini. Ils correspondent chacun à un site du Temps aussi bien qu'à une occurrence spatiale et s'ordonnent, orientés, en forme de *cycle*.

Tandis que les nombres du cycle duodénaire sont disposés, un par un, sur le pourtour d'un *cercle*, les nombres du cycle dénaire sont groupés en cinq binômes, quatre couples marquant les pointes d'une *croisée* et le cinquième le centre. Comme cet arrangement l'indique, la *conception d'un cycle* de dix étiquettes numériques est liée à un *système de classification* par 5 : on connaît l'importance de ce système que complète, en s'opposant à lui, un système de classification par 6 ([244]). Or, la disposition en croisée suppose une représentation de l'équerre et du carré ([245]). Équerre et carré sont tenus pour significatifs de l'Espace et de l'ordre terrestre. D'autre part, 2 (pair) est, comme on le verra bientôt, l'emblème de la Terre et du carré (du moins quand on envisage le périmètre sans penser au centre) ; 3 (impair) est, en revanche, le symbole du Ciel et du rond (ou, plutôt, de la demi-circonférence qui, inscrite dans un carré de côté 2, a 2 pour diamètre). De fait, le Ciel (*mâle*, yang, 3, *impair*) a pour Nombre 6 [= 3 × 2], cependant que la Terre (*femelle*, yin, 2, *pair*) a pour nombre 5 [= (2 + 2) + 1], car, si l'on pense à une croisée, on ne peut négliger le centre : ainsi, dès qu'on leur a affecté un symbole numérique, la Terre et le Ciel (femelle et mâle) se trouvent avoir échangé leurs attributs (pair et impair). Fait symétrique, les signes dénaires (*kan*), disposés en *croisée*, sont, cependant, qualifiés de *célestes* (*t'ien kan* : troncs *célestes*), tandis qu'on qualifie de *terrestres* (*ti tche* : *branches* terrestres) les signes duodénaires (*tche*), arrangés en *cercle*. Cette inversion significative atteste l'interdépendance des deux cycles. Il y a lieu de supposer que, liée à la classification par 6, la conception d'un cycle duodénaire se réfère aux représentations de Ciel et de Temps, de la même manière que, solidaire de la classification par 5, la conception d'un cycle dénaire dérive des représentations de Terre et d'Espace. Mais, entre l'Espace et le Temps, le Ciel et la Terre, nulle indépendance n'est concevable, et la liaison des deux cycles n'a pas moins d'importance que leur opposition. L'un et l'autre figurent l'ensemble des sites et des occasions que chacun d'eux permet de disposer dans un ordre tel qu'il convienne à la Terre et s'impose au Ciel ou que, significatif du Ciel, il régisse la Terre (²⁴⁶).

Cependant que les signes dénaires ou duodénaires président, à titre de rubriques, à différents lots de réalités que leurs *situations* dans l'Espace et le Temps suffisent à *identifier*, les cycles constitués par ces signes évoquent deux modes *complémentaires* de *répartition géométrique*. Ceux-ci correspondent à deux *analyses numériques* destinées *solidairement* à révéler la *composition* du total *ordonné* que forme l'Univers.

C'est en vertu de leur pouvoir descriptif (et parce que, en suggérant des compositions et des dispositions, ils peuvent indiquer des répartitions et des situations) que les différents signes cycliques possèdent l'efficacité caractéristique des

Nombres, en méritent le nom et, par suite, s'apparentent aux symboles de la série décimale.

Pour que l'Univers se présente comme un ensemble *ordonné*, il faut et suffit qu'un Calendrier promulgué régente, dans un Monde rénové, une Ère nouvelle. Le Monde est recréé à neuf sitôt qu'un Chef digne d'exercer une mission civilisatrice a mérité de se voir « confier les *Nombres* du Calendrier du Ciel (*T'ien tche li chou*) ([247]) ». Inversement, l'Univers se détraque lorsqu'une Vertu décadente fait *perdre leur ordre* aux *Nombres* du Calendrier (*li chou*) ([248]). « Les Nombres (*chou*) auxquels font allusion ces formules consacrées sont des symboles qui passent pour signaler des situations (*ts'eu*) ([249]) réparties dans le Temps (ainsi que dans l'Espace) : ils ne diffèrent pas, au moins quant à leur objet, des signes des cycles dénaire et duodénaire. Précisément les seconds de ces signes ont été affectés à la notation des heures et les premiers à la désignation des jours ([250]). Mais ils s'emploient aussi en combinaison. On dispose parfois les signes des deux séries de manière à leur faire former une rose de 24 vents correspondant à 24 demi-mois de quinze jours ([251]). On les a surtout utilisés en les combinant par deux de manière à constituer un cycle de 60 binômes, les caractères de la série dénaire (premiers termes de chaque binôme) étant employés 6 fois et 5 fois ceux de la série duodénaire (deuxièmes termes) ([252]). Ces couples numériques ont, très anciennement, servi à identifier les jours, puis, plus récemment, les années, les mois et les heures. Il a été, dès lors, possible, au moyen de quatre binômes du cycle sexagénaire, de caractériser avec une extrême précision les situations temporelles (et spatiales). On sait que les huit caractères [*Pa tseu* (les quatre binomes cycliques)] qui situent la naissance des individus doivent, de nos jours, être examinés avant tout mariage, — on sait aussi que le principe de toutes les règles de choix, en matière matrimoniale, est l'exogamie de *nom* ([253]). L'usage des *Pa tseu* (remarquable par sa persistance) ne remonte pas à la plus haute antiquité ([254]), mais il rappelle deux usages qui comptent parmi le plus anciennement attestés. D'une part, le *Yi li* ordonne au fiancé de demander le nom personnel (*ming*) de la future, afin, dit-on, de pouvoir consulter le sort et de ne point risquer de contrevenir à la règle d'exogamie ([255]). D'autre part, sous la dynastie des Yin ([256]), le nom personnel était choisi parmi les signes de la série dénaire : l'emblème du jour de naissance servait d'emblème individuel. Du seul fait qu'ils *situent* les êtres (*wou*), les signes cycliques les *identifient* : tout comme le font les noms, ils définissent les individualités, les essences (*wou*).

Supposez qu'une apparition divine se produise et qu'on ait (ainsi que dans le cas d'une naissance) à déterminer, de façon à pouvoir la propitier sans erreur sacrilège, la personnalité qui vient de se révéler ; le problème paraîtra susceptible de deux solutions, dans le fond indistinctes : découvrir le *nom* du génie qui s'est manifesté ou fixer le *site* de la manifestation. Nous possédons, pour un cas de ce genre, un double récit ([257]). On nous dit, d'une part, que l'Annaliste chargé de l'identification reconnut qu'il s'agissait de Tantchou : tel était le nom du fils de Yao le Souverain, ancêtre de la famille Li. C'était donc à la famille Li qu'il incombait de fournir le sacrifiant [et les offrandes : ces dernières ne sont agréables que si, en raison du domaine et de la cuisine dont elles proviennent, elles ressortissent à une espèce symbolique (*lei*) à laquelle leur destinataire appartient aussi] ([258]). Dans l'autre récit où l'on a jugé inutile de donner le nom du génie apparu, l'Annaliste, après avoir énoncé le principe : « Il faut (lui) faire offrande en employant son essence (*wou*) », précise en ajoutant : « Le jour de son apparition, voilà, en vérité, son essence ! » Une fois déterminé le signe cyclique qui situe la manifestation à propitier, la nature des offrandes qui devaient appartenir au même secteur du monde, se trouvait fixée [et du même coup, apparemment, celle du sacrifiant, car l'une et l'autre ressortissent à une même espèce (*lei*)].

Il y a, on le voit, *équivalence* entre une espèce (*lei*) ou une essence (*wou*), c'est-à-dire un nom (*ming*), et un site ou un secteur de l'Espace-Temps. Mais il se trouve de plus que les signes cycliques qui évoquent les espèces et les secteurs, les sites et les essences, — et qui ont la valeur d'un nom, d'une appellation, — suggèrent du même coup des représentations directement numériques. Il suffit qu'on puisse dire d'une apparition qu'elle se réfère à un site *kia yi* (premier binôme dénaire) pour qu'il soit aussitôt connu que les cérémonies devront être faites (ceci va déterminer le choix des victimes, des couleurs, etc.) sous le signe de l'Est-Prin-temps, secteur auquel ce binôme sert d'étiquette ([259]). Mais on sait encore que toute l'ordonnance de la liturgie (dimen-sions protocolaires, durées, quantités...) devra être com-mandée par le nombre 8 ([260]). Autrement dit, à des *situations* caractérisées par l'étiquette *kia yi* correspondent obligatoi-rement des *arrangements* régis par le classificateur 8 ; 8 et *kia yi* étant conjointement envisagés sous l'aspect de *rubri-ques numériques*. Tout en indiquant [révélatrice d'une essence déterminée] une *localisation spécifique* qui se réfère à un dis-positif d'ensemble impliquant une composition définie, l'éti-quette numérique (prise aux séries cycliques) évoque un lot d'emblèmes que caractérise, d'autre part, un mode défini de composition : celui-ci est signalé par un *nombre-maître* (emprunté à la série décimale). Ce nombre-maître a le rôle d'un *classificateur* et sait imposer des *présentations* (géomé-triques ou rythmiques) significatives de telle situation et de telle essence emblématiques.

C'est ainsi, Sseu-ma Ts'ien nous l'apprend, qu'à un site S-S-E, marqué par le signe duodénaire *sseu* (lequel exprime la perfection du Yang) correspond le nombre 7 (car, dit l'historien, les nombres *yang* atteignent leur perfection à 7) : aussi la constellation caractéristique de ce site *se présente-*t-elle formée de 7 (*ts'i*) astres et *se nomme*-t-elle *Ts'i sing* : les *Sept-Étoiles* ([261]). Pareillement, si le développement masculin est rythmé par le nombre 8, le développement féminin par le nombre 7, c'est que, nous affirme-t-on, les SITES des naissances masculines ou féminines sont res-pectivement « les NOMBRES » (du cyle duodénaire) *yin* (E.-N.-E. = 8) et *chen* (S.-S.-W. = 7) ([262]).

Les signes duodénaires et dénaires ne servent pas à éta-blir des décomptes et on ne les emploie pas non plus pour indiquer, à titre de numéros d'ordre, un *rang abstrait* : ils méritent le nom de nombres (de même que les signes de la série décimale) parce qu'ils servent d'emblèmes à des situations spécifiques qu'ils figurent concrètement. Chacun d'eux peut évoquer, — à sa place dans une organisation d'ensemble (que caractérise un certain mode de *division* en *secteurs singularisés*), — un *groupement local* dont l'essence (*wou*) se traduit par une organisation (de nature rythmique ou géométrique) spécifiée, elle aussi, par un *diviseur* caractéristique.

**

Les Chinois ont donné le nom de Nombres à des signes cycliques conçus pour désigner non pas des rangs mais des sites et capables d'évoquer des arrangements plutôt que des *totaux*. Pour compter et numéroter, ils disposent d'un autre système de symboles qui constituent une série décimale disposée linéairement (1, 2, 3... 11, 12... 101...). Les nombres de cette troisième série sont néanmoins considérés comme des emblèmes, remarquables, tout autant que les autres, par leur pouvoir descriptif. Eux aussi font image, et, dans les représentations qu'ils suggèrent, les idées d'*addition* et d'*unité* ont bien moins d'importance qu'une sorte d'analyse concrète visant à spécifier le type de *division* ou d'organisation qui paraît convenir à tel ou tel *groupement*.

Alors même qu'ils semblent servir à numéroter et à compter, les nombres de la série décimale sont employés à figurer des modalités concrètes d'arrangement. Un passage du *Tso tchouan* ([263]) peut le faire sentir : l'indifférence à distinguer une fonction cardinale et une fonction ordinale des nombres y apparaît clairement.

Ce passage, singulièrement instructif, tend, par la simple énumération d'une suite de types de classement, à suggérer le sentiment d'une progression rythmique. Il est inséré dans un développement sur l'harmonie (*ho*), où l'on veut rendre sensibles les correspondances intimes qui unissent les saveurs et les sons, la nourriture et la musique : bref, ce que nous appellerions la substance et le rythme ([264]). Tout est harmonie, c'est-à-dire dosage, et les différents dosages ne sont qu'une même harmonie dont les modalités, *par ordre de complication croissante*, sont exprimées au moyen d'une suite de symboles numériques. Ces emblèmes régentent un *classement par catégories*, tout en figurant la *disposition interne* qui convient à chacune des réalisations (totales chaque fois et chaque fois spécifiques) de l'harmonie universelle.

Ceci s'exprime à l'aide de neuf mots précédés, chacun, de l'un des neuf premiers nombres. On ne peut traduire ni par : « 1° le souffle... 9° les chants » ni par « 1 (est) le souffle... 9 (sont) les chants ». Il faut entendre : « 1 (= Unique *et* en premier lieu est le) Souffle (*k'i*). 2 (= Deux *et* en second lieu sont les) Ensembles [(*ti*) que forment, en s'affrontant comme le Yang et le Yin (couple antithétique), les danses civiles et militaires ; ces danses conviennent soit à l'Été (Sud), soit à l'Hiver (Nord) (opposition simple)]. 3 (= Trois *et* en troisième lieu sont les) Modes [poétiques (*lei*) qui, répartis entre les seigneurs, le roi-suzerain et les dieux, s'ordonnent hiérarchiquement (sur une ligne centrée) ; placé entre les dieux et les feudataires, le suzerain occupe une situation intermédiaire et éminente à la fois : centrale]. 4 (= Quatre *et* en quatrième lieu sont les) Emblèmes [de danse (*wou*), car les quatre Orients (disposition en carré, significative de la forme propre à l'Espace et à la Terre) fournissent, avec les danseurs et leurs insignes, les quatre types de danses]. 5 (= Cinq *et* en cinquième lieu sont les) Sons [primordiaux (*cheng*) : essence de la musique, les sons appellent le classificateur 5 (emblème du Centre) et méritent d'occuper dans la progression (entre 1 et 9) la place centrale ; affectés aux quatre saisons-orients et au Centre, ils permettent de classer l'ensemble des choses de la musique dans l'Espace-Temps (disposition en croisée)]. 6 (= Six *et* en sixième lieu sont les) Tubes [musicaux (*liu*) ou, plutôt, les six couples de tubes musicaux (6 tubes *yin* doublant les 6 tubes *yang*) : à eux douze, ils rappellent les douze mois et réalisent la distribution de l'harmonie dans le Temps (symétriquement aux quatre Emblèmes qui la réalisent dans l'Espace) (arrangement en hexagone — ou dodécagone — évoquant le Temps, le Ciel, le rond)]. 7 (= Sept *et* en septième lieu, sont les) Notes [de la gamme (*yin*) figurant soit le total des Influences exercées par les Sept Recteurs astronomiques, soit une semaine de *sept* jours. Sept (comme cinq) donne l'idée d'un total centré, savoir : soit (6 + 1) un hexagone (= cercle) envisagé avec son centre soit (4 + 3) un carré (4) disposé autour d'un axe perpendiculaire (3) marquant le Haut (Zénith), le Bas (Nadir) et le Centre du monde]. 8 (= Huit *et* en huitième lieu sont les) Vents [(*fong*), qui correspondent, ainsi qu'à huit instruments de *matière* différente (les timbres entrent en considération après les intervalles), aux huit régions *concrètes* de l'Espace, savoir les huit carrés extérieurs de l'étendue (carrée et sub-divisée en neuf carrés)]. 9 (= Neuf *et* en neuvième lieu sont les) Chants [(*ko*), c'est-à-dire la musique et la danse dans leurs manifestations les plus sensibles ; danseurs et musiciens en plein travail évoquent les neuf activités (toutes les activi-tés réelles) ; l'ensemble des réalisations (*kong*) rendues possibles par une activité ordonnée, entièrement hiérar-chisée, occupe tout l'espace *concret* (8) plus son centre idéal (1) ; cet ensemble est figuré par trois lignes qui, centrées et hiérarchisées, valent chacune trois et composent ensemble la figure d'un carré subdivisé en neuf et présidé, si je puis dire, à son centre, par un carré-maître (domaine du Chef)].

Le Souffle est placé au début de la progression, parce qu'on voit en lui l'élément unique et premier, simple et *total*, du rythme, et les Neuf Chants la terminent, car ils marquent la réalisation épanouie et suprême, dernière et *complète*, de tout ce que le rythme contient en soi. Veut-on montrer com-ment se constituent les réalités (de tous ordres) et comment elles se groupent ? Veut-on, pour signaler concrètement leur rang, leur essence, révéler la manière typique dont elles sont constituées ? Il suffit d'indiquer que les choses de la musique s'ordonnent en catégories sous des emblèmes empruntés à la série des Nombres. Ces étiquettes numériques non seule-ment marquent les places dans la progression, mais encore déterminent la composition et la figure qui distinguent chaque catégorie : ce qui, par exemple, *se produit* et *se range* en quatrième lieu, *se dispose* en carré et *se présente* par 4, constituant un groupement de réalités dont l'essence est d'être quatrième et quadruple à la fois.

L'ordre ontologique et l'ordre logique se traduisent ensemble en images rythmiques et géométriques. Ils se confondent si bien qu'il paraît possible de classifier et de caractériser au moyen d'expressions numériques. En raison de leur pouvoir descriptif, les Nombres, indices d'une ana-lyse concrète, sont, à titre de classificateurs, appelés à iden-tifier des groupements réels. Ils peuvent servir de rubriques,

car ils sont significatifs des divers types d'organisation qui
s'imposent aux choses quand elles se réalisent à leur rang
da. . l'Univers.

Le monde est un univers clos. Affectés à la désignation des
sites, les signes cycliques évoquent des arrangements.
Symétriquement, les nombres de la série décimale paraissent
destinés à spécifier les dispositions, mais on leur accorde
aussi le pouvoir de figurer des sites.

Pratiquement indéfinie, la série décimale semble se disposer linéairement. De fait, lorsqu'on veut communiquer
le sentiment d'une progression, on utilise apparemment les
nombres dans leur suite linéaire. Mais, on vient de le voir,
entre le principe et la fin de la progression, il n'est pas imaginé
d'autre distance que celle qui sépare un *total*, envisagé
d'abord uniquement dans son unité, d'un ensemble susceptible d'analyse, mais toujours considéré comme *complet*.
Pour donner l'idée d'une semblable progression, foncièrement statique, si je puis dire, et imaginée en vue de répartir
entre des *catégories hiérarchisées* les aspects significatifs
d'un univers fini, il n'y a aucune raison de faire appel
aux nombres en laissant apparaître qu'ils peuvent former
une suite *illimitée* : on préférera se les figurer comme com-
posant un *ensemble* de séries *finies* — que l'une d'elles, celle
des unités simples, peut *entièrement* représenter.

Image de la progression des nombres, la première dizaine
se voit dès lors attribuer le caractère d'un *cycle* : d'où la
possibilité d'apparenter ses symboles aux symboles cycliques,
— à ceux surtout du cycle dénaire. Les simples signes cycliques, cependant, sont les emblèmes de groupements dont ils
fixent les sites sans chercher (en principe) à indiquer leur
hiérarchie. Par le fait qu'ils notent une progression, les premiers nombres, au contraire, quand ils servent de rubriques
à des catégories, permettent d'imaginer un ordre hiérarchique. Or, l'idée de hiérarchie se traduit dans la pensée
des Chinois par la représentation réaliste d'un centre. Placé
au milieu des neuf premiers nombres, 5 s'impose comme le
symbole du centre.

Dès que 5 s'est vu attribuer le Centre, les signes voisins,
échappant à leur formation linéaire, se répartissent dans

l'Espace et revêtent à leur tour des attributions spatiales. Par suite, s'ils paraissent d'abord aptes à caractériser des sites à la manière des emblèmes cycliques, les symboles de la série décimale peuvent encore, comme on le verra bientôt, être appelés à figurer, par rapport à un ensemble centré, l'ajustement des différents secteurs : — ils composent alors une sorte d'image où l'ordonnance du monde se trouve représentée numériquement.

Le passage du *Tso tchouan* qu'on vient d'analyser à montré que les 5 sons primordiaux, essence du rythme, ont droit à une place centrale qui leur confère ou que leur confère le classificateur 5. Le même thème se retrouve, illustré de façon plus significative encore, dans un document vénérable.

Le *Hong fan* ([265]), petit traité qui passe communément pour le plus ancien essai de la philosophie chinoise, a pour sujet l'ensemble des recettes qu'un Souverain digne de ce nom doit connaître. Cette *somme* de sagesse est exposée en 9 points — chaque section étant numérotée ou, plutôt, *caractérisée* par un nombre.

On a écrit ([266]) qu'il n'existait aucun rapport entre les nombres affectés aux sections du *Hong fan* et les idées qu'on y voit exprimées. Si ce rapport échappe, en effet, dans la plupart des cas, il est manifeste pour la septième rubrique. Elle est consacrée aux choses de la divination. 7 doit les classifier, car 7 les régit : les devins, pour pratiquer leur art, manipulent 49 (= 7 × 7) baguettes magiques et considèrent (dit le *Hong fan* lui-même) 7 catégories d'indices. — Mais la cinquième section est plus intéressante encore. Il y est parlé de « la plus haute perfection du Souverain (*Houang ki*) » ([267]). Le Souverain, on le sait, est la Fortune du pays. Aussi nous est-il dit qu'il doit, *dans sa Capitale*, travailler à recueillir puis à répandre sur l'ensemble des fidèles la totalité du Bonheur. Il a donc droit, lui et « sa perfection », à la *rubrique centrale*. C'est celle que régit le classificateur 5, et, en effet, la félicité totale que le chef dispense et possède se répartit en 5 Bonheurs.

L'étiquette numérique, dans ce cas encore, est tout autre chose qu'un simple numéro, mais, de plus, il apparaît que la conception d'un ordre exprimé par des classificateurs numériques entraîne la représentation d'un *dispositif spatial*.

Telle était bien, au reste, l'idée qui inspirait les interprètes anciens quand ils expliquaient le *Hong fan* dans son ensemble et aussi quand ils en expliquaient la première section, celle où sont énumérés les 5 Éléments.

Ils voyaient dans le *Hong fan* une sorte de méditation sur la structure de l'Univers, d'où un Sage pouvait tirer les principes qui commandent toute Politique. Par suite d'un préjugé étroitement rationaliste, les modernes se refusent à ne point confondre la science des Anciens Sages avec le simple bon sens. Ils ne veulent découvrir dans le *Hong fan* qu'une suite, — plus ou moins bien ordonnée, — de conseils profitables, de renseignements utiles. Comment admettraient-ils que l'auteur du traité, *coordonnant de vieux systèmes de classification*, ait pu avoir l'idée de rendre manifeste l'organisation de l'Univers *au moyen de Nombres et de dispositions de Nombres* [268]? Ils rejettent donc les traditions et, pour commencer, ou bien ils n'accordent qu'un faible intérêt à la mention des 5 Éléments *placée en tête* du *Hong fan*, ou bien même ils s'évertuent à la prétendre interpolée [269]. Mais, d'une part, la place est significative, et l'on n'a, d'autre part, aucun droit à négliger les indications fournies par le dialogue qui sert d'exorde au traité [270] : « Ah! c'est de façon mystérieuse que le Ciel fixe aux hommes d'ici-bas les *domaines* où les uns et les autres vivront en harmonie! Et moi, je ne sais rien de l'*ordre* qui régit les rapports réguliers (des êtres)! » — « Jadis Kouen fit obstacle aux Grandes Eaux et *jeta le trouble dans les 5 Éléments ;* le Souverain, frémissant de colère, ne lui ayant pas délivré les 9 Sections du *Hong fan*, les rapports réguliers (des êtres) se pervertirent. Mais Kouen périt exécuté dans les Marches du Monde et Yu accéda au pouvoir. *Le Ciel, alors*, délivra à Yu les 9 sections du *Hong fan* et les rapports réguliers des êtres retrouvèrent *leur ordre*. » Ne faut-il point rapprocher ce passage des vieilles formules indiquant que les Héros civilisateurs se voient confier « *les Nombres* du Calendrier du Ciel » auxquels une Vertu décadente peut faire « *perdre leur ordre* » ? On a vu que les « Nombres du Calendrier » ne paraissent guère différer des signes cycliques : comme ces derniers, ils figurent des sites.

Le dialogue qui ouvre le Hong fan *exprime assurément l'idée que l'aménagement de l'Univers implique une répartition des choses et des hommes, — laquelle peut se traduire* tout aussi bien *par un* arrangement *en 9 Rubriques que par une* distribution *en 5 Éléments.*

Aux 5 Éléments est affectée la Rubrique 1. N'oublions pas que (1) l'unité simple ne diffère point de (10) la dizaine, unité pleine. Les 5 Éléments constituent un total. A chacun d'eux doit donc ([271]) correspondre une *valeur* numérique. C'est précisément ce que dit la section I du *Hong fan.*

Chavannes traduit ainsi : « (I) Des cinq éléments, le premier *est appelé* ([272]) l'eau ; le second, le feu ; le troisième, le bois ; le quatrième, le métal ; le cinquième, la terre. (La nature de) l'eau *est* ([273]) d'humecter et de descendre ; celle du feu, de flamber et de monter ; celle du bois, d'être susceptible d'être courbé et redressé ; celle du métal, d'être obéissant et de changer de forme ; celle de la terre, d'être semée et moissonnée. » Chavannes rend, dans le premier membre de phrase, par « *est appelé* », le caractère *yue* qu'il traduit dans le second membre par « *est* ». *Yue* peut, en effet, signifier « *est* », mais, quand il figure dans une énumération (tel est le cas ici et tout au long du *Hong fan*), *yue* n'est rien de plus qu'une simple particule. Lui attribuer pleinement une valeur de copule conduit déjà à fausser le sens. Le texte ne dit pas : « (*La nature de*) l'eau *est* d'humecter et de descendre... » ; il dit : « (l') Eau : (elle) humecte (et) tend vers le Bas ; (le) Feu : (il) flambe (et) tend vers le Haut... » Mais le sens est faussé bien plus lourdement quand on prête à *yue* dans la première phrase — sans pouvoir la lui conserver dans la seconde — la signification de « *est appelé* ». On ne peut être conduit à cette faute que par une idée préconçue et si l'on présuppose que, dans le *Hong fan*, les nombres ne sont employés qu'à titre de numéros d'ordre. Mais, dans le *Hong fan* même et, du reste, ailleurs, nous avons trouvé des preuves garantissant que les Chinois n'aiment pas à distinguer dans les Nombres une fonction cardinale et une fonction ordinale.

Nous traduirons par un mot à mot strict : « I : 5 Éléments. 1 : Eau ; 2 : Feu ; 3 : Bois ; 4 : Métal ; 5 : Terre », en entendant que l'Eau vient la première et le Feu le second parce que 1 et 2 expriment emblématiquement l'essence *et* le rang qui sont les leurs. 1, 2, 3, 4 et 5 doivent être regardés comme des indices spécifiant la *valeur* des différents Éléments.

Et, en effet, s'il arrive aux Chinois, sous l'empire de différentes préoccupations doctrinales, de faire varier la séquence des Éléments, ils ne leur attribuent jamais des valeurs numériques qu'on puisse considérer comme différentes de celles que le *Hong fan* leur assigne.

Servant d'indices aux places qui les situent dans un dispositif d'ensemble, ces valeurs, — même quand varie la *séquence* adoptée pour l'énumération, — témoignent seules de l'*ordre* véritable et *premier* des Éléments ([274]). Ceux-ci, dans le *Yue ling* par exemple, se présentent selon la séquence : Bois, Feu, Terre, Métal, Eau ([275]). Et cependant, le *Yue ling* les assimile respectivement aux nombres 8, 7, 5, 9, 6. Or, 1 et 6 (= 1 + 5) que le *Hong fan*, d'une part, et le *Yue ling*, d'autre part, affectent à l'Eau sont estimés équivalents pour leur valeur symbolique, car tous deux sont congruents à 5. Il en est de même de 2 et de 7 (= 2 + 5), de 3 et de 8 (= 3 + 5), de 4 et de 9 (= 4 + 5). D'ailleurs, si le *Yue ling* suppose une équivalence emblématique entre l'Eau, par exemple, et,

Eléments	Eau	Feu	Bois	Métal	Terre
Hong fan	1	2	3	4	5
Yue ling	6	7	8	9	5

dans la série décimale, le *seul* nombre 6 (nombre fort du *couple* congruent 1-6), il affirme aussi que, dans la série dénaire, c'est à un *couple* de nombres cycliques que l'Eau correspond. Notons ici que, lorsqu'il analyse les *couples cycliques* de la série dénaire, le *Chouo wen* présente le *premier* des deux signes comme l'emblème d'un Orient et le *second* comme le symbole de la Saison correspondante ([276]). Le *Hong fan* et le *Yue ling*, qui affectent aux Éléments, l'un le *premier* des nombres d'un *couple congruent* et l'autre le *second* de ces nombres (le nombre fort), envisagent apparemment les correspondances numériques de points de vue différents, mais qui se complètent : tous deux s'inspirent d'un système général de classification dont de nombreux mythes attestent l'antiquité et le prestige.

Ce système consiste en une combinaison d'équivalences établies entre les Saisons, les Orients, ... les Couleurs, les *Saveurs*, ... et les Éléments ainsi que les Nombres. Le *Yue ling* rapporte le nombre 6 et la saveur salée (*hien*) à l'Hiver [= Nord], qu'il place sous l'influence (*tö* = vertu) de l'Eau ; le nombre 7 et la saveur amère (*k'ou*) à l'Été [= Sud] qu'il place sous l'influence du Feu ; le nombre 8 et la saveur acide (*siuan*) au Printemps [= Est] qu'il place sous l'influence du Bois ; le nombre 9 et la saveur âcre (*sin*) à l'Automne [= Ouest] qu'il place sous l'influence du Métal ; le nombre 5 et la saveur douce (*kan*) *au Centre* qu'il identifie à la Terre — cependant que (désignant les saveurs cardinales par les mêmes mots que le *Yue ling*) le *Hong fan* écrit : « (Ce qui) humecte (et) tend vers le Bas [Eau : 1], produit le salé ; (ce qui) flambe (et) tend vers le Haut [Feu : 2] produit l'amer ; (ce qui) se courbe (et) se redresse [Bois : 3] produit l'acide ; (ce qui) est ductile (et) multiforme [Métal : 4] produit l'âcre ; (ce qui) est ensemencé (et) moissonné [Terre : 5] produit le doux. » Le *Yue ling* et le *Hong fan* se réfèrent, on n'en peut douter, à un même système de classification. Mais, traité sur le Calendrier, le *Yue ling* s'emploie à montrer l'office des Nombres dans l'aménagement de l'année. Il ne considère que les nombres forts [*seconds* nombres] des couples 1-6, 2-7, 3-8, 4-9, car leur total (6 + 7 + 8 + 9) fait 30. 30 (l'un des principaux diviseurs de 360) peut, par lui-même, évoquer le pourtour de l'année ; 6, 7, 8, 9 (en montrant comment se décompose le total 30) méritent donc de servir de classificateurs aux quatre saisons qui composent l'année ([277]) [et que symbolisent les *seconds* nombres des couples cycliques]. Le *Hong fan*, au contraire, se propose, en évoquant une progression de catégories, de révéler la constitution de l'Univers. Lorsque, pour commencer (section 1), il indique une répartition en éléments, c'est un *dispositif spatial* qu'il entreprend de décrire, et il le décrit en marquant, si je puis dire, les *étapes* de sa construction. Il n'utilise que les nombres faibles des couples congruents [ils en forment les *premiers* termes : ce sont les *premiers* termes des couples cycliques qui sont affectés aux différents sites de l'Espace]. Ces nombres peuvent d'autant mieux servir de rubriques aux sites du dispositif que, placés au début de la série numérique (1, 2, 3, 4), ils se trouvent particulièrement aptes à signaler l'*ordre des affectations* qui identifient tel site à telle rubrique.

En effet, l'énumération qui détermine à la fois le domaine et la valeur numérique des différents Éléments *reproduit le tracé d'un* templum *et marque les temps de l'opération.* L'Eau [= Nord = 1 (= 1 + 5 = 6)] et le Feu [= Sud = 2 (= 2 + 5 = 7)] s'opposent aux deux extrémités de la branche qu'on dessine la première et qu'on trace verticalement en la commençant par le Bas [= Nord] [*où tend l'Eau (comme le dit expressément le* Hong fan)] pour aller vers le Haut [= Sud] [*où tend le Feu (ainsi que le* Hong fan *l'affirme)*] ; le Bois [Est = 3 (= 3 + 5 = 8)] et le Métal [= Ouest = 4 (= 4 + 5 = 9)] se font face aux deux pointes de la deuxième branche qui coupe perpendiculairement la première et doit se tracer horizontalement en allant de la Gauche [= Est = Bois] à la Droite [= Ouest = Métal [278]] ; la Terre [= Centre = 5 (qui équivaut à 10 = 5 + 5)] occupe le point central que la croisée sert à déterminer et qui définit la place du Chef [279].

L'Eau est première nommée parce qu'elle a pour domaine spatial le site [Nord] qui est le premier constitué — car la rubrique 1 le régit — cependant que le classificateur 6 commande son domaine temporel [Hiver]. Le Feu, de même, se nomme le deuxième parce qu'il doit prendre place en deuxième lieu dans le dispositif où il doit occuper l'orient [Sud] dont la rubrique est 2, — 7 appartenant comme classificateur à la saison [Été] correspondante.

Liés aux Éléments, les Emblèmes numériques ne peuvent s'imaginer sans qu'on ne les relie encore à des Espaces et à des Temps concrets. Ces liaisons, et la liaison même des Temps et des Espaces, ont pour premier effet de rendre sans objet la distinction de l'ordinal, du cardinal et même du distributif : ces fonctions, dans les Nombres, demeurent indifférenciées tant, en eux, l'emporte la fonction classificatoire. Mais, de plus, l'impossibilité de les concevoir en dehors de l'Espace-Temps concret qui forme la chaîne et la trame d'un Univers fini, a pour conséquence d'arracher les emblèmes numériques à la disposition linéaire *abstraite* que semble exiger le caractère illimité de leur suite. Ils sont forcés de s'arranger en forme de cycle : riches de représentations géométriques et rythmiques, ils peuvent, bien mieux que de simples symboles cycliques, servir de rubriques à des groupements de réalités qu'ils identifient en signalant leur situation et leur ordre, leur forme et leur composition.

II. NOMBRES, SITES, EMBLÈMES DIVINATOIRES

C'est au moyen de nombres qu'il convient de figurer les secteurs logiques, les catégories concrètes qui composent l'Univers. Et si l'on prétend les figurer conformément à leur essence et à cet ordre constitutionnel que le *Hong fan* appelle « les rapports réguliers des êtres », c'est à l'aide de dispositions de nombres qu'on pensera y parvenir. En choisissant pour ceux-ci telle ou telle disposition qui permette de se représenter leurs jeux, on croira avoir réussi à rendre l'Univers à la fois intelligible et aménageable.

Toutes les vertus qui permettent à un Héros d'aménager le Monde, Yu le Grand les possédait. Il fonda donc la dynastie des Hia, et c'est à lui, raconte-t-on, que le Ciel confia « les 9 sections du *Hong fan* ».

Ceci ne signifie pas que le Ciel offrit à Yu une dissertation en neuf points. Dans la composition littéraire qu'après la fin des Yin un prince de la maison déchue récita au fondateur des Tcheou, s'exprimait, nul n'en doute, le savoir suprême inclus dans le *Hong fan* de Yu. Mais les méditations qu'avait pu inspirer ce document céleste en différaient de la même manière, apparemment, que diffèrent du véritable texte du *Yi king* les gloses littéraires qui semblent composer ce livre sacré des devins. Soixante-quatre dessins, les Hexagrammes, composent à eux seuls le texte véritable du *Yi king* : tout le reste n'est que commentaire, amplification, légende pour aider au déchiffrement des emblèmes divinatoires. C'est dans ces 64 symboles graphiques qu'est contenu un savoir, un pouvoir total. De même, sans doute, avant qu'elle ne fût mise au clair dans les neuf points de la dissertation récitée au roi Wou, une pareille Somme de sagesse se trouvait déjà dans les 9 Rubriques du *Hong fan* — tel que Yu le posséda. *Hong fan* veut dire « grand modèle » ou « plan suprême ». Que pouvaient figurer les Rubriques du *Grand Plan*, sinon un groupement de symboles capables de susciter dans le réel comme d'imposer à l'esprit les arrangements de catégories qui évoquent l'ordre universel ? Disposées autour du nombre 5 (emblème du poste souverain et centre de l'Espace), que pouvaient bien être ces 9 Rubriques numérotées, sinon, *tout simplement*, les 9 premiers symboles numériques ?

Assurément, ce que le Ciel donna à Yu, ce ne fut pas la glose du texte, mais sa lettre même, ou plutôt son chiffre : ce fut, modèle à déchiffrer, *image faite de nombres*, le Monde lui-même.

Aussi longtemps que les savants ne se sont point mêlés de critiquer les traditions dans l'intention de donner à l'histoire ancienne un tour raisonnable et correct, les Chinois ont identifié le *Hong fan* octroyé à Yu par le Ciel à un diagramme mythique, dénommé le *Lo chou*, où ils se sont appliqués à voir un arrangement de nombres.

Les traditions relatives à Yu et au *Hong fan* se réfèrent à un ensemble de mythes trop cohérents pour qu'on ait le droit de les négliger. On sait que Yu le Grand, comme il convenait à un Fondateur ou à un Démiurge, fut à la fois un maître de forges et un maître arpenteur [280]. Il parcourut et mesura les 9 Montagnes, les 9 Fleuves, les 9 Marais, aménageant le sol qu'on put enfin mettre en culture, c'est-à-dire qu'on partagea en champs, lesquels étaient *carrés et divisés en 9 carrés* : bref, nous dit-on, Yu *divisa le Monde en 9 Régions*. Aussi posséda-t-il 9 Trépieds. Les 9 Pasteurs offrirent le métal en tribut et, sur ses chaudières, Yu put dessiner les « emblèmes » des êtres de tous les pays, car ces « emblèmes » lui furent remis à titre d'hommage par les 9 Régions. La puissance incorporée en eux par ces symboles était telle que les 9 Chaudrons valaient le Monde ; grâce à eux, dans tout l'Univers, régnèrent l'ordre et la paix : les divers êtres se tinrent cois dans leurs domaines, si bien qu'il fut possible de parcourir sans danger les 9 Marais, les 9 Fleuves, les 9 Montagnes... Ainsi fut assurée « l'union du Haut et du Bas » et

« reçue la faveur du Ciel » ([281]). A Yu donc, qui possédait avec ses 9 Trépieds *une image du Monde* et la puissance sur le Monde, le Ciel transmit les 9 Rubriques.

Ce fut une tortue qui les lui apporta. Toutes-puissantes dans le Monde, les tortues sont *une image de l'Univers*. Si les devins peuvent connaître par elles les indices efficients qui conseillent les actes efficaces, c'est qu'elles participent de la longévité de l'Univers — et si l'Univers leur fait part de la *longue vie*, c'est qu'elles prennent intimement part à la vie universelle, vivant étroitement enveloppées dans un habitat aménagé sur le modèle du macrocosme : leurs carapaces, en effet, carrées par le bas, sont rondes par le haut. Les tortues représentent si bien le Monde qu'elles figurent nécessairement dans les mythes où l'on voit un Héros travailler à consolider l'ordre universel. Si quelque Génie mauvais, cassant une des colonnes du Monde, et ne lui en laissant que trois, fait basculer le Ciel et la Terre et livre l'Univers au Déluge, un Génie bienfaisant peut rétablir la stabilité en redonnant au Monde quatre colonnes faites avec les pattes coupées d'une tortue ([282]), — car il ne faudrait point laisser les tortues se déplacer et nager librement, ou bien les Terres partiraient à la dérive et les Eaux les engloutiraient ([283]). Après que Kouen, monstre néfaste et tortue à trois pattes, eut déchaîné les Grandes Eaux qui menacèrent d'engloutir Ciel et Terre ([284]), Yu, qui était son fils, mais un Héros parfait par la vertu comme par le corps, rétablit le bon ordre. Il sut trouver la gloire dans des travaux mythiques qui se rattachent au thème du Monde sauvé des Eaux : une tortue devait donc figurer dans son histoire. Yu le Grand, en effet, réduisit les Eaux au devoir et disciplina les Fleuves. Or donc, un cheval-dragon ou le Fleuve lui-même, dieu au corps de poisson ou de tortue ([285]), dut sortir du Fleuve Jaune et lui remettre le Tableau du Fleuve (*Ho t'ou*) ; une tortue dut sortir de la rivière Lo pour lui présenter le *Lo chou* (Écrit de la rivière Lo) qui est — dit la tradition — le *Hong fan*.

Image du Monde, une tortue apporta à Yu cette image — à Yu qui, lui-même, par sa voix, sa taille, son pas, pouvait servir d'étalon à toutes les mesures : à tout ce que les nombres sont destinés à évoquer. Comme les 9 Trépieds de Yu, les images sorties des Eaux furent conservées, dit l'histoire, dans le trésor des Rois, Fils du Ciel ; ils figuraient parmi les gages et les principes de leur puissance ; quand périt la Royauté, les Trépieds s'évanouirent dans les Eaux et nul ne sait ce qu'il advint alors du *Ho t'ou* et du *Lo chou...* Le *Lo chou* et le *Ho t'ou* ne reparurent que sous les Song, au XIIᵉ siècle de notre ère. Ce fut sous le règne d'un Empereur qui favorisa la géomancie et collectionna les grimoires taoïstes ; il fit aussi fondre 9 Trépieds ([286])...

Les savants n'ont que mépris pour le *Lo chou* et le *Ho t'ou* des Song. Ces œuvres ne manquent pas pourtant d'intérêt ; ce sont tout simplement des arrangements de nombres : après de longs siècles de civilisation brillante, les savants chinois ne cessaient pas de prêter aux emblèmes numériques la fonction de figurer l'Univers. L'essentiel, pour nous, est de constater ce parti pris. Sa persistance invite à le considérer comme une attitude fondamentale de l'esprit chinois. Mais, par ailleurs, pourquoi accabler « les faussaires » ? Ils n'ont rien inventé, ce ne sont que des érudits : ils se sont bornés à traduire graphiquement des idées qu'il ne s'agit pas, pour nous, de faire remonter à Yu, Héros mythique, mais qui n'en sont pas moins suffisamment anciennes pour mériter notre intérêt.

Le *Ho t'ou* des Song figure [au moyen des ronds blancs *(yang)* ou noirs *(yin)* selon qu'ils sont impairs ou pairs] les dix premiers nombres disposés en croisée avec, au centre, 5 et 10 : c'est, on l'a vu, la disposition que, pour les emblèmes numériques des Éléments, Orients et Saisons, supposent

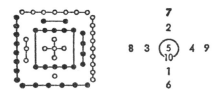

le *Yue ling* et la première section du *Hong fan*. Quant au *Lo chou*, le diagramme qui prétend le restituer s'inspire de données formellement attestées dès l'époque des Han ([287]). Ce diagramme, s'il n'est pas moins intéressant que l'autre,

n'est pas fait pour surprendre beaucoup plus. Les 9 premiers nombres y sont disposés *en carré magique* (autour de 5)
— ainsi qu'on pouvait le prévoir pour un tableau du Monde
offert (par l'intermédiaire d'une tortue) à un Héros qui divisa
la Terre (carrée) en 9 Régions (carrées).

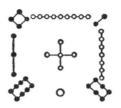

Yu, pour organiser le Monde, l'arpenta. Il le parcourut
effectivement. Les souverains qui ne sont pas des Fondateurs
se contentent, comme on sait, de circuler dans la Maison du
Calendrier. Leur circumambulation sur l'emplacement
sacré du *Ming t'ang* suffit à ordonner l'Espace et le Temps
et à maintenir une exacte liaison des Saisons et des Orients.

Rond par son toit de chaume et carré par sa base, le *Ming
t'ang* est une image du Monde — aussi parfaite que peut
l'être une tortue.

Les devins ([288]) peuvent faire surgir d'une carapace de
tortue un cycle complet de signes : 360 types de fissures les
renseignent sur l'ensemble des circonstances de temps et de
lieu. Il les font apparaître [en se servant du Feu (= Haut
= Ciel)] sur la partie basse [et carrée (= Terre)] de la
carapace. Ce sont les divisions de cette partie inférieure de
l'écaille qui permettent de caractériser les fissures : une ligne
axiale allant de l'Arrière à l'Avant [l'Arrière vaut
le Bas (= Nord) et l'Avant vaut le Haut (= Sud)]
partage l'écaille en deux moitiés qui sont la Gauche
(= Est) et la Droite (= Ouest) ; cet axe est coupé
par 5 raies qui figurent les 5 Éléments ; elles déterminent [6 à Gauche et 6 à Droite] 12 sites [qui sont
les sites des 12 mois], mais elles n'enserrent que
8 domaines, lesquels (couplés par deux) se disposent en
formant 4 secteurs autour du Centre marqué par la croisée
de l'axe médian et de la raie centrale ([289]). Ainsi [après avoir

(en considérant 1 axe et 5 voies transversales) dessiné une croisée de façon à évoquer une répartition par 5], on arrive [bien que l'on opère, dit-on, en distinguant 6 catégories (ou plutôt, *trois couples* de catégories, savoir : le Haut et le Bas, la Gauche et la Droite, et — aussi — le Yang et le Yin)] à ne distribuer l'Espace — où les 360 signes pourront apparaître et se spécifier — qu'entre 4 *domaines* (*doubles*) qui, seuls, méritent de porter un nom.

De même, dans le *Ming t'ang* ([290]) l'Espace, — où la circulation royale doit susciter l'apparition du cycle complet de jours qui compose une année, — ne se divise qu'en 5 domaines dénommés (et consacrés aux 5 Éléments) dont l'un ne correspond qu'au Centre et au pivot du Temps, tandis que les 4 autres figurent les Orients et les Saisons réelles. Et cependant, dans le *Ming t'ang*, aussi, se trouvent ménagés, de façon à correspondre à 12 stations royales propices à la promulgation des ordonnances (*yue ling*) qui conviennent aux 12 mois. 8 emplacements, dont 4 occupent des positions angulaires et *les 4 autres* (*seuls dénommés*) des positions cardinales. Cet aménagement de l'Espace sacré peut s'exprimer par deux dispositions architecturales ; elles furent préconisées, l'une et l'autre, à l'époque des Han, par les savants qui prétendaient fournir aux Empereurs les plans véritables d'un *Ming t'ang*. Selon les uns, la Maison du Calendrier devait se diviser en 9 salles ; elle ne comprenait, selon les autres, que 5 bâtiments ou 5 pièces.

Fait de pièces contiguës ou de bâtiments indépendants, le *Ming t'ang* à 5 salles dessine une croix simple inscrite dans

un carré (*ou un rectangle*) ; le *Ming t'ang* à 9 salles occupe entièrement ce carré ; mais, tous deux comprenant une salle placée au centre et, si je puis dire, sans vue, tous deux possèdent également 12 regards sur l'extérieur : en effet, chacune des salles cardinales du *Ming t'ang* en forme de croix a trois façades externes [4 × 3 = 12], cependant que, dans le *Ming t'ang* carré, ces mêmes salles n'ont qu'une façade, les 4 salles d'angles, ayant, en revanche, façade double [(4 × 1) + (4 × 2) = 12]. Les deux dispositions architecturales conviennent aussi bien l'une que l'autre s'il s'agit de disposer autour d'un centre 12 vues ou 12 stations cycliques.

En fait, les *deux systèmes de construction* ne s'opposent que parce qu'ils ont pour objet de traduire *deux dispositions différentes des nombres*.

L'une de ces dispositions est impliquée par le *Yue ling*. Ce traité sur le calendrier indique les positions que le Fils du Ciel doit occuper sur l'emplacement du *Ming t'ang* quand il édicte les ordonnances mensuelles (*yue ling*). Pour les mois initiaux ou terminaux des diverses saisons, il suffit que le souverain se porte à gauche ou à droite de l'une des 4 salles cardinales. C'est, en revanche, dans ces salles mêmes qu'il doit prendre place aux mois (solsticiels ou équinoxiaux) qui forment le centre des 4 saisons. On sait que le *Yue ling*

	ÉTÉ			FEU			S					
PRINTEMPS	7	AUTOMNE	BOIS	2	MÉTAL		7					
	8 5 9			3 5 4			2					
	6			1		E 8	3	5	4	9 W		
	HIVER			EAU			1					
							6					
							N					
Yue ling			*Hong fan*			Ho t'ou des Song						

affecte aux trois mois de chaque saison un seul et même nombre [6 pour l'Hiver (Nord), 8 pour le Printemps (Est), 7 pour l'Été (Sud), 9 pour l'Automne (Ouest) et 5 pour le Centre)]. Le *Ming t'ang* à 5 salles est conçu, on le voit, pour évoquer la disposition des nombres en croix simple que le *Ho t'ou* des Song devait illustrer et que le *Hong fan* impliquait déjà.

L'arrangement en carré a, de même, une base numérique. La tradition du *Ming t'ang* à 9 salles se trouve défendue par le *Ta Tai li ki* ([291]). Cet ouvrage, précisément, affecte à chacune des 9 salles (comme le *Hong fan* à chacune des 9 Rubriques) l'un des 9 premiers nombres, et, ces nombres, il les énonce dans un ordre (2, 9, 4 ; 7, 5, 3 ; 6, 1, 8) qui suppose un arrangement en carré magique. Cette disposition (qui est celle du *Lo chou* des Song) possédait donc, pour le moins dès le temps des Han, une valeur rituelle : dès cette époque, elle paraissait constituer une image du Monde qu'il importait de retrouver dans le plan du *Ming t'ang*, — tout un ensemble de traditions invitant, d'autre part, à penser qu'un Héros avait pu la déchiffrer sur une carapace de tortue.

Les traditions relatives au *Ming t'ang* le prouvent à nouveau : les Nombres ont pour principal office de caractériser des sites et d'exprimer l'organisation de l'Espace-Temps.

La disposition en carré magique dont le prestige s'est imposé aux techniciens du *Ming t'ang* ne jouissait pas d'une faveur moindre auprès des théoriciens de la divination. Nous allons constater cette vogue et pourrons, du même coup, en comprendre la raison. Tout aussi bien qu'en divisant en secteurs l'écaille divinatoire, on peut, en disposant les nombres en carré, arriver à évoquer le Total (360) des circonstances de temps et de lieu qui conditionnent les travaux des devins — ainsi, du reste, que l'œuvre des Fils du Ciel dans la Maison du Calendrier.

***

Le point de départ de la vogue des carrés magiques se trouve dans un ancien système de spéculations qui portent sur les Emblèmes divinatoires et aussi sur les Nombres.

L'essentiel de ce système a été consigné, plusieurs siècles avant les Han, dans le *Hi t'seu*. Nulle œuvre, si ce n'est le *Hong fan*, n'est plus proche des débuts de la tradition écrite.

Le *Hi ts'eu* fait partie du cycle du *Yi king*. Les maîtres du *Yi king* opéraient sur des signes fournis par l'achillée. La divination par l'achillée, au témoignage des savants qui la pratiquaient, ne reposait pas sur un autre savoir que la divination par la tortue. Ces deux méthodes d'investigation paraissaient solidaires et destinées à se compléter : le *Hi ts'eu* lui-même l'affirme et aussi le *Hong fan*, comme, par ailleurs, le *Tcheou li* ([292]). Les mythes relatifs à la tortue donnent à penser que l'art de préparer l'écaille en la divisant en domaines se rattache aux techniques utilisées, pour la division des terres, par les *arpenteurs-géomètres*. Le savoir, en revanche, qui permet d'identifier les circonstances de temps (et de lieu) à l'aide de bâtonnets d'achillée, paraît lié à une technique du *calcul*. Mais les anciens Chinois évitaient de distinguer l'arithmétique et la géométrie. Nombres et figures fournissaient aux sages des symboles, pratiquement interchangeables et également puissants, qui rendaient faciles l'identification et la manipulation des réalités de toute espèce.

Le mot qui désigne les fiches divinatoires désigne aussi les fiches à calcul. Lorsqu'ils tiraient les sorts et faisaient leurs supputations, les devins devaient conserver, entre le quatrième et le cinquième doigt de la main gauche, une de ces baguettes qui figurait alors l'Homme placé entre le Yin et le Yang ([293]). Quand on hésitait sur la voie à suivre, on devait de même tenir en main une de ces fiches : elle servait alors de bâton-pilote ([294]). Le caractère qui représente ces bâtonnets s'écrit en ajoutant la clé du bambou à un ensemble graphique figurant, dit-on, les traces qu'une charrue imprime sur le sol. Si l'on ajoute à ce groupe de traits la clé qui représente les champs cultivés en *carré*, on obtient un caractère de prononciation identique (*tch'eou*). Il signifie « cultiver la terre, limites des terres, domaines héréditaires ». Ce signe s'emploie pour désigner les savants (astronomes, astrologues, maîtres du calendrier) voués héréditairement à l'art du calcul... Génie des nombres, génie des figures, génie gouvernemental, génie divinatoire se confondent... C'est tout justement le mot *tch'eou* qui sert à dénommer les 9 Sections du *Hong fan*, les 9 Rubriques ou les 9 Domaines du Grand Plan — que la tradition identifie au *Lo chou* apporté à Yu, l'arpenteur, par la tortue.

Mais ce n'est pas sous le patronage de Yu que le *Hi ts'eu* se trouve placé : c'est sous celui de Fou-hi. Fou-hi a pour attribut l'équerre et sa femme le compas. On les représente toujours se tenant enlacés, car leurs corps se terminent par un *nœud* de serpents ([295]). Prôné par les tenants du *Yi king*, Fou-hi a été poussé au premier rang des auteurs de la civilisation ; il inventa le système des cordes *nouées* ainsi que la divination par les *baguettes* d'achillée qui furent les premiers moyens de gouvernement. Il eut une naissance miraculeuse : certains racontent que sa mère le conçut par l'effet d'un *bâton* flottant ; d'autres (c'est la version courante) qu'il fut mis au monde dans un marais célèbre par les Dragons qui le hantaient.Il avait l'aspect d'un *Dragon*... ([296]). C'est donc à lui que, selon la tradition la plus suivie, un *Dragon* apporta le *Ho t'ou*, à lui et non pas à Yu, le fondeur de Trépieds... Mais Dragons et Trépieds se distinguent mal. Pour peu qu'ils soient précieux, on retrouve sur les Trépieds les reflets changeants des Dragons ([297]). Et, quand un Saint mérite d'attirer les Dragons, il commence par entrer en possession d'un Trépied. Ce dernier, au reste, ne lui promet l'arrivée du *Dragon* que si des *bâtons d'achillée* l'accompagnent... L'Histoire ne dit pas que Fouhi ait trouvé ou fondu 1 ou 9 Trépieds. Elle sait seulement que cet inventeur des Trigrammes partagea, bien avant Yu, le Monde en 9 Régions.

C'est même à l'occasion de cet exploit que les annotateurs des *Annales sur bambou* s'avisent de rapporter une glose de Tcheng Hiuan où ce lettré célèbre de l'époque des Han indique l'*ordre de création* des Trigrammes divinatoires.

Les spécialistes de l'achillée opéraient en manipulant un jeu de baguettes de façon à obtenir un résultat pair ou impair. Ils traduisaient graphiquement ce résultat en traçant une ligne continue ———— (impaire, *yang*, mâle) ou brisée ——— —— (paire, *yin*, femelle). Ils arrêtaient leurs opérations quand ils avaient dessiné une figure formée de 6 lignes superposées. En superposant 6 lignes brisées ou continues, on peut composer 64 Hexagrammes différents. Avec 3 lignes, on ne peut composer que 8 Trigrammes. Il est aisé de constater que chacun des ($8^2 =$) 64 Hexagrammes est fait de deux Trigrammes superposés ([298]) : les 8 Trigrammes résument donc les 64 Hexagrammes. Ceux-ci passent pour représenter l'ensemble des réalités ; ceux-là fournissent, si je puis dire, une représentation concentrée de l'Univers.

Pour que cette image du Monde soit estimée parfaite, il convient qu'elle comporte une orientation des Trigrammes.

Assimilés mythiquement aux 8 Vents, les 8 Trigrammes servent, en effet, disposés en octogone, à former une rose des vents à huit directions. Le *Lo chou* s'oppose au *Ho t'ou*, et l'on connaît, pour le *Ming t'ang* comme pour les Nombres, deux dispositions concurrentes : il existe de même deux arrangements des Trigrammes. Tous deux étaient célèbres dès l'antiquité. Loin de paraître s'exclure, ils semblaient rendre des services complémentaires. Le *Chouo koua* (qui est l'un des principaux traités du cycle du *Yi king*), se réfère, selon l'occasion, tantôt à l'un et tantôt à l'autre de ces arrangements. L'un d'eux est remarquable par une recherche de symétrie graphique : c'est celui que la tradition rapproche du *Ho t'ou* et attribue à Fou-hi, inventeur des Trigrammes. L'autre serait dû au roi Wen, Fondateur des Tcheou. Le roi Wen inventa, dit-on, les Hexagrammes. Il s'est aussi rendu

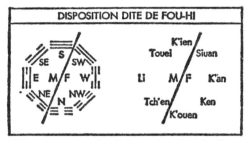

Figures et noms des Trigrammes dans la disposition dite de Fou-hi. La ligne sépare les Trigrammes mâles (M) [ceux dont la ligne inférieure (tournée vers le centre) est continue (*yang*)] des Trigrammes femelles (F) [dont la ligne de base est brisée (*yin*)].

célèbre par la construction d'un *Ming t'ang*. La disposition dite du roi Wen est d'ordinaire mise en rapport avec le *Lo chou*. Fait curieux : bien que la glose de Tcheng Hiuan soit utilisée à propos de la division du Monde en 9 Régions qui fut l'œuvre de Fou-hi (le maître du *Ho t'ou*), c'est à la disposition du roi Wen (le constructeur du *Ming t'ang*) que cette glose se réfère.

Selon les traditions recueillies sous les Han par Tcheng Hiuan, c'est l'Unité suprême (*T'ai Yi*) qui dispose à l'emplacement qui convient (*kong* = palais, chambre) chacun des 8 Trigrammes ; chaque fois qu'elle en a placé quatre, l'Unité suprême revient se reposer au Centre. Voici donc le chemin [*hing* : c'est le mot que, dans l'expression *wou hing* (le 5 *hing*), on rend par : Élément] qu'elle parcourt.

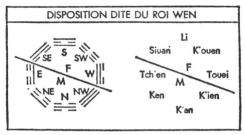

Figures et noms des Trigrammes dans la disposition dite du roi Wen. La ligne sépare les Trigrammes (M) mâles [celui qui est fait de 3 lignes continues et les trois qui contiennent une seule ligne continue] des Trigrammes (F) femelles [ceux qui ont un nombre impair (3 ou 1) de lignes brisées].

Partant (1) de K'an (N), elle passe (2) par K'ouen (SW), puis (3) par Tch'en (E), puis (4) par Siuan (SE) et de là, — après avoir touché au Centre [5] (qui est sa propre demeure), — elle arrive (6) à K'ien (NW) d'où en passant (7) par Touei (W), puis (8) par Ken (NE), elle gagne (9) Li (S), d'où elle reviendra au Centre [10 = 5].

L'ordre suivi est celui qui permet de disposer les nombres d'un carré magique ([299]) en partant du plus petit pour finir

S 9							Li 9					4	9	2

Siuan 4   2 K'ouen | 4 | 9 | 2 |
Tch'en 3   7 Touei | 3 | 5 | 7 |
Ken 8   6 K'ien | 8 | 1 | 6 |
K'an

par le plus grand : et, en effet, si l'on remplace les Trigrammes par le classificateur numérique ([300]) qui correspond à leur rang de production, on obtient un carré magique à centre 5 : les nombres y reçoivent une orientation identique à celle qu'on leur attribue quand ils servent à qualifier les 9 divisions du *Ming t'ang*.

**

Comme les Éléments (quand on les dispose en croisée), les Trigrammes, dès qu'on les oriente, se voient affecter une valeur numérique : eux aussi ont pour emblèmes les nombres qui servent d'indices à leur localisation dans l'Espace-Temps, et c'est par ces nombres que se révèle leur *ordre constitutionnel*. Un même système de postulats se trouve donc à la base des deux arrangements (carré ou croisée numériques) qui fournissaient aux anciens Chinois des *images du Monde* jugées complémentaires plutôt qu'opposées. Dès l'époque du *Hong fan*, l'ordre constitutionnel des Éléments se traduisait en dessinant une croisée numérique ; le carré magique qui rend manifeste l'ordre constitutionnel des Trigrammes ne doit pas jouir d'un prestige moins ancien.

Ce prestige éclate dans les traditions recueillies sous les Han ([301]) par le *Ta Tai li ki* et par Tcheng Hiuan, mais c'est le *Hi ts'eu* qui permet d'en comprendre les raisons.

Appelés par leur métier à manipuler des fiches divinatoires, qui sont aussi des fiches à calcul, les Maîtres du *Hi ts'eu* avaient élaboré une théorie de la divination qui s'appuyait sur une science des Nombres. L'art de disposer et de combiner des emblèmes divinatoires se confondait pour eux avec l'art des combinaisons numériques.

Dans un passage qui se rapporte à la disposition octogonale des Trigrammes, et où ces derniers sont expressément assimilés à des Nombres, le *Hi ts'eu* les présente comme groupés de manière à s'opposer *diamétralement*, ces oppositions étant toutes, semble-t-on dire, commandées par la formule 3×5. Les commentateurs orthodoxes ne donnent de ce passage qu'une glose vide de toute apparence de sens ([302]). En revanche, certains interprètes indigènes ont voulu y voir une allusion au carré magique à centre 5, où les couples de nombres extérieurs qui s'opposent diamétralement forment toujours un total de 10, si bien que le total des 3 nombres [centre (5) compris] disposés sur une même ligne est nécessairement égal à 15.

Le passage est trop obscur pour qu'on puisse faire état de cette interprétation séduisante, mais il convient de retenir l'importance attribuée au nombre 15. Celle-ci se trouve affirmée par des faits qui s'insèrent dans une tradition immémoriale.

Les devins qui se servaient du *Yi king* pour déchiffrer les symboles divinatoires dénommaient à l'aide du nombre 9 les lignes *yang* des diverses figures et par le nombre 6 les lignes *yin*. Ces appellations s'expliquent par le fait que le rapport du Yin au Yang représente le rapport de la Terre au Ciel et, partant, du Carré au Rond. Ce rapport, qui est de 2 à 3, peut s'exprimer par les nombres 6 et 9. Mais d'autres devins, ceux du pays de Song, se servaient pour leurs déchiffrements non du *Yi king*, mais du *Kouei tsang*, manuel qui passait pour plus ancien, car on voyait en lui le livre de divination en usage sous la dynastie Yin. Pour ces devins, les lignes paires (*yin*) valaient 8, et les lignes impaires (*yang*) 7. En fait, il semble qu'à l'époque *Tch'ouen ts'ieou* on utilisait concurremment les deux systèmes de symboles numériques. Comme le montre un passage du *Tso tchouan* ([303]), opter pour l'un ou l'autre de ces systèmes permettait à un opérateur astucieux de rendre des oracles plus convenables.

Une double remarque s'impose : l'opposition du Yin et du Yang est essentiellement celle du Pair (8 ou 6) et de l'Impair (7 ou 9), et, d'autre part, 8 + 7, comme 9 + 6, égalent 15.

Notons ici qu'à l'origine des figures divinatoires le *Hi ts'eu* place, après les deux symboles élémentaires (qu'on dit constitués par une ligne brisée ou continue), quatre symboles secondaires, auxquels toute la tradition attribue les désignations de Grand Yang (ou Vieux Yang), Petit Yin (ou Jeune Yin), Petit (ou Jeune) Yang, Grand (ou Vieux) Yin ([304]). A chacun de ces symboles correspond un emblème numérique : le Vieux Yang et le Jeune Yang (impairs) valent respectivement 9 et 7, le Grand Yin et le Petit Yin (pairs) 6 et 8.

Or, si le Grand Yin (6) correspond au Nord-Hiver, dont l'Élément emblématique est l'Eau (6), et si le Jeune Yin (8) est (ordinairement) assimilé à l'Est-Printemps dont l'Élément est le Bois (8), le Jeune Yang (7) correspond à l'Ouest-Automne, bien que le Métal, emblème de ce quartier de l'univers vaille 9, tandis que 9 est le nombre du Vieux Yang, lequel commande au Sud-Été, secteur dont l'Élément (Feu) vaut pourtant 7.

Les valeurs numériques attribuées aux 4 emblèmes secondaires du *Hi t'seu* impliquent une orientation des nombres différente de celle qu'ils reçoivent lorsque, connotant des Éléments, ils sont *disposés en croisée*, ainsi que le suppose le *Hong fan* et que l'a représenté le *Ho t'ou*. L'orientation qu'imposent aux nombres du Grand Yang et du Petit Yang (ainsi qu'à ceux du Grand et du Petit Yin) les affectations spatiales de ces emblèmes est, au contraire, *celle du carré magique*, où 9 ainsi que 4 (nombres congruents) sont disposés sur la face Sud et 7 ainsi que 2 (nombres congruents) sur la face Ouest, 6 (et 1) comme 8 (et 3) étant respectivement placés sur les faces Nord et Est.

Dans les figurations, d'ailleurs tardives, qu'on en a donné, les quatre symboles secondaires sont représentés comme

Grand Yang	Petit Yin	Petit Yang	Grand Yin
9	8	7	6

formés de deux lignes ([305]). Il y a de grandes chances que cette représentation soit due à un travail d'abstraction dérivant d'un classement des Trigrammes sur lequel le *Chouo koua* insiste longuement et dont le *Hi ts'eu* proclame le principe ([306]). Ce principe devait avoir une extrême importance pour des gens qui, par métier, jouaient constamment sur le pair et l'impair.

Il se fonde sur la remarque que le pair s'obtient en unissant des paires d'impairs (comme aussi en s'ajoutant à lui-même), tandis que l'impair se crée grâce à une addition ou plutôt à une synthèse (exactement parlant : à une hiérogamie) du pair et de l'impair. Aussi considérait-on comme *yin* (pair) les Trigrammes faits de deux lignes *yang* (paire d'impairs = pair) et d'une ligne *yin* [paire (d'impairs) + pair = pair)], et comme *yang* les Trigrammes faits de

deux lignes *yin* (paire de pairs = pair) auxquelles s'ajoutait une ligne *yang* [paire (de pairs) + impair = impair].
Les quatre Trigrammes pairs comprenaient un Trigramme (fait de trois lignes brisées) où l'on voyait l'emblème de la *mère* et auquel s'opposaient trois Trigrammes, appelés les trois *filles*, tous formés de deux lignes mâles et d'une ligne femelle. Si l'on suppose (comme cela semble indiqué) que toute ligne femelle, *paire*, vaut 2, et que toute ligne mâle, *impaire*, vaut 3, les trois derniers Trigrammes pouvaient être exprimés par la valeur 8 [= (3 + 3) + 2] et le premier par la valeur 6 (= 2 + 2 + 2). De même, aux trois Trigrammes *yang*, dénommés les trois *fils* (faits d'une ligne *yang* et de deux lignes *yin*), convenait la valeur 7 [= (2 + 2) + 3] — et la valeur 9 [= 3 + 3 + 3] au dernier Trigramme entièrement fait de *yang*, et qualifié de *père*.

On voit que les nombres exprimés graphiquement par les emblèmes du *père* et de la *mère* sont respectivement ceux du Vieux Yang et du Vieux Yin, et l'on peut induire que les emblèmes numériques attribués au Jeune Yang et au Jeune Yin dépendent de la figuration des Trigrammes qualifiés de *fils* et de *filles*.

Le classement des Trigrammes qui paraît correspondre à ces équivalences numériques est celui qu'utilise l'arrangement inventé, dit-on, par le roi Wen — célèbre par son *Ming t'ang* : or, l'ordonnance du *Ming t'ang* passe pour être inspirée par le carré magique, tandis que l'arrangement du roi Wen est mis en rapport avec le *Lo chou*, qu'on figure à l'aide de ce carré.

Dans cet arrangement ([307]), les quatre Trigrammes mâles s'étendent du Nord-Ouest à l'Est et les quatre femelles du Sud-Est à l'Ouest, séparés par un axe E.-S.-E. — W.-N.-W. Si l'on oriente conformément à leurs équivalences traditionnelles les symboles numériques du Jeune et du Vieux Yang, du Vieux et du Jeune Yin, c'est un axe de direction analogue qui séparera le groupe impair (S.-W.) du groupe pair (N.-E.). Au contraire dans l'arrangement dit de *Fou-hi* ([308]), les Trigrammes *yang* [définis, cette fois, comme tels par le sexe (mâle) de leur ligne inférieure (ligne intérieure dans l'arrangement en octogone)] s'étendent du Sud au Nord-Est, et les Trigrammes *yin* [caractérisés par leur ligne inférieure brisée] du Nord au Sud-Ouest. L'axe qui les sépare suit en ce cas la direction S.-S.-W. — N.-N.-E. Cette dernière

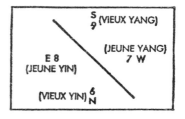

répartition s'accorde *peut-être* avec la disposition des nombres quand ils figurent les Éléments et forment une croisée, car, dans ce cas, le couple 7-8 (S.-E.) est séparé du couple 9-6 (W.-N.) par un axe dont la direction est analogue à celle de la ligne de séparation des deux groupes de Trigrammes dans l'arrangement attribué à *Fou-hi*. Ce schéma veut sans doute faire apparaître l'équilibre du Yin et du Yang représentés par des couples numériques de valeur équivalente $(9 + 6 = 8 + 7 = 15)$. — Sans doute aussi

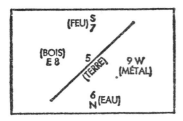

la même idée est-elle illustrée par le dispositif du roi Wen. En effet, si l'on remplace les trigrammes (*mère* et *filles*, *père* et *fils*) par leurs équivalents numériques, on aperçoit que les groupes *yang* et *yin* se font encore équilibre $[(8 \times 3) + 6 = (7 \times 3) + 9 = 30]$. Mais, dans le dispositif où figurent seuls, placés aux points cardinaux, les nombres significatifs des 4 emblèmes secondaires du *Hi ts'eu*, c'est un axe E.-S.-E.—W.-N.-W. qui sépare les nombres impairs (9-7) des nombres pairs (6-8). Les deux couples qui se trouvent ainsi distingués ont, cette fois une valeur inégale : l'un vaut 16 et l'autre 14, soit 8×2 et 7×2,

ce qui, peut-être, justifie l'attribution des valeurs **8** et **7**
aux emblèmes élémentaires du Yin et du Yang. Mais, de
même que le rapport **8/7**, le rapport **9/6** est évoqué par cet
arrangement.

En effet, une tradition incorporée au *Po hou t'ong* permet
d'estimer qu'on doit rattacher au groupe impair **9-7** le

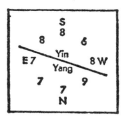

nombre central **5** (= Terre). Le *Po hou t'ong* ([309]) affirme
qu'il y a 2 (*pair*) Éléments *yang* (*impair*), savoir l'Eau et
le Bois dont les valeurs (6 et 8) sont (pourtant) *paires*, et 3
(*impair*) Éléments *yin* (*pair*), savoir les 3 Éléments (de valeur
impaire cependant) 5, 7, 9 : Terre, Métal, Feu (1). Cette
théorie, en apparence paradoxale, comporte une nouvelle
illustration d'un thème que j'ai déjà signalé : les jeux du Yin
et du Yang (femelle et mâle) ont pour principe une inversion
d'attributs (pair et impair) qui résulte d'un échange hiérogamique. La classification du *Po hou t'ong* suppose vraisemblablement l'intention de mettre en évidence la valeur
globale des deux groupes inégaux (3 face à 2) d'Éléments.
Ceux que l'on considère comme *yin* (tout en leur donnant
des symboles *impairs* et en les groupant par 3) valent 21
(= 3 × 7), tandis que valent 14 (= 2 × 7) les Éléments
qualifiés de *yang* (qu'on groupe par 2 et qui ont reçu des
symboles *pairs*) : on fait ainsi apparaître que le rapport (*in-
versé*) du Yang (3) au Yin (2) est $\frac{14}{21}$, soit $\frac{2}{3}$. Il y a de grandes
chances que la classification des Trigrammes du roi Wen
soit une illustration du même thème, puisque l'orientation
des Emblèmes secondaires dont elle paraît solidaire oppose
aussi 6 et 8 (*total* : 14 = 2 × 7) à 9 et 7, auxquels il faut, sans
doute, ajouter 5 (emblème du centre) *total* : 21 = 3 × 7).

Fait remarquable, le rapport (*inversé*) du Yin et du Yang se trouve évoqué de manière analogue dans le carré magique qui, si l'on en croit Tcheng Hiuan, témoigne de l'ordre constitutionnel des Trigrammes. On a vu que cet ordre apparaît précisément dans l'arrangement qui est attribué au roi Wen.

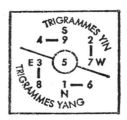

Aux Trigrammes *yang* (N.-E.) correspondent les couples congruents 3-8 et 1-6, dont le total vaut 18 (= 2 × 9) ; aux Trigrammes *yin* (S.-W.), les couples 4-9 et 2-7, lesquels, si on leur ajoute le 5 central, valent 27 (= 3 × 9) : ce qui fixe encore à 2/3 le rapport (*inversé*) du Yang et du Yin représentés par les deux familles de Trigrammes.

Or, si le carré magique peut évoquer ce rapport, nous allons voir que c'est précisément sous les aspects où il intéresse particulièrement le *Hi ts'eu* ([310]).

Le *Hi ts'eu* contient un important développement sur les nombres. Ce développement vise à montrer que les emblèmes divinatoires sont capables d'évoquer la totalité des choses — ce que les Chinois appellent les Dix mille Êtres ou Essences (*wan wou*).

Les devins pouvaient en préciser le nombre, qui était, selon eux, 11 520. En effet, les 64 hexagrammes comportent 384 lignes (= 6 × 64), soit 192 lignes paires et 192 lignes impaires. Le pair valant les 2/3 de l'impair, on admettait que les 192 lignes paires représentaient 4 608 (= 192 × 24) Essences féminines, les 192 lignes impaires 6 912 (= 192 × 36) Essences masculines, si bien que le total des choses *yang* et *yin* était de 11 520 (= 4 608 + 6 912). 10 000 est un Grand Total populaire. 11 520 est le nombre le plus proche de 10 000 qui soit un multiple à la fois de 360 [nombre théorique des jours de l'année] et de 384, [qui représente à la fois le total des lignes emblématiques et le total des jours d'une année embolismique ([311]) : 11 520 = 384 × 30 et 360 × 32 ou encore (216 + 144) × 32].

A *une division du total des choses* en 5 parties qui permet de les opposer selon le rapport $\frac{3}{2} \left(= \frac{6\,912}{4\,608} = \frac{192 \times 36}{192 \times 24} \right)$, d'après la remarque 60 = 5 × 12 (= 36 + 24), correspond une division de ce total qu'est l'année en 5 parties, valant chacune 72 (= 6 × 12) : on arrive ainsi à décomposer 360 selon le rapport 3/2, en opposant 216 (= 3 × 72), emblème du Yang (*impair*), à 144 (= 2 × 72), emblème du Yin (*pair*).

Aux passages où ils expriment le rapport 3/2 en des termes qui leur paraissent significatifs, les auteurs du *Hi ts'eu* juxtaposent des remarques sur les dix premiers nombres qu'inspire l'intention d'opposer le pair et l'impair.

Après avoir déclaré que les 5 premiers nombres impairs sont produits par le Ciel et les 5 premiers nombres pairs par la Terre, ils indiquent que *ces dix nombres se disposent dans*

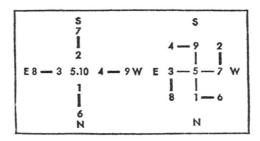

l'*Espace de façon à former des couples pair-impair.* Ces 5 couples *peuvent* être, — et telle est l'opinion des glossateurs, — les couples constitués par 2 nombres congruents à 5 (1-6, 2-7, 3-8, 4-9, 5-10) : on sait que ces couples se retrouvent, *orientés*, tout aussi bien dans le *Ho t'ou* que dans le carré magique (*Lo chou*). Ils sont, dans le *Ho t'ou*, disposés au centre et sur les branches d'une croisée. Il suffit de rabattre à angle droit les quatre extrémités de la croisée pour obtenir la disposition en carré magique, si l'on a soin de consacrer les positions cardinales aux nombres impairs, et d'*intervertir les couples 7-2 et 9-4.*

Exprimée par des auteurs que préoccupent visiblement les divisions en 5 parties, l'idée de disposer dans les secteurs de l'Espace 5 couples de nombres congruents peut passer pour une allusion à la disposition en croisée où sont figurés avec leur orientation les emblèmes des 5 Éléments. Mais, sans se refuser à admettre cette thèse, on ne doit pas oublier que l'interprétation traditionnelle du *Hi ts'eu* attribue au Vieux Yang, symbole du Sud, l'emblème 9, et au Jeune Yang, symbole de l'Ouest, l'emblème 7. Ce n'est que dans le carré magique que 7-2 est à l'Ouest et 9-4 au Sud.

Or, le *Hi ts'eu*, s'il insiste sur la possibilité de former 5 couples pair-impair avec les 10 premiers nombres, insiste, d'autre part, sur la valeur totale de ces dix nombres qui est 55. 55 vaut 5 fois 11, et l'*on peut former 5 couples pair — impair* (1-10, 2-9, 3-8, 4-7 et 5-6) *ayant chacun 11 pour somme.* Le *Hi ts'eu* ne manque pas de signaler que les 5 premiers nombres pairs valent 30 (= 5 fois 6) et les 5 premiers nombres impairs 25 (= 5 fois 5). L'opposition du pair et de l'impair, telle qu'elle se manifeste dans les 10 premiers nombres considérés comme représentatifs de la série numérique tout entière, a donc pour symbole le rapport 6/5, ce qui doit prêter au nombre 11 [= 5 + 6] un prestige égal à celui du nombre 5 [= 3 (Ciel, rond) + 2 (= Terre, carré)]. L'importance attribuée à 11 ne peut guère surprendre quand on connaît le rôle de classificateur privilégié qui appartient à 5, emblème de la Terre (carrée), comme à 6, emblème du Ciel (rond).

Au reste, cette valeur de 11 est affirmée par un adage remarquable cité par le *Ts'ien Han chou.*

L'auteur de l'Histoire des Premiers Han ([312]), après avoir rappelé l'opinion traditionnelle qui fait de 6 le Nombre du Ciel (et de ses Agents) et de 5 le Nombre de la Terre (comme celui des Éléments), rappelle le dicton : « Or, 5 et 6, c'est l'Union centrale (ou, aussi bien, l'Union en leur Centre (*tchong ho*) du Ciel et de la Terre. » Les glossateurs se contentent de dire que 5 est au *Centre* de la série impaire (1, 3, 5, 7, 9) *créée par le Ciel*, 6 au *Centre* de la série paire (2, 4, 6, 8, 10) *créée par la Terre*. Cette note, — qui nous ramène de la façon la plus précise aux spéculations numériques du *Hi ts'eu*, — pourrait surprendre, puisqu'il s'agit d'expliquer que 5 (*impair*) appartient à la Terre (*yin*), tandis que 6 (*pair*) appartient au Ciel (*yang*). Elle n'est explicative qu'à condition de sous-entendre que la Terre et le Ciel, *quand ils s'unissent*, échangent leurs attributs, et l'un des intérêts des textes rapprochés par le *Ts'ien Han chou* est d'affirmer *explicitement* que *cet échange résulte d'une hiérogamie*. Mais l'auteur continue en affirmant que 11 [résultat de l'union (*ho*) des nombres centraux (*tchong*)] est le nombre par lequel se constitue dans sa perfection (*tch'eng*) la Voie (*Tao*) du Ciel et de la Terre.

· Cette *Voie* qui, qualifiée emblématiquement par 11, va de 5, placé au milieu, c'est-à-dire à la *croisée* des nombres impairs, à 6, placé de même à la *croisée* des nombres pairs, réunit manifestement par leur *centre* [*et tout à fait à la manière d'un gnomon dressé, comme un arbre, au milieu de l'Univers*] deux carrés magiques superposés ([313]).

Dans le carré magique à centre 5, tandis que les nombres pairs, placés aux angles, marquent l'extrémité des branches

	9			2	
3	5	7	8	6	4
	1			10	

en équerre de la croix gammée, les nombres impairs occupent les positions cardinales, et 5 est au centre de 1, 3, 7, 9. Mais, *si l'on remplace chacun des nombres de ce carré par le nombre qui, ajouté à lui, donne* 11, on obtient un nouveau carré magique (centre 6 ; valeur totale, dans tous les sens, des nombres placés sur une même ligne : 18). Les nombres impairs y occupent les quatre bouts de la croix gammée, et, répartis aux positions cardinales, les nombres pairs encadrent 6.

On commencera par remarquer que, 6 (représentant du

couple 6-1) passant au Centre, celui-ci échange ses attributs (5-10) avec le Nord, et que, de même, l'Ouest et le Sud échangent leurs symboles numériques (2-7 et 4-9). On notera surtout qu'à part le passage cité du *Ts'ien Han chou*, la littérature chinoise ne semble contenir aucune allusion au carré magique à centre 6. Ceci doit conduire à penser, non pas que ce carré ne jouissait d'aucun prestige, mais, tout au contraire, qu'une bonne partie de l'antique science des nombres était chose mystérieuse : de ce savoir ésotérique peuvent seules témoigner des allusions furtives.

La figure formée par la superposition des carrés à centre 5 et 6 est remarquable parce qu'elle est constituée par 9 couples pairs-impairs qui valent chacun 11 et qui valent 99 au total.

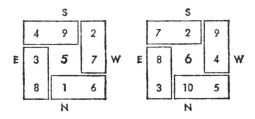

Elle convenait admirablement pour fournir une représentation totale de l'Univers, en même temps qu'une justification numérique à une théorie essentielle, celle de l'action réciproque et imbriquée des Agents et Domaines célestes (les 6 *Tsong*) et des Agents et Domaines terrestres (les 5 *Hing*) dans les 9 Provinces de la Terre et du Ciel.

Nous savons, au reste, que les devins utilisaient un instrument dont la disposition rappelle cette figure. Il en est question dans le *Tcheou li* ([314]), et les fouilles japonaises de Lo lang ([315]) ont permis d'en découvrir un exemplaire fabriqué antérieurement à l'ère chrétienne. Cet instrument se compose de deux planchettes, l'une de bois dur (*yang*), l'autre de bois tendre (*yin*), l'une ronde (Ciel), l'autre carrée (Terre) ; elles sont faites pour être superposées et pour pivoter indépendamment l'une de l'autre, car elles sont percées au centre d'un petit trou destiné vraisemblablement à servir d'encoche à une tige perpendiculaire formant pivot. Sur l'une et l'autre sont inscrits différents emblèmes classificatoires : symboles des mois, signes cycliques, constellations et trigrammes, ces derniers étant placés, _dans la disposition du roi Wen_, sur la tablette _carrée (Terre)_. S'il y a lieu, comme je le crois, d'établir un rapprochement entre cet ustensile divinatoire et le double carré magique, on devra conclure que celui-ci, tout en évoquant l'idée d'angle droit et d'_équerre_, devait suggérer l'idée d'un _mouvement circulaire_.

On a déjà vu que les carrés magiques, dès qu'on prend soin de réunir entre eux les couples congruents, reproduisent une _disposition en svastika_ : par elle-même, celle-ci suggère l'idée d'un mouvement giratoire. — Le _Hi ts'eu_, précisément, invite à penser qu'il convient de lire les deux signes inscrits sur chaque branche de la croix gammée, non comme un couple de signes numériques, mais comme un nombre.

Le _Hi ts'eu_ ([316]), en effet, en même temps qu'il insiste sur le nombre 55, attribue un rôle privilégié à 50 (emblème de la Grande Expansion). On peut, à partir de cette donnée, deviner l'importance que, pour une pensée préoccupée de 5 et de 6, et aussi bien de 50 et de 55 (5 fois 11) pouvait présenter une série numérique formée de nombres différant

<table>
<tr><td>39</td><td></td><td>94</td><td></td><td>39</td><td></td><td>61</td></tr>
<tr><td>28</td><td></td><td>83</td><td></td><td>28</td><td></td><td>72</td></tr>
<tr><td></td><td colspan="2">[50 (105)]</td><td></td><td colspan="2">[50]</td><td></td></tr>
<tr><td>17</td><td></td><td>72</td><td></td><td>17</td><td></td><td>83</td></tr>
<tr><td>6</td><td></td><td>61</td><td></td><td>6</td><td></td><td>94</td></tr>
</table>

entre eux par l'addition non de 1 unité, mais de 11 unités et qui, partant de 6 [sans aller jusqu'à 105 (= 55 + 50 ; mais 105 qui comprend 1 et 5 peut s'assimiler à 6, point de départ de la série)] comprenait, — outre 50, centre de la série, — 8 nombres qu'on pouvait opposer 2 par 2, de manière que leur différence fût toujours 55. Cette série [6, 17, 28, 39, (_50_), 61, 72, 83, 94 (105)] méritait d'autant plus l'attention qu'on pouvait encore former avec eux 4 couples de nombres de façon que le total de chacun d'eux fût 100, les chiffres figurant dans la colonne des unités se succédant dans l'ordre occupé par eux dans la série numérique. Les 4 plus forts de ces nombres sont encore remarquables parce que chacun d'eux s'écrit à l'aide d'un couple de nombres congruents [61, 72, 83, 94 (et, de même, 105)]. — Or, ce sont là les nombres que l'on peut lire sur les diverses branches des croix gammées numériques inscrites dans les carrés magiques.

Le *Hi ts'eu* invite, par lui-même, à cette lecture. Certains détails mythiques viennent, de façon inespérée, mais non point surprenante, témoigner de sa légitimité.

Les souverains qui fondèrent les dynasties successives, selon que la Vertu du Ciel ou celle de la Terre les animait, furent alternativement longs ou brefs, car le Ciel s'étend en hauteur, et la Terre en largeur ([317]). Les Chinois ont pieusement gardé la mémoire de ce thème essentiel. Ils ont même conservé un souvenir précis de la taille des Héros qu'ils vénéraient le plus ([318]). Chouen, qui possédait la Vertu de la Terre, était trapu et n'avait que 6 pieds 1 pouce (61 pouces), tandis que Yao, son prédécesseur, avait un corps (ou peut-être une chevelure) qui mesurait 7 pieds 2 pouces (72 pouces). On peut penser, car le corps d'un Fondateur sert d'étalon à une dynastie, que ces nombres commandèrent le système des poids et mesures que ces souverains établirent, cependant que, donnant un calendrier nouveau à une ère nouvelle, ils réorganisaient les dimensions du Temps. Ces mêmes nombres, — fait curieux, sinon inattendu, — commandèrent en tout cas les divisions de leur temps de règne ou d'existence. Ce temps, quand il s'agit d'un Souverain parfait, est de 100 années. Il suffira donc de se reporter au tableau précédent pour savoir que Chouen, qui vécut 100 ans, eut 39 ans de règne : ce Héros de 6 pieds 1 pouce prit le pouvoir à 61 ans. Quant à Yao (72 pouces), qui régna 100 ans, il ne conserva l'autorité effective que durant 72 ans : il vécut pendant 28 années comme un souverain retraité. Nous n'avons pas de renseignements précis sur la taille des Fondateurs des trois Dynasties royales. Sur le roi Wen, fondateur des Tcheou, peu de détails mythiques ont été conservés. Nous savons, cependant, qu'il céda à son fils une partie des 100 années qui formaient son lot de vie. Le roi Wen était gros et court : peut-être 50 convenait-il mieux que 100 pour mesurer sa taille. Pour Yu *le Grand*, fondateur des Hia (dont la haute stature est restée célèbre bien qu'on lui attribue la Vertu de la Terre), il vécut 100 ans, régna 17 ans et, puisqu'il monta sur le trône à 83 ans, il y a toute apparence qu'il mesurât 8 pieds 3 pouces. Pénétré par l'influence du Ciel, le fondateur des Yin, T'ang le Victorieux, avait plus de raisons encore d'être très grand. L'Histoire n'a pas oublié sa taille. Celle-ci, ce qui n'est pas le cas pour Chouen et pour Yao, s'exprime par un nombre entier de pieds : T'ang, nous dit-on, avait 9 pieds de haut, c'est-à-dire 90 pouces ; il semble donc lui manquer 4 pouces, car Chouen et Yu en comptaient 61 et 72, et, puisque les nombres 83 et 50 (ou 100) semblent jouer un rôle dans la vie de Yu et du roi Wen, le seul des 5 nombres inscrits sur la croix gammée qui reste disponible est 94. Mais, par une remarquable rencontre, si l'on ne donne à T'ang que 90 pouces, on lui attribue soit des bras longs, — longs de 4 coudées, — soit des bras ornés de 4 coudes. Or, le mot dont l'iconographie mythique, le comprenant par « coude » ou par « coudée », s'est emparée pour peindre, avec plus d'éclat, la puissance de T'ang, ne diffère pas sensiblement du mot qui signifie « pouce ».... Il y a de grandes chances que, pour prêter au Héros des bras à 4 coudes ou de 4 coudées, on ait retiré 4 pouces à sa taille.

Ce groupe de faits mythiques a trop de cohérence pour qu'on ne conclue pas que les couples de nombres congruents inscrits sur les carrés magiques se lisaient comme les nombres 94, 83, 72, 61, 50 (ou 105 : 5-10 ou 10-5). Sur les deux carrés, les branches opposées de la croix gammée forment deux couples, l'un Sud-Nord, l'autre Est-Ouest, parfaitement équilibrés puisque leurs poids numériques, si je puis dire, sont équivalents, — ainsi qu'il convient dans des figures faites pour suggérer l'idée de *giration*. Il apparaît, du reste, que le mouvement de giration qu'on veut représenter est celui de l'*année*. Les deux figures, en effet, évoquent numériquement 360.

Le carré à centre 5 a un mérite particulier : il évoque ce

nombre en mettant en valeur l'opposition (3/2) chère aux auteurs du *Hi ts'eu*, de 216 et de 144. En effet, 83 + 61 s'opposent à 72 + 94, auxquels il convient d'ajouter 50 figuré par le 5 (substitut du couple congruent 5-10 ([319]) placé au centre de la croix.

Le carré à centre 6 n'est pas moins riche de puissance figurative. La somme des nombres inscrits sur son pourtour, qui est égale à 354 (= 2 × 177), exprime le nombre des jours de l'année luni-solaire, cependant que 6, placé au centre, permet de rappeler le total 360 (= 354 + 6) et,

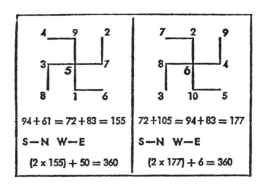

sans doute aussi (car 6 est le substitut du couple congruent 6-1 et 61 × 6 = 366), le total des jours de l'année solaire (366) — ce qui suggère l'idée des intercalations nécessaires et peut en indiquer le rythme, 6 faisant songer aux 60 (= 12 × 5) jours qui, dans une période de 5 ans, doivent être répartis entre les deux mois supplémentaires.

Ces remarques imposent l'idée que ce carré (aussi bien que le carré à centre 5) était connu des Maîtres du *Hi ts'eu*, et que ces deux dispositions (du reste solidaires) des premiers nombres étaient considérées par eux comme des traductions numériques de l'arrangement octogonal des symboles divinatoires. Le *Hi ts'eu*, en effet, à propos de ces symboles et de la manipulation des fiches qui servaient à les construire et aussi à calculer, fait expressément allusion à la pratique de la double intercalation quinquennale ([320]).

Le Révérend Legge refusait avec indignation toute apparence de bon sens à ce passage de traité. On ne voit pas,
dit-il, comment en formant des groupements pairs et impairs
de bâtonnets on pourrait déterminer le nombre des jours
intercalaires et le rythme des intercalations. Il est vrai...
Ce n'est ni au moyen de coupes pratiquées dans un jeu de
bâtonnets, ni par la construction de carrés magiques que
l'on a établi les lois du calendrier. Mais il n'appartenait pas
aux devins d'instituer ces lois. Il suffisait qu'ils rendissent
éclatante l'efficacité d'une institution qui commandait leur
métier.

Ils avaient à tenir compte des représentations sociales
relatives au Temps et à l'Espace et de systèmes imbriqués
de classifications. Ils avaient aussi à doter toutes ces conventions d'un prestige qui séduisît la pensée et justifiât l'action.
Ils se servirent à cette fin de symboles géométriques et arithmétiques. Ceux-ci, comme tous les emblèmes, jouissaient
du pouvoir de susciter en figurant. Mais, plus abstraits, en
un sens, que les autres, ces symboles devaient inspirer une
sorte particulière de confiance : s'ils se prêtent à une multitude de jeux utiles pour raccorder les unes aux autres les
classifications les plus diverses, même au moment où on en
joue arbitrairement, ils ont l'air de commander le jeu. Quand
on les utilisait pour figurer l'ordonnance prêtée à l'Univers,
l'Image du Monde qu'ils permettaient de construire tirait
de ces emblèmes un air de nécessité. Elle semblait garantir
l'efficience des manipulations que, cependant, elle rendait
aisées.

En faisant apparaître que les symboles divinatoires qu'ils
avaient à manier se référaient à des dispositifs où les Nombres paraient du prestige qui leur est propre les divisions
conventionnelles de l'Espace et les lois traditionnelles du
Calendrier, les devins mettaient en valeur leur art. Celui-
ci paraissait dominé par l'ambition de rendre le Monde à
la fois intelligible et aménageable. Lorsqu'ils assimilaient
au carré magique la rose octogonale de leurs Trigrammes et
rendaient ainsi manifestes les interactions du Ciel et de la
Terre, du Yang et du Yin, du Rond et du Carré, de l'Impair et du Pair, les Maîtres de la divination pouvaient se
vanter de coopérer à l'Ordre universel de la même façon

que les Chefs, quand, en circulant dans leur *Ming t'ang*
carré, ils s'efforçaient de mettre en branle la croix gammée
constituée par les symboles numériques des Orients et des
Saisons.

*_**

Les remarques qui précèdent montrent la valeur des traditions recueillies (ou restituées) par les érudits du temps
des Han ou même du temps des Song. Les diagrammes du
Lo chou et du *Ho t'ou* sont, sans doute, des reconstitutions,
mais dues à des interprètes bien informés ou qui raisonnè-
rent correctement. Un dispositif numérique se trouve assurément à la base de la théorie des Cinq Éléments, qu'expose
le *Hong fan*, et les Neuf Sections du *Hong fan* dérivent, elles
aussi, d'un dispositif numérique. Les arrangements des
nombres en *croix simple* ou en *croix gammée* servaient tous
deux, — comme le *Yue ling* le fait voir et comme on doit le
supposer dès qu'on interprète le *Hi ts'eu*, — à fournir une
Image de l'Univers et de ses différentes divisions en Secteurs.
Les mythes relatifs à l'aménagement du Monde s'accordent
avec les traditions de l'art divinatoire : les divisions de l'écaille
de tortue, le groupement orienté des Trigrammes, le plan
du *Ming t'ang* ne se comprennent qu'à condition de les
rapprocher de la théorie des Neuf Provinces ou de la division
des champs en *neuf carrés* — et de reconnaître aux Nombres,
comme leur attribut essentiel, une fonction classificatoire.
Celle-ci ne leur a point été dévolue tardivement, pour de
simples raisons de commodité mnémotechnique, et à la
suite du développement de l'esprit scolastique. Elle les
caractérise, dès leurs premiers emplois mythiques et n'a pas
cessé de les caractériser. Les premières spéculations sur les
Nombres sont dominées par le fait qu'on voit en eux des
rubriques emblématiques commandant les systèmes traditionnels de classifications. Cette attitude à l'égard des
Nombres, qui apparaît dans le *Hong fan* comme dans le
Hi ts'eu, est attestée dès les premiers débuts de la littérature
savante.
Les utilisations qu'ont pu faire des Nombres les différentes
techniques, loin de modifier cette attitude fondamentale,

l'ont plutôt renforcée. Assimilés à des sites, et toujours
considérés en rapport avec des Temps et des Espaces concrets,
les Nombres ont pour rôle essentiel non pas de permettre
des *additions*, mais de représenter et de lier entre eux divers
modes de *divisions*, valables pour tels ou tels groupements.
Plutôt qu'à supputer des quantités différentes on les emploie à
noter les *organisations variables* qu'on peut attribuer à tels ou
tels ensembles. Les différences qualitatives de ces groupements et leur valeur de Total absolu intéressent beaucoup
plus que leur valeur arithmétique, telle que nous l'entendons.
On se plaît à diviser en secteurs plutôt qu'on ne songe à
faire des sommes d'unités.

D'où l'importance : d'une part, des nombres, tels 5 ou 6,
qu'on affecte au Centre et qui, considérés comme des expressions privilégiées du Total, servent surtout, employés comme
diviseurs, à symboliser des *modes de répartition* ; d'autre part
de grands nombres, tels 360, faciles à diviser, qui apparaissent comme des expressions *périphériques* du Total. — Sans
doute, ces dispositions de l'esprit chinois ont-elles gagné
en force par suite de l'usage que les techniciens du Calendrier et de la Musique ont fait des Nombres. Comme ils
les ont employés pour exprimer — je ne dis pas pour mesurer — des rapports, des secteurs ou des angles, l'arithmétique, demeurant au service d'une géométrie adaptée à un
Espace-Temps conçu comme un milieu concret, ne s'est
point transformée en science de la quantité.

III. NOMBRES ET RAPPORTS MUSICAUX

Les Neuf Sections du *Hong fan* furent confiées par le
Ciel à Yu, dont le corps méritait d'être pris pour étalon de
toutes les mesures, tandis que sa voix pouvait servir de diapason... On ne séparait jamais le tube qui donnait la note
initiale de l'ustensile divinatoire ([321]) formé par deux planchettes, images du Ciel et de la Terre, superposées comme
deux carrés magiques...

Il serait difficile de montrer que la théorie chinoise des
tubes musicaux se raccorde directement aux spéculations
sur les carrés magiques. Pourtant, certains rapprochements
sont significatifs. — Afin d'illustrer leur théorie musicale,

les Chinois avaient imaginé pour leurs tubes un arrangement prestigieux, car il mettait en valeur les relations du pair et de l'impair (2/3 ou 4/3) en évoquant la grande unité 360 (= 216 + 144). Le prestige de l'arrangement des nombres en carré tenait à un fait analogue. — C'est en raison de ce prestige que l'on se plaisait à mettre en relation avec un carré magique le *Ming t'ang*, tout comme la rose octogonale des Trigrammes : les règlements propres à chacun des 12 mois de l'année étaient proclamés dans le *Ming t'ang*, et c'est les 12 mois que figuraient les 12 tubes, — lesquels, comme les mois (et en raison de la remarque : 12 × 2 = 24 = 8 × 3), étaient aussi mis en rapport avec les Huit Vents dont les Huit Trigrammes sont les emblèmes. — L'année (360) se divise en 12 mois (et aussi en 24 demi-mois de 15 jours) groupés en 4 saisons autour d'un centre ou d'un pivot ; les 8 Trigrammes passent pour dériver des 4 Emblèmes secondaires assimilés aux 4 Saisons-Orients ; dans le *Ming t'ang*, même quand on lui attribue 9 salles, 4 salles cardinales ont, en sus de la salle centrale, une importance particulière, car elles sont consacrées aux mois des équinoxes et des solstices, si bien que, la disposition en *croix simple* se retrouvant dans la disposition en *croix gammée*, l'arrangement en carré magique permet d'évoquer la classification en 5 Éléments. La théorie musicale juxtapose, tout pareillement, une classification en Douze Tubes dont on se sert pour construire une rose à Douze Vents et une classification en Cinq Notes, dont on fait, formant une croisée, les symboles du Centre et des Quatre Saisons-Orients.

Ce sont des jeux numériques (et graphiques) qui permettent de rapprocher ces classifications et de passer de l'une à l'autre : il suffit qu'ils autorisent ces rapprochements et ces passages pour qu'en se livrant à ces jeux on ait l'impression qu'on parvient à révéler l'Ordre du Monde et à y collaborer.

Depuis que, grâce au Père Amiot([322]), on connaît, en Occident, la théorie chinoise des Douze Tubes et des Cinq Notes, on l'a rapprochée des théories musicales des Grecs, et on a insisté sur son caractère scientifique.

Mais Chavannes a noté que les théoriciens chinois ne

s'étaient point attachés avec un plein respect à l'exactitude des rapports numériques. Cette remarque l'a conduit à conclure que, le caractère scientifique de la théorie ayant vite laissé les Chinois indifférents, ils n'avaient point inventé celle-ci, mais en avaient reçu le principe des Grecs ([323]). Chavannes a défendu cette hypothèse, — contraire à l'opinion de la plupart des autres savants sur l'origine de la musique chinoise, — au moyen de raisonnements philologiques qui ne paraissent point irréprochables et qui ont un grand défaut : ils laissent de côté toutes les données mythiques du problème et ne font appel qu'aux documents dont on espère tirer des faits historiques, car on peut les dater.

Si l'on s'en tient à ces documents, il semble que les instruments auxquels les Chinois ont appliqué la théorie étaient des cloches sonores ; avec ces instruments, les mesures sont infiniment délicates, et presque impossibles, par suite, les remarques sur les rapports numériques ([324]) : la théorie appliquée était donc une théorie toute faite... Il est clair que les Chinois l'avaient reçue des Grecs. En fait, les traditions chinoises mettent à l'origine des inventions instrumentales celle des instruments à cordes ou à vent. Dans le mythe qui explique la division essentielle des Douze Tubes en 6 Tubes mâles et 6 Tubes femelles, se trouve employée, il est vrai, une expression géographique où Chavannes a voulu voir le souvenir d'une influence de pays atteints par la civilisation grecque ([325]). Mais la division en tubes *yin* et *yang*, surtout lorsqu'elle se fonde (comme c'est le cas, on va le voir) sur le rapport (3/2 ou 3/4) du Ciel et de la Terre, se raccorde avec les conceptions, mythiques ou savantes, de l'Univers, qui sont propres aux Chinois, d'une manière trop parfaite pour que l'idée d'emprunt puisse s'imposer. D'autre part, le mythe relatif aux Douze Tubes fait expressément allusion à des danses sexuelles et d'une façon significative : dès que furent coupés et assemblés les douze tubes de bambou, ils servirent à faire danser un *couple* de phénix (qui est sans doute la transposition mythique d'un couple de faisans). Or, Dans tout l'Extrême-Orient, est répandu un instrument, le *cheng* ([326]), dont les Chinois attribuent l'invention à Niu-koua (*sœur* ou *femme* de Fou-hi), qui inventa aussi le mariage. Le *cheng*, qui sert de nos jours encore à accompagner des danses sexuelles, existe sous deux formes : il y a un *cheng* mâle et un *cheng* femelle ; dans tous les cas, la disposition des tuyaux est faite, nous dit-on, pour représenter les deux ailes d'un oiseau (phénix ou faisan). Lorsque l'on danse au son du *cheng*, c'est vraiment le couple de phénix ou de faisans qui danse : c'est (car les exécutants dansent tout en jouant du *cheng*) le *cheng* qui danse et qui est dansé ([327]). Ce trait accuse trop d'archaïsme et le prestige du *cheng* est trop grand en Extrême-Orient, pour qu'il semble légitime de considérer le récit mythique de l'invention des 12 tuyaux mâles ou femelles comme une fable entièrement imaginée par des érudits pour justifier un emprunt.

En même temps (quelle que soit l'importance des instruments à percussion dans la musique chinoise), la remarque de Chavannes sur la difficulté qu'auraient eue les Chinois à constater des rapports numériques tombe entièrement.

Tout au contraire, les instruments faits en bambou invitaient à ces constatations. Rappelons ici que le mot chinois (*tsie*), qui sert métaphoriquement à exprimer l'idée de mesure ([328]), a pour sens concret « articulation, *nœud* de bambou ». Ce n'est assurément pas en procédant à des mensurations délicates sur des cloches de bronze que les Chinois ont pu inventer la théorie sur laquelle ils ont fait reposer leur technique musicale. Ils ont fort bien pu, en revanche, fonder l'art de la Musique sur l'art des Nombres en s'avisant d'exprimer la longueur de leurs diverses flûtes de bambou par le Nombre des articulations ; ils ont pu encore y arriver en évaluant numériquement des cordes (j'entends les cordes réelles de véritables arcs) : on ne pensera pas que les deux méthodes s'excluent si l'on songe qu'au dire des Chinois leur premier et plus vénérable système de symbolisation était constitué par des cordes *nouées* ([329]).

Au reste, j'espère le montrer tout à l'heure, les nombres qui servirent d'abord à exprimer la longueur des tubes sonores furent des nombres entiers et de petits nombres. La série qu'ils formaient fut remplacée, par la suite, par diverses séries concurrentes faites de nombres plus grands, mais toujours entiers, ces substitutions ayant pour principe certains changements du système de comput. Différents nombres, utilisés (*successivement — ou concurremment*) pour déterminer les divisions des unités de mesure, servirent aussi à multiplier les premiers emblèmes numériques des tubes musicaux. Il semble que ce soit en comparant — et, du reste, en faisant s'interpénétrer — les séries obtenues au moyen de ces multiplications que l'on arriva à dégager le principe arithmétique de la gamme. — Mais, si l'on y arriva, ce fut à la suite de jeux numériques commandés par l'autorité du total 360 et par le prestige de l'opposition de 216 et de 144.

Laissant de côté tout débat d'origine (sans intérêt pour notre sujet), nous nous refuserons à suivre Chavannes. Nous ne dirons pas : les Chinois n'ont pas découvert par leurs propres moyens le principe arithmétique de leur théorie musicale, car ils n'en ont compris ni la rigueur, ni la perfection. Nous dirons : si les Chinois sont arrivés à fonder leur technique musicale sur un principe arithmétique que, du reste, ils n'ont pas trouvé nécessaire d'appliquer à la rigueur, c'est que la raison de leur découverte fut *un jeu réalisé au moyen de symboles numériques* (considérés non comme des signes abstraits, mais comme des emblèmes efficients) et que la fin de ce *jeu* était non pas de formuler une théorie *exacte* qui justifiât rigoureusement une technique, mais d'*illustrer* cette technique en la liant à une Image prestigieuse du Monde.

La théorie des 12 tuyaux sonores paraît, en Chine, aussi ancienne que la littérature savante. Sseu-ma Ts'ien ([330]) lui a consacré un important chapitre où sont indiquées les imbrications de la classification par 12 [12 Tubes et 12 Mois] et de la classification par 8 [8 Vents et 8 Trigrammes]. Bien des années auparavant, Lu Pou-wei ([331]) avait donné, en termes brefs et d'ailleurs très clairs, la formule arithmétique qui fonde cette théorie. Au reste, l'autorité de cette formule était reconnue quand fut composé le *Yue ling*.

Ce traité sur le Calendrier met déjà les tubes en rapport avec les mois, relation qui implique pour chacun d'eux (par l'intermédiaire du cycle duodénaire) une *orientation* définie. On trouve dans la littérature ancienne de nombreuses allusions aux tuyaux sonores; certains attestent qu'on les imagine orientés : les orientations sont celles du *Yue ling*.

Parmi ces allusions littéraires, l'une est significative. Elle apparie aux *Sources* Jaunes le tube initial dénommé *houang tchong*, la *cloche* jaune. Le mythe archaïque des Sources Jaunes, Pays des Morts, — que l'on enterrait au Nord des villes, la tête tournée vers le Nord, — place ces Sources au

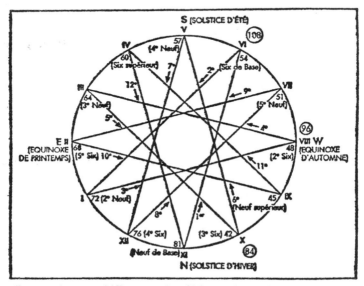

Les nombres en chiffres romains désignent les mois.

Les nombres en chiffres arabes indiquent la longueur des tubes sonores.

Les signes 1°, 2°, indiquent le rang des tubes dans l'ordre de leur création.

On a figuré dans un rond le nombre indiquant les dimensions que devraient avoir les 2ᵉ, 4ᵉ et 6ᵉ tubes si la note émise par eux n'était pas abaissée d'une octave.

fond du Septentrion. Celui-ci est signalé dans le cycle duodénaire par le caractère *tseu*, qui signifie « enfant » : en même temps que le plein Nord, ce signe cyclique marque le solstice d'hiver et la mi-nuit, temps propices pour les conceptions. Un ensemble important de thèmes, mythiques ou rituels, prouve que les Sources Jaunes, Pays des Morts, constituaient un réservoir de vie ([332]). Les Chinois admettaient donc que, réfugié aux Sources Jaunes, dans les bas-fonds (le Bas est

yin) du Septentrion (*yin*), le Yang passait l'hiver (*yin*)
emprisonné et enveloppé par le Yin (Eau). Il y récupérait
sa pleine puissance, s'apprêtant à en surgir, en frappant
le sol du talon : on prétendait ([333]) retrouver cette image
dans l'expression *houang tchong* qui désigne le tube initial.
Le *houang tchong* méritait bien — affecté au onzième mois
(mois du solstice d'hiver) — de figurer le Yang au plus bas
de sa puissance : le tube initial qui est le plus long de tous,
rend la note la moins aiguë; or, le Yang est aigu (*clair*),
tandis que le Yin est grave (*obscur*). L'attribution des
tubes aux différents mois illustre la croissance continue du
Yang à partir du solstice d'hiver. Sur la rose à 12 vents, où
est marquée l'orientation des mois et des tubes, les tubes se
succèdent donc à partir du plein Nord par ordre de grandeur décroissante.

Pour obtenir cette disposition, impliquée par le *Yue ling*
comme par des mythes anciens, il faut construire une étoile
à 12 pointes. Or, cette construction suppose la connaissance
de la règle arithmétique dont Lu Pou-wei a donné la formule
et qui a permis de rapprocher la théorie chinoise de la théorie grecque ([334]).

Lu Pou-wei et tous les auteurs chinois énoncent cette
règle en disant que les tubes s'engendrent (*cheng*) les uns
les autres, mais ils distinguent ce qu'ils appellent la génération supérieure (*chang cheng*) et la génération inférieure
(*hia cheng*), c'est-à-dire celle où le tube produit est plus
long (*chang* : supérieur) que son producteur, et celle où
il est moins long (*hia* : inférieur). Il y a génération inférieure
lorsqu'on diminue la longueur en enlevant un tiers à celle
que mesure le tube précédent : tel est le cas, par exemple,
quand on passe du tube initial qui vaut 81 (= 3 × 27)
au deuxième tube qui vaut 54 (= 2 × 27). Il y a génération supérieure lorsqu'on augmente la longueur en ajoutant un tiers à celle du tube précédent : tel est le cas
quand on passe du deuxième tube qui vaut 54 (= 3 × 18)
au troisième qui vaut 72 (= 4 × 18). Le troisième tube (72)
crée par génération inférieure le quatrième (48), celui-ci,
par génération supérieure, le cinquième (64) et ainsi de
suite jusqu'au septième tube. Celui-ci, bien qu'il soit lui-

même créé par génération supérieure, crée, encore par génération supérieure, le huitième tube : à partir de ce dernier ce sont donc les tubes de rang *pair* (et non plus ceux de rang *impair*) qui produisent par génération inférieure.

Ceci n'empêche pas de considérer tous les tubes de rang *impair* comme des tubes mâles [= Yang = *Impair* = Ciel = Rond = 3 (valeur de la circonférence inscrite dans un carré de côté 1)] et tous les tubes de rang *pair* comme des tubes femelles [= Yin = *Pair* = Terre = Carré = 2 (valeur du demi-périmètre du carré circonscrivant la circonférence de valeur 3)] ([335]). Pour en décider ainsi, les Chinois avaient de bonnes raisons. Si les trois premiers tubes impairs valent les 3/2 des trois premiers tubes pairs, les trois derniers tubes impairs valent respectivement les 3/4 des trois derniers tubes pairs ; 3/2 exprime le rapport de la circonférence (= Ciel) au demi-périmètre du carré (= Terre) qui la circonscrit ; 3/4 exprime le rapport de la circonférence au périmètre : aussi bien que 3/2, et même mieux, 3/4 peut donc exprimer la relation du Yang au Yin.

Il se pourrait que les Chinois aient d'abord attribué à leurs tubes des emblèmes numériques qui illustraient le seul rapport 3/4 : il est dit, en effet, dans un passage du *Kouan tseu* ([336]), que les cinq premiers tubes valaient respectivement 81, 108 (= 54 × 2), 72, 96 (= 48 × 2), 64, d'où l'on peut conclure, semble-t-il, que le sixième valait 84 (= 42 × 2). — Les Chinois semblent avoir divisé par 2 les dimensions des trois premiers tubes de la série paire, tout en évitant de modifier les dimensions des trois derniers tubes de cette série.

Cette réforme enregistre, peut-être, un progrès de la technique musicale ([337]) ; mais ce qu'il importe pour nous de souligner, c'est que, si l'on n'avait pas rendu, en les diminuant de moitié, les trois premiers tubes *yin* inférieurs en longueur aux trois derniers, *il n'aurait pas été possible d'assigner aux tubes,* en construisant une étoile à 12 pointes, *l'orientation que le* Yue ling *leur attribue.*

Qu'on se reporte au tableau ci-dessous et à la figure qui précède.

Représentés par les nombres entiers qui indiquent leurs dimensions traditionnelles, les 12 tubes occupent dans la figure les orientations assignées aux signes cycliques et aux mois qui leur correspondent. Ils sont rangés sur le pourtour d'un cercle à partir du Nord (XIe mois ; solstice d'hiver ; tube initial) en ordre de grandeur décroissante : leurs emblèmes numériques présentent l'image de la croissance continue

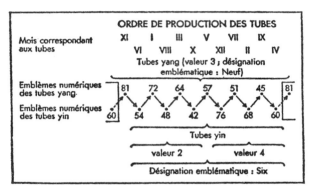

Les nombres donnent les dimensions attribuées aux tubes par *Houai-nan tseu*.
On a rajouté 60 au début de la série et 81 à la fin, car, en raison de leur disposition cyclique, le 12e tube, 60, produit le premier, 81.

du Yang (aigu). On voit aussi qu'ils occupent les 12 pointes d'une étoile. *Cette dernière se trouve dessinée dès que l'on a réuni par une droite les emblèmes des tubes* (yang *ou* yin, yin *ou* yang, — créateurs ou produits) *qui,* dans l'ordre de production, *se trouvent contigus.*

Cette construction graphique met en évidence : d'une part, l'*ordre de production* des tubes et, par suite, la formule qui commande leurs rapports numériques ; d'autre part, la *disposition cyclique* des tubes ainsi que les orientations d'où résulte leur correspondance aux divers mois. Mais, si la figure symétrique que forme l'étoile à 12 pointes peut être obtenue, c'est que deux droites tracées consécutivement (et qui, par suite, doivent unir les emblèmes des trois tubes suivant dans l'ordre de production) découpent toujours un arc de 60° ; et c'est aussi parce qu'on a commencé par unir deux points distants sur la circonférence de 210° d'un côté [à gauche, en l'espèce, parce que, dans la disposition adoptée par les Chinois, les signes cycliques se suivent dans l'ordre de la succession des temps en allant vers la gauche], et de 150° de l'autre. Le tube initial (81, série *yang*) étant affecté au XIᵉ mois (mois impair), le 2ᵉ tube (54, série *yin*) doit l'être au VIᵉ mois (mois pair), le 3ᵉ (72, série *yang*) au Iᵉʳ mois (mois impair), le 4ᵉ (48, série *yin*) au VIIIᵉ mois (mois pair), le 5ᵉ (64, série *yang*) au IIIᵉ mois (mois impair), le 6ᵉ (42, série *yin*) au Xᵉ mois (mois pair), le 7ᵉ (57, série *yang*) au Vᵉ mois (mois impair), [c'est-à-dire : placé à 180° du tube initial (81)]..., etc. Mais, puisqu'on avait décidé de laisser à gauche de la première ligne tracée la section la plus grande du cercle, les emblèmes numériques des 4ᵉ et 6ᵉ tubes devaient, comme celui du 2ᵉ (ce sont les trois premiers tubes de la série *yin*), se trouver dans la partie droite du cercle et y rencontrer les emblèmes des 9ᵉ et 11ᵉ tubes qui sont eux-mêmes à droite du 7ᵉ placé à 180° du tube initial. Or ces trois tubes sont les derniers et les plus petits de la série *yang*. Les emblèmes numériques des Douze Tubes ne se seraient point succédé par ordre de grandeur décroissante *si l'on avait attribué* aux trois premiers tubes de la série paire des dimensions (108, 96, 84) fondées sur le rapport 4/3 entre tubes *yin* et *yang*. Pour obtenir ce résultat, il fallait les diminuer de moitié, abaissant d'une octave la note qu'ils rendaient, — tout en conservant cependant des dimensions conformes au rapport 4/3 aux trois derniers tubes pairs : les emblèmes de ceux-ci devaient, en effet, se placer dans la moitié gauche du cercle, intercalés entre les emblèmes des trois premiers, et plus grands, tubes *yang*.

La figure géométrique qui, *afin d'illustrer la croissance continue du Yang à partir du solstice d'hiver*, justifie le système de correspondances établies entre les mois et les tubes, ne peut être construite, on le voit, qu'à condition de donner aux tubes des dimensions telles que les six premiers illustrent le rapport $\frac{3}{2}\left(=\frac{81}{54}=\frac{72}{48}=\frac{63}{42}\right)$ [338] et les six derniers le rapport $\frac{3}{4}\left(=\frac{57}{76}=\frac{51}{68}=\frac{45}{60}\right)$. Toute allusion à une équivalence entre tubes et mois conforme au système du *Yue ling* suppose cette construction et, par conséquent, implique la découverte *préalable* de la règle arithmétique sur laquelle repose la théorie musicale des Chinois.

Cette constatation a, peut-être, une portée historique, mais son intérêt véritable est de montrer que les Chinois ne se trompent point quand ils affirment que leurs anciens Sages considéraient comme des questions liées les problèmes relatifs à la théorie musicale et à l'aménagement du Calendrier. Ne se sent-on pas invité à induire que la découverte de la formule arithmétique de la gamme dérive des spéculations numériques des techniciens et cet art suprême qui visait à aménager l'Espace et le Temps et dont le problème essentiel était de révéler les relations du Pair et de l'Impair ?

La construction de la rose à 12 pointes n'avait pas le seul avantage de faire apparaître la croissance continue du Yang au sortir des Sources Jaunes. Elle avait, de plus, le mérite de justifier, par l'alternance des tubes *yin* et *yang*, l'alternance des mois de rang *pair* et *impair* auxquels l'année luni-solaire de 354 jours faisait attribuer tantôt 30 jours et tantôt 29. La division des tubes en deux groupes égaux de genres différents, en même temps qu'elle autorisait des rapprochements nouveaux de classifications, servait d'une autre façon encore à illustrer les lois du Calendrier. La portée mythique de cette division apparaît dans diverses appellations symboliques employées à propos des tubes. On les traite de *pères* et de *fils*, parce qu'on considère qu'ils s'engendrent (*cheng*) les uns les autres : l'opposition des générations alternant au pouvoir ([339]) peut traduire l'opposition rythmique du Yin et du Yang. D'autre part les emblèmes des tubes *yin* et *yang* alternent sur le pourtour du dodécagone, ce qui permet de les grouper par couples : on disait de deux emblèmes *voisins* qu'ils étaient « *femme et mari* ». De semblables représentations métaphoriques permettaient de rapprocher les 6 tubes mâles et les 6 tubes femelles des 12 lignes, mâles ou femelles, qui composent le premier couple d'Hexagrammes. Ainsi s'explique une autre manière de dénommer les tubes sonores ; elle consiste à les *identifier* aux lignes pleines ou brisées des Hexagrammes, en évoquant à nouveau les rapports du Pair et de l'Impair. On désignait par *Six* les tubes *yin* et par *Neuf* les tubes *yang*. Pour mieux faire songer aux Hexagrammes (qu'on analysait en numérotant les lignes de bas en haut), on appelait le premier tube *yang* et le premier tube *yin* (comme la première ligne *mâle* ou la première ligne *femelle* d'un Hexagramme) : *Neuf de base* et *Six de base* ; les tubes intermédiaires : (*2ᵉ* ou *3ᵉ*...) *Neuf* ou *Six* et les deux derniers tubes : *Neuf supérieur* et *Six supérieur*.

Un passage de Sseu-ma Ts'ien, dont nous aurons bientôt à signaler l'importance, garantit l'ancienneté de ces désignations ([340]). Elles sont solidaires d'un développement de la technique musicale qu'il faut donc, lui aussi, considérer comme ancien. Chacun des tubes pouvant être pris tour à tour pour tube initial et donner la première note de la gamme, il était possible de constituer 12 gammes ([341]). Ces gammes, formées chacune de 5 notes, étaient caractérisées par les emblèmes numériques des tubes qui les émettaient ; mais quand on avait à en parler, il suffisait de donner la désignation symbolique (*Six de base... 3ᵉ Neuf... Neuf Supérieur*...) du tube pris, en ce cas, pour tube initial. Avec ces 12 gammes ainsi constituées, on disposait, au total, de 60 notes qu'on mettait en relation avec les 60 binômes cycliques formés par la combinaison des 12 (= 6 × 2) signes duodénaires (lesquels — comme les 12 tubes — évoquent une disposition en rond) et des 10 (= 5 × 2) signes dénaires (lesquels appellent — comme les notes de la gamme — une disposition en croisée).

Ce nouveau système de correspondances conduit encore, en combinant les emblèmes (5 et 6) de la Terre et du Ciel, au grand Total 360 (= 12 × 5 × 6). N'apparaît-il pas, une fois de plus, que la théorie musicale doit son développement aux spéculations numériques des Maîtres de cet art suprême, le Calendrier ?

Les auteurs de la théorie, en tout cas, étaient des gens peu soucieux, dans le détail, de l'exactitude des rapports numériques et qui se proposaient, avant tout, de mettre en évidence un rapport d'ensemble obtenu au moyen de totaux significatifs.

Sseu-ma Ts'ien, il est vrai, a pris soin d'exprimer les longueurs des tubes en se servant de nombres fractionnels à peu près conformes à la théorie ([342]). Ce souci d'exactitude a permis à Chavannes de supposer que les Chinois avaient, au début, appliqué sans négligence le principe de la construction de la gamme grecque. On remarquera : 1° qu'avant de les consigner dans son Histoire, Sseu-ma Ts'ien, comme membre de la Commission du Calendrier, et *à l'occasion d'une importante réforme de celui-ci*, avait dû refaire avec soin tous les calculs ; 2° que, vers les mêmes temps, Houai-nan tseu ([343]) indiquait les dimensions des tuyaux en ne se servant que de nombres entiers. Ce sont ces nombres, toujours reproduits, qui intéressaient véritablement les Chinois ; pour comprendre la pensée de ces derniers, c'est de ces nombres qu'il faut partir.

$$\frac{60}{80} = \frac{3 \times 20}{4 \times 20}$$

* $$\frac{81}{54} = \frac{3 \times 27}{2 \times 27} \quad 1^{er} \text{ rapport}$$

$$\frac{54}{72} = \frac{3 \times 18}{4 \times 18} \quad 2^e \text{ rapport}$$

$$\frac{72}{48} = \frac{3 \times 24}{2 \times 24} \quad 3^e \text{ rapport}$$

$$\frac{48}{64} = \frac{3 \times 16}{4 \times 16} \quad 4^e \text{ rapport}$$

* $$\frac{63}{42} = \frac{3 \times 21}{2 \times 21} \quad 5^e \text{ rapport}$$

$$\frac{42}{56} = \frac{3 \times 14}{4 \times 14} \quad 6^e \text{ rapport}$$

* $$\frac{57}{76} = \frac{3 \times 19}{4 \times 19} \quad 7^e \text{ rapport}$$

* $$\frac{75}{50} = \frac{3 \times 25}{2 \times 25} \quad 8^e \text{ rapport}$$

* $$\frac{51}{68} = \frac{3 \times 17}{4 \times 17} \quad 9^e \text{ rapport}$$

* $$\frac{69}{46} = \frac{3 \times 23}{2 \times 23} \quad 10^e \text{ rapport}$$

* $$\frac{45}{60} = \frac{3 \times 15}{4 \times 15} \quad 11^e \text{ rapport}$$

$$\frac{60}{80} = \frac{3 \times 20}{4 \times 20} \quad 12^e \text{ rapport}$$

* L'astérisque signale les cas où le nombre qui doit figurer dans deux rapports consécutifs y figure augmenté ou diminué d'une unité.

Comme il est aisé de le voir, avec les 12 nombres (81, 54, 72, 48, 64, 42, 57, 76, 51, 68, 45, 60) de la liste transmise par Houai-nan tseu, il n'est possible d'établir de rapports conformes à la règle qu'en admettant pour ces nombres le *jeu d'une unité*, sauf dans trois cas ([344]), pour 54 qui vaut les 2/3 de 81 et les 3/4 de 72, pour 72 qui vaut les 4/3 de 54 et les 3/2 de 48, pour 48 qui vaut les 2/3 de 72 et les 3/4 de 64. Il faut admettre que le 5e tube vaut 64, puisqu'il est les 4/3 de 48, et qu'il vaut aussi 63, puisqu'il doit être les 3/2 de 42. De même, le 7e tube vaut à la fois 56 et 57, le 8e 76 et 75, le 9e 50 et 51, le 10e 68 et 69, le 11e 46 et 45. Mais

les 12 *tubes forment un cycle.* Le 12ᵉ doit, en conséquence, être les 3/4 du premier (si celui-ci est produit par génération supérieure) ([345]). 60, multiple de 3, peut facilement être augmenté de 1/3. Pour que la règle soit respectée, il faut donc que le 1ᵉʳ tube vaille 80 $\left(= 60 \times \frac{4}{3} \right)$, — en même temps que 81 $\left(= 54 \times \frac{3}{2} \right)$: ici encore, *le jeu d'une unité est nécessaire.*

Dans le détail, les dimensions attribuées aux tubes sont, on le voit, inexactes.

Il est remarquable que, pour les dimensions des derniers tubes, on ait choisi 57, 76, 51, 68, 45, 60. Si l'on avait pris pour les tubes *yin* les dimensions 75, 69, 60, le total des trois nombres (204) n'aurait pas été modifié. Mais si, pour les tubes *yang*, au lieu de 57, 51, 45, on avait pris 56, 50, 46, le total des 3 nombres aurait été 152 au lieu de 153. Les nombres choisis expriment inexactement le rapport 3/2, qui devrait exister entre le 8ᵉ tube (75) et le 9ᵉ (51), entre le 10ᵉ tube (69) et le 11ᵉ (45), mais ils expriment, en revanche, exactement tous les rapports égaux à $\frac{3}{4} \left(= \frac{57}{76} = \frac{51}{68} = \frac{45}{60} \right)$; et $\frac{3}{4}$ *est aussi le rapport de la valeur totale des trois tubes* yang (153) *aux trois tubes* yin (204) $\left[\frac{153}{204} = \frac{3 \times 51}{4 \times 51} \right]$. La somme des 6 derniers tubes est 357 ; synthèse du Yin (4) et du Yang (3) [dont la deuxième moitié de la série des tubes doit indiquer les relations sous la forme 3/4, puisque le premier (57) de ses six tubes vaut les 3/4 du deuxième (76)], 357 est un multiple de 7 : c'est, parmi les multiples de 7, celui qui se rapproche le plus du grand Total 360 et de 354, total des jours de l'année luni-solaire ([346]).

La série des 6 premiers tubes commence, au contraire, par un tube qui vaut les 3/2 du suivant ; il conviendrait que la somme de ces 6 emblèmes numériques soit un multiple de 5, synthèse du Yang (3) et du Yin (2); on attendrait que ce multiple de 5 fût 360 et le rapport 3/2 écrit globalement sous la forme $\frac{216}{144}$. Si le total des premiers tubes *yin* est bien 144

(= 54 + 48 + 42), celui des tubes *yang* (81 + 72 + 64)
est 217, si bien que la somme totale n'est pas 360, mais 361.
Il n'y avait pourtant aucune difficulté à obtenir le nombre 216 ;
pour les 1er et 3e tubes *yang*, on avait le choix entre 80 et
81, 64 et 63 ; ajoutés à 72 (2e tube *yang*), 80 + 64 (= 144)
comme 81 + 63 (= 144) donnent 216. Mais on a pris 81
et 64. *A 80 $\left(= 60 \times \dfrac{4}{3}\right)$, qui eût rendu sensible le caractère*
cyclique de la série des tubes, on a préféré 81. Aussi, le premier
rapport $\left(\dfrac{81}{54}\right)$ est-il rigoureusement égal à $\dfrac{3}{2}$. L'adoption de 63
semblait dès lors s'imposer pour le 5e tube, puisque 63 vaut
exactement les 3/2 de l'emblème numérique du 6e (42). On
s'est condamné, cependant, à rendre moins apparent le
grand Total 360 et le rapport typique $\dfrac{216}{144}$, puisque, après
avoir attribué 81 au 1er tube, on a attribué 64 au 5e. De même
que 81 vaut exactement les 3/2 de 54, 64 vaut exactement les
4/3 de 48 (4e tube). Si l'on a adopté 81 et 64, c'est que, grâce
à cette adoption, les 5 emblèmes numériques affectés aux
premiers tubes (81, 54, 72, 48, 64) étaient, — *à condition de les*
considérer isolément et de ne penser à leurs rapports ni avec
le 6e, ni avec le 12e, — absolument conformes au principe de
la théorie.

L'examen des emblèmes numériques que les Chinois,
grâce au jeu quasi constant d'une unité, ont jugé suffisants pour
exprimer le principe de leur théorie musicale conduit à une
triple remarque :

1° L'exactitude, dans le détail, des rapports arithmétiques importe peu ; à presque tous les emblèmes numériques
correspond une double valeur dont l'une figure seule sur la
liste, l'autre restant impliquée ; de même que 81 et 63 peuvent être lus comme signifiant encore 80 et 64, 361 semble
bien être senti comme signifiant 360. Tout ceci suggère
l'idée que [grâce à d'implicites mutations d'autres emblèmes,
et, par exemple, par suite d'une équivalence latente entre
60 et 63], 357 pourrait bien, lui aussi, signifier 360. Il apparaît surtout que la série des 12 nombres n'a pas été établie au
moyen de véritables opérations arithmétiques, mais à l'aide de
manipulations d'emblèmes qu'inspirait une ambition définie.

2º Les totaux 357 et 361 qui résultent des additions des 6 premiers ou des 6 derniers nombres sont, de toute façon, trop voisins de 360 pour qu'ils aient été obtenus par hasard. La juxtaposition de deux séries d'emblèmes qui suggèrent, toutes deux, le grand Total, en évoquant une division en 5 sections (rapport 3/2) et une division en 7 sections (rapport 3/4), semble dériver de préoccupations analogues à celles dont est sortie l'idée de juxtaposer un carré à centre 5 et un carré à centre 6, rappelant deux divisions de 360, l'une en 5 sections de 72, l'autre en 6 sections de 60 ; de pareilles préoccupations attestent que la théorie des 12 Tubes est due aux Maîtres du Calendrier.

3º Cette théorie apparaît comme *une construction artificieusement superposée à une construction préalable qui doit être celle de la gamme à 5 notes.* Quel que fût leur désir de mettre en valeur 360, les Maîtres du Calendrier ont préféré conserver aux 5 premiers tubes, — c'est à eux que d'ordinaire on fait correspondre les 5 notes, — des emblèmes numériques impliquant des rapports exacts. Quand ils ont élaboré la théorie des 12 Tubes en songeant à faire de ces derniers les emblèmes des 12 mois, il s'agissait pour eux de compléter une théorie de la gamme. Les 5 notes de celle-ci figuraient les 4 Saisons et le Centre de l'année et se disposaient en croisée. En adaptant à l'image de la croisée qui faisait songer au *carré* l'image d'un dodécagone sur le pourtour duquel les emblèmes des tubes et des mois se disposaient en *cercle* dans un *ordre régulier*, les Maîtres du Calendrier s'efforçaient de donner une représentation plus détaillée et plus cohérente de l'Univers.

* **

La gamme chinoise comprend 5 notes, nommées *kong, tche, chang, yu* et *kio.*

La tradition veut que le roi Wen, fondateur des Tcheou, ait inventé deux notes nouvelles. Seules, les 5 premières notes sont considérées comme *pures* et possèdent un nom. Les désignations des 6e et 7e notes, *pien kong* et *pien tche*, montrent qu'on ne sentait pas une grande différence entre elles et les 1re et 2e notes. Au reste, dans la pratique, seules comptent vraiment les 5 notes *pures*. Pour les définir, on se bornait à dire qu'elles correspondaient aux sons émis par les 5 premiers tubes. C'était aussi en donnant les dimensions des 6e et 7e tubes qu'on définissait les 6e et 7e notes. La théorie musicale des Chinois a son point de départ dans la construction des *5 premiers tubes*.

Quand on a indiqué les dimensions de ces tubes et signalé, par là même, les rapports des notes entre elles, il n'y a, techniquement parlant, plus rien à dire de la gamme. Mais, si l'on veut comprendre les idées des Chinois et ne point parler trop vite d'un emprunt aux Grecs, il convient de

Orients	Centre	Sud	Ouest	Nord	Est
Saisons	Centre	Eté	Automne	Hiver	Printemps
Notes	kong	tche	chang	yu	kio
Emblèmes des Tubes et des Notes	81	54	72	48	64
Emblèmes des Saisons-Orients et des Notes	5	7	9	6	8
Numéros d'ordre des Éléments	5	2	4	1	3
Couples de nombres congruents	5-10	2-7	4-9	1-6	3-8
Éléments	Terre	Feu	Métal	Eau	Bois

tenir compte de deux faits : 1º : *en même temps* qu'ils attribuent à chacune des 5 notes un emblème numérique montrant qu'elle est émise par l'un des 5 premiers tubes, les Chinois lui affectent un autre emblème, qui est aussi un nombre, et un nombre entier : *kong* a pour petit et pour grand emblèmes 5 et 81 (dimension du 1er tube) ; *tche*, 7 et 54 (dimension du 2e tube) ; *chang*, 9 et 72 (dimension du 3e tube) ; *yu*, 6 et 48 ; *kio*, 8 et 64 ; 2º : 5, 7, 9, 6 et 8 sont les emblèmes du Centre et des 4 Saisons-Orients (ainsi que des 5 Éléments) : les 5 notes, — de même que les Saisons auxquelles ces symboles numériques les apparentent, — forment apparemment un *cycle*, à la façon des 12 Tubes qu'on apparente aux 12 Mois. — On néglige ces données, d'ordinaire, sous prétexte que les correspondances chinoises (surtout quand y figurent des nombres) sont des jeux tardifs et *arbitraires*, et parce qu'on ne remarque *aucun rapport* entre les dimensions des Tubes et les nombres servant communément d'emblèmes aux Notes, aux Saisons et aux Éléments.

Peut-être une observation moins paresseuse ferait-elle apparaître un rapport entre le grand et le petit emblème (exprimés tous deux par des nombres entiers), qui, pour les Chinois, définissent une note. Rangeons-les, équivalences conservées, en disposant par ordre de grandeur les grands emblèmes. A part 5 (mais 5 ne peut-il représenter 10, *second membre du même couple congruent ?*), les petits emblèmes se trouvent, eux aussi, rangés dans le même ordre. —

81	72	64	54	48
5	9	8	7	6

Mais par l'attribution d'un petit emblème aux différentes notes n'a-t-on voulu que signaler l'ordre de grandeur des

81	54	72	48	64
5	7	9	6	8

tubes qui leur correspondent? Disposons les deux séries d'emblèmes en tenant compte de l'ordre de production des Tubes; une remarque s'impose : les 3 derniers petits emblèmes sont 9, 6, 8. Ces nombres, *dans l'ordre où ils se succèdent*, suffisent à exprimer la règle arithmétique qui commande la construction de la gamme, comme celle des 12 Tubes (diminution de 1/3 suivie d'une augmentation de 1/3).

9, 6, 8, multipliés par 9 donnent les dimensions des 1er, 2e et 3e tubes; multipliés par 8, celles des 3e, 4e et 5e tubes; multipliés par 7, celles des 5e, 6e et 7e tubes. 72 (3e tube), étant un multiple de 9 et de 8, assure une jonction parfaite, et les 5 premiers tubes paraissent correspondre à des dimensions rigoureusement exactes : il y a 5 notes *pures*. — 64, multiple de 8, n'est pas un multiple de 9. Il faut l'assimiler à 63 (produit de 9 par 7) pour passer à la série des multiples de 7. — C'est ainsi qu'on peut, aux cinq notes *pures*, ajouter les deux notes supplémentaires. — A partir de 56-57, les nombres sont obtenus en multipliant 9, 6, 8, non pas, comme

1ᵉʳ tube	80	8 × 10	
	81	9 × 9	9
2ᵉ tube	54	6 × 9	Produits de 9 par 6
3ᵉ tube	72	8 × 9	8
	72	9 × 8	9
4ᵉ tube	48	6 × 8	Produits de 8 par 6
5ᵉ tube	64	8 × 8	8
	63	9 × 7	9
6ᵉ tube	42	6 × 7	Produits de 7 par 6
7ᵉ tube	56	8 × 7	8
	57	6 × 9,5	6
	76	8 × 9,5	Produits de 9,5 par 8
8ᵉ tube	76,5	9 × 8,5	9
9ᵉ tube	51	6 × 8,5	Produits de 8,5 par 6
10ᵉ tube	68	8 × 8,5	8
	67,5	9 × 7,5	9
11ᵉ tube	45	6 × 7,5	Produits de 7,5 par 6
12ᵉ tube	60	8 × 7,5	8
	60	6 × 10	6
1ᵉʳ tube	80	8 × 10	Produits de 10 par 8

au début, par les nombres entiers 9, 8, 7, mais par les mêmes nombres augmentés de 0,5 (9,5, 8,5, 7,5,). Le 7ᵉ tube, produit par génération supérieure (56), produit lui-même (57 = 6 × 9,5) *par génération supérieure* le 8ᵉ tube (76 = 8 × 9,5). Tout se passe comme si on avait juxtaposé 2 gammes de 5 notes (81, 54, 72, 48, 64, et 76, 51, 68, 45, 60) : la jonction de la 2ᵉ gamme à la 1ʳᵉ, résultant de l'assimilation à 81 (1ᵉʳ tube) de 80 [que peut, à condition qu'il y ait à nouveau *génération supérieure*, produire 60 (12ᵉ tube), issu lui-même de 45 par génération supérieure], la transition de la 1ʳᵉ gamme à la 2ᵉ s'est trouvée assurée *par l'adjonction des 6ᵉ et 7ᵉ tubes — lesquels correspondent aux 2 notes supplémentaires.*

Ces observations font apparaître le rôle des nombres 9, 6, 8, emblèmes, comme on a vu, des 3ᵉ, 4ᵉ et 5ᵉ notes. Elles montrent, d'une part, que la théorie des 12 Tubes se relie à l'invention, attribuée au roi Wen des Tcheou, des 2 notes supplémentaires *dont l'une* (6ᵉ tube) *a pour emblème* 42, et, d'autre part, qu'on ne pouvait imaginer une juxtaposition des 2 gammes *que si* le 1ᵉʳ tube *pouvait être représenté par 80* aussi bien que par 81.

C'est ici le moment d'utiliser la remarque que, assimilées aux Saisons, les 5 Notes de la gamme forment un cycle.

Comme pour les 12 Tubes, une figure peut représenter ce cycle, tout en mettant en évidence l'ordre de production des notes. Disposons leurs emblèmes (81, 72, 64, 54, 48) à intervalles égaux sur le pourtour d'un cercle, à partir de 81 (vers la gauche), en suivant l'*ordre de grandeur*. Si, maintenant, pour figurer l'*ordre de production*, nous relions par des droites 81 à 54, 54 à 72, 72 à 48 et 48 à 64, nous formerons une étoile à 5 branches, mais le dessin ne sera parfait que si

nous réunissons 64 à 81 : c'est-à-dire si, du 5ᵉ tube, nous revenons au 1ᵉʳ. Diminué de 1/3, 64, dès qu'on l'assimile à 63, produit 42. Si 42 était la moitié de 81, les notes émises par les deux Tubes, — étant à la différence d'une octave, — pourraient être assimilées, ce qui donnerait le droit de fermer la figure. *Puisque les 5 notes forment un cycle et que la figure doit être fermée*, il faut admettre [soit que, double de

42, l'emblème numérique du 1ᵉʳ tube était senti comme ayant pour valeur 84 (³⁴⁷), soit] que, *80 représentant ce 1ᵉʳ tube*, on estimait que de 64-63 on passait, par génération inférieure, à une valeur *dont 40 pouvait être l'emblème* (³⁴⁸).

Difficile à imaginer avec les emblèmes numériques, 81, 72, 64, 54, 48 (choisis pour illustrer la règle que la séquence 9, 6, 8 peut résumer), la construction de l'étoile à 5 branches,

nécessaire à la figuration d'un cycle, devient toute simple si les nombres à disposer sur le pourtour du cercle sont ceux-là mêmes qui servent d'emblèmes aux notes — *à la seule condition de supposer que 5 représente le couple congruent 10-5.*

Nous voici conduits à formuler une hypothèse : *les emblèmes numériques des notes*, loin d'être arbitraires, *ont commencé par signifier des dimensions réelles.* La remarque qu'entre 10 et 5, moitié de 10, il *y a 5 intervalles*, explique la constitution d'*une gamme à 5 notes*, — les rapports des notes étant symbolisés par les nombres 7, 9, 6, 8 et le couple 10-5 *qui donnait l'idée de l'octave.*

Pour les Chinois, plus attentifs — on l'a vu — a l'exactitude des rapports d'ensemble qu'à celle des rapports de détail, la série 10, 9, 8, 7, 6, 5 avait un grand mérite.

Elle permettait d'établir, — car $10 + 9 + 8 = 9 \times 3$ et $7 + 6 + 5 = 9 \times 2$ — entre l'ensemble des notes *yang* [10 (1ʳᵉ note), 9 (3ᵉ note), 8 (5ᵉ note)] et l'ensemble des notes *yin* [7 (2ᵉ note), 6 (4ᵉ note), 5 (1ʳᵉ note à l'octave)] un rapport égal à 3/2 (qui est le rapport du Ciel et de la Terre), et ce rapport se retrouvait, exprimé de façon typique, dans le rapport (9/6) de la 2ᵉ note *yang* à la 2ᵉ note *yin*.

A la série 10, 9, 8, 7, 6, 5 appartient encore un autre mérite, plus grand, peut-être, aux yeux des Chinois.

Elle vaut, au total, 45, qui, dès qu'on le multiplie par 8, permet d'obtenir 360. Puisque 5 est la moitié de 10, on pouvait, certes, présenter l'image d'un cycle en disposant sur le pourtour d'un pentagone les nombres 9, 8, 7, 6, et 10 évoquant 10-5. On le pouvait mieux encore en remplaçant ces nombres par 72 (= 9 × 8), 64 (= 8 × 8), 56 (= 7 × 8), 48 (= 6 × 8) et 80 (= 10 × 8) mentalement associé à 40 (= 5 × 8) qui en est la moitié : on évoquait ainsi le grand emblème du cycle, 360, et, *à l'aide de* 5 *nombres, qui en supposaient un* 6e, la division caractéristique de 360 en 5 parties ainsi que le rapport prestigieux de 216 (= 80 + 72 + 64 : emblèmes des 3 tubes *yang*) à 144 [= 56 + 48 + 40, emblèmes des 2 tubes *yin* et du tube $\left(40 = \dfrac{80}{2}\right)$, qui, à la différence d'une octave, permet de revenir à la 1re note *yang*].

La série 80, 56, 72, 48, 64 ne diffère que par ses mérites symboliques de la série 10, 7, 9, 8, 6 (et 5). Elle ne diffère vraiment de la série classique 81, 54, 72, 48, 64 que par le nombre 56. Elle est le prototype de cette dernière, mais dérive elle-même de la formule 10, 7, 9, 8, 6, (5), — dont les emblèmes numériques des notes ont conservé le souvenir.

Si nous postulons que les nombres de la série 10, 7, 9, 6, 8 (dont la série 80, 56, 72, 48, 64 n'est qu'une autre expression) se prêtaient à servir d'emblèmes aux dimensions réelles des tubes, notre hypothèse n'implique nullement qu'à cette traduction numérique, qui paraît incorrecte, ait correspondu une pratique également incorrecte.

Admettons, conformément aux traditions chinoises, que les premiers tubes sonores étaient des tuyaux de bambou. Leurs dimensions pouvaient être figurées au moyen d'un petit nombre entier obtenu en comptant les articulations (= *tsie*, qui signifie aussi : mesure) de chacun des 5 bambous donnant les 5 notes de la gamme primitive. Il est aisé de voir que, pour obtenir des intervalles justes, tout en attribuant aux tubes des dimensions impliquant des rapports inexacts, il suffisait que l'artisan choisît, pour les 1er et

2e tuyaux, des bambous dont les nœuds étaient, pour le 1er, un peu plus distants, et un peu moins distants pour le 2e ([349]).

Une pratique juste s'est donc trouvée légitimée, au début, par une théorie inexacte, mais qui avait, au moins, un mérite : *elle traduisait le sentiment de l'octave.*

Les défauts de la théorie étaient sans conséquences — et pouvaient ne pas apparaître — tant que, comptant par articulations, on laissait aux artisans un certain jeu pour l'évaluation des dimensions *réelles*. Mais, pour donner un surplus de *perfection symbolique* à la théorie, et dans l'intention de *combiner l'idée* d'octave *avec l'idée* de cycle *en évoquant* 360 ([350]), les Chinois ont été conduits à remplacer la série 10, 7, 9, 6, 8, (5) par la série 80, 56, 72, 48, 64, (40). Ceci revenait à *prêter 8 divisions* ([351]) à tous les intervalles (pratiquement inégaux) compris entre deux nœuds.

En comptant par sous-divisions, au lieu de compter par articulations, les Chinois s'exposaient à substituer à des *unités concrètes* un *système d'unités abstraites.*

Dès qu'ils mesurèrent leurs tubes au moyen d'un système de sous-divisions égales entre elles, l'inexactitude de la théorie dut apparaître dans la pratique. Tel est, sans doute, le principe du perfectionnement qui conduisit à adopter pour emblèmes numériques des premiers tubes les nombres 81 et 54 au lieu de 80 et 56, — 72, 48 et 64 (nombres conformes à la séquence 9, 6, 8) restant inchangés.

Reste à fixer la date de ce perfectionnement, ce qui, du reste, va donner l'occasion de vérifier l'hypothèse.

Cette hypothèse rend compte de l'ensemble des données ; mais, postulant que la série 81, 54, 72, 48, 64 est postérieure aux deux séries (équivalentes) 10, 7, 9, 6, 8 et 80, 56, 72, 48, 64, elle suppose entre les faits un ordre historique.

Toute hypothèse de ce type peut facilement être retournée. La nôtre ne sort point des faits ; elle entraîne la conclusion, assez satisfaisante en elle-même, que la théorie des tubes et de la gamme exposée par les Chinois est solidaire de leur pratique musicale et se relie strictement au système de notions qui exprime leurs vues sur l'Univers. Mais ne pour-

rait-on dire : les Chinois ont d'abord connu, — par emprunt —
formulée en termes abstraits ou traduite (c'est possible) par
la séquence 9, 6, 8, la règle arithmétique de la gamme —
inventée par les Grecs — ; ils l'ont exprimée par la séquence
81, 54, 72, 48, 64, qui avait (cela est juste) le mérite, grand
pour eux, d'évoquer à peu près 360 et le rapport $\frac{216}{144}$; ils
ont alors remarqué la proximité de cette séquence et de la
série 80, 56, 72, 48, 64, entièrement formée de multiples de 8;
indifférents à la rigueur des faits mathématiques, ils ont
tiré de cette dernière la formule 10, 7, 9, 6, 8, et ceci leur a
permis d'attribuer aux notes des emblèmes numériques, qui
(on le reconnaît) ne sont point entièrement arbitraires ?

Si l'on interprétait ainsi les faits, l'ordre qu'on fixerait à
leur histoire ne serait point déraisonnable. — Il est vrai.
Et il est vrai aussi que, ce faisant, on se réserverait l'avantage
de postuler une origine par voie d'emprunt ; c'est là le type
de faits historiques qu'un bon philologue se plaît à établir : en
décidant qu'il y a emprunt, on passe à d'autres spécialistes
le souci de trouver l'explication réelle des faits. — Les questions d'origine nous intéressent ici fort peu. Il nous suffirait
parfaitement qu'on accorde que la théorie de la gamme s'est
développée en Chine sous l'influence d'une représentation du
monde, — si une importante question de fait n'était en jeu.
Admettre l'ordre historique que suppose l'hypothèse ici
défendue permet de comprendre dans son fond même
l'attitude des Chinois à l'égard des Nombres. Il s'agit de
constater la difficulté que les Chinois ont eue à concevoir sous
son aspect arithmétique l'idée d'*unité* et d'en indiquer les
raisons.

Nous avons donc à établir la primauté de la série 10, 7, 9,
6, 8, et nous l'établirons précisément en montrant que le
développement de la théorie musicale est dû *à la concurrence
de plusieurs systèmes de comput qui imposaient à l'unité des divisions variables* et qui, en retardant les progrès de la notion
abstraite d'unité, se sont opposés à une *conception quantitative des nombres*.

A ce propos, nous devons d'abord montrer que notre
opinion sur le passage de la série 10, 7, 9, 6, 8 à la série

80, 56, 72, 48, 64 n'est point une simple vue théorique.

Or, c'est un fait, la relation existant entre les emblèmes communs aux Notes, aux Saisons, aux Éléments, et les dimensions des 5 Tubes était encore sentie au temps de Sseuma Ts'ien.

La preuve en est dans une phrase insérée par l'historien dans la conclusion de son chapitre sur les Tubes sonores. Cette phrase se compose des caractères désignant les 5 Notes, associés chacun à un nombre ; les nombres sont ceux que le *Yue ling* donne comme emblèmes aux Notes, mais les équivalences du *Yue ling* ne sont point respectées ([352]). Aussi les commentateurs, sans se résoudre à corriger un texte vénérable, déclarent-ils ces nombres *inexplicables*. Cette déclaration a suffi pour décider Chavannes à ne point chercher de sens à la phrase de son auteur. Il est vrai qu'il n'avait pas compris les deux mots par lesquels elle s'ouvre. Il les a traduits (littéralement) par « neuvaine supérieure », ce qui ne présente aucun sens intelligible. Ces deux mots « *Neuf Supérieur* » désignent, nous l'avons vu, une gamme : c'est celle dont la note initiale est produite par le dernier (*Supérieur*) Tube yang (*Neuf*).

Les dimensions des tubes correspondant à cette gamme sont 45 (11e tube), 60 (12e tube), 81(1er tube), 54 (2e tube), 72 (3e tube). *Tous* [sauf 60, mais 60, valeur du dernier tube, doit être senti comme équivalant à 63, si l'on veut que le total des six derniers emblèmes numériques de la série des tubes égale 360] *sont des multiples de 9*. En les divisant par 9, on obtiendrait : pour 72 (3e tube), 8 (5e note) ; pour 54 (2e tube) 6 (4e note) ; pour 81 (1er tube), 9 (3e note) ; pour 63 (remplaçant 60, 12e tube), 7 (2e note) ; et pour 45 (11e tube), 5 (1re note), c'est-à-dire *tout justement* les valeurs emblématiques attribuées aux notes par le *Yue ling*.

Sseu-ma Ts'ien a écrit cette phrase après avoir collaboré à une réforme du Calendrier. Cette réforme entraîna l'attribution de nouveaux emblèmes numériques aux 12 Tubes. Elle eut pour principe l'adoption d'un gnomon de 9 pouces lié à une *division du pouce en 9 sections*, d'où résultait pour le premier tube sonore, *égal en longueur au gnomon*, une longueur mesurée par 81 divisions de pouce. Il n'est pas douteux, vu ce fait, qu'on ait le droit de rétablir l'ordre des correspondances qu'a dérangé une faute *inexplicable* due à un copiste. On n'a aucune chance de mal lire la phrase de Sseu-ma Ts'ien en la traduisant ainsi : « [c'est dans la gamme qui commence] *avec le* (11ᵉ tube, 45) *Neuf Supérieur* [que la note initiale] *kong* [prend la valeur] 5 $\left(\text{qui est son emblème car } \dfrac{45}{9} = 5\right)$;

[que la 2ᵉ note] *tche* [vaut] 7 $\left(\text{car } \dfrac{60}{9}, \text{ ou plutôt } \dfrac{63}{9} = 7\right)$; [que la 3ᵉ note] *chang* [vaut] 9 $\left(\text{car } \dfrac{81}{9} = 9\right)$; [que la 4ᵉ note] *yu* [vaut] 6 $\left(\text{car } \dfrac{54}{9} = 6\right)$; [que la 5ᵉ note] *kio* [vaut] 8 $\left(\text{car } \dfrac{72}{9} = 8\right)$. »

L'importance de ce passage de Sseu-ma Ts'ien, dont on peut restituer avec certitude le sens original, est très grande. Il prouve, d'abord, — comme nous l'avons supposé, — que les emblèmes numériques affectés aux notes n'étaient point sentis comme arbitraires : on songeait à les mettre en relation avec les nombres fixant la longueur des tubes correspondant à une certaine gamme. Il conduit de plus à une observation essentielle : si la relation existant entre les emblèmes des notes et les dimensions des tubes était sentie au temps des Han, leur historien n'a pu la signaler qu'en se reportant, *non pas à la première gamme*, mais à la onzième. Ceci démontre l'ancienneté de la théorie des 12 gammes et permet de constater un fait. Dès qu'on se réfère à la onzième gamme, il n'est plus possible d'obtenir 10 pour emblème de la première note ; on obtient 5, or, le *Yue ling* attribue, *lui aussi*, à la première note l'emblème 5. Il faut donc supposer que, dès l'époque (au plus bas IIIᵉ siècle av. J.-C.) où le *Yue ling* a été rédigé, la théorie des 12 gammes était constituée. Mais le fait a des conséquences plus importantes.

Le remplacement de 10 par 5 en tête de la série des 5 emblèmes n'entraînait pas la méconnaissance de leur signification. Elle cachait cependant le principal mérite de cette séquence qui est de donner le sentiment de l'octave. Pourquoi, malgré ses avantages, avait-on délaissé la formule : 10, 7, 9, 6, 8, (5) ? C'est apparemment qu'il n'était possible

de la rapprocher *telle quelle* d'aucune gamme — tandis que
(grâce à l'identification de 60 et de 63), la onzième gamme
fournissait un expédient pour faire ressortir la signification
des emblèmes des notes au moyen d'une formule commençant non plus par 10, mais par 5. On doit conclure que, dès le
moment où 5 est présenté comme l'emblème de la note
initiale, la série formée par les emblèmes numériques des
dimensions attribuées aux 5 premiers tubes (1re gamme)
ne pouvait plus être rapprochée de la séquence traditionnelle indiquant la valeur des notes.

C'est précisément ce qui doit arriver dès que les dimensions des tubes sont exprimées en obéissant à une décision
fixant *obligatoirement* à 9 les sections de l'unité.

Sseu-ma Ts'ien [pas plus, sans doute, que ne l'avaient été,
avant lui, les théoriciens dont s'est inspiré le *Yue ling*] n'a
pas été gêné par la difficulté d'obtenir 7 en divisant 60 par 9. Il
aurait fort bien pu, à partir de la formule classique (81, 54, 72,
48, 64) des tubes correspondant à la *première gamme*, tirer,
sans plus de gêne, 7 de 54, *s'il avait divisé ce nombre par 8*,
et il aurait, sans plus d'inexactitude, obtenu, *avec le même
diviseur*, et toujours à partir de la formule classique, la
série 10 $\left(=\dfrac{81}{8}\right)$, 7 $\left(=\dfrac{54}{8}\right)$, 9 $\left(=\dfrac{72}{8}\right)$, 6 $\left(=\dfrac{48}{8}\right)$, 8 $\left(=\dfrac{64}{8}\right)$.
C'est bien là ce qui aurait dû se passer si, — comme on pour-
rait nous l'objecter, je l'ai dit, — c'était de la formule
arithmétique (*primitive*) donnant les dimensions (*réelles*)
des tubes (81, 54, 72, 48, 64) qu'on avait (*par jeu et en se
servant d'un diviseur qu'il eût été possible de choisir arbitrairement*) tiré la formule (*uniquement emblématique et non
primitive*) de la gamme. Mais, comme on voit, Sseu-ma Ts'ien
n'a pas procédé ainsi. *C'est donc que le diviseur 9 lui était
imposé.*

Nous pouvons donc conclure que la formule des notes n'a
pas été tirée, *par jeu et au moyen d'une division*, de la formule
des tubes. Tout au contraire, ce sont les différentes formules
relatives aux longueurs des tubes qui ont été tirées, *au moyen
d'une multiplication* (*et d'abord sans aucun jeu*), de la formule
des notes, — le multiplicateur ayant été imposé par un système
de conventions, et 8 étant le premier multiplicateur imposé.

L'artifice qui a consisté, pour retrouver la formule emblématique des notes, à se reporter à la onzième gamme, — laquelle n'a qu'un intérêt théorique, mais peu de valeur dans la pratique, — a été rendu nécessaire par l'adoption (*préalable* à cet artifice) de l'indice 9. La série classique (81, 54, 72, 48, 64) n'est point primitive. — L'ordre des faits supposé par notre hypothèse se trouve confirmé.

Reprenons donc cette hypothèse. A partir de la règle primitive exprimée par la séquence 10, 7, 9, 6, 8, (5), a été construite la formule 80, 56, 72, 48, 64, préférée en raison de ses vertus symboliques et imaginée en des temps ou dans des milieux qui avaient adopté l'indice 8 pour la division de l'unité.

En d'autres temps ou en d'autres milieux, cet indice a été remplacé par l'indice 9, — que les Han remirent en honneur ([353]).

En attribuant 9 sections à chacun des intervalles compris entre deux nœuds de bambou, il est toujours possible de figurer l'octave, mais les dimensions des tubes ont alors pour symboles les nombres 90, 63, 81, 54, 72, (45), dont la valeur totale est supérieure à 360. Pour évoquer, comme il convient, 360, il faut éliminer 45, *moitié de* 90. Dans la liste ainsi réduite figurent 81, 72, 63, dont la valeur totale est 216 — qui est aussi le total de 80 + 72 + 64 —; comme 80, 72 et 64 dont ils diffèrent peu, 81, 72 et 63 méritent donc de fournir les dimensions des 3 tubes *yang* (1er, 3e et 5e tubes). Restent, pour les tubes *yin*, 90 et 54, dont le total est 144. Mais 90 est trop fort pour un tube *yin* (qui doit être les 2/3 d'un tube *yang*), puisque le plus fort de ces derniers est 81 ; 54, en revanche (il vaut les 2/3 de 81), peut mesurer le premier tube *yin*. D'autre part, pour figurer l'octave, il faut pouvoir indiquer 6 longueurs de tubes. Reste donc à diviser 90 en deux parts inégales. Dans la formule à construire, 72 est prédisposé à servir d'*emblème* au 2e tube *yang*, puisqu'il a déjà ce rôle dans la formule précédente où le 2e tube *yin* (48) vaut tout justement les 2/3 de 72. On prendra donc 48 pour emblème du 2e tube *yin* dans la formule qu'on construit, et il restera l'emblème 42 (= 90 — 48) pour le 3e tube *yin* — lequel devrait rendre, à l'intervalle d'une octave, la note *kong* émise par le 1er tube (81).

Or, 42, d'une part, diffère trop sensiblement de $\frac{81}{2}$ pour qu'un tube de cette dimension ne parût point donner une note nouvelle (*la sixième*) et, d'autre part, 42 vaut les 2/3 de 63, comme 54 les 2/3 de 81 et 48 les 2/3 de 72. D'où l'idée de faire de lui l'emblème d'un tube *indépendant, le sixième*.

En même temps, 81, 54 et 72 étant considérés comme les emblèmes des 1er, 2e et 3e tubes, et 72, 48, 63 comme ceux des 3e, 4e et 5e tubes, il était aisé de remarquer que la séquence 9, 6, 8 se retrouvait dans les deux séries *à condition d'écrire* 64 *comme à l'époque où* l'indice 8 *était obligatoire.* Cependant, *à condition d'écrire* 63, comme l'imposait maintenant l'indice 9, l'emblème numérique du 5e tube apparaissait comme un multiple de 7, ainsi que 42, dont il valait les 9/6. Il suffisait donc de multiplier 7 par 8 pour obtenir un nombre (56) qui deviendrait l'emblème d'un *septième* tube.

Le remplacement de l'indice 8 par l'indice 9 a conduit :

1o A remarquer la séquence, 9, 6, 8. Cette remarque a rendu possible la formule de la règle arithmétique qui fonde la gamme chinoise sur une progression par quintes et, par suite, elle a permis de constituer la théorie des 12 Tubes.

2o A inventer, le sixième tube ne rendant plus une note qui fût à l'octave de la note initiale, deux notes nouvelles émises par des tuyaux de dimensions telles que fût assurée la jonction entre les 5 tubes primordiaux et 5 autres tubes (75, 51, 68, 45, 60) fournissant une autre gamme de 5 notes, raccordée directement à la première puisque le 12e tube (60) vaut (à peu près) les 2/3 du 1er (81). A la première des deux notes inventées, on donna le nom de *pien kong*, qui témoigne encore du sentiment de l'octave, et le nom de *pien tche* à la deuxième, émise par un tube dont l'emblème numérique était 56, *ancien emblème du* (*2e*) *tube*, émettant la note *tche*, au temps où les emblèmes numériques des tubes primordiaux étaient fournis par la formule (80, 56...) constituée au moyen de multiples de 8.

Nous pouvons maintenant résumer l'hypothèse. La formule 10, 7, 9, 6, 8, (5), constitue la première expression numérique de la gamme chinoise. Cette formule, dont les termes, arithmétiquement inexacts, ne gênaient pas la pratique, est à l'origine d'une théorie correcte.

La théorie est devenue correcte à la suite d'un progrès accompli en deux étapes. Les longueurs des tubes, qu'on estimait de façon concrète *en comptant des nœuds*, furent déterminées par des symboles numériques dérivant de la première formule. — Ces symboles ont varié comme le *système conventionnel* de divisions adopté pour l'unité.

Distingués des emblèmes affectés aux notes, les emblèmes numériques attribués aux tubes commencèrent cependant par être de simples produits des premiers. L'indice 8 leur servant de multiplicateur, les Chinois prêtèrent aux tubes des longueurs indiquées par les nombres 80, 56, 72, 48, 64, (40). Ces nombres avaient le mérite de rappeler, avec le total 360, l'image d'un *cycle* en la liant au principe de l'*octave*. Les divisions des tubes se trouvèrent dès lors fixées non plus par un certain nombre indiquant des divisions concrètes, telles que l'étaient les articulations de bambou, mais par un certain compte de sous-divisions abstraites. Ceci devait avoir une double conséquence : technique et pratique. Dans la fabrication des instruments, il était pratiquement difficile de ne pas considérer comme égales entre elles les sous-divisions dont le compte indiquait la longueur des tuyaux sonores : dès lors, comme des instruments fabriqués en tenant compte des nombres choisis pour chaque tube ne pouvaient plus donner des notes justes, la pratique musicale put rendre les Chinois sensibles à l'inexactitude de la formule originelle. Ils furent amenés à la corriger avec bonheur quand ils adoptèrent pour l'unité une division non plus en 8, mais en 9 sections. La correction obtenue, ils purent amorcer un perfectionnement de la pratique en inventant deux notes nouvelles ; ils songèrent surtout à développer la théorie en construisant une série de 12 Tubes qui leur permît, une fois de plus, de figurer concrètement leur conception de l'Univers.

Cette hypothèse rend compte de l'ensemble des faits et paraît conforme à leur ordre historique.

Elle s'accorde aussi avec les traditions chinoises. — Sous la dynastie des Yin, disent celles-ci, on divisait les unités en 8 sections. Les Tcheou adoptèrent la division par 9 ([854]). On dit encore, rencontre remarquable, que l'invention des deux notes supplémentaires est due au roi Wen, fondateur des Tcheou.

* * *

Les traditions chinoises sont précieuses : elles signalent des connexions de faits qui, *le plus souvent*, ne sont pas arbitraires. Toutes les données, en l'espèce, invitent à penser que l'invention des deux notes supplémentaires résulte du remplacement de l'indice 8 par l'indice 9. — Connaître l'ordre historique des faits n'autorise point à rapporter ces faits à des dates précises. Les traditions chinoises enregistrent fidèlement des connexions, mais elles les transmettent transposées en mythes ou en légendes historisées. — Ce n'est pas pour attribuer au roi Wen (ou à ses contemporains) un rôle dans le développement de la théorie musicale que nous rappellerons une autre tradition : les Chinois affirment, on l'a vu, qu'un descendant des derniers Yin récita au fils du fondateur des Tcheou le texte véritable du *Hong fan*. Si nous mentionnons ce détail, c'est qu'il faut bien en revenir au *Hong fan* et à sa première Section. Nous ne pouvons pas négliger une donnée importante : les 5 Notes de la gamme sont mises en rapport avec les 5 Éléments.

La première section du *Hong fan*, je dois le rappeler, énumère les Éléments dans un certain ordre. Elle affecte à chacun d'eux un nombre qui n'est pas, je l'ai montré, un simple numéro d'ordre. Les nombres indiqués par le *Hong fan* signalent l'ordre des affectations qui permettent d'identifier, en traçant un *templum*, chaque Élément à un site de l'Espace-Temps. Ces nombres sont les premiers termes d'un couple congruent dont le deuxième terme sert, dans le *Yue ling*, d'emblème aux Saisons-Orients. Première nommée, dans le *Hong fan*, et affectée par lui au Bas, qui vaut le Nord (site 1), l'Eau (Élément 1) correspond, comme en témoigne toute la mythologie chinoise, au Nord (Bas) et à l'Hiver auxquels le *Yue ling* attribue, comme classificateur, le nombre 6 (= 1 + 5) ; il en est de même pour le Feu (Élément 2, site du Sud-Été, classificateur 7 (= 2 + 5], pour le Bois [Élément 3, site Est-Printemps classificateur

8 (= 3 + 5)], pour le Métal [Élément 4, site Ouest-Automne, classificateur 9 (= 4 + 5)] et pour la Terre [Élément 5, site Centre, classificateur 5] — *car, pour le Centre [Terre] le* Yue ling *indique pour classificateur 5, et non pas 10, de même que, pour la première note, il indique la valeur 5 et non pas la valeur 10.* Il affecte, en revanche, la note *yu* (6) au

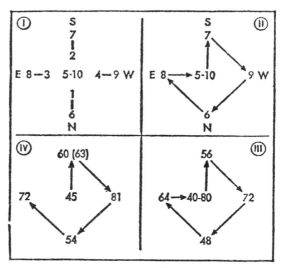

I : Disposition en croisée des Éléments (*Ho t'ou*).
II : Disposition orientée des emblèmes des notes.
III : Dimensions des tubes (orientés comme les notes correspondantes) de la 1re gamme (dimensions tirées *au moyen d'une multiplication par 8* des emblèmes numériques des notes).
IV : Dimensions des tubes (même orientation) de la 11e gamme raccordée par Sseu-ma Ts'ien, *au moyen d'une division par 9,* aux emblèmes numériques des notes.

Nord-Hiver [6, Eau, Élément 1] ; la note *tche* (7) au Sud-Été [7, Feu, Élément 2] ; la note *kio* (8) à l'Est-Printemps [8, Bois, Élément 3] ; la note *chang* (9) à l'Ouest-Automne [9, Métal, Élément, 4]. Tant pis pour les érudits — férus de ce qu'ils appellent les méthodes philologiques au point de voir en elles l'instrument privilégié des recherches archéologiques, et qui veulent, avec leur seul secours, découvrir (en datant des textes) non seulement l'ordre des faits, mais encore la date des faits, — tant pis pour eux si [après avoir soutenu que les Chinois ont reçu des Grecs leur gamme sous sa forme parfaite et mathématique ([355]), — ou que toute interprétation du *Hong fan* qui insiste sur l'importance des nombres dans les formes premières de la théorie des Éléments est anachronique ([356]), — ou encore que les Éléments furent d'abord conçus comme triomphant les uns des autres et non pas comme se produisant les uns les autres ([357])], ils se voient proposer le problème suivant :

Étant donné que :

a. L'ordre des Éléments, quand ils se succèdent les uns aux autres, n'est point absolument arbitraire [— il y a quelque cohérence dans les métaphores des Chinois qui disent : l'Eau produit le Bois (en lui donnant sa sève) ; le Bois produit le Feu (qu'il alimente) ; le Feu produit le Métal (qu'il dégage du minerai) ; le Métal produit l'Eau (puisqu'il peut se liquéfier)] ;

b. L'ordre des Éléments n'est aucunement arbitraire *une fois* qu'on les a assimilés aux saisons [— celles-ci se succèdent dans un ordre fixe] ;

c. L'ordre des Notes est entièrement commandé [— il l'est par la longueur des tubes qui émettent ces notes. Si l'on admet que ces tubes ont pour emblèmes numériques 10, 7, 9, 6, 8, (5), il s'ensuit impérativement que la note *tche*, émise par le 2e tube, doit être classée la 2e, après la note *kong*, émise par le 1er tube, puisque (pour parler comme les Chinois) le 2e tube est *produit* par le 1er, et qu'on pourrait tout aussi bien dire, — *tant qu'il n'y a point de différence entre les emblèmes numériques des tubes et des notes*, — que la 1re note *produit* la deuxième ; on peut en dire autant pour les 3e, 4e et 5e notes, et il faut rappeler qu'après la 5e on revient à la 1re note (10), qui est aussi la sixième (5)].

Comment expliquer l'assimilation entre eux des Éléments, des Notes, des Saisons, et leur assimilation commune aux emblèmes numériques indiqués par les couples congruents 1-6, 2-7, 3-8, 4-9, 5-10 ?

Comment l'expliquer si l'on a postulé par avance : que la *numérotation* des Éléments dans le *Hong fan* est sans intérêt ?

— que les équivalences chinoises sont de simples jeux arbitraires ? — et que les emblèmes numériques des notes sont également arbitraires ? (Cette dernière supposition est exigée par l'hypothèse que les Chinois ont d'abord reçu leur gamme sous la forme arithmétiquement parfaite qui est celle de la gamme grecque.)

Une des 5 notes (si on veut les orienter) devant aller au Centre puisqu'il y a 5 Éléments et 5 Sites de l'Espace-Temps, la première note, 10 (5), pouvait y être placée sans difficulté, et il est clair que l'on pouvait choisir pour la deuxième une place arbitraire sur la croisée. *Mais cette 2ᵉ note une fois affectée au Sud et à l'Été, qui produit l'Automne, la 3ᵉ note, émise par un tube considéré comme produit par le 2ᵉ tube, ne pouvait plus être attribuée qu'à l'Automne et à l'Ouest.* Pour les mêmes raisons, les 4ᵉ et 5ᵉ notes ne pouvaient manquer d'être affectées, dans l'ordre, l'une au Nord-Hiver, l'autre à l'Est-Printemps.

L'assimilation des Notes, des Saisons-Orients et des Éléments ne peut s'expliquer qu'en admettant la primauté de la séquence des notes 10, 7, 9, 6, 8, (5). C'est à partir de cette formule que les Saisons ont reçu les emblèmes numériques destinés à servir de classificateurs aux sites de l'Espace-Temps, et c'est encore de cette formule que dérive, — *avec la théorie de la production des Éléments les uns par les autres,* — l'ordre des Éléments qui commande le tracé du *templum*, leur disposition sur la croisée et la numérotation que le *Hong fan* leur attribue ([358]).

Si l'on ne trouve pas au problème posé une autre réponse qui soit satisfaisante, il faudra nous accorder que la séquence 10, 7, 9, 6, 8, (5), — qui est à l'origine de la théorie musicale des Chinois, — est aussi à l'origine de leur « théorie » des Éléments, telle que le *Hong fan* la suppose, et, par suite, qu'elle est antérieure au *Hong fan*. — Il restera toujours, il est vrai, la liberté de supposer que le *Hong fan* est une œuvre de basse époque ou que le texte de sa première Section est interpolé ou truqué.

Mais que fera-t-on du *Yue ling*, riche de tant de données archaïques — parfaitement cohérentes ? D'ailleurs, peu importe. Nous ne nous soucions pas de dater du roi Wen, inventeur des deux notes supplémentaires, ou du roi Wou, son fils, auditeur du *Hong fan*, un progrès quelconque de la théorie musicale. Nous ne tenons même pas à prétendre que la séquence 10, 7, 9, 6, 8, (5) faisait autorité avant les ve-ive siècles, époque assignée avec vraisemblance à la rédaction du *Hong fan*. Des dates reportées à une chronologie vide de faits concrets ne nous intéressent aucunement. Que la formule 81, 54, 72, 48, 64, ne soit point primitive, mais dérive de la séquence 10, 7, 9, 6, 8, (5), dont l'autorité se trouve attestée par un passage du *Hong fan*, ce fait rend peut-être difficile l'hypothèse que les Chinois ont reçu par un effet indirect des expéditions d'Alexandre, la théorie grecque de la gamme — toute parfaite. Mais rien n'exclut la possibilité de rapports plus anciens entre la Chine et des pays d'Occident où l'on spéculait aussi sur les Nombres et les Éléments. — Ce débat importe peu. Ce qui importe d'abord à l'histoire des idées, c'est l'ordre historique des faits, ainsi que les connexions qui, seules, peuvent aider à les comprendre.

Le rapprochement établi entre l'ordre des Éléments et la séquence des Notes qui se ramènent tous deux à la même formule numérique a pour nous un premier intérêt. Il apporte un surcroît de probabilité à notre hypothèse. Puisque les emblèmes numériques des Éléments témoignent de l'ordre dans lequel ceux-ci se produisent (*cheng*) les uns les autres, nous avons une raison nouvelle de penser que les nombres *conservés* comme emblèmes aux notes, indiquèrent d'abord les dimensions des tubes dans l'ordre où ceux-ci se produisaient (*cheng*). Ces nombres devinrent les emblèmes des notes seules à la suite d'un développement de la théorie et de la technique musicales que l'hypothèse suffit à expliquer.

Voici, cependant, l'intérêt principal du rapprochement. Il montre que la théorie des Éléments, ou, tout au moins, l'expression numérique qu'elle a reçue, a été commandée par la théorie première de la gamme. — Cette remarque peut être précieuse. La théorie des Éléments, par suite de l'assimilation de ceux-ci aux Saisons-Orients, faisait corps avec le Savoir suprême qui consiste à aménager les Temps et les Espaces. Il devait en être de même de la théorie de la gamme — et, sur ce point, l'évocation du *Hong fan* est, en elle-même, pleine de significations. La première Section

de ce traité, où il est question des Éléments, se rapporte
certainement à une division du Monde en 4 Secteurs [carré
de côté 2, subdivisé en 4 carrés] obtenus par le tracé d'une
croisée, — cependant que les 9 Sections du *Hong fan* (*le
grand Plan*) sont mises par la tradition en rapport avec une
division du Monde en 9 Provinces [carré de côté 3, subdivisé
en 9 carrés] et avec un arrangement des Nombres en carré
magique ; cette division et cet arrangement commandaient,
nous dit-on, le plan du *Ming t'ang*, Maison du Calendrier,
où le Chef assurait une juste répartition des sites de l'Espace-
Temps et distribuait, à temps réglés, entre ses fidèles, les
domaines de tous les quartiers de l'Empire. — Peut-être
trouverons-nous de nouvelles connexions qui permettraient
de mieux comprendre l'attitude des Chinois à l'égard des
Nombres, si nous songeons à confronter leurs idées sur les
rapports musicaux et les proportions architecturales.

IV. NOMBRES ET PROPORTIONS ARCHITECTURALES

Le rapport du 1er au 5e tube, dans la formule (80, 56, 72,
48, 64) composée de multiples de 8, est égal à 10/8. Il devient
égal à 9/7 dans la formule (81, 54, 72, 48, 63), qui résulte de
l'adoption de l'indice 9 comme multiplicateur. — Tout aussi
bien que les règles musicales, les canons architecturaux sont
dominés par l'opposition ou l'équivalence des rapports
$\dfrac{9}{7}\left(=\dfrac{81}{63}\right)$ et $\dfrac{10}{8}\left(=\dfrac{80}{64}\right)$, et c'est la géométrie des construc-
teurs qui révèle les vertus que les Chinois ont prêtées aux
couples corrélatifs 80-64 et 81-63.

Deux éléments, dans les constructions chinoises, sont
fondamentaux. L'édifice, en lui-même, importe moins que
la terrasse qui le supporte et que la toiture qui le couvre.
Le Ciel « couvre » et le toit représente le Ciel ; la Terre, qui
« supporte », est figurée par la terrasse. Un édifice apparaît
comme une image de l'Univers, dès que les proportions
données au profil du toit et au plan de la terrasse évoquent,
les premières le rond (impair, 3, *yang*), les autres le carré

(*fang*, le rectangulaire, pair, **2**, *yin*). Ces principes commandent, en particulier, la construction du *Ming t'ang*. La tradition veut que la Maison du Calendrier ait anciennement consisté en une aire carrée (rectangulaire) que recouvrait (lié à elle par quelques colonnes) un toit de chaume circulaire ([359]).

Sur le profil de la toiture, nous n'avons que des renseignements tardifs. La base du toit du *Ming t'ang* devait être mesurée par le nombre 144 et son contour par le nombre 216, la hauteur étant figurée par 81. Telles qu'on les indique, ces dimensions supposent que le profil du toit de chaume est un triangle isocèle dont la base (2 × 72) figure la Terre (144) et les deux autres côtés [2 × 108) = 216] la courbure du Ciel (3 × 72). Cette construction a pour principe une équerre dont le grand côté vaudrait 9 × 9, le petit 8 × 9 et l'hypoténuse 12 × 9. Cette équerre (8, 9, 12) est estimée juste, *grâce au jeu d'une unité*, en vertu de la formule $9^2 + 8^2 = 12^2 (+ 1)$ ou *81 + 64 = 144 (+ 1)*.

On remarquera que :

1° Le renseignement ([360]) date de la dynastie des Souei (589-618), c'est-à-dire d'une époque où les connaissances mathématiques (indigènes ou importées) avaient atteint en Chine un niveau élevé. [*Mais le jeu d'une unité n'était point fait pour gêner les charpentiers dans l'assemblage des chevrons, poutres et colonnes — et pas davantage n'étaient gênés les*

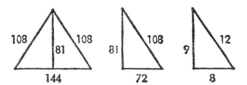

charrons par l'obligation de donner à π *la valeur* 3. L'essentiel était d'utiliser des Nombres qui pussent évoquer le rapport (3/2 ou 9/6) du Ciel et de la Terre] ;

2° L'obtention des Nombres, terrestre et céleste,
144 [= (8 × 2) 9] et 216 [= (12 × 2) 9]
à partir de l'équerre 8, 9, 12, suppose *l'emploi, comme multiplicateur, de l'indice 9*. [De l'emploi de cet indice résulte,

pour la gamme, la fixation à 9/7 du rapport entre les 1ᵉʳ et 5ᵉ tubes] ;

3º L'équerre 8, 9, 12, fournit *la séquence* (9, 6, 8) qui régit la construction des 12 tubes sonores ([361]). [Le 2ᵉ tube (6 × 9) vaut la moitié de l'hypoténuse (12 × 9) : on sait que Kouan tseu, qui ne le réduisait pas de moitié, lui attribuait la valeur 108] ([362]) ;

4º *La hauteur* (81) *a la dimension qu'on donne au gnomon*, quand l'indice adopté pour le sectionnement de l'unité est 9.

Le *Ta Tai li ki* ([363]) fournit sur le plan du *Ming t'ang* une indication qui se raccorde fort bien à ces renseignements tardifs sur le profil du toit. L'aire rituelle devait comprendre de l'Est à l'Ouest 9 (longueurs de) nattes et 7 (longueurs de) nattes du Sud au Nord. 9 (*le multiplicateur conventionnel*) mesure la longeur des nattes. L'aire (carrée, *fang*) du *Ming t'ang* forme donc un rectangle (*fang*) de côtés 81 et 63. Le demi-périmètre vaut 144, — dimension convenable puisque 216 mesure la circonférence et le pourtour du toit. — Il s'agit du *Ming t'ang* des Tcheou ; le multiplicateur adopté est 9, et le rapport de la largeur (E.-W.) à la profondeur (S.-N.) de l'aire est $\frac{9}{7}$ (exprimé sous la forme $\frac{81}{63}$).

Les dires du *Ta Tai li ki* sont confirmés par un passage du *K'ao kong ki*, précieux recueil de renseignements techniques qui forme aujourd'hui le sixième Livre du *Tcheou li* ([364]). On y donne, mesurées en nattes de 9 pieds (de long), les dimensions du *Ming t'ang* qui sont bien, en largeur, 9 × 9 et, en profondeur, 9 × 7. Le passage est surtout intéressant parce qu'il prétend encore renseigner sur la Maison du Calendrier au temps des Hia et des Yin. La proportion, dans les deux cas, n'est plus 9/7 mais 5/4 (= 10/8).

Pour les Hia, première dynastie royale, le *K'ao kong ki* indique *expressément* que la proportion est 5/4. L'aire rituelle mesurait en profondeur 2 × 7 (*p'ou*) et en longueur un quart en plus ; le *multiplicateur* (qui est sous-entendu) est le *p'ou* ou pas de 6 pieds : l'aire était donc profonde de 7 doubles pas de 6 pieds, soit 7 × 12 ou 84 pieds (= 4 × 21) et large de (5 × 21 =) 105 pieds. Pour les Yin, deuxième dynastie, seule est donnée la profondeur, qui est de 7 *sin*, ce qui, *le* sin *ayant* 8 *pieds*, fournit le nombre 56. 56 mesure la profondeur d'une sorte de vestibule accolé par les Hia à leur aire rituelle ; les dimensions de ce vestibule sont les 2/3 des dimensions de l'aire, soit 56 en profondeur et 70 en largeur. On admet ([365]) donc que l'aire des Yin mesurait 70 × 56 (soit 5 × 4). Tcheng Hiuan, cependant, le plus illustre des interprètes, pour la raison que les Yin sont *intermédiaires* entre les Hia et les Tcheou, affirme que la largeur était de 9 *sin*, soit 72 pieds : ce qui implique la proportion 9/7 et non 5/4 et *donne au demi-périmètre* (72 + 56 et non 70 + 56) *une valeur égale à deux fois* 64 *et non pas à deux fois* 63. — Cette hésitation entre 70 et 72 constitue un renseignement précieux : elle montre que le sentiment d'une opposition ou d'une équivalence entre les rapports 5/4 (ou 10/8) et 9/7 s'accompagnait d'un sentiment analogue à l'égard des nombres 63, 64.

L'opinion de Tcheng Hiuan sur la largeur de l'aire des Yin part du désir de trouver une sorte de lien ou de mesure commune entre les aires rituelles de trois dynasties. — Si l'on suit Tcheng Hiuan, il apparaît que le rectangle sacré des Yin (8 × 7 sur 8 × 9) comprenait 8 × 8 petits rectangles de 9 pieds sur 7, tandis que le *Ming t'ang* des Tcheou (9 × 7 sur 9 × 9) contenait 9 × 9 nattes de 9 pieds sur 7. Les superficies des deux aires peuvent donc être indiquées par les carrés 64 et 81. Pour leur comparer l'aire sacrée des Hia, il faut pouvoir la mesurer à l'aide de nattes ; c'est d'ailleurs en nattes, le *K'ao kong ki* l'affirme, que devaient être mesurées des superficies de ce genre ([366]). Pour que la chose soit possible, il suffit de modifier légèrement, — de même qu'on l'a fait dans le cas des Yin, — la dimension de la largeur de l'aire et de l'estimer non pas à 105, mais à 108. Dès lors le rectangle (12 × 7 sur 12 × 9) pourra contenir 12 × 12, soit 144 nattes, de 9 pieds sur 7. — Notons le procédé de mesure : il revient, si je puis dire, à traiter comme des *carrés* des rectangles dont les deux côtés paraissent recevoir le même emblème numérique (12, 9 ou 8) ([367]). *Tandis que l'unité de superficie* (9 × 7) *est un rectangle qui vaut* (63), *à une unité près, un carré* (64), *les trois aires rec-*

tangulaires se trouvent mesurées par des carrés (12^2, 9^2, 8^2). — *Ces carrés sont tout particulièrement remarquables par le fait que le rapport qu'ils signalent entre les trois aires rituelles dérive de la formule de l'équerre (considérée comme valable pour les charpentes) 8, 9, 12.* — Mais, s'il semble avoir tenu à le retrouver dans les superficies, Tcheng Hiuan aurait pu mettre en valeur le même rapport, et cela sans modifier la largeur de l'aire des Yin. Il suffisait de considérer les profondeurs qui sont égales à 12×7 pour les Hia, 8×7 pour les Yin, 9×7 pour les Tcheou. Elles font voir, à elles seules, que 12 (ou 6), 8 et 9 valent comme les emblèmes des trois dynasties royales. Leurs relations sont celles de trois tubes musicaux consécutifs, — conformément à la formule 9, 6, 8, laquelle conduit, comme on sait, à fixer à 9/7 le rapport des 1er et 5e tubes, — cependant que 9×7 donne la mesure de l'unité des superficies rituelles.

**

Si *l'unité de superficie* valait (non pas 9×7) mais (5×4 ou) 10×8 (10/8 est le rapport originel du 1er au 5e tube), il faudrait, pour comparer les trois aires rituelles, modifier très légèrement les dimensions de l'aire des Tcheou. On le ferait avec moins de dommages que dans le cas de l'aire des Yin ; *on y réussirait en effet sans modifier la valeur du demi-périmètre*, particulièrement sacrée en l'espèce : $\dfrac{80}{64} = \dfrac{5}{4}$ ou $\dfrac{10}{8}$ et $80 + 64$, comme $81 + 63$ font *144*. Ainsi modifiée, l'aire des Tcheou (8×8 sur 8×10) contient 8×8 unités de superficie (8×10), et celle des Yin (7×8 sur 7×10) en contient 7×7 — *l'unité de superficie* (8×10) *étant indiquée par un nombre* (80) *égal, à une unité près, à un carré* (9^2) *et les superficies des deux aires* (64 et 49) *étant encore ramenées à des carrés* (8^2 et 7^2). — On aperçoit que, pour les Chinois, l'importance des couples 81-63 et 80-64 tient au fait que, 81 étant le carré de 9 et 64 le carré de 8, 63 est un multiple de 9, tandis que 80 est un multiple de 8.

On connaît le prestige de la division du carré en 9 carrés : telles étaient les divisions que les arpenteurs donnaient au plus petit domaine, le *tsing* ⊞ ; mais ils groupaient les *tsing* par 4, 16, 64... pour former les divisions administratives ([368]). 9 et 8 ou 4 valaient comme nombres privilégiés dans la technique de l'arpentage. Si, d'une part, le plan des aires rituelles n'est pas sans rapport avec cette technique, d'autre part, les nombres qui mesurent ces aires laissent voir les liens qui existaient entre l'art des architectes et l'art des devins. Les quadrilatères de côté 8, avec leurs 64 divisions, rappellent les 8 Trigrammes, ou les 8 Vents, et les 64 Hexagrammes. Et nous allons voir bientôt que le quadrilatère de côté 7, avec ses 49 divisions, tout en rappelant les 50 —1 baguettes que manipulaient les devins, a pour premier mérite d'évoquer l'unique bâtonnet que ceux-ci conservaient en main, « bois dressé » qui, tel un *gnomon*, signalait les « mutations du Yin et du Yang ». *Mais il nous faut d'abord noter que, si le rapport du demi-périmètre des aires Hia* (105 + 84) *et Yin* (70 + 56) *est égal à* $\left(\dfrac{189}{126} = \right) \dfrac{3}{2}$ *ou à* $\dfrac{9}{6}$, *le rapport des demi-périmètres des aires Yin* (126) *et Tcheou* (144) *est égal à* 8/7 [tandis que, tout au contraire, le rapport de leurs superficies, — quand on les mesure avec une unité égale à 10 × 8, — c'est-à-dire évoquant le rapport 5/4 — devient sensiblement égal $\left(\dfrac{64}{49}\right)$ à $\dfrac{9}{7} \left(= \dfrac{63}{49} \right)$. Nous connaissons le prestige du rapport 9/6 dans la musique, la divination, la cosmographie. Nous savons aussi que le rapport 8/7 (rapport du Petit Yin au Petit Yang) avait, (sous les Yin et) dans le pays de Song, un prestige équivalent : au lieu de nommer *Neuf* et *Six* les lignes *yang* et *yin* des Emblèmes divinatoires ([369]), on les appelait *Sept* et *Huit*. Le rapport 8/7, qui a fourni une de ses expressions aux relations du Pair et de l'Impair, a-t-il, comme le rapport 9/6, un fondement musical ou cosmologique ?

Le rapport du demi-périmètre de l'aire des Hia (189) au demi-périmètre de leur vestibule ou de l'aire des Yin (126) est égal à 3/2 ou à 9/6. Rencontre curieuse, la gamme (dite *Neuf Supérieur*) qui a permis à Sseu-ma Ts'ien de justifier les emblèmes numériques des notes, est émise par cinq tubes dont les trois premiers [45, 63 (= 60), 81] ont une valeur totale égale à 189 et les deux premiers (54, 72) une valeur totale égale à 126. Il est possible que, pour faire apparaître une relation entre les aires Yin et Hia (dont les proportions sont réglées par le rapport 10/8), on ait songé à choisir des dimensions empruntées aux tubes d'une certaine gamme. — Il se pourrait encore qu'on ait procédé de même pour faire apparaître les rapports des aires Yin et Tcheou (en leur supposant les mêmes proportions).

Les 6 premiers tubes sonores valent 360 ; 360 = 24 × 15; 15 est égal à 8 + 7 comme à 9 + 6 ; 24 vaut 9 + 8 + 7, et il vaut aussi 10 + 8 + 6. En multipliant 15, c'est-à-dire, 9 et 6 par 9, 8 et 7, on obtient les longueurs des six premiers tubes [81 (= 9 × 9), 72 (= 9 × 8), 63 (= 9 × 7) ; 54 (= 6 × 9), 48 (= 6 × 8), 42 (= 6 × 7)] que l'on peut ranger en deux groupes *yang* (9) et *yin* (6), les rapports de deux nombres consécutifs étant égaux à $\left(\dfrac{81}{54} = \dfrac{72}{48} = \dfrac{63}{42} =\right)$ $\dfrac{9}{6}$, le rapport d'ensemble à $\dfrac{216}{144}$, et le 1er tube valant les $\dfrac{9}{7}\left(=\dfrac{81}{63}\right)$ du 5e. — Mais en multipliant 15, c'est-à-dire 8 et 7, par 10, 8 et 6, on obtient 6 dimensions [80 (= 8 × 10), 64 (= 8 × 8), 48 (= 8 × 6) ; 70 (= 7 × 10), 56 (= 7 × 8), 42 (= 7 × 6)] telles que, en rangeant les nombres en deux groupes, le rapport d'ensemble soit égal à $\dfrac{8}{7}\left(=\dfrac{192}{168}\right)$ comme le sont, dans le détail, les rapports des nombres pris deux à deux.

Parmi les nombres ainsi obtenus, figurent 70 et 56, dimensions de l'aire des Yin, 80 et 64 dimensions de l'aire des Tcheou [ramenée à la proportion 10 × 8 sans qu'il y ait changement de la valeur du demi-périmètre (144)], et d'autre part ces 6 nombres [80, 56, 70, 48, 64, (42)] diffèrent fort peu de ceux qu'indique la formule première de la gamme [80, 56, 72, 48, 64, (40)] : seuls diffèrent 70 et 40, mais 42 ne devrait pas être estimé très différent de 40, puisqu'il est devenu l'emblème du 6e tube, lequel devait rendre, à la différence d'une octave, la note émise par le 1er tube (81 ou 80), et, par ailleurs, nous venons de voir que Tcheng Hiuan n'a pas hésité à assimiler 72 à 70, afin d'établir une relation entre les aires Yin et Tcheou. Or, avec la formule 80, 56, 70, 48, 64, (42), non seulement le premier nombre (80) vaut les 5/4 du cinquième (64), mais il vaut encore les 5/3 du quatrième (48) et, de même, le troisième (70) vaut les 5/4 du deuxième (56) et les 5/3 du sixième (42).

Il se pourrait bien qu'*avant de tirer d'une fausse équerre* (8, 9, 12) *la séquence* (9, 6, 8) *qui a servi* (en illustrant le rapport 9/6 et la proportion **9** × **7**) *à parfaire leur théorie musicale, les Chinois aient pensé à justifier* (approximativement) *la longueur de leurs tubes en les rapportant à une autre équerre qui permettait d'illustrer le rapport* **8/7** *et la proportion* **10** × **8** : cette équerre (3, 4, 5 ou 6, 8, 10) est une équerre *juste*, et c'est celle qui donne la règle du gnomon.

Le prestige de **9/6** et de **8/7** comme formules des relations du Pair et de l'Impair est, peut-être, lié au fait que 9 et 6, 8 et 7 permettent de sectionner le grand Total 360 en 6 nombres estimés capables d'exprimer des proportions musicales. Les séries numériques obtenues par ce sectionnement sont *presque pareilles* et, cependant, elles se rattachent à *deux équerres différentes*, dont l'une (8, 9, 12) entraîne l'adoption de 9 × 7 comme unité de superficie, tandis qu'avec l'autre (3, 4, 5) cette unité vaut 10 × 8.

Le *K'ao kong ki* affirme qu'on mesure au moyen de nattes (9 × 7) la superficie des aires rituelles, — mais ceci ne l'empêche pas d'indiquer en *sin*, ou en *p'ou* les dimensions des aires Yin et Hia. Bien plus, le *K'ao kong ki* et le *Tcheou li* lui-même indiquent, d'autre part, que l'étalon des dimensions architecturales (*tou*) est le *pi sien* ([370]).

Or, le *pi sien* est une tablette de jade de forme ovale dont le diamètre moyen vaut 9. Elle doit s'inscrire dans un rectangle long de **10** et large de **8**. Le périmètre du rectangle vaut donc 36, et le contour de l'ovale 27. Ces nombres sont significatifs : ils montrent que l'étalon de jade et, à sa suite, tous les quadrilatères de proportion 10 × 8 ou 5 × 4 avaient le mérite de rappeler les rapports du carré et du rond $\left(\dfrac{36}{27} = \dfrac{4 \times 9}{3 \times 9} = \dfrac{4}{3}\right)$. Les surfaces 9 × **7** mesurées en nattes ont un demi-périmètre égal à 144 (= 81 + 63 = 2 × 72 =

16 × *9*), à condition que le *multiplicateur conventionnel soit* **9**. Inversement les surfaces 10 × 8, dérivées du *pi sien*, ont un demi-périmètre égal à 144 (= 80 + 64 = 18 × *8*), *à condition que le multiplicateur soit* **8** et, dans ce cas, l'ovale inscrit vaut (27 × 8 =) 216. La proportion 10 × 8 et l'équerre 3, 4, 5 *sont liées à l'emploi de l'indice* **8**, de même que *sont liées à l'emploi de l'indice* **9** la proportion 9 × 7 et l'équerre, 8, 9, 12. — Et le *pi sien*, cependant, permet l'évocation du rapport prestigieux $\dfrac{216}{144}$.

Le rapport $\dfrac{216}{144}$ est évoqué, comme on sait, par la disposition en carré magique des 9 premiers nombres. Ceux-ci, qui valent 45, multiple de 5, peuvent être groupés de manière à obtenir le rapport $\dfrac{3}{2}$ sous la forme $\dfrac{27}{18}$ qui indique le rapport de l'ovale du *pi sien* au demi-périmètre du rectangle ex-inscrit. — 45, d'autre part, étant un multiple de 9, les *neuf* premiers nombres peuvent être groupés de manière à obtenir le rapport 5/4 ou $\dfrac{25}{20}$: 25 est la somme des cinq premiers nombres impairs, 20 celle des quatre premiers nombres pairs. — Le fait, cependant, que le rectangle dans lequel s'inscrit le *pi sien* vaille 36 [= (2 × 10) + (2 × 8)] soit 20 + 16 entraîne la conclusion que cette figure illustre un autre groupement de nombres. 16 est la somme des *quatre* premiers nombres impairs [(1 + 7) + (3 + 5) et 20 celle des *quatre* premiers nombres pairs [(2 + 8) + (4 + 6)]. L'étalon de jade réalisait une synthèse parfaite du Pair et de l'Impair : *synthèse hiérogamique avec échange d'attributs* ([371]) puisque, dans la proportion 5 × 4, l'Impair, 5, évoque la somme (20) des nombres pairs, et le Pair, 4, la somme (16) des nombres impairs.

Cette synthèse parfaite se manifestait d'une autre manière encore. 27 (contour de l'ovale) plus 36 (périmètre du rectangle) font 63.

Multiple de 9 et de 7, 63 est une synthèse de 5 et de 4, comme de 4 et de 3. Il peut d'abord évoquer par lui-même le rapport $\left(\dfrac{3}{4} = \dfrac{27}{36}\right)$ du contour céleste et du contour terrestre, et il l'évoque mieux encore $\left[\left(\dfrac{27 \times 8}{36 \times 8}\right) = \left(\dfrac{216}{2 \times 144}\right)\right]$ quand on adopte le multiplicateur *8*. Il peut surtout, par l'évocation du rapport $\dfrac{5}{4}\left(=\dfrac{35}{28}\right)$, rappeler la proportion 5 × 4 (*et l'équerre 3, 4, 5*). — Une vertu inverse appartient à **64** : ce multiple de 8 contient 4 fois 16 et 16 = 9 + 7. 64 peut donc rappeler la proportion 9 × 7 (liée au multiplicateur 9 *et à l'équerre 8, 9, 12*). Il la rappelle sous une forme remarquable, car 64 = 36 + 28. 36 (comme 360) est l'emblème de la totalité d'un contour ([372]). 28 est le nombre des mansions lunaires. Or, le dais circulaire qui recouvre le char du Chef et figure le Ciel mesure 36 par son contour et 28 arcs le rattachent à la colonne centrale, qui le relie à la caisse carrée du char (Terre) ([373]).

⁂

Les vertus et les jeux des multiplicateurs 8 et 9 peuvent dès maintenant se deviner. — Mais, si les 28 mansions lunaires indiquent l'intérêt du nombre 7, il reste à comprendre la signification de ce nombre et l'importance attribuée au rapport 8/7, *Il reste surtout à expliquer la liaison de ce rapport avec l'équerre 3, 4, 5, c'est-à-dire avec le gnomon,* — auquel vient tout justement nous faire songer la colonne centrale du char.

Les mérites de l'équerre 3, 4, 5, sont vantés dans un opuscule célèbre dont le titre : *Tcheou pei* ([374]) signifie : gnomon. Le *Tcheou pei* (où l'on retrouve la comparaison du Ciel et du dais du char) résume les enseignements mathématiques d'une École de cosmographes dénommée « l'École du Dais céleste » ([375]). Il a pour thème l'idée que les dimensions célestes peuvent être connues grâce au gnomon et à l'équerre 3, 4, 5. Le gnomon y est décrit comme un signal de bambou qui, percé, au 8e pied, d'un trou de 1/10 de pied, est long de 8 pieds *ou* de $\dfrac{80 + 1}{10}$ de pied. L'auteur, cependant, commence par rattacher l'équerre 3, 4, 5 à la formule — considérée comme la première des règles — : 9 × 9 = 81.

Le *Tcheou pei*, pour construire l'équerre 3, 4, 5, commence par construire un rectangle de côtés 3 et 4, puis il en trace la *diagonale*. Le texte ne contient rien de plus ; on n'y trouve, a remarqué Biot, aucun essai de démonstration du théorème du carré de l'hypoténuse. — Dans les éditions du *Tcheou pei* qui ont été conservées, la règle de l'équerre, *ou plutôt de la diagonale*, est illustrée au moyen de trois figures. Ce sont trois *carrés de côté* 7 divisés en 49 petits carrés et renfermant, l'un, un carré de côté 5 contenant 25 petits carrés, l'autre, un carré de côté 4 (16 petits carrés) et le dernier un carré de côté 3 (9 petits carrés). — Nul ne peut affirmer que ces figures existaient, *ainsi faites*, dans les éditions originales. — Telles qu'elles sont parfois dessinées, elles semblent n'avoir pas d'autre objet que d'illustrer pour les yeux la formule $3^2 + 4^2 = 5^2$.

Elles sont cependant destinées, bien qu'on l'ait contesté ([376]), à faire songer à une démonstration géométrique de cette formule. *L'insertion d'un carré* (de côté 5) *valant 25 à l'intérieur d'un carré* (de côté 7) *valant 49* se relie directe-

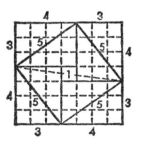

ment à une donnée fournie par le texte du *Tcheou pei : celui-ci considère l'hypoténuse 5 comme la* diagonale *d'un rectangle* 3 × 4. *Dans un carré de côté 7,* on peut loger quatre de ces rectangles, et *leurs quatre diagonales forment un carré inscrit qui a pour surface la moitié des quatre rectangles* [savoir :

$$4 \left(\frac{3 \times 4}{2} \right),$$ soit 24] plus 1 petit carré *laissé au centre par le tracé des quatre rectangles.* — Telle est la vérification géométrique de la formule : $3^2 + 4^2 = 5^2$.

Voici maintenant la preuve de l'antiquité de cette démonstration — que les figures des éditions actuelles laissent entrevoir, même quand elles l'entourent de quelque mystère. Inscrire les trois carrés 9, 16, 25 *dans un carré de côté 7*, c'est *suggérer l'équivalence de 45 et de (9 + 16) + 25, ou*, autrement dit, *l'équivalence de 25 + 25 et de* **49** : ceci revient à affirmer que *le triangle rectangle isocèle de côté 5 a une hypoténuse* ([377]) *qui vaut* à peu près 7. Or, tout autant, sinon davantage, que l'équerre juste 3, 4, 5, cette équerre approximative 5, 5, 7 intéressait les Chinois.

Elle les intéressait dès une haute antiquité. J'ai déjà dit que le devin ou le chef — et l'on verra que le Chef, l'Homme Unique, est identique au gnomon — prélevait, sur le lot des cinquante baguettes divinatoires, une baguette qu'il conservait à la main pendant qu'il opérait. Ce prélèvement permettait de diviser le lot (49) en deux parties qui étaient nécessairement, l'une *paire*, l'autre *impaire*. La baguette qu'il tenait en main présidait avec lui à la divination : ce bâton de commandement représentait le carré central, le Centre, l'Unité — *l'Unité qui ne compte pas*, mais qui *vaut et fait* l'ensemble, — *le répartiteur, le* pivot *du Yin et du Yang* ([378]).

L'idée que *ce que nous appelons l'unité* ne s'ajoute pas, *mais simplement opère une mutation du Yin au Yang ou du Yang au Yin et, par suite, se confond avec l'Entier ou le Total dans lequel le Yin et le Yang opèrent leurs mutations*, se rattache aux théories politiques des Chinois sur la puissance universelle, mais uniquement ordonnatrice de l'*Homme Unique — lequel, du Centre du Monde, commande toutes choses sans interférer en aucune chose, sans rien ajouter de* privé *au* Total *qu'il fait être tel qu'*Il est. Cette idée se relie encore à la tendance que nous avons si souvent constatée d'*ajuster les ensembles et de déterminer les proportions en réservant toujours le jeu d'une unité*. Elle explique le goût marqué des Chinois pour *les équerres mathématiquement imparfaites, mais plus efficientes pour eux que les autres, précisément parce qu'elles réservent un* jeu dans l'assemblage, *et la part, si je puis dire*, du tour opératoire, *Œuvre royale*.

Nous connaissons déjà le prestige de l'équerre 8, 9, 12. Nous pouvons hardiment supposer que, comme les équerres, juste ou approximative, 3, 4, 5 et 5, 5, 7, on l'illustrait en traduisant géométriquement la formule $(a + b)^2 = 4\,ab + (a - b)^2 = 2\,ab + [2\,ab + (a - b)^2]$. Dans un carré de côté 17 (= 9 + 8), ou peut inscrire 4 rectangles 8 × 9, dont les *diagonales* vaudront à peu près 12, puisqu'elles enferment quatre demi-rectangles de valeur 72, c'est-à-dire 144, plus 1 carré central (1 étant le carré de 9 — 8) $[17^2 = 289 = 144 + (144 + 1)]$.

Une construction analogue et, *d'ailleurs, calquée sur une figure essentielle de la géométrie ou de l'arpentage chinois,*

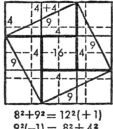

$$8^2 + 9^2 = 12^2 (+ 1)$$
$$9^2 (-1) = 8^2 + 4^2$$

devait aussi servir à montrer les vertus de 12^2. La Chine, — la Terre des Hommes, — a 12 ou 9 Provinces ; 12 valant 3 × 4, il est possible de construire un carré de côté 12 qu'on divisera, tout aussi bien, en 9 carrés ou en 12 rectangles. Partons de la division en 9 carrés, qui est celle du *Ming t'ang*, du *Carré magique*, etc. Tout autour du carré central et *figurant parfaitement le svastika*, se trouvent dessinés *quatre rectangles remarquables par ce fait que leur hauteur est double de leur base*. Ils valent 4 × 8 c'est-à-dire 2 × 16. En traçant les diagonales, on les divise en triangles, de valeur 16, — comme le carré central $[= (8 - 4)^2]$. Cette construction fait apparaître la règle de la surface du triangle $\left(\dfrac{\text{base} \times \text{hauteur}}{2}\right)$ à l'aide d'un exemple conforme au goût chinois, puisque la surface de ces triangles se trouve exprimée par un carré (16). *Elle conduit, de plus, à tracer* [puisque les quatre diagonales enserrent quatre triangles valant 16 et un carré qui, lui aussi, vaut 16 (soit 16 × 5 = 80)] *un carré inscrit qui approche du plus parfait des carrés* (9^2), *car il vaut 80*.

D'où la formule $8^2 \times 4^2 =$ (*à une unité près*) 9^2, formule précieuse, puisqu'elle donne une valeur approchée de l'hypoténuse d'un triangle dont *la base est la moitié de la hauteur* (équerre approximative 4, 8, 9).

Mais voici une autre équerre approximative, tout aussi utile à établir, puisqu'elle peut aider au calcul des éléments de l'hexagone et que, se rapprochant de l'équerre 4, 8, 9, elle va permettre une application de cette dernière à l'hexagone. Si 81 (— 1) = 64 + 16, 64 (+ 1) = 49 + 16. Un carré de côté (7 + 4 =) 11, divisé en 4 rectangles (4 × 7) entou-

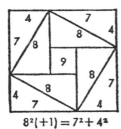

$$8^2(+1) = 7^2 + 4^2$$

rant un carré de valeur 9 [= $(7 - 4)^2$] permet de vérifier (*à une unité près*) cette nouvelle équerre — extrêmement précieuse, puisque l'*hypoténuse y vaut le double de la base*, ce qui est le cas pour les triangles formés par le côté d'un hexagone (hypoténuse), le demi-côté de l'hexagone (base), et la hauteur du trapèze formé par le demi-hexagone.

Nous voici arrivés aux raisons du prestige du rapport **8/7** et bien près de comprendre la liaison établie entre ce rapport et l'équerre 3, 4, 5, c'est-à-dire la proportion 8 × 10 et le gnomon.

* * *

Le rond provient du carré, comme le prétend le *Tcheou pei*, mais par l'intermédiaire de l'hexagone.

Si la circonférence est estimée valoir les 3/4 du carré dans lequel elle s'inscrit, c'est que le côté de ce carré vaut deux côtés de l'hexagone inscrit dans la circonférence. Quand le périmètre du carré est 8 et son côté 2, l'hexagone et la circonférence (comme lui) vaudront 6, le rayon et le côté de l'hexa-

gone valant 1, le diamètre (2 côtés de l'hexagone) valant 2,
et π, par suite, étant estimé égal à 3.

De l'équivalence établie entre la circonférence et l'hexagone inscrit, il reste, comme premier témoignage, le fait
qu'on donne à la roue 30 (= 6 × 5) rayons. Ceci, dit-on,
parce que la roue doit rappeler le mois, c'est-à-dire la lune.
Mais l'emblème de la lune, c'est, bien plus que la roue, le
couteau, qui est courbe : le couteau courbe, c'est la lune qui
s'ébrèche, et ce qui ébrèche la lune, c'est le couteau ([379]).
Pour vérifier si la courbure des couteaux était conforme aux

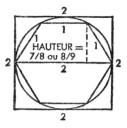

bonnes règles, on les assemblait par 6 et l'on examinait
s'ils formaient un cercle parfait. Or, les couteaux devaient
être longs de 1 pied ([380]). — On voit que l'hexagone vaut
le cercle et que tous deux valent 6.

La formule π = 3 est une donnée essentielle de la mathématique et de la cosmographie chinoises. — Elle a servi et
sert encore de règle aux charrons. — Ceux-ci, jadis, fabri-
quaient non seulement les roues, mais les dais du char.

L'École du Dais céleste admet, d'une part, que le Ciel est
un dais et, d'autre part, qu'on peut mesurer le Ciel au moyen
de l'équerre 3, 4, 5 ; elle admet encore que la formule 9 × 9
= 81 constitue la première des règles et que, *cependant*, le
gnomon vaut 80. Avec l'équerre 3, 4, 5, où 5 est l'hypoténuse,
on peut donner au gnomon, selon que l'on prend 3 ou 4 pour
hauteur, la valeur 81 (= 3 × 27) ou 80 (= 4 × 20). L'hypoténuse vaudra alors, selon le cas : 135 (= 5 × 27) ou 100
(= 5 × 20) et la base : 108 (= 4 × 27) ou 60 (= 3 × 20).
Les nombres 108 et 135, 60 et 100, qui sont dans le rapport
4/5 et 3/5, sont inutilisables pour qui se propose de faire
sortir le rond du carré, c'est-à-dire d'illustrer les rapports

3/4 ou 3/2. Ce n'est donc pas à la construction d'un triangle
rectangle de côtés 3, 4, 5 ou d'un triangle isocèle de côtés 5
et de hauteur 3 ou 4, la base étant 8 ou 6, que se rattache le
prestige du gnomon et la prétention de tirer le rond du carré.

On peut, au contraire, tirer le rond du carré ([381]) et *justifier, par surcroît, la hauteur du gnomon*, en construisant *un
trapèze* formé par un demi-hexagone et une base valant deux
côtés de l'hexagone. On y arrivera (grâce au jeu d'une unité
et à l'utilisation concurrente des multiplicateurs 9 et 8) si
l'on fixe à 8/7 ou à 9/8 le rapport du côté de l'hexagone à la
hauteur du trapèze. Nous allons le montrer et nous réussi-
rons ainsi à expliquer la vogue ancienne de 8/7, comme
expression (aussi valable que 9/6) des rapports du Pair et
de l'Impair. Nous justifierons par là même notre hypothèse
sur l'obtention des équerres, justes ou approximatives, à
partir de l'insertion dans un carré de quatre rectangles englo-
bant un carré central, — ce qui reviendra à prouver l'antiquité de la démonstration du théorème de l'hypoténuse.

Partons de la donnée essentielle : pour l'école du *Tcheou
pei* ou de l'équerre 3, 4, 5, le Ciel est identique au dais du
char. — Le dais des chars se décompose en trois parties : la
partie centrale, qui vaut 2 + 2, est plane et supportée en son
milieu par une colonne ; les deux bords, qui sont courbes,
mesurent, chacun, 4. Puisque le dais figure le Ciel, son contour, analogue au Contour céleste, doit valoir 36 et le diamètre (bien que les bords du dais soient courbes) être estimé
égal à 12 [= (4 + 2) + (2 + 4)]. Le contour du dais est
donc formé par trois lignes considérées comme égales entre
elles (4 + 4 + 4), ainsi que le sont les trois côtés d'un demi-
hexagone, mais l'angle que forment les bords avec la partie
plane n'est pas égal à 60° ; il est beaucoup plus ouvert : la
hauteur du trapèze que forme, avec sa base, le contour du
dais, est, en effet, fixée à 2. — C'est là une donnée essentielle ([382]), sur laquelle nous reviendrons.

Mais commençons par construire un trapèze dont trois
côtés forment un demi-hexagone, la base valant deux côtés.
Donnons à chaque côté la valeur 1, puisque les 6 couteaux
qui forment un cercle parfait mesurent chacun 1 pied. Le
périmètre de notre trapèze se décompose en 5 parts égales et

qu'il suffira *pour que ce périmètre figure un contour total* (360) d'estimer égales à 72. Dès lors, la base aura les dimensions significatives de la Terre et du Yin (144), et le contour du demi-hexagone équivaudra à un contour semi-circulaire, car il aura les dimensions du Yang et du Ciel (216).

72 vaut 9 × 8. Pour porter à 72 la valeur 1 de chacun des 5 côtés d'hexagone qui forment notre périmètre, nous pour-

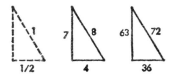

rons procéder par deux méthodes, mais toujours en deux temps : multiplier, d'abord, par 8 puis par 9 ou multiplier par 9 et ensuite par 8.

Commençons en multipliant par 8 : *le côté de l'hexagone vaut 8*, le demi-côté 4. *Si nous connaissons la construction dont il a été parlé plus haut* (quatre rectangles 7 × 4 disposés dans un carré de côté 11), *nous pourrons estimer à 7 la hauteur du trapèze* ([383]). Multiplions maintenant par 9 : le côté vaudra 72, le demi-côté 36, la hauteur *63*, et nous aurons formé sur le côté de notre trapèze une équerre 36, *63*, 72.

Passons à l'autre méthode et multiplions, pour commencer, par 9. *Le côté de l'hexagone vaut 9* et le demi-côté 4,5. *Si*

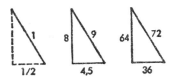

nous connaissons la construction dont il a été parlé plus haut (quatre rectangles 8 × 4 disposés dans un carré de côté 12), *il sera très tentant d'utiliser l'équerre (approximative) 4, 8, 9,* car, si nous multiplions maintenant par 8 le côté 9, nous obtiendrons, comme tout à l'heure, 72 et nous obtiendrons aussi 36 (= 4,5 × 8) pour le demi-côté [dont nous n'oublierons pas (bien que nous nous servions d'une équerre 4, 8, 9) qu'il vaut, en l'espèce, la moitié de 9, soit 4,5]. La hauteur, d'abord exprimée par **8**, conformément à l'équerre utilisée, se trouvera définie après la seconde multiplication par *64*, et nous aurons construit sur le côté de notre trapèze une équerre **36**, *64*, **72**, qui ne différera de l'équerre formée par les opérations précédentes que par le remplacement de **63** par **64**.

63 vaut 9 × 7 et **64** vaut 8 × 8. Ces hauteurs conviennent parfaitement, puisqu'il s'agit de loger, entre la caisse et le dais du char, un homme, et que *la taille de l'homme* (jen), *symbolisée par le caractère* jen, *est estimée* — hésitation précieuse — *égale à 7 pieds ou à 8 pieds*, c'est-à-dire, dans un cas, à **63**, *si le pied a 9 divisions*, et, dans l'autre, à **64**, *si le pied a 8 divisions*.

Mais, depuis que, grâce à Tchong-li, ancien Héros solaire devenu le patron des astronomes, les communications entre

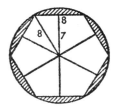

la Terre et le Ciel ont été coupées ([384]), la tête des hommes — pas même celle du Chef (à moins qu'il ne grimpe au mât de cocagne) — ne touche plus le Ciel. D'ailleurs, il faut qu'un guerrier puisse y voir quand il est enclos entre la caisse et le dais courbe de son char. Aussi ce dais est-il surélevé. Quand la taille de l'homme est estimée à 8 pieds, la colonne centrale du char compte deux pieds en sus ([385]). Admettons qu'elle a de même deux pieds de plus quand l'homme (sans que sa taille ait changé, sans doute, mais quand la mesure de sa taille a changé, définie par 63 divisions de pied au lieu de 64) n'est plus haut que de 7 pieds.

La hauteur du trapèze (dans la première méthode et **8** étant *le premier multiplicateur*) est **7** (rai de la roue cosmique), c'est-à-dire **63**, puisque, pour que le contour du trapèze vaille 360, il faut que le deuxième multiplicateur conventionnel soit 9. Comme il faut écarter le Ciel de la Terre afin de rompre les communications, le dais sera supporté par une colonne qui vaudra $(7 + 2) \times 9$, soit 9×9 ou 81, et tel est, en effet, le Nombre du *Tcheou pei* (gnomon). — Mais, si la taille de l'homme ou le rayon réel de la roue cosmique est 8, il faudra (9 étant le premier multiplicateur) que le deuxième multiplicateur conventionnel soit 8 pour que le contour du trapèze égale toujours 360. Dès lors 8×8, soit 64, donne la taille de l'homme et $[(8 + 2) \times 8 =]$ 80 la hauteur de la colonne centrale : telle est, en effet, la dimension du gnomon (*Tcheou pei*).

81 provient de 63, comme 80 provient de 64. Lorsqu'on la divise en 7 ou 8 pieds, en 63 ou en 64 parties, on ne fait pas varier, sans doute, la taille-étalon de l'homme. Quand on fixe à 81 la hauteur du gnomon ou quand on la fixe à 80, la hauteur réelle (distance au sol du trou percé au sommet de la perche) change-t-elle vraiment ? 81 ne différerait-il de 80 que par *une unité qui ne compte pas ?*... Les Chinois ont cons-

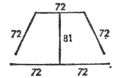 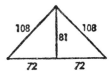

tamment choisi un multiple de 8 pour indiquer la hauteur du gnomon... Quand les ouvriers des chars construisaient la colonne et le chapiteau où ils attachaient le dais, ils prenaient soin de laisser passer au-dessus du dais une toute petite partie du chapiteau (1/100 de pied)... Le nombre 81 a de bien grands mérites, surtout quand il mesure une hauteur ou un signal dressé sur une base valant 2×72 : ne connaît-on pas une équerre (9, 8, 12) qui pour une hauteur de 81 et une base de $72 \left(= \dfrac{144}{2} \right)$ a une hypoténuse valant 108, c'est-à-dire la moitié de 216, Contour céleste, que peuvent représenter, d'autre part, trois côtés d'hexagone ?

La hauteur — ou le gnomon — 81 fournit le moyen de

passer, pour un dais ou un toit, d'un profil trapézoïdal à un profil triangulaire. [Le profil triangulaire convient parfaitement à un toit de chaume circulaire, tel que, dit-on, le *Ming t'ang* en avait un. Mais les toitures en tuiles, dont le *K'ao kong ki* ([386]) affirme qu'elles étaient moins pentées que les toits de chaume, ressemblaient (du moins au temps des Han) ([387]) à un demi-hexagone ou à un dais de char]. — De profil triangulaire ou trapézoïdal, les toitures qui valent 216 doivent être agencées sur des rectangles, dont il convient (par suite), que le demi-périmètre vaille 144.

Quand le gnomon vaut 81, c'est lui qui donne la largeur, tandis que 63, hauteur du trapèze, donne la profondeur. On a vu que, dans ce cas, l'unité de superficie (la natte) vaut 9×7, le multiplicateur conventionnel étant 9. L'unité est le *pi sien* (10×8) et le multiplicateur 8 quand le gnomon, et par suite la largeur, valent 80, la profondeur des édifices et la hauteur du trapèze valant 64. Dans tous les cas, on arrive à faire sortir le rond ($216 = 108 \times 2$ ou 72×3) du carré [72×2, base du trapèze, demi-périmètre du carré.] Et quand le gnomon vaut 80, [ou même 81 (80 + une unité qui ne compte pas], l'équerre 3, *4*, *5* se retrouve dans la proportion *10* × *8*, [qu'on arrive elle-même à retrouver dans les surfaces de proportion 9×7, — puisque 81 + 63 font 144 tout aussi bien que 80 + 64].

Par l'intermédiaire de la proportion 8×10 et du *pi sien*, on peut donc rappeler l'équerre parfaite, 3, 4, 5, tout en fixant à 80 ou à 80 (+ 1) la hauteur du gnomon. Mais, pour y arriver et *pour illustrer l'idée que le rond sort du carré en passant par l'hexagone*, c'est-à-dire pour évoquer sous la forme $\frac{216}{144}$ le rapport $\frac{3}{2}$ ou $\frac{9}{6}$ du rond et du carré, on a dû [ce qui, d'ailleurs, *a permis d'opposer et d'assimiler* les proportions 9×7 et 10×8, par suite, de rappeler l'équerre 3, 4, 5] partir du rapport 8/7 (ou 9/8) du rayon de la circonférence (côté de l'hexagone) au rayon réel de la roue (hauteur du trapèze dessiné par le demi-hexagone). *Pour obtenir ce résultat, le Constructeur*, — tout comme le Musicien quand il a perfectionné la formule de la gamme, — *a dû employer concurremment les multiplicateurs conventionnels 8 et 9*. — C'est ce qu'implique notre démonstration. C'est ce qu'affirme la tradition. — Les Tcheou se servaient, pour mesurer, de nattes de 9 pieds de long, mais ils divisaient le pied en 8 pouces. Les Yin mesuraient avec des *sin* de 8 pieds, mais ils divisaient le pied en 9 pouces ([388]). — D'ailleurs, quand le gnomon valait 80, on pouvait encore estimer qu'il n'était pas supérieur de 2/8 à la taille de l'homme ; pour l'estimer égal à l'étalon-homme (8), il suffisait (80 = 10 × 8) de diviser le pied en 10 pouces : tel était, dit-on ([389]), le système des Hia ([390]).

***

Que l'Homme (le *jen*) mesure 7 pieds (équerre 4, 7, 8) ou qu'il mesure 8 pieds (équerre 4, 8, 9), sa taille ne varie pas plus que ne varie la hauteur du gnomon quand il vaut 81 ou 80, c'est-à-dire quand on lui attribue 9 fois 9 divisions, ou 10 fois 8 divisions, ou 8 fois 10 divisions.

Les Nombres n'ont pas pour fonction d'exprimer des grandeurs : ils servent à ajuster les dimensions concrètes aux proportions de l'Univers.

Pour qu'il remplisse parfaitement sa mission, un Emblème numérique doit, si je puis dire, exprimer, ou, plutôt, contenir deux coordonnées : l'une évoque *la structure permanente* du Monde, l'autre *un état défini de* l'Ordre ou de la Civilisation. Les Emblèmes les plus riches : 3 et 2, 3 et 4, 5 et 4, 10 et 8, 9 et 6, 8 et 7, 64 et 80, 63 et 81, 144 et 216, 108 et 72... sont ceux qui rendent manifeste la morphologie et la physiologie de l'Univers ; *leurs jeux sont commandés par le grand Total 360* (= 5 × 72 = 6 × 60).

La structure de l'Univers ou sa morphologie se résume dans la double expression que prennent les rapports du Yang et du Yin, de l'Impair et du Pair : 9/6 et 7/8. On a vu que (et c'est passer — par l'intermédiaire de l'hexagone — du *carré* au *rond*) on arrive du rapport [7/8 (ou 8/9)] du rayon réel de la roue cosmique (l'Étalon-homme, 7 ou 8, le *jen* : hauteur du trapèze) au rayon de la circonférence (côté de l'hexagone), *à passer* au rapport (9/6) du Contour céleste (demi-périmètre de l'hexagone) à sa Base terrestre (base du trapèze). C'est par ce passage que s'exprime la physiologie de L'Univers : l'alternance rythmique du *droit* et du *courbe*, du Yin et du

Yang. Ce qui rend le passage possible, c'est l'emploi conjugué de multiplicateurs qui, considérés comme des classificateurs de l'Espace-Temps, valent comme des Emblèmes dynastiques. Ces Emblèmes permettent de représenter en termes différents et pourtant *assimilables* [proportions 8 × 10 ou 9 × 7, demi-périmètres 81 + 63 ou 80 + 64 (tous deux égaux à 144)] la *structure* de l'Univers en caractérisant une *ère* de la civilisation. La succession des différents ordres dynastiques de la Civilisation [*cette succession est réglée par un rythme musical,* c'est-à-dire par la séquence, 9, 6, 8 : (6 étant l'emblème numérique des Hia, 8 celui des Yin, 9 celui des Tcheou)] n'altère pas la structure du Monde. On rend manifeste la permanence de cette structure en ayant soin de choisir, pour indices des divisions des diverses unités de mesure, *des nombres qui puissent se combiner de façon que — seul étant changé l'ordre des manipulations, — le résultat,* à une unité près, *ne soit pas modifié.*

Au lieu de servir à mesurer, les nombres servent à opposer et à assimiler. On les emploie à intégrer les choses dans le système que forme l'Univers. *Les choses, en effet, ne se mesurent pas. Elles ont leurs propres mesures. Elles sont leurs mesures.* Elles sont telles que l'outil ou l'artisan les fait être. Leur mesure est celle de l'ouvrier, comme la mesure du Monde est celle du Chef, Homme-étalon. La construction des chars est le plus noble des arts [391], car le char, caisse et dais, c'est la Terre et le Ciel. La structure du char (dais et colonne) illustre les rapports 9/6 et 8/7 et ce qui commande le détail des proportions (longueur des armes, hauteur du dais), c'est la taille du guerrier [392] ; mais, — de même que les dimensions réelles des ouvrages de poterie dépendent des dimensions réelles du tour qu'utilise le potier [393], — l'artiste qui construit les chars détermine toutes les mesures en se servant *uniquement* du manche de sa cognée [394]. — Le plus beau triomphe du fondateur de l'unité impériale (Che Houang-ti s'en vante dans ses inscriptions et, peut-être, se vante-t-il) [395] a été d'obtenir que les moyeux des chars de tout l'Empire, — tous les chars, dès avant lui, étaient construits en utilisant les *mêmes* nombres proportionnels, — aient *effectivement* le *même* écartement.

Il y a, dans la conception chinoise des Nombres, une

admirable conciliation du *conformisme le plus strict*, ou du sentiment du style, et de la fantaisie, ou de l'*individualisme le p... s jaloux*. Cette conception permet (en dehors de leurs emplois pratiques) d'utiliser les Nombres à la seule fin de rendre manifestes la structure du Monde et les ordres successifs de civilisation par lesquels s'exprime le rythme de la vie universelle. Pour qui multiplie les classifications numériques, évite d'adopter, pour l'ensemble des unités de mesure, un système unique de division, caractérise chaque unité par un mode de division spécial et prend soin de conjuguer des modes de division complémentaires, les Nombres servent à signaler des rapports et des proportions sans plus interdire *la manipulation des rapports* qu'un *certain jeu dans les proportions*.

Les Nombres ne sont que des Emblèmes : les Chinois se gardent de voir en eux les signes abstraits et contraignants de la quantité.

V. FONCTIONS CLASSIFICATOIRE ET PROTOCOLAIRE DES NOMBRES

Lorsque les interprètes chinois veulent justifier les dimensions (10 × 8) du *pi sien*, ils notent que les anciennes unités de mesure dérivent toutes du corps humain, puis ils ajoutent : la main, mesurée à partir du pouls, vaut 10 (pouces) chez l'homme et 8 chez la femme. Aussi le Pair (8 ou 4) préside-t-il aux dimensions des étoffes (que les femmes fabriquent), [et même (en principe) à celles des objets fabriqués (qui sont *yin*)]. Il préside aussi à la division des surfaces et surtout à celle des volumes ([396]) : le Yin est creux. Quant aux longueurs qu'on rapporte à la taille-étalon, au gnomon, au Chef, elles méritent d'être exprimées par un nombre *yang* (Impair).

Les nombres, pairs et impairs, ont pour premier emploi de distribuer l'ensemble des choses dans les catégories Yin et Yang. A cette fonction classificatoire se rattache immédiatement une fonction protocolaire. — Le Yang l'emporte sur le Yin : l'Impair est une synthèse de l'Impair et du Pair.

On peut résumer la conception chinoise des Nombres en rappelant une formule des étymologistes indigènes. Pour expliquer qu'un sorcier puisse être désigné par l'emblème graphique (*wou*) qui signifie « sorcière », mais qu'il mérite, d'autre part, de posséder une désignation (*hi*) qui lui soit propre, ils disent : la sorcière est *yin*, le sorcier est *yin-yang*. L'expression *yin-yang* n'a jamais cessé de désigner le sorcier, et le sorcier n'a pas cessé, non plus, — privilège qu'il tient de la pratique de l'hiérogamie, — d'être homme et femme à la fois, et femme à volonté. — L'Impair contient le Pair et il peut le produire. En lui et par lui se *mutent* le Pair et l'Impair.

Les vertus du *pi sien*, fait de 10 (main de l'homme) et de 8 (main de la femme), tiennent à ce que son diamètre moyen est fait de 5 et de 4, dont la synthèse est 9. 11 [synthèse de 5 et de 6 (et aussi de chacun des 5 couples que forment les 10 premiers nombres)], 7 [synthèse de 3 et de 4 (circonférence inscrite et demi-périmètre du carré ex-inscrit)], 5 [synthèse de 3 et de 2 (demi-circonférence et côté du carré)], peuvent servir d'emblèmes aux choses *yang*, qui sont aussi *yin-yang*. Aucun de ces nombres ne le peut aussi bien que 9. Si 9 vaut 5 + 4, il vaut aussi 3^2, et 3, qui est la *première synthèse* du Yang et du Yin, est aussi le *premier nombre* [397].

Un n'est jamais que l'Entier [398], et Deux n'est, au fond, que le Couple. Deux, c'est le Couple caractérisé par l'*alternance* (et la *communion*, mais non la *somme*) du Yin et du Yang. Et Un, l'Entier, c'est le pivot, qui n'est ni *yin*, ni *yang*, mais par qui se trouve ordonnée l'alternance du Yin et du Yang ; c'est le carré central *qui ne compte pas, mais qui* (comme le moyeu dont les auteurs taoïstes disent que, grâce à son *vide*, il peut faire tourner la roue) [399] *commande la giration* de la croix gammée dessinée par les quatre rectangles entre lesquels se partage le grand carré, Espace entier ; c'est l'Indivisible qui ne peut s'ajouter, car il n'est point une synthèse de pair et d'impair ; c'est l'*Unité* qui ne peut valoir 1 parce qu'elle est *Tout* et que, d'ailleurs, elle ne peut se distinguer de Deux, car c'est en elle que se résorbent tous les aspects contrastants et que s'opposent, mais aussi s'unissent, la Gauche et la Droite, le Haut et le Bas, l'Avant et l'Arrière, le Rond et le Carré, l'ensemble du Yang, l'ensemble du Yin. Tout ensemble Unité et Couple, l'Entier, si on veut lui donner une expression numérique, se retrouve dans tous les

Impairs et, d'abord, dans 3 (: *Un* plus *Deux*). 3, nous le verrons, vaut comme une expression à peine affaiblie de l'*unanimité*.

La série des nombres commence donc à 3 ([400]). Ce n'est pas une série continue, car les nombres se groupent immédiatement en deux bandes opposées. Une série continue ne pourrait servir qu'à compter. Ce n'est pas d'hier que, dans la pratique, les Chinois comptent juste. Mais ce que leurs Sages demandent aux Nombres, c'est que les séries *yin* et *yang* leur fournissent des classificateurs pour grouper hiérarchiquement les êtres en catégories antithétiques. Ils désirent, avant tout, distinguer par des emblèmes convenables les groupements pairs et impairs, et signaler, tout d'abord, les plus parfaits de ces groupements. D'où l'importance, attestée par ses emplois rituels, de la double progression $\frac{3,\ 9,\ 27,\ 81}{8,\ 16,\ 32,\ 64}$.

Le premier mérite de cette double série est évident ([401]) : elle oppose, à deux reprises, deux carrés dont la somme évoque un autre carré [$9 + 16 = 5^2$ et $81 + 64 = 12^2 (+ 1)$] et invite à construire deux équerres (toutes deux essentielles, bien que l'une soit approximative). Autre raison de prestige : $3 + 9 + 27 + 81$, comme $8 + 16 + 32 + 64 = 120$ et font ensemble les 2/3 de 360. Quand on affronte ces deux séries, faites des impairs les plus parfaits et de pairs parfaitement pairs, les 120 qui manquent pour parfaire 360 ne manquent qu'en apparence. 120 épouses et 120 ministres doivent figurer aux côtés du Roi. L'Homme Unique (dont la robe est brodée de 12 insignes et qui suspend à son bonnet de cérémonie 12 pendeloques de jade) vaut *à lui seul* le groupe entier de ses vassaux et le groupe entier de ses vassales ; il vaut ces deux groupes qui ne sont que sa Gauche et sa Droite et, maître des 12 Provinces, il vaut encore le grand Total 360, dans lequel il ne compte pas pour 1, pas plus que ne compte pour 1, dans le groupe des 120 épouses, la Reine. En raison des hiérogamies qui la résorbent dans le Maître, elle ne se distingue pas de l'Homme Unique, Sorcier suprême : Couple *Yin-Yang*.

L'Impair contient et produit le Pair, qui n'est jamais qu'une projection double (droite et gauche, *yin* et *yang*) de l'Impair. Ni l'Impair, ni l'Unité *ne s'ajoutent* au Pair. Ils centrent le

Symétrique et le transforment en Impair. Ni l'Impair, ni l'Unité *ne s'ajoutent* à l'Impair : ils transforment une disposition centrée en un arrangement symétrique. Ces *mutations* ne sont que des changements d'aspects, des changements de formes, de vraies métamorphoses : elles ne paraissent pas impliquer un changement quantitatif. Au reste, tous les Pairs valent également comme expression d'une disposition symétrique, et tous les Impairs comme expression d'un arrangement hiérarchisé. Aussi les Impairs valent-ils encore comme des expressions du Total, c'est-à-dire de l'Unité envisagée sous un aspect plus ou moins complexe. Un c'est le Total et tout Impair, qui est une espèce de Total, est Un.

Sans qu'il y ait lieu de penser à une addition, mais plutôt en évoquant une répartition différente de l'ensemble, un changement interne d'organisation, l'Impair *opère* le passage du Pair à l'Impair ou de l'Impair au Pair. Le passage du Pair à l'Impair n'est pas celui de l'Illimité au Limité ou de l'Indéterminé au Déterminé, c'est le passage du Symétrique au Centré, du Non-Hiérarchisé au Hiérarchisé. Ce passage se fait sans suggérer de représentation proprement quantitative. Le Double (Yin) et l'Indivis (Yang), le Carré (Symétrique) et le Rond (Centré) se produisent l'un l'autre (*cheng cheng*) (402), ou plutôt *alternant rythmiquement*. — L'idéal géométrique (403) serait une assimilation (succédant à une opposition) du Droit et du Courbe, du Diamètre et du Demi-Cercle, de 2 et de 3, c'est-à-dire l'interdiction de prêter une valeur à 1.

L'assimilation et l'opposition du Pair et de l'Impair, du Symétrique et du Centré, montre suffisamment que la science des Nombres ne se distingue pas d'un savoir géométrique. — Ce savoir a sa source et ses applications dans la morphologie sociale.

Les Chinois voient dans les Nombres deux lots d'Emblèmes aptes à caractériser (en les hiérarchisant) les diverses modalités de groupement qui ressortissent aux catégories Yin et Yang. Leurs Sages, écartant une conception arithmétique de l'unité, évitent de ranger les Nombres dans une série continue formée par additions successives de 1. Ils n'éprouvent pas le besoin de considérer comme illimitée la série numérique ; ils préfèrent l'imaginer comme un ensemble de séries finies capables (la première dizaine en particulier) de figurer des cycles. Les emblèmes numériques leur paraissent destinés à évoquer le dispositif d'un ensemble fini, c'est-à-dire à évoquer le contour de cet ensemble en énonçant les divisions de ce contour. L'art des Nombres est la spécialité des Maîtres du Calendrier, chargés de découvrir dans le Ciel des repères et de diviser le contour céleste en secteurs. Il leur importe peu de le diviser en secteurs *égaux* ; tout au contraire, une conception arithmétique de l'unité les gênerait. Leur premier devoir est de concilier des classifications et de les imbriquer de façon à tirer de ces imbrications des possibilités de jeu.

Le Ciel, en sus de son Faîte (c'est le Palais Central, le Palais de l'Unité suprême. *T'ai yi* : compte-t-il pour 1 ? ne compte-t-il pas ?), comprend 4 Quartiers, mais qui ne correspondent point, chacun, à 90º. Le Palais de l'Est vaut 70º 50' et celui de l'Ouest 75º 40' ; le Palais du Nord 101º 10' et celui du Sud 112º 20' ([404]). Chaque quartier se divise en 7 secteurs, et l'équateur entier se trouve divisé en 28 mansions, qui diffèrent fortement d'étendue et dont deux [Fa, aujourd'hui Chen, l'Épée d'Orion) et Chen (l'Épée d'Orion, aujourd'hui Tsouei)] occupent la même région du Ciel. Si l'on compte 7 mansions par quartier, c'est sans doute parce que l'astérisme du Palais Central (la Grande Ourse), résidence de l'Unité Suprême, a 7 étoiles ([405]). N'est-il pas dit, dans un passage du *Chou king* (que Sseu-ma T'sien a pris soin de conserver) : « Les Sept Recteurs et les Vingt-huit Mansions, les Tubes (= la Musique) et le Calendrier, le Ciel s'en sert pour mettre en communication (*t'ong*) les influences (*k'i*) des Cinq Éléments et des Huit Directions (les Huit Vents) » ([406]) ? Aussi, tout un chapitre des *Mémoires historiques* a-t-il été consacré par l'auteur (expert en matière de Calendrier) à montrer comment, se raccordant ensemble, la classification par 8 (Vents) et la classification par 28 (Mansions) se relient aussi à la classification par 12 (Tubes et Mois) ([407]). Sseu-ma Ts'ien ajoute, sur le pourtour du Ciel, les 8 vents aux

28 mansions, puis il divise l'ensemble en 4 quadrants. 28 + 8 font 36, soit 4 fois 9 : Sseu-ma Ts'ien accorde donc à chacun des quadrants 7 mansions plus 2 vents, sans se sentir gêné par le fait que les 7 mansions d'un secteur n'égalent en aucun cas 90°. D'où, dans le détail des équivalences établies entre les Mois, les signes cycliques, les Vents et les Tubes, de nombreuses singularités. La plus curieuse est que le V⁰ mois, qui est le *mois du solstice d'été*, est mis en rapport avec trois mansions qui dépendent du Vent du Sud-Est, cependant que le *Vent du plein Sud* (et les deux mansions rattachées à lui) ne correspondent qu'à un simple site et que le VI⁰ mois, dernier mois de l'Été, est rattaché au Vent du Sud-Ouest avec lequel commencent l'Automne et le secteur occidental ([408]). Rien de tout cela n'inquiète Sseu-ma Ts'ien, l'un des Maîtres de la connaissance des Temps. [Il tient en revanche à signaler qu'une des mansions du Sud (se nomme et) compte 7 étoiles : elle en compte 7, dit-il, parce que 7 est le Nombre du Yang (et du Sud = Feu) ([409])].

Concilier des classifications hétérogènes et les imbriquer, — avec l'espoir que leurs chevauchements faciliteront les manipulations d'emblèmes et, par suite, la manipulation du réel, — tel est le métier, tel est l'idéal de l'astronome. Les Nombres ont, pour lui, une première vertu : *ils savent figurer les combinaisons diverses qu'on peut, si on le décompose, attribuer aux éléments d'un ensemble, et ils permettent, en outre, de combiner entre elles ces combinaisons.* Aussi, après avoir confié aux Nombres la mission de qualifier des compositions, n'hésite-t-on pas à leur demander, les traitant comme des signes cycliques, de caractériser des positions. Ce n'est point là une fonction très différente de celles qu'ils remplissent en tant que symboles des diverses dispositions cycliques auxquelles, *selon l'occurrence*, il convient de se référer : quand un nombre figure un site, c'est à titre de symbole du *dispositif* qu'imposent, en l'espèce, tels ou tels caractères circonstanciels de l'Espace-Temps ([410]). Mis au service d'une cosmographie et d'une géométrie dont la donnée première est que le Temps et l'Espace forment ensemble un milieu concret, les Nombres servent avant tout à figurer *les formes* circonstancielles *de l'Unité ou, plutôt, du Total.*

C'est à 3, Premier Nombre, Nombre parfait (*tch'eng*), que se rattachent tous les grands systèmes de classification : classifications par 5, ainsi que par 6, 4 et 7 ; classifications par 8, ainsi que par 9, 10 et 12 (et par 24, 36, 60, 72, etc.).

Fait remarquable, ce sont des mythes relatifs aux Patrons de l'Astronomie et de l'Art du Calendrier qui peuvent faire apparaître une donnée instructive : la géométrie des savants chargés d'aménager le Temps et l'Espace est (de même que l'ensemble du système des classifications numériques) calquée sur la morphologie, sur l'aménagement de la société chinoise quand celle-ci commence à être commandée par un principe de hiérarchie. Toutes les classifications chinoises se rattachent à une formation en carré — qui est une formation militaire — et au dessin, évoquant l'idée de rond et de giration, d'une croix simple ou d'une croix gammée.

J'ai déjà, à propos de la disposition centrée attribuée au Temps et à l'Espace ([411]), montré comment le *dispositif en croisée* [qui permet de répartir l'Univers en 4 secteurs et de placer, comme principe de toute hiérarchie, au Centre, et en lui donnant l'emblème 5, l'Unité, Total et pivot du Total] *dérive d'un affrontement en bataille, 3 face à 3,* [où se retrouve avec l'image d'un axe, le souvenir des joutes et de l'antique organisation dualiste dont est sortie la conception d'une catégorie de Couple, premier modèle des classifications numériques]. Je l'ai montré en utilisant le mythe de Hi-ho ([412]), qui est le Soleil, la Mère des Soleils, le Couple solaire, mais qui est aussi les 3 Hi et les 3 Ho. Yao le Souverain (qui avait lui-même l'apparence d'un Soleil) se servit de cette double trinité de façon à dessiner une grande croisée : envoyant en mission aux quatre Pôles les cadets des Hi et des Ho, il retint auprès de lui, encadrant le Centre à la façon d'une Gauche et d'une Droite, l'aîné des Hi et l'aîné des Ho, chargés de diriger le Soleil et la Lune, le Yang et le Yin, car les Hi et les Ho, tous les 6, sont des astronomes en même temps que des devins. L'Unité, une et double, gauche, centre et droite, avant, centre et arrière, se projette, comme on voit, ainsi qu'une double trinité, écartelée sur une croix, mais de façon à fixer au Monde un Centre — soit en opposant (l'ensemble valant 5) à 1, le Centre, la croisée qui sépare 4 secteurs, soit en opposant (l'ensemble valant 7) à 4 (le pourtour, c'est-à-dire le Carré) 3 (le pivot, c'est-à-dire le Cercle) : 4, 5 et 7 (dès que l'Unité se décompose en 6) peuvent exprimer la forme et l'organisation de l'Univers. Un thème analogue se retrouve dans le mythe de Tchong-li. Tchong et Li sont, eux aussi, des astronomes, et Tchong-li ([413]) est encore le Soleil. Comme Hi-ho, Tchong-li est un, mais il est aussi la moitié d'un Couple, sa moitié *droite* puisque Wou-houei, frère de Tchong-li (et grand-père de 6 petits-fils qui sortirent du corps maternel 3 par la gauche, 3 par la droite), ne possédait, affirme-t-on, que la moitié *gauche* du corps ([414]). A lui seul, cependant, Tchong-li est un couple fraternel : Tchong et Li. L'un de ces frères gouverna le Ciel et l'autre la Terre, et c'est même de ces prudents astronomes que date la séparation de la Terre et du Ciel, du Bas et du Haut. Mais on dit parfois que Tchong et Li ne sont pas frères. Tchong, en ce cas, fait partie d'un groupe de 4 frères, — lesquels ne comptent que pour 3 ; deux d'entre eux, voués au *Nord* (Yin), ne sont qu'un couple ; les deux autres, génies de l'Est et de l'Ouest, encadrent cette unité double : à ce trio s'oppose le seul Li, lequel, ne se projetant pas triplement ne commande qu'à un quart d'horizon, à un seul secteur du Monde, celui du *Sud*, il est vrai, du Feu et du Yang. Voici donc marquées les pointes de la croisée et 4 Héros préposés aux 4 Orients : au centre, à côté du Souverain qui doit posséder la Vertu du Ciel, viendra se placer un cinquième Héros, préposé à la Terre (*Heou-t'ou*). La Vertu de la Terre appartient en propre au Ministre qui est le second du Souverain et qui, un et triple, est appelé « Trois-Ducs », de même qu'on appelle « Trois-Vieillards » les doyens et chefs de bourgades. Rien ne peut, mieux que ces appellations, montrer les vertus qui autorisent 3, l'Impair, à être l'emblème-maître de tout dispositif exprimant une organisation hiérarchisée ([415]). — On aperçoit, d'ailleurs, que, dans la classification par 5, même quand elle tend à se détacher de la classification par 6, quelque chose demeure du dualisme ancien : l'*unité* centrale conserve une valeur de *couple*.

Des traces de dualisme se montrent encore lorsque les progrès de l'Impair et du principe hiérarchique entraînent le règne des classifications par 9 et 10. Si dans le Ciel, Hi-ho, Mère des Soleils, a 10 fils, sur Terre, un Souverain tel que Yao (qui a l'apparence du Soleil) a lui-même 9 ou 10 fils ([416]). Yao fit tuer par son vassal (ou son double), le Grand Archer, 9 Soleils, qui, empêchant son accession au pouvoir, prétendaient usurper, dans le Ciel, la place du seul Soleil alors qualifié pour répartir l'ombre et la lumière. Il fit aussi tuer (ou du moins bannir) par Chouen, son ministre et son double, l'aîné de ses fils, dont (8 ou) 9 seulement étaient dociles. L'opposition 1 face à 9 n'est qu'un autre aspect de l'opposition 1 face à 3 ou 3 face à 3. Quand l'Empire et le Monde sont détraqués, on peut voir se combattre 1 et 9 Soleils ; d'ordinaire la bataille se livre entre le Soleil montant qui va régner au Ciel et le Soleil tombant qui tarde à regagner, sur Terre, le Couchant ([417]) : qu'on compte les joueurs pour 2 ou qu'on les compte pour 10 (1 face à 9), la joute marque une opposition du Haut et du Bas. Mais si, au moins dans l'un des camps, les joueurs sont 9, c'est que 9 marque, en plan, les divisions de l'Espace. — La classification par 10 (= 9 + 1) sort de la classification par 9, dont dérive aussi la classification par (9—1 =) 8. — Quand un Souverain ne délègue pas aux Pôles 4 astronomes, il y bannit ([418]) un carré de Génies malfaisants (lesquels, d'ailleurs, équivalent, eux aussi, à un double trio) ; en ce cas, contrepartie nécessaire ([418 bis]), l'Homme unique s'entoure d'une double bande de Génies bienfaisants ; il charge les *Huit* Éminents de présider aux choses de la Terre (*Heou-t'ou* : tel est le titre du Génie du Centre et de la Terre dont l'emblème est *5*), et il confie aux *Huit* Excellents le soin de répandre les *5* Enseignements dans les *4* Directions. Tous, — *sur deux plans différents* : besognes matérielles ou morales, terrestres ou célestes, — accomplissent leur tâche par délégation de l'autorité centrale (*5* = Centre). Le seul fait, cependant, que, dans chaque groupe, ils soient 8, montre assez que leur activité est périphérique. Ils la déploient non seulement dans les 4 Directions cardinales, mais encore dans les 4 Directions angulaires, c'est-à-dire dans le domaine des 8 Vents et des 8 Trigrammes : dans les 8 carrés qui, accolés deux par deux, forment les 4 rectangles dessinant autour d'un carré central, moyeu du Monde, une croix gammée. Lorsque l'Unité Suprême dispose la rose octogonale des Trigrammes et les 8 emblèmes numériques du pourtour du carré magique, elle se repose, nous dit-on, *deux* fois au centre (5 et 10) ([419]). C'est dire (nouvelle trace du dualisme primitif) que le Centre et l'*Unité elle-même* sont doubles, qu'un plan céleste se superpose au plan terrestre, un Haut à un Bas, et qu'enfin le Centre, *étant pivot*, unit le Ciel et la Terre. Aussi le Souverain a-t-il besoin, pour propager sa double vertu centrale, d'une double bande de 8 auxiliaires. La classification par 8 (ou 2 × 8) se rattache, ainsi que la classification par 10, à la division du carré en 9 carrés. — Et il en est de même (comme je l'ai montré à propos du Ming t'ang, de ses 8 salles extérieures et de ses 12 regards sur l'horizon) de la classification par 12. — L'opposition de la Terre et du Ciel rappelle le dualisme premier, mais toutes ces classifications font apparaître les progrès de l'idée de hiérarchie. Ces progrès sont liés au succès de l'Impair. Au lieu de ne se projeter triplement que 2 fois, de façon à n'aboutir d'abord qu'à affronter un couple d'unités triples, l'Unité centrale se projette 3 fois triplement, en avant, au centre, en arrière ([420]) ; le carré n'est plus simplement ébauché, par le tracé d'une croix simple ; il est entièrement limité par les branches de la croix gammée ; l'Univers n'a plus 4 Secteurs et 1 Centre (classification par 5 Éléments) : il a 9 Provinces, 1 Centre et 8 Directions, Vents ou Trigrammes (classification par 8).

Hi-ho, patron des devins, maître du Yin et du Yang, commande aux 8 Vents et aux 8 Trigrammes, de même que, Soleil et patron des astronomes, il commande aux jeux de l'ombre et de la lumière. Il y a un couple Hi-ho, — comme il y a, parmi les Trigrammes, un couple K'ien-K'ouen, père et mère des 3 Trigrammes femelles, qui sont sœurs, et des 3 Trigrammes mâles, qui sont frères, — et il y a de même 3 frères Hi et 3 frères Ho. Les Hi et les Ho sont encore considérés comme les Maîtres du Soleil et de la Lune ([421]). La Mère des Soleils (qui sont 10) ne se distingue guère, mythiquement, de la Mère des Lunes (qui sont 12). Toutes deux ont le même mari. Ce Souverain, qui fut le père de Trois-Corps, engendra aussi Huit Héros qui inventèrent la Danse et la Musique ([422]). Corbeau ou Lièvre, le Soleil et la Lune ont tous les deux 3 pattes. Le Soleil dans sa journée doit parcourir 16 stations ; pour présider à la Nuit, il y a, comme pour aider un Souverain, une double bande de 8 Génies ([423]). — Les danses anciennes opposaient les danseurs 3 face à 3 ; plus tard, dans les chœurs de danses, les danseurs s'affrontèrent 8 face à 8 ([424]). Nous savons même qu'il exista jadis une confrérie de danseurs où, dit-on, l'on dansait par 2 et par 3, c'est-à-dire, sans doute, par 8 et par 9. La confrérie comptait, en effet, 81 ou 72 membres qui figuraient soit (9 × 9) les 9 Provinces du Monde, soit [ou bien (9 × 8) ces 9 Provinces encore, ou bien] (8 × 9) les 8 Vents et les 8 Trigrammes, — rappelant, dans un cas, l'Unité centrale et le Nombre du gnomon (81-80) et dans l'autre la division du Total (360) en 5 parties.

L'origine des grandes classifications se retrouve dans des mythes qui sont souvent relatifs au Soleil et aux familles de Soleils, car les classifications numériques intéressaient surtout les astronomes et, par ailleurs, le Soleil est l'emblème du Chef. Ces mythes ne sont que l'affabulation de joutes et de drames rituels. Dans la géométrie de ces ballets, se traduisaient la structure et l'aménagement de la société ancienne. Les classifications essentielles [par 6 et 5 (théorie des Éléments), par 8 et 9 (Vents et Provinces)] signalent, succédant au règne de la bipartition (Yin et Yang : catégorie de Couple), l'avènement du privilège masculin et du privilège de l'Impair. La formation en carré et la formation par 3 caractérisent l'organisation urbaine et militaire. On montait à 3 dans les chars ; les archers, pour concourir, s'affrontaient par groupes de 3 ; la ville et le camp avaient, encadrant la résidence du chef, un district de gauche et un district de droite, dont les chefs commandaient aux légions de gauche et de droite ; les armées opposaient 3 légions à 3 légions, l'armée royale ayant seule 6 légions. Les villes et les camps comptent 9 ou 12 quartiers ([425]). Le Monde a 9 ou 12 Provinces ; le *Ming t'ang* [qu'il ait 5 Salles (croix simple) ou 9 Salles (croix gammée)] contient 9 sites sacrés et jette sur l'horizon 12 regards ; mais le carré 3 × 4 ne peut-il être divisé en 9 carrés dont 8 sont en bordure ? et, divisé en 16, n'a-t-il pas, sur ses 4 faces, 4 carrés, de telle sorte qu'il permet de jeter sur l'hoziron 2 × 8 regards ([426]) ? La ville, le camp, la bataille, les joutes de confréries illustraient géométriquement les vertus des nombres 8 et 9, 5 et 6, 10 et 12 destinés à servir de multiplicateurs et de classificateurs privilégiés, puisque les astronomes pouvaient les employer (et les combiner) de manière à diviser 360 en (5, 6, 8, 9, 10, 12 ou 30, 36, 40, 45, 60, 72...) secteurs ([427]).

A part la catégorie de Couple (liée à l'idée d'affrontement et d'alternance simples ainsi qu'à l'image d'un axe linéaire), toutes les classifications numériques dérivent — 6 [croix simple, (6 ou) 5 domaines, 4 secteurs] et 9 [croix gammée, (10 ou) 9 domaines, 8 secteurs] servant d'intermédiaires — de 3, l'Impair, créateur du Carré et d'emblème du Courbe, synthèse du Double et de l'Indivis, Nombre *yin-yang*, Nombre mâle, principe de hiérarchie, symbole du Total nombré, premier Nombre.

Les classifications numériques commandent en Chine tout le détail de la pensée et de la vie. En les combinant et en les imbriquant, on est arrivé à édifier un vaste système de correspondances. La répartition des choses entre les divers Éléments et les divers Trigrammes tient dans ce système la première place, mais d'autres classifications, également à base numérique, viennent s'y enchevêtrer, compliquant (ou même inversant) les correspondances et les antagonismes. Par suite de ces enchevêtrements et de l'emploi à l'infini des classificateurs numériques, ceux-ci finissent par ne plus avoir qu'une espèce de valeur mnémotechnique : ils n'aident que d'une façon tout extérieure et purement scolastique à raccorder au système du Monde le détail des réalités. Tel est le cas, par exemple, lorsque le *Hong fan* ([428]) répartit en 8 sections l'activité gouvernementale (alimentation, marchandises, sacrifices, travaux publics, instruction, justice, hospitalité, armée) ou lorsque le *Tcheou li* ([429]) classe en catégories numériques les attributions du Ministre du Ciel (6 ministères, 8 règlements, 8 statuts, 8 principes d'émulation, 8 principes de morale, 9 classes de travailleurs, 9 revenus, 9 dépenses, 9 tributs, 9 principes d'autorité...). Il n'y a pas lieu d'insister sur la vogue persistante des classifications numériques ; mais le prestige qu'elles continuent d'exercer montre que, si les Chinois classent à l'aide d'indices numériques, c'est qu'ils estiment ces indices capables de les renseigner en quelque manière sur la nature des choses ([430]). Les Nombres ont commencé par avoir un rôle logique plus effectif. On les employait à ajuster aux proportions cosmiques les choses et les mesures propres à chaque chose, de façon à montrer que toutes s'intègrent dans l'Univers. L'Univers est une hiérarchie de réalités. A la fonction classificatoire des Nombres s'ajoute immédiatement une fonction protocolaire. Les Nombres permettent de classer hiérarchiquement l'ensemble des groupements réels.

Une règle domine l'emploi protocolaire des Nombres. Cette règle peut aider à comprendre la conception que les Chinois se font de l'unité et de la série numérique. Les techniques rituelles mettent au premier rang tantôt les petits et tantôt les grands nombres. Tandis que les divinités secondaires, qui sont nombreuses, ont droit, chacune, à une multiplicité de victimes, le Ciel ne se voit sacrifier qu'un seul taureau : le Ciel est un et seul lui sacrifie, Homme Unique, le Suzerain. La quantité, du reste, importe peu pour le Ciel et les autres divinités qui se contentent de la « Vertu » (*tŏ*) des victimes. Mais la foule des gens du commun mange autant qu'elle peut (elle ne mange, il est vrai, que les portions qui ne sont point nobles). Les nobles eux-mêmes ne sont pas rassasiés avant le troisième plat. Un seigneur l'est dès le deuxième et le roi sitôt qu'il a goûté du premier. Cependant, on dispose devant le suzerain vingt-six vases de bois garnis de victuailles, seize seulement à la table d'un duc, douze à celle d'un seigneur fieffé, huit ou six pour un grand officier de premier ou de second rang... Je pourrais multiplier les exemples. Il suffira d'indiquer que le principe de ces règles numériques a été clairement défini par les Chinois. Tantôt « le grand nombre (ou la grande dimension) est une marque de noblesse : c'est que le cœur se tourne vers l'extérieur... (tantôt) le petit nombre (ou la petite dimension) est une marque de noblesse : c'est que le cœur se tourne vers l'intérieur » ([431]). Ceci revient à dire que la hiérarchie s'exprime à l'aide de nombres choisis en parcourant la série numérique dans un sens ou dans l'autre, la pensée étant alternativement dominée par le sentiment d'une expansion ou d'une concentration, par l'idée du *complet*, qui est nombreux, ou du *total*, qui est un.

Le même principe se retrouve dans l'emploi constant des multiples que font les techniques rituelles. La série impaire : 3, 9, 27, 81, qui semble se rattacher naturellement à l'unité, est, pour cette raison, presque toujours préférée à la série paire : (4), 8, 16, 32, 64. On l'utilise, le plus souvent, de façon à rendre sensible un va-et-vient rythmique entre le simple et le complexe, tout en conjuguant des représentations spatiales et des représentations temporelles. On sait qu'un roi a 120 femmes, non comprise sa reine, qui ne fait qu'un avec lui. Cet entourage féminin se décompose en quatre groupes, en cinq, si l'on veut compter la reine. Ces groupes, inégaux en *grandeur*, le sont aussi en *valeur*, mais en sens inverse. Les femmes royales ont d'autant moins de noblesse qu'elles appartiennent à un groupe plus vaste et, par suite, plus distant du Maître. Il y a donc 81 femmes de 5e rang, 27 de 4e rang, 9 de 3e rang, 3 de second rang, la reine partageant seule la noblesse du roi. Vus dans l'espace, ces groupes, si je puis dire, s'emboîtent les uns dans les autres. Une sorte de rythme concentrique ([432]) règle leur vie dans le Temps. Réparties par 9 en 9 sections, les moins nobles des femmes royales approchent du Maître au début et à la fin des lunaisons, l'une des neuf premières, et l'une des neuf dernières nuits du mois. Les femmes de quatrième et troisième rangs sont de même convoquées auprès du roi par sections de neuf et deux fois par mois, mais pour des nuits plus centrales. Au groupe des trois femmes de second rang, que le Seigneur admet aussi deux fois auprès de lui, appartiennent la 14e et la 16e nuit qui, toutes deux, avoisinent la nuit sainte où la lune, toute ronde, fait face au soleil. C'est pendant cette nuit unique, mais c'est pendant cette nuit tout entière, que la reine demeure, seule, en présence de l'Homme unique. On retrouve un emploi comparable des nombres dans la cérémonie fameuse du labourage printanier ([433]). Le Suzerain laboure le premier, mais il ne trace que trois sillons. Les trois ducs du palais labourent après lui, chacun d'eux traçant cinq sillons. A leur suite viennent les neuf ministres ; ils doivent, chacun en traçant neuf, ouvrir 81 sillons. Plus nombreux à l'ouvrage, ils ont aussi une tâche plus longue. C'est que leur besogne est d'ordre secondaire ; ils ne font que répéter, prolonger, célébrer la la seule œuvre efficace, l'Œuvre Royale : la Terre est fécondée sitôt qu'en elle l'Homme unique a enfoncé son soc. Et, de même, que comptent les 120 épouses et leurs unions multipliées ? Il convient, certes, que, diluée, la fécondité royale, se répande rythmiquement, atteignant enfin, avec les 81 femmes de dernier rang, les parcelles les plus infimes de l'Univers ; mais l'Univers entier est fécondé, mais un rythme unique est donné à la vie universelle, dès qu'invitant la Lune et le Soleil à se faire face à temps réglés, le Couple royal s'est uni. — Si le protocole se plaît à utiliser les séries de multiples, c'est que ceux-ci, tout en signalant un certain rythme, évoquent une nature ou une disposition du Total, lequel demeure identique, même quand on l'envisage sous l'aspect du Complet et dans tout le détail de sa composition. Tous les multiples, au fond, s'équivalent ou, du moins, leur grandeur importe peu — et pourtant les nombres servent à *estimer* ; mais ce n'est point la *quantité* qui compte dans ce qu'ils estiment, c'est la *valeur*, cosmique et sociale à la fois, des groupements qu'ils étiquettent : c'est la dignité ou le lot de puissance des catégories qu'ils permettent de hiérarchiser.

Peu importe donc, dans les nombres, la grandeur. Pour hiérarchiser, pour signaler, si je puis dire, un *rythme hiérarchique*, peu importe qu'on parcoure dans un sens ou dans l'autre la série numérique ou une série de multiples. Faire partie d'un lot de 81 femmes, c'est être aussi distant que possible du maître et n'en recevoir que des faveurs diluées ; mais posséder 81 femmes équivaut à régenter les 9 Provinces et à concentrer en soi une autorité totale. Un simple noble peut nourrir 9, 18 (= 2 × 9) ou 36 (= 4 × 9) personnes s'il est de 1er, de 2e ou de 3e rang ; un grand préfet peut en nourrir 72 (= 9 × 8), un ministre 288 (= 9 × 32), un prince 2 880 (= 9 × 320) ([434]). Les nombres savent exprimer la dignité, parce qu'ils signalent l'importance du groupe inféodé. — Ils savent l'exprimer aussi en signalant un coefficient de puissance ou un lot de prestige, c'est-à-dire une *valeur sociale*.

Telle est, par exemple, la fonction des quatre nombres impairs 3, 5, 7, 9. La salle où le Chef reçoit et mange forme une estrade surélevée de 3 pieds, s'il est un simple officier; de 5 pieds s'il est grand officier, de 7 s'il est seigneur, de 9 s'il est le roi ([435]). Quand le roi meurt, on doit, pour lui fermer la bouche, se servir de 9 cauris; on le pleure sans arrêt 9 jours; on continue à pleurer pendant 9 mois, on trépigne par séries de 9 bonds; il faut, enfin, après l'enterrement définitif, répéter 9 fois les offrandes ([436]). Les seigneurs, les grands officiers, les officiers n'ont droit qu'à 7, 5 ou 3 offrandes, cauris, bonds, mois ou jours de pleurs. Leur corps est plus vite prêt pour l'enterrement définitif : il se dissout après moins d'effort. Il faut moins de temps et de gestes rituels pour les aider à passer de la vie à la mort : la vitalité est d'autant moins puissante que la dignité est moins haute. — La société féodale est une société militaire; prestige, rang, dignité s'y gagnent dans des concours et des épreuves. Les épreuves les plus importantes sont celles du tir à l'arc : n'appelle-t-on pas les feudataires : les « archers » ? Aux joutes du tir à l'arc on peut démontrer son adresse ou sa loyauté (c'est tout un) et la qualité de son vouloir en décochant ses flèches bien en mesure (car le concours se fait en musique) et droit dans le but. Quand on les décoche avec force, on prouve sa vitalité, sa valeur : la puissance de son génie. Aussi construit-on les arcs en tenant compte du vouloir (*tche liu*) et de la vitalité (*hiue k'i*) ([437]) de leur destinataire. Pour apprécier la dignité que celui-ci mérite, il suffit, au concours, d'estimer la *force* de son arc. — Les arcs les plus forts ont l'inflexion la plus faible. Il faut donc, pour former un cercle parfait, en prendre 9, s'il s'agit d'arcs dont un roi, seul, pourra se servir, mais on parfera la circonférence avec 7 arcs de seigneurs, 5 arcs de grand officier, 3 arcs d'officier ([438]).

Loin de chercher à faire des Nombres les signes *abstraits* de la *quantité*, les Chinois les emploient à *figurer la forme* ou à *estimer la valeur* de tels ou tels groupements qui peuvent être présentés comme des groupements de choses, mais qu'on tend toujours à confondre avec des groupements humains. Les Nombres disent la *forme* ou la *valeur* des choses, parce qu'ils signalent la *composition* et la *puissance* du groupe humain auquel ces choses adhérent. Ils expriment d'abord le lot de puissance qui appartient au Chef responsable d'un groupement humain et naturel.

Les Sages peuvent donc représenter à l'aide de Nombres l'ordre protocolaire qui régit la vie universelle. Ce sont des règles sociales qui leur permettent de concevoir cet ordre. L'ordre de la société est féodal. Une logique de la hiérarchie inspirera donc tout le système des classifications numériques et l'idée même qu'on se fait des Nombres.

***

Les Nombres ont une fonction logique : classificatoire et protocolaire tout ensemble. Ils étiquettent des groupements hiérarchisés. Les étiquettes numériques servent à qualifier la valeur que possède, en tant que total, chaque groupement : elles permettent d'estimer la teneur et la tension du groupe, sa cohésion, sa concentration, c'est-à-dire la puissance d'animation qui signale son Chef. — Ce sont des scénarios de ballets ou de joutes dansées qui éclairent le rôle géométrique ou cosmologique des Nombres; ce sont les règles de construction des arcs servant à l'épreuve des Chefs qui expliquent la fonction des nombres lorsqu'on les emploie à estimer, non pas, certes, ces grandeurs, mais des valeurs. On peut voir, dans les deux cas, qu'une même idée domine les conceptions chinoises : la notion d'unité arithmétique ou d'addition demeurant au second plan, les Nombres apparaissent comme des Emblèmes figurant *les aspects* — plus ou moins nobles — *de la totalité*, de l'efficace, de la puissance. Ces emblèmes, plutôt qu'ils ne diffèrent quantitativement les uns des autres, s'opposent, se correspondent, s'évoquent ou se suscitent. Tous les pairs sont le Pair, tous les impairs l'Impair et, grâce à l'Impair, sont possibles les mutations du Pair et de l'Impair. Les Nombres peuvent se substituer les uns aux autres et, différents de grandeurs, s'équivaloir ([439]); tous les jeux sont possibles, puisqu'on peut faire varier le système de division des unités. Mais les mutations, les substitutions, les équivalences sont commandées par une idée fondamentale. A partir de 3, premier Nombre, tous les symboles numériques sont les étiquettes du Nombreux, c'est-à-dire des approximations du Complet (*tsin*). 3 n'est qu'une synthèse. Seul, Un, qui contient Deux, le Couple, *Unité communielle*, exprime parfaitement le Total, qui est l'Entier. Le Total, *Yi*, l'*Entier*, c'est le pouvoir universel d'animation qui appartient au Chef, Homme Unique. Toute la conception chinoise des Nombres (comme, on l'a vu, la conception du Yin et du Yang, et comme, on va le voir, la conception de Tao) sort de représentations sociales, dont elle n'a aucunement cherché à s'abstraire. — Aussi pourrons-nous, pour conclure, finir sur une anecdote.

Le *Tso tchouan* raconte les débats d'un Conseil de guerre ([440]) : doit-on attaquer l'ennemi ? Le Chef est séduit par l'idée de combattre, mais il faut qu'il engage la responsabilité de ses subordonnés et prenne d'abord leurs avis. Douze généraux, lui compris, assistent au Conseil. Les avis sont partagés. Trois chefs refusent d'engager le combat ; huit veulent aller à la bataille. Ces derniers sont la majorité et ils le proclament. L'avis qui réunit 8 voix ne l'emporte point cependant sur l'avis qui en réunit 3 : 3, c'est presque l'*unanimité*, qui est bien autre chose que la *majorité*. Le général en chef ne combattra point. Il change d'opinion. L'avis auquel il se rallie en lui donnant son *unique* voix s'impose dès lors comme une opinion *unanime* ([441]).

Chapitre IV

Le Tao

Comme la classification bipartite par le Yin et le Yang, les classifications numériques tirent leur valeur d'un sentiment de l'unité communielle, ou, si l'on veut, du Total. Ce sentiment est celui qu'éprouve un groupement humain lorsqu'il s'apparaît à lui-même comme un force intacte et complète ; il surgit et s'exalte dans les fêtes et les assemblées : un haut désir de cohésion l'emporte alors sur les oppositions, les isolements, les concurrences de la vie journalière et profane. Les plus simples et les plus permanents de ces antagonismes et de ces solidarités se sont traduits dans la conception qui fait du Yin et du Yang un couple antithétique et cependant uni par la plus parfaite des communions. Les classifications par 6 et 5, 8 et 9, correspondent à un progrès du besoin de cohésion. Elles semblent se rattacher à une organisation plus complexe de la société et à l'idée d'une union fédérale. Qu'elles suggèrent l'image d'un rassemblement militaire en carré, ou d'une disposition en bataille, ou encore celle des divisions du camp, de la ville ou de la maison des assemblées masculines, c'est à une organisation féodale qu'elles font songer. Comme les groupes féodaux, les groupements orientés de réalités agissantes, dont les Cinq Éléments et les Huit Vents sont les emblèmes, ne se bornent pas à s'affronter et à communier : ces secteurs du Monde sont disposés autour d'un Centre dont ils semblent, de tout temps, dépendre. C'est que les hommes voient dans leur Chef l'auteur d'une distribution harmonieuse de l'ensemble des activités, humaines ou naturelles. Le Suzerain aménage le Monde et il l'anime : du seul fait qu'il tient sa cour au centre de la confédération, tout, dans l'Univers, coexiste et dure. — L'attribution d'une autorité totale à un personnage, qu'on se plaît à nommer l'Homme Unique, s'accompagne de la conception d'une puissance régulatrice. Cette puissance, on l'imagine, de façon plus ou moins réaliste, sous l'aspect d'un principe d'ordre suprêmement efficace : le Tao.

*
* *

De toutes les notions chinoises, l'idée de Tao est, non certes la plus obscure, mais celle dont l'histoire est la plus difficile à établir, tant est grande l'incertitude où l'on demeure sur la chronologie et la valeur des documents. L'usage d'appeler Taoïstes ou sectateurs du Tao les tenants d'une doctrine considérée comme très définie expose à faire croire que la notion de Tao appartient à une École déterminée. — Je crois devoir la rattacher au domaine de la pensée commune.

Tous les auteurs, les Taoïstes comme les autres, emploient le terme *tao* pour noter un complexe d'idées qui restent très voisines, même dans des systèmes dont l'orientation est assez différente. Au fond de toutes les conceptions du Tao se retrouvent les notions d'Ordre, de Totalité, de Responsabilité, d'Efficace ([442]).

Les écrivains dits taoïstes se signalent par le désir d'enlever à ces notions tout ce qu'elles peuvent contenir de représentations sociales. Loin d'attribuer la conception première du Tao aux auteurs qu'on qualifie parfois de « Pères du Taoïsme », j'estime que c'est chez eux qu'elle se présente sous l'aspect le plus distant de sa valeur première. Ces penseurs se servent du mot *tao* pour exprimer l'Ordre efficace qui domine — *puissance indéfinie* — l'ensemble des réalités apparentes, tout en restant, quant à lui, rebelle à toute réalisation déterminée. Quand ils en viennent, cependant, à illustrer cette idée, ils se contentent, bien souvent, d'évoquer l'*art total* qui permet à un *Chef*, — il s'agit, d'ordinaire, de Houang-ti ([443]) qui est leur patron, mais qui est aussi le premier Souverain de l'Histoire chinoise, — de régenter le Monde et l'Empire. Principe unique de toutes les réussites, le Tao se confond pour eux avec l'art de gouverner.

Cet art, pour les auteurs de l'École dite confucéenne, est aussi un art souverain et qui embrasse tout le savoir. Ils voient dans le Tao la Vertu propre à l'honnête homme (*kiun tseu*) : celui-ci, à l'image du Prince (*kiun*), se pique de ne posséder aucun talent particulier ([444]).

Les Taoïstes, de leur côté, opposent le mot *tao* à différents termes (*chou, fa*) qui signifient « recettes, méthodes, règles » et font songer aux procédés de techniciens spécialisés ([445]). Ceci n'empêche point qu'à l'aide du Savoir total qu'implique le Tao on ne puisse, à leur avis, posséder le génie qui fait réussir dans l'astronomie ou la physique, qui permet d'être un Immortel ou de commander à telle province de la nature ([446]). Tchouang tseu, en donnant de pareils exemples, veut rendre sensibles les possibilités indéfinies que confère le Tao. Il est remarquable qu'il les emprunte à la mythologie courante. — Dans un hymne ancien en l'honneur de Heou-tsi, le Prince des Moissons, le poète proclame que ce Héros « possédait la Vertu (*tao*) d'aider (la Nature) » ([447]) : il réussissait à faire pousser tout ce qu'il plantait. — Il y a les plus grandes chances que le mot *tao*, dans la langue mythique et religieuse, ait exprimé l'idée d'une efficace indéterminée en elle-même, mais qui était le principe de toute efficience.

Les « Pères du Taoïsme » n'ont guère employé le mot *tao* sans le rapprocher du mot *tö*. Ce terme désigne, chez eux, l'Efficace quand elle a tendance à se particulariser. L'expression double *tao-tö* n'a jamais cessé, dans le langage commun, de rendre l'idée de Vertu, mais non pas dans l'acception purement morale de ce mot. *Tao-tö* signifie « prestige », « ascendant princier », « autorité efficace » ([448]). *Tö*, dans la langue des mythes, est la qualité des génies les plus complets, les plus royaux ([449]). C'est sans doute le désir d'analyser, en les opposant, deux notions peu distinctes dans le principe qui a conduit à donner à *tö* la valeur de « vertu spécifique » et à noter par ce terme, dans le langage philosophique, l'idée d'une Efficace qui se singularise en se réalisant. Tandis que *tö* éveille surtout le sentiment des réussites particulières, *tao* exprime l'Ordre total que traduit l'ensemble des réalisations.

Le Tao (ou le Tao-tö), c'est l'Efficace, mais caractérisée par son action régulatrice et en tant qu'elle se confond avec un principe souverain d'organisation et de classement.

*
**

Le premier sens du mot *tao* est « chemin » ; c'est aussi le sens du mot *hing*, que l'on a pris l'habitude de traduire par « Élément ».

Comme pour les notions de Yin et de Yang, les érudits qui se sont employés à interpréter *hing* et *tao* en termes européens, se divisent en deux groupes : les uns n'hésitent pas à reconnaître dans le Tao et les Éléments un principe agissant et des forces naturelles ([450]) ; les autres, sans plus hésiter, voient dans les Éléments des substances et dans le Tao une substance aussi, car ils en font la somme du Yin et du Yang — qui seraient également des substances ([451]).

Ces affirmations divergentes se rattachent, le plus souvent, à des opinions sur la chronologie des documents.

Pour plusieurs érudits, la « théorie des Cinq Éléments » est d'invention récente (IIIe-IIe siècles av. J.-C.). S'il y est fait allusion dans le *Hong fan*, c'est que ce document est lui-même récent ou qu'il a été interpolé ([452]). La vogue de la théorie, selon Chavannes, ne remonterait qu'à Tseou Yen (IVe-IIIe siècles av. J.-C.). On peut prêter à Tseou Yen bien du génie et toutes sortes d'inventions ; on ne le connaît que par quelques lignes, soudées par Sseu-ma Ts'ien à la biographie de Mencius ([453]). Il en résulte que Tseou Yen avait fondé à Ts'i une École très florissante ([454]). Il patronna, dit-on, l'idée que les Éléments se succèdent *en se détruisant* les uns les autres. Si c'était bien là la théorie première, on pourrait conclure, comme a fait Chavannes, que les Éléments « sont de grandes *forces* naturelles qui se succèdent en se détruisant » ([455]).

Une remarque de Chavannes a plus de portée que cette hypothèse. Il a supposé que la théorie des Cinq Éléments (*wou hing*) exposée par Tseou Yen s'accordait avec la théorie des Cinq Vertus (*wou tö* : cinq efficiences), qui fleurit vers la même époque (⁴⁵⁶). Cette dernière a servi de cadre aux politiciens qui ont utilisé les traditions mythiques ou folkloriques pour reconstituer l'histoire ancienne de la Chine. Ils désiraient montrer que les événements, dans l'ordre historique comme dans l'ordre naturel, sont commandés par une succession de type cyclique : toute Vertu (*tŏ*) épuisée *doit* être remplacée par une autre Vertu dont c'est le temps de régner. L'idée, sans doute, n'était point nouvelle, — la notion de Tao (ou de tao-tŏ), nous le verrons, au moins dès qu'elle est utilisée par les théoriciens de la divination, implique le concept de succession cyclique, — mais seulement la façon de la présenter. En insistant sur les idées de destruction et de triomphe, on tendait à justifier l'esprit de conquête devenu très puissant pendant la période qui précéda la fondation de l'unité impériale (⁴⁵⁷).

On a peut-être le droit de déclarer récente la théorie des Cinq Éléments quand on la relie à la théorie, ainsi comprise, des Cinq Vertus (⁴⁵⁸). Mais il faudrait ajouter (tel est l'intérêt du rapprochement) que les Éléments, lorsqu'ils caractérisent une Vertu dynastique, apparaissent comme des Emblèmes. Dire qu'ils se succèdent par voie de triomphe revient à dire que, pour définir sa Vertu emblématique, une Dynastie doit choisir l'Élément qui s'oppose, sur la rose quadrangulaire, à l'Élément adopté par la Dynastie vaincue. On devrait conclure, non que les Éléments sont des forces naturelles mais qu'ils valent en tant que Rubriques emblématiques (⁴⁵⁹).

Est-ce bien avec l'idée d'une succession assurée par triomphe qu'a débuté la « théorie des Cinq Éléments » ?

Les interprètes indigènes s'accordent à admettre que « l'ordre du triomphe » des Éléments dérive de leur ordre de production. Ce dernier se retrouve dans la disposition orientée attribuée aux Éléments par le *Hong fan*. Le tracé du *templum* conduit à placer l'Eau (1) au Nord, le Feu (2) au Sud, le Bois (3) à l'Est, le Métal (4) à l'Ouest et la Terre (5) au Centre. — Nous avons vu que cet ordre résulte de la formule de la gamme [10, 7, 9, 6, 8, (5)]. Pour établir une équivalence entre les emblèmes numériques des tubes qui se produisent les uns les autres et les saisons qui se succèdent,

elles aussi, dans un ordre fixe et dont on peut dire qu'elles
se produisent l'une l'autre, il était nécessaire d'attribuer
aux différents sites, à partir d'un point déterminé de l'horizon (le Sud, par exemple), et dans l'ordre, les emblèmes
7, 9, 6, 8. — Cet ordre *imposé* rendait facile le rapprochement
des Notes et des Saisons-Orients, d'une part, avec les Éléments, d'autre part. Ces derniers, en effet, se distribuent en

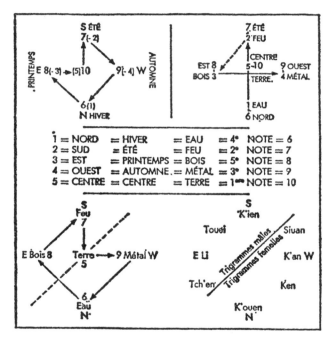

deux couples (Eau-Feu, Bois-Métal) formés chacun de
termes antithétiques, et l'attribution d'un site aux deux
termes de l'un de ces couples était, *par avance*, indiqué.
Le Feu « tend vers le Haut » et le Haut vaut le Sud, cependant
que le Feu peut fort bien caractériser l'Été, saison chaude.
L'Eau « tend vers le Bas », et le Bas est le Nord, cependant
que l'Eau peut fort bien caractériser l'Hiver, qui est une saison sans eau, — parce que les Eaux disparaissent alors de la
Terre et se rejoignent dans les Bas-fonds septentrionaux

du Monde. Le Centre convenait parfaitement à la note
initiale émise par ce tube-étalon et, par suite, à cette même
note abaissée d'une octave : on plaça donc au centre de la
croisée le couple congruent 10-5. Si l'on affectait au Sud
la 2ᵉ note et le couple congruent 7-2, l'ordre des Saisons et
celui des Notes exigeait l'affectation au Nord du couple 6-1.
Si donc, on commençait par attribuer l'Élément Eau au
Bas et au Nord-Hiver, l'ordre imposé permettait d'affecter au
Sud et au Haut l'élément antithétique Feu, prédisposé à être
assimilé à l'Été. La 3ᵉ note, 9, et le couple 9-4 devaient nécessairement aller à l'Ouest, et à l'Est, la 5ᵉ note, 8, et le couple
8-3 : on devait, en conséquence, répartir entre ces deux sites
opposés la paire antithétique d'Éléments formée par le
Métal et le Bois. Le Bois pouvait, avec avantage, être
placé à l'Est et lié au Printemps, tandis qu'il était facile
d'imaginer des raisons pour justifier la liaison à l'Automne
et à l'Ouest de l'Élément Métal ([460]). Les emblèmes des
Notes (7, 9, 6, 8) devenant respectivement les emblèmes du
Feu et du Sud-Été, du Métal et de l'Ouest-Automne, de
l'Eau et du Nord-Hiver, du Bois et de l'Est-Printemps et 10,
[avec le nombre congruent 5] allant au Centre, 5 et les quatre
petits nombres des couples congruents (2, 4, 1, 3) pouvaient
légitimement indiquer l'ordre des affectations symbolisé
par le tracé du *templum*. — La solidarité n'est pas douteuse
des deux ordres d'énumérations des Éléments : celui
qu'indique le *Hong fan* et qui obéit au tracé du *templum,*
celui que suppose le *Yue ling* et qui est l'ordre dit « de la
succession des Éléments par production ».

Nous pourrions tirer parti du fait pour revendiquer une
certaine antiquité en faveur de « la théorie » de la succession
des Éléments par production, — et ceci non pas parce que
l'ordre d'énumération suivi par le *Hong fan* (dont il est toujours possible d'abaisser la date) paraît s'accorder avec cette
théorie. C'est, tout au contraire, une anomalie qu'on peut
retrouver dans cette dernière qui suppose l'antiquité de
l'ordre suivi par le *Hong fan*. Bien qu'il soit facile de dire que
le Feu (Été) produit le Métal (Automne) qu'il liquéfie, les
Chinois disent que le *Feu produit la Terre* et la Terre le
Métal. Ces métaphores ne sont pas entièrement absurdes
[les minerais se trouvent dans la Terre, et cette dernière se

cultive après qu'on a mis le feu aux broussailles et réduit
le Bois en cendres : on peut dire (à la rigueur) que le Feu
la produit]. Mais elles supposent que l'ordre de succession
des Éléments n'est plus senti comme *strictement* équivalent
à l'ordre de production des notes. Au lieu d'être placée,
comme ce dernier ordre l'imposerait, entre le Bois (Printemps)
et le Feu (Été), la Terre (Centre) est placée entre le Feu et
le Métal. Cet ordre (Bois, Feu, Terre, Métal, Eau) s'explique
par une règle du Calendrier. C'est entre l'Été et l'Automne
que s'insère le mois idéal ([461]) dont la durée de convention
correspond à la station faite par le chef (*pivot* du Temps)
au *centre* de la Maison du Calendrier. Ce mois sans durée
est une invention qui n'est sans doute pas très récente :
elle implique une division de l'année groupant ensemble
l'Automne et l'Hiver, le Printemps et l'Été, comme si l'année
était traversée par un axe N.-E. — S.-W. analogue à l'axe
qui sépare les trigrammes mâles et femelles dans la disposition de Fou-hi ([462]). L'usage, cependant, correspond à une
innovation : la fin de l'Été et le début de l'Automne sont,
comme ce mois sans durée, vides de toute espèce de fêtes
religieuses. Au contraire, une station au *centre* (= Terre)
de la Maison du Calendrier paraît beaucoup plus indiquée
pour le Chef à la fin du Printemps (= Bois). C'est alors le
moment d'une série de fêtes, les plus importantes peut-être
de l'année, et ces fêtes impliquent une sorte de retraite,
puisqu'on leur a conservé le nom de fêtes du « manger-
froid » ([463]). Elles comprenaient la cérémonie du transport
des foyers en plein air : le feu, en hiver, avait été conservé
à l'intérieur de bâtisses en pisé ou de demeures souterraines, et l'on pouvait bien dire, en inaugurant la Saison
chaude : la *Terre produit le Feu*. C'est, d'ailleurs, au moment
où la sève monte et nourrit les plantes que le Chef, comme
on verra, doit rester immobile au *Centre* de l'Espace, debout
entre Terre et Ciel. — Si grande que puisse être l'antiquité
de l'ordre de production des Éléments qui se trouve à la fois
conforme à l'ordre des Saisons et aux règles de la morphologie saisonnière des Chinois, nous ne réclamerons pour lui,
cependant, aucune primauté. L'ordre du triomphe en est
strictement solidaire. Il résulte de l'opposition cardinale des
Éléments Feu-Eau et Bois-Métal, opposition illustrée et

respectée par la disposition en croisée qui rend manifeste, d'autre part, l'ordre de production.

Certains Occidentaux admettent, à la suite des interprètes chinois, que l'idée de production et l'idée d'opposition ou de triomphe sont également anciennes. D'autre part, ils accordent au *Hong fan* une certaine antiquité ([464]). Mais, au lieu de conclure, comme le texte et la disposition du *Hong fan* semblent y inviter, que les Cinq Éléments sont les Rubriques qui président à un certain système de classification, ils professent qu' « il devait dès lors y avoir plusieurs théories » à leur sujet. Ils prennent donc parti contre l'idée de Chavannes et, refusant de voir dans les Éléments des forces naturelles, ils en font « cinq substances réelles » ([465]).

Tel interprète qui emploie cette expression reconnaît cependant l'authenticité de deux passages importants du *Hong fan*. Dans l'un, chaque Élément est défini par une certaine saveur ; on veut faire de cette saveur la « propriété physique » de la « substance réelle » qu'est l'Élément correspondant ; le Feu, par exemple, « produit l'amer ». L'autre passage ([466]) est consacré aux « Cinq Activités (*wou che*) », qui « produisent » Cinq sortes de Vertus. On estime que « les Activités » correspondent aux Éléments. Dira-t-on que ces Cinq Activités, le Geste, la Parole, la Vue, l'Ouïe, la Volonté, sont des substances (réelles) ? et, dans ce qu'elles produisent, verra-t-on « leurs propriétés » morales ? — Les Cinq Saveurs figurent dans le système de correspondances qu'a conservé le *Yue ling*, et les Cinq « Activités » du *Hong fan* sont le premier témoignage d'un grand système de correspondances établies entre le macrocosme et le microcosme, dont nous aurons à parler plus loin. Ne voit-on pas que les Cinq Éléments sont les grandes Rubriques d'un système de correspondances, qu'il n'y a lieu de les traiter ni de substances, ni de forces, que ce sont, d'abord, les symboles des Cinq groupements de réalités emblématiques réparties dans les Cinq Secteurs de l'Univers ?

Dans l'expression *wou hing*, le mot « cinq » (*wou*) a peut-être plus de signification que le mot *hing* traduit par « Éléments ». Les *wou hing* sont toujours associés aux *wou fang* et aux *wou wei*. Les *wou wei*, ce sont les cinq positions cardinales et, dans le langage du *Hi ts'eu*, les cinq positions marquées chacune par un couple de nombres congruents ([467]). Les *wou fang*, ce sont les cinq directions, ou plutôt les cinq secteurs formés par le Centre et les quatre Orients, quand on les envisage disposés en équerre, car *fang* signifie « équerre ». Le *Hong fan* lui-même évoque, quand il énumère les Éléments, l'image d'une croisée. Il faut donc voir dans les Cinq Éléments les emblèmes d'une répartition générale des choses dans un Espace-Temps où le tracé du *templum* délimite quatre aires et marque un centre.

On sait l'importance de la classification par 5 et qu'elle est solidaire de la classification par 6. Le *Hong fan* oppose aux Cinq Bonheurs les Six Calamités, et les Cinq Éléments eux-mêmes sont parfois comptés Six. — Il est question d'eux dans un chapitre du *Chou king* dont il n'y a lieu de suspecter ni l'authenticité ni l'ancienneté. Ce chapitre contient le texte d'une harangue qui aurait été prononcée avant une bataille par le fils de Yu le Grand ([468]). L'ennemi y est accusé d'avoir méprisé les Cinq Éléments ainsi que les Trois Régulateurs ([469]). Les glossateurs ne sont point d'accord quand il s'agit de dire ce qu'étaient les Trois Régulateurs ; il semble bien que l'expression appartient à l'art du Calendrier et qu'elle doit être rapprochée de l'expression *wou ki* : celle-ci, dans le *Hong fan* ([470]), désigne les Cinq Régulateurs de l'année. Il se pourrait que les Trois Régulateurs se rapportent à une classification par 6, reliée à la classification par 5. Le principal intérêt de la harangue où il est question des Cinq Éléments est dans le fait qu'elle fut récitée dans un camp, et qu'elle s'adressait aux Six Chefs et aux Six Légions de l'armée royale : c'est en traçant un *templum* que l'on construit les camps ainsi que les villes. — Quand on dénombre les Éléments en les comptant Six, on peut soit dédoubler l'Élément Terre en lui substituant la Nourriture et la Boisson, soit, tout simplement, l'accoupler aux Céréales ([471]) ; il y a, du reste, 5 ou 6 Céréales, comme il y a 5 ou 6 Animaux domestiques ou encore 6 Animaux domestiques et 5 Animaux sauvages. Fait significatif : tout au moins quand on les compte Six, les Éléments sont assimilés aux 6 *Fou*. *Fou* signifie « magasin ».

On ne saurait mieux éveiller l'idée de répartition, de classification concrètes.

C'est aussi l'idée d'une répartition et d'une classification concrètes qu'évoquent les notions de Yin et de Yang. Le Yin et le Yang sont les emblèmes de deux groupements opposés et alternants que caractérise leur localisation dans l'Espace-Temps. Une organisation de la société fondée sur une double morphologie et le principe du roulement s'est exprimée dans cette conception. Le Yin et le Yang peuvent tout aussi bien apparaître comme un couple de forces alternantes que comme un groupe biparti de réalités antagonistes : on ne peut les qualifier uniquement de forces ou de substances. Il doit en être de même des Éléments. Utilisés comme des sous-rubriques placées sous la domination du Yin et du Yang, couple de rubriques-maîtresses, ils peuvent ressembler tantôt, sinon à des forces, du moins à des principes actifs, et tantôt, sinon à des substances, du moins à des groupements de réalités agissantes. Liés aux Saisons, comme aux Orients, ils alternent ou s'opposent, se combattent ou se succèdent paisiblement. Les théoriciens, cependant, qui ont spéculé sur eux, les ont surtout envisagés comme des emblèmes dynastiques ou des rubriques capables de spécifier un certain ordre de l'Espace-Temps. Que les Éléments soient le Bois, le Métal, le Feu, l'Eau et la Terre, c'est là, somme toute, fait secondaire et question de nomenclature ou de métaphores : l'idée-maîtresse de la conception (je m'abstiens de dire : théorie) est celle d'un groupement en secteurs, non pas simplement affrontés, mais rattachés à un centre. Les Éléments sont-ils des forces ou sont-ils des substances ? Il n'y a aucun intérêt à prendre parti dans ce débat scolastique. L'essentiel est de constater la disposition en croisée des Éléments.

Ce dispositif est fondamental, — comme est fondamentale, dans la conception du Yin et du Yang, l'image de deux camps disposés de part et d'autre d'une sorte d'axe sacré.

A quoi se rattache le tracé du *templum* ? Telle est la première question. Pourquoi les Chinois ont-ils qualifié de *hing* les emblèmes des différents Secteurs du Monde ? Tel est le deuxième point du problème. Il faut décider si l'on a raison de traduire *hing* « chemin » par « Élément ». On pourrait, sans méconnaître la valeur du mot, car *hing* exprime les idées de se conduire et d'agir, *wou hing* par « Cinq Agents ». C'est à cette traduction que l'on pense quand on traite les Éléments de forces naturelles. Quand on les traite de substances, et qu'on se laisse dominer par le fait que la dénomination donnée à chacun des Éléments paraît évoquer un aspect de la matière (eau, bois...), on peut, plus valablement, conserver la traduction « Éléments »; il conviendrait, en ce cas, d'expliquer la fortune d'un mot choisi pour exprimer une notion si distante, à première vue, de son sens premier. Pour nous, qui relions la notion d'Éléments à l'idée de *cardo*, si nous justifions notre interprétation, nous aurons justifié, du même coup, la traduction du mot *hing* par le terme qui a déjà servi à rendre στοιχετον.

Tao signifie : « Voie ». C'est un même groupe de faits qui va faire apparaître les images dont les Chinois sont partis pour désigner par deux mots qui éveillent l'idée de « chemin » les cinq rubriques cardinales et le grand principe d'ordre et de classement.

Les mots *hing* et *tao* appellent l'image d'une voie à suivre, d'une direction à donner à la conduite. *Tao*, en particulier, fait penser à la conduite la plus régulière et la meilleure, celle du Sage ou du Souverain. Ces sens dérivés ont permis aux commentateurs de donner une interprétation purement morale à des fragments littéraires imprégnés de pensée mythique. Certains de ces fragments, où l'on retrouve des formes poétiques, demeurent très instructifs.

Ils nous est parvenu quelques débris d'une geste versifiée dont le héros est Yu le Grand. L'un d'eux peut aider à comprendre les rapports des mots *hing* et *tao* et les premières valeurs métaphoriques de ces termes.

Il est question des travaux de Yu. — A tout fondateur de Dynastie incombe une œuvre de démiurge. Nul cependant ne fut jamais aussi qualifié que Yu pour aménager le Monde. On sait que son pas était l'étalon des mesures de longueur et qu'une tortue lui apporta, Image du Monde, les Neuf

Tch'eou du *Hong fan*. Rappelons que *tch'eou* suggère l'image de sillons tracés, qu'il signifie domaine et limites de terres et qu'enfin le même vocable peut désigner les fiches divinatoires. La tortue ne sortit pas seule des Eaux pour favoriser Yu le Grand. Si le Héros parvint à vaincre le Déluge, ce fut grâce à un Dragon qui sut ouvrir une voie aux Eaux en traçant des dessins sur le sol. Le mot *tao*, « chemin », ne se distingue guère d'un mot de prononciation analogue qui signifie à lui seul « ouvrir la voie, mettre en communication ». Quand un Chef est, comme Yu, qualifié pour régner, on dit que le Ciel lui « ouvre la Voie » (*k'ai Tao*). On entend par là que le Ciel l'autorise à restaurer les bons usages, et un Prince ou un Sage s'astreint, en effet, le plus souvent en voyageant, à édifier le Monde par sa Vertu. Mais, aux temps mythiques, lorsque le Ciel lui ouvrait la Voie (*Tao*), un Héros devait, dans un sens plus réaliste du mot, édifier l'Univers tout entier. — Voici donc comment Yu, en arpentant la Terre des Hommes, parvint à l'ajuster à sa vraie mesure.

Tenant compte, nous dit-on, *des saisons*, il « ouvrit (*k'ai*) les 9 Provinces (du Monde), fit communiquer *les 9 Chemins* (*tao*) endigua les 9 Marais, nivela les 9 Montagnes [472] ». Lorsqu'on décrit le détail de ces travaux, on se sert du mot *tao* pour exprimer l'idée que Yu sut tracer leur chemin aux fleuves [473]. Le même mot se retrouve au début d'une description détaillée des Fleuves et des Monts, éveillant tout ensemble les idées de parcourir et de mettre en ordre : Yu « *tao* (parcourut et mit en ordre) les 9 Montagnes..., *tao* (parcourut et mit en ordre) les 9 Cours d'eau » [474]. Quand le Héros eut fini d'aménager les 9 Provinces de façon que le Monde, *dans les 4 directions*, pût être habité et cultivé, il se trouva qu'il avait aussi mis dans un ordre parfait les Six *Fou*. On sait que les Six *Fou* sont les Six Magasins [savoir : les Cinq Éléments (*hing*), plus les Céréales]. Yu, tout aussitôt, *distribua les terres* (domaines) et *les noms de familles*, puis il s'écria : « *Qu'on prenne pour guide* (*ma*) *Vertu* (*tö*) ! *qu'on ne s'écarte pas de mes Chemins* (hing) ! » [475].

On doit voir dans la formule employée par Yu une déclaration d'avènement. Elle couronne le labeur mythique où la Vertu (*tö*) du Héros s'est dépensée à tracer des Voies (*tao*). Sans doute le rapprochement qu'on y trouve entre le mot *hing* (si on ne suit pas la glose qui, comme de juste, lui prête le sens moral de « conduite ») et *tŏ* (si on ne lui donne pas le sens moral de « Vertu » et si on se rappelle qu'il est un équivalent de *tao*) est-il significatif. Peut-être justifie-t-il l'hypothèse que le mot *tao* a commencé par évoquer l'image d'une *circulation royale* ayant pour fin de *délimiter*, par un tracé de chemins (*hing*, *tao*), les lots de réalités (héritages, noms, emblèmes, insignes) qui devaient être répartis entre les fidèles des Quatre Orients et auxquels les Cinq Éléments furent préposés comme rubriques.

Cette hypothèse permet de rattacher au sens premier du mot *tao* sa signification de pouvoir régulateur et d'ordre efficace. Elle donne aussi le moyen de comprendre la valeur des expressions *Wang Tao* et *T'ien Tao* : l'Ordre (le *Tao*) Royal ou Céleste.

C'est en circulant sur Terre que le Souverain, imitant la marche du Soleil, arrive à se voir considéré par le Ciel comme un Fils ([476]).

Telle est la tradition rituelle attestée par un poème ancien qui veut expliquer le titre de Fils du Ciel et le principe du Pouvoir royal ([477]). Quand ils veulent, à leur tour, définir le Pouvoir royal, les Maîtres du Calendrier déclarent que le Chef a pour rôle d'instituer les Cinq Éléments et les Cinq (catégories d') Officiers, de façon à affecter aux hommes et aux divinités (*chen*) des *tâches bien distinctes* ([478]). En répartissant les fonctions, en classant les choses et les êtres, le roi empêche un mélange des activités vulgaires et divines, un contact désordonné du Ciel et de la Terre ([479]). Le contact entre la Terre et le Ciel ne peut s'établir de manière utile et faste que par l'intermédiaire du seul Souverain, maître unique du culte public. Celui-ci fait le tour de l'Empire dans le sens du Soleil (*T'ien tao*), de manière à ajuster, comme les Orients aux Saisons, les Insignes des fidèles aux Vertus emblématiques des quatre quartiers du Monde ; il prouve ainsi qu'il est capable de faire régner sur « la Terre des Hommes (*T'ien hia*) » un *Ordre céleste* (*T'ien Tao*) : il mérite d'être appelé Fils du Ciel (*T'ien tseu*), car il a fait voir qu'il possède la *Voie céleste* (*T'ien Tao*). Il mérite d'être appelé Roi-suzerain (*Wang*) quand il a fait voir qu'il possède la *Voie royale* (*Wang Tao*) : pour cela, il doit prouver qu'il est l'Homme Unique et la seule Voie par laquelle le Ciel, les Hommes et la Terre peuvent communiquer.

Entre les deux thèmes du *T'ien Tao* et du *Wang Tao*, il n'y a qu'une différence d'aspect. Tous deux se rattachent à la même conception rituelle. Le développement de la poésie épique et de la littérature politique en a fait sortir l'idée de *T'ien Tao*, tandis que l'idée de *Wang Tao* demeurait plus proche de l'expression lyrique qu'avaient d'aboɪ ‍ reçue les faits rituels. En obligeant le suzerain à aller vérifier les insignes des feudataires aux quatre bouts de l'Empire, de manière à marquer les extrémités d'une croisée gigantesque, la poésie épique trouvait la matière d'un récit héroïque où de nombreux mythes, et, en particulier, celui du Monde sauvé des Eaux, pouvaient être incorporés. Aux récits de ces labeurs épiques se sont soudés, comme de juste, des descriptions de géographie administrative : telle est l'origine de l'une des œuvres les plus anciennes de la littérature savante, le fameux *Tribut de Yu*, où des thèmes administratifs s'enchevêtrent à des passages poétiques (⁴⁸⁰). Magnifié par la poésie, le thème des randonnées impériales a conservé, pendant des siècles, un entier prestige. Le fondateur de l'Empire chinois, Che Houang-ti, et le grand souverain des Han, l'Empereur Wou, n'ont pas manqué d'entreprendre de grands voyages ; tous deux ont voulu mettre de l'ordre dans l'Empire, en construisant du Nord au Sud et de l'Est à l'Ouest une immense croisée de chemins (⁴⁸¹). — Le thème lyrique de la Voie royale a lui-même longtemps persisté ; mais, déguisé sous des formules mystiques, il se traduit par l'ambition qu'ont éprouvée de nombreux potentats de s'élever jusqu'aux Cieux. Il est cependant possible de reconstituer les faits rituels que ce thème a d'abord traduits.

A la légende épique des randonnées royales correspond une autre légende, plus proche de la vérité rituelle. Les Souverains expédient des délégués aux Quatre Pôles ou bien, thème plus dramatique et pourtant plus réel, ils expulsent Quatre Génies malfaisants sur Quatre Montagnes cardinales, cependant qu'ils reçoivent comme des Hôtes les vassaux des Quatre Orients conduits par leurs Chefs nommés : Quatre Montagnes. Ils ouvrent, pour cela, les quatre portes de leur ville ou de leur camp. Ainsi se trouvent inaugurés un règne ou des Temps nouveaux ([482]). A cette légende se relient les traditions qui se rapportent au *Ming t'ang*. Le *Ming t'ang* n'est pas seulement la Maison du Calendrier où doivent s'inaugurer toutes les périodes du Temps ; il est aussi le lieu où les vassaux se forment en carré, — tout comme ils le font à chaque rassemblement militaire, autour du tertre carré du Sol, chacun portant les Insignes qui conviennent à son Orient ([483]). Qu'on lui suppose cinq salles ou qu'on lui en suppose neuf, le plan du *Ming t'ang* reproduit celui des camps et des villes, et, par là même, le plan du Monde et de ses Neuf Provinces ; peu importe que ce plan donne l'idée d'une croix simple ou d'une croix gammée : il suffit que le Suzerain circule dans la Maison du Calendrier pour que cette croix soit mise en branle et qu'à sa suite le Soleil et les Saisons suivent l'Ordre ou la Voie célestes (*T'ien Tao*). — On a vu qu'il fut un temps où les Chinois dessinèrent, à l'aide de nombres, la croix, simple ou gammée, et qu'à la croisée des nombres impairs se superposait la croisée des nombres pairs — comme se superposaient, dans un instrument propre aux devins, une planchette carrée (Terre) et une planchette ronde (Ciel) que reliait un *pivot*.

Or, pour qualifier 11, *synthèse hiérogamique des nombres centraux 5 et 6*, qui figurent la Terre et le Ciel, *on disait que par ce nombre se constituait dans sa perfection* (tch'eng) *la Voie* ('Tao) *du ciel et de la Terre* ([484]).

La Voie Royale (*Wang Tao*) ne serait-elle pas l'axe qui part du Centre du *Ming t'ang*, le pivot autour duquel, gammée ou simple, tourne la croix lorsque le roi, imitant le Soleil dans sa course, fait le tour de la Maison du Calendrier ? ou plutôt, n'est-ce pas l'Homme Unique, maître du *Tao* céleste et royal, qui est cet axe et ce pivot ?

Le mot « roi » (*wang*) s'écrit avec un signe composé de trois traits horizontaux figurant, disent les étymologistes, le Ciel, l'Homme et la Terre, qu'unit, en leur milieu, un trait vertical, car le rôle du roi est d'unir. Les traditions conservées à propos des symboles graphiques ne sont pas, en ce cas, moins instructives que les traditions conservées à propos des symboles numériques. Pour clore l'hiver, les anciens Chinois célébraient une fête qui servait soit à rénover la Vertu du Chef, soit à instaurer un Roi de l'Année ([485]). Elle comprenait de nombreux jeux et de multiples épreuves, car un Chef doit prouver sa Vertu en triomphant dans les jeux publics. Il y avait une épreuve de beuverie : il fallait, après s'être empli de boisson, savoir encore *se tenir droit.* Il y avait des épreuves sexuelles : les premiers Chefs, qui semblent avoir porté le titre de « Grand Entremetteur », étaient responsables de la fécondité universelle, et, de tout temps, les Chinois ont pensé que le Soleil *perd sa route (T'ien tao)* si le Roi ne couche pas, au bon moment, avec la Reine. Il y avait sans doute une autre épreuve de résistance : le Chef, piétinant à cloche-pied ou immobile comme une souche, attendait et provoquait la montée de la sève ([486]). Il y avait, surtout, une épreuve du mât de cocagne. Ce mât était dressé au centre de cette Maison des Hommes qui fut le prototype du *Ming t'ang* et qui était une maison souterraine, car, parvenu au faîte du mât, on pouvait têter le Ciel, — c'est ainsi qu'on devient *Fils du Ciel,* — ou plutôt la Cloche céleste, mais les tétons de la « Cloche céleste » (ce sont les stalactites) sont suspendus aux plafonds des grottes. C'est en gagnant l'épreuve de l'ascension que le nouveau Fils du Ciel méritait, *devenu le trait d'union du Ciel et de la Terre,* d'imposer sa taille au *gnomon,* sa mesure au *tube-étalon* : il s'était identifié à la *Voie Royale.*

Les Chinois ont conservé quelque souvenir de cette ascension triomphale : de tout temps, chez eux, les prétendants se sont appliqués à rêver qu'ils montaient au Ciel, ou même qu'ils le têtaient, *et, du reste, accéder au trône, se dit* « monter au Faîte » *(teng ki).*

Or, la 5⁰ Rubrique du *Hong fan,* — c'est la Rubrique centrale, et l'on sait que le *Hong fan,* quand la tortue l'apporta à Yu, était un carré magique à centre 5, — a pour emblème le *Houang Ki* ou le *Wang Ki* : « le Faîte Auguste ou Royal » ([487]).

On traduit, d'ordinaire, ces termes par « la plus haute [*ki*] (*Perfection*) du Souverain [*Wang* ou *Houang*] ». Pourtant une glose vénérable, que les Chinois attribuent à K'ong Ngan-kouo, interprète cette expression par les mots « la grande *Voie* (Tao) *Centrale* ». Toute glose, je le sais, est suspecte, *même* attribuée à K'ong Ngan-kouo. Mais, par une heureuse chance, un poème, apparemment ancien, a été incorporé au texte, tout justement, de la 5ᵉ Section du *Hong fan* ; ce poème fait songer à la remarquable déclaration de Yu, citée plus haut : « *Qu'on ne s'écarte pas de mes Chemins* (hing) ! » et il est impossible de ne pas le comprendre comme une déclaration d'avènement. Je le traduis mot à mot :

> « Rien qui penche ! Rien qui oblique !
> Suivez l'Équité (*Yi*) Royale !
> Nulle affection particulière !
> Suivez le Tao Royal !
> Nulle haine particulière !
> Suivez le Chemin (*lou*) Royal !
> Rien qui penche ! Rien de factieux !
> Le Tao Royal, qu'il est large !
> Rien de factieux ! Rien qui penche !
> Le Tao Royal, qu'il est uni !
> Rien qui se tourne vers l'arrière ! Rien qui s'incline de côté !
> Le Tao Royal est tout droit !
> Unissez-vous à celui qui possède le Ki !
> Accourez près de qui possède le Ki (⁴⁸⁸) ! »

Je ne garantis pas que ce soit là le texte de la proclamation lancée aux fidèles, du faîte du mât de cocagne, par l'heureux gagnant de l'épreuve royale. Mais c'est un fait que celui qui possède le *Tao* Royal est aussi « celui qui possède le *Ki* » et que *Ki* signifie *faîte* et même *poutre faîtière*. C'est un fait encore que le poète ne voit aucune différence ni entre le *Ki* et le *Tao*, ni entre les idées de *Tao*, de *Lou* et de *Yi*. Comme *tao* et *hing* (Élément), *lou* signifie « chemin », mais uniquement au sens matériel du mot ; « le *tao* royal », qu'on qualifie de « large » ou d' « uni », n'évoque-t-il pas, lui aussi, une image matérielle ? Quant à *Yi*, l'Équité, c'est une vertu, mais qu'on peut bien rapprocher de tous ces termes concrets ; c'est la vertu qui inspire le respect du tien et du mien et qui doit présider à la distribution des *sorts*, noms ou rangs (*ming*) et héritage (*fen*) (⁴⁸⁹). Or, qu'est-ce que le *Houang ki*, emblème de la 5ᵉ Section, centre du *Hong fan* ? c'est par lui que « se recueillent et se distribuent les 5 Bonheurs » ; « si fou » (distribuer du Bonheur) veut dire « distribuer des fiefs » (⁴⁹⁰) ; dans les assemblées féodales, *le suzerain recueille puis redistribue les 5 Insignes* : le *Wang ki* ou le Tao Royal n'est-il pas

le principe — équitable, quand on le prend au sens moral —
de la répartition des fiefs et des 5 Insignes entre les vassaux
accourus des Quatre Orients au Centre de la confédération ?
Remarquons ici que les « Pères du Taoïsme » imaginent le
Tao sous l'aspect d'une sorte de répartiteur responsable
(c'est par lui qu'un être est — on ne dit pas : dieu, table ou
cuvette, mais — épée de prix ou épée vulgaire) ([491]) et que
Tchouang tseu voit dans le Tao « le Ki de toutes choses :
Tao, wou tche Ki » ([492]) : le rapprochement des deux termes
est d'autant plus remarquable qu'il termine un passage où
le Tao est considéré tout ensemble comme le milieu et comme
le centre des équivalences et des contrastes, des attractions,
des répulsions, des hiérogamies alternantes qui constituent
l'évolution *giratoire* de l'Univers. Je ne songe pas à le nier :
pour les interprètes (ou les auteurs) du *Hong fan* qui ont
songé à citer ce vieux poème, l'idée qu'il s'agissait d'exprimer
était bien celle d'une *perfection* toute morale, faite d'impartialité, d'élévation, de rectitude : bref, de la perfection
qu'implique la position centrale d'un Chef placé au-dessus
de toutes les factions, de tous les groupements particuliers.
Mais il reste à expliquer tout ce lot de métaphores et à dire
pourquoi les mots choisis pour désigner une *Perfection*
centrale et complète sont tantôt *ki*, poutre faîtière ([493]),
tantôt *lou*, chemin, ou bien *tao*, qu'on peut qualifier de
« large » et d' « uni ». Pourquoi surtout toutes ces images qui
semblent évoquer le spectacle d'une station droite, — celle
que, pour l'épreuve de beuverie, on imposait aux buveurs,
— ou la vision d'un poteau dressé ?
   Quand les Chefs fondaient une Capitale et déterminaient
la croisée des chemins par où leur viendraient les tributs des
Quatre Orients, ils devaient observer le jeu des ombres et
des lumières (le Yin et le Yang) et planter un gnomon ([494]).
La mystique politique des Chinois a toujours maintenu le
principe que dans la Capitale d'un souverain parfait, au
midi de la mi-été, le gnomon ne doit point donner d'ombre ([495]). Les mythes sont plus instructifs encore. Au centre
même de l'Univers — là où devrait être la Capitale parfaite,
— s'élève un Arbre merveilleux : il réunit les Neuvièmes
Sources aux Neuvièmes Cieux, les Bas-Fonds du Monde à
son Faîte. *On l'appelle le Bois Dressé* (Kien-mou), *et l'on dit*

qu'à midi rien de ce qui, auprès de lui, se tient parfaitement droit, *ne peut donner d'ombre.* Rien non plus n'y donne d'écho ([496]). Grâce à une synthèse (qui est parfaite, car elle résulte d'une hiérogamie), tous les contrastes et toutes les alternances, tous les attributs, tous les insignes se trouvent résorbés dans l'Unité centrale.

Les expressions *Houang* (ou *Wang*) *Ki* et *Wang Tao* ont pris ensemble une valeur morale, et *Tao,* comme *Ki,* est entré dans la langue des Sages. Tous ces termes évoquent les idées de Perfection et de Vertu Royales ; mais Tao n'est devenu le symbole de l'Ordre efficace qu'après avoir signalé un complexe d'images et de sentiments tout concrets. Si *Tao* (chemin) a pu prendre le sens d'Efficace, de Vertu, d'Autorité, tout en suggérant l'idée d'un Ordre total entièrement conforme à l'ordre céleste, c'est que l'inauguration d'un pouvoir princier s'accompagnait d'une répartition des choses de ce monde entre les groupements assujettis à un Chef nouveau qui partageait entre eux les Secteurs de l'Univers. Afin de pouvoir procéder à cette répartition, le Chef devait se soumettre à une épreuve inaugurale. Avant d'aller distribuer les Insignes en circulant sur terre à la manière d'un Soleil (*T'ien Tao*), il devait, pour mériter le titre de Fils du Ciel et d'Homme Unique, s'élever, tout droit et confondu avec l'axe du Monde, sur la Voie (*Wang Tao*) par laquelle, à des instants sacrés, le Ciel et la Terre entrent en communion ([497]). Le Tao est devenu l'emblème d'un Ordre souverain après avoir, d'abord, figuré le pivot — mât ou gnomon — autour duquel l'ombre tourne ainsi que la lumière.

Si j'ai raison et si *tao* [chemin, voie centrale, (*gnomon*)] et *hing* [chemin, élément, (στοιχεῖον)] s'expliquent conjointement à partir de l'image d'un pivot et d'une circulation, on comprendra aisément la plus ancienne des définitions savantes du Tao. C'est celle que donne le *Hi ts'eu* et que nous avons déjà rencontrée ([498]) : « *yi yin yi yang tche wei Tao :* un (aspect) yin, un (aspect) yang, c'est là le Tao ».

Nous savons maintenant qu'il faut entendre : « *tout* yin,

tout yang, *c'est là le* Tao ». Le Tao est un Total constitué par deux aspects qui sont, eux aussi, totaux, car ils se substituent *entièrement* (*yi*) l'un à l'autre. *Le Tao n'est point leur somme, mais le régulateur* (je ne dis pas : la loi) *de leur alternance.*

La définition du *Hi ts'eu* invite à voir dans le Tao une Totalité, si je puis dire, alternante et cyclique. La même Totalité se retrouve dans chacune des apparences, et tous les contrastes sont imaginés sur le modèle de l'opposition alternante de la lumière et de l'ombre. Au-dessus des catégories Yin et Yang, le Tao joue le rôle d'une catégorie suprême qui est, tout ensemble, la catégorie de Puissance, de Total et d'Ordre. Comme le Yin et le Yang, le Tao est une catégorie concrète ; il n'est pas un Principe premier. Il préside réellement aux jeux de tous les groupements de réalités agissantes, mais sans qu'on le considère ni comme une substance, ni comme une force. Il joue le rôle d'un Pouvoir régulateur. Il ne crée point les êtres : il les fait être comme ils sont. Il règle le rythme des choses. Toute réalité est définie par sa *position* dans le Temps et l'Espace ; dans toute réalité est le Tao ; et le Tao est le rythme de l'Espace-Temps.

Dans les conceptions enregistrées par le *Hi ts'eu*, la connaissance du Tao se confond avec la science des occasions et des sites dont l'art divinatoire donne la clé. En apprenant à discerner les situations propices dans chaque cas particulier, cet art développe le sens de l'organisation du Monde : il en fait connaître les détails et l'ensemble. Aussi est-il l'apanage du Roi, du Prince (*Heou*), de l'Homme grand (*Ta jen*), du gentilhomme (*kiun tseu*) ([499]). Rois, Princes, Hommes grands, gentilshommes commandent aux gens de peu (*siao jen*), aux petites gens, car la science divinatoire leur fait acquérir une Sagesse indistincte de la Sainteté : ce Savoir agissant, c'est le Tao.

On possède le Tao, on peut ordonner le Temps et l'Espace, on sait, on gouverne dès qu'on est initié au jeu des Emblèmes divinatoires. Ces emblèmes, on l'a vu, épuisent le réel. L'ordre du Monde embrasse 11 520 situations spécifiques désignées par le mot *wou*, lequel s'applique tout à la fois aux choses et à leurs emblèmes ([500]). Les 384 lignes des Hexagrammes évoquent concrètement ou plutôt suscitent l'ensemble des réalités apparentes dont elles sont la réalisation emblématique. Chaque ligne connote, à elle seule, un lot de ces réalités : 24 ou 36, selon qu'elle est faible ou forte, *yin* ou *yang*. Chaque ligne a donc la valeur d'une *rubrique emblématique*. En elle-même, cependant, elle n'est, brisée ou continue, que le symbole le plus simple du Yin ou du Yang, du Pair ou de l'Impair. Mais elle se trouve définie et singularisée par la place qu'elle occupe dans un hexagramme déterminé. C'est donc leur seule *situation* dans l'ensemble des emblèmes qui spécifie les attributs de chacune de ces catégories concrètes que sont les 192 lignes *yang*, les 192 lignes *yin*. Ces attributs se révèlent lorsqu'on examine la place que la ligne occupe dans l'un des 64 hexagrammes. On procède à cet examen soit en considérant successivement les lignes voisines d'un même hexagramme, soit en comparant deux lignes homologues de deux hexagrammes. On voit alors un emblème *se substituer* à un autre emblème, chose qu'on exprime en disant : quand deux lignes, l'une faible, l'autre forte, échangent leurs places, il se produit (*cheng*) une *substitution* (*pien houa*) ([501]).

Ce passage d'un symbole à un autre, que l'on considère comme une substitution, est l'indice, ou, plus exactement, est le signe actif, le *signal*, d'une *mutation* (*yi*) qui s'effectue dans le cours réel des choses. « Des productions alternantes (*cheng cheng*), voilà ce que sont les mutations ([502]). » Cette formule vise à faire entendre que chacune des apparences qu'on veut voir se réaliser est le produit (*cheng*) de l'apparence qu'elle doit elle-même produire (*cheng*). L'idée savante de mutation repose sur des représentations analogues à celles que nous avons analysées à propos de l'alternance des formes (animales) sous l'action alternée des catégories Yin et Yang ([503]). Ce ne sont point les choses qui changent : c'est l'Espace-Temps, et il leur imprime son rythme. Le mot *houa* qui sert à noter les alternances de formes [et qui désigne aussi les mutations réelles opérées par les mages (*houa jen*)] figure dans l'expression *pien houa* qui sert à exprimer la substitution d'un symbole divinatoire à un autre symbole divinatoire. Le terme *pien* donne à lui seul l'idée d'une transformation cyclique. Le *Hi ts'eu* l'emploie pour exprimer l'alternance d'aspects dont une porte, faite pour s'ouvrir et se fermer, peut éveiller l'idée ([504]). C'est cette alternance qui, pour les devins, constitue le Tao.

Ainsi, dans la langue technique de la divination, le mot *tao* exprime la règle essentielle qui se retrouve au fond de toute mutation, — mutation réelle comme mutation de symboles, — car elle préside globalement à l'ensemble des mutations. Le Tao apparaît, dès lors, comme le Principe d'Ordre qui préside à la fois à la production — par voie d'alternance — des apparences sensibles et à la manipulation — par voie de substitution — des rubriques emblématiques qui signalent et suscitent les réalités. Il est tout ensemble (car entre l'ordre technique, l'ordre réel, l'ordre logique, il n'y a pas lieu de distinguer) le Pouvoir de régulation, qu'on obtient en manipulant des emblèmes, le Savoir efficace qui préside aux substitutions de symboles, l'Ordre actif qui se réalise, par de perpétuelles mutations, dans la totalité de l'Univers. Ces mutations se font toujours, réelles ou symboliques, sans changement réel, sans mouvement, sans dépense. Les auteurs chinois insistent sur le sens du mot *yi* (mutation), qui évoque l'idée de « facilité » et exclut celle de travail. Les réalités, les emblèmes se *mutent*, et on les *mute* sans que pour cela on ne dépense, et sans que pour cela il ne se dépense aucune espèce d'énergie.

∗∗∗

La pensée mythique, — et, avec elle, les différentes techniques qui s'emploient à aménager le Monde, — est pénétrée de la croyance que les réalités sont suscitées par les emblèmes. Le travail de réflexion fourni par les théoriciens de l'art divinatoire a abouti, en lui donnant un tour systématique, à renforcer cette disposition de l'esprit chinois. Concevant le Tao comme un principe d'Ordre qui régit indistinctement l'activité mentale et la vie du Monde, on admet uniformément que les changements qu'on peut constater dans le cours des choses sont identiques aux substitutions de symboles qui se produisent dans le cours de la pensée.

Cet axiome une fois admis, ni le principe de causalité, ni le principe de contradiction ne pouvaient être appelés à prendre le rôle de principes directeurs, — ceci non point parce què la pensée chinoise se plaît dans la confusion, mais, tout au contraire, parce que l'idée d'Ordre, l'idée d'un Ordre efficace et total, la domine, résorbant en elle la notion de causalité et la notion de genre. Quand on part des idées de mutation et de Vertu efficace, il n'y a aucune raison de concevoir une logique de l'extension, ou une physique expérimentale, et l'on conserve l'avantage de ne point s'obliger, en imaginant des paramètres, à enlever au Temps et à l'Espace leur caractère concret.

L'idée de mutation ôte tout intérêt philosophique à un inventaire de la nature où l'on se proposerait de constituer des séries de faits en distinguant des antécédents et des conséquents.

Au lieu de constater des successions de phénomènes, les Chinois enregistrent des alternances d'aspects. Si deux aspects leur apparaissent liés, ce n'est pas à la façon d'une cause et d'un effet : ils leur semblent *appariés* comme le sont l'endroit et l'envers, ou, pour utiliser une métaphore consacrée dès le temps du *Hi ts'eu*, comme l'écho et le son, ou, encore, l'ombre et la lumière ([505]).

La conviction que le Tout et chacune des totalités qui le composent ont une nature cyclique et se résolvent en alternances, domine si bien la pensée que l'idée de *succession* est toujours primée par celle d'*interdépendance*. On ne verra donc aucun inconvénient aux explications rétrogrades. Tel seigneur n'a pu, *de son vivant*, obtenir l'hégémonie, car nous dit-on, *après sa mort*, on lui a sacrifié des victimes humaines ([506]). L'insuccès politique et les funérailles néfastes sont des aspects solidaires d'une même réalité qui est le manque de Vertu du prince, ou plutôt, ils en sont des *signes équivalents*.

Ce qu'on se plaît à enregistrer, ce ne sont pas des causes et des effets, mais, l'ordre d'apparition important peu, des manifestations conçues comme singulières, bien que greffées sur une même racine. *Également expressives, elles paraissent substituables.* Une rivière qui tarit, un mont qui s'écroule, un homme qui se change en femme,... annoncent la fin prochaine d'une dynastie ([507]). Ce sont là quatre aspects d'un même événement : un ordre périmé disparaît, faisant place à un ordre nouveau. Tout mérite d'être noté, à titre de signe précurseur ou comme confirmation d'un signe (ou d'une série de signes), mais rien n'invite à rechercher une cause efficiente.

Quand on établit un rapport, on ne pense jamais à *mesurer* les termes mis en relation. Ce ne sont pas des phénomènes que l'on considère, et il n'y a pas à considérer leur ordre de grandeur. Il ne s'agit que de signaux pour lesquels les évaluations quantitatives de dimension ou de fréquence importent peu. Les plus utiles des signes précurseurs, ce sont les plus singuliers, les plus ténus, les plus rares, les plus furtifs. Un oiseau qui détruit son nid ([508]) fournit l'indice (physique et moral) d'un détraquement de l'Empire dont la gravité est extrême, puisque le sentiment de piété domestique fait défaut, *même* chez les bêtes les plus humbles. Les moindres apparences méritent donc d'être cataloguées, et les plus étranges ont plus de prix que les plus normales. Le catalogue n'a pas pour objet de faire découvrir des *séquences* ; on le dresse dans l'intention de faire apparaître des *solidarités*. Au lieu de considérer le cours des choses comme une suite de phénomènes susceptibles d'être mesurés, puis mis en rapport, les Chinois ne voient dans les réalités sensibles qu'une masse de signaux concrets. La charge de les répertorier incombe, non pas à des physiciens, mais à des annalistes : l'Histoire tient lieu de Physique — comme elle tient lieu de Morale ([509]).

Loin, donc, de chercher à isoler les faits des conditions de temps et d'espace, les Chinois ne les envisagent que comme des signes révélant les qualités propres à tel Temps et à tel Espace. Ils ne songent pas à les enregistrer en les rapportant à un système uniforme et immuable de repères. Ils cherchent à ne rien oublier de ce qui peut révéler leur *valeur locale*. Ils emploient pour les noter des indications de temps, d'espace, de mesure, qui conviennent à une ère définie du monde, à un secteur ou à une rubrique déterminés ([510]). Ils multiplient les systèmes de classifications, puis ils multiplient les imbrications de ces systèmes. Ils évitent tout ce qui rendrait comparable et ne s'attachent qu'à ce qui paraît *substituable*. Ils fuient ce qui, dans les indications de mesure, conduirait à mesurer par unités abstraites. Les nombres leur servent moins à additionner des unités égales entre elles qu'à figurer concrètement, à décrire et à situer, pour aboutir enfin à suggérer la possibilité de mutations que justifient l'identité ou l'équivalence des emblèmes numériques. Le principe est d'*identifier en rapportant à des rubriques*, sans abstraire ni généraliser et plutôt en singularisant, tout en réservant cependant, grâce aux polyvalences emblématiques, de larges possibilités de substitutions. Les solidarités concrètes importent infiniment plus que les rapports abstraits de cause à effet.

Le savoir consiste à constituer des collections de singularités évocatrices. Le jardin du Roi ou son parc de chasse doivent contenir toutes les curiosités animales et végétales de l'univers. Celles que nul prospecteur n'a su trouver y figurent, tout de même, réellement : sculptées ou dessinées. Les collections visent à être complètes, surtout en monstruosités, parce qu'on rassemble moins pour connaître que pour pouvoir, et les collections les plus efficaces ne sont pas faites de réalités, mais d'emblèmes. Qui possède l'emblème agit sur la réalité. Le symbole tient lieu du réel. On se préoccupe donc des réalités et des faits, non pour remarquer des séquences et des variations quantitatives, mais pour posséder et tenir à disposition des rubriques emblématiques et des tables de récurrences constituées en songeant uniquement aux interdépendances de symboles.

Quand une apparence concrète paraît *appeler* une autre apparence, les Chinois pensent être en présence de deux signes cohérents qui s'évoquent par un simple effet de *résonance* ([511]) : ils témoignent tous deux d'un même état, ou plutôt d'un même aspect de l'Univers. Quand une apparence *se mue* en une autre apparence, cette mutation vaut comme un signal auquel d'autres signaux doivent répondre à l'unisson. Elle indique l'avènement d'une nouvelle *situation concrète*, laquelle comporte un ensemble indéfini de manifestations cohérentes. Quant à la manière dont s'opère cette substitution, qui n'est pas un changement, on sait que toute mutation porte sur le Total et est, en soi, totale. Il n'y a aucune mesure commune à chercher entre deux emblèmes qui témoignent tous deux de deux aspects concrets de l'ensemble du Monde. La considération des causes secondes ne présente pas d'intérêt : elle n'a pas d'applications. Ce qui rend compte de tout le détail des apparences, ce n'est point un détail de causes, c'est le Tao.

Le Tao n'est pas lui-même une cause première. Il n'est qu'un Total efficace, un centre de responsabilité, ou, encore, un milieu responsable. Il n'est point créateur. Rien ne se crée dans le Monde, et le Monde n'a pas été créé. Les héros qui ressemblent le plus à des démiurges se bornent à aménager l'Univers ([512]). Les souverains sont *responsables* de l'Ordre du Monde, mais ils n'en sont point les auteurs. Quand ils ont de l'Efficace, ils parviennent, sur une aire et pendant une ère déterminées — déterminées en fonction de leur Autorité, — à maintenir un Ordre de civilisation dont l'Ordre des choses est solidaire. Le Tao n'est que la sublimation de cette Efficace et de cet Ordre. Pour donner une règle à l'action et pour rendre le monde intelligible, point n'est besoin de distinguer des forces, des substances, des causes et de s'embarrasser des problèmes qu'entraînent les idées de matière, de mouvement, de travail. Le sentiment de l'interdépendance des réalités emblématiques et de leurs réalisations apparentes est suffisant en soi. Il invite à reconnaître des solidarités et des responsabilités. Il dispense de concevoir une Cause, mais aussi de rechercher des causes.

Ces dispositions de leur pensée n'ont pas empêché les anciens Chinois de faire preuve de grandes aptitudes mécaniques : la perfection de leurs arcs et de leurs chars en témoigne. Mais voici comme ils imaginent la marche d'une invention. Quand un de leurs philosophes veut expliquer l'invention de la roue, il affirme que l'idée en a été fournie par les graines volantes qui tourbillonnent dans les airs ([513]). Rebelle aux explications mécaniques, la pensée chinoise ne cherche pas à s'exercer dans un domaine qui serait celui du mouvement et de la quantité. Elle se cantonne obstinément dans un monde d'emblèmes qu'elle ne veut pas distinguer de l'Univers réel.

Pour se renseigner sur l'Univers, il suffit de répertorier des signaux. Mais, si une réalité singulière correspond à chaque emblème, chaque emblème possède une puissance d'évocation qui est indéfinie. Il suscite, par une sorte d'effet direct, une foule de réalités et de symboles substituables.

Cette *vertu contagieuse* des emblèmes diffère radicalement d'une participation des idées. On n'imagine point de limites à la convenance des divers symboles. On ne voit, par suite, aucun avantage à classer les idées ou les choses par genres et par espèces. Ne pouvant, dès lors, recevoir un sens relatif, le principe de contradiction se trouve sans emploi. Au lieu de classer des concepts, on s'efforce d'ordonner les réalités, ou plutôt les emblèmes, qui paraissent plus réels puisqu'on les estime plus efficaces, — et l'on s'efforce de les ordonner, en tenant compte de leur efficacité, dans un ordre hiérarchique.

La distinction du Même et de l'Autre est primée par l'antithèse de l'Équivalent et de l'Opposé. Les réalités et les emblèmes se suscitent par simple résonance quand ils sont équivalents ; ils se produisent rythmiquement quand ils sont opposés. Le monde et l'esprit obéissent simultanément à une règle unique, qui paraît, d'abord, tenir en deux formules. Ce sont (non pas : le semblable produit le semblable et le contraire sort du contraire, mais :) l'équivalent se range avec l'équivalent et l'opposé répond à l'opposé. Ces deux formules, qui n'impliquent pas plus l'idée de genre que l'idée de cause, expriment toutes deux un même sentiment : chacune des apparences de l'Univers ou des démarches de la pensée résulte, comme l'Univers lui-même, de l'interdépendance de deux aspects complémentaires.

Le Yin et le Yang ne s'opposent pas à la manière de l'Être et du Non-Être, ni même à la manière de deux Genres. Loin de concevoir une contradiction entre deux aspects *yin* et *yang*, on admet qu'ils se complètent et se *parfont* (*tch'eng*) l'un l'autre — dans la réalité comme dans la pensée. Dans la multiplicité des apparences, les unes (celles qui peuvent se manifester simultanément), liées par une solidarité simple et distante, sont équivalentes (*t'ong*) et se contagionnent sans se confondre, les autres (celles qui contrastent ensemble) s'opposent, mais sont unies par une interdépendance commᵣ··nielle que rend manifeste leur succession cyclique (*cheng cheng*). Les Chinois peuvent éviter de confier au principe de contradiction l'office d'ordonner l'activité mentale. Ils attribuent cette fonction au principe de l'harmonie (*ho* : union harmonique) des contrastes. L'Ordre efficace qui régit la pensée et l'action est fait de *contrastes*, mais exclut la possibilité de *contraires* tant au sens absolu qu'au sens relatif. Il n'y a pas lieu de constituer des genres et des espèces. L'Ordre se réalise en constituant des groupements d'emblèmes ayant valeur de rubriques actives. Toutes ces rubriques se relaient à l'ouvrage (les divers Éléments faisant alterner leur règne, aussi bien que le Yin et le Yang) : les classifications les plus détaillées ne servent qu'à traduire un sentiment plus complexe de l'Ordre et une analyse (plus poussée sans devenir jamais abstraite) des réalisations rythmiques de cet Ordre dans un Espace et un Temps entièrement composés de parties concrètes.

La représentation que les Chinois se font de l'Univers n'est ni moniste, ni dualiste, ni même pluraliste. Elle s'inspire de l'idée que le Tout se distribue en groupements hiérarchisés où il se retrouve entièrement. Ces groupements ne se distinguent que par la puissance de l'Efficace qui leur est propre. Liés à des Espaces-Temps hiérarchisés tout autant que singularisés, ils diffèrent, si je puis dire, par leur teneur, et, plus encore, par leur tension : on voit en eux des réalisations plus ou moins complexes, plus ou moins diluées, plus ou moins concentrées de l'Efficace. Le Savoir a pour objet, premier et dernier, un plan d'aménagement de l'Univers qui paraît devoir se réaliser grâce à une distribution hiérarchique de rubriques concrètes. De même qu'ils s'abstiennent de penser conceptuellement par genres et par espèces, les Chinois n'ont aucun goût pour le syllogisme. Que vaudrait du reste, la déduction syllogistique pour une pensée qui se refuse à priver l'Espace et le Temps de leur caractère concret ? Comment affirmer que Socrate, étant homme, est mortel ? Dans les temps qui viendront et sur d'autres espaces, est-il sûr que les hommes meurent ? On peut dire, en revanche : Confucius est mort, donc je mourrai : il y a peu d'espoir que personne mérite un lot de vie plus grand que le plus grand des Sages. La logique chinoise est une logique de l'Ordre ou, si l'on veut, une logique de l'Efficacité, une logique de la Hiérarchie. Le raisonnement préféré des Chinois a été comparé au sorite ([514]), mais, sauf chez quelques dialecticiens ([515]), et chez les premiers Taoïstes qui cherchaient à tirer de l'idée ancienne de Total la notion d'Infini ou, tout au moins, d'Indéfini ([516]), ce raisonnement ne se résout pas en une chaîne de conditions ; il tend à rendre manifeste la circulation d'un principe d'Ordre à travers les réalisations diverses, plus ou moins parfaites, et, par suite, hiérarchisables, de cette Totalité qui doit se retrouver dans chacune de ses manifestations ([517]). Se passant de raisonnements inductifs ou déductifs, les Chinois s'efforcent de mettre de l'ordre dans la pensée de la même manière qu'ils en introduisent dans le Monde, c'est-à-dire dans la Société. Ils donnent à leurs emblèmes et à leurs rubriques une disposition hiérarchique par laquelle s'exprime l'Autorité propre à chacun d'eux.

Le principe de contradiction et le principe de causalité ne possèdent ni l'un ni l'autre l'empire attribué aux règles directrices. La pensée chinoise ne leur désobéit pas systématiquement ; elle n'éprouve pas non plus le besoin de leur prêter une dignité philosophique. Les Chinois s'appliquent à distinguer comme ils s'appliquent à coordonner. Mais, plutôt que d'isoler par abstraction des genres et des causes, ils cherchent à établir une hiérarchie des Efficacités ou des Responsabilités. Les techniques du raisonnement et de l'expérimentation ne leur semblent pas mériter autant de crédit que l'art d'enregistrer concrètement des signes et de répertorier leurs résonances. Ils ne cherchent pas à se représenter le réel en concevant des rapports et en analysant des mécanismes. Ils partent de représentations complexes et conservent une valeur concrète à tous leurs emblèmes, même aux rubriques cardinales. Ces emblèmes et ces rubriques leur servent à stimuler la méditation et à éveiller le sens des responsabilités et des solidarités. En fin de compte, ils conçoivent le Monde comme s'il était réglé par un protocole et ils prétendent l'aménager à la manière d'un cérémonial. Leur morale, leur physique, leur logique ne sont que des aspects d'un Savoir agissant qui est l'Étiquette.

Quand ils méditent sur le cours des choses, ils ne cherchent ni à déterminer le général, ni à calculer le probable : ils s'acharnent à repérer le furtif et le singulier. Mais, ce faisant, ils visent à saisir les indices des mutations qui affectent le total des apparences, car ils ne s'attachent au détail

que pour se pénétrer du sentiment de l'Ordre. Du fait qu'elle
se meut dans un monde d'emblèmes et qu'elle attribue une
pleine réalité aux symboles et aux hiérarchies de symboles,
la pensée chinoise se trouve orientée vers une sorte de rationalisme conventionnel ou de scolastique. Mais, d'autre part,
elle est animée d'une passion d'empirisme qui l'a prédisposée
à une observation minutieuse du concret et qui l'a sans doute
conduite à de fructueuses remarques ([518]). Son plus grand
mérite est de n'avoir jamais séparé l'humain du naturel et
d'avoir toujours conçu l'humain en pensant au social. Si
l'idée de Loi ne s'est point développée, et si, par suite, l'observation de la nature a été abandonnée à l'empirisme et
l'organisation de la société au régime des compromis,
l'idée de Règle, ou plutôt la notion de Modèles, en per-
mettant aux Chinois de conserver une conception souple
et plastique de l'Ordre, ne les a point exposés à imaginer
au-dessus du monde humain un monde de réalités trans-
cendantes. Toute pénétrée d'un sentiment concret de la
nature, leur Sagesse est résolument humaniste.

Livre troisième : Le système du monde

Les idées jointes d'Ordre, de Total, d'Efficace dominent la pensée des Chinois. Ils ne se sont pas souciés de distinguer des règnes dans la Nature. Toute réalité est en soi totale. Tout dans l'Univers est comme l'Univers. La matière et l'esprit n'apparaissent point comme deux mondes qui s'opposent. On ne donne pas à l'Homme une place à part en lui attribuant une âme qui serait d'une autre essence que le corps. Les hommes ne l'emportent en noblesse sur les autres êtres que dans la mesure où, possédant un rang dans la société, ils sont dignes de collaborer au maintien de l'ordre social, *fondement et modèle* de l'ordre universel. Seuls se distinguent de la foule des êtres le Chef, le Sage, l'Honnête homme. Ces idées s'accordent avec une représentation du Monde, caractérisée non par l'anthropocentrisme, mais par la prédominance de la notion d'*autorité sociale*. L'aménagement de l'Univers est l'effet d'une Vertu princière que les arts et les sciences doivent s'employer à équiper. Une ordonnance protocolaire vaut pour la pensée comme pour la vie ; le règne de l'Étiquette est universel. Tout lui est soumis dans l'ordre physique et dans l'ordre moral, qu'on se refuse de distinguer en les opposant comme un ordre déterminé et un ordre de liberté. Les Chinois ne conçoivent pas l'idée de Loi. Aux choses comme aux hommes, ils ne proposent que des Modèles.

Chapitre premier

Le macrocosme

Un fait signale la place privilégiée que les Chinois donnent à la Politique. Pour eux, l'histoire du Monde ne commence pas avant celle de la Civilisation. Elle ne débute pas par le récit d'une création ou par des spéculations cosmologiques. Elle se confond, dès l'origine, avec la biographie des Souverains. Les biographies des Héros antiques de la Chine contiennent d'assez nombreux éléments mythiques. Mais nul thème cosmogonique n'a pu entrer dans la littérature sans avoir subi une transposition. Toutes les légendes prétendent rapporter des faits de l'histoire humaine. Une même philosophie politique les inspire. Les êtres et les choses existent et durent en raison de l'harmonie (*ho*) instituée par les saints auteurs de la civilisation nationale. C'est leur Sagesse qui permet aux hommes et aux êtres de se conformer à° leur essence (*wou*) et de réaliser pleinement leur destin (*ming*). L'harmonie sociale, qui est due à l'ascendant des Sages, entraîne, avec la Grande Paix (*T"ai p'ing*), un parfait équilibre du macrocosme, et cet équilibre se reflète dans l'organisation de tous les microscosmes. La prédominance accordée aux préoccupations politiques ([519]) s'accompagne, chez les Chinois, d'une répulsion foncière pour toute théorie créationiste.

Seules quelques métaphores, jointes à des débris de légendes, renseignent sur l'idée que les anciens Chinois se faisaient de l'Univers. Il y a peu de chances que ces données folkloriques se rattachent à un système unique et défini de pensée. Elles peuvent cependant faire entrevoir un fait essentiel : la conception du monde physique est entièrement commandée par des représentations sociales.

L'Univers, c'est le char ou la maison du Chef.

On compare souvent le Monde à un char à ridelles recouvert par un dais. Le dais est circulaire et figure le Ciel ; la Terre est représentée car la caisse carrée qui supporte l'occupant du char. Mais il ne s'agit pas d'un char quelconque. Quand on dit « la Terre... c'est le grand fond de char », on pense à la voiture de cérémonie ([520]) où prend place l'Homme Unique et, sans doute, imagine-t-on le Fils du Ciel au moment où, pour remplir le premier devoir de sa charge, il fait le tour de la Terre des hommes en suivant la route du Soleil. Au Ciel, le Soleil parcourt sa carrière monté, lui aussi, sur un char.

Le Chef de char se tient, tout à l'avant de la voiture, sous la bordure du dais. Le mot (*hien*) qui désigne cette place sert aussi à nommer l'endroit de la salle de réception où, quand il tient sa cour, doit se placer le Maître. Quand on dit : « la Terre porte et le Ciel couvre » ([521]), on n'évoque pas moins la maison que le char. L'édifice où le suzerain reçoit les feudataires, carré à la base, doit être recouvert par un toit circulaire. C'est sous le pourtour de ce toit que le Fils du Ciel se poste quand il promulgue les ordonnances mensuelles qui ajustent les temps aux espaces.

Le toit du *Ming t'ang* et le dais du char sont reliés par des colonnes à leur support carré. Des colonnes, qu'on nomme les piliers du Ciel, sont bien connues des géographes qui en savent le nombre et l'emplacement. Elles sont en rapport avec les Huit Directions, les Huit Montagnes et les Huit Portes qui livrent passage aux Nuées pluvieuses et aux Huit Vents ([522]). Reliés par l'intermédiaire des Huit Vents aux Huit Trigrammes que l'on dispose en octogone, les Huit Piliers rattachent le périmètre de la terre au pourtour circulaire du Ciel.

L'architecture du Monde fut d'abord imaginée plus simplement. On ne comptait que quatre colonnes, et l'on ne connaissait que quatre Montagnes cardinales. « Quatre

Montagnes » est le nom des chefs que le Suzerain chargeait d'assurer la paix dans les Quatre Directions et qu'il recevait en ouvrant les Quatre Portes de sa résidence ([523]). Les Montagnes ont dans la nature un rôle analogue à celui des Chefs dans la société. Elles assurent la stabilité de l'Univers. Mythiquement, il n'y a point de différence entre la lutte engagée par un usurpateur contre le souverain légitime et l'attaque menée contre une montagne par un génie mauvais qu'on se représente sous l'aspect d'un Vent soufflant en tempête et faisant choir le toit des maisons ([524]).

Le seul pilier du monde qui soit célèbre est un mont, le Pou-tcheou, au nord-ouest du Monde ; là se trouve la Porte qui conduit à la Résidence Sombre ; par elle souffle un vent qu'on nomme aussi Pou-tcheou ([525]). Au cours de la bataille qu'il engagea contre le Souverain Tchouan-hiu, Kong-kong, génie du Vent, à qui la Résidence Sombre sert de retraite, réussit à ébranler le Pou-tcheou. Un déluge suivit. Le monde n'est en ordre que lorsqu'il est clos à la manière d'une demeure ([526]).

Jadis, lorsque Niu-koua entreprit d'aménager l'Univers, « les Quatre Pôles étaient renversés, les Neuf Provinces fissurées, le Ciel ne *couvrait* point partout, la Terre ne *supportait pas tout le pourtour* (*pou-tcheou*), le Feu incendiait sans s'éteindre jamais, les Eaux inondaient sans jamais s'apaiser, les Bêtes féroces dévoraient les hommes valides, les Oiseaux de proie enlevaient les débiles. Niu-koua, alors, fondit les pierres de cinq couleurs pour réparer le Ciel azuré ; elle coupa les pieds de la Tortue pour dresser les Quatre Pôles ; elle tua le Dragon noir pour mettre en ordre le pays de Ki ; elle entassa de la cendre de roseau pour arrêter les Eaux licencieuses. Le Ciel fut réparé, les Quatre Pôles se dressèrent, les Eaux licencieuses furent asséchées, le pays de Ki fut mis en équilibre (*p'ing*), les bêtes féroces périrent, les hommes valides subsistèrent, *la Terre carrée porta sur son dos, le Ciel rond tint embrassé* », et l'*Union* (*ho*) se fit entre le *Yin* et le *Yang* ([527]).

Jadis aussi, montant et descendant, les Iles des Bienheureux flottaient au gré des marées ; on ne pouvait s'y tenir immobile. Elles ne devinrent stables que le jour où, sur l'ordre d'un génie de la mer, des tortues géantes les *prirent sur leur dos* ([528]). Les Chinois ont longtemps pensé qu'ils pouvaient procurer au sol la stabilité en sculptant des tortues de pierre et en leur faisant supporter une lourde stèle. Montagnes ou piliers, les colonnes qui relient la Terre et le Ciel donnent la solidité à cette architecture qu'est l'Univers.

Cependant, depuis la révolte de Kong-kong, l'équilibre n'en est plus parfait. Ce monstre cornu, se lançant sur le mont Pou-tcheou, l'ébrécha d'un coup de corne ; « il brisa le pilier du Ciel et rompit l'amarre (*wei* ; les Huit Amarres *pa wei*, correspondent au *pa ki*, aux Huit Pôles, aux Huit Directions) de la Terre ». Aussi le Ciel bascula-t-il, s'inclinant vers le Nord-Ouest, si bien que le Soleil, la Lune et les Constellations durent s'acheminer vers le Couchant, tandis que, sur la Terre, qui, basculant en sens inverse, cessa d'être comblée vers le Sud-Est, tous les cours d'eaux prirent la direction de ce coin béant de l'espace.

On raconte d'une autre manière les méfaits de Kong-kong : c'est lui, dit-on, ou bien Tch'e-yeou, autre génie du Vent, autre Monstre cornu, qui déchaîna le débordement des Eaux, en attaquant K'ong-sang ([529]). Ces mythes se rapportent à une représentation légèrement différente de l'Univers. K'ong-sang, le Mûrier creux, qui s'oppose à K'ong-t'ong, le Paulownia creux, est, comme ce dernier, à la fois un arbre creux et une montagne : tous deux servent d'abri aux Soleils et de demeure aux Souverains ([530]). D'autres arbres encore se dressaient comme des piliers célestes : au Levant, le P'an-mou, un immense pêcher situé près de la Porte des Génies ([531]) ; — au Couchant, l'arbre Jo, sur lequel, comme sur le Mûrier creux, mais le soir, les Dix Soleils viennent se percher ([532]) ; — au centre, le *Kien-mou* (le Bois dressé), par lequel les Souverains (on ne dit pas, en ce cas, les Soleils) montent et descendent ([533]).

Les Chinois racontaient volontiers que leurs ancêtres avaient commencé par nicher sur des arbres ou par gîter dans des cavernes. La plupart des légendes évoquent l'idée d'une construction à colonnes, mais quelques traits mythiques montrent que le Ciel est conçu comme la voûte d'une grotte. Dans leurs rêves d'apothéose, les Souverains, quand ils s'élèvent jusqu'aux Cieux, s'en viennent lécher les tétons de la Cloche céleste, c'est-à-dire les stalactites qui pendent du toit des cavernes ([534]).

Humble tout d'abord comme la demeure des premiers chefs, le Monde a grandi, — à l'inverse de ce pays des Géants qui diminua d'étendue lorsque la taille de ses habitants fut devenue plus petite ([535]). On le croyait encore au temps des Han : comme tous les corps que le souffle (*k'i*) emplit, la Terre et le Ciel ont progressivement augmenté de volume. La distance entre eux s'est accrue ([536]). Ils se tenaient jadis, quand les Esprits et les Hommes vivaient en promiscuité, si étroitement rapprochés (la Terre offrant au Ciel son dos et le Ciel la tenant embrassée) qu'on pouvait « montant et descendant » passer à chaque instant de l'une à l'autre. Tchong-li, « coupant la communication » ([537]), mit fin à ces commencements scandaleux de l'Univers.

•*•

Tchong-li est un héros solaire, promu, par la grâce de l'Histoire, au rang d'astronome. Les Chinois ne semblent pas s'être jamais souciés de tirer de leurs mythes une cosmogonie systématique. Leurs astronomes, en revanche, ont emprunté aux légendes anciennes l'essentiel de leurs théories.

Tout au moins, dès le IVe siècle avant notre ère, il y a eu en Chine de nombreux savants que l'astrologie passionnait : ils s'appliquèrent à dresser des catalogues de constellations et à noter les mouvements des astres. Ils furent amenés, au moins, semble-t-il, dès le IIIe siècle avant Jésus-Christ, à présenter diverses descriptions du Monde. Leurs spéculations ne nous sont connues que par de brèves allusions littéraires ou par des résumés assez récents ([538]). Elles se rattachent de très près aux traditions mythiques.

Au temps des seconds Han ([539]), on attribuait ces spéculations à trois écoles distinctes. L'une d'elles, la plus ésotérique peut-être, était délaissée sinon oubliée : ses partisans admettaient, dit-on, que le Soleil, la Lune et tous les astres flottaient librement dans l'Espace, le Ciel n'étant pas un corps solide ([540]). D'après les deux autres systèmes, les astres adhèrent au Ciel ; c'est sur sa surface résistante qu'ils ont leurs routes : ils se déplacent tout en étant emportés par le Ciel dans son mouvement circulaire.

La Terre et le Ciel sont séparés par de vastes étendues. Les savants avaient calculé, à l'aide, disaient-ils, du gnomon, les dimensions du monde. 357 000 *li*, telle est, selon les uns, la mesure du diamètre de l'orbite solaire, et selon les autres celle du diamètre de la sphère céleste, la distance entre deux points opposés du pourtour de la Terre étant de 36 000 *li* ([541]). 357 et 360 sont, on l'a vu à propos des tubes musicaux, des nombres prestigieux ; multiples de 7 ou de 5, ils peuvent évoquer le rapport 3/2 ou 3/4 du rond et du carré. Les dimensions indiquées par les savants n'ont pas d'autre intérêt que leur grandeur. — L'Univers, dont ils veulent faire sentir l'immensité, continue de ressembler au monde créé par l'imagination mythique.

Les partisans de l'École du *houen t'ien* prêtent au Ciel la forme d'une sphère ou plutôt celle d'un œuf ([542]). Cette conception se rattache au thème mythique dont la légende de Pan-kou est sortie ainsi que divers récits de naissances miraculeuses ([543]). Plusieurs héros fondateurs sont nés d'un œuf — parfois couvé dans une tour qui a neuf étages et qui figure le Ciel. Au reste, pour dire « le Ciel *couvre* », on emploie toujours un mot dont le sens exact est « *couver* ». Entièrement enveloppée par la Coque céleste, la Terre, tel un jaune d'œuf, repose sur une masse liquide. Elle flotte, monte, descend, s'approche ou s'éloigne successivement du zénith et des quatre points cardinaux, cependant que le Ciel, tournant sur lui-même *à la façon d'une roue*, entraîne chaque soir le Soleil au-dessous de l'horizon terrestre. L'alternance du jour et de la nuit s'explique par ce mouvement du Ciel ; les mouvements de balancement de la Terre rendent compte de l'alternance et de la variété des saisons. De plus, puisque le Ciel est ovoïde et que le Soleil ne le quitte point dans sa marche, il est clair que cet astre se trouve plus près de la Terre le matin comme le soir et plus loin d'elle au moment où il arrive au plus haut de sa course : aussi est-ce au plein midi qu'il paraît être plus petit, ses dimensions apparentes (mais non pas son éclat) diminuant avec l'éloignement ([544]).

L'autre système, sans doute plus ancien, compare le Ciel à un dais (*t'ien kai*) mobile qui recouvre la Terre. Celle-ci se tient au-dessous, sans bouger, dans la position d'un bol renversé ([545]). La surface terrestre ne forme point un dôme parallèle à la cloche céleste qui le recouvre. La Terre a la forme d'un échiquier, c'est-à-dire d'une pyramide quadrangulaire tronquée ([546]). Le sommet (la Terre habitée) est plat et se trouve juste au-dessous du faîte du dais, là où demeurent la Grande Ourse et les constellations du Palais central du Ciel. Les Eaux glissent sur les quatre faces de la pyramide ; elles vont former tout autour de la Terre habitée les Quatre Mers : dans ce système, comme dans l'autre, l'eau emplit les bas-fonds du monde. L'aspect prêté à la Terre par l'École du dais céleste ne diffère pas de l'image qu'offrait le tertre carré et entouré d'eau sur lequel on sacrifiait au sol : lorsque les sacrifices étaient réussis, des vapeurs venaient former un dais au-dessus de l'autel ([547]). La variété des saisons s'explique, dans le système du *t'ien kai*, par le fait que le Soleil chemine sur le couvercle céleste en empruntant des routes différentes qui l'éloignent ou le rapprochent (du centre) de la Terre ([548]). Si la nuit succède au jour, c'est que, emporté par le dais dans sa rotation, le Soleil s'écarte successivement des quatre côtés de la Terre, y devenant *tout à tour* invisible par suite de son éloignement ([549]).

Certains imaginaient que le dais céleste s'inclinait vers le Nord, si bien que le Soleil vers le soir passait au-dessous de l'horizon ([550]). Cette explication se rattache à la légende de Kong-kong : le Ciel s'est incliné vers le Nord-Ouest depuis que ce monstre a brisé le mont Pou-tcheou. Wang Tch'ong a conservé une variante significative de la théorie. Le Ciel vers le Nord plonge *dans* la Terre, si bien que le Soleil, dans toute la partie septentrionale de sa route, doit cheminer souterrainement ([551]). Cette opinion fait penser à la Porte qui s'ouvrait aux abords du mont Pou-tcheou et qui conduisait à la Résidence Sombre.

L'idée que le Soleil cesse d'éclairer quand il pénètre dans le domaine de l'ombre se retrouve dans la théoric des éclipses. Celles-ci (qui peuvent commencer par le centre de l'astre tout aussi bien que par ses bords) ne diffèrent pas en nature de certains voilements (*po*) que l'on peut constater à n'importe quel moment du mois. Les éclipses proprement dites se produisent *soit* le premier, *soit* le dernier jour de la lunaison : l'Obscurité (*houei*) l'emporte alors, si bien que la Lune perd son éclat pendant cette période. Le Soleil, qui s'*unit* (*kiao*) alors à elle, subit lui-même l'influence du principe sombre (*Yin*) : il peut en ce cas s'éclipser ([552]). La Lune, qui, par essence, dépend du principe Yin, est sujette à des éclipses plus fréquentes : on peut en observer aux différents moments de la lunaison. Lieou Hiang ([553]) écrivait cependant (au 1er siècle avant J.-C.) que le Soleil s'éclipsait lorsque la Lune venait le cacher, et Wang Tch'ong ([554]), qui n'ignorait pas cette opinion, affirmait qu'il s'agissait là d'un phénomène régulier. Ces thèses n'ont pas empêché de conserver, à titre de dogme, l'idée ancienne que les éclipses sont provoquées par la conduite déréglée des souverains et de leurs femmes ([555]).

Les cosmographes chinois ont mis à profit les progrès faits par l'astronomie à l'époque des Royaumes Combattants ([556]). Ces progrès sont dus aux astrologues qui épiaient, pour le compte de princes ambitieux, les événements célestes. La liaison de ces événements et des faits de l'histoire humaine était le principe de toute observation. Si les savants ont été conduits à prêter à l'Univers de vastes proportions, ils n'ont pas cessé de concevoir le Monde d'après le modèle créé par l'imagination mythique. Leurs connaissances s'accroissent dans le détail sans que la tentation leur vienne de rechercher des explications d'ordre proprement physique. Ceux qui refusent d'admettre que, vers le Nord, la Terre et le Dais céleste se compénètrent, ne font valoir aucune considération tirée des idées de mouvement de résistance, d'impénétrabilité... Ils ne voient aucune difficulté à accepter (bien mieux, ils utilisent dans la discussion) le mythe de l'union du Ciel et de la Terre ([557]). — Les savants n'ont guère modifié la représentation que les Chinois se faisaient de l'Univers. Les architectes et les poètes l'ont enrichie bien plus qu'eux.

A l'époque des Royaumes combattants (ve-iiie siècles av. J.-C.), les potentats féodaux jouaient à qui posséderait les demeures les plus vastes, les donjons les plus élevés, les caves les plus profondes. Leur cour était remplie non seulement d'astrologues, mais de mages et de poètes, d'ingénieurs et de baladins ([558]), de pourvoyeurs de légendes et de pourvoyeurs de curiosités. Grâce à tous ces concours, la vision du Monde s'est élargie, l'Univers s'est peuplé, cependant que les palais s'exhaussaient et s'élargissaient et que la cour, les parcs, les viviers, les jardins se garnissaient de merveilles. Tandis que les Neuf Plaines du Ciel (*kieou ye*) correspondaient aux Neuf Provinces de la Chine, la Terre et le Ciel, s'accroissant en profondeur, s'étageaient sur Neuf Gradins ([559]). Tout en bas étaient les Neuvièmes Sources, tout en haut les Neuvièmes Cieux. Et, en effet, étageant jusqu'à neuf leurs caves et leurs terrasses, les Tyrans prétendaient atteindre les Sources souterraines tout aussi bien que les Hautes régions où dans les nuées se cache le Feu céleste. Du fin fond du monde jusqu'à son faîte suprême (*Houang ki*), le palais semblait se confondre avec l'axe de l'Univers.

Même quand il a pris des formes magnifiques, on retrouve dans l'Univers la trace de ses humbles commencements. Au centre des plus pauvres maisons devait s'ouvrir un puisard placé sous une ouverture laissée au sommet du toit ([560]). Les eaux entraient en terre par ce puisard et, par le trou du toit, la fumée du foyer rejoignait au ciel les nuages porteurs de feu. De même, dans les bas-fonds du Monde se creuse un vaste cloaque, tandis qu'au plus haut des cieux s'ouvre la fente dont les éclairs s'échappent ([561]). Le cloaque est gardé par un monstre anthropophage, le Ya-yu : Yi l'Archer tira sur lui des flèches meurtrières, méritant ainsi de devenir le génie du centre de la maison et le Maître du destin (*Sseuming*) ([562]). Le Monde souterrain des Eaux est en effet le Pays des morts. Les libations y arrivent quand on les verse sur le sol en terre battue des maisons. Les « Sources jaunes » furent d'abord imaginées toutes proches des résidences humaines. Dès qu'on creusait un peu la terre et qu'on découvrait l'eau, le monde des morts s'entrouvrait ([563]). Les esprits s'en échappaient aussitôt que, surtout en hiver, le sol desséché se fendillait : revenus sur terre, on les entendait gémir.

Les Sources Jaunes, dans le Monde agrandi, se sont trouvées reléguées tout au fond du Septentrion : on avait cessé d'enterrer les morts dans les maisons, et c'est au nord des villes qu'étaient placés les cimetières. C'est un peu à l'ouest du plein Nord (à l'orient qui correspond au début de la saison d'hiver) que se creuse (on situe parfois au Nord-Ouest l'impluvium des maisons) ([564]) l'abîme par où les Eaux venues des Quatre Orients disparaissent à l'intérieur de la Terre ([565]). Un monstre qu'on appelle parfois le Seigneur de la Terre (*T'ou-po*) habite ces régions, où il garde une Porte en s'enroulant neuf fois sur lui-même ([566]). On voit souvent en lui un vassal de Kong-kong ; c'est un serpent à neuf têtes : les neuf têtes dévorent les Neuf Montagnes et le monstre répand l'infection en vomissant des marécages ([567]). Au-dessus de l'abîme qui bée, s'étagent les Neuf Portes des Cieux gardées par des loups et par un être à neuf têtes capable d'arracher les arbres par neuf mille. Ceux qui veulent passer ces portes, saisis et suspendus la tête en bas, sont précipités dans le gouffre ([568]). Rares sont les Héros qui peuvent en imposer au Portier du Souverain céleste. Mais les Saints, dûment entraînés aux pratiques mystiques, entrent tout droit dans le Monde d'En-haut. Ils y pénètrent par la fente ouverte au plus haut des cieux sans que les éclairs qui en jaillisent les fassent retomber ([569]).

Plus fréquemment visité, l'intérieur du Ciel est un peu mieux connu que celui de la Terre. Le Souverain d'En-haut (*Chang-ti*) y tient sa cour ([570]). Il y possède des palais, des arsenaux, des harems. Leurs noms se retrouvent sur terre : ce sont ceux que les chefs donnent aux édifices de leur capitale ([571]). A ceux qu'il admet auprès de lui, le Souverain d'En-haut fait entendre d'admirable musique ([572]). On échange des cadeaux avec lui. Quand on lui offre un lot de belles femmes, il remercie en conférant la propriété d'un hymne divin ([573]). On peut être convié par lui à une chasse aux ours ([574]), car il possède des parcs tout comme des viviers, et l'on peut tirer à l'arc dans le Ciel comme en ce bas monde. N'y voit-on pas Hi-ho, la Mère des Soleils, qui, montée sur son char, poursuit à coups de flèches le Chien céleste (T'ien-lang) ([575]) ? Les joutes des habitants du Ciel (ils ont conservé leurs blasons bien mieux que les humains) apparaissent comme des combats d'animaux. Corbeaux à trois pattes, les Soleils s'éclipsent quand il y a une joute de Ki-lin (licornes) ou que

le Ki-lin veut les dévorer ([576]). De même Tchang-ngo, la
Lune, est un crapaud qu'un crapaud dévore et fait éclipser,
tandis que la mort du King-yu (la Baleine ?) fait apparaître
les Comètes et que les hurlements du Tigre déchaînent le
Vent printanier ([577]).

Ce n'est pas pourtant dans le Ciel, c'est dans les régions
reculées de l'Espace que les divinités ont leur repaires et
prennent, d'ordinaire, part à des joutes. Les dieux y subissent l'attaque des héros qui ont pour mission de les réduire
au devoir. Le Seigneur des Vents (Fong-po) demeure ligoté
sur le Tertre Vert, tandis que le Seigneur du Fleuve (Ho-po)
se cache dans le gouffre de Yang-yu ([578]). Blessés, l'un à
l'œil gauche et l'autre au genou, ils furent comptés par
l'Archer qui tua le Ya-yu dans son cloaque et massacra, sur
les branches de leur Mûrier, neuf Soleils indisciplinés ([579]).
C'est ainsi qu'obéissant à un sage Souverain il évacua hors
du monde habité tout ce qui pouvait porter tort aux hommes.
Dans un monde bien aménagé, seuls les coins perdus que le
dais du Ciel ne recouvre pas ([580]) sont les endroits où on laisse
subsister vaguement les êtres qui ont une nature mons-
trueuse ou divine.

Dans l'angle nord-est du monde, au pays de Fou-lao, vit
misérablement, se nourrissant de crudités, fruits et racines,
un peuple de brutes qui ignore le sommeil : il s'agite inlassablement sur un sol brûlé qu'éclairent sans trêve le Soleil et
la Lune ([581]). Jadis, dans ces parages, flottait sur la mer une
sorte de bœufs, à corps vert et à patte unique. On le nommait
K'ouei. Quand il entrait dans l'eau et qu'il en sortait, produisant le vent et la pluie, il faisait entendre le bruit du Tonnerre. Houang-ti vint prendre sa peau et eut l'idée de la
battre avec un os enlevé à la Bête du Tonnerre. Grâce à ce
tambour, il inspira à l'Empire entier une crainte respectueuse ([582]). Plus sage encore que Houang-ti et déployant le
génie civilisateur qui signale les vrais Souverains, Yao
emmena K'ouei à sa cour pour en faire un maître de danse :
il conduisit, en frappant sur des pierres sonores, les ballets
que dansaient les Cent Animaux, enfin domestiqués ([583]).

Au sud-est s'étale le Ta-ho, l'abîme, immense et sans fond,
où se déverse, avec tous les fleuves terrestres, la Voie lactée,
Rivière du Ciel ([584]). La Mère des Soleils et la Mère des

Lunes trouvent dans ces régions l'eau qui, chaque jour, sert à laver leurs enfants, tels des nouveau-nés, avant qu'ils ne se montrent dans le Ciel ([585]).

Dans l'angle sud-ouest est le pays de Kou-mang, où le Yin et le Yang n'unissent point leur souffle et où n'alternent pas la chaleur et le froid, la nuit et le jour. Le Soleil et la Lune n'y répandent point leur éclat. Les pauvres hères qui y vivent, sans manger ni se vêtir, dans une somnolence continuelle, s'éveillent à peine une fois tous les cinquante jours ([586]).

Pire encore est le coin nord-ouest. C'est la contrée des Neuf Obscurités qu'illumine le Dragon-Flambeau. Grand de mille *li*, il se dresse tout rouge et les yeux fixes. S'il ouvre les yeux, c'est le jour. S'il les ferme, c'est la nuit. S'il souffle, c'est l'hiver ; s'il aspire, c'est l'été. Il ne boit, ne mange ni ne respire : vent et pluie alors s'arrêtent à sa gorge. Il respire : c'est le Vent ([587]). Le Dragon-Flambeau s'élève dans la nuit sur les bords de la Rivière Rouge où vit aussi Niu-pa, la Sécheresse, fille de Houang-ti, qu'elle aida à vaincre Tch'e-yeou, le grand rebelle, après quoi elle fut bannie dans l'horrible pays des Sables mouvants ([588]). Tout auprès se trouve le gouffre où le Tonnerre s'engloutit en tourbillonnant ([589]). C'est la région sinistre de la soif, que hantent des fourmis rouges gigantesques et des guêpes, plus grosses que des calebasses, dont la piqûre dessèche aussitôt toutes choses ([590]).

Mais le nord-ouest est aussi le pays mystérieux où s'élève le K'ouen-louen, réplique superbe des Cieux et des palais princiers ([591]). Le K'ouen-louen est une montagne en même temps qu'une bâtisse à neuf étages. On peut y voir des jardins suspendus dont les arbres portent des perles ou produisent du jade, neuf puits d'où jaillit un élixir et d'innombrables portes. Le vent Pou-tcheou pénètre par l'une d'elles, mais une autre ne se distingue pas, au moins par le nom, de la principale porte des palais des Cieux. Et, en effet, ceux qui réussissent à gravir les paliers successifs du K'ouen-louen s'élèvent à l'immortalité : on nous dit qu'ils montent au Ciel ([592]). On affirme que le Souverain suprême réside dans le K'ouen-louen. Pourtant la seule divinité qui y reçoive des visites est la Mère-reine d'Occident, la Si-wang-mou. C'est une sorte d'ogresse à queue de léopard, qui a la mâ-

choire des tigres et se plaît comme eux à hurler. Elle répand
au loin la peste. Échevelée comme une sorcière, elle vit au
fond d'une caverne ([593]). C'est de cette déesse de la Mort
qu'on peut obtenir l'herbe de longue vie ([594]), et il lui arrive
d'offrir des festins tout en haut d'une tour de jade ([595]).

Des légendes analogues et aussi disparates ont servi à
illustrer un autre thème cosmologique : on a logé en bordure
du carré terrestre tous les peuples étranges. Quand Sseu-ma
Ts'ien combine les 8 Vents et les 28 Mansions, il ne se
préoccupe pas des dimensions des fuseaux, mais à chacun
des 4 côtés de l'horizon il fait correspondre 9 sites. Houai-
nan tseu imagine de répartir les peuples étranges sur le pourtour carré de la Terre ; il en loge 6 à l'Est et 10 à l'Ouest, 13
au Sud et 7 au Nord : tous les besoins logiques du philosophe
sont satisfaits dès qu'il a obtenu, lui aussi, le total 36 ([596]).

**

Ce sont les philosophes, autant que les poètes, qui nous
ont transmis ces légendes : ils les utilisaient dans leurs argu-
mentations bien plus que les théories des savants. Les poètes
qui chantent les randonnées épiques des Sages ou les ébats
mystiques des Héros en savent long sur l'Au-delà, et, de
même qu'eux, les jongleurs ou les chamanes qui s'en viennent de loin à la cour des tyrans. Cependant, les renseignements des baladins et les découvertes des poètes n'ont guère
fait qu'ajouter du pittoresque aux représentations chinoises
du monde que les savants, avec leurs grands nombres, aidaient
à pourvoir de majesté. Toujours conçue à l'image d'une
demeure princière, humble donjon ou palais gigantesque,
l'architecture de l'Univers reste commandée par les vieilles
règles des systèmes indigènes de classification. Seul, le parc
de chasse s'est enrichi tout en s'élargissant. C'est un fait
remarquable : si les Chinois ont bien voulu accueillir, comme
des curiosités profitables, des légendes ou des techniques,
des jongleries ou des idées entachées d'exotisme ou de nouveauté, ils ne les ont point admises dans leur maison. Il est
plus remarquable encore qu'ils n'aient point logé hors de
l'Histoire, dans le temps vague et lointain qui paraît convenir
aux mythes, les légendes, nouvelles ou anciennes, où figurent

les dieux avec les monstres. Le Temps tout entier appartient aux hommes et à l'Histoire. L'Univers n'existe réellement que depuis le moment où les Sages ont institué la Civilisation nationale. Cette civilisation règne sur l'ensemble des Neuf Provinces. Circonscrivant l'Espace aménagé par les Saints, s'étendent les Quatre Mers de Barbares, espace inorganique, Au-delà de l'Espace, auquel tout légitimement s'adapte un Au-delà du Temps. Ces franges vagues du monde réel conviennent aux Monstres et aux Dieux tout aussi bien qu'aux Barbares. La Terre des Hommes appartient aux Chinois, à leurs Ancêtres, à leurs Chefs. Ceux-ci ont divisé les champs en carrés et construit le *templum*, qui donne une juste orientation aux Neuf Quartiers de leur ville, de leur camp, de l'aire rituelle où ils devaient officier. De ces usages saints dérivent les classifications qui permettent d'aménager l'Univers réel et d'en construire la représentation véritable. Les champs qu'on labourait, le camp où l'on se réfugiait, la maison sacrée où demeurait le Chef, s'il fournirent l'image des Neuf Provinces du Monde, furent d'abord, tout exigus, enserrés par les Marches où vaguaient les Bêtes divines et les Barbares, gibier du Chef ([597]). Tel est le terrain où les guerriers ont mené leurs conquêtes, les géographes ou les poètes leurs explorations. L'Univers agrandi a conservé l'architecture, fruste ou splendide, de la grotte, de la hutte, du donjon, qu'habitèrent les Fondateurs de l'ancienne Chine. Et leurs descendants n'acceptèrent d'accueillir que dans le parc réservé à leurs chasses, leurs fêtes, leurs jeux, tout ce que leur apportèrent, idées ou dieux exotiques ou nouveaux, les astrologues, les poètes, les baladins.

Chapitre II

Le microcosme

Les Sages de la Chine ont toujours poursuivi de leur haine les baladins. Ceux-ci, quand ils font l'arbre droit, risquent de bouleverser le Monde. Les hommes ont des pieds carrés et qui doivent reposer sur la terre. Ils sont coupables s'ils cessent de tendre la tête vers le haut : la tête est ronde à l'image du ciel ([598]). La conformation des êtres humains reproduit l'architecture du monde, et avec toutes deux s'accorde la structure sociale. La société, l'homme, le monde sont l'objet d'un savoir global. Valable pour le macrocosme et pour tous les microcosmes qui s'emboîtent en lui, ce savoir se constitue par le seul usage de l'analogie.

Rien n'illustre mieux la conception chinoise du microcosme que les idées, les usages, les mythes relatifs à la Gauche et à la Droite.

En Chine, l'antithèse de la Droite et de la Gauche n'a rien d'une opposition absolue ([599]). Le Yin et le Yang eux-mêmes ne s'opposent pas, comme le Non-Être et l'Être ou le Pur et l'Impur. Les Chinois n'ont pas la fougue religieuse qui condamne à répartir les choses entre le Mal et le Bien. Nous honorons la Droite, détestons la Gauche, qualifions de sinistre tout ce qui appartient au Mal : nous blâmons les gauchers et nous sommes droitiers. Les Chinois sont droitiers comme nous ; pourtant ils honorent la Gauche, et leurs plus grands

héros, Yu le Grand, T'ang le Victorieux, sont les uns gauchers, les autres droitiers. Ce sont même, pourrait-on dire,
des Génies de la Droite ou des Génies de la Gauche : Maîtres
de la Pluie ou de la Sécheresse, voués entièrement au Yin
ou au Yang, on les déclare volontiers atteints d'hémiplégie,
si même on ne les réduit pas à la moitié droite ou à la moitié
gauche du corps (⁶⁰⁰). Un génie terrestre ou un génie céleste
doivent animer les fondateurs de deux dynasties successives.
Mais le héros, pas plus que la dynastie qu'il fonde, ne vaut
mieux ou pis, selon que, gaucher ou droitier, il est possédé
par la Vertu du Ciel ou par la Vertu de la Terre. Ces vertus
sont complémentaires. Elles doivent se relayer à l'ouvrage.
Bien plus, elles imprègnent successivement les Sages les plus
parfaits. Ceux-ci, d'abord ministres, exercent des fonctions
actives. Ils déploient leurs talents dans le détail des choses
de la Terre. Devenus souverains, seul le souci du Ciel les
occupe : ils ne vivent que pour concentrer en eux l'Efficace
(*tao*) supérieure à toute efficience de détail (*tŏ*) (⁶⁰¹). La
Gauche et le Ciel l'emportent en quelque manière sur la
Droite et la Terre, comme le Yang l'emporte sur le Yin, le
Tao sur le Tŏ, l'Œuvre Royale sur les besognes ministérielles.
L'opposition se réduit cependant à une différence de grade
ou à une distinction d'emploi.

Dans le signe qui figure la Droite (main + bouche), les
étymologistes savent lire un précepte : la main droite sert
à manger (⁶⁰²). La Droite convient donc aux choses de la
Terre. L'élément « main » se retrouve dans le signe adopté
pour la Gauche, joint, cette fois, à un autre élément graphique qui figure l'équerre. L'équerre est le symbole de tous
les arts, et surtout des arts religieux et magiques. C'est
l'insigne de Fou-hi, premier souverain, premier devin.
Fou-hi est le mari ou le frère de Niu-koua, dont le compas
est l'insigne. Ce couple primordial a inventé le mariage ;
aussi pour dire « bonnes mœurs », dit-on « compas et
équerre » (⁶⁰³). Les graveurs (⁶⁰⁴) représentent Fou-hi et
Niu-koua se tenant enlacés par le bas du corps. A Niu-koua,
qui occupe la droite, ils font tenir le compas de la main
droite (⁶⁰⁵). Fou-hi, à gauche, tient, de la main gauche,
l'équerre. L'équerre, qui produit le Carré, emblème de la
Terre, ne peut être l'insigne du Mâle qu'après un échange

hiérogamique d'attributs ; mais, le Carré (comme l'enseigne le *Tcheou pei*) produisant le Rond (qu'il contient) ([606]), l'équerre mérite tout de suite d'être l'emblème du sorcier qui est *yin-yang* ([607]), et surtout de Fou-hi, savant dans les choses du Ciel comme dans celles de la Terre ([608]). Fou-hi peut donc porter l'équerre de la main gauche, et la main gauche (avec l'équerre) évoquer l'Œuvre Royale, l'hiérogamie première, l'activité magico-religieuse. Les Chinois n'opposent pas fortement la religion à la magie, pas plus que le pur à l'impur. Le sacré et le profane ne forment pas eux-mêmes deux genres tranchés. La Droite peut être consacrée aux œuvres profanes et aux activités terrestres sans devenir l'antagoniste de la Gauche. La pensée chinoise s'intéresse non aux contraires, mais aux contrastes, aux alternances, aux corrélatifs, aux échanges hiérogamiques d'attributs.

L'infinie variété des Temps et des Espaces multiplie ces échanges, ces contrastes, ainsi que les conditions concrètes des corrélations et des alternances. L'étiquette doit tenir compte de toutes ces complications ; aussi met-elle à l'honneur tantôt la Gauche et tantôt la Droite. Les Chinois sont droitiers, obligatoirement, car, dès leur enfance, on leur enseigne à se servir de la droite, du moins pour manger ([609]). Mais à tous les garçons on enseigne aussi qu'il convient de saluer en cachant la main droite sous la main gauche ; les filles doivent au contraire placer la gauche sous la droite. Telle est la règle qui, en temps normal, sert à distinguer les sexes : la Droite est *yin*, la Gauche est *yang*. En temps de deuil, le Yin et la Droite l'emportent : les hommes eux-mêmes saluent alors en cachant la gauche et en présentant la main droite ([610]). Une deuxième prescription montre que la Gauche, car elle est *yang*, s'accorde avec l'heureux ou le faste : se découvrir l'épaule droite, c'est se déclarer vaincu et s'apprêter au châtiment ; on découvre au contraire l'épaule gauche quand on assiste à une cérémonie joyeuse ([611]). Et pourtant le mot « gauche » sert à qualifier les « voies défendues » et semble, en ce cas, équivaloir à « sinistre ». Si faste que la gauche puisse être par ailleurs, c'est toujours en serrant la droite qu'on jure par la paumée et qu'on fait amitié ([612]). Le serment par la paumée peut être complété par un échange de sang tiré du bras et apparemment du bras droit ([613]).

En revanche, quand on donne force au serment en flairant le sang d'une victime, le sang est pris près de l'oreille (pour le prendre, il faut avoir l'épaule gauche découverte), et on doit le tirer de l'oreille gauche, car c'est l'oreille gauche qu'avant de les sacrifier on coupe aux prisonniers de guerre tenus en laisse de la main gauche ([614]). *Ainsi, tandis que la main droite l'emporte sur la main gauche, l'oreille gauche vaut mieux que l'oreille droite.*

Le choix entre la Droite et la Gauche, même quand il semble justifié par des raisons pratiques, est inspiré par des principes théoriques de classement. On offre avec la corde qui les attache, les chevaux ou les moutons, les chiens ou les prisonniers de guerre. Pour les premiers, qui, dit-on, sont inoffensifs, la corde est tenue de la main droite ([615]). Plus dangereux qu'un cheval, le chien peut mordre ; on tient sa laisse avec la gauche ; la main droite, restée libre, pourra maîtriser l'animal ([616]). Mais est-ce bien parce qu'il demeure dangereux qu'on tient aussi avec la gauche la laisse d'un prisonnier dont on coupe l'oreille gauche ([617]) ? On tient de même avec la gauche l'arc qu'on offre à un archer dont la place sur le char est à gauche ([618]). En général, on donne à gauche et on prend à droite ([619]). Les présents doivent être déposés à la gauche du prince, où un officier en prend livraison. Cet intermédiaire se place à la droite de son seigneur quand celui-ci donne des ordres et qu'il faut les transmettre ([620]). Cette règle (considérée comme très importante parce qu'elle se relie à la distinction des « historiens de droite » chargés de noter les faits et des « historiens de gauche » chargés d'enregistrer les paroles) ([621]) est formulée à côté d'un principe plus pittoresque, mais non moins impératif, sur la manière de servir le poisson frais ([622]). Si vous donnez à manger du poisson, tournez la queue vers l'invité ; en hiver, mettez le ventre à droite ; mettez-le à gauche en été. *L'Été, la Gauche et l'Avant* (c'est-à-dire le côté de la poitrine) *sont yang* ; le poisson, tel qu'on le sert en été, paraît correctement disposé dans l'espace ; *tout ce qui est yang* coïncide : l'avant, la gauche, l'été. Il ne semble pas en être de même en hiver : l'Arrière et le Dos sont *yin* et le dos se trouve alors à gauche (*yang*). C'est qu'on mange avec la main droite, qu'on entame les victuailles par la droite et qu'il est poli de faire commencer par les bons morceaux. Si l'avant, bien qu'il soit *yang*, est tourné vers la droite (*yin*), c'est que le ventre est *yin* : il fait partie de l'avant mais il en est le bas. *Or, l'Hiver vaut le Nord et le Nord, lui aussi, est le Bas.* Quand règne l'hiver, c'est le Bas et le Yin qui dominent ; c'est le ventre qui dans le poisson, sera la partie la plus grasse et la plus succulente. Le ventre, donc, en hiver, mérite d'occuper la droite puisqu'elle est, pour la nourriture, la place de choix. — Bien entendu, si l'on donne à manger du poisson séché, tout change : il convient pour commencer de le présenter la tête tournée vers l'invité...

Service de table, rituel du don ou du serment, cérémonies tristes ou gaies, l'étiquette commande tout cela, cherchant à choisir pour le mieux, dans le détail des cas, entre la Droite ou la Gauche. Mais c'est dans la politique qu'il faut chercher l'origine des principes de l'étiquette et des attributions premières de la Gauche et de la Droite. La politique (et la logique avec elle) est dominée par une conception féodale de la subordination. Tout vassal est chez lui un seigneur, et, pourtant, il est toujours un vassal. Dans chaque domaine, tout se date d'après les années de règne du seigneur local ; on suit, cependant, pour les divisions de l'année, les prescriptions du calendrier royal. De même, pour choisir entre la Droite et la Gauche, on tient compte des circonstances locales, mais on prétend toujours se référer au plan d'organisation de l'Univers. Le plan qu'on retrouve dans le macrocosme et les microcosmes, cosmographie, législation, physiologie, a son principe dans l'ordonnance des assemblées féodales, pompes civiles ou militaires. Tous les conflits de la Gauche et de la Droite, tout le protocole des préséances se rattachent à la distinction féodale du supérieur et de l'inférieur. Seulement cette distinction doit (car la catégorie de sexe domine l'organisation sociale) se combiner avec la distinction du mâle et du femelle, du Yang et du Yin.

Le Chef reçoit debout, dressé sur son estrade, face au Sud, les vassaux qui, tournés vers le Nord, s'inclinent au pied de l'estrade, jusqu'à terre. Le Chef, qui occupe le Haut, se place de manière à recevoir en pleine face l'influence (*k'i*) du Ciel, du Yang et du Sud. *Le Sud est donc le Haut, comme l'est le Ciel, et le Nord est le Bas, comme l'est la Terre* [623].

Le Haut, je veux dire le Chef, tend sa *poitrine* au Sud et au Yang : l'Avant, comme le Sud, est Yang. Il tourne le *dos* au Yin et au Nord qui sont l'Arrière, en même temps qu'ils sont le Bas et la Terre. Aussi la Terre et le Yin portent-ils sur leur dos, tandis que le Yang et le Ciel serrent sur leur poitrine ([624]). — Le Chef, puisqu'il se tourne vers le Sud, confond sa gauche avec l'Est, sa droite avec l'Est ; *l'Ouest est donc la Droite, l'Est est donc la Gauche.* Le Chef est un Soleil levant et victorieux. Il est aussi un Archer. Tout char est occupé par un trio de guerriers ; la place du conducteur est au centre, celle du lancier est à droite ; comment tenir convenablement les rênes sinon du milieu du char ? comment (à moins d'être gaucher) manier utilement la lance si l'on n'est pas posté à droite ? L'archer est donc à gauche. La Gauche est la place du Chef. *La Gauche est le coté honorable, et l'Est l'est avec elle.* La Gauche, l'Est, le Levant sont *yang* comme le Chef, le Sud et le Ciel ; la Droite, l'Ouest, le Couchant sont *yin* comme la Terre et le Nord, comme l'Épouse du chef, reine ou douairière. Le palais du prince héritier est à l'Est (Printemps) et à gauche, la résidence de la douairière est à l'Ouest (Automne) et à droite. *La Droite est* yin *et appartient aux femmes*, et à la droite appartiennent l'automne, les récoltes, la nourriture. *La Gauche est* yang, *elle appartient aux hommes*, et à la Gauche appartiennent l'activité virile et l'activité religieuse, les formes supérieures d'action. Tel le Yang, la main gauche se place en *haut*, et sa paume recouvre le dos de la main *inférieure* et qui est *yin*, la droite, qui manie la lance et qui tue, qui est la main du soldat et non la main du Chef : car, s'il faut que le soldat donne la mort et châtie (*yin*), le Chef, dit Tcheng Hiuan ([625]), ne cherche, avec la victoire, qu'à conserver la vie et à récompenser le mérite (*yang*). Tenant son arc, *le bras gauche découvert, de la main gauche*, l'Archer, où qu'il aille, se tient *à main gauche* : du côté du Soleil levant et victorieux ([626]). L'armée transporte avec elle le drapeau du seigneur ; elle est toujours, quelle que soit sa route, orientée, comme le seigneur, face au Sud : le fanion rouge du Sud la précède ([627]). Le Yang et l'Est sont sans cesse à sa gauche ; l'Armée n'est que le camp ou la ville qui se déplace, sans perdre jamais son orientation. La légion de gauche, commandée par le chef du district de gauche de la ville, est toujours à gauche et toujours à l'Est, puisque le district de l'Est est, pour le Maître, à gauche ([628]). Les armées ont trois légions ; le Suzerain a trois premiers ministres que l'on nomme « les Trois Ducs ». Ils se tiennent devant lui face au Nord, mais on voit en eux une triple émanation de sa Vertu. Comme s'ils étaient, à la manière de l'Homme Unique, tournés vers le Sud, la gauche, pour eux, est l'Est. Le duc de gauche commande donc à l'Est de l'Empire ([629]).

C'est au Chef qu'on rapporte les divisions du Monde. L'Est est partout la gauche, puisque l'Est est sa gauche. Mais le Chef, le supérieur (*chang*), est celui qui se tient en haut. C'est pour le Haut seulement, — pour le Ciel et son émanation, le Chef, pour le Chef et ses émanations, les Trois Ducs, — que la gauche est le côté honorable. Pour les inférieurs, pour le Bas, pour la Terre, le côté honorable, c'est toujours l'Est, ce n'est plus la gauche. Au pied de l'estrade du Chef, les vassaux se tournent vers le Nord et s'alignent de l'Est à l'Ouest : le plus noble se place à main droite. Les vassaux, cependant, sont, chez eux, des Chefs. Dans leur propre demeure, ils se tiennent en haut et face au Sud. Le maître de maison a sa place au-dessus des degrés de l'Est de la salle de réception, sur la gauche ; à droite et au-dessus des degrés de l'Ouest, est la place de la maîtresse de maison : la Gauche est toujours *yang*, la Droite est toujours *yin* ([630]). Hommes et femmes, cependant, sortent de chez eux. Sur les voies publiques, le milieu de la chaussée appartient aux chars. Les hommes doivent cheminer sur la droite, c'est-à-dire à l'Ouest, laissant, par pudeur, les femmes marcher seules sur le trottoir de gauche et de l'Est ([631]). Telle est la règle, et Tcheng Hiuan affirme que les hommes occupent, avec la droite, le côté le plus honorable ; ils sont, en effet, des vassaux : les vassaux, où qu'ils aillent, demeurent, par essence, tournés vers le Nord. Tout change s'ils regagnent leur maison et tout change encore quand ils se couchent. Quand on se couche, c'est l'orientation propre au Bas et à la Terre qui s'impose. L'épouse étend sa natte dans le coin où l'on conserve les graines qu'on récolte à l'automne et qu'on engrange à l'Ouest : elle leur emprunte leur fécondité et leur donne la sienne. La natte de la femme est tout contre le mur du Cou-

chant. Le mari abandonne, pour la nuit, le côté du Levant ;
sa natte, cependant, est placée à l'est de celle de l'épouse.
Quand ils s'étendent pour dormir, le mari et la femme ne
peuvent point placer leur tête dans la direction du Sud,
car c'est ainsi, dans le Monde du Bas, que se disposent les
morts : seuls, les défunts ne craignent pas de tourner les
pieds vers le septentrion où sont leurs demeures. La femme,
donc, reste à l'Ouest, mais, pendant la nuit, elle occupe la
gauche et l'homme la droite. — Toutes ces inversions sont
commandées par la structure féodale de la société, par la
subordination de la femme à l'homme, par la subordination
du vassal au seigneur. Elles n'empêchent pas que la Gauche
ne soit foncièrement _yang_, la Droite foncièrement _yin_. Un
médecin ne peut se tromper s'il veut connaître, avant la
naissance, le sexe d'un enfant. Ce sera un garçon si
l'embryon est placé à gauche, une fille s'il se tient à
droite ([632])

La distinction du Haut et du Bas, qui a d'abord une valeur
politique, conduit à accorder, selon l'occasion, la prééminence à la Gauche ou à la Droite. La cosmographie, la
physiologie, l'histoire démontrent la justesse du principe qui
détermine leurs attributions. — Le premier devoir du Chef
est de circuler dans le _Ming t'ang_ ou dans l'Empire en imitant la marche du Soleil. Parti du plein Nord, il doit se
diriger vers l'Est afin que le Printemps succède à l'Hiver.
Il le fait, placé qu'il est tout d'abord face au Sud (_et_ au Centre)
en se déplaçant face au Centre, c'est-à-dire _la Gauche en
avant_. La marche vers la Gauche _conforme_ (_chouen_) à l'ordre
des caractères cycliques, est la marche royale, celle du Soleil
et du Yang. C'est le sens convenable pour les choses d'en
Haut. La cosmographie chinoise admet que le Ciel est sinistrogyre, la Terre dextrogyre ([633]). La marche vers la Droite,
le sens _contraire_ (_yi_), s'impose pour les cérémonies funèbres
qui se rapportent au monde d'en Bas ([634]). Cette marche où
éclate la prééminence de la Droite s'impose au Yin comme
elle s'impose à la Terre. La physiologie le prouve. L'un des
grands principes de cette science est que les nombres 7 ou 8
commandent la vie féminine ou la vie masculine ([635]) ;
les hommes terminent leur vie sexuelle à 64 ans, les femmes
à 49 ans ; les garçons ont des dents à 8 mois ; ils en changent

à 8 ans, ils deviennent pubères à 16 ans ; les filles, pubères à
14 ans, font ou perdent leurs premières dents à 7 mois
et à 7 ans ; 7, emblème du Jeune Yang, préside au développement des femmes qui sont *yin* ; 8, emblème du Jeune Yin,
au développement les hommes, qui sont *yang* : d'où leur
vient cette vertu ? 8 correspond au Printemps (*yang*, gauche)
et au signe *yin* de la série duodénaire ; 7 à l'automne (*yin*,
droite) et au signe *chen* ; le signe *sseu* marque le site de la
conception ; la grossesse dure 10 mois. Or, on parcourt
10 stations cycliques ([636]) en allant de *sseu* à *yin*, si la marche

se fait *vers la gauche*, dans le sens du Soleil et du Yang (mâle).
On compte aussi 10 stations, mais à condition de suivre le
sens inverse, pour aller de *sseu* à *chen* ; le mouvement est
dextrogyre. C'est celui qui convient à un embryon féminin ;
*porté à droite, cet embryon opère sa giration en avançant vers
la droite*. De même, en partant du plein Nord, pour se
rencontrer à *sseu*, site de la conception, le mâle et le femelle
(les hommes se marient à 30 ans, les femmes à 20 ans)
doivent parcourir, le premier 30 stations, l'autre 20 stations, s'ils avancent, le premier vers la gauche, le second
vers la droite. La marche vers la gauche, qui convient aux
choses du Haut et du Yang, caractérise aussi les héros
qu'anime le génie du Ciel. Ceux qu'anime le génie de la
Terre et du Yin sont voués à la marche vers la droite.
L'Histoire en contient des preuves convaincantes. Marcher
vers la gauche, c'est marcher la gauche en avant, sans que

jamais le pied droit dépasse le pied gauche (637). C'est ainsi que marchait T'ang le Victorieux, lequel ne touchait à la Terre que par des pieds minuscules, tant la Vertu du Ciel le possédait. Aussi était-il sorti par la *poitrine* (*yang*) du corps maternel. Yu le Grand, sorti par le *dos* (*yin*), possédait, avec de très grands pieds, la Vertu de la Terre. Aussi marchait-il dans le sens qui convient au Yin, la droite en avant, le pied gauche ne dépassant jamais le pied droit (638).

La poitrine et l'Avant, l'Est et la Gauche, appartiennent au Yang, au Mâle, au Haut et au Ciel ; le dos et l'Arrière, l'Ouest et la Droite appartiennent au Yin, au Femelle, au Bas, à la Terre. La distinction du Haut et du Bas, métaphore politique fondamentale, introduit dans la société, mais aussi dans le macrocosme et dans les microcosmes, une double dissymétrie. La Gauche l'emporte en Haut, la Droite en Bas. Un mythe explique cette antithèse. Les médecins qui le rapportent y voient le premier principe de leur art (639). Depuis que les méfaits de Kong-kong et la rupture, au Nord-Ouest du Monde, du mont Pou-tcheou ont fait basculer en sens inverse le Ciel et la Terre, le Ciel, affaissé vers le Couchant, n'est entièrement plein qu'à gauche (Est), là où, précisément, la Terre effondrée laisse un grand vide. Tout l'Est est dominé par l'influence du Ciel et du Yang. L'Ouest, au contraire, est dominé par le Yin, car la Terre y subsiste seule, tandis que le Ciel fait défaut. Cette disposition architecturale se retrouve dans le microcosme. Pour le corps humain, à l'Ouest (je veux dire *à droite*), le Ciel (je veux dire le Yang) manque, la Terre (je veux dire le Yin) abonde. Le Yin, dans la partie *inférieure* du corps, qui est près de la Terre, règne en maître ; aussi les Chinois sont-ils et doivent-ils être droitiers pour ce qui est des mains et surtout des pieds. En revanche, pour ce qui est des yeux et des oreilles (placés *au haut* du corps), ils sont et doivent être gauchers : à l'Est (je veux dire *à gauche*) le Yin est déficient comme la Terre, mais le Yang abonde, comme le Ciel. Voilà pourquoi il convient de couper l'oreille gauche des ennemis ou de leur crever l'œil gauche (640). Voilà pourquoi, pour manger les choses de la Terre, on se sert obligatoirement de la main droite : c'est la main qui agit, mais qui tue et qu'on cache (641), tandis que la Gauche est le côté honorable par lequel tout homme (en temps normal) doit avancer et se présenter, la main gauche étant celle qu'il présente quand il salue ([642]).

**

Le Ciel accomplit son mouvement circulaire en 4 saisons. Nous avons donc 4 membres — formés, chacun, de 3 parties : 3 mois font une saison. 12 mois font l'année, soit 360 (jours) : tel est le nombre des articulations de notre corps. Nous possédons, haut placés, des yeux et des oreilles : le Ciel n'a-t-il pas le Soleil et la Lune ? Le Vent et la Pluie s'ébattent dans l'univers : en nous s'ébattent le Souffle (*k'i*) et le Sang. C'est un philosophe qui enseigne tout cela, l'un des mieux informés : Houai-nan tseu ([643]). Il sait bien des choses encore et, par exemple, que le Ciel, ayant 9 étages, est percé de 9 portes. A notre corps sont aussi percées 9 ouvertures, car nous sommes mieux pourvus que les oiseaux, lesquels, naissant d'un œuf, ont une ouverture en moins ; mais leurs 8 orifices correspondent aux 8 espèces d'instruments de musique : c'est grâce au phénix que la musique fut inventée. Et Houai-nan tseu ([644]) sait encore que nous possédons 5 Viscères, car il y a 5 Éléments. Dix mois de gestation sont nécessaires pour former le corps avec les 5 Viscères et les Ouvertures qu'ils régissent : les poumons et les (2) yeux, les reins et les (2) narines, le foie et les (2) oreilles, le fiel et la bouche... ce qui fait, si nous comptons, 7 Ouvertures et 4 Viscères seulement. — L'art de concilier les classifications est difficile, mais le profit est grand quand on arrive à les imbriquer : l'ordre commun au macrocosme et au microcosme apparaît.

La théorie des 5 Viscères et celle des 9 (ou 7) Orifices permettent de montrer que la conformation de l'Homme est modelée sur celle de l'Univers. Ces théories ont même servi, quand on a identifié les 5 Éléments et les 5 Planètes, à imaginer une doctrine (comparable à la mélothésie), dont certaines parties peuvent être anciennes, car, de tout temps, les 7 Ouvertures semblent mises en rapport avec les 7 Recteurs célestes ou les 7 Étoiles de la Grande Ourse. Ces deux théories, en tout cas, se rattachent à d'antiques classifications mythologiques. On ne cesse point de se référer à ces dernières quand on veut présenter un tableau cohérent du réel. La pensée, savante ou technique, loin de chercher à s'affranchir de la mythologie, lui emprunte son matériel d'emblèmes et sa méthode. Le rôle du savant est de tirer des mythes une scolastique. La somme du savoir se constitue en accroissant, grâce à l'analogie, le répertoire des corrélations. Comme au temps où furent inventés les couplets du *Che king*, le grand principe des correspondances et des interactions (*t'ong*) est la solidarité qui unit le naturel à l'humain, le physique au moral.

Le *Hong fan* suppose ce principe. Il l'illustre en établissant — *grâce à l'ordre suivi pour l'énumération* — la correspondance des *Cinq Éléments* et de leurs produits, des Cinq Activités humaines (*che*) et de leurs résultats, des Cinq Signes

Numéros d'ordre	1	2	3	4	5
Éléments	Eau Salé	Feu Amer	Bois Acide	Métal Acre	Terre Doux
Activités humaines	Geste Gravité	Parole Bon ordre	Vue Sapience	Ouïe Bonne entente	Volonté Sainteté
Signes célestes	Gravité Pluie	Bon ordre Yang	Sapience Chaud	Bonne entente Froid	Sainteté Vent

célestes (*tcheng*) et des indications qu'ils fournissent en marquant le retentissement qu'ont dans le Ciel la tenue, bonne ou mauvaise, des hommes et les mœurs que le gouvernement fait fleurir parmi eux. Ces signes (comme le montre le tableau ci-contre) traduisent en symboles matériels les « vertus » résultant des Activités symétriques. Il y a, comme on voit, correspondance stricte entre les Signes célestes et les Activités humaines qui occupent le *même rang* dans l'énumération. La correspondance ne peut pas être moins stricte entre ces Activités ou ces Signes et les Éléments symétriques. Sur ce point, d'ailleurs, les parallélismes de détail sont instructifs, puisque le Yang est rapproché du Feu (= Sud-Été) et l'Eau (= Nord-Hiver) de la Pluie qui paraît bien ici évoquer le Yin (= Obscurité, temps couvert) [645]. Bien que, par la suite, la nomenclature ait changé et qu'il y ait, dans le détail, des divergences assez nombreuses, le système du

Hong fan n'a pas cessé d'inspirer les *tableaux de correspondances* auxquels se réfèrent les ritualistes comme les philosophes. La liste des équivalences n'est jamais donnée com-

Eléments·	Bois	Feu	Terre	Métal	Eau
Orients·	Est	Sud	Centre	Ouest	Nord
Couleurs	Vert	Rouge	Jaune	Blanc	Nir
Saveurs	Acide	Amer	Doux	Acre	Salé
Odeurs	Rance	Brûlé	Parfumé	Odeur de viande crue	Odeur de pourri
Aliments végétaux	Blé	Haricot	Millet blanc	Graines oléagineuses	Millet jaune
Animaux domestiques	Mouton	Poulet	Bœuf	Chien	Porc
Lares ou parties de la maison	Porte intérieure	Foyer	Impluvium	Grande-Porte	Allée (ou puits)
Génies des Orients	Keou-mang	Tchou-Jong	Heou-t'ou	Jou-Cheou	Hiuan ming
Souverains	T'ai-hao (Fou-hi)	Yen-ti (Chen-nong)	Houang-ti	Chao-hao	Tchouan-hiu
Notes	Kio	Tche	Kong	Chang	Yu
Nombres	8	7	5	9	6
Binômes de signes cycliques dénaires	kia-yi	ping-ting	meou-ki	keng-sin	jen-kouei
Classes d'animaux	à écailles	à plumes	à peau nue	à poils	à enveloppes dures
Viscères	Rate	Poumons	Cœur	Foie	Reins

plètement, car les points de vue différent et, par exemple, le tableau (ci-dessus) qu'on peut tirer du *Yue ling* n'embrasse guère que le domaine des choses et des actes rituels. Mais

Est	Sud	Centre	Ouest	Nord	
Bois	Feu	Terre	Métal	Eau	Eau
Vent	Souffle(k'i)		Nuées	Pluie	Tonnerre
Foie	Poumons	Cœur	Fiel	Reins	Rate

Houai-nan tseu ([646]) enseigne : d'une part qu'on assimilait le Vent, la Pluie, le Froid et le Chaud avec l'action de prendre celle de donner, la joie et la colère ; et d'autre part, que le Tonnerre correspondait à la Rate et les Reins à la Pluie. Les gestes et les émotions étaient donc raccordés *par l'intermé-*

diaire *des Éléments et des Viscères* aux phénomènes cosmiques
ou plutôt aux « Signes célestes ». Par ailleurs, Sseu-ma T'sien
nous apprend que, *par l'intermédiaire des Cinq Notes*, on rac-
cordait aux Cinq Viscères les Cinq Vertus fondamentales (⁶⁴⁷).
De même que le *Hong fan*, Sseu-ma Ts'ien affecte la
Sainteté au Centre. Or l'ordre des Éléments que suit le *Hong
fan* dérive, comme on a vu, de l'ordre de production des

Orients	Est	Sud	Centre	Ouest	Nord
Nombres	8	7	5	9	6
Notes	Kio	Tche	Kong	Yu	Chang
Viscères	Foie	Cœur	Rate	Poumons	Reins
Vertus	Bonté	Esprit rituel	Sainteté	Équité	Sapience

Notes. On peut donc considérer comme ancienne la liaison
des Notes, des Éléments et des Vertus. Leur liaison commune
aux Viscères ne doit pas être moins ancienne : la technique
rituelle, comme le *Yue ling* en fait foi, exigeait qu'à chaque
saison, dont l'emblème était une certaine note, on donnât,
dans les sacrifices, la prééminence à un certain viscère (⁶⁴⁸).
« La note *kio* (= Est-Printemps = Bois) émeut le *foie* et met
l'homme en harmonie avec la *Bonté* parfaite. » Rien ne peut
aussi bien que cette phrase de Sseu-ma Ts'ien signaler
l'interaction emblématique et la solidarité profonde qui unit
le physique et le moral sous la domination du rythme cosmique.

Pan Kou, dans son *Po hou t'ong* (⁶⁴⁹), développe des idées
analogues. Une distinction vient les compliquer : c'est celle du
Haut et du Bas, du Ciel et de la Terre. Elle n'est pas absente
du *Hong fan*, où les Cinq Signes célestes s'opposent aux
Cinq Éléments. Un excellent médecin fit, pour consoler un
moribond, un beau discours, que rapporte le *Tso tchouan* (⁶⁵⁰),
où il opposait aux *Cinq* Saveurs, Couleurs et Notes, les
Six Influences (*k'i*) : Yin, Yang, Vent, Pluie, Obscurité,
Lumière. Cette liste diffère peu de la liste des *Cinq* Signes :
Yang, Vent, Pluie, Froid, Chaud. Un passage du *Kouan
tseu* (⁶⁵¹) rapproche les Passions des Influences en donnant
les correspondances avec les Saisons-Orients, les Éléments,
mais sans s'expliquer sur les Influences (*k'i*) du Centre.

Dans tous ces cas, on oppose des choses célestes à des choses terrestres. Cette opposition se retrouve dans le *Li yun* ([652]) (où il est question des *Six* ou des Sept Passions opposées aux Six ou aux *Cinq* Devoirs) signalée par les nombres 5 et 6, qui sont ceux du Ciel et de la Terre. Il en est de même dans le *Po hou t'ong*, où Pan Kou (à l'opposé de Houai-nan tseu)

Orients	Est	Sud	Centre	Ouest	Nord
Emblèmes	Etoiles	Soleil	Terre	Mansions	Lune
Saisons	Printemps	Eté		Automne	Hiver
K'i	Vent	Yang		Yin	Froid
Eléments	Bois	Feu	Terre	Métal	Eau
Eléments corporels	Os	Souffle	Muscles	Ongles	Sang
Passions(tô)	Joie	Plaisir		Peine	Colère

compte 5 (et non pas 6) Viscères, mais les oppose aux 6 Magasins [*Fou* : les 6 Fou, on l'a vu, sont les 5 Éléments plus les Grains (qui doublent l'Élément Terre)]. Les 6 Magasins du corps [petites et grosses entrailles, estomac, intestins, vessie et fiel (qu'on distingue du foie, seul considéré (ici) comme un viscère)] sont reliés aux 6 *Ho*, c'est-à-dire aux 6 Directions quand on les énumère en dédoublant le Centre en un Haut et en un Bas. C'est ainsi que Pan Kou arrive à opposer, comme les Magasins aux Viscères, les 6 Passions (Colère et Joie, Peine et Plaisir, Amour et Haine) aux 5 Vertus cardinales. Une distinction analogue joue un grand rôle dans le *Houang-ti nei king*, bréviaire de l'ancienne médecine chinoise. On y disserte abondamment, comme dans le *Po hou t'ong* ([653]), sur les correspondances du microcosme et du macrocosme. Le tableau qu'on peut extraire du chapitre deuxième est, dans le détail, souvent contredit par d'autres passages du traité : ce n'est pas desservir l'art médical que d'accroître, au prix de quelques contradictions, les parallélismes symboliques dont on tire les principes du traitement et les éléments du diagnostic. Ce tableau ne diffère guère de celui qu'on peut tirer du huitième chapitre de Pan Kou. Tous deux distinguent les Vertus et les Passions. Tous les deux montrent l'importance qu'on attribuait aux orifices du corps humain. De même que la théorie des Cinq Vertus se rattache à celle des Cinq Viscères, la théorie des Ouvertures se relie à la théorie des Passions. Tels sont les fondements de la connaissance du Microcosme. Pour inventorier

	Est-Printemps	Sud-Eté	Centre	Ouest-Automne	Nord-Hiver
	Foie Bonté	Cœur Esprit rituel	Rate Bonne foi	Poumons Equité	Reins Sapience
I	Yeux	Oreilles	Bouche	Nez	
II	Yeux	Langue	Oreilles		
III	Yeux	Langue	Bouche	Nez	Oreilles
A	Colère	Haine	(Haut) Plaisir (Bas) Peine	Joie	Amour
	Est	Sud	Centre	Ouest	Nord
B	Fiel	Petites entrailles	Estomac	Grosses entrailles	Vessie
	Foie	Cœur	Rate	Poumons	Reins

l'Homme, au physique comme au moral, il a fallu dépenser beaucoup d'ingéniosité : on avait à concilier des classifications ou plutôt à montrer que, dans le monde humain comme

Est-Printemps	Sud-Eté	Centre	Ouest-Automne	Nord-Hiver
Bois	Feu	Terre	Métal	Eau
Acide	Amer	Doux	Acre	Salé
Foie	Cœur	Rate	Poumons	Reins
Muscles	Sang	Chair	Poils	Os
Yeux	Langue	Bouche	Nez	Oreilles
Appeler	Rire	Chanter	Se lamenter	Gémir
Serrer	S'agiter	Eructer	Tousser	Trembler
Colère	Joie	Volonté	Tristesse	Crainte
Bonté	Esprit rituel	Bonne foi	Equité	Sapience

dans le monde naturel, l'ordre et la vie résultent de l'imbrication des classifications numériques qui conviennent soit à la Terre, soit au Ciel.

La théorie des Ouvertures ne paraît pas moins ancienne que celle des Viscères. Elle inspire, elle aussi, diverses pratiques rituelles. La mythologie en tient compte. On peut croire que les auteurs du *Hong fang* en ont fait cas. Les Acti-

vités humaines que ces savants énumèrent sont (à part la
Volonté ou la Pensée, à qui convient une place centrale) :
la Vue et l'Ouïe, le Geste et la Parole. Un désir de symétrie
apparaît dans cette conception. Il apparaît aussi dans la
répartition du corps humain en huit parties (assimilées aux
Huit Trigrammes) qui était professée par les maîtres de la
divination : les Yeux étaient affectés au plein Est, les Oreilles
devaient aller à l'Ouest (⁶⁵³ᵇⁱˢ). Le *Hong fang* situe de même
l'Ouïe au Couchant et la Vue à l'Orient. Quant on répartit
les orifices, on attribue au Nord et à l'Eau les Reins, et, à
leur suite, les Oreilles. Les Yeux sont toujours à l'Est, et
la Langue au Sud. La Vue et la Parole occupent de même
l'Est et le Sud dans le *Hong fang*, lequel affecte au Nord le
Geste. Le Nord est l'orient des Reins : ceux-ci comme on
verra, président à la danse et à la gesticulation.

Si la théorie des orifices est ancienne, les divergences,
dans l'application, s'imposaient dès l'origine, car, dès l'origine
on avait à concilier des classifications divergentes. Le *Po hou
t'ong* en fournit un remarquable exemple. Il appuie son
système de répartition sur l'autorité d'un adage emprunté au

Est	Sud	Centre		Ouest	Nord
		Haut	Bas		
Colère	Haine	Plaisir	Peine	Joie	Amour
Pluie	Yin	Lumière	Obscurité	Vent	Yang

Li yun : « Les *Six* Passions sont ce par quoi se réalisent les
Cinq Qualités naturelles (*wou sing*) (⁶⁵⁴). » Or cet adage ne
se retrouve plus dans le *Li yun* tel qu'il est édité depuis
qu'on l'a incorporé au *Li ki* (⁶⁵⁵). On y rencontre, en revanche, l'indication qu'il y a Dix Devoirs et *Sept* Passions,
savoir : *la joie, la colère, la peine*, la crainte, *l'amour, la haine*,
le désir. Les glossateurs ne signalent pas le texte *différent*
conservé par Pan Kou, mais l'un d'entre eux rappelle le passage du *Tso tchouan* sur les *Six* Influences (*k'i*) célestes,
puis ajoute que, sur Terre, elles correspondent aux Six Passions : *la joie, la colère, la peine*, le plaisir, *l'amour* et *la haine*.
Ce sont là les Six Passions du *Po hou t'ong*, qu'on ne cite

point, préférant indiquer l'équivalence avec les Six *K'i*.
Et l'on conclut : « Le désir, c'est le plaisir... la crainte fait
la septième passion ([656]). »

Il y a 6 Influences célestes. — Il y a 6 ou 7 Passions. — Il
y a 7 ou 9 Ouvertures. — Et, s'il y a 6 Magasins, il n'y a
que 5 Viscères. — On ne nomme guère les Ouvertures sans
dire : les 7 Ouvertures. Ce sont les 7 orifices de la face : les
deux yeux, les deux oreilles, les deux narines, la bouche.
On parle plus rarement des deux ouvertures basses qui sont
yin. Si on les considère toutes les 9, il paraît aisé, en principe,
de les distribuer entre les 5 Viscères. Les yeux, les oreilles,
les narines, les orifices *yin*, qui vont par paires, comptent
pour quatre et la bouche fait 5. On adjugera sans difficulté les
ouvertures basses aux Reins, viscère double, et, de même, les
Narines aux Poumons. Les Yeux, sans trop de peine encore,
iront avec le Foie, à qui le Fiel peut servir de viscère annexe.
Restent la Rate et le Cœur, les Oreilles et la Bouche. Conférer
la Bouche à la Rate, viscère unique et central, convient
fort bien : la Bonne foi suivra la Bouche au Centre. Le Cœur
aura donc pour lot les Oreilles ([657]) — Mais est-il convenable
de le lotir ainsi ? Le Cœur est un viscère *yang*, un viscère
simple. Il a droit à être logé en Avant (*yang*), dans la Poitrine
(*yang*), tout en Haut (*yang*) du corps, tel un Prince (*yang*) ([658]).
N'est-il pas, — comme les Héros du Yang et *de la Gauche*
qui vont s'effilant près de Terre, — large vers le Haut (*yang*),
mince en Bas (*yin*) ([659]) ? — Les Oreilles, (remplaçant les
ouvertures basses), iront bien (on les coupe aux prisonniers
de guerre dont on veut affaiblir la force virile) aux Reins
logés dans le Ventre (*yin*), en Bas (*yin*), (comme des sujets
qui sont « les pieds et les mains du seigneur ») et bien placés
pour animer les pieds à la danse ([660]). Les ouvertures basses
n'entrant plus en compte ([661]), il ne reste, en sus de la Bouche, que trois paires d'ouverture et il y a à pourvoir 5 Viscères.
Mais n'a-t-on pas l'habitude de *dédoubler* ce qui est *central*,
et la Bouche ne contient-elle pas la Langue ? Les Yeux restant au Foie, les Narines aux Poumons, la Bouche à la Rate,
on affectera au Cœur la Langue, *orifice* de la salivation ([662]).
Pour continuer à compter 7 Ouvertures, les yeux, les narines ou les oreilles comptant toujours respectivement pour
deux, il suffira de compter pour un la bouche et la langue.

Les classifications par 9, 8, 7, 6, 5, une fois conciliées et imbriquées, il ne reste qu'à justifier les équivalences. Ce n'est, pour le savant, qu'un jeu dont le guérisseur saura profiter. — Le Cœur est rouge : c'est la couleur du Feu ; c'est celle de la joie ; le Tonnerre est le bruit du feu et il est le rire du Ciel ([663]) : le Cœur préside au Rire, à l'Agitation, à la Joie. — Les Lamentations et la Tristesse dépendent, comme la Toux, des Poumons. Ceux-ci sont blancs, couleur de l'Automne, de l'Ouest, du Tigre, du Couchant, de la Grande Blanche (Vénus) et du deuil. L'Ouest est la région des Montagnes et des Gorges où s'engouffre le Vent et d'où vient la Pluie. Le Nez, orifice des Poumons, s'élève haut sur le visage ; des cavités profondes le percent ; c'est par lui que sort la morve ; c'est grâce à lui qu'on respire ([664]). — On pleure et l'on est clairvoyant grâce aux Yeux : ce sont les orifices du Foie qui est vert et correspond au Printemps, au Bois et au Vent. Le Vent balaye les nuées obscures, il rend lumineuses les gouttes de pluie ([665]). Ce sont là paroles de poètes. Quant aux physiologistes, ils expliquent que le Bois, lorsqu'il en sort du Feu, projette de la lumière et qu'il fait, à chaque printemps, poindre les bourgeons et perler la sève ([666]). La lumière ne sort-elle pas de l'Orient ? L'Est, comme le Printemps, n'a-t-il pas une influence bienfaisante ? Les Poumons sont le viscère de la Bonté...

La physiologie et la psychologie sont achevées dès qu'on a combiné la théorie des Ouvertures et celle des Viscères. Mais elles ne servent pas à connaître le seul Microcosme ; elles conduisent à une connaissance totale du Ciel et de la Terre : Viscères, Vertus, Éléments, Ouvertures, Passions, Influx célestes se correspondent. Qui connaît l'Homme connaît le Monde et la structure de l'Univers comme son histoire. Nul besoin de constituer, à grand-peine, des sciences spéciales : le Savoir est un. Le géographe n'ignore rien des montagnes dès qu'il a reconnu en elles les os de la terre : elles donnent au monde, comme le squelette au corps, la solidité, la stabilité ([667]). Le physiologue sait tout de suite que le sang circule ; il connaît exactement le rôle des vaisseaux où passent les humeurs corporelles ; il lui suffit d'avoir fait une remarque : l'univers est sillonné de fleuves qui

charrient les eaux ([668]). Les cheveux et les arbres, la végétation et le duvet sont choses du même ordre ; les politiciens le
savent fort bien et tous les faiseurs de beau temps ; ils peuvent
cumuler les moyens d'action : lorsqu'on rase la végétation
d'une montagne ou qu'un chef fait le sacrifice de ses poils,
les pluies, ces humeurs fécondes, s'arrêtent de couler ([669]).

Heureux les historiens et les psychologues ! Ont-ils à faire
le portrait de Kao-yao, à donner sa généalogie ou bien celle
de Confucius et à caractériser l'esprit du Maître ? Leur
recherche aboutit bientôt. Kao-yao fut ministre de la
Justice et chargé par Chouen de faire les enquêtes criminelles ; le viscère de la bonne foi est la rate ; la bouche dépend
de la rate ; Kao-yao avait la bouche fort grande, et il l'ouvrait
largement... comme font les chevaux ou les oiseaux : Kao-yao
n'est autre que Ta-yé, fils de Niu-sieou, qui conçut en
avalant un œuf et dont les descendants (qui ressemblent à
des oiseaux) savent élever les chevaux ([670]). — Confucius
descendait des Yin qui régnèrent en vertu de l'Eau ; il avait
au faîte du crâne (son nom de famille signifie « creux », son
nom personnel « tertre creux ») une dépression semblable
à celle des collines qui retiennent à leur sommet un amas
d'eau ; l'eau correspond aux reins et à la couleur noire ; le
teint de Confucius était fort noir (signe de profondeur) et
son esprit caractérisé par la sapience, car la sapience dépend
des reins ([671]).

Plus heureux encore les philosophes et les médecins ! A
eux appartient le domaine merveilleux des classifications
mythologiques : quel admirable matériel pour des gens dont
c'est le métier d'argumenter ! Il fournit à l'infini les thèmes
du diagnostic ou du jugement, les secrets de la thérapeu-
tique ou de la direction morale. On y peut trouver, avec la
faculté de ratiociner sur le macrocosme et le microcosme,
toutes les recettes pour bien vivre ou pour vivre bien et,
pour le moins, le moyen d'obliger à convenir que, telle
étant la suite des choses, tout va pour le mieux. Un prince
de Tsin est malade ; on appelle auprès de lui un sage et un
médecin ; tous deux concluent qu'il n'y a rien à faire, et l'on
répond : « Cela est bien vrai », car les deux experts ont dis-
serté savamment. Le sage, à grands renforts de renseignements historiques ou astronomiques, s'est expliqué sur

l'action des Esprits et le médecin, enchaînant les apophtegmes, a discouru sur le maléfice : « *Les 6 Influences (k'i)* du Ciel deviennent en Bas (sur Terre) les 5 Saveurs, se manifestent dans les 5 Couleurs, ont pour indices les 5 Notes. L'excès engendre les 6 Maladies. Les 6 Influences (*k'i*) sont le Yin et le Yang, le Vent et la Pluie, l'Obscurité et la Lumière. (Bien) réparties, elles forment les 4 Saisons ; (mises) en ordre, elles forment les 5 divisions [de 72 jours chacune] de l'année. Dès qu'elles sont excessives, il y a calamité. L'excès de Yin cause les refroidissements ; l'excès de Yang, les fièvres ; l'excès de Vent, les maladies des membres ; l'excès de Pluie, celles du ventre ; l'excès d'Obscurité, les troubles mentaux ; l'excès de Lumière, les malaises du cœur. La femme est la chose du Yang et des moments d'obscurité [la compagne de nuit]. Si on en use avec excès, il y a fièvre interne et troubles mentaux maléficients (*kou*)... Le *kou* (maléfice) est lié à l'excès et aux troubles mentaux. On écrit ce mot avec les signes « vase » et « vermine » ; l'(être) ailé qui sort du grain (*kou*) [placé dans un vase] est le *kou* (maléfice) ([672]). Le *Yi (king)* des Tcheou dit : « La fille trouble l'esprit du garçon ; le vent renverse la colline », c'est (l'hexagramme) *Kou* ([673]). Toutes ces choses se correspondent (*t'ong*) ! » « Quel excellent médecin ! » s'exclame-t-on sitôt ce discours fini, et l'on a plaisir à payer richement la consultation ([674]).

**

Rien de plus raisonnable, pour un malade, que d'appeler en consultation un médecin disert et un sage fort en histoire. La physiologie et l'hygiène ou la morale se confondent avec la physique, — ou plutôt avec l'Histoire, c'est-à-dire avec l'art du Calendrier ; l'anatomie et la psychologie ou la logique se confondent avec la cosmographie, la géographie ou la politique : et l'essentiel de la politique, c'est cet art, — dénommé par la suite Géomancie (*fong chouei*), — grâce auquel les Chinois entendaient aménager le monde en lui appliquant leur système de classifications, c'est-à-dire les règles de leur morphologie sociale. Géomancie et calendrier, morphologie et physiologie communes au macrocosme et aux microcosmes, voilà le savoir total et l'unique règle. Ce savoir et cette règle dictent et enseignent tous les comportements des hommes et des choses. Tout être serait rebelle et fauteur de désordre s'il contrevenait aux moindres prescriptions de l'Étiquette. L'Étiquette est la seule loi. C'est grâce à elle que se réalise l'ordre de l'Univers. Elle doit commander chaque geste, chaque attitude des êtres, petits et grands.

Chapitre III

L'étiquette

Au lieu de s'appliquer à mesurer des effets et des causes, les Chinois s'ingénient à répertorier des correspondances. L'ordre de l'Univers n'est point distingué de l'ordre de la civilisation. Comment songerait-on à constater des séquences nécessaires, immodifiables ? Inventorier des convenances traditionnelles exige un art plus subtil et d'un tout autre intérêt. Savoir, alors, c'est pouvoir. Les souverains, quand ils sont des sages, sécrètent la civilisation. Ils la maintiennent, ils la propagent en étendant à toute la hiérarchie des êtres un système cohérent d'attitudes. Ils ne songent pas à la contrainte des lois, puisque le prestige des règles traditionnelles suffit. Les hommes n'ont besoin que de modèles et les choses sont comme eux. On ne s'avise pas de voir dans le monde physique le règne de la nécessité, pas plus qu'on ne revendique pour le domaine moral la liberté. Le macrocosme et les microcosmes se complaisent également à conserver des habitudes vénérables. L'Univers n'est qu'un système de comportements, et les comportements de l'esprit ne se distinguent pas de ceux de la matière. On ne fait point la distinction de la matière et de l'esprit. La notion d'âme, l'idée d'une essence entièrement spirituelle et qui s'opposerait au corps comme à l'ensemble des corps matériels est tout à fait étrangère à la pensée chinoise.

●ᵃ●

Lie tseu développe longuement la thèse que les actions les plus réelles sont des actions sans contact et sans déperdition d'énergie ([675]). Agir, c'est influencer. L'idée qu'on agit par simple influencement n'est pas spécifiquement taoïste. Une anecdote du *Tso tchouan* ([676]) le prouve. Un bon cocher arrive à conduire un char à plein chargement avec des traits prêts à se rompre. Changez le cocher et ne chargez le char que d'un peu de bois ; les traits cassent immédiatement ; ils n'ont plus de cohésion : ils ne sont plus influencés par l'ascendant d'un conducteur maître en son art. La matière et l'esprit (ou plutôt ce que nous appelons ainsi) ne forment pas des règnes séparés. Telle est en Chine l'idée commune ; c'est, pour Lie tseu ([677]), une des idées maîtresses de son système. Aussi, avec tout le sérieux qu'un philosophe peut conserver quand il argumente, raconte-t-il complaisamment une scène de comédie qui fut, au temps du roi Mou des Tcheou, jouée par des marionnettes. Le baladin qui les montrait les avait faites de cuir et de bois peints et vernis. Ces figurines faisaient des courbettes tout aussi bien que les hommes et, même, elles chantaient juste et dansaient joliment. C'est qu'elles étaient, à l'intérieur, garnies de viscères de bois et qu'aucune ouverture ne leur manquait. Leur enlevait-on les reins ? elles ne savaient plus danser. Leur ôtait-on le foie ? elles n'y voyaient plus. Munies de leurs Cinq Viscères et de toutes leurs Ouvertures, elles éprouvaient toutes les Passions. Le roi Mou dut se mettre en colère : les marionnettes lançaient impudemment des clins d'yeux à ses favorites. Ces appareils de démonstration magico-philosophique valaient ce que valent les hommes : ils en avaient la face. Quand le Chaos, ayant fait preuve de civilité, mérita d'être reçu parmi les hommes, deux amis (c'étaient les génies de l'Éclair) employèrent toute une semaine, lui perçant chaque jour une ouverture, à lui donner la face humaine qu'il méritait ([678]). Au septième jour de l'opération, le Chaos mourut, dit Tchouang tseu. C'est dire que toute initiation ou toute naissance ressemble à une mort. La mort véritable s'accompagne au contraire de l'obturation de tous les orifices du corps. On clôt les yeux des défunts. On leur ferme la bouche. Dès l'antiquité, sans doute, on scellait avec du jade toutes les ouvertures :

cet usage s'apparente à la coutume qui impose de dessiner sur les cercueils les Sept Étoiles de la Grande Ourse ([679]). Il convient d'enfermer dans le cadavre l'infection funéraire et le principe même de la mort. Il faut aussi enclore dans le criminel le principe de son crime et de sa maléficience : c'est donc par précaution, plus que par cruauté, qu'on obture les orifices de son corps ([680]). Chez les sages et les purs, toutes les ouvertures s'ouvrent et fonctionnent librement, les 7 ouvertures de la face et les 7 ouvertures du cœur qui leur correspondent. La qualité de vivant ne s'obtient et ne se conserve que si les premières sont bien ouvertes ; la sainteté est obtenue dès que les autres sont débouchées ou près de l'être ([681]). La puissance de vie atteint son maximum quand rien n'entrave l'endosmose du Microcosme et du Macrocosme. D'où l'importance des Ouvertures.

Cette importance, reconnue par toute la tradition, s'explique par le prestige dont a joui de tout temps, en Chine, la magie des sécrétions, des excrétions et des souffles. Les précautions qu'exige l'étiquette et qui paraissent relever des soins de propreté sont imposées par le souci de ne pas laisser un supérieur pâtir ou un ennemi profiter des exhalaisons, pertes ou dégradations de ce qui constitue la puissance de vie. C'est aux proches, c'est aux fils ([682]) qu'il appartient de recueillir et de cacher soigneusement les crachats et la morve des parents ; c'est à eux qu'il incombe de recueillir le dernier souffle, de clore les yeux, la bouche, d'amonceler sur tous les orifices un amas de vêtements, de ne rien laisser perdre de la substance paternelle, d'enfouir dans le sol de la maison les ongles, les cheveux du défunt, l'eau qui a servi à laver le cadavre ([683]). On peut agir sur autrui (et sur tous les siens) dès qu'on possède une part ou un résidu de sa substance. En lui en dérobant quelque portion choisie, on peut aussi s'annexer ce qu'il détient de vie, la puissance de sa vue ou de son ouïe si l'on s'empare d'yeux ou d'oreilles, la vie à sa source même si l'on dérobe le premier sang des vierges ou l'embryon à peine formé. Ces pratiques, encore punies par les codes des dynasties les plus récentes, ne sont point nouvelles. Ce n'était point par cruauté ou dilettantisme de tyran que Cheou-sin, le dernier des Yin, éventrait les femmes enceintes et mangeait la chair de ses ennemis ([684]).

Tout chef, tout magicien a besoin de récupérer de la puissance, de la substance, de la vie, car il doit dépenser, au profit de tous, son entière vitalité. Le magicien use la sienne quand il anime les marionnettes ou fait se combattre des pièces sur l'échiquier ([685]) ; le cocher s'use aussi quand il donne de la cohésion aux rênes. Mais combien plus le Chef ! Il obtient, par un effet direct d'influencement (ce serait parler notre langue que de dire par un effet d'esprit à esprit), que les chevaux de son char marchent droit dès qu'il pense droit, que les flèches de ses sujets touchent juste dès qu'il pense juste. Il suffit que le magicien atteigne son ennemi avec sa salive ou qu'il souffle sur son ombre, pour que, rongé d'ulcères, le malheureux périsse ([686]) : dans sa salive ou dans son souffle, le magicien a concentré l'essence de ses vertus magiques. Mais l'Œuvre royale exige la concentration d'une puissance d'animation vraiment totale. Dans tous les guerriers passe le seul souffle du Chef : celui-ci, en battant le tambour, communique à la bataille entière le rythme de sa propre ardeur ([687]). Un décret a force d'exécution dès que le prince a dit « oui » ; il est efficace, en lui-même, tout aussitôt, et peu importe que dans la pratique on l'exécute : en ce « oui » s'est condensée toute la vertu d'animation que la pratique de l'étiquette maintient intacte dans le prince. S'il y a une étiquette du costume, de la coiffure, du rire, des lamentations, du coït, s'il faut que l'inférieur, par respect, tantôt se vête et tantôt se dévête, que la femme demeure toujours habillée et que la sorcière opère toute nue, qu'on rase les criminels, que les cheveux des femmes soient sans cesse cachés, tandis que la magicienne danse échevelée, si le Chef tantôt rase ses poils pour les offrir aux dieux, tantôt s'habille hermétiquement comme une femme et tantôt danse les cheveux épars comme une sorcière, si l'on doit éviter de bâiller, d'éternuer, de cracher, de se moucher, de tousser, de roter, s'il ne faut ni rire ni pleurer inconsidérément, mais s'il faut en temps de deuil se lamenter à pleine voix, si l'on fait amitié par le rire ou le sourire, si le père doit rire quand il donne droit à la vie au petit enfant, si l'enfant doit rire dès qu'il reçoit un nom de son père et pleurer pour mériter ce nom, s'il est dangereux pour une femme qu'on lui arrache un rire ou qu'elle ne s'en laisse point arracher, si elle doit cacher son sourire en voilant sa bouche de ses manches et si elle ne doit jamais dérober à l'homme un soupir, s'il faut tantôt se livrer, tantôt se conserver, si le Chef, qui devra parfois se dépenser entièrement, prend plus de précautions que tout autre pour demeurer hermétique et muet, c'est que le corps, par tous ses orifices, laisse pénétrer et laisse échapper, sait retenir, projeter et même capter, substance qui vaut puissance, puissance qui vaut substance, ce qui fait l'être et ce qui fait être.

Tous les auteurs, et non pas les seuls taoïstes, s'accordent sur le principe que les activités, les passions, les sensations usent l'être et diminuent en lui substance et puissance. Tous admettent aussi que les orifices du corps sont les organes des sens, que les Passions et les Activités (ou les Vertus) dépendent des *Magasins* (*fou*) ou des Viscères auxquels on donne le nom de *Greniers* (*tsang*), et que Viscères, Magasins, Ouvertures se correspondent. Tandis que les Chinois confondent les idées de *substance* et de *puissance* dans l'idée d'être, ils accordent, comme on voit, à la *nourriture* une extrême importance. La valeur d'un individu se voit au nombre des vassaux qu'il peut nourrir ([688]), et ce qui constitue son autorité, c'est la façon dont il se nourrit lui-même : c'est le lot de nourriture qui lui est attribué. La respectabilité, la richesse de la table, l'abondance de vie, la qualité de l'efficace, sont choses liées, indistinctes. Seuls, pourrait-on dire (pour parler notre langage), les nobles ont une âme : ils ont seuls des ancêtres qui méritent d'être nourris. Les nobles, les chefs, les dieux sont riches en substance et puissance : ce sont des pourvoyeurs de nourriture. Ce qu'ils possèdent en abondance, ils affectent de le donner et d'en faire fi pour eux-mêmes. Toute la nourriture est à eux : ils n'en prennent que l'essence (*tsing*) ou la vertu (*tö*) ([689]). Ils se contentent de humer ou de goûter. La vie en eux se fortifie en même temps qu'elle se spiritualise. Le dosage protocolaire de la nourriture s'accompagne, en effet, d'une étiquette de la table ([690]). Qui mange selon l'étiquette, affine et accroît, étoffe et anoblit, réconforte, complète et condense en lui une vitalité d'essence plus subtile et de teneur plus riche. Seul le Roi a « la nourriture précieuse », dit le *Hong fan* : il est le centre, le pivot du Monde ([691]).

Les médecins combinent pour lui les saveurs ([692]) et son premier ministre, — le meilleur ministre est celui qui se connaît en cuisine ([693]), — alimente, en la personne du Souverain, la Vertu Royale (*Wang Tao*) ([694]) : il organise le tribut de façon que rien ne manque pour composer l'âme du maître, je veux dire : pour sustenter une Autorité qui, digne de l'Univers, soit la plus entière possible et la plus une, la moins matérielle et la moins périssable : telle, enfin, qu'on puisse voir en elle le foyer d'un rayonnement sans déperdition. Pour conserver intact ce principe d'influencement, il suffit de recueillir, dans les temps et les lieux convenables, l'essence de tout ce qui est vie dans l'Univers. Le premier ministre fait venir, pour son Maître, le cresson du Marais de Yun-mong, les fèves *yun* du Mont Yang-houa, et, du fond du K'ouen-louen, la marsilea à quatre feuilles ([695]). Il apprend aux médecins comment doivent « se combiner et s'unir (*tiao ho*) » ([696]) les saveurs. Les sauces, selon les saisons seront à base de vinaigre, de vin, de gingembre ou de sel, mais toujours liées avec du miel, car le doux correspond à la Terre, qui est au Centre ([697]). Le blé sera mangé au printemps avec du mouton et une sauce au vinaigre, car le mouton a une odeur rance, et l'acide, qui va avec le rance, convient au Printemps, qui « desserre » et pendant lequel il faut « rassembler » ([698]). Au reste, l'Est est le site des Muscles qui dépendent du Foie que l'Acide, « produit » par le Bois, « produit » à son tour (ainsi le décrète le bréviaire de la médecine) ([699]). En combinant les viandes des 5 (ou des 6) Animaux domestiques, les 5 (ou les 6) Aliments végétaux, les 5 Odeurs et les 5 Saveurs, on réparera, selon un rythme conforme à l'Ordre du Monde, les 5 Viscères ([700]) dont les experts pourront vérifier le bon état en inspectant les 9 Ouvertures et en examinant, à l'aide des 5 Sons et des 5 Couleurs, les 5 Exhalaisons (*k'i*) ([701]). Ce serait un indice néfaste et où l'on verrait la preuve d'un détraquement du Microcosme et du Macrocosme, si, en Hiver où le Fils du Ciel doit revêtir des ornements noirs, il n'avait pas le teint noir, je veux dire couleur des Reins, car l'Influence (*k'i*) des Reins (puisque le sel assaisonne la nourriture hivernale, millet et viande de porc) doit prédominer. Pour les mêmes raisons, il faut encore, en hiver, que la voix rende la note *yu.*

« L'homme est le cœur du Ciel et de la Terre, la règle des 5 Éléments : quand, nourri par les 5 Saveurs, il distingue les 5 Notes et revêt les 5 Couleurs, alors *il a de la vie* ([702]) ! » Les nobles « mangent leur fief » ([703]) : l'Homme Unique, saison par saison, mange l'Univers. Il emmagasine, en temps utile, dans les 5 Greniers de son corps, l'essence de ce que la vie universelle produit de plus exquis. Il cueille dans les 5 Saisons-Orients la vie dans sa fraîcheur première. Il nourrit son être de primeurs. « Les grains en eux ont de la vie », dit le *Che king* ([704]). La vie s'extrait, plus puissante, des aliments frais-vivants ([705]), quand on l'y puise dans sa nouveauté et si pure qu'elle est alors, pour l'impur, un poison mortel. Les entrailles d'un prince mauvais, dès qu'il mange du blé nouveau, se tournent en pourriture et en fumier ([706]) ; celles du sage demeurent nettes et la pureté s'accroît en lui avec la vie quand il se sacralise en goûtant, après les dieux, à la vertu (*tö*) des offrandes saisonnières. Si la vie est dans la nourriture, dans la nourriture est aussi un principe de mort et de corruption. Tout repas est une ordalie, et, plus encore, toute beuverie, car la boisson est un extrait, extrait de vie ou extrait de mort, qui exécute les coupables et réconforte les bons ([707]). Aussi est-ce au moment du renouveau que l'étiquette impose au Chef l'épreuve décisive de la boisson. Il faut qu'il se montre capable d'assurer la pérennité des récoltes, la perpétuité de la vie. Il méritera de rester le Chef, on l'acclamera en criant « Dix mille années ! » ([708]), si le succès de l'épreuve montre que, pour lui, la vie n'est point poison. S'il boit autant qu'il convient et reste droit ([709]), c'est qu'il est pur et que, par le renouveau de sa vitalité, il s'apparie au Macrocosme.

Les Chefs seuls paraissent avoir « de l'âme ». Ce sont les ribotes et les ripailles sacrées qui entretiennent leur puissance, rajeunissent leur substance, accordent leur vie au rythme de l'Univers. Les Chinois ne croient point que l'âme donne la vie au corps ; ils croient plutôt, pourrait-on dire, que l'âme n'apparaît qu'après un enrichissement de la vie corporelle. Mais il vaut mieux éviter le mot « âme » auquel rien, en chinois, ne correspond si on veut lui donner la signification d'essence uniquement spirituelle. Les mots *kouei* et *chen* qu'on traduit par « démons » ou « revenants » et par

« esprits » ou « dieux » se rapportent à des manifestations tangibles. Pierres qui parlent, sangliers qui tuent, dragons qui se combattent ([710]), les *kouei* ou les *chen* apparaissent toujours sous une forme matérielle. Les Ancêtres eux-mêmes ne boivent et ne mangent que parce que les cérémonies du culte leur permettent de se réincarner dans le corps d'un de leurs descendants. Pour mériter le nom de *chen*, il faut avoir une place reconnue dans la hiérarchie féodale ; il faut être honoré d'un titre nobiliaire comme le sont le duc du Tonnerre et le comte du Vent. Inversement, un seigneur peut, puisqu'il est chef de culte, être qualifié de *chen* ([711]). Le mot convient pour tout être investi d'une autorité religieuse. On parle de *kouei* quand il se produit une manifestation inattendue, inquiétante, illicite. Les sages ne croient pas que les pierres parlent, que les dragons joutent et se combattent, que les morts reviennent tuer leurs ennemis ([712]). Ce dernier cas est celui qui semble le plus fréquemment se produire ; les sages calment l'émotion du public en autorisant un sacrifice : tout être qui mange est apaisé. Régulièrement appointés, les *chen* reçoivent chacun un lot protocolaire de nourriture et de vie ; tels les nobles qui mangent sur l'estrade du Chef, ils vivent à la cour du Souverain d'En-haut, d'où ils peuvent humer la fumée des sacrifices. Tout ce qui ne perçoit pas un tribut saisonnier d'offrandes, esprits irréguliers qui ne figurent pas sur les listes du protocole, aïeux à bout de carrière dont *le nom* (ming) *a été repris* par les vivants, morts vulgaires qui n'ont jamais *mérité d'avoir un nom* (ming), tout cela (que le mot *kouei* peut désigner) n'est nourri que par occasion. Il s'agit d'êtres dont la place est dans le monde d'En-bas et qui ne devraient plus sortir des Sources jaunes. Ils s'en échappent cependant si, par malheur, le sol vient à se fendiller ([713]). Pour les faire rentrer sous terre, pacifiés, il suffira d'humecter le sol en y faisant pénétrer la libation ; celle-ci, comme dans les sacrifices à la Terre, sera faite du *sang* qui coule des viandes crues. Seuls les *chen* ont droit aux *exhalaisons* (k'i) qui s'échappent des viandes cuisinées. Différemment et inégalement nourris, ni les *chen* ni les *kouei* n'ont la pleine (cheng) vitalité qui caractérise les hommes, largement pourvus de Sang (hiue) et de Souffle (k'i). Les maîtres de la divination admettent que la fin et le commencement, la mort et la vie dépendent des jeux du Yin et du Yang, des combinaisons du Sombre (*yeou*) et du Lumineux (*ming*), des joutes et des unions du Ciel et de la Terre. « C'est le *Tsing* (l'Essence) et le *K'i* (le Souffle) qui constituent les Êtres (*wou* = les 10 000 êtres : l'Homme n'a point une place à part) ; ce sont les *voyages* du *Houen* qui sont (le principe) des alternances (d'état des êtres), et c'est ainsi qu'on peut distinguer les aspects essentiels de (ce qui est) *kouei* ou *chen* ([714]). » Questionné au sujet des *kouei* et des *chen*, Confucius, du moins on l'affirme, répondit : « Le Souffle (*K'i*) est la pleine perfection (*cheng*) de (ce qui est) *chen* ; le *Po* est la pleine perfection de (ce qui est) *kouei*. » ([715]) Les Chinois, en effet, opposent le Sang et le Souffle, le *Houen* et le *Po*. La formule prêtée à Confucius montre que le *Houen* ne se distingue pas du Souffle. Le *Po* ne se distingue pas du Sang. Une définition célèbre [on l'attribue à Tseu-tch'an de Tcheng (534 av. J.-C.), et elle exprime sans doute des conceptions très anciennes], faisait du *Po* le principe de la vie embryonnaire, le *Houen* n'apparaissant qu'après la naissance ([716]), c'est-à-dire, — les rites le montrent, — quand le père, riant et faisant rire l'enfant, lui a communiqué son souffle *en lui donnant un nom* (*ming*). La mort a lieu quand le *Houen* part en voyage et, dès qu'on constate que le Souffle est parti, on rappelle (en criant le *ming*) le *Houen*, qu'on essaie de rattraper au sommet du toit, avant qu'il ne s'en aille en Haut rejoindre le Ciel lumineux. Quant au *Po* (le nouveau-né prend vie à même la terre), il retourne (*kouei*) à la terre et devient alors *kouei*. Le corps doit pourrir et se désagréger en Bas, dans l'Obscurité (Yin), et toutes les odeurs sont des émanations (*tsing* : *les* tsing *sont les Essences que le* Hi ts'eu *oppose au* k'i, *aux Souffles*) qui proviennent des corps enfouis : ainsi s'exprimait, dit-on, Confucius, et il ajoutait que le *K'i* s'élance vers le Haut pour y briller. Si l'on nous impose de traduire les mots *houen* et *po*, nous devons dire que le *Houen* est l'âme-souffle et le *Po* l'âme(-du-)sang ; mais sans compter l'impropriété du mot « âme », l'emploi du singulier fait certainement contresens. Le *Houen*, c'est le *K'i* (c'est le Souffle), et c'est les *K'i*, les Influences, les Exhalaisons, et le *Po*, c'est le Sang, mais c'est le *Tsing*, l'Essence, et les *Tsing*, les Émanations. En effet, dans le *k'i* et le *tsing*, qui constituent les êtres (les êtres de toutes sortes), comme dans le Sang et le Souffle qui constituent les vivants, il faut voir des couples complexes. Ce sont des couples parce que l'antithèse du Yin et du Yang domine la pensée; ce sont des couples complexes, parce qu'au-dessous de la catégorie de Couple règnent d'autres catégories numériques, classifications par 5 et 6, par 7, par 8 et 9... La théorie dite des « âmes viscérales » ([717]) n'est point attestée avant l'ère chrétienne, mais la liaison des Passions — nommées *tsing* de même que les Émanations ([718]) — avec les Viscères est une donnée ancienne comme la correspondance établie entre les Passions et Émanations et les *K'i*, Influences ou Exhalaisons du Ciel, Exhalaisons des viscères et des orifices du corps. Les *kouei* et les *chen* ne sont pas des âmes désincarnées. Le *Houen* et le *Po* ne sont pas deux âmes, l'une matérielle, l'autre spirituelle : il faut voir en eux les rubriques de deux lots de principes de vie qui ressortissent les uns au Sang et à toutes les humeurs du corps, les autres au Souffle et à toutes les exhalaisons de l'organisme. Les unes sont *yang*, car le père fournit le souffle et le nom, les autres *yin*, car la mère fournit le sang et la nourriture. Celles-ci tiennent de la Terre qui porte et nourrit ; celles-là du Ciel qui embrasse, réchauffe ([719]) et vers qui s'exhale la fumée chaude des offrandes, tandis que le sol, qu'humectent les libations, s'engraisse des produits de la décomposition des corps. La Terre les rendra sous forme de nourriture, car la vie alterne avec la mort, et tout retourne à la vie comme tout retourne (*kouei*) à la mort, un ordre cyclique et un rythme quinaire présidant aux réincarnations comme au retour des saisons.

**

Rebelle à tout postulat spiritualiste, la psychologie chinoise est une psychologie du comportement qui s'adapte à une morale de l'attitude.

Les missionnaires reconnaissent aujourd'hui volontiers qu'on ne peut relever en Chine aucun vestige de l'idée de chute ou de faute originelle ([720]). Mais leurs prédécesseurs étaient à ce point préoccupés de décider si, dans la conception chinoise, la nature humaine était foncièrement bonne ou mauvaise, qu'ils ont imposé aux sinologues la traduction par le mot « nature » du terme « *sing* ». *Sing* s'écrit avec la clé du « cœur » (ce qui incite à lui prêter une acception purement morale) ajoutée au signe qui veut dire « vie ». C'est ce dernier symbole graphique qui donne la prononciation de l'ensemble. Il en est l'élément significatif. *Sing* se dit du lot de vie qui caractérise un individu. On l'emploie aussi quand on veut parler de *personnalité* ou, plutôt, de l'ensemble des dons qui constituent, — tant au physique qu'au moral, domaines indistincts, — l'*individualité* et la *valeur* d'un être. Aussi est-il souvent difficile de conserver pour *sing* la traduction « nature » ou même « caractère » (au sens moral du mot). La difficulté devient apparente quand on doit traduire une phrase visant non pas à définir, — les Chinois ne définissent jamais. — mais à faire entendre ce qu'est le *sing*. « L'homme est *composé* d'éléments matériels et d'une âme intelligente », écrit le P. Couvreur (⁷²¹) ; Chavannes (⁷²²) écrit : « L'homme a, *de naissance*, le sang et la respiration, un cœur et une intelligence. » Ces deux traducteurs prétendent rendre la même phrase, — dont voici le sens : « L'homme a un *sing* [une individualité, un ensemble de dons vitaux (principalement) faits] de sang, de souffle, de volonté (cœur), de sapience. » L'emploi du mot « cœur » — qui désigne (le siège de) la volonté (*tche*) parce qu'il est le nom du viscère central — et du mot *k'i* — symbole du Souffle, mais aussi de l'ardeur, du tempérament, de l'énergie — montre suffisamment qu'on n'a point l'idée d'opposer les facultés de l'esprit aux principes de la vie corporelle. Cœur et sapience se rapportent, plutôt qu'à la vie spirituelle, aux fonctions de dépense plus ou moins distinguées des fonctions de récupération : la volonté et la sapience emploient et usent la puissance vitale, que nourrissent (entre autres éléments) le sang et le souffle. — Cette phrase tirée du *Yo ki* mérite d'être confrontée avec l'aphorisme, cité plus haut, du *Hi ts'eu* : « Les êtres (*wou*) sont faits de *tsing* (et de) *k'i* », c'est-à-dire d'Exhalaisons et d'Émanations provenant du Ciel où règne le Souffle (*k'i*) et de la Terre qui produit les Essences (*tsing*) nourricières. Les médecins voient dans le *tsing* (et le) *k'i* ce qu'on inhale ou exhale : ils appellent *tsing-k'i* les liqueurs fécondes du corps humain (⁷²³). Quant au mot *wou* (être, emblème), il se rapporte à tous les êtres que nous qualifions d'animés et d'inanimés, car tout ce qui est symbolisé est. Dès qu'il y a « emblème », il y a « être ». On admet de même que tout, et par exemple, la Terre comme le Ciel, a un *sing* ([724]), c'est-à-dire de l'être et une manière d'être. Toute individualité est un complexe et correspond à une certaine combinaison d'éléments. Les composants (*tche*) ne sont jamais conçus ni comme uniquement spirituels, ni comme uniquement corporels. On dit *mei tche* pour parler des bonnes qualités, *tche k'i* pour désigner l'humeur ou le caractère, *ts'ai tche* pour exprimer les talents naturels ; — on appelle *ts'ai li* la force qui permet de se tenir droit et de procréer et *T'ien tche* les facultés procréatrices ou, tout aussi bien, une nature céleste, — *tche* (éléments) pouvant d'ailleurs signifier « nature » ou « aspect » quand il s'agit d'un morceau de pierre ou de métal. Toute « nature » (*sing*) est donc le produit d'un certain dosage et d'une combinaison (*ho*) plus ou moins harmonieuse (*ho*), — ainsi sont faits les bouillons dont on nourrit les Chefs ([725]), — d'éléments qui ressortissent de l'Eau, du Feu, du Bois, du Métal, de la Terre et qui appartiennent au Yin ou au Yang. Ce sont les proportions du dosage qui caractérisent la « nature » intime (*tchong*, intérieur, équivaut à *sin*, cœur) d'un être ; cette « nature » est le résultat d'une imbrication (*kiao*) des Exhalaisons (*k'i*) du Yin ou du Yang qu'on qualifie de *faibles* ou de *fortes* (à la manière des lignes des Hexagrammes) ([726]), ou encore de *ts'ing* et de *tchouo* (à la manière des sons) : *tchouo* évoque le lourd, l'épais, le mélangé, l'obscur, le grave ; *ts'ing* (= *tsing*, essences, émanations), le ténu, le clair, le limpide, l'aigu, le léger ([727]). C'est donc à une opposition du subtil et du grossier et non à une opposition de l'esprit et de la matière que se ramènent les distinctions qu'on établit, je ne dis pas entre les substances, mais entre les états ou, plutôt, les *aspects rythmiques* pris par les éléments dont la combinaison produit l'être et la personnalité. Aussi le *sing*, la manière d'être, correspond-il à une certaine aptitude à être, à un *lot de vie* afférent à un *tempérament* déterminé. Tel qui, dans son enfance, téta goulûment et prit, vu le *k'i* (Souffle) dont il se trouvait pourvu, trop de lait, ne pourra jamais disposer d'une complexion (*sing*) solidement équilibrée : il vivra en malade et mourra bientôt ([728]). Tel autre qui se porte mal parce que sa volonté (*tche*) lui impose des dépenses trop fortes, étant donné son *k'i* (sa capacité de récupérer du Souffle), pourra guérir : il guérira s'il trouve un médecin pour l'aider à troquer son cœur (*sin* : cœur, et volonté : *tche*, ne se distinguent pas) avec le cœur d'un autre malade dont le *k'i* par rapport au *tche* sera surabondant — mais, sitôt l'opération réussie, l'un et l'autre, ayant changé de sentiments (*sin* = cœur), devront aussi changer de femmes, d'enfants, de maison, de situation sociale ([729]). Il y a, comme on voit, des « natures » bonnes, d'autres qui sont mauvaises et d'autres qu'on peut améliorer...

La vitalité, les complexions, les sorts diffèrent parmi les hommes. L'homme (comme les autres êtres) est fait du *sing* du Ciel et de la Terre ; il tient de la Terre son sang, ses humeurs fécondes et nourricières, telles les sèves ; il tient du Ciel son souffle chaud et subtil ; il tient de tous deux le *rythme* — battement du pouls et respiration — qui entretient ou plutôt constitue en lui la vie. Mais c'est le Ciel (honoré comme un père, pourvu d'autorité, loué pour sa permanence et son unité) qui distribue les sorts, les rangs, les lots de vie, les destins : le mot *ming* (« *ming* » signifie *ordonner* et se confond souvent avec un autre « *ming* » qui signifie « donner un nom ») veut dire tout cela. Le souffle, qui vient du Ciel, varie surtout par la puissance ; le sang, que nourrit la Terre, varie surtout par sa composition. Au Ciel se rattache la *personnalité*, à la Terre l'*individualité* qui dépend de l'infini variété des Espaces. L'unité du Ciel cependant est toute relative ; il se diversifie selon les saisons ; le Temps n'a de continuité que dans les instants sacrés où il s'inaugure ; à des moments riches en durée s'opposent des périodes où la durée s'exténue. Quand règne un ordre neuf et *durable* de la civilisation, le souverain peut distribuer durablement des fiefs et le Ciel répartir des lots de longévité : les hommes vivent vieux et, d'ailleurs, tout dure lorsqu'un sage souverain établit dans le monde un ordre qui mérite d'être permanent. La valeur de la personnalité décroît quand l'Empire et le Ciel perdent leur unité ; par temps de décadence, la variété des Espaces contamine le Temps ; les lots de vie se raccourcissent ; les monstres apparaissent ; l'individualité se développe abusivement et fait tort à la personnalité : plus exactement, les tempéraments se singularisent et la puissance vitale diminue aussitôt. Cela ne veut pas dire que les Chinois détestent les monstres ou méprisent entièrement les spécialistes. Il y a, comme on a vu, des occasions et des sites où le Chef lui-même se doit de n'être que droitier ou gaucher. Le sage utilise tous les climats. Il sait se servir de la fougue des méridionaux, chez lesquels le *k'i* l'emporte au point qu'ils peuvent se nourrir uniquement de crudités ([730]). Il sait employer les bossus (nombreux en Occident) dont le dos ressemble à une hotte [car l'automne (= Ouest) est le temps des récoltes] : ils porteront, penchés en avant, les pierres sonores, tandis que, ployés en arrière, des êtres à dos concave frapperont les cloches de bronze ([731]). Au reste, la plupart des Héros, tels des arcs bandés ou débandés, se courbent en avant ou en arrière ([732]). L'idéal cependant, est que le Chef soit droit comme un gnomon. Le sage utilise tous les âges. Il sait employer comme sorcières, pour commander le temps, les vieilles femmes à qui leurs règles ont fait perdre une bonne part de leur sang : presque réduites au souffle, ployées en arrière, elles tendent vers le Ciel leurs narines — si bien que, craignant d'engorger avec de l'eau un orifice fait pour aspirer le Souffle, le Ciel s'interdit de faire tomber la pluie ([733]). Le sage sait aussi employer les phtisiques que leurs crachats appauvrissent en sang, et il admet que les sorciers (et même les chefs) s'entraînent pour obtenir, avec l'émaciation, une surabondance de *k'i*. Il tolère, mais il surveille, — car elles recèlent un danger tout en se montrant, à l'occasion, utilisables, — les individualités excessives que signalent quelque insuffisance ou quelque hypertrophie. Il envoie des experts à la recherche des émanations qui peuvent trahir la puissance naissante d'un génie rival ([734]). Il entretient des historiens pour cataloguer les déformations physiques dans lesquelles l'art des physiognomistes sait voir des signes de fortune ou des preuves de talents ([735]). Il possède encore des ethnographes, des géographes pour le renseigner sur les complexions qui dépendent de la structure du sol ou des genres de vie. « Les complexions (*ts'ai*) varient selon le Ciel et la Terre, le Froid et le Chaud, l'Humide et le Sec. Dans les plaines larges et les longues vallées, la corpulence diffère ([736]). » Les mœurs diffèrent aussi. Les tribus des quatre orients de l'Empire « ont

des *sing*, des manières d'être, qui varient », car « les 5 Saveurs
s'y combinent diversement » et la diversité de nourriture fait
que les hommes y sont faibles ou forts (comme les lignes
des Hexagrammes), lourds ou légers (comme les sons et les
parties d'un breuvage), lents ou vifs : les uns sont carnivores,
les autres frugivores et, si ces derniers sont lestes et stupides,
les autres sont braves et audacieux... Le sage laisse subsister
dans les franges du Monde les manières de vivre et d'être
qui ne sont point conformes à l'étiquette. Il ne dédaigne pas
les individus pourvus d'un génie excentrique, s'il peut les
tenir au loin ou les domestiquer. Pour lui et les siens, il
recherche la complexion équilibrée qui accompagne un riche
Destin. Quand il attend un fils, il impose à sa femme une
retraite stricte et une surveillance constante : cela s'appelle
« éduquer l'embryon » ([737]). Si c'est un fils de roi qui va naître, on suit les usages placés sous l'invocation de T'ai Sseu,
l'irréprochable épouse du roi Wen. [T'ai Sseu, pendant sa
grossesse, ne se permit jamais, même dans le privé, aucun
laisser-aller ; elle ne se tint jamais, debout, sur une seule
jambe, assise, de travers sur sa natte ; elle évita tout rire
bruyant et, même en colère, s'abstint de jurer.] Trois mois
avant l'accouchement, le maître de musique vient, muni
d'un diapason, prendre la garde à la gauche de la porte ; le
grand intendant (premier ministre et chef de cuisine) se
poste à droite, la louche en main. Quand la reine demande
un peu de musique, si ce n'est point un air convenable, le
maître de musique brouille les cordes de sa guitare et fait
l'ignorant ; quand elle réclame à manger, le grand intendant
incline sa louche en disant, si ce n'est pas un mets correct,
qu'il n'ose point le servir au prince héritier. Aussi, quand
celui-ci naît et qu'avant de lui donner le nom (*ming*) qui
définira sa destinée, on commence par déterminer à l'aide
du diapason celle des 5 Notes sur laquelle il vagit et (par un
procédé que nous ignorons) celle des 5 Saveurs qui lui con-
viendra, on peut être certain que souffles et sucs nourriciers,
puissance et substance, lot de vie et complexion, tout en lui
sera de la qualité la meilleure ([738]).

Nous verrons, en parlant, à propos des Taoïstes, des pratiques de la *longue vie*, que la Sainteté s'acquiert en soumettant à une gymnastique et à un entraînement rythmés ce

que nous appelons les fonctions nutritives, sexuelles, respiratoires... Cette rythmique béatifiante est parfois utilisée par les adeptes hétérodoxes du Tao pour obtenir, avec des dons magiques, tels talents spéciaux. Les sages véritables admettent tous, sans distinction d'école, que le premier devoir de tout être est de rechercher un développement complet de son génie. Quelques mystiques prétendent s'affranchir des limites que les traditions imposent aux destinées humaines. Pour tous les autres, ce sont les règles traditionnelles de l'art de vivre qui permettent à chacun de tirer le meilleur parti possible de son lot de vie et de sa complexion. Prendre soin de son *ming* et de son *sing*, c'est protéger tout ensemble sa personnalité et son individualité ou, plutôt, c'est défendre, — dans les limites permises par le protocole et l'organisation hiérarchique de la société, — un lot de puissance dûment dosée et qualifiée. Dans la mesure où il y a une psychologie et une métaphysique chinoises, elles ont pour fonction de glorifier l'Étiquette.

* *
*

Le maître de musique a droit à la gauche, place d'honneur, et le chef de cuisine lui fait face à droite ([739]). — Les Chinois ne distinguent guère la substance de la puissance ; toutes leurs notions sont dominées par les idées de rythme et d'autorité sociale. D'où l'importance qu'ils accordent aux Rites et à la Musique : ils les opposent comme les deux aspects complémentaires de l'Étiquette. Les Rites établissent parmi les hommes et tout ce qui dépend d'eux les distinctions nécessaires. La Musique oblige tous les êtres à vivre en bonne harmonie.

« Les Rites — disait (paraît-il) Tseu-tch'an ([740]), — ce sont les délimitations (propres) au Ciel, les répartitions équitables (*yi*) (propres) à la Terre, la conduite qui convient aux hommes. Le Ciel et la Terre ont des délimitations (qui leur sont propres) et les Hommes les prennent pour modèles (*tsö*) ; ils se modèlent sur les clartés (les astres) du Ciel ; ils se fondent sur la complexion (*sing*) de la Terre. Quand sont produits les 6 *k'i* (Influences, Exhalaisons) et mis en activité les 5 Éléments, les Exhalaisons forment les 5 Saveurs, se manifestent par les 5 Couleurs, se symbolisent au moyen des 5 Notes. S'il y a excès (dans leur emploi), confusion et troubles en résultent. Les hommes perdent alors la complexion propre à chacun d'eux (*sing*). Les Rites servent à la leur conserver. Il y a 6 Animaux domestiques, 5 Animaux sauvages, 3 Animaux de sacrifice qui servent à la présentation des 5 Saveurs ; on fait 9 Emblèmes, 6 Ornements, 5 Dessins pour présenter les 5 Couleurs ; il y a 9 Chants, 8 (Instruments de musique correspondant aux 8) Vents, 7 Sons, 6 Tubes *yang* (et 6 Tubes *yin*) afin de présenter les 5 Notes ; il y a (les rapports de) seigneur (à) vassal, (de) supérieur (à) inférieur, par lesquels on prend modèle sur les répartitions équitables (*yi*) (propres à) la Terre ; il y a (les rapports de) mari (à) femme, (de l') extérieur (et de l') intérieur qui servent à délimiter ([741]) les deux (sortes d') êtres (*wou* : essences, réalités emblématiques) ; il y a (les rapports de) père (à) fils, (de) frère aîné (à) frère cadet, (de) tante (à) cadette, (de) gendre (à) beau-père, (d') alliés par mariage, (de) beaux-frères, qui servent à symboliser *les clartés* du Ciel (les rapports des astres) ; il y a les actes de gouvernement, les travaux du peuple, qui servent à obéir aux 4 Saisons ; il y a les châtiments, les pénalités, qui inspirent aux peuples le respect des interdictions et qui correspondent (*lei*) aux destructions du Tonnerre et des Éclairs ; il y a la douceur, l'affection, la bienfaisance, la concorde, qui servent à imiter la force productrice du Ciel et son action nourricière ([742]). Les hommes ont (les 6 Passions, savoir :) l'Amour, la Haine, la Joie, la Colère, la Peine, le Plaisir qui naissent des 6 *k'i* (Influences, Exhalaisons célestes). Aussi (les Sages) ont-ils, après étude, pris pour règles les convenances et les correspondances afin de réglementer les 6 *Tche* (Volontés, Impulsions). La Peine fait gémir et se lamenter ; le Plaisir, chanter et danser ; la Joie produit la bienfaisance ; la Colère, les combats et les rixes. Le Plaisir naît de l'Amour ; la Colère de la Haine. Aussi (les Sages) ont-ils, après étude, mis en usage et, de bonne foi, ordonné, les Récompenses et les Châtiments [mot à mot : (les distributions de) Bonheur (et de) Malheur], les Largesses et les Punitions. La vie est chose aimée ; la mort, chose haïe ; une chose aimée fait plaisir ; une chose haïe fait peine. Quand la Peine et le Plaisir sont bien utilisés, il peut y avoir harmonie [entre (la complexion de) l'homme] et la complexion du Ciel et de la Terre ; et *c'est là ce qui fait durer longuement (la vie).* » Les Rites sont le fondement de l'Ordre (social et cosmique) : c'est grâce à eux que se réalise une *répartition équitable* (yi) *des portions* (fen) *d'autorité sociale.* « Le Ciel et la Terre sont les principes de la vie... Ce qui distingue (les êtres), c'est que ceux qui sont nobles servent noblement (tandis) que les vilains servent dans les besognes viles : il convient que les grands soient grands, et vils les vilains ([743]). »

« La Musique est ce qui rapproche (*t'ong*) ; les Rites, ce qui différencie (*yi*). De l'union résulte l'affection mutuelle ; des différences le respect mutuel... Permettre aux Passions (*tsing*) de s'accorder, donner aux manières de belles apparences, tels sont les rôles de la Musique et des Rites ([744]). » Dès qu'on met en action la Musique, « les (5) rapports sociaux sont bien observés ; les yeux et les oreilles voient et entendent bien ; *entre le sang et le souffle s'établit un équilibre harmonieux* ; les mœurs se civilisent ; la Terre des Hommes est paisible » ([745]). « De la Musique résulte *l'union harmonieuse du Ciel et de la Terre*, et des Rites la bonne ordonnance du Ciel et de la Terre ; quand il y a union et harmonie, tous les êtres (*wou*) obéissent à l'action civilisatrice (du Fils du Ciel) ; quand il y a bonne ordonnance, tous les êtres conservent la place distincte (qui leur est assignée). La Musique tire du Ciel son rendement (civilisateur) ; les Rites empruntent à la Terre leur (capacité de) réglementation. (Si l'on poussait à) trop de réglementation, l'esprit d'anarchie se développerait ; (si l'on exigeait) trop de rendement, l'esprit de domination se développerait... Obtenir que les rapports (entre les êtres) ne créent point de désordre, voilà l'essence (*tsing*) de la Musique, qui, par la satisfaction et la joie, le contentement et l'amour, invite à agir. Conserver sans déviation un équilibre juste et correct ([746]), voilà la complexion (*tche* : éléments constituants) des Rites qui, par la gravité et le respect de soi, par le respect d'autrui et la docilité, aident à la réglementation ([747]). » « Quand la Musique est parfaite, il n'y a plus de rébellion ; quand les Rites sont parfaits, il n'y a plus de querelles ([748]). » « La guitare a 81 pouces de long ; la corde la plus longue rend la note *kong* (81) ; elle est placée au Centre : elle est le Prince. (La corde de la note) *chang* (72) s'étend à droite ; les autres se placent, les unes par rapport aux autres, d'après l'ordre de leurs dimensions, sans aucune erreur : dès lors, vassaux et prince sont à leur place ([749]). » « *Kong* (81, Centre) est le Prince ; *chang* (72, Ouest, droite), les vassaux ; *kio* (64, Est), le peuple ; *tche* (54, Sud), les affaires d'État ; *yu* (48, Nord), les ressources (du peuple, désignées ici par le mot *wou* : les dix mille êtres) ([750]). Quand, dans les 5 Notes, il n'y a aucun trouble, tout est harmonieusement modulé. Si (c'est de la note) *kong* (que vient le) trouble, (les modulations sont) rudes : (c'est que) le prince est arrogant. Si (c'est de la note) *chang* (que vient le) trouble, (les modulations donnent l'image du) penché : (c'est que) les offices sont mal remplis. Si (c'est de la note) *kio* (que vient le) trouble, (les modulations sont) chagrines : (c'est que) le peuple devient rebelle. Si (c'est de la note) *tche* (que vient le) trouble, (les modulations sont) plaintives : (c'est que) les affaires d'État sont accablantes. Si (c'est de la note) *yu* (que vient le) trouble, (les modulations donnent l'image d'un) précipice : (c'est que) les ressources manquent au peuple. Si le trouble vient de l'ensemble des notes empiétant les unes sur les autres, (c'est que) l'État va périr incessamment ! » « Les notes et la musique ébranlent le sang et ses conduits, mettent en circulation les esprits vitaux (*tsing chen* : cette expression peut signifier : humeurs fécondes) et donnent harmonie et rectitude au cœur ([751]). » « Si l'on s'écarte un instant des Rites, il n'y a plus, au dehors, que cruauté et arrogance ; si l'on s'écarte un instant de la Musique, il n'y a plus, au dedans, que licence et perversion. La Musique permet au sage (*kiun tseu*) de faire grandir (parmi les hommes le sentiment des) répartitions équitables (*yi*) ([752]). »

Ces citations peuvent se passer de commentaires. Le respect des distinctions protocolaires et de l'harmonie traditionnelle qui résulte d'une distribution hiérarchique des sorts, voilà ce que les Rites et la Musique sont chargés d'inculquer aux Chinois. Rites et Musique, par surcroît, leur communiquent, réconfort suprême, le sentiment qu'obéir à l'Étiquette permet aux individus d'intégrer

rythmiquement chacun de leurs gestes dans le grand
système rythmique de comportements qui constitue l'Univers. Ainsi devient impossible l'endosmose des microcosmes
et du macrocosme : de cette endosmose proviennent, avec
la vie, l'individualité et la personnalité. L'Étiquette se voit
donc attribuer la valeur combinée d'une hygiène et d'une
morale : le moral n'est distingué ni du physiologique ni du
physique.

L'expression protocolaire des sentiments, précisément
parce qu'elle se fait à l'aide de symboles convenus et de gestes
obligatoires, a la vertu de discipliner les passions. Les rites
chinois de la douleur le montrent clairement ([753]). La peine,
dans le deuil par exemple ([754]), doit s'exprimer à temps
réglés, selon un rythme que le protocole définit en tenant
compte de la valeur sociale du défunt. Elle se traduit par des
gestes, une tenue, un genre de vie, un type de quarantaine
minutieusement réglementés. La façon même de pleurer
— en vagissant sans cesse, ou sans arrêter la voix mais en se
lamentant, ou encore, en laissant tomber la voix après une
triple modulation, ou, enfin, en prenant simplement un
ton plaintif, — était chose imposée, contrôlée. Rien n'était
laissé à l'inspiration du moment : toute impulsion personnelle, toute fantaisie étaient blâmées sévèrement et disqua-
lifiaient son auteur, qu'il fît trop peu ou qu'il fît trop. Un
homme qui avait perdu sa mère pleurait comme un enfant :
« Il a un deuil (*ngai*), qu'il ait donc de la peine (*ngai*)! dit
Confucius. Mais il serait difficile à imiter, et le principe des
Rites est qu'on doit leur obéir : il est donc nécessaire qu'il
soit possible de s'y conformer. Pour les lamentations et les
bonds, il faut qu'il y ait une mesure ([755])! » Tous les gestes
du deuil ont pour fin d'évacuer l'impureté contagieuse de
la mort ; tous les gestes de la douleur tendent à évacuer une
impression d'horreur ou de crainte : tous visent à rendre
inoffensive la douleur. Deux disciples de Confucius virent
un jour un affligé qui bondissait comme un enfant regrettant
un objet perdu. L'un d'eux déclara que l'usage des bonds
ne lui plaisait guère. Il préférait les douleurs moins exubé-
rantes. L'autre lui dit : « Il y a des rites pour modérer les
passions ; il y en a aussi pour les exciter du dehors. *Donner
libre cours à ses passions, c'est imiter la conduite* (tao) *des*

Barbares. La conduite que prescrivent les Rites en diffère. Quand un homme a de la joie, son apparence est gaie ; il est gai et il chantonne ; il chantonne et il se dandine ; il se dandine et il danse. Il danse et une peine lui arrive. En prise à la peine, il soupire ; il soupire et il se frappe la poitrine ; il se frappe la poitrine et il bondit. Fixer une mesure et des règles, tel est l'objet des Rites. Un mort nous inspire de l'horreur (mot à mot : de la haine). Il est incapable en tout : nous nous écartons de lui. Les Rites prescrivent de l'envelopper d'un linceul, de vêtements... afin que nous cessions d'avoir de l'horreur... ([756]). » « Quand un fils est en deuil et qu'il bondit et met en mouvement ses membres, *il apaise son cœur et fait tomber son souffle (k'i)* ([757]) » : les bondissements protocolaires lui permettent de redonner à sa respiration et aux battements de son cœur une certaine régularité rythmique.

La grande vertu des Rites (et de la Musique) tient au *rythme régulier* qu'ils imposent à la gesticulation et aux fonctions vitales. Quand les manières d'être sont gouvernées par l'Étiquette, l'être s'anoblit et mérite de durer. S'il fait sienne cette symbolique, l'individu incorpore en lui la civilisation nationale. Il peut alors être reçu parmi les hommes. Il a acquis une personnalité.

L'homme doit tout à la civilisation : il lui doit l'équilibre, la santé, la qualité de son être. Jamais les Chinois ne considèrent l'homme en l'isolant de la société ; jamais ils n'isolent la société de la Nature. Ils ne songent pas à placer au-dessus des réalités vulgaires un monde d'essences purement spirituelles ; ils ne songent pas non plus, pour magnifier la dignité humaine, à attribuer à l'homme une âme distincte de son corps. La nature ne forme qu'un seul règne. Un ordre unique préside à la vie universelle : c'est l'ordre que lui imprime la civilisation.

Cet ordre sort de la coutume. Dans la société que forment en commun les hommes et les choses, tout se distribue en catégories hiérarchisées. Chacune d'elles a son *statut*. Le régime n'est nulle part celui de la nécessité physique, nulle part celui de l'obligation morale. L'ordre que les hommes acceptent de révérer n'est point celui de la loi ; ils ne pensent pas non plus que des lois puissent s'imposer aux choses : ils n'admettent que des règles ou plutôt des *modèles*. La connaissance de ces règles et de ces modèles forme le savoir et donne le pouvoir. Déterminer des apparentements et des hiérarchies, fixer, par catégories, en tenant compte des occasions et des grades, des modèles de conduite et des systèmes de convenances, voilà le Savoir. Pouvoir, c'est distribuer rangs, places, qualifications ; c'est doter l'ensemble des êtres de leur manière d'être et de leur aptitude à être. Principe de la puissance régulatrice qui appartient au Chef, des talents ordonnateurs que détient le savant, de l'autorité exemplaire que possède le sage, l'Étiquette inspire l'ensemble des disciplines de vie ou des savoirs agissants qui constituent l'Ordre universel.

Que reste-t-il pour occuper l'activité des fondateurs de Sectes ou d'Écoles ?

Pour ce qui est des idées, chez tous l'emportera une passion d'orthodoxie. Les idées ne servent qu'à justifier les pratiques en les rattachant au système des notions communes. Nul sage ne s'avisera de contester le caractère concret de l'Espace et du Temps ou de voir dans les Nombres les symboles de la quantité. Les jeux des nombres, l'imbrication des classifications numériques, les joutes du Yin et du Yang fourniront à tous des symboles suffisants pour faire apparaître dans les comportements de la Nature et des hommes un *rythme régulier* et un *ordre intelligible*. Cela suffit à une métaphysique qui s'interdit de distinguer la matière et l'esprit, qui préfère l'idée de *modèle* à l'idée de *loi*, que seules intéressent les hiérarchies, les convenances, les manières d'être. Aucun progrès de ce que nous appelons les connaissances ne saurait l'émouvoir ou l'enrichir.

Seuls, quelques grands esprits, dans le camp des Taoïstes, songeront (mettant à profit les trouvailles des explorateurs et des astronomes, mais utilisant le légendaire ou le théorique aussi volontiers que le confirmé) à se servir de l'idée que le monde est immense pour illustrer le thème de la puissance indéfinie que confère la Sainteté. Même alors, l'idée ne sert qu'à justifier, pour les besoins de la polémique, un système de pratiques, une attitude corporative. Les enseignements rivaux ne cherchent pas d'abord à se signaler par une doctrine originale : il leur suffit d'achalander une *recette*. Dès qu'il s'agit, non plus d'idées, mais de pratiques, la passion du singulier l'emporte et, avec elle, l'esprit de secte. Toute corporation présente son savoir comme une sorte de secret opératoire. Mais chaque discipline prétend aussi qu'elle est seule en mesure d'équiper l'Univers et ceux qui le régentent, la Civilisation et ceux qui la sécrètent. Les spécialistes proposent un certain savoir-faire qui correspond au meilleur savoir-être, une façon de se gouverner qui constitue l'unique façon de gouverner : les secrets les plus spécifiques sont toujours donnés comme des panacées. Aussi les enseignements sectaires finissent-ils par prendre une portée doctrinale. Ils en viennent à préconiser, en même temps qu'un lot de recettes, un système d'attitudes qui semble procéder d'une conception plus ou moins définie. On commence, dans le camp taoïste, par achalander des recettes de longue vie ; on arrive à présenter une conception en partie neuve et, sur certains points, très hardie, de la Sainteté et de l'Efficace. On commence, dans la corporation des légistes, par préconiser des recettes de réglementation ; on aboutit à une idée révolutionnaire et qui aurait pu être féconde, de la Loi et du Pouvoir princier. C'est ainsi que de diverses préoccupations corporatives et techniques est sorti un lot de problèmes philosophiques sur lesquels, pendant un certain temps, la pensée chinoise s'est exercée.

Le nombre de ces problèmes est demeuré restreint. L'intérêt qu'ils ont suscité n'a pas duré. Ils ne touchent guère qu'à la morale, ou, plutot, à la politique. Ils reviennent toujours à poser, en termes plus ou moins neufs et pour des fins toujours pratiques, la grande question des rapports du Microcosme et du Macrocosme, de l'Individu et de la Civilisation. Comme les solutions proposées l'attestent, toute l'activité de pensée que ces problèmes ont provoquée a été déterminée par une crior sociale où le système féodal et la conception traditionnelle de l'Étiquette auraient pu sombrer. L'ordre féodal, cependant, est, pour le fond, demeuré vivace. L'agitation philosophique qui donne tant d'intérêt à la période des Royaumes combattants a abouti au triomphe de la scolastique. Un conformisme archaïsant a renforcé le prestige de l'Étiquette et de tout le vieux système de classifications, de comportements, de convenances.

Livre quatrième : Sectes et écoles

C'est pendant la période la plus mal connue de l'histoire de Chine que la pensée philosophique a rencontré ses plus vifs succès. Ces siècles (ve-iiie), décriés par les historiens indigènes qui les donnent pour un temps d'anarchie (758), doivent être considérés comme l'un des plus grands moments de l'histoire chinoise (759). La Chine tentait de se délivrer du régime féodal; sous ce régime, la civilisation chinoise s'était formée et largement étendue : il restait à faire de la Chine une Nation et à y créer un État. Préparant l'Empire, de vastes royaumes, au cours des ve, ive et iiie siècles, se sont créés et heurtés. Le pays a été aménagé ; il s'est peuplé ; il a connu de grandes guerres ; il s'y est fait un grand brassement de populations et de classes ; il s'y est élevé des oppositions violentes entre nobles et parvenus, riches et pauvres ; tout a été remis en question : les sorts, les rangs, les héritages, les traditions, les coutumes, on n'hésitait pas à emprunter, même aux Barbares, des techniques, des idées, des symboles, des façons d'être (760) ; tout changeait et tous innovaient. Les despotes étaient à l'affût de tous les savoir-faire. Ils accueillaient, d'où qu'ils vinssent, les prôneurs de techniques, les inventeurs de stratagèmes, les donneurs de conseils, les détenteurs de recettes. Les corporations, les sectes, les écoles ont pullulé.

Les unes étaient accueillies, subventionnées, patronnées par des princes ; les autres étaient libres, tantôt fixes, tantôt errantes ; certaines avaient une vaste clientèle ; d'autres

étaient réduites à un maître entouré de quelques apprentis ;
l'enseignement, parfois, était exclusivement technique ;
parfois les arts libéraux dominaient ; parfois le maître enseignait des spécialités qui peuvent sembler assez diverses :
telles la rhétorique, la balistique, la bienfaisance ([761]). Ce
qui constituait l'unité du groupement, qu'il ressemblât
davantage à une secte ou davantage à une corporation, c'était
un genre particulier de vie et surtout de tenue. On faisait
partie de l'École de Tseou, on se réclamait du patronage de
Confucius dès qu'on portait un bonnet rond et des souliers
carrés : c'était s'afficher expert aux choses du Ciel (rond)
comme à celles de la Terre (carrée) — expert capable de
mettre de l'harmonie tant dans le Macrocosme que dans le
Microcosme puisqu'on prenait encore soin de garnir sa ceinture de breloques donnant toutes les notes de la gamme ([762]).
Si l'on s'attachait à Mö tseu, il fallait au contraire, du
moins le *Tchouang tseu* l'affirme, se contenter de sabots et de
toiles grossières ([763]). Un disciple jouait-il à son tour au
maître ? il adoptait aussitôt un signe de ralliement. Yin Wen
tseu sectateur de Mö tseu, puis chef d'école, choisit pour
coiffure le « bonnet du mont Houa » ([764]). Adhérait-on à
l'une des sectes qui préconisaient le retour à la nature ? On
se réduisait à ne manger que glands et châtaignes ; l'uniforme était alors une dépouille de bête, ce qui, du reste,
n'empêchait pas de pratiquer les arts, puisque tel sage se
plaisait, vêtu de peau de cerf, à jouer du luth ([765]).

L'incorporation à une secte ou à une École ne paraît pas
avoir différé de l'entrée dans une clientèle. Le patron qu'on
se choisissait ne communiquait point ses recettes si l'on ne
venait pas, avec tous les siens, se placer sous sa recommanda-
tion. Après sept jours de jeûne purificatoire, le récipiendaire
était invité à la table du Maître : telle est du moins la procédure décrite dans un passage du *Lie tseu* ([766]). L'apprenti
venait habiter près du patron. Il prenait le titre de *men jen*
qui désigne les clients, ceux qui se réunissent près du portail
(*men*) du Maître pour s'y voir distribuer l'enseignement
quotidien. Le lien de vassalité ainsi créé se traduisait par
l'obligation de porter le deuil : ce devoir était imposé au
Maître comme à l'apprenti ([767]). Celui-ci n'entrait pas tout
de suite dans la familiarité du Maître. Lie tseu resta long-

temps sans obtenir du sien un seul regard. Au bout de cinq
ans, il eut un sourire et droit à une natte au bout de sept
ans ([768]). L'apprentissage fini, le disciple recevait son congé
accompagné d'une collation. Il arrivait que le patron profitât
de l'occasion pour essayer de retenir son client en lui donnant à entendre qu'il ne lui avait point révélé le dernier mot
de son talent ([769]). Bien entendu, l'enseignement était payant
(l'importance des rétributions scolaires variant suivant les
cas). Il ne semble pas qu'il était distribué à tous avec la
même libéralité. Confucius, par exemple, à la leçon de chant,
ne faisait répéter que si « c'était bien », mais, alors, il prenait
la peine d' « accompagner lui-même » ([770]). « Devant celui
qui ne manifestait pas un vif désir d'apprendre, il ne s'expli-
quait pas ; quand il avait montré un coin d'une question, si
on ne répondait pas (en témoignant qu'on avait vu) les trois
autres coins, il ne recommençait pas sa leçon ([771]). » Il donnait à croire (du moins on l'affirme) que derrière ses enseignements de détail il y avait un principe de sagesse suffisant
pour tout pénétrer ([772]). Ses disciples le croyaient : « Les
enseignements du Maître sur les Arts libéraux, on peut les
apprendre ! mais les paroles du Maître sur la Voie céleste
(*T'ien tao*) ainsi que sur les complexions (*sing*) et les sorts
(*ming*), on ne peut les apprendre ([773]) ! » Pourtant, sur 3 000
apprentis, il y en eut 72 (72 exactement : c'est le nombre
caractéristique des confréries) qui comprirent entièrement
les leçons de Confucius. Encore l'un d'eux se plaisait-il à
dire : « Quand j'avais épuisé toutes mes capacités, il restait
encore quelque chose qui se dressait très haut et, quand je
voulais y atteindre, je n'en trouvais pas le moyen ([774]). » Ce
propos est d'autant plus significatif qu'il fut tenu par un
adepte de l'École qui passe pour avoir donné l'enseignement
le plus positif et le plus terre à terre. A des apprentis excités
par l'espoir de se voir un jour révéler « le principe unique
qui fait tout comprendre » ([775]), le savoir était dispensé avec
la manière un peu chiche et l'allure avantageuse qui caractérisent les enseignements ésotériques.

Il serait tout à fait vain d'essayer de tracer dans le détail
l'histoire des idées dans cette période féconde, mais qui
est à peu près inconnue. Quand Che Houang-ti a fondé
l'unité impériale, il a voulu détruire le souvenir des âges

féodaux. Il a fait brûler « les Discours des Cent Écoles » ([776]).
De la plupart des maîtres célèbres rien ne subsiste que le
nom ou des ouvrages apocryphes. Les rares œuvres, —
authentiques en partie seulement, — qui ont été conservées
ne comportent presque jamais un exposé dogmatique,
jamais un exposé historique, jamais un essai d'histoire des
Écoles et surtout des idées. De nombreux penseurs sont
connus uniquement par les dires de leurs adversaires. Ceux-
ci les ont-ils cités exactement ? interprétés de bonne foi ? Les
polémiques sont inspirées par des soucis de prestige ; le
sentiment de la valeur propre aux idées apparaît peu : les
maîtres cherchent moins à faire preuve d'originalité doctrinale qu'à faire briller l'efficacité de la panacée qu'ils préconisent. Confucius s'exprimait à demi-mots et Tchouang tseu
par allégories ([777]). Ils enseignaient une Sagesse plutôt qu'une
Doctrine ; ils se réclamaient de patrons vénérés ; ils leur
prêtaient une sagesse entière, un savoir total. Dès ses premiers débuts, toute École doit prétendre ne rien ignorer. Les
maîtres voyagent et se rencontrent pour rivaliser de talent ;
les disciples passent d'une école à une autre, collectionnant
tous les savoir-faire ([778]). L'esprit d'appropriation sectaire
a déjà fait son œuvre quand les enseignements paraissent se
présenter dans leur pureté première. Les Œuvres authentiques que nous possédons datent des derniers temps d'une
période abondante en polémiques ; s'il y eut des doctrines
originales, nous ne les saisissons qu'une fois contaminées :
l'aveu en a été fait ([779]). — Pour prétendre reconstituer l'histoire des « Doctrines », il faudrait avoir, en soi et dans les
documents, une étrange confiance. Il y a déjà bien de l'ambition à vouloir distinguer les courants principaux de la pensée
chinoise pendant la période des Royaumes combattants. —
Sans m'écarter sensiblement des classifications proposées
en Chine, mais en commençant par considérer les recettes
préconisées plutôt que les théories défendues, je distingue-
rai trois courants. J'essaierai de dire ce qu'ont apporté de
neuf, d'abord techniquement, puis sous un aspect théorique,
les penseurs qui préconisèrent les véritables recettes du gouvernement, du bien public, de la sainteté, — l'ordre suivi
étant déterminé par un fait historique difficile à contester :
ce sont les efforts tentés par les gouvernements de potentats

(dont certains jouaient les despotes éclairés) pour édifier l'État sur un ordre social rénové qui sont à l'origine des concurrences corporatives et des polémiques sectaires par lesquelles se signalent les Ve, IVe et IIIe siècles. Beaucoup d'idées fécondes furent alors brillamment défendues. Aucune n'a réussi à modifier profondément la mentalité des Chinois.

Chapitre premier

Les recettes de gouvernement

Tant que les coutumes féodales règnent sans conteste, c'est l'Étiquette qui confère au « Oui » princier son efficace et la vertu de rendre unanimes les décisions prises, après avis et réprimandes, dans la cour des vassaux. Maîtres, non d'un étroit domaine héréditaire, mais de vastes territoires conquis sur la Nature ou les Barbares, les potentats cessent de traiter les affaires en convoquant les vassaux au conseil. Ils s'appuient sur un conseil secret. Ils y appellent qui bon leur semble. Alors commence la ruine du régime féodal. Les statuts coutumiers et l'Étiquette traditionnelle perdent leur prestige. Les princes exercent leur autorité de façon nouvelle. Il faut trouver de nouveaux fondements à l'autorité du Prince.

Fait remarquable, les écoles de Sagesse qui se réclament des traditions se sont développées dans des bourgades relevant de seigneuries restées petites et faibles, tel l'État de Lou ; c'est au contraire à la capitale de grands États, tels que Ts'i, que vivent ou viennent faire leur apprentissage les partisans d'un ordre nouveau. L'École de Confucius (ou de Tseou, bourgade de Lou) se plaçait sous le patronage du fondateur de la maison seigneuriale de Lou, Tcheou-kong, frère du roi Wen. Tcheou-kong, dans son fief, s'était appliqué à faire régner l'Étiquette ([780]). Lu Chang, fondateur de la maison de Ts'i, laissa, dit-on, les habitants de son domaine agir selon leurs mœurs ([781]). Lu Chang avait été le conseiller du roi Wen : c'est avec lui que ce fondateur de dynastie « fit *secrètement* des projets sur les moyens de pratiquer la Vertu en renversant le gouvernement des Yin. Cette entreprise demandait une grande puissance militaire ainsi que des plans très habiles. C'est pourquoi ceux qui, dans les générations suivantes, ont parlé de la guerre et de la puissance *secrète* des Tcheou ont tous vénéré Lu Chang comme l'*instigateur des projets* ([782]) ». C'est à Ts'i que vécurent Kouan Tchong, patron des économistes et des légistes ([783]) ; Yen tseu, l'ennemi de Confucius, politique réaliste, fertile en stratagemes ([784]) ; Tseou Yen, l'inventeur (à ce qu'on dit) de la théorie de la succession par violence et triomphe des Éléments et des Dynasties, — théorie que, du reste, on fait remonter à Lu Chang ([785]). A Ts'i vécurent aussi, séjournèrent ou passèrent Yin Wen tseu, le Maître de l'École des Noms ; Chen Tao, le juriste ; T'ien P'ien « à la bouche divine » ; Song Kien, de l'École de Mö tseu ; Chouen-yu K'ouen le bouffon ; Mencius, qui prétendait continuer Confucius ; peut-être aussi Tchouang tseu, le grand taoïste ([786]) ; et Siun tseu, lui-même, de qui se réclame l'orthodoxie. Si l'École de la Porte Tsi à Lin-tsö, capitale de Ts'i, dont le roi Siuan (342-322) fut le grand mécène, a accueilli des savants par « centaines », de leur côté, les princes de Ts'in, de Tch'ou, de Wei réussirent à attirer à leur cour un grand nombre de ces colporteurs de sagesse.

A patronner des Sages de toute espèce, on recueille toujours quelque prestige ; les despotes, cependant, qui travaillaient à supplanter les derniers rois Tcheou ([787]), essayaient surtout d'attirer auprès d'eux les Politiciens, habiles à dresser des plans et à les faire réussir.

I. L'ART DE RÉUSSIR

Les Politiciens sont, à l'époque des Royaumes combattants, les grands héros de l'Histoire. Pour des temps plus anciens, le *Tso tchouan*, le *Kouo yu*, le *Chou king* mettent assez souvent en scène des conseillers privés. Mais les faits et gestes de ces derniers remplissent presque à eux seuls les *Discours des Royaumes Combattants* ([788]). Ces personnages, qui offrent volontiers leurs services à tous les États, viennent de tous les milieux. Parmi eux, il y a des bouffons ([789]) et des musiciens de profession, tel le Maître K'ouang, puissant auprès du duc P'ing (557-532) de Tsin ([790]). Il y a aussi des historiographes et des astrologues comme Mo de Ts'ai consulté par Tchao Kien-tseu (512) ([791]), et Po, qui (en 773) renseigna le premier prince de Tcheng sur l'art de choisir un territoire où sa maison pût prospérer ([792]). Il y a même des commerçants, comme Fan Li, qui fut ministre de Keou-tsien, roi de Yue (496-465) ; Sseu-ma Ts'ien a consacré à cet aventurier une biographie romancée ([793]). D'ailleurs, presque tous ces personnages, surtout les diplomates et les militaires, ont été les héros de quelque Geste, tels Wou K'i, général de Wei ([794]) ou Sou Ts'in, le transfuge, qui passa de Ts'in à Tchao ([795]). A nombre d'entre eux sont attribuées des œuvres, comme cet opuscule où Li K'ouei (ou Li K'o — on ne sait s'il s'agit d'un ou de deux personnages) enseignait à un prince de Wei (424-385) les moyens de réussir ([796]). Le plus intéressant de ces *faux* est le *Kouan tseu*, qu'on attribua à Kouan Tchong, sage semi-légendaire du VIIe siècle, et qui fut peut-être rédigé vers les IVe-IIIe siècles ([797]). En fait, de tous les héros, réels ou imaginaires, de ces temps obscurs, il ne nous reste que des traits folkloriques. Han Fei tseu a cependant conservé quelques aphorismes attribués à l'un des maîtres de la Politique, Chen Pou-hai, qui fut ministre d'un prince de Han (358-353) ([798]). Ils sont très précieux pour aider à comprendre les idées, en parties neuves, dues aux Politiciens. Deux mots les résument — à peu près intraduisibles — : *chou*, recettes, méthodes, artifices, et *che*, conditions, situations, circonstances, forces, influences ([799]).

Notre mot « chance » est, peut-être, celui qui rend le moins mal le mot « *che* ». Les situations et conditions diverses de temps et de lieu recèlent des occasions dont il faut se mettre en état de capter l'influence et la force pour risquer le sort avec le maximum de chances. L'importance de cette idée s'explique par le caractère concret universellement attribué à l'Espace et au Temps et par la nature du problème politique qui se posait alors. Les despotes vivaient dans un état d'expectative révolutionnaire. Ils se préparaient tous à usurper le rang de Fils du Ciel, c'est-à-dire à imposer un ordre neuf à la civilisation. Or, changer la moindre chose, c'est tout changer ; et capter le moindre signe de changement, c'est saisir l'occasion d'un changement total. Après avoir pris (car il risque son trône) des ménagements infinis pour faire accepter sa décision par ses proches, un roi de Tchao qui veut adopter le costume des Huns conclut en disant : il faut partout « rechercher l'avantage » ; « le mérite qu'on a à se conformer aux coutumes ne suffit pas à élever un homme au-dessus du siècle » ([600]). Les potentats entretenaient à titre de conseillers politiques des spécialistes de toutes sortes ; ils les employaient tous à guetter le signe favorable. C'eût été une faute impardonnable de faire erreur sur l'occasion, un crime de la manquer, un crime de ne pas la « solliciter » (*kieou*) juste à point ([601]). Reprocher aux Politiciens leur fatalisme, comme Han Fei tseu l'a fait et comme on l'a répété après lui, c'est leur faire une critique purement spécieuse ([602]). Ils n'ont nullement l'idée que gouverner c'est se laisser aller au cours des choses. Leur art, tout au contraire, consiste à *utiliser le Destin en le tentant*. Ils suivaient sur ce point l'opinion commune. Les Chinois admettaient, par exemple, qu'un songe est une force réelle. Il doit, par suite, susciter du réel ; il n'interfère, cependant, dans le cours des choses qu'à partir du moment où on le traite comme une réalité : jusque-là son efficience demeure nulle : tel dont le rêve est un présage de mort et qui, d'abord prudent, n'en tient point compte, continue, pendant trois ans, à vivre, mais il meurt *le jour même* où, croyant avoir lassé le temps, il fait interpréter son songe et le rend enfin réel ([603]). De même que modifier des symboles, c'est se montrer révolutionnaire, capter des signes, c'est interférer. Les princes qui emploient des Politiciens pour se faire signaler les occasions de chances, dès qu'ils sollicitent la chance, risquent d'accroître et risquent aussi d'amoindrir leur Destin. Toute utilisation des circonstances implique un pari sur la destinée où le joueur est aussi l'enjeu. L'idée n'était point neuve, mais les Politiciens, en cultivant le désir de tenter constamment le sort, ont affaibli le prestige dont jouissaient les règles coutumières et l'idée de statut. Sans qu'ils aient eu la moindre notion du déterminisme, et simplement parce qu'ils diminuaient l'emprise de la coutume, ils ont, pour un temps, rendu l'esprit chinois moins rebelle à l'idée de lois (valables dans telles ou telles conditions déterminées).

Les éléments circonstanciels du succès varient à l'extrême. Si diverses que soient les prescriptions de l'Étiquette, elles ne visent jamais qu'à conserver le *statu quo*. Un prince, avide d'accroissement, a besoin de disposer de moyens sans cesse renouvelés de réussite. Les Politiciens professionnels ont pour fonction de lui apporter, pour chaque occasion de chance (*che*), une recette appropriée de succès (*chou*). Le grand Patron des Politiciens est Wang Hiu, « le Maître du Val des Démons », personnage sans doute légendaire : on ne sait rien sur lui sinon qu'il fut considéré comme l'inventeur du système des alliances et des ligues de barrage par lequel on explique (apparemment après coup) la diplomatie des Royaumes combattants ([804]). L'unique principe des Politiciens paraît être l'intérêt du moment joint au mépris des traditions et de la foi jurée : le passé ne lie point puisque les circonstances changent tout. Tout ce que peut nous apprendre le folklore politique, c'est que les Chinois étaient passés maîtres dans l'art d'affaiblir un rival en lui cédant l'occasion inopportune de façon à faire naître pour soi l'occurrence favorable ([805]). Peut-être cet art a-t-il été mis en formules. Keou-tsien, roi de Yue, après s'être servi du politicien Wen Tchong, l'autorisa à se suicider ; il lui fit présent d'une épée et lui dit : « Vous m'avez, pour combattre Wou, enseigné les Sept Recettes (*chou*) ; trois m'ont suffi pour triompher de Wou ; il reste en votre possession quatre Recettes : allez les essayer, je vous prie, auprès du roi, mon prédécesseur ([806]). » Les glossateurs énumèrent ces Sept (ou Neuf) Recettes ; ce ne sont (en apparence) que roueries vulgaires (on pousse, par exemple, le rival à s'affaiblir par des dépenses de luxe ou par le goût des femmes), mais tout est dans l'art, entièrement personnel, qui les met en œuvre : la précaution prise par Keou-tsien le montre fort bien. Les recettes politiques ne diffèrent pas de l'ensemble des autres recettes, tours de main qui ne s'enseignent point, pur savoir opératoire. Un incantateur fait apprendre par son fils ses formules ; celui-ci sait les réciter très exactement : elles ne produisent aucun effet ([807]). Un charron, à soixante-dix ans, continue de fabriquer seul ses roues : il n'a pu transmettre son art à ses enfants ([808]). De même l'art de faire réussir les plans politiques correspond à une vocation : toute

recette est, par essence, secrète (*yin*) et privée (*sseu*). — Sur
ce point encore, il n'y a rien d'original dans les principes de
l'art politique ; pourtant ils ont aussi conduit à une conception neuve : à savoir la distinction de la coutume (ou de la
Loi) et de l'art gouvernemental. Au Prince seul — en fait
au Conseil privé — doit être réservée la connaissance des
che et des *chou*, des situations dont peut naître la puissance,
du savoir-faire qui fait sortir la puissance des situations.
Sans doute Han Fei tseu reprochera-t-il à Chen Pou-hai
de négliger la Loi et la réglementation pour ne tenir compte
que des Recettes, mais il reconnaîtra que, si des Lois
— publiées et permanentes — sont nécessaires à la bonne
administration, l'autorité princière et l'efficace gouvernementale ont leur principe dans la puissance que les
Recettes, — conservées *secrètes*, — tirent des conditions
circonstancielles ([809]).

II. L'ART DE CONVAINCRE

A l'impulsion novatrice donnée aux idées chinoises par
les Politiciens s'est ajoutée, aux IVe et IIIe siècles, l'impulsion
qu'essayèrent de lui donner les Dialecticiens et les Logiciens.
M. Forke a attiré l'attention sur des écrivains qu'il a qualifiés de sophistes, suggérant un rapprochement très légitime avec la Grèce ([810]). Les Chinois tendent à confondre
dans une seule École, qu'ils appellent l'École des Noms
(*ming kia*), des logiciens dont les préoccupations paraissent
avoir été très diverses. Les uns ont été amenés à la Logique
par la Rhétorique ou l'Éristique ; les autres y ont été conduits
par des soucis d'ordre politique et moral, sinon juridique.
Ceux-ci sont les représentants d'une vieille logique
indigène. — Il n'y a aucun moyen d'en apporter la preuve,
mais je croirais volontiers que les premiers représentent
une tradition d'origine étrangère et qui, du reste, n'a point
réussi à s'acclimater en Chine.

La plus sectaire et la plus combative des Écoles anciennes
est celle de Mö tseu. On l'a comparée à un ordre de chevalerie
qui se serait donné la mission de secourir les opprimés ; on
pourrait mieux encore la comparer à une congrégation de
frères prêcheurs. Ses membres se proposaient de faire

revenir à la sagesse les princes que l'ambition en détournait. Ils choisissaient pour adversaires les conseillers pernicieux habiles à capter les adhésions. D'où l'importance attribuée à l'enseignement de la rhétorique : tous les membres de l'École conservaient des modèles d'homélies dont la rédaction était attribuée au Maître. Au moins dès le milieu du IVe siècle, certains d'entre eux formèrent des congrégations séparées [les *Pie-mō* : (disciples) séparés de Mö (tseu)] qui s'adonnèrent à l'Éristique. Il y a peu de chance qu'ils aient inventé la chose et mérité les premiers le nom de Disputeurs (*Pien-tchō*). Le folklore historique nous fait voir, bien avant le IVe siècle, les disputeurs pérorant dans les conseils privés.

Réduire l'adversaire à *quia* par une bouffonnerie est l'un des thèmes significatifs de la littérature ([811]) de ces siècles de dispute, et plus significatif encore est l'emploi des apologues et des allégories saugrenues ([812]). Tout cela semble sortir d'une sagesse colportée dont l'inspiration internationale demeure sensible. Les sophistes chinois ne possédaient qu'un petit nombre de paradoxes. Nous en avons des listes, et c'est à peu près tout ce qui nous reste d'eux. Pour ce qui est de leurs adversaires, il n'a guère été conservé qu'une liste d'exercices d'école destinés à préparer les disciples à ne pas rester cois en face d'un disputeur de profession. Celui-ci se sert des paradoxes dont il a le secret pour forcer l'attention, réduire au silence, glisser finalement un avis. Le roi K'ang de Song a défendu qu'on discourût jamais devant lui, sauf sur la bravoure et les coups de force : « J'ai du savoir (*tao*) sur ces sujets », lui dit un sophiste. Il propose, et le roi accepte, de parler sur les coups de force qui tantôt réussissent et tantôt non. Il entraîne ainsi le roi à consentir qu'on lui parle de ce qui peut faire réussir. Ce qui peut faire réussir, reprend bien vite le sophiste, c'est l'étiquette et l'amour de la paix. Le voilà arrivé à pérorer sur des thèmes défendus... : il se retire triomphalement sans attendre que le roi ait trouvé à répliquer ([813]). La guerre ou la paix l'emportera-t-elle dans les conseils de Wei ? Un sophiste est introduit : « Savez-vous ce qu'est une limace ? — Oui, dit le roi. — Sur la corne gauche de la limace est le royaume des Trublions ; sur la corne droite, celui des Brutes.

Sans arrêt, ils se querellent à propos de leurs territoires et se battent. Les cadavres gisent par milliers. Quinze jours après une défaite, on retourne au combat. — Inepties ! dit le roi. — Que Votre Altesse veuille bien leur trouver quelque fondement. Ne pense-t-elle pas que des quatre côtés, et en Haut comme en Bas, il n'y a pas de limites ([814]) ? — Il n'y en a pas. — Ne savez-vous pas vous ébattre en intention (*yeou sin*) dans ce qui n'a point de limites ? Ne vous paraît-il point alors sans intérêt que des royaumes qui se bornent les uns les autres existent ou non ? — Assurément.— Parmi ces royaumes bornés est (votre État de) Wei. Dans Wei est Leang (votre capitale). Votre Altesse est dans Leang. En quoi diffère-t-elle du roi des Brutes ? — Pas de différence », dit le roi. Et le sophiste se retire triomphalement, laissant le prince hébété et comme perdu ([815]).

Les sophistes que ces histoires mettent en scène de manière avantageuse font partie, semble-t-il, de l'entourage de Houei tseu (ou Houei Che), personnage originaire de Wei, où il vécut et servit (dit-on) comme ministre le roi Houei (370-319). Houei tseu, le plus célèbre des dialecticiens chinois, était-il, comme les sophistes de son entourage, un ami de la paix ? L'induction est vraisemblable. Doit-elle conduire à rattacher Houei tseu à l'école de Mö tseu ? Peut-on aller plus loin et prétendre encore que toute la dialectique de Houei tseu tendait à donner un fondement métaphysique à la doctrine de l'amour universel qu'on prête à Mö tseu ? Le fond de cette métaphysique serait, paraît-il, « la théorie, d'origine taoïste, de l'identité essentielle des choses et des êtres » ([816]). En fait, Houei tseu n'est connu que par les brocarts dont les taoïstes l'ont accablé ([817]). Ils l'accusaient de ne posséder qu'un faux savoir (*tao*) et de discourir sans souci du réel. Il y a quelque excès à raconter que Houei tseu « avait étudié *à fond* la science de son temps, astronomie, astrologie, science du Yin et du Yang, des Nombres, etc. » ([818]), sous le seul prétexte que Tchouang tseu se moque de lui parce que sans hésiter ni réfléchir, il parla sur toutes choses, indéfiniment, un jour où quelqu'un s'amusa à lui demander pourquoi le ciel ne tombait pas, pourquoi il y avait du vent, de la pluie, du tonnerre... Quel que soit le désir qu'on puisse avoir de renseigner les lecteurs, il convient d'abord de leur dire qu'il ne nous reste sur Houei tseu qu'un petit nombre d'anecdotes ironiques et la liste de ses principaux thèmes de paradoxes.

L'un d'eux (V) a donné bien du mal aux traducteurs ([819]) : « La distinction (*yi*) entre ce qui se rapproche (*t'ong*) le plus (*ta*) et ce qui se rapproche (*t'ong*) le moins (*siao*) est le minimum (*siao*) de rapprochement (*t'ong*) et de distinction (*yi*) ; (ce qui) dans tous les êtres est entièrement rapproché (*t'ong*) et entièrement distinct (*yi*) (correspond) au maximum (*ta*) de rapprochement (*t'ong*) et de distinction (*yi*). » Cet aphorisme entortillé n'est qu'une manière piquante de formuler la distinction (les glossateurs n'y voient pas autre chose) des *aspects corrélatifs* et des *aspects indépendants*. Les aspects corrélatifs (vie et mort, bonheur et malheur, chaud et froid, jour et nuit, repos et mouvement...) sont liés et complémentaires (minimum de distinction), mais perçus successivement (minimum de rapprochement). Les aspects indépendants (tels le blanc et le solide) se trouvent réunis ensemble (par exemple dans une pierre) dans un même objet (maximum de rapprochement), bien qu'entièrement séparables (maximum de distinction).

« *Unir* (*ho* : réunir à la façon de deux moitiés, en fait inséparables) *ce qui se rapproche et se distingue* (*t'ong yi* : les aspects complémentaires), séparer (*li* : diviser comme des parts adhérentes mais distinguables) *le blanc et le solide* (les aspects indépendants) », tel est le métier du sophiste ([820]).

Les dialecticiens disputent sur le pair et l'impair, sur ce qui se rapproche et ce qui se distingue (*t'ong yi*), sur le blanc et le solide ([821]), mais ce dont ils se font gloire c'est de faire apparaître clairement, « telle une maison sur un fond de ciel, la séparation (*li*) du solide et du blanc » ([822]). L'Empire des catégories Yin et Yang, joint au prestige rituel d'un système indéfini de correspondances, tend à empêcher les Chinois de ne point tout ramener à des contrastes. Séparer le Blanc du Métal ou le Noir de l'Eau aboutit à ruiner l'Étiquette, à délivrer d'elle la pensée, à permettre les reclassements de choses que doit entraîner une refonte de l'ordre social. D'où le succès des sophistes à la cour des despotes éclairés. Qu'ils aient fait eux-mêmes la trouvaille ou qu'ils aient eu le mérite de comprendre la valeur d'idées importées, les dialecticiens savaient donner à leurs discours un attrait neuf. Ils apprenaient à abstraire et à jouer avec des notions abstraites.

Réagissant à l'extrême contre la tendance chinoise à ne pas s'évader du concret et à raisonner sans opposer des contradictoires, ils ont réalisé des abstractions et utilisé le principe de contradiction en lui prêtant une valeur absolue. Ce *réalisme abstrait* les a conduits à imaginer un lot de paradoxes impliquant une analyse strictement formelle des idées de grandeur, de quantité, de temps, d'espace, de mouvement, de continuité, d'unité, de multiplicité... Mais, tandis que le V⁰ paradoxe de Houei tseu indique le principe de tous les paradoxes inspirés par une notion abstraite de la qualité, les paradoxes qui visent à exténuer les réalités physiques sont exprimés sans aucun essai de systématisation.

« (I) La grandeur extrême (et telle qu'elle ne laisse) rien en dehors (d'elle), c'est le tout (*yi* : unité, total) le plus grand ; la petitesse extrême (et telle qu'elle ne conserve) rien en dedans (d'elle-même), c'est le tout (*yi*) le plus petit. — (II) (Ce qui) n'a pas d'épaisseur et ne (peut) s'ajouter (*tsi* : s'accumuler) a mille stades de haut. — (III) Le Ciel n'est pas plus haut que la Terre ; une montagne est aussi plate qu'un marais. — (IV) Le Soleil, quand il atteint son midi, atteint son couchant et quand un être parvient à la naissance, il parvient à la mort... — (VI) Le Sud s'étend sans limite et pourtant a des limites. — (VII) Aujourd'hui je vais à Yue et pourtant j'y suis arrivé hier. — (VIII) Les anneaux enchaînés peuvent être séparés. — (IX) Je connais le centre du Monde : il est au nord de Yen (extrême-nord) et au sud de Yue (extrême-sud). — (X) Si l'affection s'étend au détail des êtres, l'Univers (mot à mot : le Ciel et la Terre) n'est (plus) qu'un seul corps (⁸²³). »

« Houei tseu écrivit de quoi charger cinq charrettes, mais son savoir était spécieux et ses paroles sans portée. » Tel est le jugement de Tchouang tseu qui vit fort bien le principe commun à tous ces paradoxes, savoir l'application à tout le concret d'une division exténuante. Il s'est amusé à montrer Houei tseu, l'abstracteur, contraint à apporter, *en termes concrets*, l'aveu de l'inefficacité de son principe : « Le roi de Wei, dit Houei tseu qui vient de lui-même conter sa

mésaventure à Tchouang tseu, m'avait donné des graines
d'une grosse courge. Je les ai semées et elles ont poussé
donnant des fruits si gros qu'ils pouvaient contenir cinquante
boisseaux. J'en ai fait (en les coupant par le milieu) des
bassines pour ma toilette. Elles étaient si lourdes que je
n'étais point capable de les soulever. Je les ai divisées (à
nouveau) pour en faire des vases à boire. Les (morceaux d')
écorce sèche étaient encore trop grands et, de plus, instables,
ne conservaient pas le liquide : ce n'était que des objets
inutiles et gros. Comme ils ne me servaient à rien, je les ai
coupés en morceaux ([824])! »

Les Chinois n'ont pas accordé grande faveur au réalisme
abstrait de Houei tseu et de ses continuateurs ou de ses
rivaux. Le mieux connu de ceux-ci est Kong-souen Long qui
vécut aussi à Wei vers la fin du IVe siècle. Il y eut, pour
principal disciple, si l'on en croit le *Lie tseu*, le prince Meou
de Tchong-chan ([825]). Kong-souen Long excellait à : « farder
les désirs humains et à transformer les intentions. Il était
capable de toujours triompher dans la discussion, mais sans
arriver à convaincre profondément » ([826]). Il semble qu'il
ait abusé de la distinction des aspects indépendants, en
l'employant à des démonstrations par l'absurde à l'occasion
de thèmes paradoxaux : « un chien blanc est noir », « un
cheval blanc n'est pas un cheval », car un chien noir et un
chien blanc étant tous deux des chiens, un chien blanc
équivaut à un chien noir — et, s'il est blanc, un cheval ne
pourra être considéré comme un cheval que si on consent
à le confondre avec cheval noir ou un cheval bai, si bien
qu'aucun cheval blanc, noir ou bai, n'est un cheval. Ces
jeux dialectiques visaient à interdire toute qualification en
équivalant toutes les qualifications, et, après l'avoir utilisé
trop rigoureusement, à nier le principe de contradiction au
profit d'un relativisme absolu. Ils ont étonné, mais lassé,
les contemporains. Seuls, quelques initiés, comme le prince
de Tchong-chan, voulaient leur reconnaître un sens profond. « Un cheval blanc n'est pas un cheval (indique) la
distinction (*li*) de l'objet (ou plutôt de l'emblème d'un
objet : *hing*) et de la qualification » ; « Qui a (des) désirs n'a
point (un) cœur (siège du désir), signifie : (seule) l'absence
de désirs permet l'unification du cœur » ([827]) ; « Qui a (des)

doigts n'arrive pas (à toucher), veut dire : il ne faudrait pas avoir du tout de doigts pour arriver (à toucher) entièrement »; « (Le thème :) un cheveu soutient trente mille livres (sert à illustrer l'idée de) *che* (force, influence conditions) ([828]) » et « (le thème :) une ombre ne peut se mouvoir (ou « l'ombre d'un oiseau qui vole ne peut bouger »), (l'idée de) changement (*kai* : changement et non mouvement) ([829]). »

Le prince de Tchong-chan admirait aussi le paradoxe de la flèche, mais il ne l'a pas commenté. C'est cependant (à divers points de vue) le paradoxe le plus intéressant de Kong-souen Long, et celui dont l'interprétation est la moins incertaine. On en possède deux variantes pittoresques. Le thème de la flèche suit le thème de l'ombre immobile et s'énonce ainsi : « Quelle que soit la vitesse de la pointe de flèche et de la flèche (*tsou che*) ([830]), il y a temps (pour elles) de ne point se déplacer et de ne point rester en place ([831]). » Voici comment Kong-souen Long illustrait cette énigme. Il dit un jour à K'ong Tch'ouan : « Un maître archer a le pouvoir de faire toucher par la pointe d'une seconde flèche la queue de la flèche tirée précédemment ; décochées à la file et se rejoignant l'une l'autre, toutes ses flèches se font suite, pointes et queues se touchant sans interruption, si bien que, de la première à la dernière, elles joignent continûment le but à la corde de l'arc et paraissent ne faire qu'un. » K'ong Tch'ouan demeurait tout ébahi... « Il n'y a pas de quoi s'étonner, reprit Kong-souen Long. Un apprenti de P'eng-mong (patron des Archers), qui se nommait Hong-tch'ao, se fâche un jour contre sa femme et veut l'effrayer ; il saisit l'Arc Cri-de-Corbeau, la Flèche Hi-wei, et vise aux yeux : la flèche rase les pupilles sans que les yeux clignent et choit à terre sans soulever de poussière ([832]). » Lancée avec puissance et maîtrise, la flèche, vitesse pure, se meut, et s'arrête, vitesse abolie, sans jamais produire aucun effet. Entre l'absolu de vitesse et le néant de vitesse *qui se succèdent*, la différence est totale, mais elle est nulle, — car lorsqu'elle termine sa course sans même tomber, bouger, *ni faire bouger*, la flèche est encore en vol, — et elle est immobile quand elle passe si vite que, tout comme si elle ne passait ni ne bougeait, elle ne fait aussi rien bouger. D'ailleurs l'immobilité parfaite et l'extrême mobilité se confondent absolument : la chaîne de flèches qui va de l'arc au but est à la fois mobile et immobile, — immobile puisque, tout se déplaçant encore, rien n'a bougé, la queue restant sur la corde alors que la pointe arrive au but, — mobile puisque tout se déplace, rien ne bougeant, la pointe étant à bout de course alors que la queue reçoit de la corde sa vitesse entière.

L'intérêt de ce thème paradoxal tient à ce qu'il porte non pas seulement sur la divisibilité indéfinie du temps et de l'espace, mais, tout ensemble, sur la notion de *force* efficace (*che*) et de *changement* (*kai*). Il doit, à ce titre, être rapproché de certains thèmes chers aux Taoïstes. L'épée la plus puissante, — celle qui pourfend tout sans que le sang jamais ne la tache, — permet d'entailler, sans le moindre effort, à trois reprises, et du cou jusqu'à la ceinture, un ennemi, mais le passage de l'épée n'a rien séparé ; le corps pourfendu reste intact ([833]). Le paradoxe de la flèche s'apparente aussi à un important thème mythique : la chaîne de flèches du maître archer est l'équivalent de la flèche royale qui établit le contact entre le Roi et le Ciel — contact continu, comme celui de la corde et du but, mais non à sens unique : la flèche partie du tireur lui revient et il y a *circuit* et *immobilité* (de même qu'il y a communion mais non contact) ([834]). Au fond des paradoxes inspirés par l'idée que tout est changement, mais que le changement (comme, par suite, le mouvement) est impossible, apparaît un *réalisme magique* auquel se rattache directement le *réalisme abstrait* des dialecticiens.

Seuls, les Taoïstes semblent avoir tiré quelque fruit des analyses que leur verve dialectique inspira aux sophistes. Ils utilisèrent, de mille façons, la formule : « Une règle d'un pied de long qu'on diminue de moitié chaque jour, (même) au bout de dix mille générations, ne sera point exténuée ([835]).» Sans doute est-ce des dialecticiens que provient le goût de nombre d'écrivains chinois, en particulier de Wang Tch'ong, pour le sorite. Cependant les Taoïstes eux-mêmes n'ont que mépris pour les sophistes. Ils leur reprochent leur morgue, les taxent de jalousie, les accusent d'avoir vécu sans amis, à l'écart de toute École, satisfaits dès qu'ils trouvaient l'occasion de pérorer, ne songeant, sans s'intéresser aux idées ou aux choses, qu'à avoir le dernier mot, heureux si leurs interlocuteurs demeuraient « bouche béante, la langue collée au palais » ([836]). Tout au plus, accordent-ils à Houei tseu un talent de musicien et le charme de l'éloquence ([837]). Peut-être est-il vrai que les sophistes songeaient surtout à éblouir et à surprendre l'aquiescement. — C'est au contraire un art de la persuasion que semblent avoir voulu créer et mettre en formules les derniers disciples de Mö tseu ([838]).

Il est bien difficile de dire si, comme on l'a soutenu, ces rhétoriciens ont conçu clairement le principe de causalité et le principe de contradiction ; les aphorismes où l'on veut retrouver ces principes paraissent, lus dans le texte chinois, d'une extrême imprécision ([839]). S'il fallait admettre qu'ils ont été conçus et formulés avec quelque rigueur, comment arriver à expliquer le fait qu'ils aient pu passer inaperçus et n'aient pas eu la moindre fortune ? De même, s'il était vrai que les logiciens aient déjà eu l'idée d'opposer la déduction (*hiao*) et l'induction (*t'ouei*), il serait bien curieux qu'ils se soient eux-mêmes bornés à argumenter à l'aide d'exemples, à développer à grand renfort d'analogies. Il était déjà beau de s'aviser que des règles pratiques étaient nécessaires pour apprendre — non pas à procéder par raisonnements formels, mais — à argumenter de bonne foi quand on *illustre à l'aide d'exemples* (*hiao*) et qu'on *amplifie en utilisant l'analogie* (*t'ouei*) : tel est, sans doute, le sens des termes techniques qui ont fait penser à l'induction et à la déduction ([840]). M. Forke ne paraît pas s'être trompé en affirmant que les disciples de Mö tseu ont voulu faire œuvre pratique.

Il ne faut pas voir en eux des théoriciens du raisonnement : seul les intéresse l'art de conduire victorieusement une discussion ([841]). Ils ne se sont préoccupés que de recettes oratoires. Pourtant il ne serait point équitable de ne pas insister sur la difficulté de leurs efforts et de ne pas en signaler la portée théorique. Le chinois ne marque ni le temps, ni le nombre, ni le genre ; ceci permettait de formuler plaisamment certains paradoxes, mais rendait difficile toute analyse des notions. Le chinois ne distingue pas le verbe, le nom, l'adjectif, l'adverbe... : dans ces conditions, il est merveilleux qu'on ait eu l'idée d'analyser les rapports des termes rapprochés par le discours et peu étonnant qu'on n'ait pas poussé bien loin l'analyse (842). Les discussions sur le blanc et le solide, le cheval et le blanc, la qualification (*ming*) et l'objet (*che*) ou son symbole (*hing*), surprennent par leur caractère inattendu et leur mérite révolutionnaire. Elles tendaient à ruiner un système vénérable de classifications et de correspondances. Les dialecticiens minaient l'Étiquette à sa base. Aussi ont-ils fait scandale et médiocrement réussi. Ils ne l'ont point emporté sur les partisans de la vieille logique indigène.

III. L'ART DE QUALIFIER

Les Chinois aiment à argumenter et s'y montrent habiles ; pourtant ils ne se soucient guère de mettre en forme des raisonnements. Ils attachent, en revanche, une extrême importance à l'art de qualifier (*ming*). Aussi groupent-ils, dans ce qu'ils appellent l'École des Noms (*ming kia*), tous ceux qu'ils considèrent, non comme de simples disputeurs (*pien-tchō*), mais comme des logiciens. L'objet de la logique, ce sont les désignations ou les qualifications correctes.

La tradition voit dans Confucius l'inventeur de la logique traditionnelle. Elle se fonde sur un passage du *Louen yu* : « Tseu-lou dit (à Confucius) : « Le seigneur de Wei se propose de vous confier le gouvernement. Que considérez-vous comme la première chose à faire ? — L'essentiel est de rendre correctes les désignations (*tcheng ming*) », répondit le Maître, et il ajouta : « Si les désignations ne sont pas correctes, les paroles ne peuvent être conformes ; si les paroles ne sont point conformes, les affaires (d'État) n'ont aucun succès ; si ces affaires n'ont aucun succès, ni les rites ni la musique ne fleurissent ; si les rites et la musique ne fleurissent point, les punitions et les châtiments ne peuvent toucher juste ; s'ils ne touchent pas juste, le peuple ne sait comment agir. Aussi le Sage (*kiun tseu*), quand il attribue des désignations, fait-il toujours en sorte que les paroles puissent s'y conformer, et, quand il les emploie en parlant, fait-il aussi en sorte qu'elles se réalisent en action. Que le Sage, dans ses paroles, ne commette aucune légèreté ! cela suffit (843). » Cette anecdote prétend renseigner sur les relations de Confucius et de la maison de Wei. Prise comme telle, elle ne vaut ni plus ni moins que tous les renseignements donnés par le *Louen yu* sur le Maître. Rien n'autorise à dire que Confucius a ou n'a point connu et professé la théorie des désignations correctes. Mais Confucius importe peu ici. Ce qui importe, c'est de constater que la théorie se présente d'abord sous l'aspect d'une doctrine morale et politique. *Le bon ordre dépend entièrement de la correction du langage.* Inventée ou non, l'anecdote a le mérite d'illustrer ce principe. Elle a encore celui d'en faire apparaître le fondement.

Ce n'est pas sans raison, en effet, que l'anecdote met en cause le prince de Wei. Le duc Ling (534-493), avec qui Confucius fut en rapports, fut un mari complaisant et un père dénaturé. Sa femme, la princesse Nan-tseu, était incestueuse. Son fils aîné fut un rebelle : il s'enfuit de Wei après avoir comploté de tuer Nan-tseu [844]. Aussi voit-on dans les paroles de Confucius une allusion à ces désordres. « Nan-tseu ayant pris en haine le fils héritier, le fils et le père échangèrent (*yi*) leurs dénominations (*ming*) [845]. » Ainsi s'exprime Sseu-ma Ts'ien, qui dit ailleurs : « Confucius a dit : « L'essentiel est de rendre les désignations correctes. » A Wei les places (*kiu*) n'étaient point en accord (avec les désignations) [846]. » La doctrine confucéenne affirme qu'il n'y a d'ordre dans l'État que si tout, dans la famille princière, est conforme à l'ordre. A Wei, Nan-tseu, l'épouse, ne se conduisait pas en épouse, ni le mari en mari, ni le père en père, ni le fils en fils. Cela s'exprime en disant soit que personne n'était à sa place (*kiu*), soit que père et fils avaient troqué leurs désignations (*yi ming*) : les rapports de situation se trouvant inversés, c'était comme si les désignations avaient, elles-mêmes, été inversées.

Un passage du *Yi king* illustre des idées analogues. Le trente-septième hexagramme comprend, en *haut*, le trigramme qui est l'emblème de la fille *aînée* ; en *bas*, celui qui symbolise la fille *cadette*. Les deux « filles », comme on voit, occupent des places en rapport avec leurs rangs. Aussi cet hexagramme, qui porte le nom de *kia jen* (la famille), évoque-t-il une famille où règne l'ordre. La première glose y découvre cet enseignement : le prince étend sa bonne influence à tous les siens et se montre sévère pour empêcher que ses femmes et enfants ne se conduisent mal ([847]). La deuxième glose ([848]) ajoute : « La femme occupe correctement (*tcheng*) sa place (*wei* : son rang) dans le gynécée et, de même, le mari correctement sa place hors du gynécée. Quand le mari et la femme se tiennent correctement (à leurs places respectives), il y a une répartition entièrement équitable (*yi*) (de toutes les choses) du Ciel et de la Terre... (Qu'un) *père* (mérite le nom de) *père*! un *fils* (le nom de) *fils* : un *frère aîné* (le nom de) *frère aîné*! un *cadet* (le nom de) *cadet*! un *mari* (le nom de) *mari*! une *épouse* (le nom d') *épouse*! L'ordre (*tao*) de la famille sera correct (*tcheng*). (Rendez) correcte (*tcheng*) la famille et la Terre des hommes (jouira d'un ordre) stable! » De ce passage ressort l'équivalence des expressions : *tcheng wei* (places, positions correctes) et *tcheng ming* (désignations, appellations correctes).

Deux adages du droit coutumier font comprendre la portée de cette équivalence. « Les appellations (*ming*) sont le grand principe d'ordre des relations humaines. » « Quand (dans la famille) les appellations (*ming*) sont manifestes, les règles de la séparation des sexes sont respectées ([849]). » Ces adages sont employés à justifier une règle de la morale sexuelle dont l'importance est extrême dans l'organisation de la famille : beaux-frères et belles-sœurs ne peuvent porter le deuil les uns pour les autres, et il ne peut y avoir entre eux aucune conversation : ils ne pourraient, puisqu'ils appartiennent à une même génération, et que la belle-sœur aînée, par exemple, ne pourrait être qualifiée de « mère », s'appeler autrement qu'avec les mots « femme » et « mari », ce qui ne serait pas moins grave que d'établir entre eux des rapports maritaux. Les désignations commandent les mœurs parce que les appellations suscitent le réel : il est donc nécessaire qu'elles correspondent exactement aux distinctions de sexe et de générations, d'attributions et de rangs, qui fondent l'ordre domestique. Il y aurait promiscuité si l'on appelait une belle-sœur « femme ». Il y a inceste si père et fils « échangent leurs désignations ». Quand un père dérobait au fils sa fiancée, il cessait d'être un père et descendait au rang de ses propres enfants. L'inverse se produisait lorsqu'un fils épousait sa marâtre ([850]). Les ethnographes chinois marquent violemment leur mépris pour les barbares du Nord ou du Sud chez qui pères et fils (*tseu* : fils ou filles) cohabitent ou vont ensemble au bain. Les moralistes fulminent contre les danses qu'ils appellent modernes, où se mêlent non seulement hommes et femmes, mais même pères et fils (ou filles), c'est-à-dire des sexes différents et des générations opposées qui perdent ainsi le *statut* qui leur est propre. Ces sentiments sont violents parce qu'ils sont relativement neufs. Ils datent d'une transformation de l'organisation domestique et du remplacement de la promiscuité caractéristique de la grande famille par la discipline propre à la famille patriarcale ([851]). On voit qu'historique ou non, l'anecdote où l'on nous montre Confucius exprimant la règle des désignations correctes à l'occasion des désordres domestiques de la maison princière de Wei, a le mérite d'exprimer fort exactement la valeur originelle de cette règle ([852]). Tout autant qu'une règle de pensée, c'est une règle d'action.

Elle a toujours gardé le caractère impératif d'un précepte moral. On la formule, d'ordinaire (à peu près comme dans le *Yi king*), à la façon d'un *bref commandement*, en répétant deux fois, pour lui donner sa force pleine, un mot qui vaut déjà par sa puissance propre. Quand on s'écrie : « Prince, (sois) prince ! vassal, (sois) vassal ! père, (sois) père ! fils, (sois) fils !... » il est clair qu'on se sert des mots pour animer les réalités. Nous avons vu, à propos du langage, que désigner (*ming*) les choses, c'est leur donner l'individualité (*ming*) qui les fait être. Nous avons vu, aussi, que la civilisation a été créée lorsque les premiers Sages ont conféré à tous les êtres des désignations correctes ([853]). A l'origine de la théorie des dénominations, — comme à l'origine des paradoxes dialectiques, — se trouve une sorte de réalisme magique.

Tandis que les dialecticiens se plaisaient à abstraire et à bouleverser les idées reçues, les logiciens s'efforçaient de conserver aux emblèmes leur valeur concrète et traditionnelle. Au moins à ses débuts, la théorie des dénominations correctes est bien loin de n'être qu'une simple théorie de « correct predication », comme l'affirment les critiques chinois (lorsqu'ils s'expriment en anglais). S'il ne s'était

d'abord agi que d'éviter les confusions verbales et les qualifications incorrectes, on ne voit pas comment, rien qu'en
distribuant des noms, on aurait pu espérer introduire de
l'ordre parmi les hommes et, par surcroît, dans la Nature.

La doctrine des dénominations correctes est une doctrine
de l'ordre.

Son succès s'explique par le prestige dont a joui l'Étiquette. Les traditions chinoises ne faussent certainement
pas les faits quand elles rattachent cette doctrine aux
techniques du Cérémonial : ceci conduit, assez légitimement
d'ailleurs, à admettre qu'elle a été professée par Confucius.
« Jadis les noms (*ming*) et les rangs (*wei*) étaient divers ; aussi
les rites (*li*, les honneurs rituels) étaient-ils calculés
(*chou*) ([854]) de façon différente (selon les rangs et les noms).
Confucius a dit : « L'essentiel est de rendre les noms
corrects... ([855]). »

Tant que règnent l'ordre féodal et l'Étiquette, le parler
correct et, à sa suite, la *correction logique* sont solidaires
de la tenue correcte et, par conséquent, de la *correction
morale*. On ne discute pas alors l'axiome que les comportements de l'Univers dépendent de la conduite princière. Il
n'y a d'ordre, dans les choses et dans les pensées, que si le
Chef pour qui, plus que pour tout autre, la parole est acte,
ne qualifie (*ming*) rien à la légère et n'investit (*ming*) personne sans se conformer au protocole. Tout gentilhomme
(*kiun tseu*) ou tout sage (*kiun tseu*) doit, tel un prince (*kiun*),
faire effort pour conformer sa tenue à son *statut*, c'est-à-dire
au rang (*wei*) et au nom (*ming*) dont il est investi (*ming*).
Ming (nom personnel) sert à désigner l'*individu* et la part
d'*honneur* qui lui revient, son lot de vie (*ming*) et son héritage
(*fen*), l'ensemble de ses appartenances, la totalité de ses
attributions. C'est un principe rituel que nul ne doit sortir
de ses attributions (*cheou fen*). « Quand l'Étiquette s'étend
à tout, les attributions (*fen*) (de tous les êtres) demeurent
fixes (*ting*) ([856]). »

L'ordre féodal a un second principe. Princes et vassaux
vivent sous le contrôle de l'histoire ([857]). Ce sont les annalistes officiels qui, usant de règles traditionnelles, dénom-
ment et *qualifient* leurs actions. Ils les *honorent* et les *des-
tituent* par la seule vertu des termes qu'ils emploient pour

les désigner et les *juger*, eux et leurs actes ([858]). La rédaction historique vaut comme jugement : elle confirme ou modifie, pour l'éternité, les statuts.

Un passage remarquable du *Tchouang tseu* ([859]) rattache à la notion de *Tao-tö* (Efficace première) celles de *jen* et de *yi* ([860]), qui commandent la conduite du gentilhomme (*kiun tseu*). D'elles dérivent le respect des attributions (*fen cheou*), (l'accord des) réalités et (des) noms (*hing ming*), la (bonne) répartition des charges, l'(exacte) discrimination des hommes et de leurs œuvres, la (juste) distribution *des approbations et désapprobations* (*che fei* : mot à mot : oui et non), des *récompenses et des châtiments*. « Quand est clair (le principe) des récompenses et des châtiments, les plus stupides savent ce qu'on attend d'eux, les nobles et les vilains gardent leurs rangs (*wei*), les bons et les mauvais font pour le mieux, car on n'a pas manqué de *fen* (répartir) les talents en tenant compte des *ming* (noms, dignités), si bien que les supérieurs sont servis, les inférieurs nourris, (l'ensemble) des êtres gouverné et (chaque) personnalité cultivée (*sieou chen*)... et c'est là ce qu'on appelle la Grande Paix, la perfection du gouvernement ([861]). » Tchouang tseu (avant de passer à leur critique) énonce ici les idées qui rapprochent l'École des Noms de l'École des Lois en les rattachant aux théories attribuées à Confucius sur l'efficace du *jen* et du *yi*.

Un autre passage du *Tchouang tseu* ([862]) insiste, de manière significative, sur ce dernier point. Il y est question de l'enseignement livresque en honneur dans l'École confucéenne et affirmé que le *Tch'ouen ts'ieou* servait à expliquer les *ming* et les *fen*, c'est-à-dire à apprendre à qualifier et à répartir, à distribuer et à juger. Telle est bien l'idée que les Chinois se sont faite et qu'ils ont gardée du *Tch'ouen ts'ieou* ([863]) ; ils ne voient point en cet ouvrage une simple chronique du pays de Lou ; ils admettent que Confucius a repris la rédaction des annalistes officiels. Le Maître prit soin, pesant ses termes « plus soigneusement encore que *lorsqu'il jugeait des procès*, de rabaisser ce qui devait être abaissé ». Il obtint, paraît-il, l'approbation de Tseu-hia, juge difficile. Pourtant, il déclara que, s'il devait, dans les temps futurs, être loué ou blâmé, ce serait à cause du *Tch'ouen ts'ieou* ([864]).

Interprétées en tenant compte de ce que rapporte le *Tchouang tseu*, ces traditions sont instructives. Ce n'est pas sans raison que Confucius a été appelé *un roi sans royaume :* il s'était arrogé le droit de distribuer les honneurs et les qualités (*ming*). Dès qu'il y a eu en Chine, non plus seulement des vassaux parlant pour leurs seigneurs, mais des sages ou des écrivains jugeant pour leur compte, le thème de la correction du langage a pris un sens nouveau. C'était un axiome, l'Étiquette régnant, que, distribués par la grâce du Prince, les lots d'honneurs et d'appartenances assignés, avec un nom, aux individus étaient assignés correctement. Un problème va se poser. De quel droit un simple individu peut-il porter un jugement sur un autre individu ? Quelles sont les recettes qui permettent au commun des hommes de qualifier correctement ?

Le problème des jugements individuels et des rapports du Moi (*wo*) et du Toi (*tseu*), combinés avec ceux du Ceci (*ts'eu*) et du Cela (*pei*) a préoccupé les Dialecticiens. Tchouang tseu, regardant des poissons s'ébattre, s'écria : « Voilà le plaisir des poissons ! — Vous n'êtes pas un poisson, dit Houei tseu ; comment connaissez-vous ce qui fait le plaisir d'un poisson ? — Vous n'êtes pas moi, répliqua Tchouang tseu ; comment savez-vous que je ne sais pas ce qui fait le plaisir d'un poisson ? — Je ne suis pas vous et assurément je ne (puis) vous connaître, mais assurément aussi vous n'êtes pas un poisson, et tout cela concorde à prouver que vous ne pouvez connaître ce qui fait le plaisir d'un poisson ([865]). » Les sophistes professaient un subjectivisme total : ils s'appliquaient à ruiner les idées reçues. Les partisans de Mö tseu avaient un idéal d'uniformité et de paix sociale. « Ce qu'est un être, ce qu'on en connaît, ce qu'on en fait connaître, peuvent différer ([866]), » concédaient-ils, mais ils posaient en principe que les dénominations (*ming*) doivent être soustraites aux discussions (*pien*). Dès qu'il n'y a point de confusion dans leurs applications, — c'est-à-dire tant que le langage n'est point délibérément incorrect, — les qualifications (*ming*) correspondent à l'objet (*che*). S'il n'y a point de confusions dont le Moi ou le Ceci seraient responsables, les qualifications appartiennent réellement au Cela ([867]).

Telle, du moins, paraît avoir été l'opinion de Yin Wen

tseu. Ce Sage aboutissait à fonder la valeur des jugements sur l'opinion, dont les décisions sont valables dès que la société est assez stable pour qu'il soit possible d'utiliser correctement le langage ([868]). Yin Wen tseu semble avoir été considéré comme un sectateur de Mö tseu. Les Taoïstes, cependant, parlaient de lui avec quelque indulgence : « Se libérer des coutumes, mépriser les ornements, ne pas être inattentif aux individus, ne point s'opiniâtrer contre la foule, désirer la tranquillité de l'Empire afin que les hommes puissent vivre jusqu'au bout leur lot de vie (*ming*), se tenir pour satisfait dès que les autres et soi-même ont de quoi subsister... telle fut la règle suivie par... Yin Wen tseu... Dans ses rapports avec autrui, quels que fussent les différends, il faisait preuve d'aménité ; il endurait les injures sans se sentir outragé ; il cherchait, au plein des rixes, à porter secours, à prévenir les agressions, à empêcher les batailles. Il fit le tour de l'Empire, reprenant les grands, endoctrinant les petits ; personne au monde ne voulut l'accueillir : il ne se rebuta jamais et persévéra ([869]). » Yin Wen tseu fut-il, comme Mö tseu, un prêcheur de paix ? Fut-il un éclectique, influencé par le Taoïsme comme par les Légistes ? Il est bien difficile de le dire. Nous ne savons rien de lui sinon qu'il vécut sans doute à la fin du IVe siècle et (peut-être) séjourna à Ts'i au temps du roi Siuan (343-324). Son œuvre, perdue à plusieurs reprises et reconstituée à l'aide de citations (en particulier vers le XIe siècle de notre ère), nous est parvenue sous la forme d'un opuscule incohérent. Il est loin d'être sûr que tous les éléments en soient authentiques ; on y relève des contradictions graves ; le style ne présente aucune unité et il n'y aucun moyen de déterminer, pour les termes les plus importants, s'ils sont toujours employés avec la même valeur technique. On court, en particulier, le risque de trahir l'auteur si, le prenant pour un pur logicien, on traduit par « spécificité » ou « spécificité des noms » les expressions *fen* et *ming fen* ([870]). De l'ensemble du texte, pris tel qu'il nous est arrivé, il semble résulter que le sentiment dominant du rédacteur est l'horreur de la confusion et de l'indistinction, car ce sont des sources de dispute.

Un premier remède à la confusion est d'ordre logique ou plutôt linguistique : les acceptions doivent être définies et le Ceci distingué du Cela (⁸⁷¹). Mais il y a lieu, par ailleurs, de distinguer entre les jugements attribuant aux objets des propriétés (*fen*) d'une application indéfinie et qui doivent avoir un fondement dans le Cela, et les jugements, dépendant entièrement du Moi, qui impliquent des préférences et des aversions (⁸⁷²). Pour obtenir la paix sociale, il faut qu'à une *discipline du langage* qui permet des dénominations (*ming*) correctes et assure l'objectivité des prédications, s'ajoute une *discipline des mœurs* garantissant, avec des estimations justes, une distribution des honneurs (*ming*) et des sorts (*fen*) qui ait la vertu d'empêcher tout empiètement (⁸⁷³).

Il faut que les qualifications (*ming*) honorables et péjoratives soient distribuées *efficacement* entre les bons et les mauvais, — les jugements d'appréciations constituant un art dont l'objet est précisément d'éviter discussions et disputes (⁸⁷⁴). Il y a donc une *politique des noms* (*ming*) qui les utilise à titre de récompenses ou de châtiments dans le but de fixer les conditions (*fen*), afin que le marchand, l'artisan, le laboureur, le noble ne puissent abandonner leur état, « *leur nom les limitant* », et que « les inférieurs ne puissent exercer leur ambition », chacun se contentant de sa place, bonne ou mauvaise (⁸⁷⁵). Yin Wen tseu demande qu'on condamne à la mort les sophistes que leur savoir n'empêche pas d'être vils (car l'éloquence sert à corrompre, flatter et tromper), et tous ceux qui « parmi les hommes vils sont des héros » capables (en raison de leurs talents personnels et de « leurs connaissances dangereuses »), « d'embellir l'injustice et de troubler la multitude » (⁸⁷⁶). En effet, les « noms (qui) versent à (attribuer) correctement les rangs » peuvent servir (incorrectement utilisés) à favoriser l'ambition et l'usurpation : le pouvoir de qualifier et d'honorer à l'aide de noms doit donc rester une *prérogative princière* (⁸⁷⁷), — mais sous deux réserves. Le Prince est tenu à être bienfaisant et, s'il doit en conservant de la fixité (*ting*) aux conditions (*fen*), empêcher que « ceux qui sont intelligents et forts » ne se montrent arrogants, il doit aussi éviter de ne point utiliser correctement les talents qui sont le lot (*fen*) des individus (⁸⁷⁸). Le Prince, d'autre part, bien qu'il doive s'attacher à demeurer la source unique des libéralités, n'a point le droit d'avoir des favoris et d'agir d'après son propre cœur (⁸⁷⁹). Il faut donc qu'il évite de gouverner en se servant des hommes. Il convient qu'il ne gouverne qu'au moyen des *noms* (c'est-à-dire en répartissant impartialement les rangs, les honneurs, les attributions) et des *lois* (c'est-à-dire en soumettant les « êtres de toutes conditions » à des décisions « uniformes ») ([880]).

L'originalité de Yin Wen tseu semble se résumer dans l'effort qu'il tenta pour distinguer les estimations des simples qualifications. Cependant, même pour lui, définir ou qualifier, estimer ou hiérarchiser sont des arts solidaires. Leur pratique n'est possible que si la société est assez stable pour que les opinions soient uniformes. Aussi l'idéal du logicien est-il la stabilité sociale et la conciliation des conflits sous la domination de la loi. Ce n'est plus l'Étiquette qui donne autorité au jugement ; ce ne peut être l'individu ; ce doit être l'accord des individus : celui-ci dépend de l'impartialité du Prince. *L'autorité logique appartient au Prince en tant qu'il est la source de toute paix et de toute stabilité.* L'art de qualifier se confond avec l'art de légiférer. C'est à bon droit, sans doute, que Yin Wen tseu a été, *en tant que logicien,* classé parmi les tenants de l'École des Lois. Pour ces derniers, comme pour lui, les désignations (*ming*), comme les attributions, les rangs et les héritages, ne dépendent pas des statuts coutumiers ; ceux-ci ne peuvent les doter ni de stabilité ni d'universalité, ni même de souplesse et d'efficacité : mais tout cela peut leur venir de l'autorité du Prince, auteur de la loi et appréciateur souverain des données circonstancielles (*che*).

Telle est la doctrine qui faillit triompher avec Che Houang-ti. Le grand Empereur uniformisa l'écriture, édicta un dictionnaire officiel et écrivit sur ses stèles : « J'ai apporté l'ordre à la foule des êtres et soumis à l'épreuve les actes et les réalités : chaque chose a le nom qui lui convient ([881]). »

IV. L'ART DE LÉGIFÉRER

On groupe sous la rubrique : *École des lois (fa kia)* des écrivains qui se sont surtout occupés d'administration et qui eurent comme idéal d'être *les hommes* du Prince ([882]). Ils se distinguent des Politiciens. Ceux-ci se préoccupaient surtout de faire réussir les combinaisons diplomatiques. Les Légistes s'intéressaient au contraire aux recettes dont les États peuvent tirer leur force intérieure. Organisation du territoire et de l'armée, économie et finances, prospérité et discipline sociales, tels sont leurs thèmes favoris. Tandis que les Sophistes, ennemis de tout le système des traditions, paraissent avoir été les meilleurs auxiliaires des Politiciens ou des Diplomates, les Administrateurs ou les Légistes se sont appuyés sur les Logiciens (*ming kia*), que dominait l'idée d'un ordre stable. Les premiers songeaient à profiter des bouleversements du monde féodal pour pousser leurs maîtres à l'Hégémonie ; les seconds, dans le désir de justifier des pratiques administratives toutes nouvelles, furent conduits à imaginer une idée neuve : celle de la souveraineté du Prince et de la Loi. Ils avaient à administrer des territoires tantôt conquis, par diplomatie et guerre, et parfois arrachés aux Barbares, tantôt récupérés, grâce aux initiatives princières, sur la nature elle-même. Ils n'étaient point, en ce cas, liés par les traditions, arrêtés par les statuts coutumiers. Les ordres du conquérant faisaient la loi. Les administrateurs voulurent que ces ordres fissent aussi la loi dans le vieux domaine de leur maître et que toute coutume ou tout statut fût sans valeur devant la volonté du Prince ([883]). Il est possible que leurs idées aient pris un tour plus théorique après avoir servi de thèmes aux débats académiques de la porte Tsi à Lin-tsö. Ce n'est point dans l'oisiveté de ces palabres qu'elles se formèrent ([884]), mais, directement, dans la besogne administrative. Elles ont pour lien organique un sentiment qui proclame leur origine et leur valeur techniques. Ce qui justifiait l'empire de l'Étiquette, c'est l'*Efficace* qu'on lui prêtait. Ce qui autorise à déclarer la loi souveraine, c'est le *rendement effectif* (*kong yong*) de la pratique administrative quand elle s'appuie sur des lois.

Il n'y a aucun moyen d'indiquer le progrès historique des idées dans le camp des Légistes. Nous connaissons assez bien la vie du dernier d'entre eux, Fei de Han, appelé Han tseu ou Han Fei tseu. Il appartenait, dit-on, à la maison princière de Han et fut, peut-être, l'élève de Siun tseu. Il servit les princes de Han, puis ceux de Ts'in. Le futur Che

Houang-ti eut de l'admiration pour lui, puis le mit en prison avec permission de se suicider, le ministre Li Sseu, qui avait été son condisciple, l'ayant, dit-on, calomnié par jalousie [885]. Han Fei tseu mourut vers 233, laissant une œuvre en 53 chapitres. Le *Han Fei tseu* a toujours 53 chapitres, mais plusieurs, après avoir été perdus, ont été reconstitués ; la critique n'a point encore réussi à séparer les parties fausses des autres ; dans le texte mal établi, parfois incompréhensible, les interpolations fourmillent [886]. Un autre ouvrage, le *Chang tseu*, ou *Chang kiun chou* (Livre du Seigneur de Chang) est un assemblage, fait à date inconnue (peut-être entre les IIIe et VIe siècles de notre ère), de morceaux dont certains remontent, peut-être, au IIIe siècle avant Jésus-Christ [887]. C'est l'œuvre supposée de Wei-yang (ou de Yang de Wei), ministre du duc Hiao (361-336) de Ts'in. On lui fait honneur des décrets révolutionnaires (359) qui abrogèrent à Ts'in le régime féodal ; nommé seigneur de Chang (340) après un succès militaire, il fut écartelé à la mort de son maître : il avait eu le tort d'obliger le prince héritier à respecter les lois [888]. Le plus ancien patron des Légistes, Kouan tseu, n'est connu que par des légendes [889]. Rien d'authentique ne subsiste de plusieurs ouvrages, rédigés sans doute, comme le *Kouan tseu*, vers le IIIe siècle, et placés, eux aussi, sous le nom de héros anciens du Droit, comme Teng Si, ministre de Tcheng, qui fut (disent les uns) mis à mort (501) par son rival Tseu-tch'an, autre Légiste, que le *Tso tchouan* met fréquemment en scène [890]. Tseu-tch'an, de qui la mort, paraît-il, fit pleurer les gens de Tcheng et Confucius lui-même et que l'histoire vante pour son amour du prochain et sa bienfaisance, avait d'abord été honni parce qu'il essaya de lutter contre les associations privées [891]. Au crime d'essayer d'accroître la force de l'État, les Légistes ajoutaient une autre scélératesse. Ces serviteurs indiscrets du Prince exigeaient que l'on travaillât et que les greniers fussent pleins, de façon à parer aux besoins des armées et aux temps de famine. Sans doute exigèrent-ils beaucoup des paysans. Cependant, quand leurs compatriotes nous assurent que le « peuple (*min*) » les détestait, il faut songer que ce mot (*min*) signifie « les grandes familles » et désigne, non la plèbe (*chou jen*), mais ceux qui se considéraient comme les pairs du seigneur.

Au temps des Royaumes Combattants, certains pays chinois ont connu un régime analogue au régime des Tyrannies. Le Prince combat la noblesse et la routine féodales. Il essaie d'augmenter les revenus et la puissance militaire de l'État en donnant la terre aux paysans. A ces deux principes de l'administration tyrannique se rattachent la théorie du « rendement » et la pratique de la publication des lois. Celle-ci a servi de point de départ aux réflexions des Administrateurs et celle-là de fondement à la doctrine des Légistes sur la souveraineté du Prince et de la Loi.

A défaut de faits historiques qui puissent renseigner sur l'évolution des idées dont le *Han Fei tseu* marque le terme, le *Tso tchouan* rapporte deux anecdotes que leur symétrie rend dignes d'intérêt. Après avoir (? 542) distribué des terres à différents nobles pour se concilier un parti parmi eux, Tseu tch'an, ministre de Tcheng, instaure une hiérarchie nouvelle, chaque rang étant distingué par le vêtement ; puis il procède à une répartition des terres et établit entre les voisins un lien de compagnonnage militaire (*wou*). Quelques grands l'aident; les autres sont « terrassés ». Après quelques émeutes et même quelques chansons satiriques, tout s'apaise. Cinq ans plus tard Tseu-tch'an fixe les contributions foncières ; on le traite de scorpion : il exigeait trop pour l'État. Deux ans après (? 535), il fait fondre des chaudières pour y inscrire des lois pénales (*hing pi*) ; un sage le menace tout aussitôt des feux célestes et, en effet, un incendie éclate à Tcheng. Le sage rappelait que les souverains anciens se contentaient d'instituer des peines (*hing*) et des châtiments, de façon à frapper de terreur les méchants ; ils n'édictaient pas de lois pénales (*hing pi*) par crainte de développer l'esprit processif (*tcheng sin*). « Quand les gens savent qu'il y a une loi (*pi*) (pénale), les *grands ne sont plus pour eux sacro-saints* (*ki*). L'esprit processif s'éveille, et l'on fait appel au texte écrit (*chou*) avec l'espoir que les arguments pourront réussir... A quoi pourront servir vos lois (*pi*)? Une fois que les gens connaissent sur quoi fonder leur esprit processif, ils font fi des Rites. Ils s'appuieront sur vos textes écrits : à propos de pointes d'aiguille, ils développent jusqu'au bout leur esprit processif. Troubles et procès iront se multipliant et croissant! Les présents pour gagner les juges auront largement cours ([892]) ! » — En 512 (?), à Tsin, après un succès militaire, des lois pénales (*hing*) furent gravées sur des chaudières de fer. Ces chaudières devaient être considérées comme une propriété commune à tous, car chacun avait été tenu d'apporter sa quote-part de fer. Un sage manifesta sa désaprobation. Ce fut, dit-on, Confucius lui-même : « Les gens vont s'attacher à ces chaudières ! *Est-ce qu'ils continueront d'honorer les nobles ?* » Confucius, renseignement précieux, aurait ajouté que le peuple continuerait de respecter les nobles si l'on conservait à Tsin les règles protocolaires (*tou*) et les modèles de conduite (*fa*) prescrits par les anciens princes, mais non pas si l'on mettait en vigueur des lois pénales promulguées jadis (? 620) au cours d'une parade militaire où rang et offices avaient été révisés ([893]).

Ces anecdotes, quelle que soit leur valeur historique, font apparaître deux faits importants. 1º En Chine (comme dans d'autres pays, vers la même époque et pour des raisons analogues), l'aristocratie se scinda en deux parts : certains nobles s'attachèrent à sauver les privilèges féodaux, d'autres favorisèrent l'avènement des Tyrannies. 2º L'un des fondements du prestige des chefs féodaux et des nobles résidait dans leur *autorité discrétionnaire*, en matière de différends surgis chez leurs vassaux. Leur gloire consistait, non pas tant à juger d'après les coutumes rituelles dont ils connaissaient seuls les secrets, qu'à faire en sorte qu'aucun différend ne fût jamais évoqué en justice. Les châtiments (*hing*) étaient institués non pour être appliqués, mais pour faire peur ; les modèles de conduite (*fa*) étaient proposés *à titre édifiant*, mais non impératif. Les prescriptions (*hing* ou *fa*) n'étaient estimées que pour leur efficacité symbolique (*siang*) ; les moralistes disaient (et disent encore) ([894]) qu'elles avaient la vertu de prévenir en amendant les mauvais penchants. Il faut entendre par là que tout différend se réglait par une procédure de conciliation. Le Chef conciliait et réconciliait ou, mieux encore, la crainte du Chef (sans compter le prix de la procédure de paix réalisée à l'aide de présents rituels, *li*) invitait les plaignants à régler entre eux leurs querelles ([895]). Les dispositions pénales n'avaient point à être appliquées ; aucun crime ne devenant manifeste, il n'y avait pas de crimes. Et tout ceci faisait éclater la Vertu ordonnatrice du

Chef ([896]). Dans un cas seulement, l'esprit de discipline et de commandement l'emportait : c'était lorsque se réunissaient les milices féodales. A l'occasion des guerres et des triomphes, les chefs se débarrassaient des indociles ([897]). C'est un fait significatif que toutes les admonestations où l'on voit des codes anciens soient dites lancées au cours de parades militaires ([898]).

Quand le régime des Tyrannies se constitue, les potentats méprisent et craignent la milice féodale, dangereuse pour eux, sans force contre l'ennemi. Ils inventent le système de la nation armée et toujours sous les armes. S'ils donnent aux paysans la terre, c'est en vertu du principe : qui a la terre doit le service. Aussi les distributions de terres s'accompagnent-elles de l'établissement d'un régime de compagnonnage militaire (*wou*) entre les paysans. La discipline des camps doit alors s'imposer dans tout le cours de la vie sociale. Les avertissements promulgués à l'occasion des parades militaires fournissent, comme le *Tso tchouan* l'affirme pour Tsin, le fond des lois nouvelles, conçues, dès lors, non plus comme des exhortations, mais comme des prescriptions destinées à être effectives. Inscrire une loi sur une chaudière c'est avertir le coupable qu'il sera bouilli ([899]) ; c'est dire que la loi sera appliquée. C'est aussi publier la loi, limiter par là le pouvoir discrétionnaire du Chef et avouer, par surcroît, que la Vertu du Chef ne suffit pas à empêcher le crime. C'est donc renoncer à fonder l'autorité sur le prestige que nourrit l'Étiquette. C'est la fonder sur le pouvoir que confère le commandement militaire. — Lorsque Wei-yang fit adopter par Ts'in le principe de la publicité des lois, il attendit pour édicter son code d'avoir remporté par les armes, un succès décisif. Il bâtit alors les piliers Ki. Ce fut sur ces monuments triomphaux qu'on afficha les lois nouvelles ([900]).

Jusqu'au moment où les Légistes, créant une justice d'État, enlevèrent aux nobles non seulement leurs privilèges, mais le prestige que leur donnait leur rôle d'arbitres, les mots *hing* (lois pénales) et *fa* (loi) ont eu la signification de « modèles », ou de « moules », de recettes opératoires ou, si l'on veut, de préceptes mi-moraux, mi-techniques. Ni l'idée d'obligation, ni l'idée de contrainte n'étaient impliquées par ces termes ([901]).

Les légistes ont cherché à introduire dans l'idée de *fa* (loi) la notion de force impérative. Pour eux le magistrat n'est point un conciliateur que, seule, la paix préoccupe. Il doit appliquer la loi à ses administrés ; il doit la publier ; *il est tenu de dire le Droit*. C'est la publication de la loi qui lui confère son caractère obligatoire. Les premiers codes, gravés sur des chaudières, gardent encore quelque chose des *palladia* dynastiques. Tout change quand les lois sont gravées sur fiches, innovation attribuée à Teng Si de Tcheng (en 500 ?) ([902]). Han Fei tseu écrit : « Les lois doivent être réunies et affichées sous forme de tableaux ; les fiches doivent être exposées en bon ordre dans (tous) les offices administratifs ; elles doivent être rendues publiques dans l'ensemble du peuple. » « Il y a loi lorsque les décrets et ordonnances ont été *affichés dans* (tous) les offices administratifs et que les châtiments et les peines paraissent *inévitables* à tous les esprits. Les récompenses sont attachées à l'observation respectueuse des lois et les peines à leur violation ([903]). »

La portée de ces deux définitions est d'autant plus grande qu'elles sont données dans des passages où l'auteur oppose *fa* et *chou*, deux termes qui ont d'abord signifié indistinctement « recettes, manières de faire ». *Fa* prend un sens impératif et signifie *loi* dès qu'on l'applique aux règlements rendus *publics*, tandis que *chou* garde sa valeur de *recette* parce que (*chou* ou) *recettes* doivent demeurer *secrètes*. Han Fei tseu considère que les lois (*fa*) doivent régler inexorablement la pratique administrative. Les besognes ministérielles se résument dans l'application stricte des dispositions légales. Les administrateurs ne sont que les instruments de la loi : ils ne peuvent l'amender. Les administrés ne sont que les sujets de la loi : ils sont tenus à une discipline sans défaillance. La loi publiée règne par le concours obligatoire de tous. Toute infraction doit être dénoncée, toute action conforme signalée. Nul ne peut receler ni l'acte juste ni l'acte fautif. Nul ne peut se soustraire ou soustraire autrui à la punition ou à la récompense. L'initiative et l'interprétation ne peuvent être tolérées. Il eut tort, ce ministre de Tch'ou qui condamna comme mauvais fils un homme qui avait dénoncé le vol d'un mouton commis par son père. Et plus coupable encore fut Confucius louant un récidiviste de la désertion, sous prétexte qu'il avait un vieux père à soigner ([904]). Il n'y a pas de conflits de devoirs : puisque la loi est publique, tous sont tenus de la faire régner, sous peine de ruiner le principe de l'ordre. Dangereux seraient les administrateurs ou les sujets trop instruits et disposés à discuter *en dehors* de la loi écrite. « Dans le pays d'un Prince sage, il n'y a pas de livres : *la Loi seule est enseignée* ; *il n'y a pas de sentences des anciens rois* : seuls les fonctionnaires (qui disent le Droit) font autorité ([905]). » Aucune discussion n'est possible puisque les dispositions légales (*ming*) définissent l'acception des mots (*ming* : vocables ou graphies). L'ordre règne.

C'est un ordre correct, car il est entièrement anonyme et impartial : « Quand les supérieurs et les inférieurs n'interfèrent point, les noms sont corrects », disait Yin Wen tseu ([906]), et, dans les rangs, il n'y a aucune confusion. Le Prince, — comme le Chef féodal, mais par de tout autres voies, — est un créateur de hiérarchie. Seulement, c'est une hiérarchie *militaire* qui naît de son pouvoir de commandement. Elle résulte des sanctions entièrement automatiques. Le gouvernement a « deux poignées », le *Hing* et le *Tö*, le pouvoir d'appliquer les sanctions négatives (*hing*) et positives (*tö*). De cet *imperium* à double aspect, le Prince ne délègue rien. Ce ne sont point les administrateurs qui, d'eux-mêmes, ni le seigneur qui, *privément*, promeuvent ou dégradent, c'est la Loi. Le Prince ne saurait intervenir dans les affaires administratives où règne, seule, la loi publiée. Inversement aucun sujet, aucun ministre ne saurait intervenir dans les affaires du Prince ([907]). La haute direction de l'État ne relève que de lui. De lui seul dépend la Politique ; à lui seul appartiennent privément les Recettes (*chou*) qui, grâce aux *k'iuan* [combinaisons diplomatiques tirant de chaque occasion le *poids* (*k'iuan*) qui fait pencher vers soi le destin] permettent de réaliser les *che* (conditions circonstancielles du succès). « Les lois (*fa*) sont la règle des administrateurs. Les recettes (*chou*) sont les rênes que tient le Maître ([908]). » Les Légistes distinguent fortement de la Loi l'Art gouvernemental ([909]). Les recettes intransmissibles par définition composent la puissance *personnelle* du Prince ;

elles constituent son efficace intime, sa valeur propre — grande si le prince est un Saint.

C'est dans leur conception de l'Art gouvernemental que se révèle l'influence profonde que, par l'intermédiaire des Politiciens, les Taoïstes ont exercée sur les Légistes ([910]). Cette influence est plus extérieure, sinon uniquement formelle, en ce qui concerne leur conception de la Loi. Pour les Ritualistes, le pouvoir princier, fondé sur la coutume, résulte d'un Prestige non point privé mais patrimonial. Toute autorité, pour les Taoïstes, est constituée par la puissance, strictement personnelle, que procure la Sainteté. Une part de l'autorité princière dérive des talents personnels, concèdent les Légistes, mais ils se hâtent de cantonner rigoureusement l'emploi de ces vertus. En fait, ils exigent du Prince, non des talents, mais de l'impartialité. Certes Han Fei tseu compare cette impartialité à celle du Tao et il semble alors argumenter en Taoïste. Pourtant il y a un abîme entre l'impartialité subjective et secrète du Saint et l'impartialité qu'on exige du Prince : toute objective et fondée sur une idée militaire de la discipline, elle se confond avec l'inexorabilité de la loi publiée.

Les Légistes sont arrivés à dégager les idées de Prince et de Loi souveraine parce qu'ils cherchaient à définir une discipline qui convînt à de grands États. En même temps qu'à celle des hommes, ils avaient à songer à l'administration des choses. Ce sont des faits économiques et l'observation de ces faits qui commandent leur conception. Le peuplement trop rapide de la Chine posait, dès leur temps, un problème qui n'a pas cessé de demeurer tragique : celui des subsistances. « Au temps jadis ([911]), les hommes ne faisaient point de culture ; les fruits des arbres suffisaient à la nourriture. Les femmes ne tissaient pas : les peaux des animaux suffisaient aux vêtements. Sans qu'il fût besoin de travailler, il y avait de quoi subsister. Les hommes étaient peu nombreux et les ressources surabondaient : le peuple n'avait pas d'esprit processif. Nul besoin de récompenses renforcées, de punitions redoublées : le peuple, *de lui-même*, se gouvernait. De nos jours, cinq fils sont peu pour un homme, un grand-père de son vivant peut compter vingt-cinq petits-fils. Les hommes sont nombreux et les ressources rares : il faut travailler à force pour subsister pauvrement. Le peuple a donc l'esprit processif. Même en multipliant les récompenses et en accroissant les châtiments, on ne peut échapper au désordre. » « S'il y a du désordre dans l'État, il y a famine, et la population se disperse, manquant de ressources... Il y a des ressources suffisantes, et la population demeure en place, quand on met les lois en pratique ([912]). »

Pour les Légistes, la loi consiste en une distribution impartiale des peines et des récompenses qui permet d'accroître la production et, par suite, rend moins redoutable la répartition, non pas des richesses, mais des biens les plus nécessaires. Il s'agit d'éviter que les paysans ne vendent leurs filles et qu'à bout de ressources, ils ne se mettent à vagabonder : l'État touche alors à sa perte, menacé par les associations privées qui peuvent faire la fortune de quelque aventurier. Or, en matière économique, deux faits sont patents : on ne peut ni compter sur les chances exceptionnelles (et attendre, abandonnant son araire, qu'un lièvre vienne se prendre dans des branchages où, une fois, un lièvre s'est pris) ([913]), ni ne point tenir compte des conditions changeantes (et se servir, par exemple, pour arroser son champ, d'une cruche, après que la bascule à puiser a été inventée) ([914]). Le *rendement* (*kong yong*) ([915]) est le premier fait à considérer dans l'administration des choses. On doit aussi prendre le rendement pour base quand on s'occupe de l'administration des hommes.

D'où plusieurs conséquences. Il est absurde d'imiter les Anciens. L'antiquité d'un procédé parle contre lui : à temps différents, lois différentes. Il est absurde de compter sur la Vertu des Sages. Il y a peu de sages, et l'on a besoin de solutions quotidiennes. Pour sauver un homme qui se noie au centre de la Chine, on n'envoie pas chercher le meilleur des nageurs de Yue (extrême-sud). Au lieu d'attendre béatement la chance ou le sauveur, il faut s'occuper des conditions présentes et normales, *calculer le probable et prévoir le possible*. Si vous voulez aller loin et arriver vite, n'attendez pas qu'il vous arrive un cocher tel que Wang Leang, capable de faire parcourir en un jour mille stades à ses chevaux. Calculez vos étapes en tenant compte de l'habileté moyenne des cochers, de la qualité moyenne des chars, et faites disposer des relais en conséquence. Un administrateur ne s'intéresse pas à l'exceptionnel et se fie non à la fortune, mais aux calculs (*chou* : nombres). Aussi ne perd-il point son temps à chercher des gens de talent pour l'aider : il lui suffit d'appliquer les lois conçues pour la moyenne des cas ([916]). « Dans les actes et les paroles, on prend pour règle le rendement (*tchong yong*). Si, après avoir aiguisé une flèche, vous la lancez au hasard, il se peut que sa pointe touche le plus fin des duvets ; nul ne dira que vous êtes un maître archer : ce (coup) n'est point (l'effet) d'une *règle constante*. Sur une cible de cinq pouces, faites tirer à dix pas un maître archer ; il n'est pas sûr qu'il atteigne le but : c'est là une règle constante ([917]). » Aussi dans la pratique, se sert-on d'instruments tels que la règle et le compas, le poids et la balance. Les commerçants pèsent avec des balances et estiment en pouces ; ils ne s'en remettent pas à l'appréciation personnelle. De même, si l'on veut obtenir un rendement sûr, il faut se servir des lois ([918]), et non pas des hommes.

« La Grande Paix... est due non au gouvernement du Saint, mais à celui des lois saintes ([919]). » Les Légistes opposaient avec force le Prince au Sage et la Loi (*fa*) aux Rites (*li*) ; ils essayaient de faire prévaloir une conception toute objective du licite. Est licite ce qui contribue effectivement à la paix sociale en assurant un bon rendement moyen à l'activité productrice des hommes.

Che Houang-ti, quand il fonda l'Empire, pensa établir le règne de la Loi. Le régime n'a pas duré. Les Chinois l'ont honni, reprochant aux Légistes leur dureté, leur cruauté. Les Légistes étaient coupables, en effet, d'avoir cru à l'unique vertu de la discipline. Ils partaient d'une psychologie un peu courte et d'esprit militaire. Les hommes aiment la vie et détestent la mort, disait Tseu-tch'an ([920]). Tel est le principe du système des sanctions automatiques et de la hiérarchie militarisée qui sert à embrigader la population tout entière ([921]). Cette conception est fruste et rigide, mais il y avait pour le moins du courage à vouloir l'appliquer dans un pays dont les grandes plaies sont le brigandage, le respect accordé à tout chef de bande, l'attrait qu'exerce le vagabondage, le rendement médiocre du travail ([922]). Les Légistes engagèrent la lutte à la fois contre l'esprit d'improvisation et l'esprit de routine. Ils ont voulu ruiner l'idée du Sage, dont la vertu peut tout et qu'on prend pour un sauveur dès qu'il se présente modestement comme le disciple des Anciens. Ils ont voulu limiter l'arbitraire gouvernemental. Ils ont condamné l'incohérence législative ([923]) et préconisé les codifications. Ils ont défendu le principe que les lois n'ont de rendement qu'à deux conditions : si le Prince fait en sorte que son intérêt coïncide avec l'ensemble des intérêts particuliers ([924]), et si, condamnant le régime du bon plaisir, il prend soin d'accorder la réglementation aux circonstances concrètes. Ils ont joint à un idéal de discipline le sentiment de l'évolution des mœurs et des conditions sociales. Ils ont eu le goût des jugements impartiaux, des évaluations objectives, des arguments concrets. Ces esprits positifs et déjà épris de rigueur scientifique n'ont obtenu qu'un succès fugitif. — Les Sophistes n'ont pas réussi à faire accepter par les Chinois l'idée qu'il existât des termes contradictoires. De même, les Légistes n'ont pas réussi à accréditer la notion de règle constante et la conception de la Loi souveraine.

Chapitre II

Les recettes du bien public

Les Politiciens et les Légistes sont ou bien des aventuriers prestigieux, ou bien, comme Wei-yang et Han Fei tseu, des fils de grande famille : plutôt que des chefs d'écoles, ce sont des patrons dont le nom ajoute à l'autorité d'une doctrine. — Ni Confucius ni Mö tseu n'ont joué un rôle politique. Ils appartenaient à cette partie de la noblesse que le régime des Tyrannies condamnait à la ruine. Le conseil des fidèles s'effaçait devant le conseil secret. Ce n'était pas aux membres de la noblesse locale qu'allaient les faveurs des potentats. Désœuvrés, appauvris, écartés de la cour, les petits nobles, bien souvent, servent comme domestiques, intendants ou écuyers, et composent la clientèle d'un noble plus puissant. Parfois ils vivent péniblement sur leurs terres, et quelques-uns sont des « sages cachés ». Parfois ils forment à l'un d'entre eux, qui a acquis quelque renom, une clientèle d'apprentis qui poussent le Maître vers la gloire et espèrent partager sa fortune s'il réussit à inspirer confiance à quelque Prince : tel était sans doute l'espoir des disciples de Confucius. Mais, parfois aussi, cette clientèle ressemble davantage à une confrérie : tel fut le cas pour les tenants de Mö tseu. Aux yeux de leurs fidèles, Mö tseu et Confucius apparaissaient comme « des princes sans domaines, des chefs sans vassaux » ([925]). La qualification de « Roi sans royaume » sera officiellement attribuée à Confucius quand, avec les Han, l'orthodoxie confucéenne aura triomphé. Mö tseu, dès lors, sera considéré comme un hérétique : sa secte, cependant, fut d'abord la plus active et la plus brillante. Recrutées dans les mêmes milieux, les deux Écoles avaient des tendances voisines. Tandis que les grands et leurs favoris étaient à l'affût des recettes qui pouvaient accroître la puissance de l'État et le rendement de l'administration, les sectateurs de Mö tseu et de Confucius ne se préoccupaient que du Bien public. Dans ce milieu de nobles malchanceux, un tour d'esprit conservateur déforma assez vite les doctrines. Ceci ne prouve nullement que les Maîtres aient, eux-mêmes, manqué de génie et de hardiesse. Confucius et Mö tseu apparaissent comme des novateurs trahis par leurs fidèles. Mö tseu essaya de créer une doctrine du devoir social en dénonçant les méfaits de l'esprit de clientèle. Confucius eut, semble-t-il, l'idée plus hardie encore de faire reposer toute la discipline des mœurs sur un sentiment affiné de l'humanisme.

I. CONFUCIUS ET L'ESPRIT HUMANISTE

On a souvent comparé Confucius à Socrate. Sa gloire, moins immédiate, n'a pas été moins durable. Son prestige, auprès de ses disciples, fut aussi grand. Mais s'il y a, peut-être, quelque analogie dans l'esprit des enseignements donnés par ces deux sages, pour ce qui est de leur rendement aucune comparaison n'est possible. Les Chinois ont reconnu dans Confucius un « Maître pour dix mille générations », seulement après en avoir fait le patron d'une morale conformiste. Ils voient en lui l'exemplaire le plus parfait de la sagesse nationale : nul ne lui prête le mérite d'une pensée originale. — Il ne demeure sur Confucius aucun témoignage fidèle. Ce n'est pas une raison suffisante pour accorder à l'orthodoxie que le Maître ne fut que le plus grand des lettrés orthodoxes. Mais c'est une tentative bien chanceuse que d'essayer de dire ce qu'il fut.

Nous ne savons rien de certain sur la vie de Confucius, sinon qu'il enseigna au début du Ve siècle dans une bourgade du Chan-tong, peut-être dans la capitale de l'État de Lou. Il fut enterré un peu au nord de cette ville, et c'est autour de sa sépulture que se forma le village (K'ong li) ([926]), où furent

conservées ses reliques : son bonnet, sa guitare, son char...
Là demeurèrent groupés les plus fidèles de ses disciples. La
tradition le fait naître en 551, mourir en 479 ; ces dates ne
s'accordent pas très bien avec celles que l'on assigne à ses
descendants, à son petit-fils Tseu-sseu, en particulier ; il
n'y a aucune raison de modifier les unes plutôt que les
autres ; toutes participent de l'incertitude de la chronologie chinoise pour cette période ancienne. Confucius ([927])
appartenait à la famille K'ong ; établie à Lou depuis trois
générations, elle était originaire de Song, apparentée à la
famille princière de ce pays, et se rattachait par elle aux rois
de la dynastie Yin ; il n'y a aucune raison de considérer cette
généalogie comme purement fictive ; elle est confirmée
par plusieurs passages du *Tso tchouan*, mais aucune généalogie, surtout pour cette période troublée, ne peut inspirer
une grande confiance ([928]). Confucius naquit, dit-on,
à Tseou, bourgade du pays de Lou, dont son père était
gouverneur ; il fut orphelin très jeune, vécut dans la pauvreté, exerça quelques bas emplois, parut à la cour, dut
voyager et revint finir ses jours dans son pays entouré de
nombreux disciples ; il n'y a aucune raison pour rejeter
en gros ces données biographiques, mais aucune raison
aussi pour les accepter dans le détail. Le *Tch'ouen ts'ieou*,
chronique de l'État de Lou, ne mentionne nulle part
Confucius, ce qui ne prouve pas que Confucius n'ait jamais
eu de fonctions officielles. Les aventures prêtées au Maître,
bien que les contradictions, les doublets, les impossibilités
y fourmillent, n'ont, en elles-mêmes, rien d'invraisemblable.
On prétend que Confucius enseigna les arts libéraux et qu'il
professa la sagesse en s'appuyant sur divers ouvrages qui
(plus ou moins remaniés par la suite) sont devenus les
Classiques chinois : le *Che king* (Livre des Vers), le *Chou
king* (Livre de l'Histoire), le *Yi king* (Livre de la Divination),
les Rituels (dont sortirent le *Yi li* et le *Li ki*), le *Tch'ouen
ts'ieou* (Chronique de Lou, — que le Maître aurait lui-
même remaniée), un ouvrage sur la musique (aujourd'hui
perdu). Il paraît certain que, dans l'enseignement donné
par les disciples, le commentaire de ces œuvres tint de bonne
heure une large place ([929]), combiné avec des exercices
pratiques de bonne tenue rituelle : rien ne permet d'affirmer

ni que l'enseignement du Maître fut aussi livresque, ni qu'il le fut beaucoup moins. On ne croit plus aujourd'hui que Confucius ait rédigé aucune œuvre. Rien ne prouve cependant que la tradition se trompe en supposant qu'il introduisit dans le *Tch'ouen ts'ieou*, par de légers remaniements de style, un certain nombre de jugements sur les œuvres et les personnes ([930]) : s'il fit des remaniements, leur importance et leur sens théorique sont impossibles à déterminer. Collectionnés seulement vers la fin du Ve siècle, les aphorismes de Confucius forment le *Louen yu*. Cet ouvrage fut perdu, puis reconstitué sous les Han, un demi-millénaire après la mort du Sage. Il y a des raisons pour n'en point suspecter la valeur ([931]). Pourtant, il convient de noter que les propos du Maître sont donnés dès l'origine avec une interprétation implicite ; celle-ci se trouve suggérée par l'indication des circonstances qui motivèrent ces enseignements ; le *Louen yu* repose donc sur une trame biographique ([932]) : or, il n'a pas été rédigé avant que les polémiques entre hagiographes n'aient obscurci les souvenirs laissés par Confucius. D'autres traditions, incorporées dans divers chapitres du *Li ki*, laissent mieux entrevoir les polémiques dont elles procèdent. Elles ne sont ni moins instructives, ni plus sûres. L'aspect discontinu que présente la collection d'aphorismes formant le *Louen yu* a imposé l'idée que la pensée de Confucius ne fut à aucun degré systématique. Aussi fait-on honneur, non pas à lui, mais à Tseu-sseu, son petit-fils, des théories exprimées dans le *Tchong yong* et le *Tai hio*, deux brefs traités figurant aujourd'hui dans le *Li ki*. En fait, il n'y a aucun moyen de distinguer l'enseignement personnel de Confucius de celui des premières générations de disciples.

Dès que Confucius a été considéré comme le patron de l'orthodoxie (*jou kiao*), l'Histoire s'est appliquée à le dépeindre comme le plus orthodoxe des lettrés (*jou*). La biographie qu'écrivit Sseu-ma Ts'ien ([933]) se ressent de ce parti pris : le souci d'effacer les couleurs vives imposées par l'hagiographie est à peine atténué par le désir, assez naturel chez un historien, de paraître largement informé. Mais, si elle était moins anachronique, l'image qu'on se faisait du Sage vers les Ve et IVe siècles n'était guère moins conventionnelle.

Confucius n'a eu une histoire qu'après avoir mérité de laisser une légende. Une fois avoué qu'on ne sait rien de la vie du Maître, on pourrait, certes, en faisant un choix des traits hagiographiques les plus exquis, satisfaire la piété de ceux qui demandent à voir, fût-ce en un portrait académique, revivre les âmes les plus hautes du passé. On voudra bien m'excuser si je ne parle point des paysages du Chan-tong, du tempérament mystique de ses habitants ([934]), des histoires qui couraient parmi eux sur le duc de Tcheou, lequel revenait visiter en rêve Confucius ([935]), ou sur Yi Yin, dont l'âme hantait encore les abords du T'ai chan, et si je n'évoque pas non plus cette Montagne sainte dont le Maître put admirer, tout enfant, les lignes sévères, les sombres escarpements, les cèdres toujours verts et dont le souvenir l'emplit à ses derniers moments : il eut alors, pensant à son œuvre inachevée, un instant d'angoisse et il s'écria : « Voici que le T'ai chan s'écroule... que la maîtresse poutre se gâte... et le sage s'en va comme une fleur fanée ([936]). » Il suffira de signaler que Confucius posséda les vertus classiques des saints de sa génération. Il était très grand, à peine un peu moins que Yu le Grand ([937]). Il était très fort : il pouvait à lui seul soulever la barre verrouillant une porte de ville ([938]). Il avait les sens les plus aiguisés et pouvait s'en servir sans la moindre fatigue : du haut d'une montagne, il distinguait à plusieurs lieues de distance des objets que le meilleur des disciples arrivait vaguement à voir, mais avec tant d'efforts que ses cheveux en blanchissaient d'un coup. Une extrême puissance physique accompagne, chez le Saint, une sorte d'omniscience ([939]). Confucius savait, au premier coup d'œil, répertorier des objets préhistoriques, identifier des ossements gigantesques, dire le nom véritable des bêtes les plus mystérieuses et des plus bizarres concrétions ([940]). Aussi tous l'interrogeaient. Mais il ne répondait point en disant : « Je sais » ; il disait : « On m'a appris que... » « Après que le roi Wen eut disparu, sa perfection ne fut-elle point placée en cet homme-ci ? » disait-il ingénument ([941]), car il pensait avoir reçu du Ciel, avec une mission à remplir, tous les dons nécessaires pour la mener à bien.

Aussi inspirait-il une confiance absolue à ses fidèles. L'un d'eux, dans un moment de danger, passa pour mort ; il dit, quand il reparut : « O maître, tant que vous vivrez comment pourrai-je mourir ? » (⁹⁴²). La puissante espérance de quelque chose de grand et qui ne pouvait tarder inspirait à tous une foi qui tantôt s'exaltait, mais tantôt tombait jusqu'au reniement : « Nous ne sommes ni des rhinocéros ni des tigres pour nous tenir dans ces régions désertes », dit le Sage une fois que sa troupe était en danger et qu'il sentait l'irritation dans tous les cœurs. « Ma sagesse serait-elle en défaut ? — Nous ne sommes point assez sages ! » répondit un disciple, et un autre : « Votre sagesse est trop haute ! » Mais Confucius : « Un bon laboureur peut semer ; il n'est pas sûr qu'il puisse récolter... — Votre sagesse, ô Maître, est très haute, dit à son tour le disciple préféré. Aussi personne ne l'admet. Cependant, Maître, ne vous relâchez pas... Si nous ne pratiquions pas la sagesse, la honte serait pour nous ; si nous la réalisons pleinement et que nul ne nous emploie, la honte est pour les seigneurs. — O fils de la famille Yen, répondit Confucius avec un sourire, si vous aviez beaucoup de richesses, je serais votre intendant (⁹⁴³). » C'est ainsi que le Maître soutenait les courages. Il savait même supporter le blâme quand sa conduite scandalisait les siens. Il eut une fois l'idée d'entrer au service d'un brigand qui promettait de réussir, et il fit sa cour à une princesse qui vivait mal ; Tseu-lou, le plus entier de ses élèves, se fâcha : « Celui qui m'appelle auprès de lui, comment le ferait-il sans raison ? » dit tranquillement le Maître, ou bien : « Si j'ai mal fait, c'est le Ciel qui m'y a contraint ! C'est le Ciel qui m'y a contraint ! » (⁹⁴⁴). Parmi ces gens inquiets, orgueilleux de leur indépendance, mais avides de servir, l'une des grandes querelles était de savoir lequel vaut mieux : se retirer du monde en affectant une indifférence lourde de reproches, crier son dégoût et lancer l'invective, servir et supporter compromissions et outrages en se gardant pur. Confucius ne condamnait ni la morgue ascétique, ni l'humilité stoïcienne, ni même le prophétisme criard. « Je diffère de tous ces gens, disait-il ; rien ne me convient et tout me convient (⁹⁴⁵). » Il avait la foi ingénue qui ne refuse aucune chance et que les difficultés exaltent : « Nous ne pouvons vivre avec les bêtes ni faire d'elles notre compagnie. Si nous n'acceptons pas de vivre parmi les hommes, avec qui ferons-nous compagnie ?

Certes, si l'Empire était bien ordonné, y aurait-il pour moi besoin de le changer ([946]) ? » « Si un seigneur m'employait, en un an j'aurais fait quelque chose ; je réussirais en trois ans... Supposez qu'il y ait un roi (digne du nom de roi) : il ne faudrait qu'une génération pour que s'instaure le *jen* [c'est-à-dire : un ordre digne des hommes] ([947]). »

Les anecdotes du *Louen yu* font assez bien comprendre l'esprit et la vie de l'École. Elles imposent le sentiment que le Maître avait, dans les vertus humaines, une foi qui le mettait au-dessus de ses disciples. Certaines de ces historiettes semblent indiquer les raisons de son ascendant ; peut-être révèlent-elles quelque chose de sa personnalité : ce ne sont pas, comme on peut penser, celles que l'orthodoxie préfère. Le Sage avait des mouvements de sensibilité que les siens jugeaient contraires au protocole. Une douleur vraie lui arrachait plus de larmes qu'il n'eût fallu ([948]). Il ne se considérait pas comme lié par les formes rituelles. Tenir un serment extorqué par violence était, pour ses contemporains, un moyen d'accroître leur renom : pour lui, un serment extorqué ne devait point être tenu ([949]). Il n'hésitait pas à prétendre qu'aux purs tout est pur : « Ne dit-on pas : « Ce qui est dur peut être frotté sans qu'on l'use ? » Ne dit-on pas : « Ce qui est blanc, mis dans la teinture, ne devient pas noir ? » Suis-je une calebasse qui doit rester pendue sans qu'on la mange ([950]) ? »

La doctrine du Maître paraît avoir été une doctrine d'action. Il enseignait une morale agissante, et la lettre des principes l'intéressait moins que l'action morale qu'il entendait exercer. C'est en tant que directeur de conscience qu'il semble avoir mérité son prestige. Il n'hésitait pas, selon les hommes et les circonstances, à donner des instructions que l'on trouvait contradictoires. Il imposait aux uns de songer tout d'abord à mettre les préceptes en action, mais à Tseou-lou, le hardi, il conseillait de ne rien faire sans consulter père et frère aîné. « Les traînards, je les pousse ; les fougueux, je les retiens ([951]). » Il ne parlait point pour formuler des préceptes inconditionnés, s'exposant ainsi à se voir refuser le mérite d'une doctrine ferme. Il préférait tirer de chaque occasion la leçon dont tel de ses fidèles pourrait profiter :

« Voici un homme avec qui tu peux parler ; tu ne lui parles pas : tu perds un homme. Voilà un homme avec qui tu ne dois pas parler ; tu lui parles : tu perds une parole. Sage est celui qui ne perd ni un homme ni une parole ([952]). » Mais pour lui le véritable enseignement n'était point celui qui se transmet avec des mots. « Je préfère ne pas parler, disait-il. — Si vous ne nous parlez pas, dit Tseu-kong, nous, vos disciples, qu'aurons-nous à enseigner ? — Le Ciel parle-t-il donc ? Les quatre saisons suivent leur cours, tous les êtres reçoivent la vie, et pourtant le Ciel parle-t-il ([953]) ? »

L'influence du sage, comme celle du Ciel, est silencieuse, profonde, vivifiante. Comme les comportements des êtres soumis à l'action régulatrice du Ciel, les comportements des hommes subissent l'ascendant de l'ordre qui s'exprime dans la conduite du sage. On nous a donc conservé de nombreux traits qui font éclater le contrôle rigoureux que Confucius exerçait sur ses moindres gestes et son constant souci de tenir compte des situations et des circonstances ([954]). Il avait une façon raffinée et personnelle de pratiquer l'étiquette ([955]). C'est à une certaine finesse élégante des manières et de la tenue qu'il reconnaissait l'homme policé (*wen* : civilisé). Il soutenait que, pour mériter ce titre, il fallait être actif, soucieux d'apprendre, jamais honteux de s'informer (même) auprès d'un inférieur ([956]). » « Si j'ai (seulement) deux hommes avec moi, je suis sûr d'avoir un Maître ([957]) », disait-il, car son grand souci était de marquer que la vie en commun (et mieux encore, sans doute, la vie dans une École) est, avec le contrôle qu'elle entraîne des moindres détails de la conduite, le principe de perfectionnement qui fait d'un individu humain un homme accompli (*tch'en jen*).

Aimer une vertu, quelle qu'elle soit, « sans aimer à s'instruire », n'aboutit qu'à grossir un défaut ([958]). « Les hommes diffèrent moins par leurs complexions naturelles (*sing*) que par la culture (*si*) qu'ils se donnent. Seuls ne changent point les sages de premier ordre et les pires idiots ([959]). » Lorsqu'on a lu une affirmation aussi nette et quand, d'ailleurs, tout le *Louen yu* fait apparaître l'émulation qui régnait dans l'École et la passion avec laquelle le Maître l'excitait, on a quelque peine à comprendre qu'il se soit trouvé des interprètes pour dire de Confucius : « La pensée du perfectionnement individuel ne lui vient même pas ([960]). » Toute la pensée du Sage, et en particulier sa politique, se résument dans l'assimilation qu'il établit entre le Maître et le Prince. Celui-ci mérite le nom de Prince (*kiun*) et celui-là l'appellation de *kiun tseu*, s'ils possèdent, l'un et l'autre, le *Tao* ou le *Tö* (ou le *Tao-tö*) c'est-à-dire l'efficace qui permet « de promouvoir ceux qui (déjà) sont bons et d'instruire ceux qui n'ont pas (encore) de talent, de façon que tous soient *excités à l'effort* (*k'iuan*) ([961]). »

Cette obligation à l'effort et le devoir d'y exciter se rapportent surtout à la vie morale. L'essentiel pour un gouvernement est d'obtenir que règnent la confiance, la bonne entente, la probité (*sin*). L'abondance de ressources et la force militaire ne viennent qu'au second plan ([962]). Comme le Prince, les gentilshommes dignes de ce nom (*kiun tseu*) ne s'intéressent point aux bénéfices matériels ; ils ne cherchent point l'*avantage* (*li*) ([963]). Ce mot a un sens très large. Confucius ne condamne pas seulement la poursuite de l'intérêt, mais tout esprit de compétition vulgaire (*k'o*). L'honnête homme ne cherche qu'à se surpasser (*k'o*) lui-même ([964]). « Le noble (*che* : le lettré) tend sa volonté vers le *Tao* et ne doit point avoir honte d'être mal vêtu ou mal nourri. » « Le gentilhomme (*kiun tseu*, ou l'homme de bien, *chan jen*) ne pense qu'au *Tö* ; les gens de peu (*siao jen*) ne pensent qu'aux biens (mot à mot : à la terre) ([965]). » « A-t-on appris le matin ce qu'est le *Tao* et meurt-on le soir ? c'est parfait ! » En cette fière maxime, se résume une morale de l'effort, d'esprit aristocratique dont l'originalité est marquée par la nuance nouvelle donnée aux mots *tao* et *tö*.

Le *Tao-tö*, l'Efficace princière, n'est plus conçu par Confucius comme une sorte de qualité proprement patrimoniale. Sans doute conserve-t-il l'idée que cette efficace n'atteint sa plénitude que chez le Chef. Celui-ci peut seul se dégager entièrement de toute vile préoccupation. Sans doute aussi Confucius est-il convaincu que seul un gentilhomme peut prétendre au *Tao* et au *Tö*, car la vie qu'il mène le détache « de la terre », c'est-à-dire des besognes et des soucis vulgaires : il peut se policer par la pratique de l'Étiquette ([966]). Il reste cependant que l'acquisition du *Tao* et du *Tö* est affaire d'effort personnel. Elle demande une application

constante, un acharnement de tous les instants. Il n'y faut
point dérober même le temps d'un repas ([967]). Tout au plus,
peut-on espérer l'obtenir comme le couronnement d'une vie
tout entière tendue vers cette fin idéale. « Si l'on vous interroge sur moi, disait Confucius, que ne répondez-vous :
« C'est un homme à qui son constant effort fait oublier le
manger et qui y trouve une joie qui lui fait oublier ses peines :
il ne s'aperçoit pas que la vieillesse arrive ([968]) ? » Pourtant
il ne se flattait pas d'avoir atteint la sainteté (*cheng*) et mérité
le nom de *jen* : « De moi, l'on peut dire seulement que j'ai
persévéré sans lassitude et que j'ai enseigné autrui sans me
décourager ([969]). » Cet effort incessant vaut comme une
prière. Quand le Maître fut près de mourir, les disciples voulurent offrir des sacrifices : « Il y a longtemps que ma prière
est faite », dit Confucius ([970]).

Dans la pensée confucéenne, le *Tao-tö* tend à se confondre
avec un idéal de perfection obtenu par la pratique de vertus
purement humaines : ce sont le *jen* et le *yi*, vertus qui ne
peuvent se cultiver qu'au contact des autres hommes et dans
une société policée.

Le rapport établi par Confucius entre le *jen*, le *yi* et le
Tao-tö a été souligné très objectivement par le taoïste Tchouang tseu ([971]). Sur ce point, du reste, le *Louen yu* contient
les indications les plus nettes : « Le *Tö* n'est point pour qui
vit seul : il faut avoir des voisins ([972]). » Rien n'est plus important que le choix des amis et l'entretien des relations d'amitié (*yeou*) ([973]). Il faut éviter l'excès de familiarité, les frotte-
ments trop vifs, les conseils indiscrets. Surtout il ne faut se
lier qu'avec des gens capables de cultiver en commun le
jen et le *yi*. Toutes les fautes des hommes proviennent du
groupement (*tang*) dont ils font partie. Point de progrès
hors du contrôle d'un groupe d'amis, mais qu'on prenne
garde à l'esprit partisan (*tang*)!

Seul « le gentilhomme a des lumières sur l'équité (*yi*) ; les
gens de peu n'en ont que sur l'avantage (*li*) » ([974]). Cultiver
le *yi*, c'est tâcher d'acquérir une notion *entièrement équitable*
du toi et du moi et non pas seulement du tien et du mien. Il
ne s'agit pas uniquement de ne point faire de torts matériels
et de ne considérer que les droits, les statuts, les biens : tout

cela est déjà le devoir des simples vilains. Pour les honnêtes gens, il s'agit encore de s'astreindre à ne jamais porter sur autrui que des jugements équitables, impartiaux, *réversibles* (*chou*). De cette réversibilité (*chou*), le *Louen yu* a donné, par trois fois, une belle définition : « Ce que vous ne désirez pas (qu'on vous fasse), ne le faites pas à autrui » ([975]). Ce haut sentiment de la réciprocité, fait de scrupules à l'égard du toi comme du moi, a un double aspect : le respect d'autrui (*king*), le respect de soi-même (*kong*) ([976]). Du souci constant des réciprocités équitables et du sens de la respectabilité qu'affine la pratique élégante de l'Étiquette (*li*), naît, quand il s'y ajoute encore des dispositions indulgentes et affectueuses, la vertu suprême, le *jen*, c'est-à-dire, un sentiment actif de la *dignité humaine* ([977]).

Perpétuellement interrogé sur le *jen*, Confucius en a donné les définitions les plus diverses. Définitions toujours concrètes ou plutôt pratiques et inspirées par le désir de tenir compte, dans la direction morale, des dispositions propres à chaque disciple. Si pourtant ces définitions sont diverses, c'est qu'il s'agissait d'une vertu complète en soi et qu'aucun terme ne pouvait épuiser, sinon le mot même qui la désignait. Sans cette vertu, dernière et totale, et qu'on acquiert en vivant dans une société d'amis soigneusement triés, nul ne sait ni aimer, ni haïr, ni pratiquer la loyauté, ni se délivrer de l'appréhension de la mort ou de toute anxiété, ni se faire respecter, aimer et obéir, ni se montrer endurant, ferme, simple et modeste, ni éviter la violence, ni se vaincre soi-même, ni posséder l'éloquence véritable ou la véritable bravoure ([978]). Les premières conditions du *jen*, il est possible de les indiquer : ce sont le respect de soi, la magnanimité, la bonne foi, la diligence, la bienfaisance. Mais Confucius préférait avouer qu'il ne pouvait exprimer ce qu'est au fond le *jen* ([979]). Il dit cependant un jour que l'honnête homme doit aimer autrui et que si le sage (*tche*) connaît (*tche*) les hommes, qui possède le *jen* ou, plutôt, qui est *jen* doit aimer les *hommes* (*jen*) ([980]).

Le P. Wieger a affirmé que Confucius « exigeait, quoi ?... la charité, le dévouement ?... oh ! pas du tout. — Il exigeait la *neutralité de l'esprit* et la *froideur du cœur* » ([981]). Aussi

après s'être écrié : « Ne traduisez pas *jen* par charité! »,
a-t-il proposé le mot *altruisme*. C'est faire d'une pierre
deux coups, — et peu importe un anachronisme — ; mais
on est surpris que, sans avoir, pour commettre le péché
d'anachronisme, les mêmes excuses que le P. Wieger (s'il
en a), d'autres interprètes ([982]) aient pu se laisser séduire
par une traduction qui néglige toutes les définitions du
Louen yu et dissimule deux caractéristiques essentielles
du *jen* : le respect d'autrui, le respect de soi. La conception
confucéenne du *jen* ou de l'homme accompli, et qui mérite
seul le nom d'homme, s'inspire d'un sentiment de l'humanisme qui peut déplaire, mais qu'on n'a point le droit de
celer. Tout le *Louen yu*, (comme du reste le *Tchong yong*
et le *Tai hio*), le montre, l'idée maîtresse de Confucius et
de ses premiers disciples (de Confucius? ou de ses premiers
disciples? je ne puis en décider) fut de rejeter toute spéculation sur l'Univers et de *faire de l'homme l'objet propre du
savoir*. Pour eux, le principe de ce savoir, seul intéressant
et seul efficace, était la vie en société, le travail de connaissance, de contrôle, de perfectionnement poursuivi en
commun, la culture humaniste, grâce à laquelle l'homme
se constitue en dignité.

Se cultiver (*sieou ki* ou *sieou chen*) n'est point considéré
comme un simple devoir de morale personnelle. C'est
grâce à la vie de société que se constitue la dignité humaine ;
c'est la société qui bénéficie de la culture atteinte par les
sages : « L'honnête homme (*kiun tseu*), dit Confucius,
cultive sa personne et (par suite) sait respecter (autrui)!
— Est-ce tout? demanda Tseu-lou. — Il cultive sa personne et (par suite) il donne aux autres la tranquillité!
— Est-ce tout? — Il cultive sa personne et donne la tranquillité au peuple entier! Il cultive sa personne et donne la
tranquillité au peuple entier ([983])! » « Sans avoir à intervenir
(*wou wei*), gouverner l'Empire, c'est ce que fit Chouen et
comment? Il avait le respect de lui-même (*kong ki*) ; il se
tourna face au Sud : ce fut assez ([984]). »

Le *Tai hio* ([985]) ne fait qu'amplifier ce thème. « Les
anciens (Rois) qui désiraient faire resplendir le Tö (l'Efficace)
dans l'Empire, commençaient par bien gouverner leur
domaine ; désirant bien gouverner leur domaine, ils

commençaient par mettre de l'ordre dans leur famille ; désirant mettre de l'ordre dans leur famille, ils commençaient par se cultiver eux-mêmes ; désirant se cultiver eux-mêmes, ils commençaient par rendre conforme aux règles (*tcheng*) leur vouloir (leur cœur) ; désirant rendre leur vouloir conforme à la règle, ils commençaient par rendre sincères (*tch'eng*) leurs sentiments ; désirant rendre sincères leurs sentiments, ils commençaient par pousser au plus haut degré leur sagesse (*tche*). — Pousser sa sagesse au plus haut degré, c'est scruter les êtres. — Quand ils avaient scruté les êtres, leur sagesse était poussée au plus haut degré ; quand leur sagesse était poussée au plus haut degré, leurs sentiments étaient sincères ; quand leurs sentiments étaient sincères, leur vouloir était conforme aux règles ; quand leur vouloir était conforme aux règles, eux-mêmes étaient cultivés ; quand eux-mêmes étaient cultivés, leur famille était en ordre ; quand leur famille était en ordre, leur domaine était bien gouverné ; quand leur domaine était bien gouverné, l'Empire jouissait de la Grande Paix. — *Depuis le Fils du Ciel jusqu'aux gens du peuple*, tout le monde doit avoir pour principe : cultiver sa personne (*sieou chen*). » Ce raisonnement, bien qu'on l'ait comparé au sorite, ne repose point sur un enchaînement de conditions : il cherche à rendre sensible l'unité d'un principe d'ordre (le *Tao-tö*), unissant, à la manière d'un courant réversible, des groupements hiérarchisés, mais étroitement solidaires qui vont de l'Individu à l'Univers ([986]).

De même, l'auteur du *Tchong yong* ([987]), qui semble donner une même valeur aux expressions *sieou chen* ([988]) (cultiver sa personne) et *sieou Tao* (cultiver, pratiquer le Tao) ([989]), écrit : « Le sage (*kiun tseu*) ne peut pas ne point se cultiver (*sieou chen*) ; dès qu'il pense à se cultiver, il ne peut pas ne point servir ses proches ; dès qu'il pense à servir ses proches, il ne peut pas ne point connaître les hommes ; dès qu'il pense à connaître les hommes, il ne peut pas ne point connaître le Ciel ([990]). » Connaître les hommes et se cultiver, c'est se connaître soi-même, mais *non par simple introspection* ni en vue de la simple connaissance. Ce que le sage, en vue de régenter les conduites, se propose de connaître, ce sont les comportements des individus qu'il s'abstient de considérer comme des réalités autonomes. L'individu n'est jamais détaché *abstraitement* des groupes hiérarchisés parmi lesquels sa vie se passe et où il acquiert, avec une personnalité, *tout* ce qui constitue la *dignité d'homme*. Ce n'est point une science abstraite de l'homme que Confucius et ses fidèles ont tenté de fonder : c'est un art de la vie qui embrasse psychologie, morale et politique. Cet art naît de l'expérience, des observations que suggère à qui sait réfléchir la vie de relation et auxquelles s'ajoute le savoir légué par les anciens.

A cet art ou à ce savoir convient le nom d'humanisme. Il s'inspire d'un esprit positif. Il ne tient compte que de données observables, vécues, concrètes. Confucius disait : « Scruter le mystère, opérer des merveilles, passer à la postérité comme un homme à recettes (*chou*), c'est ce que je ne veux pas [991]. » Il se refusait à discourir sur les Esprits : « Tu ne sais rien de la vie, que (peux-tu) savoir de la mort [992] ? » « Il ne parlait que rarement de l'Avantage, de la Destinée, du *jen* [993] » et seulement à propos de cas particuliers : « Il s'abstenait de parler des choses merveilleuses, des tours de force, des troubles, des choses sacrées [994] », non par agnosticisme ou même par prudence rituelle : seuls l'intéressaient le quotidien, le prochain, le *positif*. Peut-être voulait-il détacher ses compatriotes du vieux savoir classificatoire, où politique et physique s'amalgamaient obscurément. Il espérait, sans doute, les détourner des spéculations scolastiques ou mystiques. Seul, semble-t-il, lui paraissait bienfaisant et valable un art de la vie jaillissant des contacts amicaux entre hommes policés. Il identifiait culture humaine et bien public.

II. MŌ TSEU ET LE DEVOIR SOCIAL

Nous ne savons rien de la vie de Mō Ti (ou Mō tseu). Il naquit dans le pays de Lou (ou de Song), fit, peut-être, un voyage à Tch'ou, se fixa, sans doute, à Lou et mourut au début du IVe siècle. Comme Confucius, Mō tseu était un noble sans fortune. Il fonda une école prospère : elle eut aux IVe et IIIe siècles bien plus d'éclat que l'école confucéenne. Nulle école ne ressemble plus à une secte. Elle se divisa, vers la fin du IVe siècle, en plusieurs chapelles qui conservèrent une certaine unité. Cette unité fut d'abord plus stricte : la secte était soumise à l'autorité d'un Grand-Maître (*K'iu-tseu*), considéré comme un saint (995). On ne sait pas quelle autorité disciplinaire ou doctrinale pouvait lui être attribuée, mais il paraît bien que la secte avait une organisation et reconnaissait une hiérarchie. Jusqu'au moment où une chapelle séparée (*Pie-mö*) s'adonna surtout à la logique (996), répéter les discours du Maître fut le principal devoir des fidèles. Ceux-ci apparaissent, tels qu'on nous les décrit, comme des frères prêcheurs allant partout porter la bonne parole. Ils cherchaient à faire impression en affectant, dans leur tenue, un extrême dénuement. Le patron qu'ils avaient adopté n'était point un héros du cérémonial, comme le duc de Tcheou, inspirateur de Confucius. C'était Yu le Grand qui parcourut l'Empire entier pour aménager fleuves et montagnes (997), portant lui-même des sacs, maniant lui-même la bêche, s'usant, pour le bien commun, au point de n'avoir plus un poil au mollet, s'en remettant, pour se laver, au vent et, pour se peigner, à la pluie. Qui ne faisait point vœu de vivre à la manière (*tao*) de Yu n'était point admis dans la secte (998). Il fallait surtout être à même de prêcher. Aussi la rhétorique était-elle enseignée aux adeptes. Ils recevaient des modèles de sermons que, dit-on, le Maître avait rédigés. Exordes, divisions, définitions, réfutations, conclusions, répétitions, mouvements oratoires, rien n'y manquait, pas même un titre émouvant : « De la frugalité », « Contre la violence », « La volonté du Ciel », « Contre les spectacles », « Contre les esprits forts », « Contre les lettrés ». Ces sermons nous sont parvenus, pour la plupart, sous trois rédactions sensiblement différentes (999). Les différences datent-elles du moment où on les mit sous forme écrite (1000) ? Sont-elles dues à une mauvaise transmission ? Il est difficile d'en décider (1001). Peu importe, au reste. Chez Mö tseu et ses disciples, le fonds doctrinal, assez mince, a moins d'intérêt que la foi sectaire qu'on y sent.

Sur l'esprit de la secte, le *Tchouang tseu* nous a conservé un jugement qui s'accorde fort bien avec celui qu'on peut tirer des documents conservés. « S'opposer au goût du

luxe, éviter la dilapidation, ne point chercher la splendeur
dans les nombres et mesures protocolaires, se soumettre
à des règles strictes, se préparer aux difficultés de la vie,
tels furent les principes... de Mö tseu... Il écrivit « Contre
les spectacles »... « Sur la frugalité ». (Selon lui) les vivants
ne devaient point chanter, ni les morts être l'objet d'un deuil.
(Il conseilla) d'étendre (à tous) une affection (*fan ngai*)
impartiale, de (considérer) impartialement les bénéfices (de
toutes sortes) (*kien li*) et de s'opposer aux querelles (*fei
teou*). Il condamnait la colère. Il aimait l'étude, mais ne voulait point de distinctions pour les savants... ([1002]). » Comme
le *Tchouang tseu* le constate, ce fanatisme triste et cet idéal
de macération (*tseu kou*) avaient peu de chances de réussir
en Chine. La secte connut, cependant, pendant près de
deux siècles, un succès que peut seule expliquer la crise
que traversait alors la civilisation chinoise ([1003]). La vogue
de Mö tseu fut éphémère ; la secte dut disparaître quand
Che Houang-ti fonda l'Empire. A l'opposé du Confucéisme,
elle ne refleurit point sous les Han. Longtemps considéré
comme un ennemi de la culture, partisan d'un utilitarisme
médiocre, Mö tseu est, depuis peu, revenu à la mode. Les
uns se plaisent à voir en lui un précurseur du socialisme et
les autres une belle âme qui crut en Dieu ([1004])...

Mö tseu est un conservateur pessimiste. Il est aisé de
définir son attitude, difficile de dégager ses idées. Ce prédicateur tenait à convaincre, bien plus qu'à prouver ; sa façon
d'argumenter a quelque chose de démagogique : la même
vulgarité se retrouvait-elle dans sa pensée ? Quand il déclame
au profit du bien public, il ne fait jamais appel qu'à des
sentiments intéressés : réduisait-il tout à l'intérêt ? Confucius (ou ses disciples) concevait la vie comme un effort perpétuel de culture, que l'amitié et une franche politesse rendaient possible, qui se poursuivait dans l'intimité, qui valait
comme une prière, mais une prière désintéressée. Mö tseu
semble admettre, sans restriction aucune, le *principe d'autorité* ; ce sont les chefs et les dieux établis qui déterminent
le licite et l'illicite et, comme ils détiennent les sanctions,
il n'y a, si l'on ne veut point s'exposer à être châtié, qu'à se
soumettre à leur volonté.

Le point essentiel de la doctrine est une vue sur l'origine du gouvernement. Elle est remarquable par la primauté qu'on accorde non pas au caractère social (*jen*) des hommes, mais à leur sentiment strictement individuel du tien et du mien (*yi*). Les hommes n'ont pu sortir de l'anarchie (*louan*) qu'en acceptant de s'en remettre pour toutes choses aux décisions d'un chef : « Il n'y avait au début ni gouvernement, ni pénalités. Chaque homme avait une idée différente du tien et du mien (*yi*) ; un homme en avait une ; deux hommes en avaient deux ; dix hommes, dix ; autant d'hommes, autant d'opinions (*yi*) différentes. Chacun n'acceptant que son idée du tien et du mien et refusant d'admettre celle qu'en avait autrui, (il n'y avait entre les hommes que) des rapports d'hostilité (*fei* : de négation) réciproque. Dans les familles, régnaient entre pères et fils, aînés et cadets, la haine, la discorde, la division, la désunion : (les parents) étaient incapables de vivre ensemble en bonne harmonie. Dans l'Empire, tous les hommes se détestaient comme l'eau et le feu, (se haïssaient) comme du poison. Ce qui leur restait d'énergie, ils étaient incapables de l'employer à s'entraider. Ils vivaient dans l'anarchie, tout comme les bêtes. Puis ils comprirent que l'anarchie provenait de l'absence de chefs. Ils choisirent le plus sage pour le constituer Fils du Ciel. Le Fils du Ciel craignant de ne pas avoir, à lui seul, assez d'énergie choisit les plus sages pour en faire ses Ministres... Les Ministres craignant de n'avoir pas assez d'énergie, l'Empire fut divisé en seigneuries, et les plus sages furent choisis pour en être les chefs... (Et ainsi de suite jusqu'aux chefs de village) ([1005]).»

Depuis ce contrat initial, il n'y a plus qu'à se soumettre passivement à l'opinion des chefs. « Si l'on ignore si (une chose) est licite ou non, on doit s'adresser au chef ; si le chef dit oui, tous disent oui ; s'il dit non, tous disent non... Le chef du village est le meilleur (*jen*) du village... Le chef du district est capable d'unifier toutes les idées (des gens) du district sur le tien et le mien... Il est le meilleur du district... Le Fils du Ciel est capable d'unifier dans tout l'Empire l'idée du tien et du mien... Quand le Fils du Ciel dit oui, tous disent oui ; quand il dit non, tous disent non ([1006]). »

La pensée de Mö tseu est bien autrement brutale que celle

des Légistes. L'idéal d'uniformité (*t'ong*) qu'il professe n'admet aucune atténuation. Il y a anarchie si l'uniformité n'est point totale et constante. Il suffit aux Légistes que le Prince dicte la loi. Pour Mö tseu, il doit dicter l'*opinion*. Tel est le sens qu'il donne au mot *yi*, tandis que le mot *jen* désigne le *meilleur*, le *saint*, c'est-à-dire le Chef ([1007]).

Cette admiration sectaire du despotisme se raccorde à une conception religieuse où certains discernent une haute piété. Mö tseu invective les esprits forts, qu'il appelle des fatalistes. Ils sapent la morale traditionnelle : piété filiale, amour fraternel, loyalisme, pudicité. Ils ruinent la bonne opinion (*yi*), l'autorité des rois saints (*cheng*), des sages, des meilleurs (*jen*), en soutenant que le bonheur et le malheur sont affaire de chance ([1008]). Bonheur et malheur sont, en réalité, les récompenses et les châtiments que décerne le Ciel. Il n'y a pas dans le sermonnaire de Mö tseu de passages plus brillants que ceux où il déplore le déclin de la foi ancestrale. Si la criminalité augmente, c'est qu'on ne croit plus [comme au temps jadis où « il y avait des rois saints et (où) l'Empire n'avait point perdu la bonne opinion (*yi*) »] à l'intervention des esprits (*kouei chen*) qui viennent « récompenser les sages et punir les mauvais » ([1009]). Nombreux furent, à Ts'i, ceux qui virent l'auteur d'un faux serment encorné par le bélier qui devait être sacrifié ; quand le roi Siuan fut abattu à coups de flèches par le spectre de sa victime, nombreux furent les témoins ; et, du reste, comment douter de ces miracles ? ils furent consignés dans les Annales officielles ([1010])... Mais c'est surtout le Souverain d'En-haut, c'est surtout le Ciel qu'il faut craindre. La crainte des parents, des voisins, des chefs, à qui l'on peut échapper, n'est qu'une barrière médiocre contre l'anarchie. On n'échappe pas aux Esprits et moins encore au Ciel. Il n'est point de forêts, gorges ou retraites qui permettent de fuir son courroux, car sa lumière voit tout ([1011]).

Le Ciel s'occupe plus spécialement de récompenser et de punir les Fils du Ciel. Mö tseu, pour refréner les tendances criminelles du peuple, fait surtout appel aux croyances populaires sur le pouvoir vengeur des Esprits ; pour refréner les vices des Tyrans, il évoque, à la suite des poètes de la cour royale, l'idée du Ciel justicier, du Souverain d'En-haut, patron dynastique. Aussi parle-t-il de la Volonté du Ciel (*T'ien tche*) avec les mêmes termes, à peu près, qu'il emploie pour exiger une entière soumission aux décisions du souverain : « La Volonté du Ciel est pour moi comme l'équerre et le compas pour le charron ou le charpentier. Si elle dit : cela est juste, ce l'est ; si elle dit : ce n'est pas juste, ce ne l'est pas ([1012]). »

Confucius concevait l'enseignement moral comme une excitation amicale et nuancée à la réflexion personnelle. Mö tseu enseigne la soumission à la Volonté Céleste et se sert, pour endoctriner, d'une sorte de catéchisme : « Comment savons-nous que le Ciel aime tous les hommes ? — Parce qu'il les éclaire tous uniformément. — Comment savons-nous qu'il les éclaire tous uniformément ? — Parce qu'il les a tous uniformément (pour fidèles). — Comment savons-nous qu'il les a tous uniformément (pour fidèles) ? — Parce que tous uniformément le nourrissent. — Comment savons-nous que tous uniformément le nourrissent ? — Parmi tous les mangeurs de riz, il n'y en a point qui n'élèvent bœufs, moutons, chiens et porcs, qui ne préparent du riz et du vin de riz pour en faire offrande au Souverain d'En-haut et aux Esprits ([1013]). » Il est difficile de décider si, à la conception utilitaire de la religion qui s'étale dans ses sermons Mö tseu joignait les sentiments de piété qu'il est à la mode de lui attribuer. Il y a loin, en tout cas, entre cette piété et le « positivisme » confucéen qui interdit toute prière intéressée.

Voir en Mö tseu un successeur de Confucius, lui prêter « une pensée plus profonde que celle de son devancier » et définir son originalité par une moindre « dévotion aux anciens » ([1014]), c'est, je crois, apprécier sa « doctrine » non sans parti pris et d'une façon superficielle. Certes, Mö tseu fait un grand emploi des termes *jen* et *yi* ; il utilise leur prestige, mais il leur donne une valeur toute différente de celle que Confucius leur assignait. Pour ce dernier, le bien public a pour fondement l'effort personnel de culture qui fait de l'individu un homme accompli dès qu'il acquiert un sentiment nuancé du toi et du moi. Pour Mö tseu, la distinction du toi et du moi est le principe de toutes les plaies sociales.

Ce n'est point l'individu qui le préoccupe, mais le bien public, — qu'il ne distingue pas des bonnes mœurs du temps jadis. Il se fait, de l'ordre féodal, une idée tout utopique : il n'a connu que le régime des Tyrannies dont Confucius vit seulement les premiers débuts. Tandis que les Légistes vont tenter d'opposer au bon plaisir du despote l'intérêt de l'État et la loi souveraine, Mö tseu exige une entière soumission aux autorités établies, car il ne peut y avoir de bonnes mœurs si le pouvoir de coercition du Chef se trouve limité. Mais le Chef lui-même doit obéir aux mœurs, et c'est le rôle des sages de le lui rappeler. D'où la nécessité de la prédication et son objet : réaliser le bien public en obtenant des Princes, qu'on menace du courroux divin, qu'ils s'attachent aux bonnes mœurs et les imposent à leurs sujets.

Ici intervient ce qu'on se plaît d'ordinaire à appeler la doctrine de l'amour universel. On la présente comme une pure doctrine morale. Pourtant ce qui la domine, c'est uniquement l'idée de l'ordre social, ou plus exactement l'horreur de la misère. L'expression *kien ngai* (qu'on traduit par « amour universel ») s'oppose à l'expression *pie ngai* qui désigne l'*affection partiale*, celle qui se limite à l'entourage immédiat : *kien ngai*, c'est l'*affection impartiale* que ne fausse point l'*esprit de clientèle*, que l'*esprit de clan* ne transforme point en égoïsme ou plutôt en une *passion haineuse de rivalité*. Fait caractéristique (et déjà fort bien signalé par le *Tchouang tseu*) ([1015]), Mö tseu unit toujours le *kien ngai* au *kien li*, le *pie ngai* au *tseu li*. *Tseu li*, c'est la volonté de réserver, pour soi ou les siens, tous les profits ; *kien li*, c'est, au contraire, ne point se montrer partial dans l'attribution des avantages et des biens de ce monde. Mö tseu professe que tous — et chacun — pâtissent dès qu'il y a esprit de lucre (*tseu li*) et esprit de clan (*pie ngai*).

L'intérêt bien compris se confond avec l'intérêt public pour conseiller une distribution des bénéfices et des affections qui ne soit point inspirée par des sentiments étroits, mais par le sens de l'impartialité (*kien li*, *kien ngai*). « Qui aime (*ngai*) autrui sera aimé à son tour ; qui fait profiter autrui profitera à son tour. » « Un prince qui ne sait chérir (*ngai*) que son domaine, et n'a aucune affection pour les domaines d'autrui, rien ne l'empêche d'employer toute la puissance de son domaine pour attaquer les domaines d'autrui. Un chef de famille qui ne sait chérir que lui-même... rien ne l'empêche... de s'emparer (de ce qui est à) d'autres », d'où les usurpations, les brigandages, les vols. Mais si « tous les hommes avaient entre eux une affection mutuelle, les forts ne feraient plus leur proie des faibles, ceux qui sont en nombre ne violenteraient pas ceux qui sont moins nombreux, les riches ne brimeraient point les pauvres, les habiles ne duperaient pas les simples... » ([1016]). L'impartialité dans l'affection ne fait point tort aux affections personnelles ; tout au contraire, elle leur ajoute une sorte de garantie. Un prince, un père qui ne chérissent que leur propre domaine, leur propre famille, pourquoi ne s'aimeraient-ils pas eux-mêmes uniquement ? Mais un fils, s'il chérit son père, ne doit-il pas désirer lui assurer le bénéfice de l'affection et de l'impartialité d'autrui ?

Mö tseu donne pour fondement à l'ordre social non pas le sentiment affiné de la réciprocité (*chou*) que Confucius fait naître des contacts amicaux entre hommes policés, mais le vieux devoir, féodal et paysan, de l'*entraide*. Sur ce point encore, c'est à la sagesse enregistrée dans les poèmes du *Che king* qu'il se réfère : « Si tu me donnais une pêche, je te revaudrais une prune ! » « Tout mot entraîne une réplique, tout bienfait appelle un paiement ([1017]) ! » Aussi admet-il que rien n'est plus facile à pratiquer que cette entraide, du moins si, comme au temps jadis, les chefs donnent le bon exemple. Pour que l'esprit d'entraide et d'entente impartiale produise son plein effet, il faut qu'il règne universellement, s'imposant à tous, et d'abord aux chefs eux-mêmes.

A tous, et d'abord aux grands, s'impose donc un double devoir : le travail et l'économie. La pensée de Mö tseu, comme celle des Légistes, est dominée par la crainte de voir les hommes manquer de ressources ; seulement, au lieu de pousser à la production en vue d'accroître la force de l'État, il condamne la thésaurisation, et plus encore le luxe, le développement de la fiscalité, l'accroissement de la puissance militaire. Il dit avec force que la guerre n'est qu'un brigandage sans profit réel. Elle empêche les deux belligérants de produire des biens utiles ; elle ruine le vainqueur lui-même ; enrôler des soldats, c'est laisser les champs sans travailleurs, les filles sans maris ; et pourtant, pour se perpétuer, la société a besoin de vivres et d'enfants. Le fisc, en dérobant au peuple même le nécessaire, ruine le goût du travail. Du reste, le luxe que les impôts permettent d'entretenir dans les cours des tyrans est non seulement dépense improductive, mais encouragement à l'oisiveté. Une tempérance laborieuse doit être la règle commune. Il est mal de dilapider ; un vêtement est assez bon s'il protège le corps ; c'est un péché d'y ajouter des broderies. Tous les travaux des artisans doivent être réglementés en vue de l'utile, contrôlés afin d'éviter toute perte de temps. Il est mal de chômer ; les dépenses somptuaires du deuil doivent être interdites comme les deuils trop longs ; trois mois suffisent pour le deuil : pourquoi défendre aux veuves de se ramarier avant trois ans ? Il est mal de se récréer : les rites et les fêtes, les jeux, les spectacles ne servent qu'à diminuer les surplus nécessaires à la pratique de l'entraide. Chaque homme doit employer toutes ses forces en songeant au profit commun. Il doit d'abord chercher à se suffire. « S'il lui reste des forces, il doit les employer à soulager autrui. S'il lui demeure quelque surplus, il doit en faire part à autrui [1018]. »

Fruste dans l'expression et ne semblant, le plus souvent, faire appel qu'à l'intérêt, la prédication de Mö tseu a une saveur plus âpre et plus puissante qu'une simple doctrine de l'amour du prochain. Les malheurs du temps, le spectacle de la misère matérielle ont conduit ce conservateur à tirer de la vieille idée de l'entraide deux idées neuves, révolutionnaires, et dont l'insuccès proclame la hardiesse, sinon le mérite. Possédé par le sentiment du bien public, il s'est attaqué à la fois à l'esprit d'anarchie et à l'esprit de clan. Il a compromis l'idée de devoir social qui inspire sa morale en la liant à une utopie conservatrice et à l'apologie de la macération, du travail sans délassement, de la discipline la plus frugale. Ses compatriotes lui ont reproché son manque d'humanité, le peu de cas qu'il fait des sentiments individuels les plus profonds, le mépris qu'il semble professer pour l'idéal confucéen de vie policée et de culture personnelle. Certains ont fort bien compris que la prédication de Mö tseu tendait à instituer un Despotisme appuyé sur une organisation sectaire [1019]. Ils se sont en général contentés de le blâmer pour avoir subordonné les devoirs de famille au devoir social. Tous ont senti, mais aucun n'a dit expressément, que la doctrine de Mö tseu avait échoué non pas seulement parce qu'elle heurtait un idéal d'individualisme, mais surtout parce qu'elle dénonçait l'esprit de clan et voyait en lui un principe d'anarchie.

Chapitre III

Les recettes de sainteté

Un adversaire insidieux demanda un jour à Mö tseu pourquoi il se mettait en peine de courir après les hommes : « Une jolie fille demeure à la maison et se garde bien de sortir : les hommes à l'envi la recherchent. Va-t-elle se produire à tous ? Nul ne lui prête attention. » — « Nous vivions, répondit Mö tseu, dans un siècle corrompu. Pour rechercher les jolies filles, il y a foule. Une jolie fille n'a pas besoin de sortir de chez elle pour qu'on la recherche. Pour rechercher les gens de bien, il n'y a pas presse. Si l'on ne violentait pas les gens pour les endoctriner, nul ne vous prêterait attention (1020). » Au prosélytisme et à la faconde rhétoricienne de Mö tseu s'oppose la vie effacée et secrète des sages du Taoïsme. Sans souci, ils vivent dans les solitudes, ou bien, au milieu des hommes, se réfugient dans l'extase. Ils ne s'inquiètent pas de recruter des adeptes. S'ils font des conversions, c'est par l'effet d'un enseignement silencieux. Ils recherchent la sainteté avec tant de désintéressement qu'ils n'ont l'idée ni d'en faire bénéficier autrui, ni d'en profiter eux-mêmes d'aucune manière (1021). Ce sont des ascètes, mais qui détestent les macérations. Ce sont des croyants, mais peu leur importent dieux, dogmes, morales, opinions. Ce sont des mystiques, mais jamais prières ou effusions ne furent plus froides et plus impersonnelles que les leurs. Ce sont, du moins ils n'en doutent pas, les seuls véritables amis de l'homme, mais ils se moquent des bonnes œuvres. Ils connaissent, disent-ils, la vraie manière de mener le peuple ;

cependant, ils profèrent leurs plus durs sarcasmes s'ils entendent parler de devoir social. Ils ont fourni à la Chine des
chefs de secte redoutables, des politiciens pleins d'entre-
gent, ses dialecticiens les plus subtils, les plus profonds de
ses philosophes, son meilleur écrivain. Pourtant, ils n'estiment que la modestie, l'abstention, l'effacement. Nul n'est
saint, insinuent-ils, s'il laisse une trace ([1022]).

Nous ne savons rien sur l'histoire ancienne du Taoïsme,
rien sur la vie des principaux écrivains taoïstes, très peu de
choses sur l'histoire des ouvrages qu'on leur attribue.
Les seules œuvres anciennes qui demeurent sont le *Lie
tseu*, le *Tchouang tseu* et le *Lao tseu* ou *Tao tö king* (Livre du
Tao-tö). Ce dernier était jadis donné tantôt comme l'œuvre
de Houang-ti (le premier des cinq Souverains mythiques),
tantôt comme celle de Lao Tan (ou Lao tseu). C'était un
livre célèbre et fréquemment cité dès la fin du IVe siècle.
Il est possible qu'il ait subi des remaniements (les citations
anciennes ne concordent pas toujours exactement avec le
texte actuel), mais peu probable qu'il ait été fabriqué par
un faussaire du IIe siècle. Cette opinion, soutenue par
H. Giles, n'a, en sa faveur, qu'un fait : le livre ne présente
aucune suite et peu d'unité. Pour des raisons purement
mystiques, on l'a divisé tantôt en *81*, tantôt en *72* chapitres.
En fait, on n'y peut marquer que des divisions de versets ;
il est constitué par une succession d'apophtegmes mêlés à
des passages versifiés, sans doute réunis (à peu près dans leur
ordre actuel) depuis le début du IVe ou la fin du Ve siècle.
Il faut avouer que ce livre, traduit et retraduit, est proprement intraduisible ([1023]). Les brèves sentences qui le composent étaient apparemment destinées à servir de thèmes
de méditation. Il serait vain de chercher à leur prêter un
unique sens, ou même un sens un peu défini. Ces formules
valaient par les suggestions multiples qu'on y pouvait
trouver. Elles avaient une ou plusieurs significations ésotériques — indiscernables aujourd'hui : les gloses qui prétendent les expliquer sont franchement médiocres et tout extérieures.
Le *Lao tseu* apparaît comme une sorte de bréviaire destiné
à des initiés. Le *Lie tseu* et le *Tchouang tseu*, moins hermé-

tiques, sont des œuvres de tendance polémique ; tous deux sont surtout composés d'historiettes symboliques, d'apologues, de discussions ([1024]).

Le *Tchouang tseu*, cependant, est l'œuvre d'un écrivain très personnel. Il se peut que cet ouvrage ait été grossi de quelques passages et même de chapitres, dus à des disciples imprégnés de la pensée du Maître et exercés à imiter son style. Il comprenait, sous les Han, 52 chapitres ; il en comprend aujourd'hui 33. On ne saurait dire si 19 chapitres ont été perdus ou si les divisions de l'ouvrage ont été modifiées. Composé vers la fin du IVe siècle, peut-être accru dans le détail et sans doute augmenté de ses derniers chapitres (en particulier du dernier), au cours du IIIe siècle, le *Tchouang tseu* est, dans son ensemble, un document sûr et d'interprétation relativement facile. Tchouang tseu, cependant, avait trop de génie pour qu'on puisse considérer son œuvre comme un exposé neutre des doctrines courantes.

Il n'est pas sûr que le *Lie tseu* puisse aider à ne point confondre le Taoïsme avec la pensée de Tchouang tseu. Le *Lie tseu* est une compilation faite, peut-être, à l'imitation du *Tchouang tseu*. Est-ce par des adeptes se rattachant à la même chapelle ? par les disciples d'un enseignement rival ? Je ne crois pas qu'on puisse en décider. Cette œuvre sans unité a pu, si même elle n'a pas été entièrement recomposée, se grossir d'interpolations jusqu'aux environs de l'ère chrétienne. Le *Lie tseu* comprenait, sous les Han, huit sections, comme aujourd'hui. L'une des sections actuelles (la septième, entièrement consacrée à Yang tseu) ([1025]) fait connaître les théories d'un penseur très indépendant. L'ouvrage abonde en historiettes précieuses par les indications qu'elles donnent sur les idées et les pratiques en faveur dans les milieux taoïstes. Malheureusement, il est impossible de fixer l'époque sur laquelle elles renseignent : IIIe, IIe siècles, début des Han...

Lie tseu est le héros de quelques anecdotes du *Tchouang tseu*. Est-ce un maître légendaire, un personnage réel ? Rien ne permet de répondre à cette question. Exista-t-il un personnage nommé Lao Tan ? Une anecdote hagiographique, célèbre dès le temps de Tchouang tseu, voulait que Lao tseu ait reçu la visite de Confucius, son cadet, qu'il aurait morigéné ([1026]). Après avoir été archiviste à la cour des Tcheou, Lao Tan ou Lao tseu se serait retiré dans le Sud du Chan-tong. On racontait encore qu'il aurait quitté la Chine pour un voyage mystérieux en Occident ([1027]). Ce serait à cette occasion qu'il aurait rencontré Kouan Yin tseu, autre maître célèbre, dont rien n'est demeuré ([1028]). Nombreux sont les maîtres ou les patrons du Taoïsme ancien que nomment le *Tchouang tseu* ou le *Lie tseu* : pour aucun, il n'y a moyen de savoir s'il fut autre chose qu'un nom. Seul Tchouang tseu ([1029]) apparaît comme un personnage réel : on ne sait cependant rien de sa vie, sauf son nom (Tchouang Tcheou) et que, peut-être, il naquit et vécut à Wei, vers la fin du IVe siècle. Il n'est pas impossible qu'il ait fait un voyage à Tch'ou et un autre à Ts'i, où il aurait connu les maîtres de l'Académie de Lin-tsŏ. En tout cas, il était admirablement informé de toutes les idées en vogue. Peu de Chinois eurent autant de curiosité et d'ouverture d'esprit. Nul ne fut plus libre et plus objectif dans ses jugements. En ceci, au moins, il fut un parfait Taoïste : de sa vie, nulle trace ne demeure, sinon un livre étincelant de génie et de fantaisie.

Tchouang tseu vécut dans le Nord de la Chine et, de même (s'il exista), Lao Tan. L'hypothèse simpliste et toute gratuite qui oppose le Taoïsme au Confucéisme comme deux philosophies, nées la première dans le Sud de la Chine et la seconde dans le Nord, ne mérite pas qu'on perde le moindre temps à la discuter. On a longtemps soutenu l'hypothèse que le Taoïsme, avant de devenir « un mélange de superstitions grossières », avait commencé par être une « pure doctrine », (« celle de Tchouang tseu et de Lao tseu »), une « philosophie » d'une « rare élévation » ([1030]). Or, les « Néo-taoïstes » emploient pour désigner leurs « pratiques superstitieuses » des expressions qui se retrouvent dans les œuvres du « Taoïsme ancien ». Faut-il, pour sauver l'hypothèse, considérer que ces expressions, simples métaphores à l'origine, furent, « plus tard, prises au sens propre » ([1031]) ? Ou bien convient-il d'abandonner l'idée qu'entre ce qu'on appelle le *Néo-taoïsme* et ce que l'on considère comme un système doctrinal inventé par les « Pères » du *Taoïsme ancien* il n'y a point l'abîme qui sépare la « superstition » de la « philosophie » ? Entre ces partis pris opposés, on doit choisir. On reconnaît volontiers que la pensée des premiers auteurs taoïstes ne peut s'expliquer sans tenir compte de la pratique de l'extase ([1032]), courante dans les milieux où ils vivaient. C'est admettre implicitement que le Taoïsme a pour point de départ, non la pure spéculation, mais des usages religieux ([1033]). Il serait curieux que l'extase ait été, comme on semble le penser, la seule pratique qui ait marqué la doctrine. Ne voudrait-on prêter qu'à elle seule, avec une valeur religieuse éminente, une dignité philosophique que risquerait de déconsidérer tout rapprochement avec des pratiques tenues pour moins pures ou moins élégantes ? L'extase que décrivent les premiers penseurs taoïstes quand ils parlent de leurs ébats mystiques, ne diffère nullement des transes et des randonnées magiques grâce auxquelles les sorciers chinois, héritiers d'un antique chamanisme, accroissaient leur sainteté, augmentaient leur puissance de vie, affinaient leur substance. Telles étaient aussi les fins visées par tout un ensemble de pratiques dénommées les pratiques de la *longue vie*. L'extase n'est que l'une d'entre elles. Si on la détache de l'ensemble, croit-on qu'on en fera mieux voir la portée réelle ? et qu'on en découvrira l'intérêt précis, si l'on se borne à rapprocher la mystique chinoise des mystiques chrétienne ou musulmane ? Tous les « Pères » du Taoïsme font de nombreuses allusions à l'art de la longue vie. On peut voir, à lire Siun tseu ([1034]), par exemple, qu'ils n'étaient point les seuls à en reconnaître la valeur. Il s'agit d'une discipline qu'on pourrait qualifier de nationale. En honneur de nos jours encore, même chez les plus humbles, elle se rattache au plus vieux passé religieux de la Chine. Les rites de la *longue vie* se relient aux fêtes de la *longue nuit* ([1035]). Il ne peut être question de les envisager ici dans leur détail. Ce qui importe, c'est d'indiquer leur esprit. Ils constituent une ascèse tendue vers un idéal de vie naturelle, libre, pleine, joyeuse.

L'attachement des Taoïstes à cette discipline explique leur opposition à Confucius, leur mépris pour Mö tseu, leur succès plus vif auprès des humbles et des grands qu'auprès de la classe moyenne des serviteurs du bien public. A l'éloge, même modéré, de la contrainte rituelle, à l'apologie brutale de la macération, à toute morale de l'étiquette, de l'honneur, du sacrifice ou du devoir social, les Taoïstes ont répondu par un plaidoyer mystique en faveur de la liberté pure, qui, pour eux, se confond avec la pleine puissance et la Sainteté.

I. L'ART DE LA LONGUE VIE

La Sainteté, pour les *Néo-taoïstes*, c'est essentiellement l'art de ne point mourir. — Dès les environs de l'ère chrétienne, on imaginait qu'une parfaite réussite en cet art était sanctionnée par une apothéose véritable. On racontait que le prince de Houai-nan avait pu monter au Ciel suivi de toute sa maisonnée et même de sa basse-cour ([1036]) (car la sainteté n'est point réservée aux hommes). — L'empereur Wou (140-87) eût volontiers abandonné tous les siens et l'Empire même, si un Dragon l'avait bien voulu ravir et mener aux cieux comme le fut Houang-ti, suprême patron du Taoïsme ([1037]). L'empereur Wou chercha à entrer en communication avec les génies ; il envoya vers le K'ouen-louen et sur la Mer orientale des missions chargées de découvrir le chemin du Paradis. — De même avait fait Che Houang-ti, qui, dès la fin du IIIᵉ siècle, accepta de vivre, caché de tous, au fond de son palais, afin d'attirer à lui les génies et de trouver la drogue qui empêche de mourir. Il désirait « durer autant que le Ciel et la Terre », « entrer dans l'eau sans se mouiller et dans le feu sans se brûler » ([1038]). — Les mythes relatifs à l'herbe de vie paraissent fort anciens ([1039]), tout comme les récits sur les Iles ou les Montagnes des Bienheureux. — Les « Pères » du Taoïsme connaissaient de nombreux paradis, et ils professaient, eux aussi, que ni l'eau ni le feu, ni les bêtes méchantes, ne peuvent rien contre les Saints.

Tchouang tseu considère comme des esprits bornés ceux qui traitent de fables de pareilles croyances et se refusent à croire, par exemple, aux merveilles des îles Kou-che. « Là vivent des génies (*chen jen*) dont la chair et la peau sont fraîches et blanches comme glace et neige. Ils ont l'élégance exquise des vierges. Ils s'abstiennent de manger des céréales. Ils aspirent le vent et boivent la rosée. Ils se font porter par l'air et les nuées, traîner par des dragons volants. Ils s'*ébat-*

tent hors des Quatre Mers (par-delà l'Espace). Leur puissance (*chen*) s'est concrétée (*ying* : à la manière de l'eau quand elle forme des glaçons), si bien qu'ils peuvent préserver les êtres des pestilences et donner des moissons et des années prospères... Rien ne peut rien (contre le Saint) ! Un déluge s'élevant jusqu'aux cieux n'arriverait pas à le noyer ni à le brûler, une sécheresse qui liquéfierait métaux et pierres, grillerait plaines et montagnes (1040) ! » « L'Homme suprême (*tche jen*) a une telle puissance (*chen*) qu'on ne peut lui donner chaud en mettant le feu à une immense brousse, ni lui donner froid en faisant geler les plus grands fleuves ; les plus violents coups de tonnerre ruineront les montagnes, les ouragans déchaîneront les mers sans pouvoir l'étonner — mais lui, qui se fait porter par l'air et les nuées, et qui prend pour coursiers le Soleil et la Lune, *s'ébat* par-delà l'Espace (hors des Quatre Mers) ! Et la mort et la vie ne changent rien pour lui ! Et que lui importe ce qui peut nuire ou être utile (1041) ! » « Je sais, dit Lao tseu, que celui qui est expert à *prendre soin de sa vie* (*che cheng*), ne rencontrera dans ses voyages ni rhinocéros, ni tigres et, dans les combats, n'aura point à détourner de lui les armes. Un rhinocéros ne trouverait en lui nul endroit pour enfoncer sa corne ! ni un tigre où planter ses griffes ! ni une arme où faire pénétrer son tranchant ! Et pourquoi donc ? *Il n'y a point en lui de place pour la mort* (1042) ! »

Puissance pure, puissance libre, *un Saint n'est que Vie*. Il est de la vie qui s'ébat, de la puissance qui joue. Commençons, cependant, par noter qu'il possède les pouvoirs magiques que, plus tard, les Empereurs cherchèrent à obtenir, et qu'au temps jadis devaient obligatoirement acquérir chefs et chamanes.

Subir l'exposition dans la brousse, ne point se laisser émouvoir par la foudre et l'ouragan, sortir vainqueur de diverses épreuves de l'eau et du feu, ce sont là des prouesses qui furent exigées des premiers magiciens comme on exigeait d'eux, en les prenant pour chefs, qu'ils fussent capables de chasser les pestilences et de faire croître les récoltes (1043). L'apothéose qui couronne ces labeurs n'est elle-même qu'une prouesse suprême. Bien avant l'époque où les Empereurs rêvèrent d'achever au ciel leur carrière, leurs humbles devanciers se soumettaient annuellement à l'épreuve de l'ascension et connaissaient l'art de s'élever dans les cieux ([1044]). Tchouang tseu n'invente aucune métaphore, il évoque de vieilles croyances lorsqu'il raconte que, « fatigués du monde », « *après mille ans de vie* », « les hommes suprêmes (*tche jen*) s'élèvent au rang de génies (*sien*) et, montés sur un nuage blanc, parviennent au séjour du Souverain d'En-haut ([1045]) » Le roi Mou, comme d'autres héros anciens ([1046]), fut ravi aux cieux. Un récit du *Lie tseu* montre qu'il dut cette faveur au pouvoir d'un magicien (*houa jen*) qui l'emporta, cramponné à sa manche, s'ébattre (*yeou*) avec lui, l'entraînant d'abord jusqu'au Palais des Mages (*houa jen*). Puis il le conduisit à la « ville de Pureté », où, dans un paysage de paradis — ors, argents, perles, jades — le Souverain (d'En-haut) offre des spectacles de féeries. Enfin, par-delà le Soleil et la Lune, il le fit pénétrer dans un monde de pur éblouissement ([1047]).

Ces « longues randonnées » (*yuan yeou*), ces « ébats spirituels » (*chen yeou*) étaient la spécialité des sorcières et des sorciers que potentats, puis empereurs, entretenaient à leur cour ([1048]). Des poètes officiels chantaient leurs exploits dans un langage qui ne diffère guère de celui des philosophes taoïstes ([1049]). Che Houang-ti et l'empereur Wou aimèrent à se faire désigner par des termes (*tchen, ta jen*), impliquant qu'ils possédaient l'ascendant dû à la pratique des arts magiques et à la fréquentation des génies ([1050]). Les penseurs taoïstes revendiquent, pour eux ou leurs maîtres, des privilèges et des titres analogues, qu'ils partagent avec les habitants de ces paradis où l'on n'accède que par des courses ou des randonnées de l'esprit (*chen hing, chen yeou*) ([1051]). *Ta jen* (Hommes grands), *Tche jen* (Hommes suprêmes), *Tchen jen* (Hommes véritables), *Cheng jen* (Hommes saints), *Chen jen* (Hommes-génies)..., tels sont ces titres. Ils font songer à des *emplois* ou à des *grades* dans un collège de chamanes. Certains maîtres sont qualifiés de *Tö jen* (Hommes du *Tö*), cependant que le Tao est appelé Maître (*Che*) ou Maître céleste (*T'ien che*) et que le disciple salue du nom de *T'ien* (Ciel) le Maître qui lui confère une initiation ([1052]). Les théories mystiques des « Pères » du Taoïsme se sont élaborées dans un milieu où (valant comme des épreuves d'initiation à des degrés divers de Sainteté) des joutes de passes magiques mettaient aux prises sorciers, devins, thaumaturges : tous les maîtres des arts ésotériques [1053].

De tous ces arts secrets, le Taoïsme n'a jamais cessé d'être l'inspirateur ou le refuge, car tous (y compris l'alchimie) [1054], ont pour premier objet d'accroître la puissance de vie qui donne l'Autorité et constitue la Sainteté.

Ces arts, en raison même de leur objet, forment un tout. Il n'y en a aucun qu'on ne sache utiliser en vue de la « longue vie ». Aux pratiques, cependant, qui visent essentiellement à donner, avec un surplus de puissance vitale, l'ascendant qui confère l'autorité (ce sont celles qui expliquent les succès aristocratiques du Taoïsme) s'opposent, d'une certaine manière, les pratiques qui visent d'abord à obtenir qu'il n'y ait dans le Saint « aucune place pour la mort » : ce sont elles qui ont assuré la fortune du Taoïsme parmi les humbles, et, de fait, elles s'inspirent moins d'une ascèse à visées aristocratiques que d'une entente paysanne de l'art de vivre.

Elles constituent une sorte d'*hygiène sanctifiante*, connue, anciennement, sous le nom de *yang cheng*, l'art de *nourrir* (ou d'accroître) *la vie*. De cet art se réclament diverses techniques (alimentaires, sexuelles, respiratoires, gymniques). Objet d'un enseignement plus ou moins ésotérique, ces disciplines ont pu se grossir, au cours des siècles, de recettes plus ou moins raffinées et plus ou moins secrètes, mais on aurait grand tort de les considérer comme des disciplines récentes ou uniquement formées de « pratiques superstitieuses ». Les maîtres du Taoïsme appréciaient leur valeur, et il n'y en a guère qui ne se puissent rattacher à des rites ou à des mythes anciens. Je dois me borner à indiquer ici (il serait trop long et hors de mon sujet d'apporter une démonstration) qu'un grand principe domine ces techniques diverses. Pour accroître ou seulement conserver sa vitalité, tout être doit adopter *un régime conforme au rythme de la vie universelle.*

Toutes ces techniques procèdent, en effet, d'une systématisation des règles saisonnières de la vie rustique dont la grande loi était de faire alterner les débauches d'activité joyeuse et les temps de starvation, de restriction, de contrainte. De là provient en particulier l'idée que le jeûne vaut uniquement à titre de préparation à la frairie. Les privations, loin d'être inspirées par le désir de macérer le corps, tendent uniquement à le purger de tout ce qui peut être poison, maléfice, germe de mort. Il s'agit non de se *mortifier*, mais de se *vivifier* : non de s'émacier, mais de s'entraîner et d'acquérir (si je puis dire) une *forme* athlétique. L'idée de *jeu* domine toute cette ascèse, dont l'idéal est le libre essor et les états illimités de l'*âge d'or* ou de *l'enfance* ([1055]).

 « Pour conserver sa vitalité (*wei cheng*), dit Lao tseu ([1056]), il faut ressembler au nouveau-né : ses os sont tendres, ses muscles sont souples, — et cependant il serre avec force! Il ne sait rien encore de l'union sexuelle, — et cependant sa verge se redresse ([1057])! » « Tout au long du jour il crie, — et cependant son gosier ne s'enroue pas!... Tout au long du jour il regarde, et cependant ses yeux ne clignent pas! » L'enfant n'est que vie : « Nulle bête à venin ne le pique! Nul animal féroce ne le saisit! Nul oiseau rapace ne l'enlève! » Également soumis (car la naissance est une initiation et l'initiation une naissance) à l'épreuve de l'exposition en pleine brousse, le héros et le nouveau-né sont invulnérables au même titre. La vie se constitue ou se rénove grâce à un contact étroit avec la Nature.

Dans les paradis, les génies vivent mêlés aux bêtes ([1058]). Les Saints (à l'opposé des sages confucéens qui n'acceptent pas d'être réduits à la société des rhinocéros et des tigres) recherchent et savent obtenir la familiarité des animaux ([1059]). Ils professent que *tous les êtres qui ont sang et souffle ne sauraient beaucoup différer par les sentiments et l'intelligence* ([1060]). Loin de penser à humaniser les bêtes et moins encore à les domestiquer, ils se font enseigner par elles l'art d'éviter les effets nocifs de la *domestication* qu'impose la vie en société. Les animaux domestiques meurent prématurément ([1061]). De même les hommes, à qui les conventions sociales interdisent d'obéir spontanément au rythme de la vie universelle. Ces conventions imposent une activité continue, intéressée, exténuante. L'exemple des animaux hibernants montre qu'il faut, au contraire, faire alterner les périodes de vie ralentie et de libres ébats. Le Saint ne se soumet à la retraite et au jeûne qu'afin de parvenir, grâce à l'extase, à s'évader pour de « longues randonnées ». Des *jeux vivifiants*, qu'enseigne la Nature, préparent cette *libération*. On s'entraîne à la vie paradisiaque en imitant les ébats des animaux. Pour se sanctifier, il faut d'abord s'abêtir — entendez : apprendre des enfants, des bêtes, des plantes, l'art simple et joyeux de ne vivre qu'en vue de la vie.

C'est en dansant que les sorciers entrent en transe et se font saisir par l'extase. Les Saints qui ont pénétré les plus hauts secrets et méritent de se voir décerner le titre de « Ciel » ne cessent pas, même pour enseigner, de « sautiller à la manière des moineaux, tout en se tapant sur les fesses » [1062]. Pour nourrir sa vie et « obtenir le Tao », à la façon de P'eng-tsou, qui réussit à durer plus de sept cents ans, il faut se livrer à des exercices d'assouplissement (*tao yin*) ou, mieux encore, danser et s'ébattre à la manière des animaux [1063]. Tchouang tseu et Houai-nan tseu mentionnent quelques-uns des thèmes de cette *ascèse naturiste*. Il est recommandé d'imiter la danse des oiseaux quand ils étirent leurs ailes, ou des ours quand ils se dandinent en tendant le cou vers le Ciel. C'est à l'aide de cette gymnastique que les oiseaux s'exercent à voler, que les ours deviennent de parfaits grimpeurs. Il y a aussi beaucoup à apprendre des hiboux et des tigres, habiles à ployer leur cou pour regarder en arrière, et des singes qui savent se suspendre la tête en bas [1064]... Le premier bénéfice de ces jeux est qu'ils procurent la légèreté indispensable à qui veut pratiquer la *lévitation* extatique.

Ils servent encore à *affiner la substance* (*lien tsing*). Ils constituent, en effet, une *discipline de la respiration*. Ils permettent de ventiler le corps entier, extrémités comprises. Si le souffle (*k'i*), dit Tchouang tseu, s'accumule dans le cœur, la maladie s'ensuit, ou la perte de mémoire, s'il reste dans le bas du corps, ou la colère, s'il demeure dans les parties hautes. Qui veut éviter passions et vertiges doit apprendre à respirer non par le gosier seul, mais avec tout le corps — à partir des talons [1065]. Seule cette respiration, profonde et silencieuse, affine et enrichit la substance. C'est, au reste, la respiration qui s'impose, tant pendant l'*hibernation* que pendant l'*extase* ([1066]). En respirant le cou cassé ou tendu, on arrive, si je puis dire, à laminer le Souffle et à quintessencier sa puissance vivifiante. Le but suprême est d'établir une sorte de *circulation intérieure* des principes vitaux telle que l'individu puisse demeurer *parfaitement étanche* et subir sans dommage l'épreuve de l'immersion. On devient *imperméable*, autonome, *invulnérable* dès qu'on possède l'art de se nourrir et de respirer, *en circuit fermé*, à la manière d'un *embryon* ([1067]).

Le nouveau-né doit à cet art, qu'il n'a point encore oublié, non seulement le secret de pouvoir vagir sans se lasser ni se fatiguer, mais encore la souplesse de ses os et de ses muscles. On a vu que Lao tseu considérait comme parfaite la puissance virile du petit enfant, qui ne subit aucune déperdition d'énergie vitale ([1068]). A ce thème se raccorde toute une ascèse sexuelle, qui, dès avant les Han, avait suscité de nombreuses publications placées sous le patronage de différents héros taoïstes ([1069]). On y enseignait diverses méthodes, toutes destinées à accroître la longévité et fondées, non sur un idéal de chasteté, mais sur un idéal de puissance. Au reste, le folklore nous renseigne sur une sorte d'épreuve sexuelle imposée au Saint. Entouré de nombreuses vierges ou se couchant sur l'une d'elles, il ne devait point « changer de couleur ».

Tant pour raffiner le souffle vital que pour raffiner l'énergie virile, il faut d'abord respecter, — aussi bien que le font les animaux, aussi bien que le font les plantes dont la sève ne circule qu'à la belle saison, — le rythme qui régit la vie de l'Univers et fait alterner et parfaire l'un par l'autre le Yin et le Yang. C'est le matin seulement que la gymnastique respiratoire est profitable. Les exercices d'assouplissement n'ont d'heureux effets qu'au printemps. Les jeunes pousses, alors, sont encore toute souplesse. Le printemps est la saison des danses rustiques qui suscitent la *montée de la sève* et *aident au renouveau* : on y mime les souples inflexions des tiges naissantes sous le souffle fécond du Ciel. De pareilles danses et des ébats gymniques peuvent seuls conserver la souplesse première. Quand celle-ci disparaît, la mort triomphe chez les humains qui *s'ankylosent*, comme chez les plantes qui *se lignifient*. Ce qui est dur et résistant s'use et périt. Seul demeure invulnérable et vivant ce qui sait ployer ([1070]).

Des idées analogues inspirent une diététique qui ne prescrit ni le jeûne constant, ni même la sobriété. Elle défend de se nourrir de céréales, à la façon du vulgaire ([1071]), mais invite à déguster le *suc* des choses. Elle conseille de boire la rosée féconde. Elle n'interdit nullement les boissons alcoolisées. Elle les considère comme des *extraits de vie*. Pas plus qu'un nouveau-né, un adulte ne se blessera en tombant (même du haut d'un char et même sur sol dur) si la chute a lieu quand il est ivre : c'est que, grâce à l'ivresse, sa puissance de vie (*chen*) est intacte (*ts'iuan*) ([1072]). L'ivresse fait approcher de la sainteté, car, comme la danse, elle prépare à l'extase.

Seule l'extase peut conserver parfaitement intacte la puissance de vie (*chen ts'iuan*). La sainteté, c'est-à-dire la pleine vie, est atteinte dès que, réfugié dans le Ciel (*ts'ang yu T'ien*), on réussit à se maintenir dans un état d'ivresse extatique ou, plutôt, d'*apothéose permanente* ([1073]). Arrivé à n'être plus qu'une puissance pure, impondérable, invulnérable, entièrement autonome, le Saint va jouant en toute liberté, à travers les éléments, dont aucun ne le peut heurter. Il traverse impunément les corps solides. *Toute matière est pour lui poreuse. Le vide* qu'il a créé en lui, grâce à l'extase, *s'étend en sa faveur à l'Univers entier* ([1074]). Les Maîtres mystiques affirment que cet état de *grâce magique* est l'*état de nature*, — celui du veau qui vient de naître. Les plus belles prouesses sont le fait des êtres demeurés les plus simples ([1075]). Il apparaît pourtant, à lire Lie tseu ou Tchouang tseu, que cette simplicité parfaite est le fruit d'un entraînement systématique. Pour devenir un maître dans l'art de la lévitation ou dans l'art de l'extase, une longue pratique est nécessaire, ainsi que des initiations successives. Lie tseu (qui prit soin de se confier aux meilleurs maîtres) n'arriva jamais à se maintenir en état de transe plus de quinze jours de rang. Il lui fallut cependant neuf ans d'apprentissage pour obtenir la recette (*chou*) qui permet de « chevaucher le vent ». Quand il eut reconquis la simplicité première, « son cœur (sa volonté) se cristallisa (*ying*), tandis que son corps se dissolvait et que ses os et sa chair se liquéfiaient. Il ne sentit plus que son corps s'appuyait ni que ses pieds reposaient sur quelque chose. Il s'en allait, au gré du vent, à l'est, à l'ouest, comme une feuille ou un *fétu desséché*, sans pouvoir se rendre compte si c'était le vent qui l'entraînait ou lui-même qui traînait le vent » [1076].

L'expression « fétu desséché, javelle vide », qu'on emploie à propos des randonnées aériennes, mérite d'être retenue, car, pour dépeindre le saint en extase, on ne manque jamais de dire que son cœur est comme de la *cendre éteinte* et son corps tel du *bois mort* [1077]. Qu'est donc devenue la jeune souplesse que visent à conserver les pratiques de la longue vie ? Le bois mort évoque la rigidité cataleptique. Tout ce qui, dans l'individu, est principe de mot, a été, si je puis dire, *évacué* dans l'enveloppe corporelle (*hing*), qui est devenue semblable à un cadavre, — cependant que la souplesse, intacte, s'est, avec toute la vie, *concrétée* dans ce que la langue mystique appelle le double (*ngeou* : la moitié, le compagnon) et le langage commun l'âme-souffle (*houen*) [1078]. L'être n'est plus alors qu'un *souffle* qui se mêle au *souffle vivifiant* de l'Univers et, libre, se joue dans le vent.

Aussi l'ascète sanctifié peut-il, sans craindre aucun obstacle, sans qu'aucun heurt ne le vienne blesser, sans que rien ne le fatigue ou ne l'use, s'ébattre (*yeou*), chevauchant la lumière, dans l'immensité du vide : *le Souffle de l'Univers est à la fois vide et lumière, chaleur et vie* [1079]. A ces idées se rattache une métaphore populaire que les mystiques reprennent quand ils affirment que la mort ne peut rien sur eux. « On disait jadis que le Souverain (d'En-haut) suspend (le fagot) puis le défait... Le fagot brûle, la flamme se transmet... [1080]. » — Principe de la souplesse et de la chaleur vitales, le Souffle, que l'extase sert tout ensemble à *affiner* et à *concentrer*, puis à *libérer*, s'évade de ce qui n'est plus que mort et « cendre éteinte », pour rejoindre la vie et la lumière pures.

Ainsi *s'extériorise* et se sépare du périssable ce que nous ne pouvons appeler l'âme [1081], car ce n'est pas une entité spirituelle : ce n'est — chaleur, fluidité, vacuité lumineuse — que le principe universel, subtil et concret, de la vie. Commencée par de libres ébats et des jeux vivifiants, grâce auxquels l'être s'affine en se pliant au rythme de l'Univers, l'ascèse de la longue vie s'achève par une *illumination* dont le Saint retire, avec tous les dons du Mage, une puissance de vie illimitée.

II. LA MYSTIQUE DE L'AUTONOMIE

A tout un détail de recettes de vie ou de sainteté, — enseignées sans doute par des maîtres concurrents, et très diverses bien que relevant d'une même inspiration, — s'est superposée ce qu'on appelle la *doctrine* de « l'École du Tao ». Cette expression, consacrée par l'usage, n'est pas heureuse. L'idée de *Tao* n'est point particulière aux maîtres du Taoïsme, et ceux-ci, plutôt qu'ils n'ont professé une doctrine, se sont bornés à préconiser une Sagesse. Cette sagesse est de tendance mystique, — ce qui n'implique pas qu'elle soit favorable le moins du monde au personnalisme et au spiritualisme. On la trahirait plus encore que tous les autres enseignements en faveur dans la Chine ancienne, si, pour l'exposer, on se laissait entraîner à employer le mot « Dieu » ou le mot « Ame ». Le « Taoïsme » de Lao tseu et de Tchouang tseu est une sorte de *quiétisme naturaliste*.

Vomis ton intelligence ([1082]), telle est, en principe, l'unique règle de la Sagesse. Tout dogme est nocif. Il n'y a point de bonnes œuvres. Seuls sont efficaces le silence et la quiétude (*tsing*).

« Approche ! je vais te dire ce qu'est le Tao suprême (*tche Tao*) ! Retraite, retraite, obscurité, obscurité : voilà l'apogée du Tao suprême ! Crépuscule, crépuscule, silence, silence : ne regarde rien, n'entends rien ! Retiens embrassée ta puissance vitale (*pao chen*), demeure dans la quiétude : ton corps (ne perdra pas) sa correction (native) ! Conserve la quiétude (*tsing*), conserve ton essence (*ts'ing*) : tu jouiras de la *longue vie* ! Que tes yeux n'aient rien à voir ! tes oreilles rien à entendre ! ton cœur rien à savoir ! Ta puissance vitale conservera ton corps, ton corps jouira de la *longue vie* ! Veille sur ton intérieur, ferme-toi à l'extérieur : savoir beaucoup de choses est nuisible... ([1083]). »

Le quiétisme des sages taoïstes se rattache expressément,

comme on voit, au vieil idéal de la longue vie. Ces sages, cependant, paraissent avoir été, — de même que Confucius, mais dans un autre milieu, — des réformateurs. Eux aussi ont voulu fonder la sagesse sur la *connaissance de l'homme.* Mais Confucius semble s'être proposé de libérer la psychologie d'un antique savoir magico-religieux, tout en exaltant la vertu éducative de l'Étiquette. « Les Pères du Taoïsme », au contraire, se soucient de distinguer la connaissance psychologique de la science des comportements régis par les conventions sociales, bien plus qu'ils ne se préoccupent de la détacher des spéculations sur l'Univers. Ils affectent de voir dans la société (*actuelle*) non pas le milieu *naturel* de la vie humaine, mais *un système fallacieux de contraintes.* Ce ne sont point la fréquentation des Anciens, la conversation des honnêtes gens, le contrôle mutuel, ce ne sont pas l'amitié ni l'observation qui peuvent renseigner sur la nature humaine. *La méditation solitaire est l'unique* voie *du savoir et du pouvoir (tao)* : « Connaître autrui n'est que science ; *se connaître soi-même, c'est comprendre* ([1084]). »

La civilisation dégrade la nature : tout est conventionnel dans ce que l'observation peut atteindre. La dialectique n'a qu'un intérêt négatif : elle démontre l'arbitraire de tout savoir qui n'est point dû à la seule méditation. Cette dernière suffit au Saint. Par-delà l'artificiel, elle lui fait appréhender d'un seul coup le réel et la vie. Il n'a qu'à se replier sur lui-même : « oubliant dans l'immobilité (*tsou wang*) » tout ce qui n'est que savoir conventionnel, il purifie son cœur (*sin tchai*) de tous les faux désirs et de toutes les tentations qu'a inventés la société. Il restitue ainsi en lui la simplicité (*p'ouo*) parfaite, qui est l'état natif de tout être et de l'Univers entier. Pour retrouver en soi l'homme naturel et la Nature, il n'y a qu'à redevenir soi-même et à « conserver en paix l'essence de vie qui est propre à son soi (*ngan ki sing*) ». « Ne passe point ta porte, tu connaîtras l'empire entier. Ne regarde pas par la fenêtre : le *Tao céleste* t'apparaîtra ([1085]). »

La méditation n'a pas pour fin la seule connaissance. Elle purifie et elle sauve. Mais le salut n'est qu'un retour à la nature, et ce n'est pas de ce que nous appelons la matière que l'apprenti-saint cherche à se libérer. Seul le *siècle* (*che*), et non pas le monde, mérite le nom de bourbier. Ce qui est

impur et *germe de mort,* c'est l'artificiel, c'est l'acquis : tout
ce par quoi la civilisation a déformé et faussé la nature. Toute
invention, tout perfectionnement prétendu ne vaut pas mieux
qu'une excroissance gênante. C'est bien plutôt une tumeur
nocive ([1086]). Il ne faut pas violenter la nature et surtout sous
prétexte de la rectifier. Ce qui est courbe doit rester courbe.
Ne prétendez pas raccourcir les pattes de la grue, allonger
celles du canard! Pour peu qu'elle fût artificielle, toute
technique de la longue vie serait pernicieuse, et condamnable
tout parti pris d'amélioration s'il s'inspirait de préjugés
moraux. Le pis serait de vouloir lier ensemble par le *jen*
et le *yi,* par ces liens, ces réseaux, ces colles, ces vernis
factices que sont les rites, les lois, l'étiquette, des êtres qui
ne peuvent subsister qu'à condition de rester eux-mêmes.
On « perd sa nature (*sing*) » si l'on s'attache aux coutumes ;
on « détruit son soi » si l'on s'attache aux autres êtres ([1087]).
Le « soi (*tseu*) » ne doit pas se laisser contaminer par l' « autrui (*pei*) ». Il convient, au contraire, de « se réfugier dans le *tö*
(l'essence spécifique) qui vous est propre (*tsang yu ki tö*) » ([1088]),
car c'est là « se réfugier dans le Céleste (*tsang yu T'ien*) »,
c'est-à-dire dans la Nature.

L'opposition du *T'ien* et du *jen* (qui est non pas l'humain,
mais le social, le civilisé) est le centre de la doctrine de Lao
tseu et de Tchouang tseu. *Elle diffère entièrement d'une opposition entre le divin et l'humain* ([1089]). La méditation, ni même
l'extase, ne visent pas à donner accès à une sagesse transcendante. Elles révèlent à l'homme ce qu'il est, ce qu'il peut
demeurer, si la civilisation (*jen*) n'oblitère pas en lui le *tao,*
le *tö,* le *T'ien,* c'est-à-dire son *essence propre* (*sing*), pure de
toute contamination. Aussi l'Homme véritable (*T'chen jen*)
est-il *celui qui,* fuyant ses semblables, *n'a pas de semblable :*
« Celui qui ne s'assemble pas avec les autres hommes (*ki jen*)
s'égale au Ciel. » On peut encore dire de lui qu'il « s'ébat dans
le vrai », que « la porte du Ciel s'ouvre pour lui », qu' « il est un
Fils du Ciel », qu' « il s'égale au Souverain (d'En-haut) » ([1090]).
Ce sont là des formules mythiques, qui ne doivent point
égarer : la méditation taoïste ne recherche aucun réconfort dans l'au-delà. Elle est strictement solitaire. *Son
idéal est l'autonomie.* Il n'y a que le méchant qui soit seul,
diraient volontiers les tenants de Confucius ([1091]). Leurs

adversaires font d'une autonomie absolue la condition du salut et de la vie même. C'est *pour soi seul*, c'est *par soi seul* que doit vivre le Saint.

La salut, la sainteté sont acquis dès que, libéré de toute compromision avec l'autrui, le soi (*tseu*) n'est plus que vie et spontanéité pure (*tseu jan*). Réduit à lui-même, l'individu s'égale à l'Univers, car la spontanéité dont il fait désormais son unique loi est la loi unique du *T'ien* ou du *Tao*. Qui sait demeurer autonome possède le *T'ien tao*, la Voie, la Vertu céleste.

C'est en effet le *tseu jan*, la spontanéité, ou plutôt, c'est un pouvoir total de réalisation spontanée qui est la caractéristique du Ciel comme du Tao. *T'ien* (le Céleste, qui s'oppose à *jen*, la Civilisation) évoque une idée que le mot « nature » peut rendre et, dans la mesure où il paraît juste de traduire φύσις par nature, c'est encore ce terme qui exprimera le mieux la notion taoïste de Tao ([1092]).

Partant de l'idée courante que Tao note le pouvoir universel de réalisation dont la puissance régulatrice du Chef est, dans l'ordre humain, la plus haute expression, les Maîtres taoïstes ont prêté à cette notion une valeur plus intellectuelle, sinon plus abstraite. Dans la notion de Tao se résumait le sentiment, religieux à la fois et familier, de la sympathie étroite et de l'entière solidarité qui unit la nature et les hommes. Pour les écoles préoccupées d'action politique ou morale, l'ordre naturel, conçu sur le modèle de l'ordre social, paraît émaner du chef, gardien responsable des statuts et des coutumes. Mais la pensée des Maîtres taoïstes subit moins directement l'influence de la politique que celle des arts magiques. Plus puissante encore chez eux que chez tous les autres sages de la Chine, l'idée que l'homme ne forme pas un règne dans la nature s'accompagne d'un sentiment très vif de l'*unité du Monde*. Les devins caractérisaient l'ensemble des *mutations* (*yi*), réelles ou symboliques, en les qualifiant d'*aisées* (*yi*) : elles se produisent, affirmaient-ils, sans qu'il y ait dépense d'énergie. Les magiciens présentaient les tours de force les plus miraculeux comme les *effets directs* d'un génie opératoire inépuisable. C'est de ces conceptions, — combinées avec la croyance (mi-populaire, mi-savante) que le Ciel, invariable, impartial, demeure sans cesse lui-même, tout en régissant les quatre saisons, — que dérive la thèse essentielle du Taoïsme : le Tao (comme le Ciel, c'est-à-dire la Nature) est imaginé comme le *principe* immanent *de l'universelle spontanéité*.

Aussi se signale-t-il d'abord par une sorte d'indifférence et d'indifférenciation totales. Il est « *vide (hiu)* », vide de *préformations* comme de *préjugés* ; il ne fait obstacle à aucune libre initiative : à lui, qui est l'Indénommable (le Total incapable de retenir aucune spécification), nulle individuation ne vient se heurter. Le Tao (le Ciel, la Nature) n'est pas *liant*, mais détaché, mais impartial ; il *anime le jeu* et *se tient hors du jeu*. Sa règle unique est le *wou wei*, la *non-intervention*. On pense, certes, qu'il agit ou plutôt qu'il est actif, mais en ce sens qu'*il rayonne inlassablement une sorte de vacuité continue*. Principe global de toute coexistence, il forme un *milieu neutre*, propice, par là même, au flux et au reflux indéfinis des interactions spontanées.

Certains Taoïstes (comme il apparaît à lire le *Lie tseu*) ne distinguent guère le milieu interactif que constitue le Tao du monde des actions proprement magiques. Quand ils insistent sur la *continuité (kiun)* de l'Univers et qu'ils l'opposent à la simple *contiguïté* ([1093]), ils songent surtout (à ce que nous appellerions les actions d'esprit à esprit) aux passes magiques, aux tours opératoires, aux jeux des illusionnistes. C'est grâce au continu cosmique, c'est grâce au Tao, — en fait, c'est grâce à leur propre efficace (*tao*), — que tel pêcheur (dont la ligne est faite d'un seul filament de soie) retire d'un profond abîme d'énormes poissons et que tel joueur de guitare (rien qu'en pinçant l'une de ses cordes) obtient, s'il lui plaît, que les moissons mûrissent dès les premiers jours du printemps ou, en plein été, que la neige tombe et que gèlent les fleuves. De semblables pouvoirs sont acquis, dit expressément le *Lie tseu*, à qui sait les secrets des jongleries illusionnistes (*houan*), à qui connaît la science des *transformations* (*tsao houa*) ([1094]).

On affecte souvent de ne voir dans le *Lie tséu* qu'une œuvre du Taoïsme déjà décadent, mais c'est un fait que les actions sans contact ni dépense de travail sont l'un des thèmes favoris de Tchouang tseu. Ce dernier même, fait plus remar-

quable encore, emploie les mots *tsao houa* pour qualifier le
Tao. Certains interprètes n'hésitent point, en ce cas, à traduire *tsao houa* par *le Créateur* et, précisément, à l'occasion
d'un passage où Tchouang tseu montre le Tao opérant la
mutation d'un bras gauche en coq et d'un bras droit en arbalète ([1095]). Rien n'est plus étranger aux penseurs taoïstes
que la tendance créationiste ou personnaliste. Ils ne séparent
point les idées de spontanéité (*tseu jan*) et de non-intervention (*wou wei*), d'impersonnalité et d'autonomie. Tout justement parce qu'ils ne voient dans le Tao que le principe
immanent et neutre de toute réalisation spontanée, ils ont
tendu, Tchouang tseu surtout, à faire de lui le principe du
développement naturel des choses et, par suite, de leur *véritable explication*.

On a caractérisé leur effort en disant qu'ils ont voulu se
libérer des conceptions animistes qui, de leur temps, dominaient l'esprit chinois ([1096]). Il serait plus exact de ne point
parler d'animisme, mais de magie. En intellectualisant, si
je puis dire, l'idée du Tao et en insistant sur les notions
d'impersonnalité et d'impartialité, les Maîtres taoïstes ont
essayé d'interpréter comme un principe d'explication rationnelle ce qui n'avait été conçu jusqu'à eux que comme le principe concret et total de l'Ordre ou le milieu efficient des
actions magiques. Cependant, ils n'ont point songé à lier
à l'idée du développement naturel des choses une technique
de l'expérimentation. Si puissante qu'ait été l'inspiration
naturiste qui les animait, ils restaient, tout autant que leurs
adversaires, sous l'empire de préoccupations *humanistes*. Ils
ne songeaient à préconiser qu'une certaine entente de la vie.
L'idée qu'ils se font du Tao ou de la nature des choses s'explique par leur goût pour la méditation [qu'ils combinaient
(Tchouang tseu tout au moins) avec un vif penchant pour
la dialectique] au moins autant que par leur savoir en matière
de magie ou de physique.

La notion de continuité est liée, dans le *Lie tseu*, à la thèse
que l'Espace et le Temps ne sont point limités ([1097]). Quand
il veut faire entrevoir ce que peut être le Tao, Tchouang tseu
insiste, lui aussi, sur cette thèse. Il l'illustre abondamment
au moyen, d'une part, d'allégories ou d'anecdotes my-

thiques, et, d'autre part, d'une argumentation nourrie de thèmes empruntés aux sophistes ([1098]). Comme ces derniers, Tchouang tseu professe un relativisme rigoureux, mais qu'il détache de tout réalisme abstrait.

Pour lui, le monde se résout en un flux d'apparences concrètes, occasionnelles, singulières, entre lesquelles il n'y a point de mesures communes, sinon extérieures, humaines, artificielles. Toutes les sensations ont autant, ou aussi peu, de réalité les unes que les autres. Tout jugement n'est qu'un jugement de valeur, une *estimation* toujours arbitraire. Je suis, dans mon rêve, un papillon ; je me réveille et je suis Tchouang tseu. Qui suis-je ? Tchouang tseu rêvant qu'il est un papillon ! Un papillon qui imagine être Tchouang tseu ([1099]) ? Ces deux appréciations successives témoignent d'une transformation (*wou houa*) dont on ne peut dire si elle est réelle ou imaginaire. De même, il n'est point possible d'établir de distinction assurée non seulement entre des termes voisins, mais encore entre le Ceci et le Cela, l'existence et la non-existence, la vie et la mort, le beau et le laid, l'utile et le nuisible, le bien-être et le mal être. Ce ne sont point là, en fait, des *termes réellement contraires*, ce ne sont que des *appréciations contrastantes* — entièrement subjectives, simplement momentanées. Se coucher dans la boue n'est malsain que pour tel individu et à tel moment ([1100]). L'humidité, la chaleur n'existent que *pour qui* a chaud ou se sent mouillé et *au seul instant* où il le sent. Le Tout et tout être sont en perpétuel changement. Me voici autre que moi-même quand je crois être le moi de tantôt. « La vie de l'homme entre Ciel et Terre, c'est comme un cheval blanc sautant un fossé et soudain disparu ([1101]). » Naître ou mourir, voilà, certes, un changement (*kai*) total, instantané ; il ne diffère point des changements du tout au tout dont, à chaque instant, la vie est faite. L'individu, tout autant que le monde, est multiple, pas plus que l'individu, le monde ne demeure identique ([1102]) ; et, pourtant, l'Univers est un et, de même, chacun des êtres. *Les changements du tout au tout ne sont que des mutations.*

Il n'y a donc point d'erreurs, ni même de possibilités d'erreurs. Aussi tous les paradoxes des Sophistes peuvent-ils être tenus pour vrais. Le Moi et l'Autrui, le Ceci et le

Cela n'étant que des *situations* différentes, il est légitime de dire qu'un centenaire n'est pas vieux, ni un mort-né jeune, qu'un poil vaut une montagne, et qu'entre tel ciron et l'Univers aucune différence n'existe, ni en noblesse, ni en puissance, ni pour l'âge, ni pour la grandeur (¹¹⁰³). Il n'y a, en revanche, que des vérités occasionnelles, impermanentes, multiples, singulières, concrètes, ou — ce qui revient au même — il n'y a qu'*une* vérité, *abstraite, totale, indéfinie*, qui est le Tao : le *milieu* — indifférent et neutre, impassible, indéterminé, suprêmement autonome — de l'ensemble des vérités transitoires, des apparences contrastantes, des mutations spontanées.

La dialectique mise en honneur par les Sophistes permet à Tchouang tseu de présenter le Tao comme le milieu où s'opère la synthèse de tous les antagonismes. Lorsque, cessant de « rester confiné entre les Six Pôles de l'Univers et de s'y laisser éblouir » par les jeux de la lumière et de l'ombre, on se décide à *monter dans le char du Soleil* (¹¹⁰⁴), on jouit, de cet observatoire neutre et souverain, d'un point de vue qui n'est ni celui du Ceci, ni celui du Cela, mais celui où le Cela et le Ceci ne peuvent qu'être unis. C'est le point de vue du *Centre de l'anneau*, où se manifeste la vanité des *oppositions* (en apparence) *diamétrales*. Pour qui se place au centre de l'anneau, « il n'y a rien qui ne trouve à *s'apparier (tö ki ngeou)* », tous les contrastes se résorbant dans l'Ordre total qui les régit, car c'est là le *pivot du Tao* (¹¹⁰⁵).

Envisagés à partir du principe indifférent de toutes les réalisations autonomes, et non plus avec les préférences passionnées du petit face au grand ou du grand face au petit, *le minuscule et le majuscule se confondent, car ils sont* immenses *pareillement*. « Est suprêmement ténu (selon le dire des dialecticiens) ce qui n'a aucune apparence sensible (*wou hing*) ; suprêmement grand, ce qui ne peut être circonscrit. » A cet aphorisme qui évoque des sensations, des opérations concrètes, mais s'inspire d'un réalisme abstrait, Tchouang tseu substitue une formule par laquelle s'affirme sa thèse que seules comptent les opérations de l'esprit, et qu'il n'y a ni petit, ni grand, mais seulement de l'*immense*. Il caractérise donc ce qui n'a aucune apparence sensible par l'impossibilité de le *diviser par le calcul* ; ce qui ne peut être circons-

crit, par l'impossibilité de le *supputer numériquement* ([1106]).
Le relativisme de Tchouang tseu est d'inspiration idéaliste.

C'est avec lui qu'apparaît, dans la philosophie chinoise,
destinée, du reste, à une fortune médiocre, l'*idée d'infini*.
L'infiniment grand, l'infiniment petit, ce n'est pas ce qui,
matériellement, se trouverait insécable, ou ce que, techniquement, on ne pourrait circonscrire : c'est ce qui, encore
et toujours, demeure à imaginer dès que l'esprit a commencé
d'imaginer. A moins qu'on ne soit une grenouille confinée
dans un puisard, un champignon né pour un seul matin,
comment ne pas sentir que l'Espace et le Temps (et, avec
eux, tout être ou toute situation dans l'Espace-Temps)
sont illimités ? Si grandes que puissent être dépeintes une
étendue ou une durée, toujours apparaîtra une insuffisance
de grandeur, une fois qu'on se sera avisé de songer à un
au-delà ([1107]). Pensez, par exemple, au P'eng, cet oiseau
immense, qui n'a besoin que de six mois de vol pour s'enlever dans les airs à une hauteur de quatre-vingt-dix mille
stades : où pourrait-il (où pourriez-vous) arrêter son essor ?
Cette allégorie ou de semblables thèmes mythiques suffisent
pour imposer l'idée d'infini ([1108]). C'est, en effet, à un *besoin
de l'esprit* qu'elle correspond. Et ce besoin, la notion de
Tao le satisfait.

Entièrement indéterminé, et *absolument autonome*, le Tao
se retrouve en toutes choses. *Toutes choses comportent de la
spontanéité, de l'indétermination, et ces possibilités indéfinies
de* mutations *qui appartiennent à tout être, car chaque emblème
les recèle.* « Où est le Tao ? — Il n'y a rien où il ne soit !
—Précisez par un exemple, cela vaudra mieux. —Il est dans
cette fourmi ! — Pourriez-vous donner un exemple plus
humble ? — Il est dans cette herbe ! — Plus bas encore ?
— Il est dans ce tesson ! — Est-ce là le plus bas ? — Il est
dans cet excrément ! » Mais il ne sert à rien d'interroger sur
le Tao à la manière des experts ([1109]) qui, dans les marchés,
estiment un cochon en enfonçant le pied, tant qu'ils peuvent, dans la graisse. « Ne demandez pas d'exemples, il n'y
a rien où le Tao ne soit. » Le Tao mérite d'être appelé « le
Suprême », « l'Universel », « le Total », c'est-à-dire « l'Entier-
Unique (*Yi*) » ([1110]). Immanent en toutes choses (il ne faut

pas dire : animées ou inanimées, mais : les plus vulgaires comme les plus nobles) ([1111]), il y signale un principe d'indétermination dont procède, pour chacune d'elles, avec une absolue singularité, une entière indépendance. Ce ne serait pas assez de dire que chaque être, comme toute pensée, est tout ensemble libre, fugace, illimité, ou qu'il participe d'un *infini de puissance et de liberté* ; à cet infini, il n'y a rien qui ne s'égale et, *pour valoir le Tout, il suffit* — à chaque être — d'être et de devenir : *il suffit d'être soi-même, avec tous ses possibles.*

Cet *infini immanent*, la dialectique ou l'imagination mythique font voir qu'il est un besoin de la pensée. L'extase, qui en procure, dans sa pure splendeur, le sentiment, prouve qu'il est l'unique réalité, la réalité totale. « O mon Maître ! ô mon Maître ! Tu donnes à toutes choses et n'interviens pas par équité (*yi*) ! Tu fais largesse aux générations de tous les temps et n'interviens pas par amitié (*jen*) ! Tu es plus ancien que les plus vieux âges et n'es pas vieux ! Tu couvres et supportes (tels le) Ciel et (la) Terre ! Tu cisèles et sculptes toutes les apparences et n'es pas un artisan ! C'est en toi que *je m'ébats* (*yeou*) [ou bien (c'est une autre clausule) : c'est toi qu'on nomme : *Joie céleste*]] », telle est l'oraison (*stéréotypée*) par laquelle s'achève l'extase taoïste ([1112]). On arrive à cette extase à la suite d'un entraînement qui purge l'être de toutes les *contradictions artificielles*, surimposées à sa nature par le contact d'autrui et les conventions sociales. On conserve, dans le plus grand âge, la fraîcheur d'un enfançon, lorsqu'on *rejette hors de soi* d'abord « le monde des hommes », puis « toute réalité » (extérieure), et, enfin, l'idée même d' « existence ». On obtient alors, dans *une lumière diffuse* ([1113]) *qui est celle de l'aube* (*tchao tche*) », la vision d'une « indépendance solitaire », si bien que, « passé et présent s'anéantissant » on « entre dans ce qui n'est ni le vivre ni le mourir » ([1114]). C'est ainsi que, « laissant tomber corps et membres, bannissant audition et vision, se séparant de toute apparence corporelle et éliminant toute science, on s'unit à *ce qui pénètre partout* (*ta t'ong*) ([1115]) et donne sa *continuité* à l'Univers (*T'ien kiun*) ([1116]). Grâce à la « purification du cœur » et au « vide (*hiu*) », on « adhère au Tao (*tao tsi*) ([1117]).

Après avoir « embrassé l'Unité (*pao yi*) » et puisque « les dix mille êtres ne sont qu'un » ([1118]) et qu'il a su, lui-même, « conserver en lui l'unité » ([1119]), le Saint, n'ayant plus « ni quant à soi, ni activité privée, ni nom propre (*wou ming*) » ([1120]) se fond, indéterminé et libre, dans le principe, indénommable (*wou ming*) et total, qui, — n'étant que l'axe, le faîte (*ki*), le pivot, le centre *vide* du moyeu ([1121]) — n'a ni activité ni existence propres, mais en dehors de qui il n'y a point de réalité, de liberté, de vérité, car il est l'*Intacte Efficace* dont procède, avec tous les arts, l'ensemble des efficiences, l'*Unique Savoir* qui, telle une *lumière diffuse* (on la nomme la Lumière céleste — c'est-à-dire naturelle — *T'ien kouang*) ([1122]), illumine tout, uniformément, donnant à chaque chose son apparence véritable ([1123]).

L'originalité des Maîtres taoïstes ou, tout au moins, de Tchouang tseu, tient au fait qu'ils ont su justifier une *technique de la Sainteté*, dominée par un idéal d'*autonomie*, en la combinant avec une *théorie de la connaissance* ([1124]) — fort bien ajustée aux postulats de leur *quiétisme naturaliste*.

Dans cette théorie, la part de la tendance mystique n'est pas plus grande que celle de la tendance intellectualiste. Envisagé comme le principe immanent et neutre de tous les libres développements, le Tao (même si, dans l'exaltation de la vision extatique, on le qualifie de mystérieux et d'ineffable) est, avant tout, conçu comme un principe d'explication rationnelle. Et d'ailleurs, son indétermination et son impartialité (qui se traduisent par la froideur impersonnelle des effusions et oraisons mystiques, toujours de forme stéréotypée) excluent toute tendance au personnalisme, cependant que toute tendance au spiritualisme se trouve exclue par l'idée de la continuité de l'Univers.

Le Tao, dont on peut dire qu'il est à la fois Nature et Raison (ou, si l'on veut, φύσις et λόγος), est un principe d'universelle intelligibilité. La formule « vomis ton intelligence » n'exprime pas le mépris de l'activité de l'esprit, mais, simplement, le dédain de la science discursive, des jeux de la dialectique, de toute espèce de réalisme abstrait.

Les Maîtres taoïstes ne font aucune difficulté pour utiliser (ni d'ailleurs, semble-t-il, aucun effort pour perfectionner) le système de classifications dont leurs contemporains se servent pour ordonner la pensée. Ils admettent que le vulgaire est dominé par 6 Appétits (ceux des honneurs et des richesses, des distinctions et du prestige, de la renommée et de la Fortune), 6 Entraves (celles qu'imposent le maintien et le comportement, la sensualité et le raisonnement, le tempérament et la réflexion), 6 (Sentiments qui font) obstacle au Tö (haine et désir, joie et colère, peine et plaisir), 6 (Attitudes qui font) obstacle au Tao (celles qui consistent à éviter ou à aller au-devant, à prendre ou à donner, à acquérir des connaissances ou à exercer des talents) : il faut réprimer ces 24 dispositions pour obtenir la rectitude et la quiétude, l'illumination et la vacuité ([1125]). Il faut encore, sous peine de « perdre l'essence qui vous est propre (*sing*), » éviter les 5 perversions ([1126]) qui résultent d'un usage civilisé des sens : peinture, musique, parfums, cuisine, prédilections du cœur corrompent la vue, l'ouïe, l'odorat, le goût, le jugement ([1127]). En lui-même, déjà, l'usage naturel des sens peut être pernicieux, si l'on ne s'applique à défendre, contre la multiplicité des apparences, la simplicité originelle (*p'ouo*) de l'être. La vision, l'audition, l'odorat, le goût, la connaissance ne méritent d'être qualifiés de *tche* (qui pénètre tout, qui s'étend à tout) que si aucun objet particulier ne les *arrête*.

Pour que la perception soit pure, il faut que, *diffuse*, elle se rapporte au total et non au détail des choses. Il faut encore que, globale, elle soit fournie, non par l'un des sens, mais par l'être entier. Il faut qu'elle résulte d'une union (*ho*) de ce qui, dans l'individu comme dans l'Univers, constitue la puissance de vie [le *k'i* (souffle) ([1128])]. Le véritable sage « entend avec ses yeux et voit avec ses oreilles ». Ce n'est pas qu'il ait, déjà, trouvé le secret de l'audition paracoustique ou de la vision paroptique. Il admet volontiers qu'il n'est point possible d'intervertir les fonctions des divers organes. Il sait seulement « unir son corps à son cœur, son cœur à son *k'i* (souffle), son *k'i* à son *chen* (puissance vitale) et le tout au *wou* (c'est-à-dire non pas au « néant », mais au *Total indéterminé*...) Si donc « il se produit un son, soit au loin, par-delà les Huit Marches de l'Univers, soit tout près, entre cils et sourcils, il ne peut pas ne pas en être informé — sans que, pourtant, il sache si c'est par ses oreilles ou par ses quatre membres que s'est faite la perception ou si c'est par son cœur, son ventre, ses cinq viscères qu'il est informé : il l'est, voilà tout » ([1129]). Seule paraît valable la perception, spontanée et globale, qui résulte d'une libre fusion communielle. Le sage s'abstient de se servir de ses yeux pour voir, de ses oreilles pour entendre ; il se refuse à faire un usage distinct de ses sens de peur de voir s'engorger les orifices qui en sont les organes ; « il n'utilise ses yeux que de la manière dont il utilise ses oreilles et emploie son nez comme il emploirait sa bouche » : c'est ainsi seulement que « la communication entre l'extérieur et l'intérieur s'établit » innocemment ([1130]).

Toute sensation partielle est épuisante et corruptrice. A heurter à la multiplicité des choses une part, puis une autre part de son être, l'individu s'exténuerait. Un Saint, dont le premier devoir est de prendre soin de sa vitalité, craint ces heurts, surtout quand, en bon Taoïste, il est pénétré de l'idée que, là où la multiplicité apparaît, il n'y a point de terme à prévoir. Il se garde de vouloir connaître par le détail : « *Vivre a des bornes et il n'y a point de bornes au connaître! C'est un péril pour ce qui est limité de poursuivre ce qui ne l'est pas* ([1131])! » Nul, dans l'ancienne Chine, n'ignore que toute image résulte d'un contact, — ce choc pouvant se produire dans l'état de veille comme dans le rêve ([1132]). Le Saint ne se permet pas de rêver ou de penser, pas plus que de fatiguer ses muscles ([1133]), car il redoute l'usure et, plus encore, la contagion. Dès qu'il y a, non pas union roborifiante avec le Total indéterminé, mais rapprochement indû de l'Autrui et du Moi, il y a choc, c'est-à-dire usure, et contact nuisible, ou, plutôt, souillure.

Pour empêcher ces contacts maléficients et les empiètements doublement sacrilèges qui blessent l'autonomie de l'Autrui comme celle du Moi ([1134]), les Maîtres taoïstes devraient, semble-t-il, se bornant à l'union extatique avec le Tao, professer le plus rigoureux des subjectivismes mystiques. Ils échappent à ce subjectivisme grâce à leur thèse sur la continuité de l'Univers. Cette thèse leur permet aussi de se débarrasser du réalisme abstrait des dialecticiens.

Au sophiste Houei tseu, qui flânait en sa compagnie sur la
passerelle d'un ruisseau et qui lui reprochait d'avoir, n'étant
pas un poisson, prétendu reconnaître ce qu'était le plaisir
des poissons, Tchouang tseu répondit : « Vous m'avez
demandé : Comment savez-vous ce qu'est le plaisir des
poissons ? » « Puisque vous m'avez posé cette question, c'est
que, d'abord, vous saviez que je le savais. Et moi, je le sais
parce que je suis sur la passerelle du ruisseau [1135]. » La
possibilité de communications entre le Moi et l'Autrui est
un fait. Si, même pour lui, ce n'était pas un fait constant,
le dialecticien se montrerait absurde, puisque — et précisément à propos de ce fait — il questionne autrui. Mais si le
fait — qui autorise la dialectique tout en faisant apparaître
l'inefficacité du raisonnement dans l'abstrait où elle se
cantonne — est constant, c'est la preuve qu'entre toutes les
portions de l'Univers existe une continuité concrète.

Pour les Maîtres taoïstes, en effet, la communication d'individu humain à individu humain n'est possible que parce
qu'est d'abord possible la communication entre individua-
tions de toutes sortes. Tout parti pris spiritualiste étant
exclu, il ne s'agit point de communications d'âme à âme,
— ni, non plus, d'une transmission d'idées assurée par une
symbolique artificielle, tel le langage humain. Si le Moi peut
connaître l'Autrui, c'est en raison de l'Unité du monde.
C'est grâce à la « continuité naturelle (*T'ien kiun*) » que « le
vrai (*jan*) et le faux (*pou jan*) se distinguent d'eux-mêmes
(*tseu*) », se manifestent spontanément (*tseu jan*) [1136].

L'unité du monde était éclatante, et toute facile la connaissance des choses aux temps où la civilisation n'avait
point perverti les hommes en les déformant et en les isolant.
« *Ils vivaient jadis fraternellement avec les animaux et ne faisaient qu'une famille avec les dix mille êtres.* » On ne se préoc-
cupait point alors de « science du détail », mais tous les êtres
s'entendaient et se comprenaient, car les pies elles-mêmes
« laissaient regarder dans leurs nids » [1137]. Les sages disaient
donc que, pour ce qui est de l'entendement, il y avait, entre
tout ce qui vit, bien peu de différence. Aussi communi-
quaient-ils librement avec « les quadrupèdes, les oiseaux,
les insectes, les génies, les démons de toutes sortes. » Et,
en effet, « les comportements humains » ne s'opposaient pas

encore à ceux des autres êtres ([1138]). Mais, aujourd'hui, la plupart des hommes demeurent enserrés et parqués par les barrières artificielles, les distinctions arbitraires qu'imposent la culture et l'étiquette. Ils ont perdu leur simplicité native. Ils ne peuvent donc plus comprendre ce qui seul peut être compris : les comportements naturels (*sing*) des êtres.

Seuls quelques barbares entendent encore le langage des animaux, et quelques éleveurs leur nature : eux-mêmes ont conservé une nature simple. C'est à eux qu'il convient de demander le secret d'une connaissance vraie : « Gardant toujours la même humeur », ils ne cessent point d'être naturels, si bien qu'auprès d'eux « les tigres se croient au milieu des monts et des forêts », en pleine nature. Une sympathie impartiale et libre ([1139]) unit en pareil cas le Moi et l'Autrui. *Cette véritable entente est le principe d'une connaissance vraie.* A celui qui les aime et, par amitié pure, les vient saluer tous les matins, les mouettes se livrent familièrement. Entre elles et leur ami, *le jeu est désintéressé*, et, par suite, la *communication intime*. Mais si, un jour, l'homme vient les voir avec le désir de s'emparer d'elles, les mouettes perçoivent cette intention secrète et fuient aussitôt ([1140]). Nul n'arrive à comprendre, s'il ne respecte, conservant lui-même sa propre nature, la libre nature d'autrui.

La connaissance résulte d'un accord spontané de deux autonomies, de deux indifférences bienveillantes. Aussi l'eau est-elle le symbole de la sagesse : elle offre l'image de la quiétude, du bon accueil et du désintéressement. Indifférente, « souple, ne s'usant point », ne cherchant ni à agir, ni à connaître, « *l'eau n'a point de revendications* » ; elle accepte toutes les formes, toutes les places ; « elle va vers le bas que tous méprisent » ; elle est « le grand confluent de toutes choses » ([1141]), ce qui ne l'empêche point, toute impureté ne faisant que la traverser (car au pur tout est pur), de s'offrir comme une masse limpide ; elle se trouble seulement quand elle est agitée, mais ses agitations ne durent pas, car elles ne viennent point d'elle. D'elle-même, l'eau est inerte, accueillante et paisible. *Les choses lui confient donc librement leur véritable image.* « Personne ne va se mirer dans l'eau courante. *Seul ce qui est fixe peut fixer ce qu'il y a de fixe* ([1142]). » « Quand l'eau est tranquille, sa clarté (*ming ; ming* signifie comprendre) illumine même les poils de la barbe et des sourcils. Elle possède un si parfait équilibre (*p'ing* : la paix) qu'on a tiré d'elle la règle du niveau. *Quand l'eau demeure quiète* (tsing), *elle éclaire* (ming : comprendre, *illuminer*) *toutes choses* [1143]. » « L'Homme suprême utilise son cœur comme un miroir. Il ne s'empare et ne va au-devant de rien. Il répond à tout et *ne retient rien*. Il peut vaincre toute chose *sans en blesser aucune* », car « s'il est le réceptacle de tout ce que la Nature (*T'ien*) lui donne, il ne s'en considère pas comme le possesseur » [1144]. « *A celui qui demeure en lui-même sans s'y cantonner*, disait Kouan Yin tseu, *les choses se manifestent d'elles-mêmes et telles qu'elles sont, car ses comportements sont ceux de l'eau, sa quiétude celle du miroir, sa réponse celle de l'écho* [1145]. »

La *quiétude* seule procure une connaissance vraie de la *nature*. Toujours désintéressé, le Saint, sans faire effort, ni rien gâter en lui et hors de lui, reflète, immuable et pur, car ce ne sont point des empreintes qui pénètrent et persistent, les images indéfiniment mobiles qui constituent l'Univers. Il connaît dans son intégrité la nature entière. Il la connaît sans s'occuper du détail, mais concrètement. Il a des perceptions justes, mais qui ne valent que sur l'instant. Toute abstraction, toute généralisation, et même tout raisonnement par analogie (à plus forte raison induction ou déduction) lui sont interdits. Toute science est impossible et surtout l'histoire : rien ne peut demeurer de ce qui a été, si ce n'est une empreinte. Une empreinte est chose morte et ne signifie rien [1146]. Seul le *reflet fugace* est une image exacte, complète, innocente. Il n'y a point de connaissance vraie hors de l'Instant et du Total.

Il n'y a de même qu'une Efficace totale et des Recettes singulières.

Toute prétendue technique ne saurait être que trompeuse et novice [1147]. Toute recette est intransmissible [1148], toute connaissance incommunicable, du moins dialectiquement. C'est grâce à la quiétude que l'on perçoit les comportements naturels. Ce ne sont aussi que des comportements qu'on peut enseigner, et on n'y arrive que par la seule attitude efficace : celle de la concentration désintéressée et paisible.

Un bon patron ne s'occupe pas d'expliquer les détails du

métier. Il se conduit en sorte que le principe de toute efficace apparaisse au disciple. Celui qui sait faire ne sait ni pourquoi ni comment il fait ; il sait seulement qu'il réussit et que l'on réussit toujours quand, de tout son être, on ne songe qu'à réussir. Pour abattre des cigales en plein vol, il suffit de ne plus voir, dans l'Univers entier, que la cigale visée : on ne peut la manquer, fût-on malingre, bossu, tortu (1149). Voudriez-vous être un maître archer ? Ne vous souciez d'aucune règle technique. Passez deux ans couché sous le métier à tisser de votre femme, et forcez-vous, quand la navette les frôlera, à ne pas cligner les yeux. Puis, pendant trois années, occupez-vous uniquement à faire grimper sur un fil de soie un pou que vous contemplerez, face à la lumière. Quand le pou vous apparaîtra plus grand qu'une roue, quand, plus grand qu'une montagne, il vous cachera le soleil, quand vous verrez son cœur, alors prenez un arc et tirez hardiment : vous toucherez le pou juste au cœur, sans même effleurer le fil de soie (1150). Le bon forgeron forge sans y penser — ni se fatiguer ; le bon boucher découpe sans y penser — ni même user son couteau : l'un et l'autre découpe ou forge spontanément (1151).

« Enseigner sans nulle parole, être utile sans aucune intervention, peu de gens y arrivent », et, pourtant, « *la suprême parole est de ne rien dire (à autrui), l'acte suprême de ne point intervenir (wou wei)* » (1152). « Ne parlez pas ! Exprimez-vous sans parler ! Tel a parlé toute sa vie qui n'a rien dit. Tel, de toute sa vie n'a point parlé, qui n'est jamais resté sans rien dire (1153). » « Celui qui parle ne sait pas », « celui qui sait ne parle pas » (1154).

La Sagesse, la Puissance ne peuvent se communiquer que par l'*enseignement muet*, qui, seul, respecte la nature des choses et l'autonomie des êtres.

Le Saint ne sait et ne vit que pour lui, mais il enseigne tout et il sanctifie tout. Il enseigne et sanctifie par un effet direct de son efficace. Entièrement introverti, il s'abstient de toutes paroles ou actions particulières. Il n'intervient en rien (*wou wei*) (1155). Il se borne, tel le Tao, à rayonner une vacuité propice au développement spontané de tous les êtres.

Cette *vacuité béatifiante* est, si je puis dire, l'atmosphère du

Paradis. Ce sont des mythes sur l'âge d'or ou les Terres des Bienheureux, qui servent à illustrer la morale et la politique taoïstes. Il est, vers le Nord-Ouest, un très lointain pays où « *n'existe nul chef : (tout s'y fait) spontanément et voilà tout !* On n'y connaît ni l'amour de la vie, ni la haine de la mort : aussi n'y a-t-il point de morts prématurées ! On n'y connaît ni l'affection pour soi, ni l'éloignement pour autrui : aussi n'y a-t-il ni amour, ni haine !... Ni nuages ni brouillard n'y arrêtent la vue ; ni tonnerre ni éclairs n'y troublent l'ouïe ; ni le beau ni le laid n'y corrompent les cœurs ; ni monts ni vallées n'y gênent les pas... ([1156]). » Au temps jadis, « quand les hommes se comportaient naturellement ..., et qu'il n'y avait ni route, ni bacs... chacun restait chez soi sans savoir ce qu'il y faisait ou se promenait sans savoir où il allait. L'on bâfrait et l'on s'esclaffait ! On se tapait sur le ventre et s'ébaudissait ! Et c'étaient là les seuls talents ([1157]) ! »

Les hommes pouvaient, en cet âge heureux, demeurer dans l'état d'innocence. Ils vivaient, en effet, sans prendre contact avec le voisin, sans se forger des désirs artificiels. Ils restaient autonomes. « Satisfaits de leurs manières, paisibles dans leurs demeures ..., ils mouraient de vieillesse sans être entrés en relation » même avec ceux « dont ils entendaient le chien aboyer et le coq chanter » ([1158]). Quelques habitants de l'Extrême-Sud conservent encore cet esprit d'indépendance et de simplicité. « Innocents et frustes, ils réduisent au minimum l'égoïsme et le désir. Ils donnent, mais *ne sollicitent rien en retour (pao)* ([1159]). » Tels sont les principes de la vraie morale : « Soyez simples, soyez naturels ! Réduisez au minimum égoïsme et désirs ! ordonne Lao tseu et il ajoute : « Le sage conserve le gage du contrat, mais jamais ne réclame son dû ([1160]). » Sont pernicieuses et dégradantes toute société, toute morale fondées sur le respect d'une hiérarchie *autoritaire*, sur l'exécution forcée des *contrats*, sur la contrainte.

Autonomie sans nulle restriction, bonne entente toute spontanée, voilà, en politique, le seul principe, l'unique règle en morale. Rites et récompenses, lois et châtiments, et (pis encore) service social et dévotion au bien public, ces thèses abominables de Mö tseu, des Légistes, des disciples de Confucius, morales du sacrifice, de la discipline, de l'honneur, voilà d'où proviennent les pires désastres et l'anarchie ([1161]).

Bâties pour exploiter quelque passion, ces fausses morales déchaînent toutes les passions. Elles font régner le goût de l'intrigue, l'esprit processif, la rage de dominer. Qui s'ingénie, pour en profiter, à susciter des désirs artificiels et, pourtant, se propose de refréner les désirs, doit manquer son but. Pour avoir de bons soldats, vous glorifiez le mépris de la mort ? Vous ferez-vous obéir de vos hommes en menaçant de les châtier par la mort ? Vous créerez des brigands que vous n'effraierez point. Ce sont les lois qui font les criminels, les règlements qui provoquent l'anarchie. Qui suit la nature veut rester libre et, pour le demeurer, évite tout désir. C'est ainsi qu'on demeure innocent et inoffensif... Mais il ne peut y avoir que misère, crime, désordre, dès qu'on commence, en déformant la nature humaine, à opprimer l'individu [1162].

Loin, cependant, de professer un individualisme absolu, les maîtres taoïstes répudient les théories de Yang tseu : Tchouang tseu, qui attaque fréquemment Yang tseu, lui reproche (tout autant qu'à Mö tseu) d'être un de ces ennemis de la nature qui encageraient volontiers l'homme comme un ramier [1163].

Si ces attaques sont violentes, c'est que l'individualisme de Yang tseu n'a point de contrepartie et que, de plus, il se rattache (tout comme le sectarisme de Mö tseu) à une tendance pessimiste. Yang tseu [1164] méprise la vie que les Taoïstes sanctifient. « Cent ans de vie est un maximum ! On en passe la moitié, enfant, à être porté dans les bras et, vieillard, à radoter. L'autre moitié se partage entre le sommeil et l'état de veille, — ce dernier occupé, pour la moitié encore, par la maladie, la douleur, le chagrin, les peines, les disparitions, les pertes, les craintes, les inquiétudes. Dans les quelque dix ans qui peuvent rester, il n'y a pas peut-être un instant qui n'ait son souci [1165] !... » « Cent ans de vie, c'est bien trop à supporter ! Pire serait la peine prise pour faire durer la vie [1166] ! » Yang tseu condamne les pratiques de la longue vie (*kieou cheng*), chères aux Taoïstes. C'est sans énergie qu'il blâme le suicide. On peut aller, dit-il, jusqu'au bout de l'existence, quand on se persuade que la fin en est proche [1167].

Cette lassitude, qui exclut même le désespoir, s'oppose

nettement à l'ataraxie taoïste. Elle part du sentiment que l'homme n'est rien et ne peut rien, que rien ne fait rien à rien, qu'un isolement absolu est le lot de tous les êtres. Tout bonheur est vain, toute gloire vaine, toute sanction indiffé-rente. Loué ou honni, chacun finit par la putréfaction, insensible à la gloire ou au blâme ([1168]). Est-il plus pénible de passer la vie en prison, mains et pieds garrottés, ou, pour évi-ter les châtiments, de se priver soi-même de tout ([1169]) ? Nul ne peut faire mieux qu'obéir sans joie à ses instincts et aux circonstances... Le berger ne saurait prétendre qu'il conduit le troupeau ; les bêtes vont où bon leur semble et le pâtre les suit. Le plus grand sage n'arriverait pas à imposer son vouloir à un seul mouton ([1170]).

Il n'y a pas de conducteurs d'hommes. Il n'y a ni morale valable, ni politique efficace. Ceux qui se présentent comme des héros et prétendent se sacrifier *utilement* au profit du bien public sont des imposteurs. Un des grands thèmes de la secte de Mö tseu était la belle histoire de Yu le Grand, usant, au profit de l'Empire, tout le poil de ses jambes, tous les ongles de ses mains ([1171]). Quelqu'un de l'École demanda donc à Yang tseu s'il donnerait un poil de son corps pour secourir le Monde. Il n'obtint que cette réponse : « Le Monde, assurément, ce n'est pas avec un poil qu'on peut le secourir ! — Mais, insista l'autre, supposé qu'il puisse être ainsi secouru, le feriez-vous ? » Yang tseu dédaigna de répondre ([1172]).

Il mérita ainsi d'être cité (tout au long de la littérature chinoise) comme le type de l'égoïste. En fait, individualiste intransigeant, il s'était simplement refusé à avouer que, même dans le domaine des *actions magiques* (ou des mythes politiques), aucun être pût rien faire qui fût efficient sur d'autres êtres.

Les Maîtres taoïstes échappent à l'individualisme intégral de Yang tseu, mais non pas seulement, comme pour le sub-jectivisme, en raison de leur thèse sur l'unité de l'Univers. Ils ne sont aucunement pessimistes. S'ils se défendent de tout orgueil humain, ils ont un vif sentiment de l'égale dignité de toutes choses. Toutes, obscurément, et le Saint, dans une illumination glorieuse, participent de l'efficace indéfinie du Tao. C'est ici le moment de rappeler tout ce que la con-

ception de Tao doit à la notion d'*efficience magique*, — de
redire que le Saint est l'héritier des chamanes, — de répéter, enfin, que toute autorité sociale paraissait dépendre
de la possession de pouvoirs magico-religieux. — Ni l'idée
d'œuvres pies ni l'idée du Bien public ne jouent le moindre
rôle dans la politique taoïste. Tchouang tseu se gausse de
l'entraide telle que Mö tseu la conçoit. Elle aboutit à faire
dire, quand on tue des brigands, qu'on ne tue point des
hommes ([1173]). Pareils sophismes ne servent qu'à justifier
un despotisme cruel. Et, d'ailleurs, on ne fait son salut
qu'individuellement. Admirez-vous les poissons qui, lorsque la sécheresse vide les ruisseaux, pensent se sauver en
s'entassant dans des trous ? « Au lieu de se coller étroitement
pour se maintenir humides », ne feraient-ils pas mieux de
gagner, un par un, les eaux profondes ?... Le bel expédient
que de « se baver les uns sur les autres » ([1174])! Et certes,
il n'est pas plus sage de confier son sort à un prince qui
croit gouverner en se préoccupant des rites, des précédents,
en demandant des conseils : tout cela a autant d'effet qu'une
mante qui prétend arrêter un char ([1175]). Aucun expédient
politique n'est valable, mais il y a une Politique et il n'y en a
qu'une. — *Seul peut sauver les êtres celui qui fait son propre
salut.* Rien qu'en se sauvant lui-même, il sauve le Monde.
Parvenu à se placer « au centre de l'anneau », il « *laisse
s'accomplir toutes choses* » ([1176]). Il se voue à l'Œuvre suprême
qui est de s'abstenir de toute intervention (*wou wei*) : « Son
savoir s'étend au monde entier sans qu'il pense rien par lui-
même : son talent s'étend sans limite à l'Intérieur des Mers
sans qu'il fasse rien par lui-même ([1177]). » « Il nourrit l'Empire.
Il n'a point de désir et l'Empire a de quoi se suffire. *Il n'intervient en rien, et les dix mille êtres se transforment spontanément.*
Il a la quiétude d'une eau sans fond et les Cent Familles
demeurent en paix ([1178]). »

Identique à la Sainteté, l'Efficace est exactement le contraire de l'utilité profane.

Seuls les arbres *improductifs* et dont le tronc se creuse,
épargnés par les charpentiers qui n'en pourraient rien tirer,
grandissent, prospèrent, deviennent vénérables et finissent
par se voir promus *dieux du sol*. Ils n'ont rien fait pour obtenir
cet honneur, et ils n'en ont cure. Ce n'est point leur sainteté

officielle qui les protège. Leur longévité (*leur sainteté réelle*),
ils la doivent uniquement à leur parfaite inutilité. Aussi inutiles, au sens profane, doivent se montrer les hommes qu'on
peut qualifier de « génies » (*chen jen*) ([1179]). Un sage, même s'il
fuit au désert, s'y voit rejoint par des apprentis. Un hameau se forme vite autour de lui et lui doit sa prospérité.
Voilà donc que les villageois veulent faire de lui leur *dieu
du sol*. Les disciples se réjouissent. Le sage se désole... Il
n'ignore pas qu'on n'a d'action véritable que si l'on n'a
point de succès ([1180]).

Pour pouvoir comme pour savoir, il faut être entouré
d'indifférence et s'absorber dans l'indifférence ([1181]). L'er-
mite, dégradé au rang de ministre, peut, certes, se réfugier
dans l'extase. Pourtant, en laissant deviner sa puissance, il a
trahi la sainteté ([1182]). Il eût mieux fait de se suicider ([1183]).
Une indépendance absolue, une autonomie sans défaillance
sont les conditions de l'Efficace ([1184]). Pour être véritablement
utile au monde, il importe de l'oublier et de ne songer qu'à
subsister paisiblement.

Jadis Houang-ti désira obtenir « la recette qui permet de
maîtriser l'essence du Monde de façon à seconder la bonne
venue des moissons et à nourrir le peuple, et de se faire obéir
du Yin et du Yang de façon à réconforter les vivants... Si
vous gouverniez ainsi le monde (lui dit un sage véritable) les
nues, avant même de s'assembler, tomberaient en pluie ! Les
plantes perdraient leurs feuilles avant qu'elles ne jaunissent !
Et la lumière du Soleil et de la Lune aurait tôt fait de
s'éteindre » ! Après être demeuré trois mois dans la retraite,
Houang-ti se borna à questionner sur l'art de « *se régler soi-
même afin de durer et de subsister* ». — « Voilà, lui dit alors
son maître, la vraie question ([1185]) ! »

L'autonomie, la vie cachée, la non-intervention sont les
principes de l'Efficace, de la Majesté, de l'Autocratie.

Identifié au Tao par la pratique de la méditation solitaire, le Saint possède « la science des transformations (*tsao
houa*) ; il pourrait faire tonner en plein hiver, produire de la
glace en été », mais il ne daigne utiliser son pouvoir ([1186]).
Mage désintéressé, il laisse le Monde aller son train. Il lui
permet de subsister en demeurant lui-même imperturbable.
Il ne veut ni l'user, ni s'user. Il se borne, pour le profit de

toutes choses, mais sans charité ni orgueil, à concentrer en lui-même une intacte *Majesté*. Cette Majesté souveraine ne se dépense au profit de rien, précisément parce qu'elle est indispensable à l'existence de toutes choses. Elle ne distingue pas d'un Pouvoir pur, ni d'une « Connaissance intégrale (*yi tche*) » ([1187]). Maître de l'Univers, mais condamné à rester maître de lui-même, le Saint « pourrait *choisir le jour de son apothéose* : il n'y aurait alors point d'homme qui ne le voudrait suivre! Mais comment consentirait-il à s'occuper des êtres ([1188])? »

Le Saint, *autocrate inconnu*, fait son œuvre sans que nul ne s'en aperçoive, et cette œuvre s'accomplit sans qu'elle intéresse en rien celui dont elle émane. Sa Sainteté lui suffit à lui-même et se suffit en soi. Il est, et chaque chose conserve son essence propre. Il dure et la Nature subsiste.

L'idéal politique des Maîtres taoïstes paraît avoir été un régime de minuscules communautés paysannes. Dans une bourgade isolée, un saint (vénéré comme un dieu du sol) peut, de la façon la plus modeste, exercer ses pouvoirs indéfinis. Tchouang tseu déclare que tout va bien dans l'Empire lorsqu'on laisse libre cours aux traditions locales qu'il nomme les maximes villageoises ([1189]). Cependant, en professant que le Saint s'égale à l'Univers, que toute efficace est totale en soi et que le principe de la Sainteté ou de l'Efficace se trouve dans une autonomie absolue, les Taoïstes ont préparé la thèse autocratique dont s'est réclamé le fondateur de l'Empire chinois — Avide de fréquenter les génies, mais invisible à ses sujets, Che Houang-ti prétendait animer l'Empire par sa seule Majesté ([1190]). Ceci ne l'empêchait ni d'ordonner, ni de sévir : les Légistes avaient su mettre à profit l'idée de non-intervention (*wou wei*) pour donner un fondement théorique à la conception de la loi, impartiale et souveraine ([1191]). — Les Taoïstes détestent les châtiments, la contrainte, toute réglementation. Tout au plus accordent-ils une valeur à ces règles souples et sorties *naturellement* de la pratique que notent les maximes villageoises ([1192]). — Et cependant, Tchouang tseu lui-même, cet ennemi décidé de toute intervention, se complaît à imaginer quelques mesures un peu brutales. Il conseille gentiment d'obturer les oreilles des musiciens, de crever les yeux des peintres, de briser les doigts des artisans et, surtout, de verrouiller la bouche de tous les doctrinaires, ses ennemis ([1193]). Supprimer tous les fauteurs d'artifices, ce n'est point, à son sens, intervenir. Si les saints du Taoïsme avaient consenti à exercer leur efficace pour restituer l'âge d'or, le retour à la nature se serait peut-être fait avec quelque rudesse...

Dissimulés sous l'élégance philosophique des Maîtres les plus anciens, le plus ancien Taoïsme recouvre une mentalité religieuse, un esprit sectaire. Témoin l'adage invoqué par Tchouang tseu : « Supprimez les sages ! Expulsez les savants ! Et l'Empire sera bien réglé ([1194]). » A la vérité, comme d'autres doctrines mystiques, — et d'autant plus qu'il définit la Sainteté par l'Autonomie, — le Taoïsme, plus encore peut-être qu'il n'a favorisé l'autocratie, a encouragé les mouvements sectaires. Les maîtres anciens ne montraient aucun respect pour les pouvoirs établis. C'était pour eux un axiome qu'un prince ne se distingue pas d'un brigand ([1195]). Et c'était aussi, conséquence directe de leur mysticisme, une vérité fondamentale que *tout individu*, même non noble, même difforme, même mutilé après condamnation, est — aussitôt qu'il a communié avec le Tao — *un Fils du Ciel* ([1196]). Ce principe posé, il était tout aussi difficile au Taoïsme de fournir le *credo* d'une Église organisée que d'inspirer, sans retouches, une doctrine constitutionnelle. Hostile à toute autorité constituée, le Taoïsme a inspiré de nombreux mouvements sectaires sans que jamais une *religion* organisée en soit sortie. Au reste, la sagesse taoïste est un quiétisme, mais un quiétisme naturaliste. Un esprit trop exclusivement humaniste la dominait pour qu'elle ait pu développer le goût d'une science de la nature. En revanche et malgré le mépris *affecté* des maîtres anciens pour tout ce qui n'est que technique , elle était destinée à entretenir et à accroître le prestige de tous les savoirs inspirés par la *magie*.

La vogue du Taoïsme ainsi que sa valeur comme source d'inspiration artistique ([1197]) sont attestées dès la fin du

IVe siècle avant J.-C. par les poésies attribuées à K'iu-yuan. Le *Yuan yeou* (la randonnée lointaine) est le récit d'ébats extatiques accomplis sous la conduite d'un « Génie » et d'un « Homme véritable » qui mènent le poète jusqu'à la « Ville de pureté ». Il y est parlé du Tao en des termes qui se retrouvent dans la *Lao tseu* et le *Tchouang tseu*. K'iu-yuan, poète de cour, servit de modèle, sous les Han, à Sseu-ma Siangjou, autre poète de cour [1198]. Celui-ci se plut aussi à chanter des randonnées extatiques. Il est clair que, dans l'entourage des potentats, une poésie d'inspiration taoïste s'employait à magnifier des cérémonies où l'on s'efforçait, ouvrant toute grande pour le Maître « la Porte du Ciel », d'exalter sa Majesté par une sorte d'apothéose mi-poétique, mi-magique.

Le *Houai-nan tseu* témoigne mieux encore des succès du Taoïsme dans les milieux aristocratiques. Rien, dans cet ouvrage composite, ne donne à penser que, depuis Tchouang tseu, la métaphysique taoïste s'était enrichie ou renouvelée. Le *Houai-nan tseu* [1199] est une sorte d'encyclopédie où une part fort large est faite aux savoirs les plus divers. Il fait voir que le Taoïsme, remarquable dès le principe par son indifférence à tout dogme et sa facilité à prendre de toutes mains, s'oriente décidément vers le syncrétisme, qui signale, du moins en Chine, toutes les orthodoxies.

Cette propension à l'orthodoxie et au syncrétisme s'explique peut-être par un recrutement plus large des adeptes. Il semble que le Taoïsme ait bénéficié, plus encore que l'École de Confucius, de la ruine de l'École de Mö tseu (accomplie dès la fondation de l'Empire). Telle est, apparemment, la raison du renforcement de l'esprit sectaire qui aboutit aux renouveaux taoïstes des environs de l'ère chrétienne. Si mal qu'on connaisse ces renouveaux, il y éclate une religiosité, voire même une tendance ascétique qui contraste avec l'esprit du Taoïste ancien.

Dans ce dernier, cependant, le désir de propagande ne manquait pas au point qu'on ne puisse trouver, chez Tchouang tseu lui-même, des concessions surprenantes au traditionalisme religieux dont Mö tseu se réclamait. Tel, par exemple, ce passage : « Celui qui fait le mal à la lumière du jour, les hommes trouvent l'occasion de le punir ! Celui qui fait le mal dans les ténèbres, les esprits trouvent l'occasion de le punir! (Que toute action) soit connue des hommes ou connue des esprits, voilà qui doit inspirer la conduite, même quand on est seul ([1200]) »

On croirait entendre Mö tseu. Si c'est Tchouang tseu qui parle ainsi, c'est qu'il ne dédaigne pas de ramener au Taoïsme tous ceux que la religiosité de son adversaire pouvait attirer. Il apparaît, en tout cas, que la croyance aux rétributions n'était point entièrement étrangère à la vieille sagesse taoïste. Elle ne s'est pas introduite dans le Taoïsme sous la seule influence du Bouddhisme. Le Bouddhisme chinois doit au Taoïsme plus d'idées qu'il ne lui en a apportées ([1201]), mais, dès le moment où le Bouddhisme s'est introduit en Chine, la tendance syncrétiste était, dans le Taoïsme, suffisamment puissante pour lui permettre de s'inféoder nombre d'idées à demi nouvelles pour lui.

Chapitre IV

L'orthodoxie confucéenne

Les attaques de ses adversaires le prouvent : sinon de son vivant, du moins dès la fin du Ve siècle, le nom de Confucius était célèbre dans toute la Confédération chinoise. La tradition veut que le Maître ait eu de nombreux disciples. Soixante-douze, dit-on, avaient parfaitement compris les enseignements du Sage. Sans doute firent-ils beaucoup pour propager la gloire de leur patron. Il est moins sûr qu'ils aient été fidèles à l'esprit de sa sagesse.

Quelques-uns des disciples de Confucius entrèrent au service de princes qui régnaient dans la Chine du Nord-Est, principalement à Lou, à Ts'i et à Wei. Leur carrière, mal connue, ne semble pas avoir été très brillante. Ils firent peut-être figure de conseillers d'État, et il se peut qu'ils aient eu des disciples. C'est cependant dans un hameau formé autour du tombeau du Maître que se perpétua la tradition confucéenne. A la fin du Ve siècle, ceux qui se réclamaient de Confucius apparaissent groupés dans diverses Écoles se réclamant du patronage de Tseu-kong, Tseu-yeou, Tseu-hia, Tseng tseu et Tseu-sseu.

Ce dernier était un descendant du Sage. On lui attribue la rédaction du *Tchouang yong* et du *Tai hio*, et l'on considère généralement qu'une influence taoïste est sensible dans ces deux œuvres. C'est faire remonter assez haut le prestige des doctrines philosophiques attribuées à Lao tseu. C'est aussi admettre qu'une tendance syncrétiste régna dans l'École confucéenne à peu près dès sa fondation.

On admet encore que les premières générations de disciples, et peut-être Confucius lui-même à la fin de sa vie, s'intéressèrent au *Yi king* ([1202]). Dans l'ensemble des traités qui composent aujourd'hui cet ouvrage, on ne retrouve guère, en effet, que des préoccupations morales et politiques : celles-là mêmes qui prédominèrent dans le groupe confucéen. Le fait que, dans ce groupe, on se soit intéressé à la divination et complu à commenter des signes ou des témoignages naturels prouve suffisamment que, loin de s'accentuer, la tendance humaniste, caractéristique de la réforme confucéenne, s'affaiblissait.

D'autre part, la passion d'enseigner en commentant signale le fléchissement du goût pour les formes pragmatiques d'enseignement auxquelles Confucius dut apparemment son prestige. Le Maître avait essayé de faire reconnaître la valeur d'une psychologie positive en habituant ses disciples à réfléchir en commun à propos d'incidents journaliers. Ses successeurs enseignèrent en *commentant* les vers du *Che king* aussi bien que les formules du *Tch'ouen ts'ieou*, les aphorismes chers aux devins tout comme les adages des maîtres de cérémonies. Dès la fin du ve siècle, on pouvait les accuser de ne s'attacher qu'à un savoir livresque et de n'accorder de valeur qu'aux semblants rituels ([1203]).

En même temps que s'atténuait l'inspiration humaniste, s'accroissait l'attachement à un décorum archaïsant. Plutôt qu'à observer les comportements de l'homme en cherchant à affiner le sens de la dignité humaine, les héritiers infidèles du Maître s'employèrent à subordonner l'ensemble du savoir à l'étude des traditions rituelles. Ils semblent, d'ailleurs, avoir réussi à dégager une notion destinée à un grand avenir : c'est celle de sincérité (*tch'eng*). L'honnête homme doit en tout obéir aux rites avec scrupule et minutie. Il mérite qu'on le dise *sincère* si, à chaque instant, pour ses moindres gestes comme pour ses plus importantes actions, il « épuise son *cœur* » ([1204]) dans l'accomplissement des prescriptions rituelles.

Une morale de l'intention vient ainsi sous-tendre le conformisme. Dans la terminologie taoïste, le terme « cœur » évoque la vie antérieure. Son emploi par les ritualistes qui se réclamaient du patronage de Confucius indique un progrès important de la tendance syncrétiste qui favorisa la victoire de l'orthodoxie confucéenne. C'est par sa théorie de l'intention anoblissante (*leang sin*) ([1205]) que Mencius procura un nouvel élan à l'École confucéenne.

I. MENCIUS : LE GOUVERNEMENT PAR LA BIENFAISANCE

Mencius (Meng tseu, fin du IVe siècle) ([1206]) paraît avoir été le premier écrivain de talent qui ait expressément considéré la doctrine de Confucius comme la doctrine orthodoxe.

Il était né, comme Confucius, dans la seigneurie de Lou (ou aux environs). Il descendait, semble-t-il, de la famille princière de Lou. Orphelin sans fortune, il fut élevé par sa mère, femme prudente à qui l'on fait gloire du soin qu'elle prit pour soustraire son fils aux mauvaises influences. Il fréquenta peut-être l'École de Tseu-sseu, puis essaya de recruter quelques disciples. Vers la quarantaine, il alla à Ts'i. Il compta quelque temps parmi les « académiciens » que protégeait le roi Siuan (342-324). Il n'y connut point un succès assez grand pour y demeurer et partit rechercher la faveur de divers potentats, les princes de Song, de T'eng et de Wei. Il revint enfin à Ts'i, où le roi Min l'employa peut-être comme conseiller. Disgracié, il retourna dans son pays natal. Il y demeura jusqu'à sa mort, entouré de quelques disciples, dont un seul, Yo-tcheng K'o, eut quelque renommée.

Mencius lui-même ne semble pas avoir joui d'un grand crédit auprès de ses contemporains. La gloire ne lui vint pas avant le moment où la dynastie des Han s'appliqua à justifier les institutions impériales en favorisant l'orthodoxie. C'est alors que la théorie du gouvernement par la bienfaisance esquissée par Mencius fut reconnue comme le fondement de la politique officielle.

L'œuvre de Mencius, assez brève, paraît avoir été transmise sans grand dommage. Elle est d'une lecture facile. Brillant écrivain, Mencius est plutôt un polémiste qu'un penseur. Il se plaît à se mettre en scène, discutant avec de grands personnages ([1207]). Il se présente comme un homme qui se serait donné la tâche de publier les principes de Confucius afin d'empêcher que « les paroles de Yang tseu et de Mö tseu (ne) remplissent le Monde » ([1208]). Il défendait la sagesse confucéenne en la définissant comme une *sagesse de juste milieu*, également distante de deux utopies pernicieuses. Mencius est un politicien, et il argumente en rhéteur : les adversaires qu'il attaque de front ne sont point ceux qu'il désire surtout atteindre. Ses véritables adversaires, ce sont les Légistes. Au gouvernement par les Lois, il oppose *le gouvernement par les Sages*.

Les adeptes du Tao et, même, les sectateurs de Mö tseu ne pouvaient avoir de sympathie pour une doctrine niant la valeur de la sagesse. Mencius s'adresse à eux pour les rallier. Il ne s'en prend qu'à ce qu'il peut y avoir d'extrême dans leurs propres tendances. Il essaie de les détourner en les dégoûtant soit de l'individualisme pur (qu'il leur présente, chez Yang tseu, comme un égoïsme grossier), soit du fanatisme et d'une dévotion sectaire au Bien public (en accusant Mö tseu de nier la valeur des sentiments domestiques). Il écrit donc (se souciant fort peu d'être juste) : « Yang tseu part du (chacun) pour soi. S'arracher un seul poil à l'avantage de l'Empire, il ne l'aurait pas fait. Mö tseu, (c'est) l'affection qui ne distingue pas : se faire broyer (du) cou (au) talon à l'avantage de l'Empire, il l'aurait fait. » « Ceux qui quittent Mö tseu vont à Yang tseu, ceux qui quittent Yang tseu à Mö tseu. Il faudra bien qu'ils viennent aux Lettrés (*jou* : les tenants de Confucius) ([1209])! Il n'y aura qu'à les accueillir. Ceux qui discutent avec les disciples de Yang et de Mö sont comme ceux qui, pourchassant un cochon quand celui-ci est déjà dans l'étable, continuent à l'appeler et à le poursuivre ([1210]). » Mencius, au lieu d'analyser critiquement les théories, préfère en appeler au sentiment. Il fait honte à un disciple de Mö tseu de l'avarice qu'il y a à enterrer chichement ses parents : n'est-ce point par eux que l'affection commence ? Voilà l'homme tout aussitôt ramené aux *bonnes idées* ([1211]).

Afin de rallier ses adversaires, Mencius leur emprunte largement. Son orthodoxie est à base de syncrétisme.

Les Légistes n'attendent rien de la bonne volonté des hommes et tout de la seule contrainte. Mencius contre-attaque en empruntant aux Taoïstes ([1212]) leur optimisme. Il affirme que « l'Homme grand (le *ta jen*) est celui qui n'a point perdu son *cœur de nouveau-né* » ([1213]). Seulement, quand il parle ainsi, il ne songe point à la simplicité native que toute civilisation déforme ([1214]). Il veut dire : seul l'Homme grand (c'est-à-dire celui qui ne travaille pas avec ses muscles, mais avec son *cœur* » : celui qui vit noblement) ([1215]), peut, à l'opposé des « petites gens » (*siao jen*) », car il échappe à toute activité intéressée, développer librement des sentiments naturels de bienveillance et de compassion. — La morale de Mencius est *une morale* (aristocratique) *du cœur*.

Il n'est personne qui, sans même penser à la récompense ou à l'éloge, ne voudrait sauver un enfant tombé dans un puits ([1216]). Tous les hommes ont « un cœur compatissant ». Tel est « le principe » du *jen* (de l'*amitié* entre humains), tandis que le principe de l'*équité* (*yi*), du *sens rituel* (*li*), du *discernement* (*tche*) se trouve dans la sensibilité du cœur à la honte, à la modestie, à l'acquiescement ou à la contradiction ([1217]). Ces principes, communs à tous les humains et qui permettent de dire que l'essence de l'homme est bonne (*chan*) ([1218]), ne se développent de façon noble et insigne (*leang*), constituant alors les quatre qualités fondamentales, que si on les cultive. A l'état fruste, « ils ne permettent même pas de servir les parents ». Nourris, et mués en *jen*, en *yi*, en *li* et en *tche*, « ils permettent de préserver de tout mal le monde entier » ([1219]).

Les hommes, selon qu'ils nourrissent en eux ce qui est grand et noble ou petit et vil, sont des Hommes grands ou de petites gens ([1220]). C'est seulement chez les Hommes grands que les qualités deviennent excellentes (*leang*). *L'excellence du cœur dépend de l'éducation et celle-ci du statut de vie.* « Dans les années heureuses, les gens du peuple sont honnêtes pour la plupart ; la plupart deviennent violents dans les années mauvaises. Ce n'est pas que le Ciel leur ait départi une étoffe différente, mais (dans le second cas) les conditions de vie ont suffi à *dégrader le cœur* ([1221]). » Certes, d'aucun cœur humain ne sont absentes les dispositions amicales et équitables (le *jen* et le *yi*). « Pour que les hommes perdent l'excellence du cœur, il faut qu'ils soient comme les arbres sous la hache. » Mais encore est-il nécessaire, pour que les arbres croissent, que, jour après nuit et nuit après jour, pluie et rosée les humectent. Sans nourriture convenable, il n'est rien qui grandisse ([1222]). L'excellence du cœur (le *leang sin*)) n'est point innée, au sens exact du mot. Elle résulte de la culture d'un germe de bonté, telle une semence d'orge qui profite d'un bon sol, d'une année heureuse ([1223]). L'honnête homme, le *kiun tseu*, l'*homme cultivé*, peut seul mener la noble vie qui fait fleurir une noble nature. Tous ses actes sont inspirés par l'intention d'anoblir son cœur ([1224]).

Mencius ne se borne point à aiguiller vers un idéal de culture humaniste la tendance à un optimiste naturaliste si profonde chez ses compatriotes ([1225]). Après avoir tiré les Taoïstes vers Confucius, il travaille encore à entraîner auprès du Sage les disciples de Mŏ tseu.

Ces derniers attribuaient une grande importance aux conditions matérielles de la vie : c'est par là qu'ils se rapprochaient dangereusement des pires ennemis des Lettrés, les Légistes. Comme les Légistes, — et c'est là, dans l'École confucéenne, sa principale originalité, — Mencius s'intéresse à l'économie. Seulement, il s'y intéresse avec des préoccupations morales, tout comme Mŏ tseu, et, tout comme Mŏ tseu, afin de défendre une *utopie conservatrice*. Il conseillait aux Princes de restaurer le système *tsing* ([1226]), de supprimer la propriété individuelle et l'impôt, de partager périodiquement les terres et de ne réclamer que des corvées ou une dîme, de supprimer les douanes, et d'imposer, non des taxes sur les marchandises, mais une simple patente sur les étalages des marchés ([1227]).

Mencius était hostile au régime des Tyrannies et à toutes les innovations qui servaient aux Légistes· à introduire en Chine l'idée de Loi et l'idée d'État. Il ne concevait point d'autre gouvernement que celui où le conseiller est, non pas un technicien, mais un homme cultivé.

Seul, l'Homme grand peut redresser ce qui est mal dans le cœur du Prince ([1228]). Aussi, avant toutes mesures économiques, Mencius réclame-t-il du souverain qu' « il honore les sages et emploie les habiles » ([1229]), c'est-à-dire les *lettrés* qu'inspire l'enseignement confucéen sur le *jen* et le *yi*. Et, de même, quand il préconise le système de la tenure commune et du travail collectif sur le champ réservé au Prince, il ajoute tout aussitôt que le premier devoir du seigneur est l'entretien des écoles. Les écoles ont pour unique tâche de faire comprendre les (cinq types de) relations entre hommes (celles de seigneur à vassal, de père à fils, d'aîné à cadet, de mari à femme, d'ami à compagnon). Cet enseignement doit suffire à faire régner « dans le petit peuple l'affection mutuelle » ([1230]) et « à affermir le pays ». Il tend à refréner l'esprit de vagabondage propre aux petites gens, toujours prêts à s'enrôler dans les sectes ou les associations de brigandage. C'est là le pire désastre, celui qu'on doit craindre dans les années mauvaises où les gens (en dépit de leur bonne nature) deviennent « violents ». « Telle est la façon de se conduire (*tao*) des gens du peuple. Quand ils ont des moyens d'existence assurés, ils ont le cœur assuré. Mais sans moyens assurés d'existence, point de cœurs assurés. Quand les cœurs cessent d'être assurés, il n'y a point de divagations et de licences où le peuple ne se laisse aller. Il s'engage dans le crime. Mais si, alors, on poursuit et punit, c'est prendre le peuple au filet ([1231]). »

Voilà l'humeur punisseuse des Légistes proprement critiquée. Et voici affirmés les bienfaits de l'enseignement confucéen : « N'avoir pas de moyens d'existence assurés, et garder un cœur assuré, c'est ce dont seuls sont capables les *nobles* (*che*, équivalent de *jou*, lettrés) ([1232]). » Le prince, bien conseillé, qui pratique le *jen* et ne laisse point ses légistes prendre le peuple au filet, doit procurer à ce dernier la subsistance et l'instruction. Le principe du gouvernement doit être la *bienfaisance*, son objet l'*anoblissement du cœur* des petites gens, cependant que la culture morale a pour fonction d'affermir en chaque homme l'intention de s'anoblir.

Tel est le biais par lequel, tout en essayant de détourner ses contemporains de la démagogie sectaire de Mö tseu et de ruiner l'influence des techniciens du gouvernement par les lois, Mencius s'efforce de pousser « les despotes éclairés (*ming kiun, ming tchou*) » ([1233]) à patronner les enseignements orthodoxes.

Les idées de Mencius ont moins d'originalité que d'astuce. Peut-être est-ce pour cela et pour leur manque de précision

(propice aux commentaires) qu'elles ont obtenu la célébrité.
A vrai dire, ce qui a fait la gloire de Mencius, ce ne sont pas
ses thèses rhétoriciennes, mais son attitude.

Il a été le premier champion de l'orthodoxie. Il a été aussi
le premier polémiste qui ait su présenter sous des couleurs
démocratiques une morale d'esprit aristocratique, le premier aussi qui ait su se servir de la sophistique pour clore
la bouche aux tyrans en faisant sonner haut de vieux principes ([1234]). Il a proclamé que ceux qui travaillent avec leur
esprit (*sin*, cœur) doivent être entretenus par ceux qui travaillent avec leurs muscles et qu'ils doivent les gouverner ([1235]).
Il a été le premier des lettrés. Et il en a fixé le type.

Toujours prêt à faire de courageuses réprimandes, mais
ne sollicitant jamais un entretien, ne faisant jamais le premier pas et exigeant toujours d'être invité dans les formes,
acceptant volontiers une charge, mais refusant les simples
cadeaux, fier, désintéressé, soucieux d'honneur et d'indépendance, le lettré doit, par toute son attitude, inspirer à
tous le sentiment que nul, *fût-il prince*, n'est supérieur au
Sage.

II. SIUN TSEU : LE GOUVERNEMENT PAR LES RITES

Siun tseu n'est pas, comme Mencius, ce qu'on appelle
un brillant écrivain. C'est en revanche un penseur original
et profond. Il a subi, lui aussi, des influences diverses. Il
n'a pas cherché à les concilier astucieusement. Il a su en
tirer un système parfaitement cohérent. Il a défendu, il a
consolidé dans le Confucéisme le sens du social et l'esprit
positif.

Siun K'ouang (ou Siun tseu, parfois appelé Siun-king :
Siun le ministre, parce qu'il reçut à la cour de Ts'i un titre
honorifique) descendait d'une puissante famille apparentée
aux seigneurs de Tsin. Sa vie est mal connue. Si l'on s'avisait d'utiliser les données historiques contenues dans la
courte biographie que Sseu-ma Ts'ien lui consacre ([1236]),
on se trouverait amené à lui attribuer près de cent cinquante
ans d'existence. Il semble qu'il soit mort, très âgé, vers
328-325. Né dans le pays de Tchao, il visita la plupart des
grandes cours, celles de Ts'i, de Ts'in et de Tch'ou. Vers

la fin de sa vie, il était à la tête d'une École florissante, s'occupant principalement d'enseigner la *technique rituelle*. Les éditions actuelles de son œuvre contiennent 32 sections, dont 27 seulement (certains disent 4) seraient authentiques ([1237]). De très nombreux développements n'ont qu'un intérêt technique et certains sentent l'amplification scolaire. Mais Siun tseu a su condenser en quelques passages vigoureux et brefs l'essentiel de ses thèses ([1238]).

L'originalité de Siun tseu consiste dans l'effort très réfléchi, très probe, qui l'a conduit à constituer une morale du perfectionnement ; cette morale d'esprit positif et de tendance libérale est entièrement commandée par un rationalisme humaniste.

Siun tseu doit beaucoup aux Légistes et aux Taoïstes, dont il a voulu dépasser l'empirisme autoritaire et l'esthétisme mystique. Il doit plus encore aux traditions de sagesse de sa nation. Le goût profond pour la mesure, la règle, l'intelligibilité qui anime tous ses compatriotes lui a donné l'élan. Il est, cependant, le premier à avoir mis au centre de l'intérêt philosophique la Raison (*Li*). Il voit tout ensemble dans la Raison un produit de l'activité sociale des hommes, — car l'esprit confucéen l'inspire plus encore que l'esprit des Légistes — et un principe d'objectivité, — car il utilise les thèses de Tchouang tseu, mais sans accepter de reconnaître dans le Li ce germe d'universelle indétermination qui, pour les Taoïstes, constitue l'essence du Tao.

Comme les Taoïstes et les Légistes, Siun tseu part de l'opposition du naturel et du social. Il ne fait, au rebours de Mencius, aucune concession au Taoïsme sur le point fondamental : il se refuse à identifier bonté et nature. Il s'y refuse non point par pessimisme, mais, tout au contraire, parce qu'il se fait une très haute idée de la civilisation, une très haute idée du rang que la société a permis à l'homme d'atteindre dans la nature.

« Les Éléments (l'Eau et le Feu) ont le *k'i* (souffle) sans avoir la Vie ; les végétaux ont la Vie sans avoir la Connaissance (*tche*) ; les animaux ont la Connaissance, mais non (le sens de) l'Équité (*yi*) ; les hommes ont le Souffle, la Vie, la

Connaissance et, de plus, l'Équité (le sentiment du tien et du mien). Aussi sont-ils ce qu'il y a de plus noble dans le monde. La force des hommes n'égale pas celle des buffles, ni leur vitesse celle des chevaux : buffles et chevaux sont cependant à leur service. Pourquoi ? *C'est que les hommes savent former une société* (neng kiun) *et que les autres êtres ne le savent pas.* Et pourquoi les hommes savent-ils former un société ? C'est qu'ils savent procéder à des répartitions (*neng fen*). Mais ces répartitions (*fen*), comment peuvent-elles se faire ? *Grâce à l'Équité!* Quand l'Équité préside aux répartitions, il y a bon accord. Du bon accord procède l'unité et de l'unité l'abondance de force. Cette abondance de force donne la puissance et celle-ci permet (aux hommes) de *maîtriser* (*toutes*) *choses.* Ils ont donc des demeures où ils habitent ; obéissant à l'ordre des saisons, ils gouvernent les dix mille êtres et font impartialement du bien (*kien li*) ([1239]) au monde entier. Tout cela, ils l'obtiennent grâce à l'Équité des répartitions (*fen yi*). Les hommes ne peuvent vivre sans former de société. Mais, s'ils se formaient en société, *sans procéder à des répartitions,* il y aurait dispute, anarchie, séparation et par suite faiblesse. Or, réduits à cette faiblesse, les hommes ne maîtriseraient point les choses ([1240]). »

C'est donc la société qui est le principe de l'éminente dignité des hommes, la condition de toute vie sociale étant (non pas tout à fait la division du travail), mais le partage des attributions (*fen*), c'est-à-dire des rangs en même temps que des emplois, des biens en même temps que des dignités. Cette condition première de la vie sociale détermine l'objet de la société qui n'est point, comme des Légistes le donneraient à croire, la simple maîtrise sur les choses ou la puissance des groupements humains. Cet objet, c'est la constitution d'une activité proprement morale. Pour qu'il y ait société, et non pas rassemblement anarchique, il faut que les hommes acquièrent la *sagesse* qui fait accepter la distinction du tien et du mien. Il faut qu'ils pratiquent le *Yi* (l'Équité). Ils ne le feraient point, livrés à leur seule nature. Ils s'y résolvent sous l'empire de ce corps de conventions que sont les Rites (*Li*).

La puissance des sociétés et la valeur morale des êtres humains ont un fondement commun — non point naturel, mais ajouté à la nature : la civilisation, invention des Sages, invention humaine, sortie des nécessités de la vie sociale. Ce n'est pas dans la nature qu'est le bien ; c'est la société qui le produit.

Tel est le sens de la célèbre thèse de Siun tseu : « La nature humaine est mauvaise ; ce qu'elle a de bon est artificiel (*wei*). » Il faut entendre, non que cette nature est mauvaise *foncièrement*, mais que le bien y est un apport, un perfectionnement ([1241]).

Le mal dont parle Siun tseu n'est pas un vice métaphysique, ou le contraire d'un Bien hypostasié. Ce n'est que l'égoïsme, la tendance à ne point céder, l'appétit qui veut accaparer, le désir qui dresse le moi contre l'autrui et tourne en violence dès que sa satisfaction lui est soustraite ([1242]). Ce n'est pas non plus un mal matériel. La société ne le supprimerait point si elle se proposait simplement de maîtriser les choses afin d'augmenter les possibilités de satisfaction. C'est un vice psychologique dont la civilisation tire, par artifice, un certain mieux, car elle apprend — non pas à supprimer (Siun tseu n'est pas, comme Mö tseu ou Lao tseu, un sectaire triste ou un mystique) — mais à discipliner et à éduquer les appétits. Loin d'être un ennemi des arts, Siun tseu croit donc à leur vertu. Fidèle à la tradition confucéenne, il voit dans la musique et dans la danse mieux que de simples divertissements. Il y voit une sorte d'entraînement à la bonne entente. Danses et chants (à condition de ne point être énervants et dissolus, comme les airs du pays de Tcheng) entretiennent la concorde humaine ([1243]). Les fêtes, dès qu'elles sont ritualisées, assagissent l'appétit des liesses, la passion du jeu ([1244]). Mais, pour les appétits les plus brutaux, il faut une discipline constante. L'art suprême qui y pourvoit, c'est l'Étiquette. Les rites (*li*) peuvent seuls faire naître et prospérer l'esprit d'équité (*yi*). C'est par le *bien faire* que se crée le *bien être*.

Tous les hommes éprouvent des désirs et *tous éprouvent les mêmes désirs* : manger, se réchauffer, se reposer. *Tous les hommes sont, par essence* (sing), *pareils : voici le mal* ([1245]).

Les rites, voilà l'artifice d'où procède le bien. Les rites, en effet, permettent de faire accepter aux hommes une *répartition conventionnelle des emplois et des ressources.*

Cette répartition, qui *spécialise les appétits* et qui *les dose,* a un *premier mérite* : sans elle, il n'y aurait aucun moyen de satisfaire les besoins. « Quelle est l'origine des rites ? Les hommes naissent avec des désirs. Ces désirs, ils ne peuvent les réaliser, et il ne se peut pas qu'ils ne cherchent point (à le faire). S'ils le cherchent sans qu'il y ait des *règles* et des *mesures* dans les répartitions et les partages, il ne se peut pas qu'il n'y ait point de disputes. Des disputes sortent l'anarchie, de l'anarchie l'épuisement (des biens). Les Anciens Rois détestaient l'anarchie. Ils instituèrent donc les Rites et l'Équité (*li yi*), afin de procéder à des répartitions (*fen*), de façon à satisfaire les désirs des hommes et à donner (à chacun) ce qu'il recherchait. *Ils firent en sorte que les désirs ne fussent point limités par les choses, ni les choses épuisées par les désirs, mais qu'il y eût (au contraire), des deux parts, un développement symétrique* ([1246]). »

Ce passage, — que suit l'énoncé de diverses *règles protocolaires,* — présente un double intérêt. Il montre que, pour Siun tseu, la *répartition d'activités* qui fonde l'ordre social consiste moins à distribuer le travail qu'à distribuer emplois et honneurs. Joint à la spécification des désirs, le dosage protocolaire des appétits, en premier lieu, s'oppose à l'épuisement des choses par les hommes et, en second lieu, contribue, d'abord en *singularisant,* puis en *hiérarchisant* les individus, à un développement des personnalités qui fait enfin surgir le sentiment de la dignité humaine.

D'autre part (c'est là son intérêt principal), ce passage fait apparaître la vertu première d'une *répartition des emplois.* S'il sort d'elle un bien faire qui provoque un mieux être, le principe du progrès tient au caractère absolument *conventionnel* de la répartition. D'une masse d'hommes également médiocres, en eux-mêmes, en raison de la vulgarité de leurs appétits identiques dans le principe, la société fait sortir, par décret, une hiérarchie de personnalités anoblies, en proportions inégales, par l'emploi dont elles se trouvent investies. Ce sont donc de simples *conventions sociales* qui, *à elles seules,* créent du *mieux* dans l'homme, ce mieux *se réalisant,* en chacun d'eux, *du seul fait* que les rites l'obligent à bien faire, c'est-à-dire à conformer sa conduite à son emploi et au rang, à la dignité que cet emploi confère.

Siun tseu a donc prouvé sa thèse. Le bien qui est dans l'homme n'appartient pas à sa nature : il n'appartient pas à l'*essence commune* à tous les humains (*sing*). Le bien sort d'un *perfectionnement* imposé par la société, — seule capable de tirer de l'*homme brut* des *individualités* morales.

Siun tseu croit à la perfectibilité de l'individu, de même qu'il croit aux progrès matériels que la vie sociale permet de réaliser. Seuls, cependant, comptent véritablement pour lui le perfectionnement moral et l'entraînement individuel au bien agir et au bien penser. Mais tout individu ne peut s'entraîner au bien qu'en se pénétrant de *li* et de *yi* : en apprenant à respecter la hiérarchie des fortunes, des dignités, des talents. *Le principe du gouvernement se confond avec le principe de l'éducation* : on gouverne à l'aide des rites, *car c'est à l'aide des rites qu'on éduque*. Chaque homme s'améliore par le seul fait qu'il connaît les bienfaits de la *répartition conventionnelle* à tous imposée par la société. Il convient pour cela qu'il se soumette aux *règles protocolaires* découlant de cette convention fondamentale. *La culture individuelle a donc pour condition l'acceptation d'un conformisme moral et d'un conformisme social.*

Aussi Siun tseu est-il accusé bien souvent d'avoir introduit dans la tradition confucéenne un esprit conservateur auquel, grâce à la théorie du *jen*, Confucius échappait ([1247]). Pour le Maître, la dignité d'homme s'acquiert grâce à la réflexion morale librement pratiquée dans un groupe d'amis. Siun tseu paraît se faire une conception moins libérale de la culture. Mencius nomme quatre vertus essentielles : le *jen*, le *yi*, le *li* et le *tche* ([1248]). Siun tseu, omettant (*en apparence*) le *jen* et le *tche*, les dispositions amicales et le discernement moral, ne conserve que le *yi* et le *li*. Mais le *li-yi* dont il fait le principe de tout bien, le conçoit-il, à la manière de Mencius, comme un principe interne ? On lui reproche d'en parler sur le ton dont les Légistes, empressés à n'utiliser que des *règles objectives* (*fa : loi*) parlent de l'équerre ou du compas ([1249]). Siun tseu écrit, en effet : « Il faut prendre pour règle ce que nul ne peut fausser ([1250]). » Et il adopte pour les

Rites la définition que les Légistes donnent des Lois. « C'est dans le cordeau qu'est la perfection du droit... dans l'équerre ou le compas qu'est la perfection du carré et du rond. C'est dans les Rites qu'est la perfection de la conduite humaine (¹²⁵¹). » Siun tseu croit à la nécessité de *règles objectives*. Il ne fait pas cependant sortir le bien de la simple coercition. Il n'a nullement du bien moral ou même du bien social une conception strictement autoritaire, rigide et mécanique. « Une pièce de bois qui est courbe doit être assouplie et redressée pour devenir droite » ; de même la nature humaine qui n'est point bonne « doit subir l'action des *Maîtres* et des Règles ou des Modèles (*fa*) » (¹²⁵²). « Le moyen le plus expédient pour se cultiver est d'entrer en *relation amicale* avec un Maître. *Se plier aux rites vient ensuite* (¹²⁵³). » Le Maître joue le rôle de l'artiste ; les Rites, celui de l'équerre ou du cordeau. Mais d'où viennent les Rites ? Siun tseu oublie rarement de rappeler (¹²⁵⁴) que ce sont les *Anciens Rois* ou les *Sages* qui, procédant à la répartition conventionnelle des emplois, ont institué le *li-yi*. Les règles nécessaires à l'*éducation morale* (*comme au gouvernement*) sont objectives *sans être extérieures à l'humanité*. Elles sont impérieuses, mais n'exercent point une action coercitive ou mécanique. La civilisation, qui conditionne les perfectionnements individuels, repose sur un effort de perfectionnement collectif — matériel et moral. C'est elle qui, en fournissant des règles objectives (le *li-yi*), préside, par l'intermédiaire du Maître, au progrès du bien dans chaque homme — et, par suite, à la formation dans tout individu du *discernement moral* et de la Raison (*li*).

Le vrai n'a pas une autre origine que le bien. Il échappe au vulgaire, aux petites gens (*siao jen*), car « ce qu'ils écoutent par l'oreille leur sort par la bouche ». Seul le Saint possède le calme intérieur qui permet de « fixer dans le cœur, de répandre dans les quatre membres (d'assimiler à l'être entier) » (¹²⁵⁵) les enseignements qui feront de lui un maître et un modèle.

Le seul enseignement qui soit essentiel est celui de la bonne tenue (¹²⁵⁶). En effet, « celui-là (seul) qui demeure dans la limite des rites est capable de bien penser et de réfléchir ». Et, inversement, « celui-là seul qui est capable de réflexion et de fermeté... est un Saint » (¹²⁵⁷). Autrement dit : seule la perfection morale conduit à la connaissance vraie ([1258]). La perfection morale est un fruit de la civilisation ; de même, connaître serait impossible à des hommes qui seraient demeurés frustes et *simples*. Si les hommes peuvent atteindre le réel, c'est qu'ils ont été civilisés par les Anciens Rois, par les Sages ([1259]). Ceux-ci ont attribué à chaque réalité (*che*) une désignation (*ming*) : cette désignation est correcte (*tcheng*), car, par le seul fait qu'elle résulte d'une *répartition*, communément respecté, des différents noms aux différents êtres, elle empêche, *dans la pratique sociale*, toute erreur, c'est-à-dire toute discussion ([1260]).

Siun tseu, quand il reprend la vieille doctrine des désignations correctes, prend soin d'éliminer tout ce qu'elle pouvait contenir de réalisme magique. Ce qui constitue la propriété des noms, ce n'est point une efficace qui leur permettrait d'appeler et de susciter le réel. Ils ne servent qu'à désigner, mais ils désignent utilement. L'attribution des noms résulte d'une convention toute arbitraire, laquelle, précisément parce qu'elle est une convention sociale, s'impose à tous et permet de s'entendre.

Les noms ont tout justement les mêmes mérites que les rites. Ils constituent une *symbolique* qui vaut, pour les individus, comme une règle. Règle objective, mais non pas extérieure. Les hommes raisonnent juste (de même qu'ils agissent bien), ils apprennent à bien penser (de même qu'ils apprennent à bien faire), ils progressent hors de la stupidité (de même qu'ils progressent hors de l'uniformité, c'est-à-dire du mal) en se conformant à la symbolique conventionnelle que forment les signes verbaux et les gestes rituels.

Rites et langage servent d'abord, pratiqués correctement, à supprimer les discussions et les désordres, les disputes et l'anarchie. Pratiqués avec finesse (et sous la direction d'un Maître dont l'enseignement pénètre « dans les quatre membres », au plus profond de l'être), *ils introduisent dans l'esprit le calme qu'ils font, d'autre part, régner dans la société.* De ce calme résulte la connaissance vraie : il est le signe que l'esprit est entièrement « ouvert » à la Raison.

Pour définir ce calme intérieur, Siun tseu se sert de métaphores taoïstes ([1261]). Il compare le cœur humain « à un bassin d'eau. Quand rien ne l'agite, la vase trouble demeure au fond. La surface, claire et brillante (*ts'ing ming*) fait apparaître le moindre cil » de qui s'y mire ([1262]). « Une clarté et une pureté parfaites » sont nécessaires au cœur pour obtenir une représentation entièrement *correcte* des réalités. Tout ceci peut s'exprimer en disant que le cœur doit, pour éliminer l'erreur, « se maintenir *vide*, unifié, *en état de quiétude* ». Les remarques auxquelles succèdent ces métaphores prouvent que Siun tseu (avec une orientation tout autre et plus décidément encore que Tchouang tseu, dont les analyses l'ont sans doute aidé) est un pur intellectuel.

Ce qu'il entend signaler par le vide du cœur, ce n'est point le vide extatique, mais un état d'impartialité. L'erreur provient des *jugements incomplets* ([1263]) que porte l'esprit (*sin* : cœur) quand une passion « l'obnubile et l'obstrue » entièrement. Tel est le principe des critiques que Siun tseu adresse aux doctrines de ses adversaires — par exemple lorsqu'il reproche à Mö tseu, Houei tseu et Tchouang tseu, « obnubilés » par la considération soit de l'utile, soit de l'exprimé, soit du naturel, d'avoir oublié la culture ou les réalités, ou la civilisation. Siun tseu se refuse, en effet, à distinguer les idées des sentiments et le bien du vrai. Le jugement doit porter sur l'objet tout entier. Il n'a de valeur que s'il résulte d'un *effort de synthèse* de l'esprit. Contrairement aux Maîtres taoïstes, Siun tseu ne demande pas à l'esprit de refléter passivement le flux des apparences mouvantes. Ce qu'il appelle connaître est tout autre chose que la simple perception de l'instantané. Quand il parle de l'*unification* du cœur, il songe à une *opération synthétique* qui vient terminer une *revue*, conduite, pour n'être point *incomplète* et partiale, avec l'attention la plus minutieuse. Le bourdonnement d'une mouche peut, dit-il, troubler le jugement. L'activité de l'esprit, telle qu'il la conçoit, ne ressemble en rien à une méditation vagabonde ou à un envol extatique. Elle doit consister en une méditation réfléchie, tenace, sérieuse. Son objet est de « désobstruer » l'esprit en réduisant à l'ordre les passions partiales qui « ferment la porte au Juge suprême (*Ta Li*) ».

C'est ainsi que Siun tseu appelle la Raison. L'expression est significative. Le mot *Li*, employé bien avant Siun tseu, pour désigner tout principe d'ordre, s'oppose au mot *tao* ([1264]). Tao évoque l'idée du Pouvoir souverain, Li celle de l'*administration de la justice,* — en même temps que celle du travail bien fini et fait en tenant compte de l'ajustement des parties au tout. Siun tseu se refuse à confondre la vérité avec une intuition instantanée et toute personnelle. Il croit qu'il y a des règles pour juger, et que le maniement de ces règles s'acquiert par l'éducation. L'individu les possède après s'être entraîné à faire un emploi correct, puis distingué, de la *symbolique* (rites et langage) *conventionnelle* qui a apporté de l'ordre dans la pensée comme dans les mœurs.

L'enseignement des rites, cependant, forme la partie essentielle du dressage qui conduit les individus à concevoir le bien et à pratiquer le vrai.

La Raison (Li : Siun tseu écrit avec respect : Ta Li), le *Juge suprême,* permet au Sage, quand il se l'incorpore, de connaître le Monde et de le gouverner. Celui qui parvient à lui « ouvrir » et à lui faire posséder entièrement son esprit, y fait entrer « une clarté, une pureté parfaites ». « Des dix mille êtres, il n'y en a aucun qui ne lui apparaisse et dont il ne puisse estimer, sans se tromper, le rang ([1265]). Assis dans sa maison, le Monde lui apparaît ([1266]), et tandis qu'il demeure dans le présent, il peut estimer le passé le plus lointain. Il pénètre les dix mille êtres et connaît leur essence. Il examine l'ordre et le désordre et comprend leur principe. Il dessine la trame et la chaîne de l'Univers et *distribue aux dix mille êtres leurs fonctions.* » Telle est la puissance de l'Homme grand qu'anime la Raison.

Le vrai et le bien règnent dans le monde si le Sage le gouverne, — c'est-à-dire si le monde est régi par les rites, par le *li-yi* où s'expriment, ensemble, la *Civilisation* et la *Raison.*

III. TONG TCHONG-CHOU :
LE GOUVERNEMENT PAR L'HISTOIRE

L'influence de Siun tseu a été considérable. Elle a donné un renouveau de vigueur à l'étude des rites. Cette vogue explique peut-être le fait que (malgré le dédain dont les premiers Han firent preuve, pendant près d'un demi-siècle, à l'égard de l'Étiquette) la littérature rituelle qui fleurit au IIIe siècle avant J.-C. ait laissé d'abondants souvenirs. La vogue une fois retrouvée, il fut aisé de recueillir les éléments dont sont formés deux des classiques, le *Yi li* et le *Li ki* ([1267]). La lecture et le commentaire de ces Rituels devinrent la base de l'enseignement destiné à former des honnêtes gens et des fonctionnaires. Bien plus, on s'habitua dès lors à lire l'histoire en se préoccupant d'abord d'examiner les gestes des personnages anciens pour décider s'ils étaient ou n'étaient pas conformes à l'étiquette.

Cette collusion de l'archéologie et du ritualisme n'était aucunement conforme aux idées de Siun tseu. Esprit positif et critique, traditionaliste assurément mais non pas réactionnaire, Siun tseu, en bon intellectuel, se méfiait des goûts archaïsants et même de l'histoire. Il s'opposait à Mencius, pour qui le gouvernement du Sage devait ressembler à celui de Yao et de Chouen. Que peut-on bien connaître, disait Siun tseu, de ces antiques héros ([1268]) ? Mais, une fois consolidés au pouvoir, les Han cherchèrent à justifier, par des précédents, les institutions de l'administration impériale. On se souvint que Confucius avait rédigé le *Tch'ouen ts'ieou*, pesant chacun de ses termes de façon qu'il contînt un jugement, c'est-à-dire un *enseignement rituel*. Deux écoles de commentateurs de cette vieille chronique, l'École de Kong-yang et celle Kou-leang, suscitèrent une vive admiration. Les querelles de leurs partisans prirent parfois l'allure de joutes en Conseil d'État ([1269]).

Alors parut la théorie du gouvernement par l'histoire, qui devait donner une orientation nouvelle à la doctrine orthodoxe. De cette théorie, Tong Tchong-chou fut l'un des grands patrons.

Tong Tchong-chou ([1270]) est un érudit qui pensa réussir dans l'administration. Il n'exerça que des charges secondaires et termina ses jours, dans la retraite, en écrivant. Il nous reste de lui trois importants discours et un recueil d'essais (qu'on croit authentiques pour la majeure partie) ([1271]) ; mais le principal de son œuvre consistait en commentaires destinés à illustrer l'une des interprétations du *Tch'ouen ts'ieou*, celle de Kong-yang.

Tong Tchong-chou, plutôt qu'un penseur, est un personnage représentatif. Il était hostile aux Légistes et partisan du gouvernement par la bienfaisance. Il admettait que la nature humaine a besoin d'être perfectionnée, que la musique peut y aider, et les rites plus encore, et que, par suite, le premier devoir du gouvernement est d'instruire le peuple. Ce devoir est d'autant plus urgent que les temps sont plus troublés. Il faut alors, pour refréner les tendances populaires aux querelles et aux désordres, restaurer les bonnes mœurs.

On peut y arriver en propageant la doctrine de Confucius et en répandant les *six arts*, c'est-à-dire ([1272]) les enseignements des six livres canoniques : [*Che king* (livre de la poésie); *Chou king* (livre de l'histoire); *Li king* (livre des rites : le Yi li ?), *Yo king* (livre de la musique, aujourd'hui perdu); *Yi king* (livre des mutations) et *Tch'ouen ts'ieou* (les annales)]. Mais il faut en outre *exterminer les doctrines hétérodoxes* et instituer un corps d'interprètes officiels des classiques ([1273]).

Tong Tchong-chou, comme on voit, est résolument orthodoxe. Il demandait (et son conseil fut suivi par les Han) que, chargés d'enseigner par l'exemple les bonnes idées et la bonne conduite, les fonctionnaires fussent choisis parmi les lettrés. Il exigeait d'eux un noble désintéressement. Les fonctionnaires ne doivent ni rechercher la fortune ni, surtout thésauriser ; ils doivent, « non pas conserver leurs biens dans des coffres, comme font les petites gens », mais faire circuler les richesses. Tel était, aux temps féodaux, le devoir des nobles. Les obligations des gens en place sont autres que celles des gens du commun, disait Tong Tchong-chou. Il mérite d'être rangé dans le groupe d'hommes qui, sous les Han, travaillèrent à créer une sorte de classe officielle vivant de la propagation d'une doctrine orthodoxe. Ni Confucius, sans doute, ni Siun tseu n'auraient voulu confondre la sagesse avec un enseignement livresque et une morale de caste.

Siun tseu et Confucius étaient des moralistes d'esprit positif et de tendance strictement humaniste. Tong Tchong-chou représente une tendance politicienne. Aussi cet érudit s'est-il surtout employé à construire une *mythique* qui facilitât la besogne gouvernementale et, plus encore le règne, dans l'administration, de la caste orthodoxe.

Le point de départ de cette mythique est la vieille idée, sur laquelle Mencius insista, que le Prince exerce son pouvoir sous le contrôle du Ciel et du peuple. Cette formule s'entendait jadis avec le sens que l'initiative politique est limitée par un ensemble de *règles traditionnelles* pourvues d'une espèce de prestige religieux. Mais, d'une part, les Légistes ont fait voir que le maintien des statuts coutumiers enlève à l'activité sociale le rendement effectif dont a besoin un grand État et, d'autre part, dans un grand État, la voix du peuple, qui est celle du Ciel, arrive malaisément au Prince. Les tenants de l'orthodoxie se résignent, sans doute (il le faut bien) à laisser l'État légiférer pour parer à ses besoins nouveaux. Ils réclament, en revanche, pour les fonctionnaires, — qui doivent être des lettrés : noblesse nouvelle dépositaire des vieilles traditions, — le privilège de contrôler la pratique gouvernementale en faisant entendre au Prince la voix de l'ancienne sagesse.

Dans ce cas encore, une pratique corporative se trouve à l'origine d'une théorie. La pratique, c'est le vieil usage de la réprimande, devoir sacré du vassal ([1274]). Le gouvernement par l'histoire, telle fut la théorie, laquelle visait à faire accorder aux « lettrés au vaste savoir » un pouvoir éminent : le privilège d'une sorte de censure.

C'est en se servant des précédents, c'est-à-dire grâce à une interprétation des faits de l'histoire, qu'on justifiera, mais aussi qu'on pourra condamner les décisions du Prince et de ses conseillers. Ceux-ci et leurs décrets se trouveront jugés par le Ciel et le peuple, dès qu'un savant, ayant produit un *fait historique*, l'aura interprété en montrant quel fut, jadis, dans une *situation déclarée analogue* à telle situation actuelle, le jugement du peuple et du Ciel. Cette théorie a eu une conséquence grave. Elle a empêché, en Chine tout progrès de l'esprit historique. Elle a conduit à concevoir l'histoire comme *un aménagement du passé* estimé efficace *pour l'organisation du présent*.

Les parties les plus curieuses de l'œuvre de Tong Tchongchou sont celles où il énonce le principe qu'à chaque changement de dynastie correspond un reclassement des dynasties anciennes ([1275]). A ce principe se rattachent la doctrine des Trois Règnes et celle des Quatre Modalités. Les Quatre

Modalités correspondent à quatre types d'institutions qui doivent se succéder comme se succèdent les Saisons. De même au Règne Noir succède le Règne Blanc ; puis vient le Règne Rouge ; après quoi reparaît le Règne Noir, chacun entraînant une formule particulière de civilisation. Toute cette scolastique de l'histoire permet de reconstruire le passé avec une étonnante précision. Tong Tchong-chou n'hésite point, en vertu d'une sorte de déterminisme à rebours, à présenter comme le portrait véridique d'un personnage réel le signalement caractéristique que, selon le Règne ou la Modalité auquel on le fait ressortir, un Fondateur de dynastie se voit imposer par la théorie ([1276]).

Cette construction fabuleuse, — qui n'a pas dû gaspiller ni gâter faiblement le folklore historique, — se rattache, par l'intermédiaire d'une glose, à un fait insignifiant : un personnage secondaire du *Tch'ouen ts'ieou* étant désigné par un certain titre, on voit dans ce titre (qu'on *suppose* donné avec intention) une indication sur les principes de l'étiquette qui convenait *réellement* à l'époque Tch'ouen ts'ieou, ce qui permet de restituer dans sa correction véritable toute l'histoire de la Chine antique, en justifiant, bénéfice essentiel, telle règle qu'on voudrait bien voir appliquée dans le présent ([1277]). On a d'ailleurs, en définissant chaque Règne ou chaque Modalité, tracé le plan de gouvernement qui s'impose à tel ou tel moment de l'histoire.

La théorie du gouvernement par l'histoire se résume dans l'idée que l'histoire et le gouvernement dépendent de l'art du Calendrier.

C'est grâce à cette idée que l'orthodoxie s'est enrichie d'un lot de doctrines et de techniques très prospères — non sans qu'un coup funeste ne fût porté à l'humanisme de Confucius ou de Siun tseu.

Siun tseu méprisait la divination comme l'histoire. Il répudiait les spéculations sur le passé, les dieux, le destin, l'inconnaissable. Il condamnait la recherche des signes. Quant à Confucius, il s'était, dit-on, toujours abstenu de parler des êtres surnaturels et des prodiges. Mais c'est le métier des Annalistes d'enregistrer les prodiges et les signes : le *Tch'ouen ts'ieou* (rédigé, disait-on, par Confucius) en mentionne à maintes reprises. Ayant fait cette constatation, l'école de Kong-yang, Tong Tchong-chou en tête, affirme que l'histoire permet de connaître les règles de conduite du Ciel.

L'histoire (celle des Annalistes) a pour premier mérite de révéler les connexions des faits humains et des signes, célestes ou autres (éclipses, tremblements de terre, inondations, épidémies, famines, monstruosités de toutes sortes...). Tong Tchong-chou, dit la chronique, pendant qu'il remplissait les fonctions de grand conseiller dans la principauté de Kiang-tou, s'occupa à expliquer, en se fondant sur le *Tch'ouen ts'ieou*, les désastres, les prodiges, l'action du Yin et du Yang ([1278]). Ceci lui donna, paraît-il, l'occasion de critiquer les actes du gouvernement impérial, et d'accomplir ainsi noblement son métier de lettré (en substituant, en vertu de son érudition, sa voix à celle du peuple ou du Ciel). A offrir ainsi ses conseils, il réussit sur l'instant assez mal, mais obtint une grande gloire. A la fin du siècle dernier (en 1893), un réformateur chinois admirait en Tong Tchong-chou le plus grand des disciples de Confucius. Sa doctrine lui paraissait capable de conduire la Chine sur le chemin du progrès ([1279]).

Il est certain que Tong Tchong-chou contribua puissamment au succès de l'orthodoxie. Il lui rallia les adeptes des Écoles du Yin et du Yang, des Cinq Éléments : tous les techniciens qui spéculaient sur la Nature. Ces savants jetaient dans le cadre du vieux système de classifications tout le folklore, et ils en faisaient sortir une scolastique. — C'est à cette scolastique, à peine libérée de la magie, qu'infidèle à la pensée humaniste et positive de Confucius l'orthodoxie s'allia.

***

La solidité de l'alliance s'affirme au temps des seconds Han, avec des œuvres telles que le *Po hou t'ong*, rédigé par Pan Kou ([1280]). L'œuvre de Wang Tch'ong (le *Louen heng*), qui date sensiblement de la même époque, permet, d'autre part, de constater les effets de l'enseignement officiel ([1281]). Wang Tch'ong naquit pauvre, le demeura, eut une carrière très médiocre, échappa à l'asservissement des honneurs, écrivit librement. Toujours caustique, parfois violent, il se plut à passer en revue toutes les idées de son siècle. C'est un esprit fort. Il ne croit ni aux dieux, ni aux esprits, ni aux monstres, ni aux miracles. Les héros confucéens ne lui en imposent guère, et moins encore les saints taoïstes. Il n'a aucun respect pour l'histoire. Il ne craint point de parler de légendes truquées, de textes falsifiés. Il se méfie des livres. Et pourtant tout son scepticisme a quelque chose de livresque. Lui qui semble posséder les plus jolies qualités de fantaisie et d'entrain, il n'a guère que des saillies de pédant. Il commente aigrement, mais ne fait que commenter... Il ne sort point des textes et des scolies... Il use sa fantaisie à gloser sur des gloses...

Les commentateurs abondent en Chine à partir du moment où l'Empire est fondé et où l'Orthodoxie commence son règne. Mais il faut attendre de longs siècles avant qu'apparaisse à nouveau un penseur original. — Le Bouddhisme ne s'est acclimaté en Chine qu'en devenant chinois : ce qu'il y a produit de plus puissant, la doctrine mystique de la secte *tch'an*, est une façon de Taoïsme qu'une symbolique étrangère déguise à peine. Le Manichéisme a, peut-être, exercé une influence plus active, si c'est de lui que procède la tendance dualiste, toute neuve en Chine, du rationalisme de Tchiu Hi. C'est à Tchou Hi (1130-1200), en effet, et à l'époque des Song qu'il faut arriver pour voir prospérer à nouveau l'activité philosophique. Ce regain paraît tirer sa sève d'un vieux fond : la philosophie des Song se rattache, — sans doute avec plus de fidélité qu'on ne l'enseigne d'ordinaire, — aux premières spéculations de la pensée chinoise. — Cette pensée s'efforce de nos jours de se renouveler. Le contact de l'Occident a donné l'élan. Cependant, lorsqu'il s'agit d'acclimater chez eux des notions vraiment neuves, puisqu'elles sortent d'un mouvement scientifique tout nouveau en Occident même, c'est encore en commentant ingénieusement les œuvres de leurs vieux sages que les Chinois les plus modernistes pensent y réussir ([1282]).

On aurait tort de s'étonner de cette fidélité aux Anciens et des sommeils apparents de la pensée philosophique. La méditation est, pour les Chinois, un jeu dont le thème importe peu, mais c'est le jeu le plus sérieux du monde. Leur pensée joue, lancée sur un thème de méditation, au moment où ils peuvent paraître n'être occupés qu'à gloser. Les adages du *Yi king* qui, traduits, semblent désespérément plats et vulgaires, n'ont jamais cessé de fournir, — tels pour certains Occidentaux, les versets bibliques, — un stimulant pour la pensée la plus probe et la plus libre. En Chine, en effet, la pensée n'est point tendue vers la connaissance, mais vers la culture. On y admet que tout ce qui est matière à étude aide à développer la personnalité. Cette amélioration de tout l'être par l'étude, conçue comme un jeu de tout l'être, procure un sentiment, qui se suffit en soi, de liberté et d'accroissement. Les anciens sages l'ont senti vivement et fort bien exprimé. Aussi leurs œuvres ont-elles pu, pendant de longs siècles, suffire à leurs compatriotes.

Constater le triomphe de l'orthodoxie et un long arrêt de la production philosophique, ce n'est point constater un endormissement de la pensée. Dédaignant toute science discursive et préoccupés uniquement de culture, les Chinois purent se borner à méditer — dès que leurs Sages leur eurent appris à sentir que la pensée est une source de libération.

Conclusion

Des thèmes favorables à une libre méditation, voilà ce que les Chinois demandent à leurs Sages, et non pas des idées — des dogmes, encore moins. Peu importe s'ils classent parmi les Taoïstes ou les Confucéens le Maître qui éveille en eux le jeu de l'intelligence ; peu importe si les pratiques qui préparent la libération de l'esprit visent à faire surgir l'impression d'une autonomie inconditionnée ou à créer le sentiment de la dignité souveraine de l'homme. Ni l'objet véritable de l'entraînement, ni même l'esprit des méthodes ne diffèrent. Il s'agit toujours d'un dressage de l'être entier. Qu'il tende à constituer en sainteté ou en sagesse, qu'il se fasse au moyen de jeux sanctifiants ou de rites anoblissants, ce dressage s'inspire toujours d'un désir de libération, et toujours il s'accomplit dans un esprit de liberté. Dans le Taoïsme et le Confucéisme, même dégénérés en orthodoxies, même quand des intérêts de secte ou de caste semblent pousser au rigorisme doctrinal, l'*esprit de conciliation* ne cesse point de dominer, et l'éclectisme demeure la règle. L'idéal, dans les deux camps, est une sagesse complète. Si celle qu'on propose ressemble davantage, chez les Confucéens, à une sagesse stoïcienne (mais à peu près démunie de religiosité) ou, davantage, chez les Taoïstes, à une sagesse épicurienne (mais faiblement préoccupée de science), l'idéal commun est une entière connaissance — ou plutôt une maîtrise — de soi. Cette maîtrise de soi et la connaissance qu'elle apporte et de soi et du monde (car l'Univers est un), s'obtient grâce à une libération des appétits et des désirs. Un sentiment exalté de puissance en résulte. Dès qu'ils se sentent les maîtres d'eux-mêmes, le sage confucéen et le saint taoïste pensent avoir acquis, s'étendant à tout l'Univers, une maîtrise qui se suffit en soi. Elle a son principe dans la pratique de rites qu'on accomplit de tout son cœur ou de jeux auxquels, de tout son être, on se donne. Qu'on emprunte les modèles rituels à la société, ou, à la nature, les thèmes des jeux, c'est là chose accessoire, et c'est chose accessoire que d'insister, quand on polémique, sur l'excellence du conventionnel ou du naturel. Dans l'entraînement qui purifie ou anoblit, ce qui importe, c'est un effort, intime et total pour échapper à la servitude des appétits. Qu'on les considère comme artificiels ou comme naturels, qu'on pense revenir à la nature ou s'élever au-dessus d'elle, qu'on la sanctifie ou qu'on glorifie la civilisation, qu'on se réclame du naturisme taoïste ou de l'humanisme confucéen, seul compte un effort libre vers la puissance pure. C'est d'*un jeu profondément sérieux*, c'est d'*un jeu pur*, qu'on attend, conférant sainteté ou sagesse, une libération souveraine. Elle ne saurait résulter d'une contrainte extérieure, même simplement dogmatique.

Les Chinois ont conquis à leurs mœurs, à leurs arts, à leur écriture, à leur Sagesse, l'Extrême-Orient tout entier. Dans tout l'Extrême-Orient, de nos jours encore, aucun peuple, qu'il paraisse déchu ou qu'il s'enorgueillisse d'une puissance neuve, n'oserait renier la civilisation chinoise. Celle-ci, quel que soit l'éclat que la science expérimentale ait pu prêter à l'Occident, maintient son prestige : il demeure intact, bien que la Chine ait perdu la supériorité que, jusqu'à la Renaissance, sur bien des points, en matière technique, elle possédait sur les pays d'Europe. — Si grande qu'ait pu être, jadis, en matière technique, la supériorité de la Chine sur tout l'Extrême-Orient, ce n'est ni cette supériorité, ni même la puissance de la Chine impériale qui expliquent le prestige chinois. Ce prestige durable a d'autres fondements. Ce que les Extrême-Orientaux tiennent à conserver après l'avoir emprunté à la civilisation chinoise, c'est *une certaine entente de la vie* : c'est une Sagesse. — L'autorité morale de la Chine commence à s'établir au moment où, unifiée sous forme d'Empire, elle est capable de faire régner au loin son influence. C'est à ce même moment que les Chinois semblent se décider à adopter, comme règle des mœurs, un conformisme archaïsant et que (la production philosophique s'arrêtant dès que se trouvent constituées deux orthodoxies complémentaires) ils semblent de même se résoudre à se confier uniquement à la sagesse des Aïeux. La civilisation chinoise paraît alors arrivée à la maturité.

— Quand on s'est essayé à décrire le système de conduites, de conceptions, de symboles qui semble définir cette civilisation, peut-être, à l'instant où on la montre prête à dominer pendant de longs siècles sur une immense masse d'hommes, est-on tenu de dire en quoi se résume l'*autorité morale* qui lui a été reconnue. On ne le fera point sans avoir marqué combien il est présomptueux de tenter de définir l'esprit des mœurs chinoises. La règle imposant de faire passer l'histoire des réalités avant l'histoire des idées et celle-ci avant l'histoire de la littérature, est plus impérieuse dans le cas chinois que dans tout autre. Or, pour peu qu'on aborde les choses de Chine avec quelque esprit réaliste et un peu d'imagination critique, on doit reconnaître que tout ce que la Chine paraît décidée à laisser voir d'elle n'est que littérature... Sans doute, pour la nation comme pour l'individu, l'orthodoxie sert-elle, ainsi que le conformisme, à abriter une vie profonde... Tout ce qui constitue le fond vivant de la civilisation chinoise, — la vie technique, le folklore, — demeure dissimulé sous un revêtement d'amplifications littéraires... Ceux que peuvent rebuter ces commentaires flatteurs d'anciens commentaires avantageux se livreraient assurément à une plaisanterie malveillante s'ils se laissaient aller à comparer ces gloses d'esprit officiel aux réclames qui ne dissimulent rien, sauf les secrets de fabrication... Toute civilisation a besoin d'une certaine inconscience et droit à une sorte de pudeur... Mais le fait est que rien ne permet, sinon par effraction, de pénétrer la vie réelle de la Chine... Pour l'indiscret, les chances de bon accueil sont nulles, et rares (malheur plus grand) les occasions de tomber juste et de voir clair. — S'il faut donc, pour conclure, essayer d'indiquer les traits les plus remarquables de la civilisation chinoise, la formule la moins imprudente sera celle qui présentera un aspect négatif. En raison même de cet aspect, celle que je vais proposer, moins pour *définir* que pour *situer* la plus massive et la plus durable des civilisations connues, aura peut-être, du moins pour des Occidentaux, quelque intérêt. Insistant sur le fait que les Chinois ne subissent volontiers aucune contrainte, même simplement dogmatique, *je me bornerai à caractériser l'esprit des mœurs chinoises par la formule :* ni Dieu, ni Loi.

On a souvent dit que les Chinois n'avaient point de religion et parfois enseigné que leur mythologie était autant dire inexistante. La vérité est qu'en Chine la *religion* n'est, pas plus que le *droit*, une *fonction différenciée* de l'activité sociale. Quand on traite de la civilisation chinoise sans vouloir jeter les faits dans des cadres qui, pour telle autre civilisation, peuvent paraître valables, on ne doit point réserver à la religion un chapitre. Le sentiment du sacré joue, dans la vie chinoise, un grand rôle, mais les objets de la vénération ne sont point (au sens strict) des dieux. Création savante de la mythologie politique, le Souverain d'En-haut n'a qu'une existence littéraire. Ce patron dynastique, chanté par les poètes de la cour royale, n'a jamais dû jouir d'un grand crédit auprès des « petites gens », ainsi que semble le prouver l'échec de la *propagande théocratique* de Mö tseu. Confucéens ou Taoïstes ne lui accordent aucune considération. Pour eux, les seuls êtres sacrés, ce sont les saints ou les Sages. C'étaient, pour le peuple, les Magiciens, les Inventeurs, les Chefs. La mythologie chinoise est une *mythologie héroïque*. Si les historiens ont pu, sans grande peine présenter comme de simples grands hommes les héros des vieilles légendes, c'est que ceux-ci n'avaient jamais possédé la majesté qui isole les dieux. L'histoire de ce maître d'école, bien achalandé, dont des campagnards voulurent faire leur dieu du sol, est significative : on ne conçoit pas de dieux qui soient étrangers aux hommes, qui aient une *autre essence* que la leur. L'Univers est un. Les Chinois n'ont aucune tendance au spiritualisme. A peine trouve-t-on la trace, dans les croyances populaires, d'un animisme inconsistant. On croit aux revenants, aux esprits des morts, aux démons vengeurs, à toute espèce de lutins : ils peuvent, à de certains instants, inspirer la terreur, mais quelques exorcismes en débarrassent, et, aussitôt, ils ne fournissent plus que le sujet de bonnes histoires. L'incrédulité, chez tous les sages, est totale, bien plus souriante qu'agressive. La bonhomie des anecdotes qu'ils racontent fait voir qu'elles sortent d'un fond paysan ([1283]). La pensée n'est point occupée par les dieux : la clientèle de chacun d'eux est restreinte, son existence est locale, momentanée — passée la fête, passé le dieu. Il n'existe aucun clergé organisé ([1284]) ; les dieux n'ont point d'appui : *ils n'ont aucune transcendance*. Trop engagés dans le concret, trop singuliers, *ils manquent aussi de personnalité*. Et chez aucun sage, en effet, aucune tendance au personnalisme ne se remarque, pas plus qu'au spiritualisme. Ce qu'il peut rester de réalisme magique dans la pensée savante se tourne facilement en agnosticisme ou en positivisme. Quand, fût-ce d'abord pour éviter de les susciter, on s'applique à ne parler ni des miracles ni des êtres extraordinaires, l'idée même qu'il s'en puisse produire est tôt chassée de l'esprit. Les Chinois adoptent à l'égard du sacré (s'ils ne s'appliquent pas à l'éliminer de leur pensée) une attitude de familiarité tranquille. D'où le sentiment de son immanence, — sentiment profond, mais furtif, mais impermanent. Cette *immanence occasionnelle du sacré* favorise, certes, un certain mysticisme, — de même qu'elle rend aisée une certaine utilisation *artistique* (ou *politique*) du folklore superstitieux. Confucius reçoit, de temps à autre, la visite d'un génie familier, les Taoïstes pénètrent, par instants, dans l'intimité du Tao ; mais le Tao n'est point conçu comme une réalité transcendante, mais le génie familier de Confucius n'est qu'un personnage historique : il représente une tradition impersonnelle de Sagesse, tandis que le Tao n'est que le principe impersonnel de toute sainteté. Les Confucéens ne permettent jamais de rien glisser d'individuel dans une formule de prière ; les Taoïstes en extase ne font que répéter une oraison stéréotypée. Sauf Mö tseu (s'il faut admettre que ce prédicateur croyait à sa rhétorique), il n'est point, dans l'antiquité, de sage Chinois qui ait véritablement songé à fonder, sur des sanctions divines, la règle des mœurs. Bannies dans un espace et un temps sans réalité, éloignées des hommes sans pour cela se trouver grandies, neutralisées par le culte sans qu'il y ait un clergé qui travaille à les magnifier, les divinités, toujours occasionnelles, — tantôt trop familières et inactuelles le plus souvent, — ne fournissent point une représentation assez émouvante du sacré pour qu'on soit tenté d'en faire le principe de la morale ou de la sagesse. La sagesse chinoise est une *sagesse indépendante* et tout humaine. Elle ne doit rien à l'idée de Dieu.

Les Chinois n'ont aucun goût pour les symboles abstraits. Ils ne voient dans le Temps et l'Espace qu'un ensemble d'occasions et de sites. Ce sont des interdépendances, des solidarités qui constituent l'ordre de l'Univers. On ne pense pas que l'homme puisse former un règne dans la Nature ou que l'esprit se distingue de la matière. Nul n'oppose l'humain et le naturel, ni surtout ne songe à les opposer, comme le libre au déterminé. Quand les Taoïstes préconisent le retour à la nature, ils attaquent la civilisation comme contraire à la fois à l'ordre humain véritable et à la société bienheureuse que ne déformaient point encore de faux préjugés : leur individualisme n'est point tel qu'ils opposent radicalement le naturel au social. Quand les Confucéens vantent les bienfaits des contacts amicaux ou de la division des fonctions, le sentiment qu'ils ont de l'amélioration que procure la vie de société ne les conduit pas non plus à opposer radicalement le social au naturel. Entre l'idéal taoïste de sainteté et l'idéal confucéen d'anoblissement, la différence est sans portée, je l'ai dit. C'est celle qui sépare le jeu du rite, et ni d'un côté, ni de l'autre, on ne consentirait à nier la parenté des jeux et des rites, car on entend prêter aux jeux l'efficace des rites, et l'on ne songe point à enlever aux rites leur valeur de jeux : les rites demandent de la sincérité, les jeux exigent des règles, ou, tout au moins, des *modèles*. Les Taoïstes insistent sur la valeur de l'*autonomie*, les Confucéens sur la valeur de la *hiérarchie* ; mais l'idéal — Age d'or, Règne de la sagesse — qu'ils entendent réaliser est toujours un idéal de bonne entente : bonne entente entre les hommes, bonne entente avec la nature. Cette entente des choses et des hommes est un souple régime d'interdépendances ou de solidarités qui jamais ne saurait reposer sur des *prescriptions inconditionnelles : sur des Lois*. Le prestige du concret, le sentiment de l'occasionnel sont trop puissants, l'ordre humain et l'ordre naturel paraissent trop étroitement solidaires pour que le principe de tout ordre puisse être doué d'un caractère d'obligation ou de nécessité. Ni dans la nature, ni dans la pensée, on ne découvre de véritables contraires, mais uniquement des oppositions d'aspects qui procèdent de simples différences de situations. Aussi l'ascèse naturiste des Taoïstes ne comporte-t-elle ni contre-indications ni indications formelles ; aussi l'étiquette confucéenne ne comporte-t-elle ni prescriptions impératives ni tabous stricts. *Puisque tout dépend de congruences, tout est affaire de convenances.* La loi, l'abstrait, l'inconditionnel sont exclus — l'Univers est un — tant de la société que de la nature. De là la haine tenace qu'ont excitée les Légistes et aussi les Dialecticiens. De là le mépris de tout ce qui suppose l'uniformité, de tout ce qui permettrait, induction, déduction, une forme quelconque de raisonnement ou de calcul contraignants, de tout ce qui tendrait à introduire dans le gouvernement de la pensée, des choses, des hommes, rien de mécanique ou de quantitatif. On tient à conserver à toutes les notions, même à celle de Nombre, même à celle de Destin, quelque chose de concret et d'indéterminé qui réserve une possibilité de *jeu*. Dans l'idée de *règle*, on ne veut guère voir que l'idée de *modèle*. La notion chinoise de l'*Ordre* exclut, sous tous ses aspects, l'idée de Loi.

On se plaît à parler de l'instinct grégaire des Chinois, et l'on aime aussi leur prêter un tempérament anarchique. En fait, leur esprit d'association et leur individualisme sont des qualités campagnardes. L'idée qu'ils ont de l'ordre dérive d'un sentiment, sain et rustique, de la bonne entente. L'échec des Légistes, les succès conjugués des Taoïstes et des Confucéens le prouvent : ce sentiment, — que blessent les intrusions administratives, les contraintes égalitaires, les codifications ou réglementations abstraites ([1285]), — repose (pour des parts, variables, sans doute, selon les individus, mais, en gros, sensiblement égales) sur une sorte de passion d'autonomie, et sur un besoin, non moins vif, de compagnonnage et d'amitié. État, Dogmes et Lois ne peuvent rien en faveur de l'Ordre. L'Ordre est conçu sous l'aspect d'une Paix que les formes abstraites de l'obéissance ne sauraient établir, ni imposer les formes abstraites du raisonnement. Pour faire régner en tout lieu cette paix, ce qui est nécessaire, c'est un goût de la conciliation qui demande un sens aigu des convenances actuelles, des solidarités spontanées, des libres hiérarchies. La logique chinoise n'est point une logique rigide de la subordination, mais une souple logique de la hiérarchie : on a tenu à conserver à l'idée d'Ordre tout ce qu'avaient de concret les images et les émotions dont elle est sortie. Qu'on lui donne pour symbole le Tao et qu'on voie dans le Tao le principe de toute autonomie et de toute harmonie, qu'on lui donne pour symbole le Li et qu'on voie dans le Li le principe de toute hiérarchie ou répartition équitables, l'idée d'Ordre retient en elle, — très raffiné, certes, et pourtant tout proche encore de son fond rustique, — le sentiment que comprendre et s'entendre, c'est réaliser la paix en soi et autour de soi. Toute la Sagesse chinoise sort de ce sentiment. Peu importe la nuance plus ou moins mystique ou positive, plus ou moins naturiste ou humaniste de leur inspiration : dans toutes les Écoles se retrouve, — exprimée par des symboles qui demeurent concrets et n'en conservent que plus d'efficience, — l'idée que *le principe d'une bonne entente universelle se confond avec le principe d'une universelle intelligibilité.* Tout savoir, tout pouvoir procède du Li ou du Tao. Tout Chef doit être un saint ou un Sage. Toute Autorité repose sur la Raison.

Notes

(¹) Le second volume, comme le premier, n'embrasse que la période ancienne qui se conclut avec la dynastie des Han. Le règne de l'orthodoxie et de la scolastique commence avec l'Empire : les principaux traits de la mentalité chinoise sont dès lors fixés. Je conserverai pour ce second volume la bibliographie du premier. Quelques ouvrages, récents ou spéciaux, y ont été ajoutés.

(²) GILLES, *History of chinese literature*; GRUBE, *Geschichte der chinesischen Literatur*; MAYERS, *Chinese reader's manual*; (Leang K'i-tch'ao) Liang Chi-chao, *History of Chinese political thought*, trad. par L. T. Chen; Le P. WIE-GER, *Histoire des croyances religieuses et des opinions philosophiques en Chine, depuis l'origine jusqu'à nos jours*; TUCCI, *Storia della filosofia cinese antica*; FORKE,

Geschichte der alten chinesischen Philosophie; SUZUKI, *A brief history of early chinese philosophy*; HACKMANN, *Chinesische Philosophie*; HU SHIH, *The development of logical method in ancient China*; MASPERO, *La Chine antique* (Livre V, pp. 543-621).

(³) SSEU-MA TS'IEN, *Mémoires historiques* (*SMT*), V, 441 sqq.

(⁴) Pour simplifier, j'écris (par exemple) Tchouang tseu quand je parle de l'auteur (réel ou supposé) de l'ouvrage que je désigne, par raison de commodité, en écrivant : le *Tchouang tseu*.

(⁵) MASPERO, *op. cit.*, p. 490, fin de la note 1 de la p. 489.

(⁶) *Ibid.*, p. 552, note 1.

(⁷) *Ibid.*, c'est moi qui souligne.

(⁸) Le P. WIEGER, *Les Pères du système taoïste*, p. 501.

(⁹) *Li ki*, C., I, 133, 153, 164, 175, 212, 216.

Les renvois aux ouvrages chinois sont faits à l'aide d'une référence donnant le titre usuel de l'ouvrage, suivi de l'indication du chapitre. Les renvois aux traductions des classiques de LEGGE ou de COUVREUR sont indiqués par le nom usuel du classique, suivi des lettres L ou C. Les renvois aux *Mémoires historiques* de SSEU-MA TS'IEN sont faits à l'aide de l'abréviation *SMT*, suivie, pour les parties non traduites, de l'indication du chapitre et, pour les parties traduites, de l'indication du tome et de la page dans la traduction CHAVANNES (Cf. pp. 529 et 534).

(¹⁰) Le schéma suivant servira à illustrer ce fait : je l'emprunte (en le simplifiant légèrement) à l'un des essais les plus ingénieux (Hsu Ti-shan, n⁰ de déc. 1927, p. 259, du *Yenching Journal*, en chinois) que l'on ait faits récemment en Chine pour montrer les rapports des écoles ou des *doctrines* (philosophiques ou techniques). L'auteur désire surtout montrer les origines de la doctrine taoïste : il ne cherche pas à être complet et néglige, par exemple, l'École des Lois et l'École des Dénominations.

traduit : je n'ai que le seul principe qui fait tout comprendre). Les caractères employés suggèrent l'idée que Confucius (?) a voulu exprimer sa pensée par une métaphore : une seule (barre ou cordelette) suffit à *enfiler* (à réunir, à lier, à soutenir tout un ensemble d'objets).

(¹⁷) De Groot, *Universismus.*
(¹⁸) Maspero, *op. cit.*, 620.
(¹⁹) *Ibid.*, 616-620.
(²⁰) On peut, sur ce point, se reporter aux remarques d'A. Rey, *La Science orientale*, pp. 351,352. Mais je dois dire que, pour ce qui

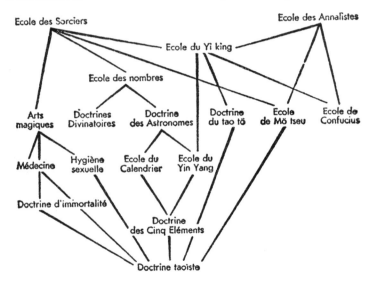

(¹¹) Le P. Wieger, *Histoire des croyances religieuses et des opinions philosophiques en Chine, depuis l'origine jusqu'à nos jours*, pp. 133, 134 et, à sa suite, Maspero, *La Chine antique*, p. 464.
(¹²) Maspero, *op. cit.*, 473.
(¹³) *Ibid.*, 48.
(¹⁴) *Ibid.*, 468.
(¹⁵) SMT, V, 414.
(¹⁶) *Louen yu*, L., 159 (Legge traduit : I *seek* a unity all-pervading). SMT, V, 367. (Chavannes

est des possibilités de connaître les idées scientifiques des anciens Chinois, je n'ai point l'optimisme de Rey.

(²¹) Cf. Durkheim, *Les formes élémentaires de la vie religieuse*, p. 633 sqq.

(²²) Il se peut (ce ne serait pas chose nouvelle) que, de différents côtés, et, j'imagine, à titre de compliment, ces pages ne me fassent dire que j'ai voulu éclairer les faits chinois au moyen de « théo-

ries sociologiques » ou (tout aussi bien) que j'ai tenté d'illustrer « la théorie sociologique » à l'aide de faits chinois. Faut-il déclarer que je ne sais rien de ce qu'on appelle la théorie ou les théories sociologiques? Depuis qu'il y a des sociologues, leur premier objet, quand ils travaillent, n'est-il pas de découvrir des faits? Peut-être en ai-je signalé quelques-uns qui n'avaient pas attiré l'attention. Le principe de leur découverte se trouve dans le mémoire sur « *les classifications primitives* » qu'ont publié DURKHEIM ET MAUSS; j'ai plaisir à le dire — et peut-être n'est-il pas sans intérêt d'ajouter : bien que peu de spécialistes les aient citées (voir cependant FORKE, LUN-HENG, *Selected Essays of the philosopher Wang Ch'ung*, (*MSOS*, 1911) t. II, p. 442), les quelques pages de ce mémoire qui ont trait à la Chine devraient marquer une date dans l'histoire des études sinologiques.
— J'ajouterai encore que, si j'ai conduit l'analyse des catégories chinoises avec l'unique préoccupation de tirer des seuls faits chinois une interprétation correcte, la meilleure raison que j'ai de croire cette analyse exacte est qu'elle met en évidence la prééminence de la catégorie de totalité sur laquelle, après une vaste enquête, DURKHEIM (*Formes élémentaires*, p. 630), avait insisté fortement.

(²³) Les références se rapportent (autant que possible) à des traductions ou publications en langues occidentales : elles permettront de retrouver le contexte.
— J'ai dû, dans la plupart des cas, proposer une traduction nouvelle.

(²⁴) PRZYLUSKI, *Le sino-tibétain* (*in* Langues du monde), 1924, p. 374; KARLGREN, *Études sur la phonologie chinoise*, et ID, *Sound and symbol in China*; MASPERO, *Le dialecte de Tch'ang-ngan sous les T'ang*, BEFEO, 1920.

(²⁵) PRZYLUSKI, *op. cit.*, 363.

(²⁶) *Ibid.*, 362.

(²⁷) KARLGREN, *Le protochinois, langue flexionnelle*, JA, 1920. La démonstration de Karlgren souffre d'un classification contestable des textes anciens. En revanche, les analogies que l'on peut relever en birman paraissent postuler en faveur de la théorie qu'il avance.

(²⁸) MASPERO, *La Chine antique*, 18-19.

(²⁹) VIIIᵉ au Vᵉ siècles av. J.-C.

(³⁰) *Tso tchouan*, C., III, 682. Le même sort néfaste est prédit (*Ibid.*, II, 565) à un prince qui s'est fait construire une maison d'architecture étrangère. (Comp. *Civ. chin.*, 270). On définit sa personnalité, on fixe son destin par le parler que l'on adopte, l'architecture (les rites, la musique, les danses, etc.) que l'on préfère. Le langage et tous les autres systèmes de symboles ont une même vertu : ils sont significatifs d'un certain ordre de civilisation.

(³¹) Les succès postérieurs du chinois comme langue de civilisation tiennent pour beaucoup à sa transcription figurative, unifiée et fixée. A l'époque féodale, il ne peut être question de considérer l'écriture chinoise comme étant déjà absolument uniformisée. C'est en tant que langue parlée que le chinois a été d'abord une langue de civilisation.

(³²) On a vu que le ton peut varier.

(³³) *Tso tchouan*, C., II, 437-439.

(³⁴) GRANET, *Quelques particularités de la langue et de la pensée chinoises* (*Revue philosophique*, 1920), 114 sqq.; ID., *Fêtes et chansons anciennes de la Chine*, 93 sqq. Un lexique ancien, le *Kouang ya*, consacre un chapitre entier aux auxiliaires descriptifs.

(³⁵) GRANET, *Fêtes et chansons...*, 117 sqq.

(³⁶) ID., *Quelques particularités de la langue...*, 118.

(³⁷) *Ibid.*, 119; ID., *Fêtes et chansons...*, 41, et *Che king*, C., 189.

(³⁸) Voir *Civ. chin.*, 276-7, 287, 322, 376.

(³⁹) L'un des composants est alors qualifié, lui tout seul, de *radical.*

(⁴⁰) LEIBNIZ, éd. Dutens, V, 488.

(⁴¹) *Civ. chin.*, 119, 120.

(⁴²) MESTRE, *Quelques résultats d'une comparaison entre les caractères chinois modernes et* les siao-tchouan; LALOY, *La musique chinoise;* GRUBE, *Die Religion der alten Chinesen;* KARLGREN, *Sound and symbol in China;* KARLGREN, *Philology and ancient China.*

(⁴³) *Civ. chin.*, 61-63.

(⁴⁴) *Tso tchouan*, C., III, 635. C'est à ce texte que l'on fait d'ordinaire remonter l'usage de la divination à l'aide des caractères. Il fournit un premier indice de la parenté des emblèmes graphiques et des figures proprement divinatoires.

(⁴⁵) *Lu che tch'ouen ts'ieou*, 17, §2. *Chou wen*, préf. Les nœuds et les entailles servent à capter les réalités : de même les signes vocaux ou figurés.

(⁴⁶) *Li ki*, C., II, 269. On étudiera plus loin (p. 363 sqq.) les aspects proprement philosophiques de la doctrine des désignations correctes. Disons par avance que, pour les tenants de cette doctrine, nommer, c'est classer et c'est juger : c'est pourvoir d'une certaine vertu, bénéficiente ou maléficiente.

(⁴⁷) C'est aussi tous les neuf ans que devait, dit-on, se faire la répartition des charges (et, sans doute, des terres). On affirme, d'autre part, que les fonctionnaires étaient examinés tous les neuf ans.

(⁴⁸) *Tcheou li*, BIOT, *Le « Tcheou li » ou les Rites des Tcheou*, II, 120. On sait (*Civ. chin.*, 350) qu'à la naissance le nom personnel est choisi après que la qualité de la voix du nouveau-né a été déterminée, à l'aide d'un tube de bronze par un musicien : on reconnaît parfois en elle celle d'un animal dont l'enfant possède la nature.

(⁴⁹) Le P. WIEGER, *Caractères* (Rudiments, V, 12), 364.

(⁵⁰) *Ibid.*, 322; MESTRE, *op. cit.*, 8.

(⁵¹) GRANET, *Danses et légendes...*, 364-365.

(⁵²) *SMT*, V, 380.

(⁵³) Tel est le premier objet de la tentative, au reste neuve et intéressante, de KARLGREN, *On the authenticity and nature of the Tso chuan.*

(⁵⁴) Par exemple *La Chine antique*, de MASPERO, 432 sqq.

(⁵⁵) Il y a des passages en vers dans le *Chou king* comme dans le *Yi king* (considérés l'un comme l'œuvre des scribes, l'autre comme l'œuvre des devins), dans le *Lao tseu* comme dans le *Tso tchouan* ou les *Mémoires historiques.*

(⁵⁶) Les critiques chinois modernes qui, par sentiment démocratique, préconisent l'emploi de la langue parlée (*pai houa*) cherchent à accréditer leurs opinions en montrant l'importance de cette langue dans la littérature ancienne.

(⁵⁷) GRANET, *Fêtes et chansons anciennes de la Chine*, Introd.

(⁵⁸) *Ibid.*, 18 sqq., 78 sqq.

(⁵⁹) MASPERO, *La Chine antique*, 429.

(⁶⁰) GRUBE, *Geschichte der chinesischen Literatur*, 46; MASPERO, *op. cit.*, 430.

(⁶¹) GRANET, *op. cit.*, 27 sqq., 31.

(⁶²) *Ibid.*, 53 sqq.

(⁶³) *Civ. chin.*, 187.

(⁶⁴) On peut, de nos jours encore, observer ce mélange d'inspiration traditionnelle et d'invention libre. En février 1922, au cours d'une fête annamite au Tonkin, les protagonistes chantèrent des couplets empruntés au *Che king* puis improvisèrent en chants alternés.

(⁶⁵) Voir (*Civ. chin.*, 191, 204, 212) des exemples de danses emblématiques à motifs animaux. Les danses à emblèmes floraux n'ont pas dû être moins importantes. Une des danses le mieux conservées dans la tradition des cours reproduit les mouvements des fleurs et des branchages. Houai nan tseu (ch. xix) dit d'une danseuse : « Son corps, c'est un iris d'automne aux souffles du vent. »

(66) GRANET, *Fêtes et ch.*, 102.

(67) *Ibid.*, 123.

(68) *Ibid.*, 78 sqq.; 140 sqq.; 235 sqq.

(69) *Ibid.*, 101 sqq.; *Civ. chin.*, 369.

(70) GRANET, *Fêtes et chansons anciennes de la Chine*, p. 36; *Civ. chin.*, 321 et 369.

(71) MASPERO, *La Chine antique*, p. 430.

(72) Sur la destruction des instruments rituels, cf. *Li ki*, C., II, p. 218.

(73) DE GROOT a donné une excellente description des mouvements caractéristiques des porteurs d'Esprits (*Fêtes d'Émouy*, p. 289).

(74) *Tch'ou tseu*, 2 (*Li houen*).

(75) *Che king*, L., p. 395 et notes de la p. 399.

(76) *Yi li*, STEELE, *I Li, or the Book of Etiquette and Ceremonial*, t. II, pp. 14 et 15. Le traducteur a laissé perdre tout le concret de ces expressions.

(77) *Che king*, C., 461.

(78) Elles appartiennent au genre dénommé *fou*, dont il sera parlé plus loin.

(79) *SMT*, Introd., p. lix. Le livre de CONFUCIUS (le *Tch'ouen ts'ieou*) est dit être *le code du vrai souverain*.

(80) *SMT*, ibid., p. clxiv, et t. II, p. 410; *Civ. chin.*, 55, 56.

(81) Sur ces derniers, voir *Civ. chin.*, 450.

(82) MASPERO, *op. cit.*, pp. 489 et 491.

(83) LE P. WIEGER, *Les Pères du système taoïste*, pp. 103 et 219.

(84) Les sculpteurs et dessinateurs chinois (eux aussi se proposent d'enseigner) n'ont pas, plus que les poètes et les philosophes, besoin d'un grand nombre de motifs. Ceux dont ils usent peuvent fréquemment avoir pour *légende* une anecdote stéréotypée, une concrétion de thème mythique. (Cf. GRANET, *Danses et légendes...*, p. 598; ID., *Fêtes et chansons anciennes...*, note 2 de la p. 236, et *Civ. chin.*, 446, 447).

(85) GRANET, *Danses et légendes...*, pp. 505 et 509.

(86) La tradition des *rois cloche-pied* s'est conservée au Siam et au Cambodge jusqu'au xixe siècle. Après avoir tracé un sillon (désacralisation du sol par le chef au début d'une campagne agricole), ils devaient aller s'appuyer contre un arbre et se tenir debout sur un seul pied (le pied droit placé sur le genou gauche). (Cf. LECLÈRE, *Le Cambodge*, p. 297). Voir p. 265

(87) *Li ki*, C., II, 30 et 34.

(88) On verra plus loin (p. 362) que l'école de Mö tseu, qui a donné un enseignement de la logique, est une secte de prédicateurs. Peut-être y enseigna-t-on la rhétorique. C'est là un fait exceptionnel dans l'histoire de l'enseignement en Chine.

(89) GRANET, *Fêtes et chansons...*, p. 224 sqq.

(90) Nous possédons une complainte de ce type; la tradition lui attribue la valeur d'une incantation procédurière. On se combattait en justice en enchaînant rythmiquement des proverbes. GRANET, *op. cit.*, pp. 261 sqq.

(91) *Ibid.*, 235, 266, 267.

(92) Les pièces les plus caractéristiques sont (dans le *Tch'ou tseu*) le *Yuan yeou* et le *Tchao houen*.

(93) Sur la doctrine de l'enseignement muet, voir plus loin p. 391 et 439. Notons ici le lien de cette doctrine et de la pratique de la confirmation du converti par le sourire. C'est aussi par le sourire qu'un père reconnaît un enfant comme sien, ceci au moment même où il lui donne un nom, c'est-à-dire une personnalité et une âme. On aperçoit le rapport des techniques et des doctrines de l'expression avec la magie des souffles. Les mots, les formules, les rythmes sont à la fois des symboles et des choses.

(⁹⁴) HACKMANN, *Chinesische Philosophie*, p. 35.

(⁹⁵) *Civ. chin.*, 222.

(⁹⁶) *Heou Han chou*, 115; *Houai-nan tseu*, 4.

(⁹⁷) *Houai-nan tseu*, 4; *Song chou*, 27; *Kouo yu*, 8; GRANET, *Danses et légendes...*, p. 258.

(⁹⁸) *Lie tseu*, LE P. WIEGER, *Les Pères du système taoïste*, p. 141.

(⁹⁹) *Civ. chin.*, 292.

(¹⁰⁰) Consulter à ce sujet BIOT, *Astronomie chinoise;* D'OLDENBERG, *Nakshatra und Sieou;* DE SAUSSURE, *Les Origines de l'astronomie chinoise;* MASPERO, *La Chine antique*, pp. 607 sqq.; REY, *La Science orientale*, pp. 333 sqq.

(¹⁰¹) *Tch'ouen ts'ieou fan lou*, 7.

(¹⁰²) *Chan hai king*, 12; GRANET, *Danses et lég.*, p. 495, note 2.

(¹⁰³) *Civ. chin.*, 272.

(¹⁰⁴) Ce mot entre dans l'expression *fang che* = magicien, sorcier. Cf. pp 298, 299.

(¹⁰⁵) *Civ. chin.*, 265.

(¹⁰⁶) Voir plus loin, p. 210 sqq.

(¹⁰⁷) CHAVANNES, *Le T'ai chan*, pp. 451 sqq.

(¹⁰⁸) GRANET, *La religion des Chinois*, p. 55; ID., *Danses et légendes...* p. 233.

(¹⁰⁹) GRANET, *Danses et légendes...*, 245 sqq.; 257 sqq.

(¹¹⁰) ID., *ibid.*, 249; ID., *La religion des Chinois*, 52; *Li ki*, C., I, p. 726.

(¹¹¹) *SMT*, I, pp. 242, 243; *Tcheou li*, BIOT, *Le Tcheou li, ou les Rites des Tcheou*, I, p. 201 et notes.

(¹¹²) *SMT*, I, p. 247; *Civ. chin.*, p. 281.

(¹¹³) GRANET, *Danses et légendes...*, pp. 231 sqq.

(¹¹⁴) *Kouo yu*, 1. *SMT*, I, 251 sqq.; 746 sqq.; *Tcheou li*, BIOT, *op. cit.*, p. 167 et p. 276.

(¹¹⁵) *SMT*, I, p. 62.

(¹¹⁶) *SMT*, I, pp. 79, 62; GRANET, *Danses et légenges...*, pp. 249 sqq.

(¹¹⁷) A une dynastie décadente correspond un espace détraqué.

(¹¹⁸) *Civ. chin.*, pp. 27, 28, 48, et 49.

(¹¹⁹) Sur l'emploi liturgique du temps, voir GRANET, *Le dépôt de l'enfant sur le sol* (*Rev. arch.*, 1922), pp. 34 à 46.

(¹²⁰) ID., *ibid.*, p. 35.

(¹²¹) ID., *Danses et légendes...*, pp. 286 sqq.

(¹²²) ID., *ibid.*, pp. 238 sqq. Les marges de l'Univers forment une sorte d'espace *inactuel* qui correspond aux temps mythologiques; *ce monde non humanisé* est en dehors *du temps historique*.

(¹²³) *Civ. chin.*, p. 413.

(¹²⁴) CHAVANNES, *Le T'ai chan*, p. 462.

(¹²⁵) *Civ. chin.*, p. 345; GRANET, *Danses et légendes...*, pp. 21 sqq.

(¹²⁶) *SMT*, Introd., CXLIII sqq.; *Civ. chin.*, 20. Voir plus loin, p. 252

(¹²⁷) GRANET, *Danses*, p. 241 sqq.

(¹²⁸) *SMT*, I, pp. 58 sqq.

(¹²⁹) GRANET, *op. cit.*, pp. 116 sqq.; *Civ. chin.*, p. 407.

(¹³⁰) *Yue ling*, *Li ki*, C., p. 371.

(¹³¹) ID., *ibid.*, pp. 303 et 402.

(¹³²) GRANET, *Danses*, pp. 262 sqq.

(¹³³) *Ibid.*, p. 254.

(¹³⁴) *Ibid.*, pp. 241 sqq.; pp. 250 sqq.; pp. 257 sqq.

(¹³⁵) *Ibid.*, pp. 243, 244, 248.

(¹³⁶) *Ibid.*, pp. 245, 248, 268.

(¹³⁷) *Ibid.*, p. 270.

(¹³⁸) *Ibid.*, p. 271; *Civ. chin.*, p. 221.

(¹³⁹) *Civ. chin.*, pp. 231 sqq.

(¹⁴⁰) *Civ. chin.*, pp. 223 sqq.

(¹⁴¹) GRANET, *Danses et légendes...*, pp. 305 sqq.

(¹⁴²) *SMT*, III, p. 400.

(¹⁴³) *SMT*, I, p. 49; *Yi king*, L., pp. 365 et 368.

$$[5 \times 366 = (384 \times 2)$$
$$+ (354 \times 3) = 768$$
$$+ 1062 = 1830].$$

(¹⁴⁴) Et peut-être (aussi) aux 6 journées environnant chacun des deux solstices. *SMT*, III, 320 sqq.; *Yue ling*, 5ᵉ et 11ᵉ mois.

(¹⁴⁵) GRANET, *Danses et légendes...*, pp. 330 sqq.; pp. 470, 476.

(¹⁴⁶) Ou aux neuvième et troisième mois.

(¹⁴⁷) GRANET, *op. cit.*, pp. 327 sqq. *Civ. chin.*, pp. 175 sqq., et 223 sqq.

(148) ID. *Fêtes et chansons anciennes de la Chine*, pp. 178 sqq.
(149) ID. *La religion des Chinois*, p. 16; *Civ. chin.*, p. 189.
(150) *Civ. chin.*, pp. 45, 228. « Dix mille années » est un équivalent de « Fils du Ciel ». Ces deux expressions *désignent* le souverain.
(151) Rappelons qu'il ne nous est parvenu aucun fragment (où se retrouve une préoccupation philosophique) qui puisse être estimé sensiblement antérieur au Ve siècle.
(152) HU SHIH, *The development of logical method in ancient China*, et (à sa suite) TUCCI, *Storia della filosofia cinese antica*, p. 15, et SUZUKI, *A brief history of early chinese philosophy*, p. 15.
(153) MASPERO, *La Chine antique* pp. 482-483. Des idées assez différentes et qui semblent s'inspirer d'une autre interprétation sont exprimées aux pages 273 et suiv. du même ouvrage. Comp. WIEGER, *Histoire des croyances religieuses et des opinions philosophiques en Chine, depuis l'origine jusqu'à nos jours*, p. 127.
(154) MASPERO, *op. cit.*, p. 483, note 1, et pp. 499 sqq.
(155) *Ts'ien Han chou*, 30, p. 15 b.
(156) Ce traité, le *Yue ling* (cf. *Li ki*, C., I, pp. 330 sqq.), nous est parvenu dans trois éditions conservées par le *Lu che tch'ouen ts'ieou, Houai-nan tseu*, et le *Li ki*.
(157) Ce traité, le *Hi ts'eu*, est un appendice du manuel divinatoire nommé *Yi king* (cf. *Yi king*, L., 348 sqq). Comp. les *Prolégo-. mènes* de LEGGE (*ibid.*, pp. 26 sqq.; pp. 36 sqq.), et MASPERO, *op. cit.*, p. 480.
(158) *SMT*, III, pp. 301 sqq. et le P. WIEGER, *Les Pères du système taoïste*, p. 321.
(159) *Mö tseu*, 7. Cf. FORKE : *Mo Ti, des Socialethikers und seiner Schüler philosophische Werke*, p. 324. Maspero professe que les auteurs de la *Hi ts'eu* sont les inventeurs de la théorie du Yin et du Yang; aussi admet-il (le *Hi ts'eu* étant jugé postérieur à l'œuvre de Mö tseu) que ce passage est inter-

polé, tout en reconnaissant qu'il fait partie d'un chapitre de cette œuvre estimé authentique.
(160) *Che king*, C., p. 35.
(161) *Ibid.*, pp. 39, 159, 254.
(162) *Ibid.*, p. 144.
(163) *Ibid.*, p. 165.
(164) *Ibid.*, p. 197.
(165) *Ibid.*, p. 161.
(166) *Ibid.*, p. 78.
(167) *Che king*, C., p. 161.
(168) *Ibid.*, pp. 185, 190; *Civ. chin.*, pp. 171 et 189.
(169) *Che king*, C., pp. 23, 104, 143, 202, 324; GRANET, *Fêtes et chansons...*, p. 246, note 1.
(170) *Ibid.*, pp. 349, 463.
(171) *Ibid.*, p. 362. *Civ. chin.*, p. 265. Noter que le passage du *Che king* où il est question de cette inspection établit l'antiquité des pratiques dont est sorti le fameux art chinois de la *géomancie*. La géomancie (*fong chouei*) a pour objet de déterminer la valeur des sites en considérant les eaux courantes (*chouei*) et les courants aériens (*fong*); ceux-ci sont toujours mis en rapport avec les montagnes : on aperçoit facilement l'intérêt que pouvaient avoir des termes comme *yin et yang*, dont le sens premier paraît être *ubac et adret*. Noter encore que l'inspection des ombres et de la lumière est exprimée dans ce passage par le mot *king*. Ce même mot signifie *gnomon* et s'apparente par la graphie, comme par la prononciation, au mot *king* : capitale.
(172) *Civ. chin.*, 265.
(173) MASPERO, *La Chine antique*, p. 482. Ce fait — déconcertant pour eux — aurait dû être signalé par les interprètes qui attribuent à l'auteur du *Hi ts'eu* l'invention d'un système « métaphysique » dont les notions de Yin et de Yang formeraient le centre. Ces interprètes, en revanche, n'hésitent pas à supposer que ces termes sont le sujet de deux phrases où l'auteur du *Hi ts'eu* ne les mentionne pas. Maspero a pris soin, en traduisant ces deux phrases, de mettre entre paren-

thèses les mots *yin et yang*, que le texte chinois ne contient pas, mais qu'il n'hésite pas, *sur la foi des glossateurs*, à restituer.

([174]) *Yi king*, L., 355.

([175]) *Ibid.*, p. 349.

([176]) Telle est l'interprétation traditionnelle recueillie par les gloses. Noter le caractère sexuel de ces représentations. Nous aurons à revenir sur ce point.

([177]) *Yi king*, L., p. 372.

([178]) Le *Kouei tsang*, d'après la tradition, était le livre divinatoire des Yin (conservé par les princes de Song, leurs descendants); le *Yi king*, le livre des Tcheou, successeurs des Yin.

([179]) Le *Yi king* est à peu près vide de thèmes mythiques : d'où sa faveur dans l'école de moralistes qui se réclame de Confucius, et, par suite, sa conservation.

([180]) *Ts'ien Han chou*, 30, p. 15*b*.

([181]) Granet, *Danses et légendes...*, p. 253. On pourrait traduire : la vallée du Yang.

([182]) *Tchouang tseu*, Wieger, *Les Pères du système taoïste*, 383.

([183]) *Ibid.*, 321.

([184]) Granet, *op. cit.*, 435 sqq.

([185]) Noter que, tout comme la substance (= nourriture), le rythme est évoqué à l'aide d'une image fournie par la boisson. Voir plus loin, p. 330 et p. 332.

([186]) Non seulement les idées de rythme et de substance sont confondues, mais encore l'opposition entre les termes antithétiques qu'on imagine tout à la fois dans le Temps et dans l'Espace, impliquent l'idée d'une juxtaposition comme celle d'une alternance. J'ai déjà indiqué l'apparentement des idées de *pien* (évolution cyclique) et de *t'ong* (interpénétration).

([187]) *Ho* et *tiao* évoquent l'idée d'une harmonie à la fois musicale et substantielle (alimentaire) dont l'image est le bouillon. Cf. *Civ. chin.*, p. 283.

([188]) C'est là le point à expliquer. Je l'essaierai, pp. 120 sqq.

([189]) Noter que l'expression *ho tiao* (mêmes mots inversés)

signifie : « Harmoniser et mettre d'accord (les saveurs primordiales qui composent la nourriture). » Le rythme et la substance sont l'objet d'une intuition globale, indistincte.

([190]) *Mö tseu*, 7.

([191]) Le mot *tsie* signifie « *articulation*, jointure », et évoque l'image d'un *nœud de bambou*. Il désigne l'*instrument* dont on se sert pour battre la mesure (*Le Roi fait concerter le Yin et le Yang en battant la mesure aux quatre saisons*) et les *divisions* du temps qui servent à rythmer le cours des saisons. Il est aussi l'emblème de la loyauté et de la chasteté, et, pour dire bref, de la mesure. Les divers aspects concrets de la notion de mesure semblent tous impliquer une image musicale qui paraît liée à la représentation d'un instrument (de bambou) *mesuré* par le nombre de ses *articulations*.

([192]) La pluie et la rosée fournissent des thèmes poétiques qui servent d'emblèmes à certains termes de l'année. La pluie et la rosée s'opposent. L'idée de pluie est liée à des représentations de nature féminine (*yin*); la rosée éveille l'idée de la bienfaisance princière (mâle, *yang*). On remarquera que le Yang s'oppose à la Pluie *dans la liste des Cinq signes fournie par le* Hong fan (*SMT*, IV, p. 228) — ce qui d'ailleurs montre : 1° *que* « [la théorie » *du Yin et du Yang est connue des rédacteurs du* Hong fan; 2° *que, pour eux,* (le Yin et) *le Yang sont des catégories concrètes.* Cf. infra, pp. 257, 308, sqq.

([193]) Le plus intéressant est celui de Hi-ho. La tradition veut que l'aîné des Hi et l'aîné des Ho, astronomes en chef qui *doublent* le souverain, aient été préposés, l'un au Yin, et l'autre au Yang. *SMT*, pp. 43 et 44, et note 1; Granet, *Danses et légendes...*, p. 253.

([194]) Je transcris sans mettre de majuscules : il ne s'agit pas de l'opposition de deux principes, mais du contraste de deux aspects.

([195]) Une des traditions rela-

tives aux symboles qu'emploient les techniques divinatoires (symboles que le *Yi king* représente graphiquement au moyen de lignes pleines et continues ou creuses en leur milieu) veut que les devins se soient servis de fiches dont une face était gardée intacte et sans doute *bombée* (yang = mâle = saillant) et dont l'autre était creusée (yin = femelle = creux).
— La meilleure traduction de la formule du *Hi ts'eu* en termes divinatoires serait donc : « une (*fois la face*) yin, une (*fois la face*) yang ».

(**196**) *Civ. chin.*, pp. 21, 27, 29, 31, 49, 52, 412.

(**197**) *Li ki*, C., pp. 345, 348, 377, 382.

(**198**) *Petit Calendrier des Hia, Ta Tai li ki*, 47.

(**199**) GRANET, *Fêtes et Chansons anciennes de la Chine*, pp. 53 sqq.

(**200**) Cf. plus haut, p. 105.

(**201**) *Ta Tai li ki*, 47.

(**202**) *Yue ling* et *Calendrier des Hia*.

(**203**) ID., *ibid.*; cf. *Wang tche, Li ki*, C., I, p. 283, 332, 340, 389.

(**204**) GRANET, *op. cit.*, p. 54.

(**205**) *Che king*, C., p. 160; GRANET, *op. cit.*, p. 56; *Civ. chin.*, p. 191.

(**206**) GRANET, *Fêtes et Chansons*, p. 184; *Li ki*, C., pp. 652 sqq. Le chien est un animal *yang*.

(**207**) GRANET, *op. cit.*, p. 181; ID., *Danses et légendes...*, pp. 305 sqq.

(**208**) *Civ. chin.*, pp. 189 sqq., p. 281.

(**209**) Ce sont les demeures des morts (cf. GRANET, *La vie et la mort, croyances et doctrines de l'antiquité chinoise*, pp. 15 sqq). La morte-saison est la saison des morts (cf. GRANET, *Danses et légendes...*, pp. 321 sqq.). Les philosophes font de cette saison *yin* la saison de la mort, et du Yin le symbole des énergies destructrices.

(**210**) GRANET, *La vie et la mort...*, pp. 15 sqq. *SMT*, III, 305.

(**211**) ID., *Danses et légendes*, pp. 570 sqq.; *Calendrier des Hia*, 10e mois.

(**212**) *Tchouang tseu*, LE P. WIEGER, *Les Pères du système taoïste*, p. 369. Ce précepte est glosé par la formule : « Un (temps) d'élévation, un (temps) d'abaissement. » Tchouang tseu dit peu après : « Une (fois en) haut, une (fois en) bas. »

(**213**) *Yi king*, L., p. 393. L'expression « dix mille êtres » (plus exactement : les dix mille — la totalité des — réalités emblématiques) désigne les 11 520 réalités Yin ou Yang figurées par les 64 hexagrammes divinatoires.

(**214**) Voir sur ce point les affirmations catégoriques de DE GROOT (*Fêtes d'Emouy*, p. 745 de la traduction française). Une mode plus récente consiste à retrouver partout, et même dans les caractères d'écriture, des représentations phalliques (p. ex. KARLGREN, *Some fecundity symbols in ancient China*, dans « Bulletin of the Museum of Far Eastern antiquities », n° 2, Stockholm, 1930). Les thèmes sexuels abondent dans la littérature chinoise. Il n'y a, en revanche, aucune raison de croire que les Chinois aient jamais songé à diviniser le sexe. En tout cas, ils se sont abstenus d'opposer le Yin et le Yang en les *réalisant* l'un comme un principe féminin, l'autre comme un principe mâle.

(**215**) MASPERO, *La Chine antique*, pp. 480 sqq.; pp. 270 sqq.

(**216**) GRANET, *Fêtes et chansons anciennes*, p. 79; *Civ.chin.*, pp. 196, 209 sqq.

(**217**) *Civ. chin.*, pp. 176 sqq.

(**218**) *Kouan tseu*, 3; GRANET, *Fêtes et chansons anciennes...*, p. 132.

(**219**) *Civ. chin.*, p. 373.

(**220**) *Che king*, C., p. 78.

(**221**) GRANET, *Fêtes et chansons anciennes...*, pp. 244 sqq.

(**222**) ID. *ibid.*, p. 43. Les deux formules sont interchangeables : toutes deux servent à signaler le rythme universel aussi bien que le rythme social. L'initiative attribuée au Yang comme aux garçons est l'indice de la primauté que l'adoption d'une organisation agnatique a fait attribuer aux mâles. On notera qu'anciennement l'initiative dans le mariage appartint aux filles : la formule classique de l'action alternée du Yin et du Yang évoque en premier lieu l'« aspect yin ».

(223) ID., *ibid.*, pp. 92, 146 sqq.; pp. 261 sqq.; *Civ. chin.*, 186.

(224) GRANET, *Fêtes et chansons anciennes*, pp. 244 sqq.

(225) Voir en sens contraire MASPERO, *La Chine antique*, p. 482.

(226) Leur conception est dominée par l'idée de *roulement* : le père est yang; mais le fils, yin vis-à-vis de son père, est yang vis-à-vis de ses propres fils. Le Ministre est yin, et devient yang quand il succède et prend le titre de souverain. — Si l'on dit que le Yin est un principe de mort et de châtiment (*hing*), le Yang un principe de bienfaisance (*tö*), c'est que l'un exprime la vertu du Chef, l'autre celle du Ministre. Ministre :t chef forment un couple. Cf. GRANET, *Danses et légendes de la Chine ancienne*, pp. 117-421.

(227) *Civ. chin.*, p. 183, 231 sqq.

(228) GRANET, *Fêtes et chansons anciennes de la Chine*, p. 272 sqq.

(229) Au sens logique du mot.

(230) Selon CHAVANNES, « une philosophie des Nombres » a, « comme la doctrine pythagoricienne, brillé en Chine d'un vif éclat ». Il est assurément plus facile de présumer l'éclat de cette « philosophie » que d'en déterminer l'influence et d'en saisir les principes. Les observations que je me suis appliqué à recueillir depuis bon nombre d'années me permettent tout au plus de présenter quelques remarques sur l'attitude des Chinois à l'égard des Nombres. Je n'y mêlerai aucune hypothèse ou recherche d'origine, — question prématurée —; sans même indiquer aucun rapprochement, je me tiendrai aux idées chinoises. J'ai tâché d'interpréter celles-ci en traitant divers sujets (questions des sites, des Éléments, des emblèmes divinatoires, des tubes musicaux...) choisis en raison de l'importance que les Chinois leur attribuent et qu'ils ont, en effet. J'avais à découvrir les faits et l'ordre historique des faits, et j'avais, de plus, à montrer comment on peut les découvrir. J'avais encore à les interpréter dans notre langue qui se prête mal à exprimer les conceptions chinoises. Je n'ai pas à m'excuser de la minutie des analyses et de la longueur d'un chapitre où je devais expliquer un des traits fondamentaux de la pensée chinoise, savoir : un extrême respect pour les symboles numériques qui se combine avec une indifférence extrême pour toute conception quantitative.

(231) Se reporter sur ce point à la discussion instituée par A. REY pp. 389 sqq. de la *Science orientale*.

(232) Les Chinois comptent termes compris.

(233) *Houai-nan tseu*, 4. Cf. *Ta Tai li ki*, 81.

(234) Les jours se comptent à l'aide d'un cycle dénaire. Mythiquement il y a 10 Soleils.

(235) Aussi y a-t-il 12 Lunes.

(236) On voit que les Nombres servent à conduire une certaine forme d'induction.

(237) L'équivalence : 1 (*yi*) et Ciel (*T'ien*), est si parfaite qu'on écrit : *T'ien yi*, sans copule. Aussi dois-je écrire (*vaut*) entre parenthèses.

(238) Les signes du cycle dénaire s'appellent les dix tiges (*kan*); ceux du cycle duodénaire, les douze branches (*tche*). Bien qu'on oppose *kan* à *tche* comme le tronc aux branches, *tche*, tout comme *kan*, désigne une perche plantée verticalement. *Kan* ou *tche*, branches ou tiges, servent à situer, à marquer des positions (les géomètres se servent des signes dénaires pour marquer les angles de leurs figures, mais tiges et branches servent aussi à comparer des grandeurs : *tche* (branche) signifie : *mesurer, compter, nombre, quantité*, et l'expression *jo kan*

(*jo* = tel, *kan* = tige) veut dire : *tel nombre, tant ou tant*.

(²³⁹) *SMT*, III, p. 305. Chavannes a traduit à tort ce *jen* par bonté.

(²⁴⁰) *SMT*, III, p. 308.

(²⁴¹) Toutes ces images se rattachent à une représentation de la Terre-mère.

(²⁴²) *Li ki*, C., I, p. 342. Le *Yue ling* fixe au troisième jour après l'équinoxe les premiers grondements du tonnerre et la proclamation par le héraut muni de la clochette à battant de bois des interdits imposés aux femmes. Je dois insister sur la valeur rituelle des images que les signes cycliques évoquent au dire des interprètes chinois : trop de sinologues n'ont voulu voir dans ces interprétations que des jeux de mots pédants. Cf. *SMT*, III, p. 303, note 1, et notes des pages suivantes.

(²⁴³) GRANET, *La vie et la mort...*, pp. 12 sqq.

(²⁴⁴) Voir pp. 91, 237, 258.

(²⁴⁵) Voir plus loin, p. 264.

(²⁴⁶) Sur la signification de ces inversions avec échanges d'attributs et sur leur rapport avec le thème de l'hiérogamie, voir plus loin, pp. 166 et 231.

(²⁴⁷) *SMT*, III, p. 325.

(²⁴⁸) *SMT*, III, p. 326.

(²⁴⁹) *Ts'eu* signifie : ordre, série, place, *station*. Les interprètes reconnaissent dans « les Nombres » du Calendrier les emblèmes de sites ou de positions astronomiques (ou solaires).

(²⁵⁰) Je n'ai pas (question prématurée) à traiter ici de la question d'origine (étrangère ou chinoise) du système des douze heures doubles (conçues comme encadrant, chacune, l'une des pointes d'une rose à douze directions). La mythologie chinoise admet l'existence réelle de 12 Lunes et de 10 Soleils.

(²⁵¹) Pour obtenir 24 sites avec 10 + 12 signes cycliques, on commence par ajouter 4 termes (affectés aux 4 directions d'angle), puis l'on emploie les 12 signes duodénaires et seulement 8 signes dénaires, les 2 signes dénaires restants formant un binôme toujours réservé au centre. Cf. *Houainan tseu*, 2 et GRANET, *op. cit.*, p. 13, n. 2. Noter qu'à la division en 24 orients correspond une division administrative en 24 services (répartis entre 4 directions) confiés à des chefs désignés par des noms d'oiseaux (ces oiseaux, certains du moins, figurent dans les signaux calendériques). Le chef de ces services (phénix) préside au calendrier. Cf. *Tso tchouan*, C., t. III, pp. 276 et 277, et GRANET, *Danses et légendes...*, p. 236, n. 1. Remarquer que les 24 mois de 15 jours se subdivisent chacun en 3 périodes de 5 jours : aux 72 périodes de 5 jours qui composent l'année (360 = 72 × 5) sont affectés 72 dictons de calendrier, rubriques concrètes (cf. GRANET, *Fêtes et chansons anciennes...*, p. 54). Il existe une autre répartition des jours de l'année en 30 (= 5 × 6) périodes de 12 jours (cf. GRANET, *op. cit.*, pp. 54 et 132, *Kouan tseu*, 14 ; GRANET, *Danses et légendes...*, p. 270, n. 1, et p. 358, n. 1). Dans ces divers arrangements se révèle la *solidarité des classifications* par 5 et par 6.

(²⁵²) Noter cette action imbriquée de 5, multiplicateur de 12 (= 6 × 2) et de 6, multiplicateur de 10 (= 5 × 2).

(²⁵³) Jointe à l'exogamie territoriale, mais on sait (cf. *Civ. chin.*, p. 178 et p. 204, et GRANET, *Danses et légendes...*, fin de la note 2 de la p. 155) qu'il devait exister une consonance entre le domaine, l'habitat, le *site* et le *nom*.

(²⁵⁴) On s'est servi des *Pa tseu* dès l'époque des T'ang, sinon dès le temps des Han. En tout cas, le *Tcheou li* (BIOT, *Le Tcheou li, ou les Rites des Tcheou*, t. II, p. 307) montre qu'anciennement on tenait compte, dans les appariages, de l'année, du mois, du jour de naissance et du *nom personnel*.

(²⁵⁵) GRANET, *Danses et légendes...*, p. 159. Cet usage suppose que le nom personnel (dont on s'informe, car il est secret) soutient avec le nom de famille (connu) un rapport analogue à celui qui existe entre une essence (*wou*) et une espèce (*lei*). Les noms de famille révèlent une vertu (*tö*) spécifique (*lei*), susceptible de quatre particularisations qui (en raison des idées relatives à la réincarnation) semblent avoir correspondu à un lot de quatre noms (*ming*) distinguant quatre générations successives. (Cf. plus haut, p. 88; GRANET, *op. cit.*, pp. 368 sqq). Le nom personnel (*ming*) situe (dans telle famille) la génération : il exprime *une sorte de rang*.

(²⁵⁶) Cf. *SMT*, I, pp. 169, 175, 176. L'archéologie paraît avoir confirmé la tradition.

(²⁵⁷) Cf. GRANET, *op. cit.*, p. 158. Les deux récits proviennent d'œuvres de date, d'inspiration et de style analogues.

(²⁵⁸) *Ibid.*, p. 157 sqq. Le principe rituel est que les Esprits ne mangent rien, sinon ce qui (en raison de la nature de l'offrant et de celle de l'offrande) est de leur espèce (*lei*).

(²⁵⁹) *Ibid.*, p. 158.

(²⁶⁰) Cf. *Tch'ouen ts'ieou fan tou*, chap. 13. Tout, dans un sacrifice fait au printemps (Est), se dispose par 8 (par 7 l'été, par 9 l'automne, etc.), et si l'on veut alors, par exemple, faire pleuvoir, il faudra faire danser 8 danseurs, offrir 8 poissons, construire un tertre de 8 pieds de côté, fabriquer 8 dragons : 1 grand (de 8 pieds de long) + 7 petits (de 8/2 pieds de long), etc.

(²⁶¹) *SMT*, III, pp. 308-309.

(²⁶²) GRANET, *La vie et la mort...* pp. 1 sqq. Sept, qui équivaut à *chen* (S-S-W) dans cet exemple, équivaut, dans l'exemple qui précède, à *sseu* (S-S-E). Attachés à un même lot d'emblèmes, des nombres différents (72, 12, 2. Cf. p. 127), peuvent être considérés comme équivalents ; de même, un nombre peut, attaché à deux lots différents, changer de valeur emblématique : ceci n'est qu'une simple conséquence de la concurrence des systèmes divers de classification.

(²⁶³) *Tso tchouan*, C., III, p. 327. Extrait d'un discours prêté à Yen tseu, contemporain de Confucius.

(²⁶⁴) Cf. plus haut, p. 107. Comp. *Yo ki*, dans *Li ki*, C., II, p. 83. Ces correspondances sont établies sous l'empire des divers systèmes de classification, en particulier du système de classification par 5.

(²⁶⁵) *SMT*, IV, pp. 219 sqq. Le *Hong fan*, inséré à titre de chapitre dans le *Chou king*, a été aussi incorporé par Sseu-ma Ts'ien à son œuvre. La tradition y verrait volontiers un ouvrage du troisième ou deuxième millénaire av. J.-C. Les critiques modernes l'attribuent les uns au VIIIᵉ, les autres au IIIᵉ siècle av. J.-C. La rédaction du *Hong fan* ne paraît guère pouvoir être placée plus bas que les VIᵉ, Vᵉ siècles av. J.-C. Elle me semble dater des premiers débuts de la littérature écrite.

(²⁶⁶) Le P. WIEGER, *Histoire des croyances religieuses et des opinions philosophiques en Chine, ...* p. 57.

(²⁶⁷) *SMT*, IV, p. 221. Je conserve provisoirement la traduction donnée par Chavannes. Se reporter p. 266 et suiv.

(²⁶⁸) *SMT*, IV, p. 219, note 5. Cf. MASPERO, *La Chine antique*, 440, note 4.

(²⁶⁹) NAITO, *On the compilation of the Shoo king* et HONDA, *On the date of compilation of the Yi king*.

(²⁷⁰) Dialogue entre le fondateur de la dynastie Tcheou et le frère du tyran Cheou-sin, dont la vertu décadente provoqua la ruine de la dynastie Yin : palabre correspondant à l'inauguration d'un monde nouveau après transmission d'une famille à une autre des principes ou des *palladia* du pouvoir.

(²⁷¹) Les 5 Éléments, comme on va voir, *valent* respectivement 1, 2, 3, 4, 5, c'est-à-dire pour leur ensemble (5, emblèmes du centre, ne devant pas, comme on verra, être compté) $1 + 2 + 3 + 4$, soit au total précisément 10 (qui équivaut à 1).

(^{272}) C'est moi qui souligne.

(^{273}) *Idem.*

(^{274}) CHAVANNES (*SMT*, IV, p. 219, note 5) déclare *singulier* l'ordre suivi par le *Hong fan*. Il n'hésite donc pas à proposer de corriger le texte. C'est qu'il a commencé par admettre que « *les plus anciennes* énumérations » (qu'il rapporte au IIIe siècle) suivaient un ordre différent (*Intr.* p. CXLIII), l'ordre dit du triomphe. Comme il attribue au *Hong fan* une date antérieure au IIIe siècle, il lui faut donc *trouver* dans l'énumération du *Hong fan* (la plus ancienne en fait) une erreur qu'il corrigera de façon à la rendre semblable aux énumérations d'abord affirmées plus anciennes. Les successeurs de Chavannes abandonnent sa correction jugée inacceptable, parce qu'un autre texte confirme la rédaction de ce passage du *Hong fan*. Mais ils s'abstiennent de rechercher le sens que peut présenter l'ordre indiqué en affirmant tout simplement que les interprétations numériques qu'on en peut donner sont anachroniques. Se reporter pages 204 et 254.

(^{275}) Cette séquence correspond à ce qu'on appelle l'ordre de production des Éléments. (Voir pp. 255 sqq.).

(^{276}) Sauf pour le couple *meou ki* (centre), dont les deux signes sont dits tous deux être les emblèmes du « Palais central ». Noter que le *Yue ling* définit la Terre par le centre et lui donne, comme le *Hong fan*, 5 (et non pas 10) pour emblème.

(^{277}) 5, conservé comme emblème du *Centre* par le *Yue ling*, se trouve réservé aux jours (non dénombrés, mais peut-être au nombre de 6 — et non de 5 — car l'année solaire a 366 jours) qui marquent le *pivot* de l'année. Cf. p. 95.

(^{278}) Les équivalences. Bas : Nord : Eau — Haut : Sud : Feu — Gauche : Est : Bois — Droite :

Ouest : Métal, sont des données essentielles du système chinois de classifications et de correspondances. Les formules du *Hong fan* : « L'Eau humecte et tend vers le Bas; Le Feu flambe et tend vers le Haut » prouvent nettement : 1° que le *Hong fan* se réfère à ce système *explicitement*; 2° que l'énumération des Éléments implique un dispositif spatial; 3° et enfin (puisque les Éléments sont caractérisés par des emblèmes numériques) que la science des nombres n'est point détachée d'un savoir géométrique.

(^{279}) *Houang ki* : 5. Les deux termes du couple dénaire qui correspondent au Centre servent indistinctement d'emblèmes au *Palais Central.*

(^{280}) GRANET, *Danses et légendes de la Chine ancienne,* pp. 482 sqq.

(^{281}) *Ibid.*, p. 489.

(^{282}) Voir p. 285.

(^{283}) *Lie tseu,* WIEGER, *Les Pères du système taoïste,* p. 131.

(^{284}) GRANET, *Danses et légendes...*, pp. 568, 244.

(^{285}) *Ibid.*, p. 478, notes 1 et 2.

(^{286}) C'est l'empereur Houeitsong des Song (1101-1125).

(^{287}) On verra plus loin qu'elles semblent remonter pour le moins au *Hi ts'eu*, œuvre à peine moins ancienne que le *Hong fan.*

(^{288}) *Tcheou li*, BIOT, *op. cit.*, II, pp. 75, 70.

(^{289}) L'axe médian s'appelle le chemin (*lou* ou *tao*) des 1 000 stades (*li*).

(^{290}) GRANET, *op. cit.*, notes des pages 116-119.

(^{291}) *Ta Tai li ki,* 66.

(^{292}) *Tcheou li*, BIOT, *op. cit.*, t. II, p. 70; *SMT*, IV, pp. 226-227; *Yi king*, L., 369 note et p. 371.

(^{293}) *Yi king*, L., 365.

(^{294}) *Ts'ien Han chou*, 98, p. 7 b.

(^{295}) *SMT*, I, pp. 3-7.

(^{296}) *SMT*, I, pp. 3-7.

(^{297}) *SMT*, III, p. 484.

(^{298}) Je ne soutiens pas que les trigrammes ont été dessinés avant les hexagrammes. C'est là un point impossible à décider.

Mais je ne crois pas qu'on ait pu, les 8² hexagrammes une fois formés, ne pas voir qu'ils se ramenaient à 8 trigrammes. Maspero croit à l'antériorité des hexagrammes. Il justifie cette hypothèse (contraire aux traditions chinoises) à l'aide de raisonnements que je ne parviens pas à comprendre et dont le point de départ est une lourde erreur d'observation. Maspéro affirme que, sauf le premier couple d'hexagrammes, tous les autres couples sont formés par retournement, le deuxième hexagramme de chaque couple étant le premier retourné. Mais les couples 27-28, 29-30, 61-62, ne risquent guère d'être formés par retournement. Ils sont formés d'hexagrammes parfaitement symétriques qui, si on les retourne, se reproduisent eux-mêmes. Au reste, il serait facile, mais un peu long et hors de notre sujet, de prouver que l'ordre suivi par le *Yi king* implique l'idée que les hexagrammes sont faits de deux trigrammes superposés.

(²⁹⁹) Ceci ne vaut pas pour les carrés magiques du type ci-con-

4	11	3
5	6	7
9	1	8

tre (dont je n'ai d'ailleurs trouvé aucune trace dans la littérature chinoise ancienne).

(³⁰⁰) L'idée que les Trigrammes sont, en même temps, des *Orients* et des *Nombres* n'est pas un jeu d'érudit : elle inspire de nos jours encore une méthode d'investigation répandue dans tout l'Extrême-Orient, et par exemple chez les *Man* du Tonkin (cf. *BEFEO*, VII, 109; l'auteur de l'observation n'en a pas vu tout l'intérêt parce qu'il a cru qu'il s'agissait de la disposition de Fou-hi). Comment déterminer, par exemple, la partie de la maison où une femme enceinte doit s'interdire de planter des clous, sous peine de clouer son fruit? On commence par diviser la maison en neuf emplacements désignés par le caractère *centre* et les noms des huits Trigrammes (*orientés d'après la disposition du roi Wen*). On écrit ensuite sur sa main ces huit noms et le mot *centre* : ce dernier se place sur la deuxième phalange du médius; de chaque côté (d'une part, sur le deuxième métacarpien et les trois phalanges de l'index; d'autre part, sur les trois phalanges de l'annulaire et le quatrième métacarpien) sont inscrits les noms des huit Trigrammes (*qui se trouvent ainsi placés dans l'ordre que leur affecte la numérotation de Tcheng Hiuan*). En suivant cet ordre (sens des flèches), on compte, — à partir d'un point déterminé par le fait que l'année de la conception est *yin* ou *yang* (c'est-à-dire qu'elle occupe une place paire ou impaire dans le cycle sexagésimal), — autant de stations que contient d'unités le numéro du mois où s'est faite

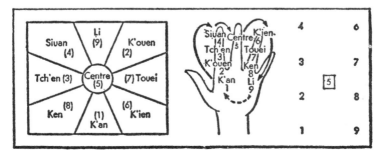

la conception : le Trigramme sur lequel on s'arrête révèle l'orientation interdite. Soit un enfant conçu au sixième mois de la première (impair) année du cycle : on part du centre (*impair* : 5) et, comme à la sixième station dans l'ordre des flèches (et de la progression des nombres), on arrive à K'an (*) Trigramme du Nord, on sait que la partie nord de la maison doit être tabouée. On notera que les nombres qui, dans les deux colonnes, se font face, font un total de 10 (5 étant au centre) : cette disposition en double colonne a la même valeur que la disposition en carré magique, sauf que, par elle-même, elle n'indique aucune orientation.

(*) La fin des premiers Han et le début des Han postérieurs forment une époque (environs de l'ère chrétienne) où, pour des raisons politiques (comme par exemple sous les Song), abondèrent les ouvrages sur le *Yi king* et les diagrammes magiques. Ces ouvrages (qualifiés de *wei*) contituent une tradition que les érudits, indigènes ou autres, estiment impure : il serait peu critique de les suivre et de dater des Han tout ce qui n'est pas attesté avant les Han. Au reste le *Ta Tai li ki* appartient à la tradition orthodoxe, et puisque Tcheng Hiuan corrobore son témoignage, il y a présomption en faveur de la thèse que le prestige du carré magique est antérieur aux Han.

(302) *Yi king*, L., 369.
(303) *Tso tchouan*, C., II, 236.
(304) *Yi king*, L., 375.
(305) *Ibid.*, pp. 58, 423.
(306) *Ibid.*, pp. 388, 422.
(307) Voir la figure 1 de la page 156.
(308) Voir la figure de la p. 155.
(309) *Po hou t'ong*, 4. Les éléments sont alors énumérés dans l'ordre, Métal, Bois, Eau, Feu (Terre), ordre qui dérive des équivalences établies par le *Chouo koua* (*Yi king*, L., pp. 430-432) : les Trigrammes étant énumérés dans un ordre qui suppose la disposition de Fou-hi — entre K'ien et le Métal; Siuan et le Bois, K'an et l'Eau, Li et le Feu (ce qui suppose que K'ien et le Siuan s'opposent — ainsi que K'an et Li — : or ceci n'est vrai que dans la disposition du roi Wen : preuve que les deux dispositions s'impliquent l'une l'autre, loin d'être considérées comme contradictoires).

(310) *Yi king*, L., 365.
(311) Le plus petit multiple commun de 360 et 384 est $\dfrac{11\,520}{2}$. L'année luni-solaire (6 mois de 29 et 6 mois de 30 jours) étant de 354 jours, et les Chinois estimant à 366 jours l'année solaire (différence 12 jours), on intercalait, tous les cinq ans ($12 \times 5 = 60$), 2 mois de 30 jours ($30 \times 2 = 60$); la 3e et la 5e année d'un cycle cinq ans comptaient donc ($354 + 30 =$) 384 jours. Noter l'importance du cycle de 5 ans, celle de l'intercalation de 60 jours et le fait que le rapport du nombre des années normales et des années embolismiques est de 3 à 2.

(312) *Ts'ien Han chou*, 21ª, p. 9ª.
(313) Je dis *carré*, mais le Ciel est rond, et il y a lieu de supposer que la distance céleste des nombres doit, en quelque manière, évoquer le cercle. L'arrangement en octogone propre aux trigrammes a sans doute le mérite d'impliquer une *participation* du cercle et du carré. (Cf. *infra*, p. 266-268).

(314) *Tcheou li*, BIOT, *op. cit.*, t. II, p. 108.
(315) YOSHITO HARADA, *Lo Lang* p. 39 du résumé en anglais; p. 61, du texte japonais, figure 27 et planche CXII. Le fait que les planchettes pivotantes sont l'une en bois *dur*, l'autre en bois *tendre*, impose l'idée que l'instrument imite un ancien ustensile à faire du feu. Cette remarque n'est peut-être pas sans portée, car différentes traditions littéraires ou rituelles conservent le souvenir d'un instrument servant à obtenir le

feu par friction grâce à un mouvement rotatoire. Cet instrument était peut-être encore utilisé en certains cas à l'époque féodale. — Je dois ici me borner à signaler (réservant pour un autre ouvrage l'étude détaillée) l'existence de tout un lot de données mythiques attestant la liaison du thème du feu et des thèmes de la giration, de la roue et du pivot joints aux thèmes de la balançoire, du mât de cocagne, du gnomon. On trouvera (p. 264) l'indication du rapport de certains de ces thèmes avec la notion de Tao et avec les pratiques hiérogamiques. J'ajouterai simplement que l'invention de la disposition des trigrammes dite du roi Wen (en rapport, comme je viens de le montrer, avec le carré magique, c'est-à-dire avec un arrangement de nombres évoquant la svastika), est rattachée par la tradition à une épreuve subie par l'apprenti-chef. Cette épreuve subie au cours des fêtes de la longue nuit aboutit au renouveau de l'année et des vertus royales, — les fêtes s'achèvent quand on rallume les flambeaux. Or le thème des flambeaux rallumés paraît lié à tout un ensemble de pratiques et de métaphores en rapport avec l'idée de hiérogamie.

(316) *Yi king*, L., 365.

(317) *Tch'ouen ts'ieou fan lou*, 7.

(318) Renseignements tirés du *Tchou chou ki nien* et du chapitre 27 du *Song chou*.

(319) 5 (×) et 10 (+) s'écrivaient anciennement à l'aide d'une croix.

(320) *Yi king*, ibid., p. 365 et note p. 368. Legge écrit : « But how could such a process be of any value to determine the days necessary to be intercaled in any particular year? »

(321) Tous deux étaient emportés à la guerre sur le même char : *Tcheou li*, BIOT, *op. cit.*, t. II, p. 108.

(322) Tome VI des *Mémoires concernant l'histoire... des Chinois.*

(323) App. 2 du tome III de *SMT*, pp. 630-645.

(324) *SMT*, III, p. 640.

(325) *SMT*, III, p. 643.

(326) *Lu che tch'ouen ts'ieou*, 5. Le *cheng* est une espèce d'orgue à bouche. Les *cheng*, dit-on, avaient anciennement (19 ou) 13 tuyaux. Les *cheng* de 13 tuyaux sont faits de 6 tubes, placés à droite d'un tuyau central, et de 6, placés à gauche, disposés de manière à imiter les *deux ailes d'un oiseau*.

(327) GRANET, *Danses et légendes...*, p. 577.

(328) Voir p. 108.

(329) *SMT*, I, p. 6. — J'ai déjà signalé l'importance des *nœuds*, dans la théorie de la divination dont j'ai montré, par ailleurs, les rapports avec les spéculations sur les nombres.

(330) *SMT*, III, pp. 292 sqq.

(331) *Lu che tch'ouen ts'ieou*, 5 (IIIe siècle avant J.-C.).

(332) GRANET, *Coutumes matrimoniales de la Chine antique* (T'oung pao, 1912).

(333) *SMT*, III, p. 304.

(334) *SMT*, III, p. 631. Le système des 12 tuyaux correspond à « une progression de 12 quintes justes ramenées dans l'intervalle d'une seule octave et touchant ainsi successivement les 12 demitons d'une gamme chromatique non tempérée ».

(335) *SMT*, III, p. 632 et la note 2, p. 637. Lu Pou-wei compte 7 tubes produits par génération supérieure contre 5 produits par génération inférieure : il les dénombre par ordre de grandeur et ne fait figurer parmi les derniers que le 2e tube et ceux dont la longueur est inférieure.

(336) *Kouan tseu*, 58.

(337) Invention des 6e et 7e notes avec deux réductions successives à l'octave. — *On remarquera combien la série : 108, 96, 84, 72, 64 est proche de la série 105, 94, 83, 72, 61, (50) [Intervalle : 11] inscrite sur le pourtour des carrés magiques. Le nombre qui, dans cette dernière série, vient après*

50 est 39. Or $\dfrac{39 + 81}{2} = 40$ *et le*
Lu che tch'ouen ts'ieou, *dans le
passage où il raconte l'invention des
douze tubes, indique que le tube
initial* (considéré comme central)
vaut 39. *Les glossateurs, embarras-
sés, remarquent que 39 doit s'expliquer par une imbrication* (kiao)
avec 81 : c'est-à-dire, je suppose,
*par le fait que 81 + 39 réduit de
moitié fait 40* (13ᵉ tube, *tube
central donnant, à la différence
d'une octave, la même note que le
1ᵉʳ tube.* (Cf. p. 194 et note 345.

(³³⁸) L'exactitude de ce dernier
rapport disparaît dès qu'on donne
au 5ᵉ tube la valeur 64 $\left(= 48 \times \dfrac{4}{3} \right)$.
Voir plus loin, p. 187-188.

(³³⁹) Voir p. 123.

(³⁴⁰) *SMT*, III, p. 316.

(³⁴¹) *Li ki*, C., I, p. 519 « 5 notes, 6 tubes mâles, 12 tuyaux qui
donnent successivement la note
initiale (kong) ».

(³⁴²) *SMT*, III, p. 314, note 1.

(³⁴³) *Houai-nan tseu*, 3. Houai-
nan tseu, comme Lu Pou-wei,
indique que les 6ᵉ et 7ᵉ tubes sont
produits par génération supérieure ; il donne cependant la répartition par mois impliquant que
le 6ᵉ est un tube femelle.

(³⁴⁴) On pourrait, à la rigueur,
dire 4 cas, puisque 42 vaut les
2/3 de 63 et les 3/4 de 56. Mais 42,
tiré de 63 et non de 64, se ressent
de son origine inexacte.

(³⁴⁵) CHAVANNES (*SMT*, III,
p. 633, note 1) suppose l'existence
d'un 13ᵉ tuyau dont « la longueur
était exactement la moitié du
premier ». Si l'on suppose que le
premier rend la note *fa*, le dou-
zième donne le *la dièse*, le treizième le *mi dièse* que les Chinois,
selon Chavannes, équivalaient au
fa.

(³⁴⁶) 357 figure (comme on
verra p. 288) parmi les dimensions
caractéristiques de l'Univers, que
les Chinois disaient avoir obtenues à l'aide du gnomon. Il y
figure à côté de 360.

(³⁴⁷) Notons que, dans le sys-

tème des 12 tubes, le 1ᵉʳ devrait
être évoqué par 84 si l'emblème du
dernier était senti comme équivalant à 63 afin de parfaire à 360 le
total (357) des valeurs numériques
attribuées aux 6 derniers tubes.

(³⁴⁸) CHAVANNES, pour expliquer la théorie des 12 tubes, en
suppose un treizième qui serait
exactement la moitié du premier
(*SMT*, III, p. 463).

(³⁴⁹) Ou encore qu'il choisît
des bambous de sections légèrement différentes.

(³⁵⁰) On considère 5 tubes et
on donne des noms à 5 notes,
mais l'octave (en l'espèce) embrasse 6 notes : merveilleuse combinaison de 5 (Terre, carré) et de 6
(Ciel, rond).

(³⁵¹) C'est ce que *semble* dire
Houai-nan tseu (chap. 3) : « *Les
notes s'engendrent les unes les
autres à l'aide de 8* : aussi
l'homme *est-il haut de 8 pieds.* »
(Voir plus loin p. 226).

(³⁵²) *SMT*, III, p. 316. « La
neuvaine supérieure est ceci :
« *chang*, 8 ; *yu*, 7 ; *kio*, 6 ; *kong*, 5 ;
tche, 9 ». Il faut, on va le voir,
corriger ainsi : « *kong*, 5 ; *tche*,
7 ; *chang*, 9 ; *yu*, 6 ; *kio*, 8. »

(³⁵³) J'écris « en d'autres temps
ou en d'autres milieux », parce
qu'en fait, ainsi qu'on va le voir,
les diviseurs 9 et 8 ont été utilisés
concurremment, mais *pour des
unités différentes.*

(³⁵⁴) Mais *il n'y a aucune conclusion historique à tirer de cette
donnée.* Les Yin mesuraient en
sin de 8 pieds, mais divisaient le
pied en 9 pouces, tandis que les
Tcheou, s'ils mesuraient en nattes
de 9 pieds de long, divisaient
le pied en 8 pouces. Les indices
numériques adoptés par les dynasties servent à sectionner des unités
de mesure qui ne sont point les
mêmes, de façon que les nombres
puissent différer sans que, pour
cela, les grandeurs diffèrent. (Voir
p. 228 sqq.).

(³⁵⁵) *SMT*, III, p. 644.

(³⁵⁶) MASPERO, *La Chine antique*, p. 440, note 2. Maspero
écrit : « Pour l'explication par

la correspondance avec les points cardinaux, cf. GRANET, *Religion des Chinois*, p. 118, mais l'introduction dans la discussion des passages numériques du *Hi ts'eu* me paraît un anachronisme. » — Je n'ai ni institué de discussion (dans ce passage de la *Religion des Chinois*), ni utilisé à cette occasion les données du *Hi ts'eu*. Il n'y en a, en l'espèce, aucun besoin.

(357) *SMT*, Introd., p. CXCI sqq.

(358) Cf. *infra*, pp. 254 sqq.

(359) Voir p. 90 et p. 284.

(360) *Ta Tai li ki*, 66, gloses (HTKKSP, 828, p. 11ᵃ et HTKK, 705, p. 9ᵇ); *Wou li t'ong k'ao*, XXVI, pp. 20 sqq.

(361) Voir plus haut, p. 191.

(362) Voir plus haut, p. 181.

(363) *Ta Tai li ki*, 66.

(364) *Tcheou li*, BIOT, *op. cit.*, t. II, pp. 556-561.

(365) *Ibid.*, t. II, p. 560, note 1. BIOT écrit ingénument : « sa longueur étant de 7 sin, sa largeur avait *environ* le quart en sus, ce qui fait 9 sin (plus exactement la longueur était de 56 pieds, la largeur de 70 pieds) ».

(366) *Ibid.*, t. II, p. 561.

(367) Cet emblème est, en l'espèce, l'emblème ou le classificateur dynastique.

(368) *Tcheou li*, BIOT, *op. cit.*, t. I, p. 227. Signalons ici qu'une tradition veut que le *tsing* (carré de 9 champs) ait mesuré sous les Yin ou dans le pays de Song 630 arpents (*meou*) (cf. MASPERO, *La Chine antique*, p. 110).

(369) Et les tubes musicaux *yang* ou *yin*. (Voir plus haut, p. 185).

(370) *Tcheou li*, BIOT, *op. cit.*, t. I, p. 490; t. II, p. 524.

(371) Voir plus haut, p. 166 et plus loin, p. 231.

(372) Contour terrestre (carré de côté 9), contour céleste (circonférence de diamètre 12 ou hexagone de côté 6), ou même contour terrestre et céleste trapèze formé d'un demi-hexagone de côté 72 (ou 3 × 72, soit 216) et d'une base de valeur 144 (= 2 × 72).

(373) *Tcheou li*, BIOT *op. cit.* t. II, p. 477.

(374) Sur la date du *Tcheou pei*, voir p. 508, note 538. La traduction du *Tcheou pei*, parue dans le « Journal asiatique » en 1841, est due à Ed. Biot, dont le père, l'astronome J.-B. Biot, a ajouté un commentaire célèbre à la traduction. Le scénario du *Tcheou pei* ressemble à celui du *Houang-ti nei king* et à celui du *Hong fan*. Il met en scène le frère du roi Wen, fondateur des Tcheou, qui interroge un savant sur les origines de la science des nombres et des mesures des dimensions célestes. L'opuscule abonde en formules techniques très obscures qui alternent avec des formules d'esprit ésotérique ; ces dernières reviennent toutes à affirmer que le Ciel est le cercle, la Terre le carré, et que le Cercle provient du Carré.

(375) Voir p. 288.

(376) A. REY (*La science orientale*, p. 394) s'est inspiré de la description donnée par Biot des figures du *Tcheou pei* pour contester une interprétation suggérée par Zeuthen et reprise par Milhaud. En fait, ces figures, telles qu'elles sont dessinées dans les meilleures éditions du *Tcheou pei* (celles, par exemple, du *Sseu pou ts'ong kan*), justifient la suggestion de Zeuthen.

(377) Il ne faudrait pas dire que les Chinois attribuent à l'hypoténuse du triangle rectangle isocèle de côtés 5 et 5 la valeur 7. La figure montre que la diagonale ne se confond pas avec le côté du carré. — On sait que Fou-hi est le patron des devins qui utilisent 49 baguettes. L'emblème de Fou-hi (cf. *Civilisation chin.*, pp. 19-21,) est une équerre à branches égales, semble-t-il. Je croirais volontiers que c'est là l'équerre 5, 5, 7 (ou 10, 10, 14). Le *Tcheou pei* professe que le rond sort du carré. Or le diamètre des roues (*Tcheou li*, BIOT, *op. cit.*, t. I, p. 471) est 7, et 14 — ou 7 × 2 — mesure le diamètre de la roue cosmique dont l'Homme,

qui a pour taille 7, est le rayon.

(378) Le P. Gaubil avait déjà remarqué que la formule

$$3^2 + 4^2 + 5^2 = (3 + 4)^2 + 1$$

est impliquée par les règles de la pratique divinatoire énoncée par le *Hi ts'eu* (*Lettres édifiantes*, t. IX, p. 435). — Les deux carrés magiques (à centre 5 et 6) superposés comprennent au total 18 nombres. Ils tournent autour d'un pivot (11) qui vaut peut-être comme un 19e nombre; or,

$$19^2 = (4 \times 90) + 1 = 360$$

(+ 1, carré central).

(379) Sur le thème du couteau et de la lune ébréchée, voir GRA-NET, *Danses et légendes...*, p. 535, et sa note 2; p. 533, note 1; pp. 533 et 534.

(380) *Tcheou li*, BIOT, *op. cit.*, t. II, p. 492. D'après les commentaires, il s'agirait de couteaux à écrire. Le couteau, arme courbe, et qui pourtant se porte à droite, bien que la droite soit *yin* et que le rond soit *yang*, est essentiellement une arme *yin*, car il est l'emblème de la Lune, tandis que l'épée (droite) est l'emblème du Soleil. (Cf. GRANET, *op. cit.*, p. 498, note 2, *in fine*.)

(381) Le compas, emblème féminin, insigne de Niu-koua, sœur de Fou-hi (premier magicien et porteur de l'équerre — voir pp. 154 et 298 —) est fait (cf. *Civ. chin.*, pp. 19-21) de deux droites ou tringles qui se coupent, *formant une croisée* (croix simple).

(382) *Tcheou li*, BIOT, *op. cit.*, t. II, p. 476.

(383) Ce que nous appelons ici la hauteur correspond au rayon réel d'une roue évidée à l'intérieur en forme d'hexagone. Le rapport 7/8 est celui de la dimension d'un rai à la dimension du rayon de la circonférence formée, extérieurement, par la jante.

(384) Voir plus loin, p. 287.

(385) *Tcheou li*, BIOT, *op. cit.*, t. II, p. 476.

(386) ID., *ibid.*, t. II, p. 571.

(387) Comme le montre une terre cuite représentant une maison conservée au Musée Cernus-chi, reproduite dans GOLDSCH-MIDT, *L'art chinois*, p. 71.

(388) Cf. le *Tou touan* de Ts'ai Yong, dans *Han Wei ts'ong chou*.

(389) *Ibid.*

(390) On a prétendu, sous les Souei, que le *Ming t'ang* des Tcheou était carré : on le mesurait, disait-on, du Nord au Sud avec 7 *longueurs* de nattes, soit $7 \times 9 = 63$ et de l'Est à l'Ouest avec 9 *largeurs* de nattes, soit $9 \times 7 = 63$.

(391) *Tcheou li*, BIOT, *op. cit.*, t. II, p. 462.

(392) *Ibid.*, t. II, p. 463. Si la taille de l'homme est 8 pieds, l'élévation de la caisse au-dessus du sol est 4; la hauteur du dais $(2 \times 4) + 2$; le bâton d'arrêt (qu'on pourra incliner sur les parois de la caisse, ayant 6,6, de façon à dépasser de), 4; le bâton de combat : 8×3, etc.

(393) *Ibid.*, t. II, p. 539. Noter la remarque des interprètes : « *La roue du potier peut déterminer la forme carrée comme la forme ronde des objets.* »

(394) *Ibid.*, t. II, pp. 574 sqq.

(395) *Civ. chin.*, p. 119.

(396) *Tcheou li*, BIOT, *op. cit.*, t. II, p. 504. L'étalon de capacité est une sorte de cloche de bronze (qui doit rendre le même son que le *houang tchong*, tube initial), carrée à l'intérieur (*yin*), ronde à l'extérieur (*yang*). L'intérieur mesure 1 pied carré et contient un *fou*, soit 64 *cheng*. Le dessous de la cloche, qui est creux, contient un *teou* (4 *cheng*) et les oreilles de la cloche mesurent le *cheng*. Quatre *teou* font un *kiu* (16 *cheng*); quatre *kiu* (64 *cheng*) font un *fou*.

(397) Le *Chouo wen* définit 3 comme la voie (*tao*) du Ciel et de la Terre. 3 est une synthèse comparable à 11 (Voir p. 166).

(398) *Yi* (Un) donne l'idée de l'indivis plus que de l'unité. Employé adverbialement, *yi* signifie : entièrement, du tout au tout.

(399) *Lao tseu*, Le P. WIEGER, *Les Pères du système taoïste*, p. 27.

(400) Sur 3, voir GRANET, *La*

Polygynie sororale et le Sororat dans la Chine féodale, p. 27 et ID., *Danses et légendes...* (Index).

(401) Au tube initial (qui, comme le gnomon, vaut 81) s'oppose l'étalon de capacité (qui vaut, on l'a vu, 64).

(402) Voir p. 270.

(403) Le diagramme célèbre du *T'ai ki* (le Faîte suprême : sur le mot *ki*, faîte, voir plus loin, p. 266) est une illustration de cet idéal. La figure prétend montrer l'union du Yin et du Yang, au moment où ils se produisent les 10 000 Êtres. Le Yin (sombre) et le Yang (clair) sont enclos dans un cercle dont chacun occupe la moitié. La ligne qui les sépare et qui serpente autour d'un diamètre est faite de 2 demi-circonférences ayant, chacune, un diamètre égal à la moitié du diamètre du grand

cercle. *Cette ligne vaut donc la demi-circonférence.* Le contour du Yin, comme celui du Yang, est égal au contour qui les enferme tous les deux. — Si l'on remplaçait la ligne de séparation par une ligne faite de 4 demi-circonférences de diamètre deux fois plus petit, elle continuerait à valoir la demi-circonférence; il en serait toujours de même si l'on poursuivait l'opération, et la ligne sinueuse tendrait à se confondre avec le diamètre : *3 se confondrait avec 2.* — Le *T'ai ki* est mentionné par le *Hi ts'eu* (où il paraît en rapport avec la disposition octogonale des trigrammes) dans le paragraphe où sont nommés le *Lo chou* et le *Ho t'ou* (*Yi king*, L., p. 373); il y a des chances que, dès le temps

du *Hi ts'eu*, le *T'ai ki* ait été imaginé comme la forme indéterminée (je ne puis dire la limite) vers laquelle tendent la *ligne forte* (impair, 3, demi-circonférence, 3 côtés d'hexagone), c'est-à-dire le Yang, et la *ligne faible* (pair, 2, diamètre, 2 côtés d'hexagone) c'est-à-dire le Yin. Un thème graphique analogue à celui du *T'ai ki* se retrouve dans l'iconographie ancienne : c'est le motif du dragon enlaçant la colonne (sur le thème de l'ascension et ses rapports avec l'idée de *ki* (faîte) et de *tao*; voir pp. 263 sqq. — Le diagramme du *T'ai ki* n'apparaît, comme les diagrammes du *Lo chou* et du *Ho t'ou* que sous les Song. Seules, des trouvailles archéologiques pourront dire s'il est plus ancien. En tout cas, les éléments de cette construction graphique existaient dès l'Antiquité. — Les joyaux de jade, que les Japonais appellent *magatama* (l'un de ces joyaux est, avec le Miroir et l'Épée, l'un des trois *palladia* de la famille impériale) ont une forme qui ne paraît pas différente du demi-*T'ai ki* (partie Yang ou partie Yin). On vient de retrouver, dans le Sud de la Corée, des *magatama* ornant les colliers d'un homme et d'une femme. La littérature chinoise ancienne ne parle pas de ces jades en forme de crochet, mais elle qualifie le croissant lunaire de « lune en forme de crochet ». La lune est associée au jade. Le diagramme du *T'ai ki* était considéré sous les Song comme un emblème des phases de la lune.

(404) L. DE SAUSSURE, *Les origines de l'astronomie chinoise*, p. 100. Une figure (p. 101) montre l'inégalité des 24 mansions. La moyenne des palais équinoxiaux et solsticiels est : 73°15′ et 106°50′, soit à peu près 73 et 107 (*ibid*). La proportion est à peu près $\dfrac{108}{72}$ ou $\dfrac{9}{6}$. L'hiver, du solstice à la fête du manger froid, durait (compris les

3 jours de cette fête) 108 jours. — Kouan tseu (chap. 3), partant d'une division de l'année en 30 périodes de 12 jours (15 pour l'été et le printemps, 15 pour l'hiver et l'automne) attribue 96 jours au printemps et à l'automne, et 84 jours seulement à l'été et à l'hiver : en ce cas les secteurs équinoxiaux sont plus grands que les secteurs solsticiels. — Remarquer que Kouan tseu oppose le printemps à l'été et l'automne à l'hiver selon le rapport 8/7.

(405) *SMT*, III, p. 311.

(406) *SMT*, III, p. 301. Les interprètes affirment que les Sept Recteurs sont le Soleil, la Lune et les Planètes; mais à propos d'un autre passage du *Chou king*, où il est question des Sept Recteurs, il apparaît que cette expression, au moins pour Sseu-ma Ts'ien, désignait la Grande Ourse. (Cf. *SMT*, I, p. 58 et la note 2). *T'ong*, mettre en communication, évoque l'idée de circuit; *k'i*, (influence), *souffle*, l'idée de rythme. La phrase du *Chou king* veut sans doute éveiller le sentiment d'un double rythme circulaire terrestre (Éléments et Vents) et céleste (Mansions et Recteurs). Noter cette mention ancienne des 5 Éléments et leur rapprochement avec les 8 Vents.

(407) *SMT*, III, pp. 293 sqq.

(408) *SMT*, III, pp. 308, 309 et tableau de la page 302. Le fait que le vent du plein Sud ne correspond à aucun des 12 mois doit-il être mis en rapport avec l'existence théorique d'un 13e mois? Ce 13e mois est affecté à une période postérieure au 7e mois, fin de l'été. La division de 360 par 28 donne à peu près 13 (364 = 28 × 13).

(409) *SMT*, III, p. 308.

(410) Voir plus haut, p. 134.

(411) Voir p. 90.

(412) GRANET, *Danses et légendes...*, p. 252 sqq.

(413) GRANET, *op. cit.*, pp. 254 sqq.

(414) *Ibid.*, p. 254, note 4.

(415) *Civ. chin.*, pp. 221 sqq.

(416) GRANET, *Danses et légendes...*, pp. 253, 243 (note 4), pp. 377, 249 (note 1). Les 19 Soleils sont affectés à chacun des 10 jours du cycle dénaire.

(417) *Ibid.*, pp. 377 et 399.

(418) *Ibid.*, pp. 238, 277.

(418 bis) *Ibid.*, pp. 238, 257. *SMT*, I, p. 77. *Tso tchouan*, C., I. pp. 553 et 554.

(419) Voir plus haut, p. 155.

(420) Cette projection triple se répétant sur deux plans, aux 9 Provinces de la Terre correspondent les 9 Régions du Ciel.

(421) GRANET, *op. cit.*, p. 253, note 2.

(422) *Ibid.*, p. 264. De même, le souverain Tchouan-hiu (*Ibid.*, p. 243, note 4) eut 3 fils, disent les uns, 8 fils, disent les autres. Il eut aussi 1 fils qui était une tortue à 3 pattes. Ce dernier trait se rapproche *à la fois* du thème de la danse par 3 (sur 1 pied) et du thème des chaudrons à 3 pieds. Le hibou à corps triple (*Ibid.*, 523) [qui s'oppose à la tortue à 3 pattes (*Ibid.*, 248)] est le double et l'antithèse du corbeau à 3 pattes (thèmes du Soleil et l'Anti-Soleil, *Ibid.*, 527 sqq.).

(423) GRANET, *Danses et légendes*, 264.

(424) *Civ. chin.*, 300 sqq.

(425) *Danses et légendes*, 616 sqq., note 2 de la page 618; *Civ. chin.*, 229.

(426) Voir figure de la p. 221.

(427) Je croirais volontiers que Biot ne s'est pas trompé en affirmant que les *mansions* ont été d'abord 24 et non 28 [les 24 fuseaux primitifs étant liés à la division horaire du jour et les 4 fuseaux supplémentaires (8e, 14e, 21e, 28e) étant liés à l'année tropique]. Sur ce point voir A. Rey, *La Science orientale*, p. 377 sqq. La question, controversée, n'entre pas dans le sujet de cet ouvrage. Je me bornerai à remarquer que le classificateur 7 [(lié à l'idée d'axe, de taille humaine (voir p. 225) et de dimension du rai de la roue cosmique (voir p. 226)] est employé surtout à mesurer le temps rituel en raison de la formule 10 = (3 + 4) + 3 = 3 + (4 + 3) (voir p. 86).

7 n'est pas un diviseur de 360. Quand on compte 28 mansions, on doit les combiner, dès qu'il s'agit de diviser en secteurs le contour du Ciel, avec les 8 Vents (Voir p. 235), car 28 + 8 = 36.

(428) *SMT*, IV, 219.

(429) *Tcheou li*, Biot, *Le Tcheou li, ou les Rites des Tcheou*, t. I, 43 sqq.

(430) Voir p. 307 à p. 318 le rôle des indices numériques dans la théorie du microcosme.

(431) *Li ki*, C., I. 550.

(432) Granet, *La polygynie sororale...*, 37 sqq. Cf. *supra* p. 83.

(433) *Li ki*, C., II, 335.

(434) *Ibid.*, I., 326.

(435) *Ibid.*, I, 547.

(436) *Ibid.*, II, 184; II, 548; II, 141; II, 543. Les officiers et les grands officiers sont enterrés au 3e mois; leur temple ancestral comprend 3 chapelles (ils ont 3 ancêtres à qui ils rendent un culte personnel). Les seigneurs ont 5 chapelles dans leur temple; on les enterre au 5e mois; le roi a 7 chapelles, on l'enterre au 7e mois. Les pleurs continuent deux mois après l'enterrement définitif (à partir du rang de grand officier) : d'où les nombres, 3, 5, 7, 9.

(437) *Tcheou li*, Biot, *op. cit.*, II, 596.

(438) *Ibid.*, II, 596.

(439) Voir p. 127.

(440) *Tso tchouan*, C., II, 59.

(441) Sur la nécessité de l'*unanimité* dans les Conseils, voir *Civ. chin.*, 326 sqq.

(442) J'ai rapproché, en 1913, la notion de *tao* de la notion de *mana* (in *Coutumes matrimoniales de la Chine antique*, p. 520). Toutes mes lectures, depuis lors, m'ont confirmé dans l'idée que ce rapprochement était juste. De même que la conception de *mana* demeure latente dans les sociétés les plus archaïques et ne commence à être exprimée que dans des civilisations plus évoluées, l'idée de *tao*, latente en Chine dès le temps où furent conçus les Emblèmes Yin et Yang, ne s'est dégagée qu'au moment où les Chinois adoptèrent une orga-

nisation hiérarchisée : elle en porte la marque.

(443) Voir, par exemple, *Tchouang tseu*, Le P. Wieger, *Les Pères du système taoïste*, 287, 417.

(444) C'est le thème principal du *Tchong yong* (*Li ki*, C., II, 427 sqq.; *Civ. chin.*, 339-367).

(445) *Tchouang tseu*, chap. *T'ien hia*, Wieger, *op. cit.*, 499 sqq.

(446) *Tchouang tseu*, Wieger, *op. cit.*, 255, et *Houai-nan tseu*, 11; Granet, *Danses et légendes...*, 517, note 5.

(447) *Che king*, C., 351; Granet, *Le dépôt de l'enfant sur le sol*, 31.

(448) *Civ. chin.*, 278; Granet, *Fêtes et chansons anciennes*, 79, 197.

(449) *Civ. chin.*, 21, 25.

(450) *SMT*, Introd., p. CXLIV.

(451) Maspero, *La Chine antique*, 483, 440.

(452) *Ibid.*, 439, note 3.

(453) *SMT*, chap. LXXXIV.

(454) *SMT*, Introd., p. CXLIV.

(455) *SMT*, Introd., *l. c.*

(456) *SMT*, Introd., p. CXLIV, note 3.

(457) *Civ. chin.*, 42 sqq. Sur l'histoire traditionnelle et ses cadres, voir *Ibid.*, 21 sqq.

(458) Voir plus haut, p. 88, le rapprochement établi entre la théorie des 5 Vertus, les règles du culte ancestral et les divisions du groupe familial.

(459) Les Ts'in, qui s'attribuèrent l'Emblème de l'Eau, mirent en honneur le Noir, la Sévérité, etc., et adoptèrent, pour la division de l'unité, l'indice ou le classificateur 6 : 6 pieds firent un pas, les attelages eurent 6 chevaux. Cf. *Civ. chin.*, p. 49).

(460) Si la disposition en croisée (*Ho t'ou*) des nombres, des notes, des Saisons-Orients et des Éléments, mérite de passer pour une image du monde, c'est qu'elle fait éclater la cohérence de divers systèmes de classification. Cette image paraît efficace, car elle fait voir que l'ordre de production des emblèmes musicaux reproduit l'ordre naturel des saisons et tient compte d'une opposition des élé-

ments qui paraît, elle aussi, naturelle. Ce sont les nombres qui rendent la cohérence manifeste : d'où leur prestige et celui des classifications numériques.

(461) Voir plus haut, p. 91.

(462) Voir plus haut, p. 155.

(463) Le « carême » chinois commence au 3e jour du 3e mois (*dernier* mois du printemps), 105 jours, dit-on, après le solstice d'hiver. (On a vu que 105 caractérise le Nord, dans le carré magique à centre 6). Aux bombances de la morte-saison, saison des morts qui se termine lorsque les vivants renvoient dans leurs demeures souterraines les âmes des défunts et s'apprêtent à reprendre les travaux de la vie profane, succède une période de starvation quasi volontaire : c'est le moment choisi pour les divers jeux (balançoire, *mât de cocagne*) destinés à assurer le succès des cultures.

(464) MASPERO, p. 440.

(465) *Ibid.*, p. 440. Maspero écrit : « (Les éléments) sont tout simplement les cinq substances réelles qui portent ces noms (Eau, Feu, Bois, Métal, Terre), et ils en ont les propriétés physiques. » Je ne suis pas sûr de comprendre Maspero et le sens qu'il donne à l'expression « substance réelle » quand, par exemple, il l'applique au Feu.

(466) C'est la section II du *Hong fan* : elle suit immédiatement la section consacrée aux Cinq Éléments. (Cf. *infra* pp. 308 et 313).

(467) Voir plus haut, p. 164.

(468) *SMT*, I, 164.

(469) On a vu que 3 dénombre la moitié du total 6.

(470) *SMT*, IV, 221.

(471) *Tso tchouan*, C., III, 380, et *Ibid*, I, 468. Les six magasins sont mentionnés à côté des 9 chants : ces derniers sont en rapport avec les 5 notes et, par suite, avec les 5 Éléments. Je pourrais multiplier les exemples sur la solidarité des classifications par 5 et 6 (Voir GRANET, *Danses et légendes...*, Index aux mots Cinq et Six). Je

signalerai pourtant un passage du *Chouen tien* (*SMT*, I, 59-61); aucun texte n'est plus vénérable. Il y est question d'un sacrifice aux Six *Tsong* (considérés d'ordinaire comme les Six Domaines ou Agents célestes, les Éléments) et, immédiatement après, d'une distribution des Cinq Insignes (aux Cinq Catégories d'officiers).

(472) *SMT*, I, 101.

(473) *SMT*, I, 127.

(474) *SMT*, I, 135, note 1, et 140.

(475) *SMT*, I, 146.

(476) On qualifie de « *Voie* (Tao) Céleste » le chemin circulaire du Soleil.

(477) *Che king*, C., 424.

(478) *SMT*, III, 323. Je traduis, ici, par « dieux » le mot *chen*, qui désigne toutes les puissances sacrées, les Chefs, comme les Divinités auxquelles, seuls, ils pouvaient rendre un culte.

(479) *SMT*, III, 325. Ce thème se rattache à la fois aux mythes de la séparation du Ciel et de la Terre et à la distinction des rites religieux (publics et d'intérêt public) et des rites magiques (privés et à fins privées).

(480) *SMT*, I, 103 sqq.

(481) *Civ. chin.*, 119 et 140.

(482) GRANET, *Danses et légendes...*, 238 sqq.

(483) Voir plus haut, p. 81.

(484) Voir plus haut, p. 166.

(485) J'indique ici brièvement des faits sur lesquels je me réserve de revenir dans un autre ouvrage. Voir, provisoirement, *Civ. chin.*, 223 sqq.

(486) L'expression *jen tao* (mot à mot : la voie de l'homme) désigne l'acte viril. Le Tao n'est pas, à proprement parler, une puissance créatrice, mais il est l'emblème du rythme de la vie universelle.

(487) Dans le signe *houang* figure le signe *wang* (image du trait d'union). Les termes *houang* et *wang*, qu'on peut traduire par « auguste », appartiennent à la nomenclature politique [l'histoire de Chine connaît

les Trois Augustes et les Trois (Dynasties) Royales. (Voir *Civ. chin.*, 1re partie, chap. I)] et à la nomenclature religieuse : les parents sont qualifiés d'Augustes, *houang* ou *wang*, lorsque, après leur mort, ils sont *montés à la Cour du Souverain céleste*.

(488) *SMT*, IV, 222.

(489) Voir plus loin, p. 371.

(490) *Civ. chin...*, 335: GRANET, *Danses et légendes...*, 91, note I.

(491) *Tchouan tseu*, WIEGER, *Les Pères du système taoïste*, 257. Noter l'idée de hiérarchie.

(492) *Ibid.*, 439. Au fond de cette conception se retrouvent les thèmes du potlatch et de l'union communielle.

(493) Sans qu'il paraisse avoir pensé qu'une semblable traduction devrait être justifiée, le P. WIEGER (*Histoire des croyances religieuses et des opinions philosophiques...*, p. 61) a interprété l'expression : *houang ki* par « pivot » : « Le roi, dit-il dans son interprétation du *Hong fan*, est le pivot autour duquel tout tourne sur la terre, comme au Ciel tout gravite autour du pôle, siège du Souverain d'En-haut.» Ces expressions montrent que le P. WIEGER a appuyé son interprétation sur des idées courantes au temps des Han. Le procédé peut paraître abusif, mais, s'il a pu conduire à une interprétation juste, c'est que les idées en usage sous les Han, telles que Sseu-ma Ts'ien, par exemple, les exprime, dérivaient directement de conceptions anciennes. Sseu-ma Ts'ien écrit (*SMT*, III, 342) : le Boisseau [(La Grande Ourse) dont les 7 étoiles correspondent aux 7 Recteurs (voir pp. 235, 242, 321)] « est le char du Souverain; *il se meut au Centre*; il gouverne les 4 Orients; il sépare le Yin et le Yang; il détermine les 4 Saisons; il équilibre les 5 Éléments; il fait évoluer les divisions du Temps et les degrés (du Ciel et de l'Espace); *il fixe les divers comptes* ». Sseu-ma Ts'ien (*Ibid.*, 339) déclare ailleurs que T'ai yi (l'Unité

suprême, voir pp. 155 et 156) réside dans l'Étoile polaire *qui se nomme* T'ien ki : *le Faîte du Ciel*.

(494) *Civ. chin.*, 265.

(495) *Civ. chin.*, 229.

(496) GRANET, *Danses et légendes...*, 314, note I. Le thème de l'arbre solaire ou de l'arbre creux est toujours en rapport avec l'idée d'une demeure royale. *Là où le Roi réside pousse l'arbre de Vie*.

(497) Le Tao, c'est 11, l'unité totale qui résorbe en elle le Pair et l'Impair, le Ciel et la Terre, 5 et 6.

(498) Et expliquée à partir d'un thème mythique où il est question de K'ong-sang, le Mûrier creux, Arbre solaire et royal, Arbre de Vie.

(499) L'expression *Ta jen* appartient à la langue mystique et désigne le Héros qui connaît les secrets de la puissance personnelle (cf. *Civ. chin.*, 421). L'expression *kiun tseu* appartient à la langue rituelle. Elle a servi successivement à désigner le gentilhomme-puis l'honnête homme (cf. *Civ. chin.*, 263), qui doivent à la science des rites leur autorité. Toutes ces expressions sont employées les unes pour les autres, indifféremment, par les traités qui forment le *Yi king*. La distinction entre le courant mystique et le courant orthodoxe est loin d'être réalisé aux IVe IIIe siècles avant Jésus-Christ.

(500) Voir plus haut, pp. 163, 164.

(501) *Yi king*, L., 350.

(502) *Ibid.*, 356. Legge traduit : « Production and reproduction is what is called (the process of) change». Le sens littéral de l'expression « *cheng cheng* » est : (le) *produit produisant* (à son tour son producteur) ».

(503) Voir plus haut, p. 112.

(504) Voir plus haut, p. 105.

(505) *Yi king*, L., p. 369.

(506) *SMT*, II, 42; GRANET, *Danses et légendes...*, 105.

(507) *Civ. chin.*, 29 et 30.

(508) *Ts'ien Han chou*, 27 b¹, p. 4b sqq.

(509) Le chapitre cité dans la

note précédente contient une foule d'*indices* du genre de celui qui est rapporté plus haut. La plupart des Histoires dynastiques renferment de semblables chapitres, extrêmement longs, et où l'on prétend fournir la clé de nombreux et importants faits historiques.

(510) Voir plus haut, pp. 78, 228. A chaque ère dynastique convient un système de mesures (*Civ. chin.*, 27, 29, 31, 49) et de dénominations.

(511) *Tchouang tseu*, WIEGER, *Les Pères du système taoïste*, 419.

(512) *Civ. chin.*, 20, 22, 27.

(513) *Houai-nan tseu*, 17. Dans l'histoire des sciences occidentales, ce qui a le plus intéressé les Chinois, ce n'est pas, peut-être, la pomme de Newton, c'est l'anecdote des deux chattières que fit percer le physicien. L'idée que le plus petit des deux méritait d'avoir un trou pour lui, et qui fût plus petit, a séduit les Chinois, sans doute parce qu'elle est plaisante. — Il n'est pas dit qu'elle ne leur paraisse pas profonde. — Les anciennes maisons s'ouvraient par une porte faite à la taille du Chef de famille ; malheur au père dont le fils, né dans les jours les plus longs de l'année, n'était point tout de suite mis à mort! Ce fils grandissait abusivement et, dès que sa taille dépassait l'ouverture de la porte, tuait son père (GRANET, *Danses et légendes...*, 532).

(514) MASSON-OURSEL, Études de *logique comparée* ; ID., *La démonstration confucéenne* et GRANET, *Quelques particularités de la langue et de la pensée chinoises.*

(515) Voir p. 362.

(516) Voir p. 430.

(517) On trouvera plus loin un bel exemple de ce type de raisonnement employé par les premiers Confucéens pour montrer que la connaissance de soi conduit à la connaissance de l'Univers (p. 396).

(518) Si nous étions mieux renseignés sur la pharmacopée et la chimie des Chinois, et surtout sur leurs inventions en matière d'agriculture et d'élevage, création et utilisation d'espèces végétales et animales, il nous apparaîtrait, sans doute, que l'empirisme des Chinois et les vertus pédagogiques de l'idée de *mutation* ne sont pas sans valeur. On s'est beaucoup trop moqué de ce lettré chinois qui, en plein XIXe siècle, et, il est vrai, par gloriole nationaliste, a prétendu que des découvertes comparables à celles des sciences occidentales étaient contenues en germe dans le *Yi king*. — Ceci ne veut point dire que l'on doive croire aveuglément les affirmations de lettrés contemporains quand ils affirment que leurs ancêtres avaient pressenti des merveilles telles que les théories actuelles sur la courbure de l'espace ou l'électricité.

(519) *Civ. chin.*, chap. I, p. 19 sqq.

(520) *Tcheou li*, BIOT, *Le Tcheou li ou les Rites des Tcheou*, 488; *Yi king*, L., 430.

(521) *Li ki*, C., II, 475.

(522) *Houai-nan tseu*, 3.

(523) *SMT*, I, 79; GRANET, *Danses et légendes...*, 249.

(524) GRANET, *op. cit.*, 484, 485, 379, 437.

(525) *Houai-nan tseu*, 3.

(526) *Lie tseu*, WIEGER, *Les Pères du système taoïste*, 131; *Houai-nan tseu*, 3, 1 et 6; *SMT*, I, p. 11.

(527) *Houai-nan tseu*, 6. A rapprocher de la formule célèbre de *Lao tseu* (WIEGER, *op. cit.*, 46), souvent mal traduite, qui évoque la production de toutes choses par effet de l'hiérogamie du Yin et du Yang : « Les 10 000 êtres sont portés sur le dos du *Yin* et tenus embrassés par le *Yang*. » (Cf. *Houai-nan tseu*, 7.)

(528) *Lie tseu*, WIEGER, *op. cit.*, 133.

(529) GRANET, *op. cit.*, 435. Ce mythe sert à expliquer le désaxement du monde : la Polaire ne se trouve pas au Zénith de la capitale des hommes.

(530) GRANET, *op. cit.*, 436 sqq.

(531) *Ibid.*, 302 et note 2.

(532) *Houai-nan tseu*, 4; GRANET *op. cit.*, 305; MASPERO, *Les*

légendes mythologiques dans le Chou king, 20.

(^{533}) GRANET, *op. cit.,* 379.

(^{534}) *Tchou chou ki nien,* 5 ; *Heou Han chou,* 10; *Song chou,* 27, p. 3ᵃ. Sur le thème de l'Arbre de Vie, voir plus haut, p. 267.

(^{535}) *Lie tseu,* WIEGER, *op. cit.,* 133.

(^{536}) *Louen heng,* FORKE, *Lun-Heng. Selected Essays of the philosopher Wang Ch'ung,* I, 252.

(^{537}) SMT, III, 324; *Chou king,* L., 593.

(^{538}) Le traité le plus ancien qui nous reste est le *Tcheou pei.* (Cf. BIOT, *Traduction et examen d'un ouvrage chinois intitulé Tcheou pei, JA,* 1841), qui date tout au plus des premiers Han, mais a peut-être été remanié sous les T'ang. Le 11ᵉ chapitre (*T'ien wen*) de l'Histoire des Tsin renferme de nombreuses citations d'auteurs appartenant à l'époque des Han. MASPERO (*L'astronomie chinoise avant les Han, TP,* 1929, pp. 267 sqq.) admet avec raison, à mon sens, que les théories cosmographiques remontent aux IVᵉ-IIIᵉ siècles avant notre ère. (Cf. de SAUSSURE, *Les origines de l'astronomie chinoise* et FORKE, *Die Gedankenwelt des chinesischen Kulturkreises.*) Deux chapitres du *Louen heng* de WANG TCH'ONG (FORKE, *Lun-Heng. Selected Essays of the philosopher Wang Ch'ung,* 250 sqq.; 258 sqq.) peuvent donner une idée des controverses soutenues au temps des seconds Han sur la structure du Monde.

(^{539}) *Tsin chou,* 11; *TP,* 1929, p. 334.

(^{540}) *TP,* 1929, p. 340. Abandonnée pendant un temps, cette théorie (dite *siuan ye*) fut reconstituée au IIᵉ siècle av. J.-C., d'après la tradition orale, dit-on (*TP,* 1929, p. 340). On peut en retrouver la trace dans un passage du *Lie tseu* (WIEGER, *op. cit.,* 79), où l'idée que ni le Ciel ni les Astres ne sont des corps solides est utilisée pour rassurer un homme tourmenté par la crainte que le Ciel ne s'écroulât (*peng* : terme employé pour la chute d'une montagne et la mort d'un souverain) et que la terre ne s'effondrât.

(^{541}) *TP,* 1929, pp. 347 et 350.

(^{542}) *Tsin chou,* 11; *TP,* 1929, p. 355.

(^{543}) *Civ., chin.,* 373; GRANET, *Danses et légendes...,* 449, note 3. *Lu chetch'ouen ts'ieou,* 6 ,§ 8. La légende de Pan-kou est plus ancienne en Chine qu'on ne l'a jadis soutenu. Le monde est le corps de Pan-kou.

(^{544}) *Louen heng,* FORKE, *op. cit.,* I, 253; *Lie tseu,* WIEGER, *op. cit.,* 139.

(^{545}) *Sin chou,* 11; *Louen heng,* FORKE, *op. cit.,* I, 260.

(^{546}) *Sin chou,* 11; *TP,* 1929, p. 338. Maspero décrit à tort la Terre comme un dôme. La comparaison avec le bol renversé ne fait qu'indiquer l'idée de convexité. C'est la comparaison avec l'échiquier qui donne la forme.

(^{547}) *Civ. chin.,* 412; *SMT,* III, 475.

(^{548}) *Louen heng,* FORKE, *op. cit.,* I, 259; *TP,* 1929, p. 340.

(^{549}) *Louen heng,* FORKE, *op. cit.,* I, 362.

(^{550}) *Ibid.,* I, 360.

(^{551}) *Ibid.,* I, 361.

(^{552}) *TP,* 1929, p. 292. *Louen heng,* FORKE, *op. cit.,* I, 269-270. L'Obscurité (*houei*) est l'équivalent du Yin (sombre). Voir plus haut, p. 106.

(^{553}) *TP,* 1929, pp. 291 et 293.

(^{554}) *Louen heng,* FORKE, *op. cit.,* I, 271.

(^{555}) *Che king,* C., 235 sqq., et les notes où Couvreur rapporte les opinions de Tchou Hi.

(^{556}) Sur ces progrès : *TP,* 1929, p. 267 sqq.

(^{557}) *Louen heng,* FORKE, *op. cit.,* I, 261.

(^{558}) Le rôle des baladins, danseurs, musiciens, illusionnistes, montreurs de curiosités, ne saurait être surestimé; ils ont transporté une masse de légendes, d'arts et de connaissances : beaucoup de légendes chinoises, rapportées, par exemple, par le *Chan hai king,* présentent des traits qui révèlent des origines étrangères, parfois très lointaines et, peut-être aussi, très anciennes.

(559) *Tch'ou tseu, T'ien wen.*

(560) *Li ki*, C., I, 372; GRANET, *Danses et légendes...*, 308; *Tchouang tseu*, WIEGER, *op. cit.*, 363. *Li ki*, C., II, 478.

(561) GRANET, *op. cit.*, 545.

(562) *Ibid.*, 379.

(563) ID., *La vie et la mort...*, 17.

(564) *Li ki*, C., 478.

(565) GRANET, *La vie et la mort...*, 13.

(566) *Tch'ou tseu, Tchao houen.*

(567) GRANET, *Danses et légendes...*, 486.

(568) *Tch'ou tseu, Tchao houen.*

(569) *Tch'ou tseu, Yuan yeou.*

(570) *SMT*, III, 339 sqq.

(571) *Civ. chin.*, 51.

(572) *SMT*, V, 26.

(573) GRANET, *Danses et légendes...*, 582.

(574) *SMT*, V, 27.

(575) *Tch'ou tseu, Tong kiun.*

(576) *Houai-nan tseu*, 3.

(577) *Ibid.*,

(578) GRANET, *op. cit.*, 379.

(579) GRANET, *Danses et légendes*, 512, 469.

(580) *Ta Tai li ki*, 5.

(581) *Lie tseu*, WIEGER, *op. cit.*, 111.

(582) GRANET, *op. cit.*, 509.

(583) *Lu che tch'ouen ts'ieou*, 5, § 5; GRANET, *op. cit.*, 507 sqq.

(584) *Lie tseu*, WIEGER, *op. cit.*, 131 et *Tchouang tseu*, *ibid.*, p. 303.

(585) GRANET, *op. cit.*, 437; *Chan hai king*, 15.

(586) *Lie tseu*, WIEGER, *op. cit.*, p. 111.

(587) *Chan hai king*, 8 et 17; *Houai-nan tseu*, et GRANET, *op. cit.*, 523.

(588) *Chan hai king*, 17; GRANET, *op. cit.*, 315 sqq.

(589) *Tch'ou tseu, Tchao houen.*

(590) *Chan hai king*, 2; GRANET, *op. cit.*, 386; *Tch'ou tseu, Tchao houen.*

(591) *Houai-nan tseu*, 4.

(592) *Ibid.*

(593) *Chan hai king*, 2 et 16.

(594) *Houai-nan tseu*, 6; GRANET, *op. cit.*, 376.

(595) *Mou T'ien tseu tchouan*, 3.

(596) *Houai-nan tseu*, 4.

(597) *Civ. chin.*, 246 sqq.

(598) *Tsin chou*, 23, in *Houai-nan tseu*, 7. Un chef qui possède plus particulièrement la Vertu de la Terre a des pieds particulièrement carrés (*fang*) : entendez par là que ces pieds forment une équerre (*fang*) parfaite (*Tch'ouen ts'ieou fan lou*, 7; *Civ. chin.*, 232).

(599) R. HERTZ, dans son brillant article sur *La prééminence de la maindroite*, s'est borné àindiquer ladifficulté que présente pour ce problème le cas chinois.

(600) GRANET, *op. cit.*, 455, 467, 551; plus haut, p. 251; *Tch'ouen ts'ieou fan lou*, 7.

(601) *Civ. chin.*, 232.

(602) L'index est « le doigt du manger » (et non du « montrer », montrer est dangereux, interdit).

(603) GRANET, *Danses*, 498.

(604) *Civ. chin.*, 19-21.

(605) Le compas trace les ronds; l'élément graphique, dont on dit qu'il figure la bouche dans le signe de la Droite, était (dans l'écriture archaïque) un rond.

(606) Cercle inscrit, voir plus haut, pp. 81, 105 et 222 sqq.

(607) Voir p. 232.

(608) *Yi king*, L., 382.

(609) *Li ki* C., I, 673. « Dès qu'un enfant devenait capable de prendre lui-même sa nourriture, on lui enseignait à se servir de la main droite. »

(610) *Li ki*, C., 143, 675; II, 150; *Yi li*, C., 75.

(611) *Li ki*, C., 153, 160, 246; GRANET, *Danses*, 99, 135.

(612) *Civ. chin.*, 353 ; *Tso tchouan*, C., III, 319.

(613) *Civ. chin.*, 318; *Houai-nan tseu*, 11; *Lie tseu*, WIEGER, p. 147.

(614) GRANET, *op. cit.*, 138, 167.

(615) *Li ki*, C., I, 44.

(616) *Ibid.*, C., I, 44. II, 17.

(617) *Ibid.*, C., II, 17.

(618) *Ibid.*, C., II, 18.

(619) *Yi li*, C., 67.

(620) *Li ki*, C., II, 17.

(621) GRANET, *op. cit.*, 76, note 2; *Li ki*, C., I 678.

(622) *Li ki*, C., II, 21.

(623) D'où la disposition des diagrammes chinois où le Sud est toujours en haut.

(624) Voir p.285. Le Ciel est une poitrine. Aussi a-t-il des mamelles (Voir pp. 265 et 286). La Terre est un dos; aussi quand on sacrifie à la Terre, choisit-on une colline en forme de croupion (*Civ. chin.*, p. 412).

(625) *Li ki*, C., 11, 19.

(626) *Yi li*, C., 123, 125, 144. Aux joutes du tir à l'arc, les archers vaincus doivent tenir leurs arcs débandés et couvrir leur épaule gauche.

(627) *Civ. chin.*, 291; *Li ki*, C., I, 55.

(628) *Civ. chin.*, 229, 271.

(629) GRANET, *Danses*, 407, note 5; *Li ki*, C., I, 89. Cf. *Tso tchouan*, C., III, 598.

(630) En temps de deuil tout change : le chef de deuil est à l'Ouest; les femmes se placent à l'Est (*Yi li*, C., 498).

(631) *Li ki*, C., I, 319; *Houai-nan tseu*, 11. Les voitures d'un convoi funèbre occupent aussi sur la route la gauche et l'Est (*Yi li*, C., 513).

(632) *Heou Han chou*, 121 b, p. 4 a.

(633) *Louen heng*, FORKE, *Lun-Heng...*, t. I, 265. *Tch'ouen ts'ieou fan lou*, 12.

(634) *Li ki*, C., I 146.

(635) GRANET, *La vie et la mort...*, 3.

(636) Les Chinois comptent terme compris.

(637) Quand on marche vers la gauche, et qu'on a à monter un escalier, on part du pied gauche, le pied droit rejoint le gauche sur la première marche, et l'on repart du pied gauche : c'est ce que doit faire un hôte. Le maître de maison part, au contraire, du pied droit, bien qu'il ait à monter les degrés de l'Est, c'est-à-dire les degrés de gauche. Il faut bien, quand il introduit son hôte, qu'il parcoure l'Est de la cour en marchant vers la droite. C'est quand il reconduit le visiteur que tous deux peuvent employer, à l'Est et à l'Ouest, la marche vers la gauche ou vers la droite, qui convient à ces sites de l'espace (*Li ki*, C., I, 19).

(638) *Tch'ouen ts'ieou fan lou*, 7; GRANET, *Danses*, 549. Le pas de Yu, demeuré célèbre, a été de tout temps utilisé par les sorciers pour leurs exploits magiques : le *sens inverse* (*yi*) convient à la magie. Dans le chapitre 8 du *Po hou t'ong* apparaît nettement la liaison de la marche, la gauche ou la droite en avant, que détermine un génie céleste ou terrestre, et du principe que le Ciel est sinistrogyre, la Terre dextrogyre.

(639) *Houang-ti nei king*, p. 2.

(640) GRANET, *op. cit.*, 378, 137 sqq.

(641) *Lao tseu*, WIEGER, *Les Pères du système taoïste*, 39 et 40.

(642) Les vassaux, pour qui la droite est le côté honorable, sont considérés comme « les pieds et les mains » du Prince.

(643) *Houai-nan tseu*, 7.

(644) *Ibid.*, 3.

(645) Je ne comprends pas pourquoi MASPERO, *La Chine antique*, (p. 442) a, comme le P. WIEGER (*Histoire des croyances...*,) (p. 62), négligé de signaler l'importance des Cinq Signes célestes. Ne pas la marquer aboutit à ne pas voir ce qu'est le *Hong fan* : un tableau rapide du système des classifications chinoises. Pourquoi, d'autre part (est-ce à cause de la traduction donnée par Chavannes qui a rendu *yang* par « soleil éclairant »), dissimuler la mention (significative par l'opposition avec la Pluie) qui est faite ici du Yang?

(646) *Houai-nan tseu*, 7. Noter que l'on compte ici 6 viscères.

(647) *SMT*, III, 290.

(648) La liaison des vertus cardinales aux saisons-orients est, du reste, impliquée par divers mythes : la Bonté (*jen*), par exemple, est la vertu caractéristique des Orientaux.

(649) *Po hou t'ong*, 8.

(650) *Tso tchouan*, C., III, 30-39. Cf. plus haut p. 316.

(651) *Kouan tseu*, 14. Les correspondances établies par Kouan tseu

diffèrent de celles du *Po hon t'ong*
et du *Houang-ti nei king*. On
notera l'opposition du Souffle (*k'i*),
rapproché du Feu, et du Sang,
rapproché de l'Eau, et le fait que
les passions sont qualifiées de *tö*,
mot dont le sens (vertu) rappelle
celui d'influence (*k'i*).

(652) *Li ki*, C., I, 516, 519 sqq.
Peut-être doit-on considérer les
6 *K'i* (Influences) comme les produits des 6 Tsong, des 6 Domaines
célestes que le *Chou king* (*SMT*,
I, 59-61) met en rapport avec les
5 Insignes. Il y a désaccord sur
la liste des 6 Tsong, mais en fait
toujours figurer parmi eux la
Pluie et le Vent ou les Eaux et la
Sécheresse. — Un passage du
Tsi fa (*Li ki*, C., II, 259) semble
autoriser à rapprocher le sacrifice
fait aux 6 Tsong des sacrifices
faits : 1° aux Quatre Saisons;
2° à la Chaleur et au Froid;
3° au Soleil et à la Lune (Yang
et Yin); 4° aux Étoiles et à la Pluie
(le Comte du Vent et le Maître
de la Pluie résident dans deux
étoiles)... Or, le texte du *Hong
fan* sur les 5 Signes célestes renferme une double difficulté :
1° contrairement à ce qui est fait
pour la plupart des autres rubriques les Signes ne sont pas nombrés; pourtant la seconde partie
du texte considère 5 Signes et
commence par le mot « cinq »;
2° la première partie du texte
contient 6 fois le mot *yue* (Voir
p. 141), ce qui semble indiquer une
liste à 6 numéros; le sixième *yue*
précède le mot *che*, où Chavannes
a vu un démonstratif et qu'il a
lié à la phrase suivante. Mais
ce mot signifie « saison », et l'on
voit que le *Tsi fa* indique un sacrifice aux Saisons, la plupart des
interprètes admettant, par ailleurs,
que les Saisons figurent parmi les
6 Tsong. Il semble donc que les
éditeurs du *Hong fan* ont hésité
entre 5 et 6.

(653) Je simplifie les tableaux
tirés de Pan Kou et du *Houang-ti
nei king* en supprimant les odeurs,
couleurs, etc. (conformes aux équivalences du *Yue ling*). Pan Kou

donne pour les ouvertures trois
répartitions différentes (I, II, III),
que j'isole. J'isole aussi (A, B) les
correspondances des Passions et
des Orients, des Passions et des
Magasins que Pan Kou donne à
part.

(653 bis) *Yi king*, L, 429; Granet, *Danses et légendes...*, 442.
La répartition se fait d'après
l'orientation dite de Wen Wang :

```
                  S
                 Tête
         Bouche        Fesses
  E Yeux                      Oreilles W
         Pieds         Mains
               Ventre
                  N
```

(654) *Po hou t'ong*, 8.
(655) *Li ki*, C., II, 516. Les Dix
Devoirs sont : l'affection fraternelle et l'amour filial, la bonté du
frère aîné et la soumission du
cadet, la justice du mari et l'obéissance de la femme, la bienfaisance
des aînés et la docilité des plus
jeunes, la bonté du prince et la
fidélité du vassal. Ces 10 Devoirs
se rapportent à 5 relations.
(656) Glose de K'ong Ying-ta
des T'ang. Les équivalences avec
les Orients indiquées dans le
tableau sont celles de Pan Kou.
(657) Voir tableau tiré du *Po
hou t'ong*, I. Cœur et Prince appartiennent à la Gauche.
(658) *Po hou t'ong*, 8. Le
Houang-ti nei king veut que le
dos soit *yang*. (Le Yin et le Yang,
quand ils s'unissent, ne sont pas
réduits à la seule position que
prennent le Ciel et la Terre.) Il
loge donc (chap. I) le cœur dans
le dos.
(659) *Po hou t'ong*, 8, et plus
haut, p. 306.
(660) *Lie tseu*, Wieger, *op. cit.*,
145.
(661) Voir tableau tiré du *Po
hou t'ong* (III), et tableau tiré du
Houang-ti nei king.
(662) *Po hou t'ong*, 8; *Houang-ti
nei king*, 2 et 14; une troisième
solution [tableau tiré du *Po hou*

t'ong (II)] sera de donner les Oreilles à la Rate.

(663) *Houang-ti nei king*, 2 et 8; *Po hou t'ong*, 8; *Chen yi king*, 1.

(664) *Po hou t'ong*, 8.

(665) *Tch'ou tseu*, 9.

(666) *Po hou t'ong*, 8.

(667) *Louen heng*, FORKE, *Lun-Heng...*, I.

(668) *Ibid.*, II, 250.

(669) GRANET, *Danses et légendes...*, 285, 484.

(670) *Ibid.*, 373, 374. *Po hou t'ong*, 7 et 8.

(671) GRANET, *op. cit.*, 432 sqq. ; *Po hou t'ong*, 7; *Louen heng*, FORKE, *op. cit.*, I, 304.

(672) Ce procédé pour « nourrir le maléfice » est encore employé dans le Sud de la Chine, au moins chez les Barbares. « Grain » et « maléfice » se lisent : *kou*.

(673) Hexagramme 18 (*Yi king*, L., 95) formé du trigramme Ken (Montagne) superposé au trigramme Siuan (Vent). Cf. *Ibid.*, p. 290.

(674) *Tso tchouan*, C., III, 30 à 39. (Cf. *Ibid.*, 380.)

(675) *Lie tseu*, WIEGER, *Les Pères du système taoïste*, 139-150.

(876) *Tso tchouan*, C., III, 611.

(677) *Lie tseu*, WIEGER, *op. cit.*, 145. Le baladin mis en scène a été rencontré par le roi Mou près du K'ouen-louen, c'est-à-dire en Asie centrale *ou* dans la région (frange de la civilisation) qui est le domaine des dieux et des mages. Le baladin est expert dans l'art des mutations (*houa*) : c'est un *houa-jen* (le signe *houa* s'écrit avec l'image d'un homme debout et celle d'un homme culbuté).

(678) GRANET, *op. cit.*, 544; *Lie tseu*, WIEGER, *op. cit.*, 101.

(679) *Civ. chin.*, 303, 360. La Grande Ourse est l'emblème du cœur qui a 7 ouvertures, lui aussi : *Po hou t'ong*, 8; *Houang-ti nei king*, 8.

(680) *SMT*, II, 410; *Civ. chin.*, 55.

(681) *SMT*, I, 206; *Lie tseu*, WIEGER, *op. cit.*, 119, 123; *Civ. chin.*, 225.

(682) *Li ki*, C., I, 622 sqq.

(683) *Yi li*, C., 450; GRANET, *Danses et légendes...*, 159, note 1; *Civ. chin.*, 360.

(684) de GROOT, *The religious system of China*, IV, 398. *Ta Ts'ing lu li*, 36. On mange surtout le foie, siège du courage (le foie commande les muscles, les yeux, la colère). On déshonore l'ennemi si l'on refuse de manger son foie : c'est le traiter de lâche.

(685) *SMT*, III, 479.

(686) GRANET, *op. cit.*, 310, note 1.

(687) *Civ. chin.*, 301.

(688) Voir p. 245.

(689) GRANET, *op. cit.*, 18, note 4; 88, note 2.

(690) *Civ. chin.*, 283, 330, 334.

(691) *SMT*, IV, 225.

(692) *Tcheou li*, BIOT, *op. cit.*, I, 94.

(693) GRANET, *op. cit.*, 419, 420.

(694) *Ibid.*, 419.

(695) *Lu che tch'ouen ts'ieou*, 14, § 2.

(696) *Houai-nan tseu*, 20.

(697) *Tcheou li*, BIOT, *op. cit.*, I, 94, et note de la p. 96.

(698) *Ibid.*, I, 94. Se reporter aux tableaux, pp. 310-313.

(699) *Houang-ti nei king*, 2.

(700) *Yue ling* et *Tcheou li*, BIOT, *op. cit.*, I, 93.

(701) *Tcheou li*, BIOT, *op. cit.*, I, 96.

(702) *Li ki*, I, 520.

(703) GRANET, *op. cit.*, 91, note 1.

(704) *Che king*, C., 441.

(705) « *Cheng* », « vivant », se dit des aliments frais.

(706) *Tso tchouan*, C., II, 85.

(707) Nul poison ne doit avoir prise sur le pur. D'où l'idée que *le contenant peut neutraliser l'effet du contenu*. Cette idée paraît être à l'origine des premiers essais de l'alchimie chinoise (*SMT*, III, 465), qui s'est tout d'abord proposé de fabriquer une *vaisselle de longue vie*, le récipient détruisant la nocivité du contenu.

(708) « Année » signifie « récoltes ».

(709) Voir p. 265.

(710) *Tso tchouan*, C., III, 153;

I, 143, 533; Granet, *Danses...* 558.
([711]) Granet, *op. cit.*, 344.
([712]) *Tso tchouan*, C., II, 153, 302, 141.
([713]) Ceci se produit : pendant l'hiver, saison *yin*, saison des morts; en temps de sécheresse; quand une dynastie finissante détraque l'ordre du monde : on entend alors gémir les *kouei* (les sages disent : le peuple).
([714]) *Yi li (Hi ts'eu)*, L., 353-354.
([715]) *Li ki (Tsi yi)*, C., II, 289.
([716]) *Tso tchouan*, C., III, 142.
([717]) de Groot, *The religious system of China*, t. II, 46, 47.
([718]) Entre ces deux mots *tsing* (passions ou émanations, essences) et *ts'ing* (partie clarifiée d'un liquide), il n'y a qu'une différence superficielle de graphie.
([719]) *Li ki*, C., II, 84. Le Ciel est comparé au Père. Il « couvre » la Terre et « couve » tous les êtres.
([720]) P. L. Wieger, *Histoire des croyances...*, 714.
([721]) *Li ki*, C., II, 71.
([722]) *SMT*, III, 261.
([723]) *Houang-ti nei king*, 1; Granet, *Fêtes et chansons...*, 7 sqq.
([724]) *Li ki*, C., II, 52. *Tso tchouan*, C., III, 380.
([725]) *Civ. chin.*, 282.
([726]) *Li ki*, C., II, 73.
([727]) Voir p. 107. L'opposition du *tchouo* et du *ts'ing* (lie et liquide clarifié) amène (par une image empruntée à la fabrication des boissons) à l'antithèse du Bas et du Haut (lourd et léger), du Yin et du Yang (obscur et clair).
([728]) *Lie tseu*, Wieger, *Les Pères du système taoïste*, 147.
([729]) *Ibid.*, 141. Le médecin n'opère qu'après avoir anesthésié les deux patients en les endormant, pour trois jours, à l'aide d'un vin mêlé à du poison.
([730]) *Li ki*, C., I, 295.
([731]) *Kouo yu*, 10.
([732]) *Louen heng*, Forke, *op. cit.*, I, 304.
([733]) Granet, *Danses et légendes...*, 315 et note 3; *Houang-ti nei king*, 1.

([734]) *SMT*, III, 331; *Civ. chin.*, 54.
([735]) *Louen heng*, Forke, *op. cit.*, I, 304 sqq.
([736]) *Li ki*, C., I, 295.
([737]) *Ibid.*, I, 295, 296; *Ta tai li ki*, 80.
([738]) *Sin chou*, 10; *Ta tai li ki*, 48.
([739]) La droite est la main du manger, voir pp. 298, 299.
([740]) *Tso tchouan*, C., III, 379. Sur Tseu-tch'an, voir pp. 374 sq.
([741]) On emploie ici le même mot (délimiter) que plus haut, à propos du Ciel. Les deux Êtres (les deux rubriques emblématiques) sont le Yin et le Yang, la femelle et le mâle.
([742]) Cette action nourricière est-elle celle du Ciel ou celle de la Terre?
([743]) *Ta Tai li ki*, 42.
([744]) *Li ki*, C., II, 55; *SMT*, III. 245.
([745]) *Li ki*, C., II, 78.
([746]) Mot à mot : « Centre, Droit, pas de déviation. » Se reporter p. 267.
([747]) *Li ki*, C., II, 60; *SMT*, III, 249.
([748]) *Li ki*, C., II, 57.
([749]) *SMT*, III, 291. On remarquera que la *droite* (Ouest) est la place assignée aux vassaux. *Chang* doit donc être affecté à l'Ouest (droite).
([750]) *Li ki*, C., 48. Si l'on rapproche ces données de celles que fournit le texte précédent emprunté à Sseu-ma Ts'ien, on voit que la corde *centrale* équivaut au tube initial (81); les autres équivalent donc pour la longueur aux 4 tubes suivants. *Chang* (72) est à *droite*, c'est-à-dire à l'*Ouest*; il suit que *kio* (64) est à *gauche*, c'est-à-dire à l'*Est*. Tout ceci est conforme aux indications du *Yue ling* et au rituel de la gauche et de la droite (Voir p. 303).
([751]) *SMT*, III, 290.
([752]) Granet, *Le langage de la douleur d'après le rituel funéraire de la Chine classique*.
([753]) *SMT*, III, 291.
([754]) Peine et deuil se disent avec le même mot.

(755) *Li ki*, C., I, 161.
(756) *Ibid.*, C., I, 217.
(757) *Ibid.*, C., II. 553.
(758) *Civ. chin.*, 42.
(759) *Ibid.*, 90 sqq.; 101 sqq.
(760) *Ibid.*, 104, 310.
(761) Enseignées, *dit-on*, par Mŏ tseu.
(762) *Tchouang tseu*, WIEGER, *Les pères du système taoïste*, 383.
(763) *Ibid.*, 501.
(764) *Ibid.*, 503. Le mont Houa est une montagne sainte, riche en ermites.
(765) *Ibid.*, 373 ; *Lie tseu, Ibid.*, 75.
(766) *Lie tseu*, WIEGER, *op. cit.*, 149.
(767) *Li ki*, C., I, 146.
(768) *Lie tseu*, WIEGER, *op. cit.*, 85.
(769) *Ibid.*, 143.
(770) *Louen yu*, L., 61.
(771) *SMT*, V, 412.
(772) *SMT*, V, 407.
(773) *SMT*, V, 412.
(774) *SMT*, V, 413.
(775) *SMT*, V, 367.
(776) *Civ. chin.*, 50.
(777) *Tchouang tseu*, WIEGER, *op. cit.*, 449.
(778) *Lie tseu*, WIEGER, *op. cit.*, 95.
(779) (LEANG K'I-TCH'AO) LIANG CHI-CHAO, *History of Chinese political thought*, 37. Aussi Leang K'i-tch'ao ne cherche-t-il à définir les doctrines des principales Écoles qu'en les étudiant sous leur aspect dernier tout juste avant la fondation de l'Empire.
(780) GRANET, *Danses et légendes...*, 407.
(781) *SMT*, IV, 40.
(782) *SMT*, IV, 36.
(783) *Civ. chin.*, 103, 104.
(784) *Ibid.*, 324.
(785) Voir p. 252; *SMT*, IV, 37 (glose).
(786) *SMT*, V, 258-260.
(787) *SMT*, II, 171.
(788) *SMT*, V, 1, 3.
(789) *Tso tchouan*, III, 755; *SMT*, chap. 126.
(790) *SMT*, III, 289.
(791) *SMT*, IV, 125 ; *Tso tchouan*, C., III, 452.

(792) *SMT*, IV, 450; *Kouo yu*, 16.
(793) *SMT*, IV, 439.
(794) *SMT*, V, 148 et chap. 65.
(795) ESCARRA et GERMAIN, *Études asiatiques* (publiées à l'occasion du XXVe anniversaire de l'École française d'Extrême-Orient, 1925) II, 141 sqq.
(796) WIEGER, *Histoire des croyances...*, 236; MASPERO, *La Chine antique*, 520.
(797) PELLIOT, *Meou tseu, ou les Doutes levés*, 585. L'œuvre que nous possédons, peut-être remaniée sous les Han, demeure riche en données archaïques.
(798) L'ouvrage qu'on lui attribuait est perdu depuis le temps des Han, MASPERO, *La Chine antique*, 521.
(799) DUYVENDACK, *The book of Lord Shang*, 96 sqq. Leang K'itch'ao a insisté avec raison sur l'importance des idées notées par ces deux termes que son traducteur (ce dernier, plutôt qu'une traduction, a donné un résumé interprétatif) a cru pouvoir rendre en anglais par les mots : « Favouritism » et « Despotism ». (Cf. LIANG CHI-CHAO, *History of Chinese political Thought*, 116 et ESCARRA et GERMAIN, *La conception de la loi et les théories des légistes à la veille des Ts'in*, 28 sqq.) Il y a certainement abus à parler, comme l'a fait Leang K'i-tchao, d'une « École des *chou* » et d'une « École des *che* », surtout quand on veut conclure que *chou* et *che* notent des idées absolument opposées et cependant professées par les mêmes hommes (ESCARRA et GERMAIN, *op. cit.*, 32).
(800) *SMT*, V, 84.
(801) GRANET, *Danses et légendes...*, notes des pp. 85, 88 et 91.
(802) ESCARRA et GERMAIN, *op. cit.*, 34.
(803) *Tso tchouan*, C., II, 158.
(804) WIEGER, *Histoire des croyances...*, 236; *Civ. chin.*, 110, 44.
(805) *Civ. chin.*, 38, 39; GRANET, *op. cit.*, 88, note 1.

(806) *SMT*, IV, 432.

(807) *Lie tseu*, WIEGER, *Les Pères du système taoïste*, 197. Ces formules incantatoires sont désignées par le mot « Nombres » et qualifiées de *chou* (Recettes).

(808) *Tchouang tseu*, WIEGER, *op. cit.*, 317. « La bouche ne peut dire (en quoi l'art consiste). Il y a un Nombre! » C'est-à-dire une formule opératoire qui ne s'approprie que par intuition et grâce à une vocation préalable. *Noter que l'idée de* Nombre *évoque* non le déterminé ou le mécanique, *mais l'Art, mais l'Efficace.*

(809) *Han Fei tseu*, 43 et 40; ESCARRA et GERMAIN, *op. cit.*, 28 et 30.

(810) FORKE, *The Chinese Sophists, JRAS, Études asiatiques*, 1 sqq. L'étude des Sophistes a été brillamment reprise en Chine par HOU SHIH, *The development of logical method in ancient China*, 111 sqq. Voir encore SUZUKI, *A brief history of early chinese philosophy*, 57 sqq., et *TP*, 1927, 1 sqq.

(811) Par exemple dans un livre comme le *Yen tseu tch'ouen ts'ieou*, ouvrage écrit vers les IVᵉ-IIIᵉ siècles et attribué à Yen tseu (fin du VIᵉ, début du Vᵉ siècle), dont la tradition fait un nain et le conseiller d'un prince de Ts'i, amateur de nains et de bouffons (MASPERO, *La Chine antique*, 586; GRANET, *Danses et légendes...*, 171 sqq.).

(812) Soit (*SMT*, IV, 387) une tentative diplomatique avant la bataille; il s'agit de persuader au général ennemi de ne point combattre, *de ne rien faire de trop.* L'envoyé raconte un apologue. Plusieurs domestiques n'ont pour eux tous qu'une coupe de vin; au lieu de la partager, ils la jouent : la boira le premier qui aura dessiné un serpent. Le plus rapide prend la coupe, mais fait le fanfaron : « J'ai encore le temps d'ajouter des pieds. » On lui reprend la coupe : « Un serpent n'a pas de pieds; maintenant que vous lui avez fait des pieds, ce n'est

plus un serpent. » Comparer les paradoxes (qui semblent impliquer une distinction de l'essence et de l'accident) chers aux disciples de Mö tseu tels que : « Un char est en bois; monter sur un char n'est pas monter sur le bois », ou : « Un coq de combat n'est pas un coq », ou encore : « Tuer un brigand n'est pas tuer un homme. » Ce dernier thème a été utilisé par Mencius (L., 231) pour éviter une réponse directe et dangereuse dans un de ses exercices de rhétorique à la cour du roi Siuan de Ts'i.

(813) *Lie tseu*, WIEGER, *Les Pères du système taoïste*, 104.

(814) L'espace est un et indivisible comme l'est le corps de la limace.

(815) *Tchouang tseu*, L., II, 118; WIEGER, *op. cit.*, 433. Comparer l'anecdote suivante empruntée à *SMT*, V, 155. Le prince héritier de Wei va combattre. Un homme demande à être reçu par lui. Il possède, dit-il, une recette qui, dans cent combats, donne cent fois la victoire. Introduit, il s'exprime à peu près ainsi (je résume) : Si vous êtes vainqueur et annexez un territoire, vous ne serez jamais que le roi de Wei; si vous êtes battu, vous perdrez Wei; « telle est ma recette pour remporter cent victoires dans cent combats ». Autrement dit, il est inutile de combattre pour *agrandir* un territoire. Dans ce paradoxe qui conserve, ici, sa forme populaire, on pourrait, comme dans les autres, trouver une théorie sur le caractère indéfini propre à l'espace.

(816) MASPÉRO, *La Chine antique*, 532.

(817) Ce qui reste de Houei tseu est contenu dans le chapitre 33 du *Tchouang tseu* (L., II, 229-232), à quoi s'ajoutent quelques anecdotes (WIEGER, *op. cit.*, 215, 221, 249, 347, 349, 351, 419, 431, 445, 451 et 507-509).

(818) MASPERO, *La Chine antique*, 531.

(819) LEGGE (*Tchouang tseu*, II, 229) traduit : « (When it is said

that) things greatly alike are different from things a little alike, this is what is called making little of agreements and differences; (When it is said that) all things are entirely different, this is what is called making much of agreements and differences. » Wieger, *op. cit.*, 507 : « La différence entre une grande et une petite ressemblance, c'est la petite ressemblance-différence; quand les êtres sont entièrement ressemblants et différents, c'est la grande ressemblance-différence. » Maspero, (*op. cit.*, 533) : « (Dire que) ce qui a beaucoup de points d'identité est différent de ce qui a peu de points d'identité, c'est ce qu'on appelle la Petite Identité et Dissimilarité; (dire que) toutes les choses sont entièrement identiques (les unes aux autres) et entièrement différentes (les unes des autres), c'est ce qu'on appelle la Grande Identité et Dissimilarité. » Maspero ajoute : « Dans ces conditions, toute distinction était illusoire, et ainsi se trouvait fondé le principe de Mö tseu de l'amour universel sans distinction : « Aimez toutes choses également, le monde est un. » La phrase mise entre guillemets est la traduction du 10e paradoxe de Houei tseu, que je comprends ainsi : « Si l'affection s'étend au détail des êtres, l'Univers (m. à m. : le Ciel et la Terre) n'est (plus) qu'un seul corps. »

(820) *Tchouang tseu*, L., I, 387.
(821) *Ibid.*, II, 220.
(822) *Ibid.*, I, 317. Le mot *li* a le sens de séparer, distinguer, couper; il se dit, dans la langue du *Yi king*, des choses qui sont adhérentes; il indique les séparations opérées sur ce qui se trouve *réuni par association* (*ping*). Je ne m'explique pas qu'on ait pu le traduire par « faire la synthèse de... » (Maspero, *op. cit.*, 536) et écrire (*T. P.* 1927, 63) : « Cette opération (de l'esprit) est, pour employer l'expression kantienne qui traduit exactement le mot *li*, une *synthèse*. »

(823) *Tchouang tseu*, L., II, 229. Tchouang tseu discute le principe de tous ces paradoxes. Cf. *Ibid.*, I, 181 sqq; 187 sqq.
(824) *Tchouang tseu*, L., I, 172.
(825) *Lie tseu*, Wieger, *op. cit.*, 127. Tchouang tseu (*Ibid.*, 419) en fait un rival de Mö tseu, de Yang tseu, des tenants de Confucius et de Houei tseu lui-même. Il compare ces cinq enseignements aux cinq notes d'un luth désaccordé. Dans le chapitre 33 du *Tchouang tseu*, il est dit que Kong-souen Long et d'autres sophistes ne firent que surenchérir sur les paradoxes de Houei tseu, seul grand inventeur. Je ne vois aucun fondement à l'opinion (Maspero, *op. cit.*, 535) que Kong-souen Long ait été l'inventeur du thème de : « la divisibilité indéfinie », lequel est essentiel chez Houei tseu. Kong-souen Long, qu'on a tenté d'identifier à Tseu-che, disciple de Confucius, et qui fut, peut-être, un sophiste voyageur, est connu par un petit opuscule qui nous est parvenu en assez mauvais état. Il a été, en partie, traduit (Tucci, *Storia della filosofia cinese antica*, p. 44 sqq.); l'interprétation qui en a été donnée dans l'*Histoire des croyances religieuses...*, du P. Wieger (218 sqq.) est d'une précision toute fallacieuse.
(826) *Tchouang tseu*, L., II, 231.
(827) Ce thème est plus près du taoïsme que de la doctrine de Mö tseu.
(828) Autre thème d'esprit taoïste : influencement sans contact. (Cf. pp. 320 et 427.)
(829) *Lie tseu*, Wieger, *Les Pères du système taoïste*, 128.
(830) On pourrait traduire « flèche à pointe » (mais non pointe de flèche) : ce n'est sans doute pas sans raison que la formule commence par cette expression invitant à distinguer la tête et le corps de la flèche, distinction importante par l'explication par la chaîne de flèches. (Comparer la chaîne d'anneaux qui peut, elle, être divisée.)

(831) Ce paradoxe a été traduit et glosé sans qu'on tînt compte des illustrations concrètes qui viennent de Kong-souen Long lui-même. LEGGE traduit (*Tchouang tseu*, L., 230) : « Swift as the *arrow head is*, then is *a time* when it is neither flying, nor at rest. » WIEGER, (*op. cit.*,) « une flèche *qui touche la cible* n'avance plus et n'est pas arrêtée ». MASPERO (qui reproche à Hou Che d'avoir « rendu le paradoxe inintelligible » en comprenant : « la flèche a *des moments* à la fois de mouvement et de repos » traduit lui-même : « le mouvement rapide d'une flèche *est* (*la succession des*) *moments où elle n'est* ni arrêtée ni en mouvement. » (*La Chine antique*, 537.) Je ne suis arrivé ni à comprendre le sens de la discussion instituée dans la note 2 de cette page, ni à savoir sur quelles données *chinoises* on peut s'appuyer pour interpréter le paradoxe en écrivant « en mouvement : si on prend *comme une unité* l'espace que la flèche parcourt de l'arc au but; arrêtée : si on prend *pour unité* l'espace occupé par la flèche et qu'on considère non l'ensemble du trajet mais séparément chacune de ces unités ».

(832) *Lie tseu*, WIEGER, *op. cit.*, 127.

(833) *Ibid.*, 149.

(834) Sur ce thème, voir, provisoirement, *Civ. chin.*, 223 sqq.

(835) *Tchouang tseu*, WIEGER, *op. cit.*, 509.

(836) *Ibid.*, 347; *Lie tseu, ibid.*, 127.

(837) *Tchouang tseu*, WIEGER, *op. cit.*, 221.

(838) On a conservé la trace de leurs efforts, grâce aux sections 40-45 du *Mö tseu*, traduites par FORKE (*Mo Ti, des Socialethikers und seiner Schüler philosophische Werke*); le texte est en si mauvais état qu'il est presque impossible d'en rien tirer de précis. Plusieurs auteurs chinois contemporains, MM. Tchang Ping-lin, Hou Che, et Leang K'i-tch'ao se sont effor-

cés d'en extraire les éléments d'une logique formelle. Leurs recherches, très méritoires, ont peut-être été viciées par une trop bonne fréquentation de Stuart Mill : c'est ce que leur a reproché MASPERO (*Notes sur la logique de Mö tseu et de son école*, T. P. 1927, p. 10). En fait, d'innombrables difficultés se présentent dès qu'on essaie de préciser la valeur des termes employés dans une acception technique par les auteurs de ces traités.

(839) MASPERO, *La Chine antique*, 540.

(840) *T. P.*, 1927, pp. 11, 26, 32.

(841) FORKE, *Mo Ti...*, 85.

(842) Cf. plus haut, 272 et 277, et GRANET, *Quelques particularités de la lang. et de la pens. chin.*, 124. Sur l'emploi des analogies vraies et fausses dans les discussions non savantes, voir GRANET, *Fêtes et chansons...*, 64. Noter encore la parenté des paradoxes tels que « un veau orphelin n'a jamais eu de mère » (quand il avait sa mère, il n'était pas un veau orphelin) qui ressemblent à des plaisanteries paysannes et des pures plaisanteries telles que celle de l'homme dans le puits [GRANET, *Danses et légendes...*, 506 : un homme qui voulait creuser un puits trouva un artisan capable, creusa son puits et dit : « J'*ai* creusé un puits! j'*avais* trouvé un homme! » On comprit (l'antériorité n'étant pas exprimée) : « j'*ai* creusé un puits : j'(y) *ai* trouvé un homme! »].

(843) *Louen yu*, L., 187; *SMT*, V, 378.

(844) *Civ. chin.*, 399; *Tso tchouan*, C., III, 586; *SMT*, IV, 205. Nan-tseu couchait avec son propre frère.

(845) *SMT*, chap. 130 et V, 379.

(846) *SMT*, III, 208.

(847) *Yi king*, L., 136. Une chanson du *Che king* (GRANET, *Fêtes et chansons...*, 10, vers 12 et sa note) est interprétée comme une illustration du thème : une bonne épouse sait mettre un ordre convenable dans la famille (*kia jen*).

(848) *Yi king*, L., 242. Premier appendice du *Yi king*.

(849) *Li ki*, C., 780 et *Yi li*, STEELE, *I Li, or the Book of Etiquette and Ceremonial*, II, 29.

(850) *Civ. chin.*, 368, 369.

(851) *Ibid.*, 443.

(852) Une autre anecdote (*Louen yu*, L., 120; *SMT*, V, 305) fait prononcer par Confucius dans des circonstances analogues la formule « prince, prince! vassal, vassal! » qui illustre la doctrine des désignations correctes.

(853) *Li ki*, C., II, 269. *Supra*, p. 47.

(854) Voir pp. 242 sqq.

(855) *Ts'ien Han chou*, 30, p. 15ᵃ. Noter le rapprochement de *ming* et de *wei*, déjà suggéré par le premier appendice du *Yi king*. Le *Han chou* classe, dans l'École des Noms, Yin Wen tseu à côté de Houei tseu et de Kong-souen Long.

(856) *Li ki*, C., I, 515.

(857) *Civ. chin.*, 288.

(858) GRANET, *Danses et légendes...*, 64.

(859) *Tchouang tseu*, L., 336-337.

(860) Sur ces termes, voir pp. 394-395.

(861) Ce passage doit être rapproché, même dans la forme, d'un passage fameux du *Tai hio*. Tchouang tseu continue en critiquant la doctrine des dénominations (qu'il unit à celle des punitions et récompenses de l'École des Lois) : il n'accorde aux noms et aux lois qu'une efficacité de détail, une efficacité simplement technique. « Parler des réalités et des noms, des punitions et des châtiments, c'est montrer qu'on connaît les instruments du gouvernement et non le principe (*tao*) du gouvernement... c'est n'être qu'un *dialecticien*. »

(862) *Tchouang tseu*, L., II, 216.

(863) WOO KANG, *Les trois théories politiques du Tch'ouen ts'ieou*, 1, 77 sqq.

(864) *SMT*, V, 422.

(865) *Tchouang tseu*, L., I, 392.

(866) *Mô tseu*, 41.

(867) MASSON-OURSEL et KIA

KIEN-TCHOU, *Yin Wen-tseu*, 570. Il est curieux de constater que le *Mô tseu* (41) emploie l'expression : *dénomination correcte* à propos de la distinction du Ceci et du Cela.

(868) *Ibid.*, 585.

(869) *Tchouang tseu*, L., II, 221.

(870) MASSON-OURSEL (*op. cit.*) a donné de cet opuscule une traduction très attentive, mais où ne sont point suffisamment distingués les divers emplois techniques des mots.

(871) MASSON-OURSEL, *op. cit.*, 570.

(872) *Ibid.*, 570-571.

(873) *Ibid.*, 577.

(874) *Ibid.*, 570.

(875) *Ibid.*, 572, 576, 579.

(876) *Ibid.*, 574, 590, 588, 589.

(877) *Ibid.*, 585, 586.

(878) *Ibid.*, 597, 577, 576.

(879) *Ibid.*, 595.

(880) *Ibid.*, 586, 587.

(881) *SMT*, II, 188. On a soutenu que l'expression *tcheng ming* (rendre les désignations correctes) a d'abord signifié : corriger les caractères d'écriture (*SMT*, V, 378, note 2). L'écriture n'est devenue uniforme qu'avec Che Houang-ti, et c'est à l'époque des Royaumes Combattants que s'est sans doute formée la Κοινη dont est sorti le chinois. L'explication de *tcheng ming* par « corriger les caractères d'écriture » est certainement une explication trouvée après coup. L'emploi correct des désignations vocales ou graphiques n'a point visé d'abord à obtenir la diffusion universelle d'un système de symbolisme. Il ne s'agissait que d'emprunter à l'étiquette, avant de l'emprunter à la loi, l'autorité qui habilite à porter un jugement. L'ordre imposé à la foule des êtres est un ordre administratif.

(882) Le *Ts'ien Han chou* (30, p. 15ᵃ) rattache l'École des Lois aux Administrateurs (*li kouan*) et les Doctrines des Politiciens (30, p. 16ᵇ) aux Diplomates.

(883) *Civ. chin.*, 424 et 104.

(884) Voir en sens inverse *la*

Chine antique, de Maspero, 516 et (moins catégorique) *The book of Lord Shang*, de Duyvendack, 72.

(885) *SMT*, chap. 63.

(886) Une partie de l'ouvrage a été traduite en russe par Ivanov en 1912 (Public. de la Faculté des Langues Orientales de l'Académie de Saint-Pétersbourg).

(887) Le Livre du Seigneur de Chang a été traduit intégralement, avec beaucoup de soin, par Duyvendack (*op. cit.*), qui s'est efforcé (p. 141 sqq.) de distinguer stylistiquement les morceaux d'âges divers.

(888) *Civ. chin.*, 43, 222; *SMT*, II, 62 sqq. Le Duyvendack contient la traduction de la biographie de Wei-yang écrite par Sseu-ma Ts'ien, p. 8 sqq.

(889) Granet, *Danses et légendes...*, (index).

(890) Voir plus haut, p. 334, et *Civ. chin.*, 106. Sur le sort funeste des Légistes au temps de l'Empereur Wou des Han, voir *ibid.*, 128, 135.

(891) *Civ. chin.*, 43. L'histoire n'a jamais pardonné ce crime aux Légistes, pas plus qu'elle n'a cessé de honnir les attaques de Mö tseu contre l'esprit de clientèle.

(892) *Tso tchouan*, C., II, 549, 660 (« *il faut d'abord contenter les grands* »), 661-662; *Ibid.*, II, 87-88, 116 sqq.

(893) *Ibid.*, C., III, 456; *Ibid.*, I, 385 et 469.

(894) Escarra et Germain, *La conception de la loi...*, 10 sqq.

(895) Granet, *op. cit.*, 394.

(896) Le principe n'a pas changé quand les dynasties impériales ont promulgué des codes; on a continué d'admettre que le meilleur magistrat était celui devant qui le moins d'affaires étaient évoquées.

(897) *Civ. chin.*, 309-310.

(898) *Ibid.*, 247; Escarra et Germain, *op. cit.*, 6 sqq. En vertu d'un préjugé aristocratique, Leang K'i-Tch'ao ne distingue pas entre la plèbe et les Barbares, seuls

sujets, d'après lui, aux châtiments. Ceux-ci, en réalité, sont réservés aux vassaux indociles.

(899) La mort dans la chaudière est le châtiment caractéristique des ministres de la guerre (*Civ. chin.*, 303). Ce fut, sous les empereurs, le châtiment de *tous* les mauvais administrateurs (*Ibid.*, 135.) Che Houang-ti se vante d'y avoir plongé tous les féodaux rebelles (*SMT*, II, 198).

(900) *SMT*, II, 65. L'édification de ces piliers coïncide avec le déplacement de la capitale (inauguration d'une ère nouvelle) et une refonte de tout le système administratif.

(901) Voir, dans Escarra et Germain, *op. cit.*, (préface, VIII et IX), un remarquable exemple donné par M. Padoux du fait que, de nos jours encore, la loi a *l'autorité d'un conseil* et non point *force souveraine*.

(902) *Tso tchouan*, C., III, 550.

(903) *Han Fei tseu*, 38 et 43.

(904) *Ibid.*, 49.

(905) *Ibid.*, 49.

(906) Masson-Oursel et Kia Kien-Tchou, *op. cit.*, 580.

(907) *Ibid.*, 580.

(908) *Han Fei tseu*, 44.

(909) *Ibid.*, 43. « Chen Pou-hai parle des recettes (*chou*); mais Wei-yang fait des lois (*fa*) » cf. Masson-Oursel et Kia Kien-Tchou, *op. cit.*, 569. « Les recettes, c'est ce dont le Prince use dans le privé : les inférieurs ne doivent pas en être informés. »

(910) Voir p. 353.

(911) *Han Fei tseu*, 49.

(912) *Yin Wen tseu*, Masson-Oursel et Kia Kien-Tchou, *op. cit.*, 31.

(913) *Han Fei tseu*, 49.

(914) Je choisis cet exemple parce que Tchouang tseu l'a utilisé pour condamner les recettes perfectionnées (Wieger, *Les Pères du système taoïste*, 301). C'est là un point essentiel où Légistes et Taoïstes s'opposent.

(915) C'est, à mon sens, une erreur grave de traduire cette expression par « Efficace ». (Voir

en sens contraire Maspero, *La Chine antique*, 527). Il s'agit d'efficience constatée, positive.

([916]) *Han Fei tseu*, 40.

([917]) *Ibid.*, 41.

([918]) *Ibid.*, 27.

([919]) *Yin Wen tseu*, Masson-Oursel et Kia Kien-Tchiu, *op. cit.*, 592.

([920]) Voir pp. 335, 336.

([921]) *Civ. chin.*, 116.

([922]) Wei-yang imagina, dit-on, un système des permis de circulation pour enrayer le vagabondage.

([923]) *Han Fei tseu*, 49.

([924]) *Yin Wen tseu*, Masson-Oursel et Kia Kien-Tchou, *op. cit.*, 593.

([925]) *Lie tseu*, Wieger, *op. cit.*, 103.

([926]) Le « hameau de Confucius ». *SMT*, V, 436 sqq., 435.

([927]) Latinisation de K'ong fou-tseu (*fou-tseu*, maître, est une appellation honorifique).

([928]) Granet, *Danses et légendes...*, 431 sqq. Cf. *Ibid.*, 556.

([929]) *Tchouang tseu*, Wieger, *op. cit.*, 499.

([930]) Woo Kang, *Les trois théories politiques du Tch'ouen ts'ieou*, 173 sqq.

([931]) *SMT*, V, 442.

([932]) Voir, pour une opinion contraire, Maspero, *La Chine antique*, 456, note 2 et 461 note 2. Voir *supra* p. 363 sqq.

([933]) *SMT*, V, 281 sqq. Sseu-ma Ts'ien, fait significatif, a classé la biographie de Confucius parmi les monographies des Maisons seigneuriales.

([934]) Les mouvements sectaires ont toujours été fréquents au Chan-tong.

([935]) *Louen yu*, Legge, 60. « Combien, hélas! je déchois! Voilà longtemps hélas! que ne m'est plus apparu en rêve le duc de Tcheou! »

([936]) Sur Yi Yin et Confucius, voir Granet, *Danses et légendes...*, 431 sqq. *SMT*, V, 424.

([937]) *SMT*, V, 338, 298. Yen tseu, son ennemi, est un nabot. (Cf. note n° 812.)

([938]) *Lie tseu*, Wieger, *op. cit.*, 189.

([939]) *SMT*, V, 341, 312, 310.

([940]) Granet, *op. cit.*, 552.

([941]) *SMT*, V, 333.

([942]) *SMT.*, V, 332.

([943]) *SMT*, V, 367.

([944]) *SMT*, V, 317 et 324.

([945]) *Louen yu*, L., 200.

([946]) *Ibid.*, L., 198.

([947]) *Ibid.*, 131.

([948]) *Ibid.*, 104, et *Li ki*, C., 141 et 142.

([949]) *SMT*, V, 345.

([950]) *Louen yu*, L., 185.

([951]) *Ibid.*, 108.

([952]) *Ibid.*, 161.

([953]) *Ibid.*, 190.

([954]) *Louen yu* (tout le chap. X), L., 91 sqq.

([955]) Granet, *Le langage de la douleur*, 115.

([956]) *Louen yu*, L., 42.

([957]) *Ibid.*, 66.

([958]) *Ibid.*, 186.

([959]) *Ibid.*, 182.

([960]) Maspero, *La Chine antique*, 462. Maspero ajoute (p. 464) : « L'étude n'est pas tout, il faut savoir s'imposer un perfectionnement moral » et, trois pages plus loin (467) : « Le perfectionnement de chaque individu n'y (dans « le système de Confucius ») apparaît qu'accessoirement », et enfin, p. 479, Confucius a « cherché le fondement de la morale, hors de la conscience, dans les Rites, et celui des relations sociales, au contraire, à l'intérieur de la conscience, dans l'Altruisme ». J'ai bien peur de n'avoir pas compris ces formules ni ce que veut dire Maspero quand il dit que « l'individu, en tant que tel, reste complètement étranger à ses recherches » (aux recherches de Confucius). Je soupçonne, cependant, que Maspero emploie l'expression « individu en tant que tel » pour désigner, par opposition au Prince, les simples particuliers. (Cf. p. 379.)

([961]) *Louen yu*, L., 16. L'expression *kiun tseu* désigne le noble qui a une âme princière (*kiun*), le gentilhomme qui est honnête homme.

(⁹⁶²) *Ibid.*. 118.

(⁹⁶³) *Ibid.*, 33.

(⁹⁶⁴) *Ibid.*, 114.

(⁹⁶⁵) *Ibid.*, 33.

(⁹⁶⁶) Un disciple encourageait un seigneur à faire présent à Confucius d'un vaste domaine : « Il n'en tirera aucun avantage personnel », « ce qu'il recherche, c'est le Tao propre au *kiun tseu* ». (*SMT*, V, 387.)

(⁹⁶⁷) *Louen yu*, L., 30.

(⁹⁶⁸) *Ibid.*, 65.

(⁹⁶⁹) *Ibid.*, 70.

(⁹⁷⁰) *Ibidem.*

(⁹⁷¹) Voir le passage cité, p. 368.

(⁹⁷²) *Louen yu*, L., 36.

(⁹⁷³) *Ibid.*, 125, 126, 31, 134, 164. Le mot *tang* s'applique aux écoles et aux sectes.

(⁹⁷⁴) *Ibid.*, 34 et 144.

(⁹⁷⁵) *Ibid.*, 146, 41, 115.

(⁹⁷⁶) *Ibid.*, 42.

(⁹⁷⁷) *Ibid.*, 135.

(⁹⁷⁸) *Ibid.*, 30, 126, 43, 116, 115, 138, 114, 140.

(⁹⁷⁹) *Ibid.*, 184, 39.

(⁹⁸⁰) *Ibid.*, 183 (Cet amour d'autrui est l'effet que produit sur le gentilhomme l'étude du Tao), p. 124. Le mot *jen*, qui se prononce comme le mot signifiant homme, s'écrit avec le signe *homme* plus le signe *deux*.

(⁹⁸¹) WIEGER, *Les Pères du système taoïste*, 133. Ce n'est pas moi qui souligne. Le P. WIEGER écrit, p. 135 (après avoir réservé le mot charité) ce jugement sur les disciples de Confucius : « Aimer à accaparer les esprits, voilà leur amour des hommes. » Cette formule s'inspire d'un esprit de dénigrement qui est, pour le moins, imprudent.

(⁹⁸²) MASPERO, *La Chine antique*, 464.

(⁹⁸³) *Louen yu*, L., 156.

(⁹⁸⁴) *Ibid.*, 159. L'expression *wou wei* est généralement donnée comme spécifiquement taoïste.

(⁹⁸⁵) Ce traité (*Li ki*, C., II, 614 sqq.) attribué tantôt à Tseu-sseu, petit-fils du Maître, tantôt à Tseng tseu (l'un des disciples), se compose d'un texte très bref et de longs commentaires.

(⁹⁸⁶) Voir GRANET, *Le langage de la douleur*, 178 sqq.

(⁹⁸⁷) Traité attribué à Tseu-sseu (*Li ki*, C., II, 427 sqq.).

(⁹⁸⁸) *Li ki*, C., II, 427.

(⁹⁸⁹) *Ibidem.*

(⁹⁹⁰) *Ibid.*, II, 450. Cf. p. 452. « Quand on sait comment se cultiver soi-même (*sieou chen*), on sait comment gouverner les hommes; quand on sait comment gouverner les hommes, on sait comment gouverner l'Empire ou un État. » « Le Tao n'est pas loin de l'homme (p. 436). » « On se cultive soi-même à l'aide du Tao; on cultive le Tao (*sieou Tao*) à l'aide du *jen* : qu'est-ce que le *jen*? c'est l'homme (*jen*) » (p. 449). « *C'est avec l'homme qu'on règle l'homme.* » (p. 436).

(⁹⁹¹) *Li ki*, C., II, 434.

(⁹⁹²) *Louen yu*, L., 104.

(⁹⁹³) *Ibid.*, 80.

(⁹⁹⁴) *Ibid.*, 65.

(⁹⁹⁵) *Tchouang tseu*, L., II, 221.

(⁹⁹⁶) Voir p. 361 et *Tchouang tseu*, L., II, 220.

(⁹⁹⁷) La tradition veut que Mö tseu ait été un habile technicien (cf. *Lie tseu*, WIEGER, *Les pères du système taoïste*, 145 et 189). Les dernières sections du *Mö tseu* (52-71) se rapportent à l'art des sièges et à la balistique.

(⁹⁹⁸) *Tchouang tseu*, L., 220.

(⁹⁹⁹) Ce sont ces onze sermons (livres 2 à 9 des éditions actuelles) qui forment la partie la plus ancienne du *Mö tseu*. Le livre entier a été traduit par FORKE (*Mo Ti, des Socialethikers und seiner Schüler philosophische Werke*). De nombreux passages, très abîmés, sont incompréhensibles. Une étude des sources du *Mö tseu* reste à faire.

(¹⁰⁰⁰) FORKE, *op. cit.*, 22.

(¹⁰⁰¹) Ceux qui admettent l'homogénéité de style du *Mö tseu* ne l'admettent qu'avec des restrictions embarrassées (MASPERO, *La Chine antique*, 472, note 1).

(¹⁰⁰²) *Tchouang tseu*, L., 219.

(1003) *Tchouang tseu* (WIEGER, *Pères du système taoïste*, 491) nous parle d'une famille qui se divise entre sectateurs de Mö tseu et de Confucius. Un autre passage (*Ibid.*, 472) montre le prestige égal des deux sages.

(1004) WIEGER, *Histoire des croyances religieuses...*, 209. Ce fut, dit le P. WIEGER : « le seul écrivain chinois dont on puisse penser qu'il crût en Dieu, le seul apôtre de la charité et chevalier du droit que la Chine ait produit. Il prêcha, en des pages magnifiques, la nécessité du retour à la foi des anciens ». Dans ce dithyrambe imprudent, il y a, pour l moins, quelque légèreté.

(1005) *Mö tseu*, 11.

(1006) *Ibid.*, 11.

(1007) L'idéal de la secte, c'es la théocratie : le *grand maître* qui était considéré comme un saint était désigné par son prédécesseur (LIANG CHI-CHAO, *History of political thought*, 110).

(1008) Ou plutôt d'utilisation des chances, voir pp. 351 sqq.

(1009) *Mö tseu*, 29.

(1010) *Ibid.*, 31.

(1011) *Ibid.*, 26.

(1012) *Ibid.*, 26.

(1013) *Ibid.*, 26.

(1014) PELLIOT, *Meou tseu ou les Doutes levés*, 479.

(1015) Voir la citation de la p. 400. LIANG CHI-CHAO (*op. cit.*, 98 sqq.) a fort justement insisté sur ce fait.

(1016) *Mö tseu*, 14 et 15.

(1017) *Ibid.*, 14; *Che king*, C., 381.

(1018) *Mö tseu*, 11.

(1019) LIANG CHI-CHAO, *op. cit.*, 110.

(1020) *Mö tseu*, 48.

(1021) *Tchouang tseu*, WIEGER, *Les Pères du système taoïste*, 423.

(1022) *Lao tseu*, WIEGER, *op. cit.*, 37, et *Tchouang tseu*, *ibid.*, 233, 487.

(1023) Une de ces traductions, celle de Stanislas Julien, (1842) mérite d'être signalée; parfaitement consciencieuse, elle ne trahit pas le texte, mais elle ne permet pas, non plus, de le comprendre.

(1024) *Tchouang tseu*, L., II, 227.

(1025) Voir p. 441.

(1026) *Tchouang tseu*, WIEGER, *op. cit.*, 313.

(1027) *Lie tseu*, WIEGER, *op. cit.*, 107.

(1028) *Tchouang tseu*, WIEGER, *op. cit.*, 357.

(1029) *SMT*, chap. 63. LEGGE (*Texts of Taoism*) a donné une traduction consciencieuse, mais extérieure et formelle, du *Tchouang tseu* (et du *Lao tseu*). Le P. WIEGER a publié une sorte de paraphrase du *Lao tseu*, du *Lie tseu* et du *Tchouang tseu* : peu fidèle dans le détail, elle donne une idée assez vivante, mais tendancieuse, de ces œuvres.

(1030) *SMT*, Introd., p. XVIII.

(1031) WIEGER, *op. cit.*, 213, note 1; p. 223, note 2.

(1032) MASPERO, *La Chine antique*, 493.

(1033) GRANET, *La religion des Chinois*, 142; *Remarques sur le Taoïsme ancien*, As. maj., 1925, p. 146 sqq. Je réserve pour un autre ouvrage l'examen détaillé des usages, religieux et esthétiques, dont est sortie la mystique taoïste; je ne puis, dans les pages qui suivent, qu'indiquer une partie des conclusions où cet examen m'a conduit.

(1034) *Siun tseu*, section 2.

(1035) Sur ces fêtes, voir, provisoirement, *Civ. chin.*, 223 sqq.

(1036) *Louen heng*, FORKE, *Lun-Heng...*, I, 335. Lieou Ngan (Houai-nan wang), prince de la famille impériale, fut contraint à se suicider en 122.

(1037) *Civ. chin.*, 57, 419 sqq.

(1038) *Ibid.*, 51 et 418.

(1039) GRANET, *Danses et légendes...*, 314, 344, 376.

(1040) *Tchouang tseu*, L., I, 171. Comp. *Lie tseu*, WIEGER, *op. cit.*, 83.

(1041) *Tchouang tseu*, L., I, 192.

(1042) *Lao tseu*, L., 93.

(1043) GRANET, *op. cit.*, 280 sqq., 199 sqq., 466 sqq.

(1044) Voir plus haut p. 265.

(1045) *Tchouang tseu*, L., I, 314.

(1046) GRANET, *op. cit.*, 562.

(1047) *Lie tseu*, WIEGER, *op. cit.*, 107.

(1048) *Civ. chin.*, 422.

(1049) *Supra*, p. 64 et 72 et *infra*, p. 446.

(1050) *Civ. chin.*, 418, 420.

(1051) « Ni gorges ni montagnes n'arrêtent leurs pas : c'est une course de l'esprit »; « ni chars ni bateaux n'y pourraient mener, ce sont des ébats spirituels » (*Lie tseu*, WIEGER, *op. cit.*, 82).

(1052) *Tchouang tseu*, L., I, 168, 324, 332, 299, 303; II, 97.

(1053) Une anecdote commune au *Tchouang tseu*, (L., I, 262 sqq.) et au *Lie tseu* (WIEGER, *op. cit.*, 95) peut donner une idée de ces joutes : le vaincu perd prestige et disciples, de même que le chef vaincu dans les joutes chamanistiques perd ses droits à la chefferie (GRANET, *op. cit.*, 282 : lutte entre Chouen et son frère).

(1054) Voir plus haut p. 325.

(1055) *Lie tseu*, WIEGER, *op. cit.*, 137.

(1056) *Lao tseu*, L., 99. Comp. *Tchouang tseu*, L., II, 80.

(1057) Le texte présente ici deux leçons : je suis celle que LEGGE avait adoptée.

(1058) *Lie tseu*, WIEGER, *op. cit.*, 137, 101; *Tchouang tseu*, *Ibid.*, 275.

(1059) Voir p. 390 et *Lie tseu* (*Ibid.*, 93).

(1060) *Lie tseu*, WIEGER, *op. cit.*, 101.

(1061) *Tchouang tseu*, WIEGER, *op. cit.*, 273.

(1062) *Tchouang tseu*, L., 300 sqq.

(1063) *Ibid.*, 245, 265.

(1064) *Houai-nan tseu*, 7; *SMT*, chap. 105.

(1065) *Tchouang tseu*, L., II, 19, et I, 238.

(1066) *Ibid.*, I, 176.

(1067) L'expression « respirer à la manière d'un embryon » ne semble pas apparaître avant les Han, mais le *Lao tseu* (L., 53, 95, 100) contient des allusions très précises à cette pratique.

(1068) *Lao tseu*, L., 53.

(1069) *Ts'ien Han chou*, 30, p. 33ab; *Tchouang tseu*, WIEGER, *op. cit.*, 360 et 357.

(1070) *Lao tseu*, L., 118, 120.

(1071) *Tchouang tseu*, L., 171.

(1072) *Ibid.*, II, 14; *Lie tseu*, WIEGER, *op. cit.*, 87.

(1073) *Tchouang tseu*, WIEGER, *op. cit.*, 251, 259, 289, 265, 325.

(1074) *Ibid.*, 357.

(1075) *Ibid.*, 391; *Lie tseu, ibid.*, 89, 85.

(1076) *Tchouang tseu*, WIEGER, *op. cit.*, 211; *Lie tseu, ibid.*, 85.

(1077) *Tchouang tseu*, WIEGER, *op. cit.*, 391, 380.

(1078) *Ibid.*, 159, 215. Le nouveau-né, comme le saint en extase, a un corps et un cœur comparables à du bois mort et à de la cendre éteinte : c'est pour cela qu'il est toute souplesse (*Ibid.*, 407).

(1079) *Tchouang tseu*, WIEGER, *op. cit.*, 258, 305, 325, 331, 287, 289, 223.

(1080) *Tchouang tseu*, L., 201, 202.

(1081) MASPERO (*La Chine antique*, 494) n'a pas craint de traduire par *âme* le mot *k'i* (souffle).

(1082) *Tchouang tseu*, WIEGER, *op. cit.*, 289.

(1083) *Ibid.*, 287.

(1084) *Lao tseu*, L., 75.

(1085) *Ibid.*, L., 89.

(1086) *Tchouang tseu*, chap. VIII et IX.

(1087) *Tchouang tseu*, L., I, 373.

(1088) *Ibid.*, I, 274.

(1089) Voir, en sens inverse, MASPERO, *La Chine antique*, 495.

(1090) *Tchouang tseu*, WIEGER, *op. cit.*, 325, 261, 233, 333, et L., 367, note 2.

(1091) Cf. p. 394.

(1092) LEGGE, *Texts of Taoism*, Introd., 12 sqq.

(1093) Le P. WIEGER (*op. cit.*, 139) a le premier proposé la traduction de *kiun* par *continuité* [il dit parfois : « continu mystique » (*Ibid.*, 142)], mais sans signaler le caractère magique de cette notion.

(1094) *Lie tseu*, Wieger, *op. cit.*, 109.

(1095) Maspero, *La Chine antique*, 502.

(1096) C'est la thèse soutenue par Hou Che, dans un opuscule intitulé *Houai-nan wang chou* (Changhaï, 1931).

(1097) *Lie tseu*, chap. V.

(1098) *Tchouang tseu*, chap. I, II, XVII.

(1099) *Tchouang tseu*, Wieger, *op. cit.*, 227. Comp. *Ibid.* 225.

(1100) *Tchouang tseu*, Legge, I, 191.

(1101) *Ibid.*, II, 65.

(1102) *Ibid.*, I, 277; *Lie tseu*, Wieger, *op. cit.*, 79.

(1103) *Tchouang tseu*, L., I, 182.

(1104) *Ibid.*, II, 96.

(1105) *Ibid.*, I, 183 (Comp. p. 321 l'analyse de l'idée de *Houang ki*).

(1106) *Ibid.*, I, 378.

(1107) *Ibid.*, I, 164 sqq. et 374 sqq.

(1108) *Ibid.*, II, 164.

(1109) C'est-à-dire des Sophistes quand ils argumentent en évoquant une suite progressive de divisions réelles.

(1110) *Tchouang tseu*, L., II, 166.

(1111) Les Taoïstes ne refusent point d'admettre une certaine hiérarchie.

(1112) *Tchouang tseu*, L., I, 256. Comparer *Ibid.*, 352.

(1113) Le mot *tche* signifie « pénétrant » et « qui se répand partout uniformément ».

(1114) *Tchouang tseu*, L., I, 245. Comp. *Ibid.*, II, 145, et *Lie tseu*, Wieger, *op. cit.*, 121.

(1115) *Tchouang tseu*, Legge, I, 257.

(1116) *Ibid.*, II, 83.

(1117) *Ibid.*, I, 209.

(1118) *Ibid.*, I, 224.

(1119) *Ibid.*, I, 229 (Wieger : 289).

(1120) *Ibid.*, I, 169 (Wieger : 211).

(1121) *Ibid.*, L., II, 129 sqq.; *Lao tseu*, L., I, 54.

(1122) *Tchouang tseu*, L., II, 83.

(1123) *Ibid.*, I, 243 et 311.

(1124) C'est là, sans doute, ce qu'a voulu exprimer Hou Che (*The development of logical method in ancient China*, 142 sqq.) quand il a présenté Tchouang tseu comme un théoricien de la logique — thèse repoussée d'un mot comme paradoxale par Maspero (*La Chine antique*, 492, note 4), qui accorde peu d'originalité aux maîtres taoïstes pour ce qui est de « leurs théories doctrinales » et voit, dans « la pratique de la vie mystique, leur grande découverte (Maspero, *Le saint et la vie mystique chez Lao-tseu et Tchouang tseu*, 7 et 9).

(1125) *Tchouang tseu*, L., II, 87, 89.

(1126) Les 5 perversions proviennent des 5 Couleurs (qui troublent les deux yeux), des 5 Notes (qui troublent les deux oreilles), des 5 Odeurs (qui troublent les deux narines), des 5 Saveurs (qui troublent la bouche) — au total sept orifices et quatre sens — et des préférences et dégoûts qui troublent le cœur (lequel a, lui aussi, sept orifices).

(1127) *Tchouang tseu*, L., 328. Comp. *Ibid.*, 268, et *Lao tseu*, L., 55.

(1128) *Ibid.*, II, 139.

(1129) *Lie tseu*, Wieger, *op. cit.*, 117, 119.

(1130) *Ibid.*, 121.

(1131) *Tchouang tseu*, L., I, 198; *Lao tseu*, L., 90.

(1132) *Lie tseu*, Wieger, *op. cit.*, 109.

(1133) *Tchouang tseu*, L., I, 366.

(1134) *Ibid.*, I, 274.

(1135) *Ibid.*, I, 392. Voir plus haut, p. 369.

(1136) *Ibid.*, II, 143 (Wieger : 449).

(1137) *Ibid.*, II, 278.

(1138) *Lie tseu*, Wieger, *op. cit.*, 101, 91.

(1139) *Ibidem*.

(1140) *Lie tseu*, Wieger, *op. cit.*, 93.

(1141) *Lao tseu*, Legge, 54, 104, 120 (Wieger : 24, 53, 61).

(1142) *Tchouang tseu*, Legge, I, 225 (Wieger : 243).

(1143) *Ibid.*, I, 330 (WIEGER : 309).

(1144) *Ibid.*, I, 266 (WIEGER : 267).

(1145) *Ibid.*, II, 226 et *Lie tseu*, WIEGER, *op. cit.*, 129.

(1146) *Ibid.*, I, 361 (WIEGER : 329). Les livres sont « les détritus des anciens » (*ibid.*, I, 344).

(1147) *Ibid.*, WIEGER, *op. cit.*, 273, 279, 301.

(1148) *Ibid.*, 317.

(1149) *Ibid.*, 359.

(1150) *Lie tseu*, WIEGER, *op. cit.*, 145.

(1151) *Tchouang tseu*, WIEGER, *op. cit.*, 399, 229.

(1152) *Lao tseu*, L., 87; *Lie tseu*, WIEGER, *op. cit.*, 187.

(1153) *Tchouang tseu*, L., II, 143.

(1154) *Lao tseu*, L., 100.

(1155) *Ibid.*, 90.

(1156) *Lie tseu*, WIEGER, *op. cit.*, 82.

(1157) *Tchouang tseu*, L., I, 278-280. Ce tableau, qui veut glorifier les joies simples des âges sans rites ni contrainte, a servi à faire accuser les Taoïstes de partager avec les autres sages chinois un mépris « cynique du peuple » (MASPERO, *La Chine antique*, 557). Lao tseu (LEGGE, p. 49) conseille, il est vrai, d'emplir le ventre et d'affaiblir le vouloir, mais il le conseille à tous et dit : « le *saint* s'emploie en faveur de son ventre (qu'il peut satisfaire) et non de ses yeux (qui sont insatiables) » (LEGGE, 55).

(1158) *Tchouang tseu*, L., I, 288. (Comp. *Lao tseu*, L., 122.)

(1159) *Ibid.*, II, 30.

(1160) *Lao tseu*, L., 52 et 121.

(1161) *Tchouang tseu*, chap. X et XI.

(1162) *Ibid.*, chap. XV et XXIX, et WIEGER, *op. cit.*, 405; *Lao tseu*, L., 117.

(1163) *Tchouang tseu*, WIEGER, *op. cit.*, 307. Yang tseu est encore nommé à côté de Mö tseu, pp. 269 et 279.

(1164) On ne sait rien sur Yang tseu, sinon qu'il vécut avant Tchouang tseu et Mencius, qui le combattent. Rien n'est resté de son œuvre, s'il a écrit. Un lot d'anecdotes où Yang tseu est en scène forment le chapitre VII du *Lie tseu* actuel. Ce sont suppositions gratuites que prétendre soit que cet opuscule contient une analyse faite par Lie tseu des théories de Yang tseu (LIANG CHI-CHAO, *History of Chinese political Thought*, 87), soit qu'il est « un fragment des œuvres » de Yang tseu (MASPERO, *La Chine antique*, 509).

(1165) *Lie tseu*, WIEGER, *op. cit.*, 165.

(1166) *Ibid.*, 173.

(1167) *Ibid.*

(1168) *Ibid.*, 165.

(1169) *Ibid.*, et 175 et 177.

(1170) *Ibid.*, 177.

(1171) Voir, p. 398. On sait que Yu, pour réduire les eaux débordées, se dévoua au Fleuve Jaune. Le dévouement s'opère en jetant au dieu ongles et cheveux (qui donne la partie donne le tout). (GRANET, *Danses et légendes...*, 467.

(1172) *Lie tseu*, WIEGER, *op. cit.*, 173.

(1173) *Tchouang tseu*, WIEGER, *op. cit.*, 327.

(1174) *Ibid.*, 253 et 327.

(1175) *Ibid.*, 301.

(1176) *Tchouang tseu*, LEGGE, II, 117. Comparer plus haut, p. 432.

(1177) *Ibid.*, I, 324.

(1178) *Ibid.*, I, 308.

(1179) *Ibid.*, I, 217 à 220.

(1180) *Ibid.*, II, 74 sqq.

(1181) *Tchouang tseu*, WIEGER, *op. cit.*, 425.

(1182) *Ibid.*, 423. Comp. *Lie tseu*, WIEGER, *op. cit.*, 97, 125.

(1183) *Ibid.*, 463.

(1184) *Tchouang tseu*, chap. XXVIII.

(1185) *Tchouang tseu*, L., I, 297 sqq.

(1186) *Lie tseu*, WIEGER, *op. cit.*, 109

(1187) *Tchouang tseu*, L., I, 226.

(1188) *Ibid.*

(1189) *Tchouang tseu*, L., II, 126 sqq.

(1190) *Civ. chin.*, 415 sqq.

(1191) Voir p. 380.

(1192) L'opposition de Tchouang tseu et de Siun tseu (*infra*, p. 462) est uniquement formelle.

(1193) *Tchouang tseu*, L., 286, 287.

(1194) *Ibid.*, I, 207.

(1195) *Tchouang tseu*, chap. x.

(1196) *Tchouang tseu*, L., II, 82.

(1197) L'influence ancienne du Taoïsme sur les arts plastiques paraît certaine — dans la mesure où l'on peut juger sur documents. Ceux-ci sont rares et, pour la plupart, difficiles à localiser historiquement, si bien que l'archéologie chinoise (qui cesse à peine d'être purement livresque) dépend encore (et le dommage est plus grand en ce cas que pour toute autre discipline) de la littérature, ou, plutôt, de l'amplification littéraire.

(1198) *Civ. chin.*, 45, 143, 421 sqq.

(1199) On désigne ainsi un recueil d'opuscules publié sous le patronage de Lieou Ngan, prince de la famille des Han, qui fut roi de Houai-nan de 164 à 123. Il fit figure de mécène et de bibliophile. Il passe pour avoir, sinon rédigé à nouveau, du moins marqué de son style les traités assez variés, mais où se sent toujours une inspiration taoïste, qui forment le *Houai-nan tseu*.

(1200) *Tchouang tseu*, L., II, 83.

(1201) Les dettes du Bouddhisme chinois au Taoïsme sont bien indiquées par PELLIOT (*Meou tseu ou les Doutes levés*). Comp. HACKMANN, *Chinesische Philosophie*, 229.

(1202) *SMT*, V, 400.

(1203) *SMT*, V, 307, 438.

(1204) *Li ki*, C., II, 319, 320.

(1205) *Mencius*, L., 283, 284. De l'expression *leang sin* se rapprochent les expressions *leang neng* et *leang tche* : le talent et le savoir *nobles*.

(1206) LEGGE (t. II des *Chinese Classics*) a donné une bonne traduction des œuvres de Mencius. Sseu-ma T'sien a consacré à Mencius une courte notice biographique (chap. LXXIV). La tra-

dition fait vivre Mencius de 372 à 288 : dates contestées et impossibles à préciser.

(1207) Par exemple le roi Houei de Wei (mort vers 323), et le prince héritier de T'eng.

(1208) *Mencius*, L., 158.

(1209) *Ibid.*, 340.

(1210) *Ibid.*, 367.

(1211) *Ibid.*, 135.

(1212) Fait remarquable : Mencius évite de combattre et même de nommer les Taoïstes qu'il ne pouvait manquer de connaître; il se peut même qu'il ait rencontré Tchouang tseu à Ts'i.

(1213) *Mencius*, L., 198.

(1214) Voir, pour une interprétation contraire PELLIOT, *Meou tseu ou les Doutes levés*, 561.

(1215) *Mencius*, L., 125.

(1216) *Ibid.*, 78. De même Mencius admet que (malgré le tabou qui les sépare) un beau-frère peut tendre la main à sa belle-sœur, si elle est sur le point de se noyer. L'intention, *le cœur*, l'emportent sur les formes rituelles.

(1217) *Ibid.*, 79. Ces principes sont aussi essentiels aux hommes que leurs quatre membres.

(1218) *Ibid.*, 110 sqq.

(1219) *Ibid.*, 80.

(1220) *Ibid.*, 292, 293.

(1221) *Ibid.*, 280.

(1222) *Ibid.*, 283, 284.

(1223) *Ibid.*, 280.

(1224) Mon interprétation se rapproche de celle donnée par LIANG CHI-CHAO, (*History of political thought*, 54) et s'oppose à la thèse (MASPERO, *La Chine antique*, 552) prétendant que Mencius, comme les Taoïstes (?) admet « le caractère dualiste de l'esprit humain ». Mencius se borne à opposer la culture noble et la grossièreté plébéienne.

(1225) L'inspiration taoïste est rendue manifeste par la formule : « L'homme, par essence, tend vers le bon, comme l'eau va vers le bas. » LEGGE, p. 271.

(1226) *Civ. chin.*, 171, 172.

(1227) *Mencius*, L., 75-76.

(1228) *Ibid*, L., 186. Ainsi conseillé « le prince pratique le *jen* et il n'y a personne qui ne pratique le *jen*. Il pratique le *yi* et il n'y a personne qui ne pratique le *yi*. Le prince est correct et tout est correct. Dès que (le conseiller) a rendu le prince correct, le pays est affermi ».

(¹²²⁹) *Ibid.*, L., 75.

(¹²³⁰) *Ibid.*, 118.

(¹²³¹) *Ibid.*, 115. Voir (*Civ. chin.*, 137) la façon dont les Légistes de l'empereur Wou se servirent des lois pour « prendre le peuple au filet » et l'asservir.

(¹²³²) *Mencius*, L., 23.

(¹²³³) Mencius, qui évite de parler des Légistes, leur emprunte cette désignation significative du chef (*Ibid.*, 24) : « Un prince éclairé fixe des moyens d'existence à son peuple de manière que chacun ait de quoi subsister et faire subsister parents, femmes et enfants... *sinon comment demander au peuple qu'il cultive* les rites et l'équité, *li-yi*? »

(¹²³⁴) Cf. *Ibid.*, 231, 359. Un prince ne peut transmettre son pouvoir : il présente un successeur au Ciel, puis au peuple; le Ciel puis le peuple acceptent. — Le peuple est ce qu'il y a de plus noble, puis viennent les autels du sol et des moissons; et, en dernier lieu, le prince.

(¹²³⁵) Mencius (*Ibid.*, 125) cite cet adage au cours d'un tournoi oratoire contre Hiu-hing, un économiste physiocrate.

(¹²³⁶) *SMT*, chap. LXXIV.

(¹²³⁷) MASPERO, *La Chine antique*, 565, note 4. (Cf. BUBS, *The works of Hsüntze*).

(¹²³⁸) Deux sections, certainement authentiques, ont été traduites, la 22ᵉ (sur les désignations correctes) en français, par DUYVENDACK (*TP*, 1924), la 23ᵉ (sur le naturel mauvais de l'homme), en anglais, par LEGGE, dans les Prolégomènes de sa traduction de Mencius. Sur la doctrine de Siun tseu, DUYVENDACK a publié (*Études de philosophie chinoise* (*Revue philosophique*, 1930) une excellente analyse.

(¹²³⁹) Comparer cette thèse à celle de Mö tseu, *supra*, p. 404.

(¹²⁴⁰) *Siun tseu*, section 9; LIANG CHI-CHAO, *History of Chinese political Thought*, 63.

(¹²⁴¹) *Siun tseu*, section 23 (LEGGE, *Chinese Classics*, II, 82 des Prolégomènes).

(¹²⁴²) *Ibidem*.

(¹²⁴³) Il n'est pas impossible que Siun tseu, sans le dire trop expressément, ait attribué aux fêtes dansées et chantées une sorte de valeur cathartique. Il ne croyait pas à la réalité du Souverain d'En-haut, ni à celle des dieux, ou même des esprits, mais il approuvait les cérémonies faites en leur honneur, sacrifices au Ciel, sacrifices au Sol : ces cérémonies, par le seul fait qu'elles sont réglées, servent à purger le cœur des hommes des craintes ou des espérances qui peuvent le troubler.

(¹²⁴⁴) *Sinn tseu*, chap. 14.

(¹²⁴⁵) Section 4, LIANG CHI-CHAO, *op. cit.*, 64.

(¹²⁴⁶) Section 19. Cf. *SMT*, II, 212.

(¹²⁴⁷) LIANG CHI-CHAO, *op. cit.*, 66 sqq.

(¹²⁴⁸) *Supra*, p. 453.

(¹²⁴⁹) LIANG CHI-CHAO, *op. cit.*, 70. Siun tseu fut l'ami de Li Sseu, qui devait devenir le principal conseiller de Che Houang-ti, et il passe pour avoir été le maître de Han Fei tseu. Rien dans son œuvre ne donne à penser qu'il ait songé à accroître la puissance de l'État, ou qu'il fût partisan de la manière autoritaire des légistes.

(¹²⁵⁰) Section 23.

(¹²⁵¹) Section 21. *SMT*, III, 227.

(¹²⁵²) Section 23.

(¹²⁵³) Section 1. Comparer section 23 : « La nature humaine étant mauvaise a besoin de *maîtres* et de *modèles*. »

(¹²⁵⁴) *Supra*, p. 460.

(¹²⁵⁵) Section 1.

(¹²⁵⁶) Siun tseu, personnellement, enseignait les rites et marquait quelque mépris pour l'enseignement de la poésie (*Che king*) et surtout pour celui de l'histoire.

(¹²⁵⁷) Section 19.

(¹²⁵⁸) DUYVENDACK, *Études de philosophie chinoise*, 387.

(¹²⁵⁹) L'opposition avec les Taoïstes est absolue.

(¹²⁶⁰) Section 22. *TP*, 1924, p. 234 sqq.

(¹²⁶¹) Ceci a conduit MASPERO à attribuer à Siun tseu un mysticisme qui jure avec l'ensemble de sa doctrine, si cohérente (cf. DUYVENDACK, *op. cit.*, 385 sqq.); MASPERO confond l'effort synthétique de l'esprit et *l'état de transe où l'esprit est transporté hors de lui-même* (in *La Chine antique*, 572). Aucune expression, ni dans Siun tseu (ni du reste dans Tchouang tseu, plus intellectuel que mystique), ne justifie cette glose.

(¹²⁶²) Section 21 (d'où sont aussi tirées toutes les citations qui suivent).

(¹²⁶³) Siun tseu insiste sur les illusions des sens dues aux passions : « On prend un roc pour un tigre prêt à bondir si, la nuit, on se laisse dominer par la crainte.»

(¹²⁶⁴) Siun tseu (même section) emploie fréquemment le mot *Tao* dans le sens de raison humaine. « Le *Tao*, c'est la façon dont l'honnête homme agit. Le *Tao* est raison pratique; le *Li*, raison pure et pratique à la fois. »

(¹²⁶⁵) Comme de juste, la logique du Siun tseu est une logique de la hiérarchie.

(¹²⁶⁶) Comparer, p. 425, la formule de Lao tseu. Siun tseu, qui se réclame expressément de Confucius et de l'orthodoxie, travaille au syncrétisme.

(¹²⁶⁷) Le *Yi li* est un manuel pour maîtres de cérémonies, le *Li ki* un recueil composite où les questions rituelles tiennent la plus grande place.

(¹²⁶⁸) Section 5.

(¹²⁶⁹) *SMT*, Introd., p. CLI.

(¹²⁷⁰) Il naquit vers 175 et mourut vers 105 avant J.-C. Nommé « lettré au vaste savoir » sous le règne de l'empereur King (156-141), il exerça, sous l'empereur Wou, des fonctions en province;

il dut démissionner parce que, en dissertant sur les prodiges, il se livra, dirent ses ennemis, à des critiques contre le gouvernement des Han. Il composa, pour répondre à un questionnaire de l'empereur Wou, trois discours célèbres (*Ts'ien Han chou*, ch. 56). Ses œuvres, faites d'articles divers, composent aujourd'hui le *Tch'ouen ts'ieou fan lou*. Cf. FRANKE, *Das Confuzianische Dogma und die chinesische Staatsreligion*, WOO KANG, *Les trois théories politiques du Tch'ouen ts'ieou* et HACKMANN, *Chinesische Philosophie*, 205 sqq.

(¹²⁷¹) WOO KANG, *op. cit.*, 51.

(¹²⁷²) *Ibid.*, 73.

(¹²⁷³) L'empereur Wou créa, en 136, la charge de « lettrés au vaste savoir des Cinq Livres canoniques ». En 124, on adjoignit à ce Collège de lettrés cinquante disciples destinés à devenir de hauts fonctionnaires.

(¹²⁷⁴) *Civ. chin.*, 326 sqq., 425 sqq.

(¹²⁷⁵) *Tch'ouen ts'ieou fan lou*, 7; WOO KANG, *op. cit.*, 111 sqq.

(¹²⁷⁶) *Supra*, p. 169.

(¹²⁷⁷) La glose qui sert de point de départ (*Kong-yang tchouan*, 11e année du duc Houan) indique que confondre les trois titres de comte, vicomte, baron dans une seule classe, c'est adopter le principe *céleste* du gouvernement, car le ciel a trois luminaires et l'on réduit alors à trois les classes de la noblesse. Si on en comptait cinq (cinq éléments), c'est qu'on tirerait de la terre le principe du gouvernement.

(¹²⁷⁸) *SMT*, chap. CXXI, et *Ts'ien Han chou*, 27^a, p. 5. sqq.

(¹²⁷⁹) Il s'agit du réformateur K'ang Yeou-wei (1858-1927), qui fut le maître de Leang K'i-tch'ao (cf. WOO KANG, *Les trois théories politiques du Tch'ouen*, 164).

(¹²⁸⁰) Dans le *Po hou t'ong* sont consignés les travaux d'une commission impériale. L'influence de Tong Tchong-chou y est manifeste.

(¹²⁸¹) Sur Wang Tch'ong (né en 27 ap. J.-C., mort vers 100), on peut consulter l'étude que FORKE a mise en tête de sa traduction du *Louen heng* (*Selected Essays of the philosopher Wang Ch'ung*). Peut-être Forke montre-t-il une excessive bienveillance quand il compare Wang Tch'ong à Lucien et à Voltaire.

(1282) Telle est l'inspiration qui anime l'œuvre de HU SHIH (cf. *The development of logical method in ancient China*) et aussi, mais d'une façon moins expresse, celle de LEANG CHI-CHAO (cf. *History of Chinese political Thought*).

(1283) Voir, par exemple, dans Siun tseu (section 21), l'histoire du nigaud qui, se promenant sous la lune, prit peur de son ombre et,

regardant en haut pour ne plus la voir, aperçut ses propres cheveux, qu'il prit alors pour un esprit géant : « Il s'enfuit, arriva chez lui hors d'haleine et mourut, le pauvre homme! » Ou encore (même section) à propos des gens qui font cuire un cochon et battent le tambour pour exorciser la maladie : « Voilà un tambour usé et un cochon perdu, mais de guérison, point! »

(1284) Voir, en sens contraire, SCHINDLER, *Das Priestertum im alten China* et, à sa suite, MASPERO, *La Chine antique*, 187 sqq.

(1285) En matière de *mesures*, comme en matière de *monnaie*.

C = Le Père S. COUVREUR, s. j. : *Cheu king*, Ho-kien-fou, 1896; *Li ki*, Ho-kien-fou, 1899; (CONFUCIUS), *Les Quatre livres*, Ho-kien-fou, 1895; (ID.), *Chou king*, 1897.

L = James LEGGE, *The Chinese Classics*, Londres, 1867-76.

Bibliographie

La liste des travaux donnée ci-dessous ne l'est pas à titre de bibliographie critique; on y a mentionné des articles jugés importants à côté d'ouvrages étendus moins utiles à consulter.

PÉRIODIQUES

OUVRAGES ET TRAVAUX DIVERS

ANDERSSON (J. G.), *An early Chinese culture*, Pékin, 1923.
— *Preliminary report on archaeological research in Kansu*, Pékin, 1925.
ARDENNE DE TIZAC (H. D'), *L'art chinois classique*, Paris, 1926.
ARNE, *Painted stone age pottery from the Province of Honan, China*, Pékin, 1925.
ASHTON (L.), *An introduction to the study of Chinese sculpture*, Londres, 1924.
AUROUSSEAU (L.), *La première conquête chinoise des pays annamites*, *BEFEO*, 1923.
BIOT (E.), *Le Tcheou li ou les Rites des Tcheou*, Paris, 1851.
— *Recherches sur les mœurs des anciens Chinois d'après le* Che king (*JA*, 1843).

BLACK, *The human skeleton remains from Sha kuo t'un*, Pékin, 1925.
— *A note on physical characters of the prehistoric Kansu race*, Pékin, 1925.
BŒRSCHAN (E.), *Chinesische Architektur*, Berlin, 1926.
BRETSCHNEIDER, *Botanicon Sinicum (J. of the China Branch of the R. A. S.,* XXV).
BUSHELL (S. W.), *Chinese Art*, Londres, 1914.
CHALFANT, *Early chinese writing*, Chicago, 1906.
CHAVANNES (Ed.), *Les mémoires historiques de Se-ma Ts'ien*, 5 v., Paris, 1895-1905.
— *La sculpture sur pierre au temps des deux dynasties Han*, Paris, 1893.
— *Le T'ai chan*, Paris, 1910.
— *Mission archéologique dans la Chine septentrionale*, Paris, 1913.
— *Le jet des Dragons (MAO,* III), Paris, 1919.
— *Confucius (Revue de Paris,* 1903).
— *La divination par l'écaille de tortue dans la haute antiquité chinoise d'après un livre de M. Lo Tchen-yu (JA,* 1911).
— *Trois généraux chinois de la dynastie Han (TP,* 1906).
— *Les documents chinois découverts par Aurel Stein dans les sables du Turkestan*, Oxford, 1913.
— *De l'expression des vœux dans l'art populaire chinois*, Paris, 1922.
CONRADY, *China*, Berlin, 1902.
CORDIER (H.), *Histoire générale de la Chine et de ses relations avec les pays étrangers*, Paris, 1920.
DEMIÉVILLE (P.), C. R. TCHANG HONG-TCHAO, Che ya, *Lapidarium sinicum (BEFEO,* 1924).
— *La méthode d'architecture de* LI MING-TCHONG *des Song (BEFEO,* 1925).
— HOU-CHE, *Tch'ang che tsi (BEFEO,* 1924).
DUBS (H. H.), *The works of Hsüntze*, Londres, 1927.
DUYVENDACK (J. I. L.), *The book of Lord Shang*, Londres, 1928.
— *Études de philosophie chinoise (Rev. philos.,* 1930).
DVORAK (R.), *China's Religionen*, Munster, 1903.
EDKINS, *The evolution of chinese language (JPOS,* 1887).
ERKES, *Das Weltbild des Huai-nan-tze (OZ,* 1917).
— *Das älteste Dokument z. chines. u. Kunstgeschichte: T'ien-wen; die « Himmelsfragen » des K'üh Yuan*, Leipzig, 1928.
ESCARRA et GERMAIN, *La conception de la loi et les théories des légistes à la veille des Ts'in*, Pékin, 1925.
Études asiatiques, publiées à l'occasion du XXVe anniversaire de l'École française d'Extrême-Orient, Paris, 1925.
FORKE A.), *Lun-Heng. Selected Essays of the philosopher Wang Ch'ung (MSOS,* 1911).
— *Mo Ti, des Socialethikers und seiner Schüler philosophische Werke (MSOS,* 1923).
— *The world conception of the Chinese*, Londres, 1925.
— *Yang Chu, the Epicurian in his relation to Lieh-tse the Pantheist (JPOS,* III).
— *Geschichte der altern chinesischen Philosophie*, Hambourg, 1927.
— *Der Ursprung der Chinesen*.
FRANKE (A.), *Das Confuzianische Dogma und die chinesische Staatsreligion*, 1920.
FUJITA, *The River Huang in the Reign of Yu (Sh.,* 1921).
GABELENTZ (von der), *Beitrage z. chines. Grammatik (Abhandl. d. Sachsischen Gesells. f. Wissens.,* 1888).
— *Confucius und seine Lehre*, Leipzig, 1888.
GIESLER, *La tablette* Tsong *du* Tcheou li *(Rev. Arch.,* 1915).
GILES (H. A.), *History of chinese literature*, Londres, 1901.

GILES, *Chuang Tsu, mystic moralist and social reformer*, Londres, 1889.
— *Lao Tzu and the* Tao tê king (*Adversaria sinica*, III).
— *The remains of Lao Tzu* (ChR, 1886-1889).
— *Religion of ancient China*, Londres, 1905.
— *Confucianism and its rivals*, Londres, 1915.
GRANET (M.), *Fêtes et chansons anciennes de la Chine*, Paris, 1919.
— *La Polygynie sororale et le Sororat dans la Chine féodale*, Paris, 1920.
— *La religion des Chinois*, Paris, 1922.
— *Danses et légendes de la Chine ancienne*, Paris, 1926.
— *Coutumes matrimoniales de la Chine antique* (*TP*, 1912).
— *Quelques particularités de la langue et de la pensée chinoises* (*Rev. philos.*, 1920).
— *La vie et la mort, croyances et doctrines de l'antiquité chinoise* (*Ann. de l'Éc. des Hautes Études*, 1920).
— *Le dépôt de l'enfant sur le sol* (*Rev. arch.*, 1922).
— *Le langage de la douleur d'après le rituel funéraire de la Chine classique* (*Rev. de Psychologie*, 1922).
GROUSSET (R.), *Histoire de l'Asie*, Paris, 1922.
GROTT (J.-J.-M. DE), *The religious system of China*, Leyde, 1892-1921.
— *The religion of the Chinese*, New York, 1910.
— *Universismus*, Berlin, 1918.
— *Sectarianism and religious persecution in China*, Amsterdam, 1903.
— *Chinesische Urkunden z. Gesch. Asiens*, 1921.
GRUBE, *Geschichte der chinesischen Literatur*, Leipzig, 1902.
— *Die Religion der alten Chinesen*, Tübingen, 1908.
— *Religion und Cultus der Chinesen*, Leipzig, 1908.
HACKMANN (H.), *Chinesische philosophie*, Munich, 1927.
HALOUN (G.), *Contribution to the history of the clan settlement in ancient China* (*As. Maj.*, 1924).
— *Seit wann kannten die Chinesen die Tocharer* (*As. Maj.*, 1926).
HAUER, *Die chinesische Dichtung*, Berlin, 1909.
HAVRET et CHAMBEAU, *Notes concernant la chronologie chinoise* (*VS*, 1920).
HIRTH, *The ancient history of China to the end of the Chou Dynasty*, New York, 1909.
— *Chinese metallic mirrors*, New York, 1906.
HONDA, *On the date of compilation of the* Yi king (*Sh.*, 1921).
HOPKINS, *Chinese writings in the Chou Dynasty on the light of recent discoveries* (*JRAS*, 1911).
— *Metamorphic stylisation and the sabotage of signification, a study in ancient and modern chinese writing* (*JRAS*, 1925).
HU SHIH, *The development of logical method in ancient China*, Changhaï, 1922.
IMBAULT-HUART, *La légende des premiers papes taoïstes* (*JA*, 1884).
KARLGREN (B.), *Études sur la phonologie chinoise*, Leyde et Stockholm, 1913.
— *Sound and symbol in China*, Londres, 1923.
— *Analytic Dictionary*, Paris, 1923.
— *On the authenticity and nature of the Tso chuan*, Göteborg, 1926.
— *Philology and ancient China*, Oslo, 1926.
— *Le protochinois, langue flexionnelle* (*JA*, 1920).
LALOY (L.), *La musique chinoise*, Paris.
LAUFER (B.), *Jade, a study in chinese archaeology and religion*, Chicago 1912.
— *Chinese Pottery of the Han Dynasty*, Leyde, 1909.
— *Ethnographische Sagen der Chinesen* (*in* Festschrif. f. Kuhn).

(LEANG K'I-TCH'AO), LIANG CHI-CHAO, *History of Chinese political thought* (tr. by L. T. Chen), Londres, 1930.

MAILLA (le P. DE), *Histoire générale de la Chine*, traduite du Tong-kien-kang-mou, Paris, 1777-1789.

MARTIN, *Diplomacy in ancient China* (*JPOS*, 1889).

MASPERO (H.), *La Chine antique*, Paris, 1927.

— *Les origines de la civilisation chinoise* (*Ann. de géographie*, 1926).

— *Les légendes mythologiques dans le* Chou king (*JA*, 1924).

— *Notes sur la logique de Mö tseu* (*TP*, 1927).

— *Le mot* ming (*JA*, 1927).

— *Le saint et la vie mystique chez Lao-tseu et Tchouang-tseu* (*Bull. de l'Assoc. franç. des amis de l'Orient*, 1922).

— *Le songe et l'ambassade de l'empereur Ming* (*BEFEO*, 1910).

MASSON-OURSEL (P.), *La philosophie comparée*, Paris, 1923.

— *Études de logique comparée* (*Rev. philos.*, 1917).

— *La démonstration confucéenne* (*Rev. d'hist. des relig.*, 1916).

MASSON-OURSEL et KIA KIEN-TCHOU, *Yin Wen-tseu* (*TP*, 1914).

MAYERS, *Chinese reader's manual*.

Mémoires concernant les Chinois, par les missionnaires de Pékin, Paris, 1776-1814.

MESTRE (E.), *Quelques résultats d'une comparaison entre les caractères chinois modernes et les siao-tchouan*, Paris, 1925.

NAITO, *On the compilation of the* Shoo king (*Sh.*, 1923).

PARKER, *Kwan-tze* (*NChR*, 1921).

— *Hwai-nan-tze* (*NChR*, 1919).

PELLIOT (P.), *Le* Chou king *en caractères anciens et le* Chang chou che wen (*MAO*), Paris, 1919.

— *Jades archaïques de la collection* C. T. Loo. Paris, 1921.

— *Notes sur les anciens itinéraires chinois dans l'Orient romain* (*JA*, 1921).

— Meou tseu *ou les Doutes levés* (*TP*, 1918-19).

PLATH, *Fremde barbarische Stämme in alten China*, Munich, 1874.

PRZYLUSKI, *Le sino-tibétain* (*in* Langues du monde, Paris, 1924).

RICHTHOFEN, *China*, Berlin, 1877-1912.

ROSTHORN, *Geschichte China*, Stuttgart, 1923.

SAUSSURE (L. DE), *Les Origines de l'astronomie chinoise*, Paris, 1930.

SCHINDLER (B.), *On the travel, wayside, and wing offerings in ancient China* (*As. Maj.*, I).

— *The development of Chinese conception of Supreme Beings* (*As. Maj.*, 1923).

— *Das Priestertum im alten China*, Leipzig, 1919.

SCHMITT (E.), *Die Grundlagen der chinesischen Che*, 1927.

STEELE (J.), I Li, *or the Book of Etiquette and Ceremonial*, Londres, 1917.

SUZUKI, *A brief history of early chinese philosophy*, Londres, 1914.

TCHANG FONG, *Recherches sur les os du Ho-nan et quelques caractères de l'écriture ancienne*, Paris, 1925.

TCHANG (le P. M.), *Synchronismes chinois* (*VS*, 1905).

TERRIEN DE LACOUPERIE, *Western Origin of chinese civilization*, Londres, 1894.

— *Languages of China before the Chinese*, Londres, 1887.

TSCHEPPE (le P.), *Histoire du royaume de Wou* (*VS*, 1896).

— *Histoire du royaume de Tch'ou* (*VS*, 1903).

— *Histoire du royaume de Ts'in* (*VS*, 1909).

— *Histoire du royaume de Tsin* (*VS*, 1910).

— *Histoire des trois royaumes de Han, Wei et Tchao* (*VS*, 1910).

TUCCI (G.), *Storia della filosofia cinese antica*, Bologne, 1922.

UMEHARA, *Deux grandes découvertes archéologiques en Corée* (*Rev. des Arts asiatiques*, 1926).

VISSER (M. W. DE), *The Dragon, in China and Japan*, Amsterdam, 1913.
VORETZCH (E.-A.), *Altchinesische Bronzen*, Berlin, 1924.
WALEY (A.), *The Temple and others Poems*, Londres, 1923.
WEDEMAYER, *Schauplätze und Vorgänge der alten chinesischen Geschichte (As. Maj.*, Prel. V).
WERNER (E. T. C.), *Myths and legends of China*, Londres, 1924.
WIEGER (le P. L.), *Histoire des croyances religieuses et des opinions philosophiques en Chine, depuis l'origine jusqu'à nos jours*, Hien-hien, 1917.
— *Les Pères du système taoïste*, Hien-hien, 1913.
— *La Chine à travers les âges*, Hien-hien, 1920.
— *Textes historiques*, Ho-kien-fou, 1902.
— *Caractères (Rudiments*, V, 12), Ho-kien-fou, 1903.
WILHELM (R.), *Dchuang dsi, das wahre Buch vom südlischen Blütenland*, Iéna, 1920.
— *Lia dsi, das wahre Buch vom quellenden Urgrund*, Iéna, 1921.
— *Lu Puch-wei, Frühling und Herbst*, Iéna, 1927.
WOO KANG, *Les trois théories politiques du Tch'ouen ts'ieou*, Paris, 1932.
WYLIE, *Notes on Chinese literature*, Changhaï, 1902.
YUAN (Chaucer), *La philosophie politique de Mencius*, Paris, 1927.
ZACH (E. VON), *Lexicographische Beiträge*, Pékin, 1902.
ZOTTOLI (le P.), *Cursus litteraturae sinicae*, Changhaï, 1879-1882.

COMPLÉMENT BIBLIOGRAPHIQUE *
(jusqu'en 1947)

ALEXEIEV (B.), *La littérature chinoise*, Paris, 1937.
ANDERSSON (J. G.), *Children of the Yellow Earth, Studies in Prehistoric China*, Londres, 1934.
— *Researches into the Prehistory of the Chinese*, Stockholm, 1943.
BALAZS (St.), *Beiträge zur Wirtschaftsgeschichte der T'ang-Zeit(618-906)* (*MSOS*, 1931-1933).
CREEL (H. G.), *The Birth of China, a Survey of the Formative Period of Chinese Civilization*, New York, 1936 [trad. fr., *La naissance de la Chine*, Paris, 1937].
DUBS (H. H.), *The History of the Former Han Dynasty*, 2 vol., Baltimore, 1938-1944.
DUYVENDAK (J. J. L.), *The Book of Lord Shang, a Classic of the Chinese School of Law*, Londres, 1928.
ESCARRA (J.), *Le droit chinois*, Pékin-Paris, 1936.
FRANKE (O.), *Geschichte des chinesischen Reiches*, 3 vol., Berlin-Leipzig, 1930-1937.
FUNG (Yu-lan), *A History of Chinese Philosophy, The Period of the Philosophers*, translated by Derk BODDE, Pékin-Londres, 1937.
GRANET (M.), *La droite et la gauche en Chine* (*Bull. de l'inst. fr. de sociologie*, 1933).
— *Catégories matrimoniales et relations de proximité dans la Chine ancienne*, Paris, 1939.
GROUSSET (R.), *La Chine jusqu'à la conquête mongole. L'empire mongol* (dans *Histoire du Monde* (CAVAIGNAC), t. VIII, 1re partie, Paris, 1941).
— *Histoire de la Chine*, Paris, 1942.
HU (Shih), *The Chinese Renaissance*, Chicago, 1934.
KARLGREN (B.), *Yin and Chou in Chinese Bronzes*, Stockholm, 1935.

* M. P. DEMIÉVILLE, en souvenir pieux de Granet, a bien voulu nous fournir ce complément bibliographique (H. BERR).

KARLGREN, *Legends and Cults in Ancient China*, Stockholm, 1946.

MASPERO (H.), *La vie privée en Chine à l'époque des Han* (*Revue des Arts Asiatiques*, Paris, 1932).

— *Les régimes fonciers en Chine* (*Recueil de la Soc. Jean Bodin*, Bruxelles, 1937).

— *Les procédés de « nourrir le principe vital » dans la religion taoïste ancienne* (*JA*, 1937).

— *Les instruments astronomiques des Chinois au temps des Han* (*Mélanges chinois et bouddhiques*, Bruges, 1939).

PELLIOT (P.), *La Haute Asie*, Paris, 1931.

— *The Royal Tombs of Anyang* (*Studies in Chinese Art*, Londres, 1936).

ROTOURS (R. des), *Le Traité des Examens, traduit de la Nouvelle Histoire des T'ang*, Paris, 1932.

— *Traité des Fonctionnaires et Traité de l'Armée, traduits de la Nouvelle Histoire des T'ang*, 2 vol., Leyde, 1947.

STEIN (R.), *Jardins en miniature d'Extrême-Orient, le monde en petit* (*BEFEO*, 1943).

TEILHARD de CHARDIN (P.), *Le néolithique de la Chine*, Pékin, 1944.

WALEY (O.), *Three Ways of Thought in Ancient China*, Londres, 1939.

WOO (Kang), *Les trois théories politiques du Tch'ouen ts'ieou interprétées par Tong Tchong-chou*, Paris, 1932.

Bibliographie complémentaire

GRANET rédigea *La Civilisation chinoise* (1929) et *La Pensée chinoise* (1934) à une époque où la documentation fournie par l'archéologie, l'ethnologie, l'épigraphie était loin d'avoir atteint son développement actuel. En effet, depuis 1934, des progrès très importants ont été accomplis dans le domaine particulier où souvent GRANET fut contraint de fonder son jugement sur des hypothèses. La progression considérable de la recherche se reflète dans ce complément bibliographique où l'on mentionne de très nombreux travaux consacrés notamment aux découvertes archéologiques.

ABRÉVIATIONS UTILISÉES POUR LES PÉRIODIQUES

Artibus Asiae	*AA*
Art Bulletin	*AB*
Antiquity	*AQ*
Annales de l'Est (Faculté des Lettres de Nancy)	*AEST*
Bulletin of the Museum of Far Eastern Antiquities (Stockholm)	*BMFEA*
Bulletin of the National Association Watch and Clocks Collectors (U. S. A.)	*BNAWCC*
Bulletin de l'Université Aurore (Changhai)	*BUA*
Berichte ü. d. Verhandl. d. Sächs. Akad. Wiss. (Leipzig)	*BUSAW/PH*
China Journal of Science and Arts	*CJ*
China Reconstructs	*CREC*
China Trade and Engineering	*CTE*
Economic History Review	*EHR*
Field Museum of Natural History Publications (Chicago) Anthropological Series	*FMNHP/AS*
Gazette des Beaux-Arts	*GBA*
Geschichte in Wisseschaft u. Unterricht	*GWU*
Harvard Journal of Asiatic Studies	*HJAS*
Horological Journal	*HOROJ*
Isis	*ISIS*
Journal of the American Oriental Society	*JAOS*
Journal of Economic History	*JEH*
Journal of the History of Medicine and Allied Sciences	*JHMAS*

Journal of the North China Branch of the Royal Asiatic
  Society .... JRAS/NCB
Journal of the West China Border Research Society .. JWCBRS
Monumenta Serica .... MS
Natur u. Kultur (Munich) .... NUK
Ostasiatische Zeitschrift .... OAZ
Transactions of the Oriental Ceramic Society .... Tr. OCS
Oriental Art .... ORA
Orient .... ORT
People's China .... PC
Saeculum .... SAE
Studia Serica (West China Union University Literary and
  Historical Journal) .... SSE
Transactions of the Newcomen Society .... TNS
T'oung Pao (Leyde) .... TP
Zeitschrift d. deutsch. Morgenländischen Gesellschaft .. ZDMG

BIBLIOGRAPHIE

ACKERMAN (P.), *Ritual Bronzes of Ancient China*, New York, 1945.
AMEISENOWA (Z.), *Some Neglected Representations of the Harmony
  of the Universe (GBA, 1958).*
ANDERSSON (J. G.), *Prehistoric Sites in Honan (BMFEA, 19, 1947).*
— *Symbolism in the Prehistoric Painted Ceramics of China (BMFEA,
  1, 1929).*
— *Researches into the Prehistory of China (BMFEA, 1943).*
ARNE (T. J.), *Painted Stone-Age Pottery from the Province of Honan,
  China*, Pekin, 1934. *Geological Survey of China.*
BALAZS (E.), *La crise Sociale et la Philosophie Politique à la fin des Han
  (TP, 1949-50).*
BALAZS (E.), etc., *Aspects de la Chine*, Paris, 1959.
BACHHOFER (L.), *A Short History of Chinese Art*, Londres, 1944.
— *The Evolution of Shang and Early Chou Bronzes (BA, Juin 1944,
  107-16).*
BECKER (B.), *Music in the Life of Ancient China*, Chicago, 1957.
BEASLEY & PULLEYBLANK, *Historians of China and Japan*, Londres, 1961.
BIELENSTEIN (H.), *The Restoration of the Han Dynasty (BMFEA, XXVI
  (1954) XXXI (1959).*
BISHOP (C. W.), *Chronology of Ancient China (JAOS, 52, 232).*
— *Beginnings of Civilization in Eastern Asia (AQ, 1940).*
BLAKNEY (R. B.), *The Way of Life, A new Translation of the Tao te ching,*
  New York, 1955.
BODDE (D.), *The Chinese Cosmic Magic known as « Watching for the
  Ethers »*, Copenhague (*SSE*, 1959).
BULLING (A.), *Descriptive Representations in the Art of the Ch'in and
  Han Period*, Cambridge, 1949.
— *Umbrella Motifs in the Decoration of Chou and Han Metal Mirrors,*
  Cambridge, 1954.
— *The Meaning of China's most Ancient Art. An Interpretation of Pot-
  tery Patterns from Kansu and their Development in the Shang, Chou
  and Han Periods*, Leyde, 1952.
— *The Decoration of some Mirrors of the Chou and Han Periods (AA,
  1955, 18, 20).*
— *The Decoration of Mirrors of the Han Period (AA, Ascona, 1960).*
— *A Bronze Cart of Chou or Han (ORA, 1955).*
BURFORD (A.), *Heavy Transport in Classical Antiquity (EHR, 1960).*

CABLE (M.) et FRENCH (F.), *China, her Life and her People*, Londres, 1946.

CHANG (C.), *The Development of Neo-Confucian Thought*. Préface de A. W. Hummel, New York, 1957.

CHANG KWANG-CHIH, *The Archaeology of Ancient China*, Yale, 1953.

CHANG YU-CHE, *Chang Hêng, Astronomer* (*PC*, 1956).

CHATLEY (H.), *The Development of Mechanisms in Ancient China* (*TNS*, 1942, 22, 117).

— *The Origin and Diffusion of Chinese Culture*, Londres, 1947.

CHENG TE-K'UN, *Travels of the Emperor Mu* (*JRAS/NCB*, 64-65).

— *Archaeology in China* (Cambridge). Vol. 1 : *Prehistoric China*, 1959; vol. 2: *Shang China*, 1960; vol. 3: *Chou China*, 1963; vol. 4: *Han China*, non encore paru.

— *The Carving of Jade in the Shang Period* (*Tr. OCS*, 1954-5).

CHESNEAUX (J.) et NEEDHAM (J.), *La Science en Chine, in* Histoire Générale des Sciences, publiée sous la direction de R. Taton, Paris, 1958.

CHIANG SHAO-YUAN, *Le Voyage dans la Chine Ancienne, considéré principalement sous son Aspect Magique et Religieux*, Changhai, 1937.

CHIANG YEE, *Chinese Calligraphy*, Londres, 1958.

COHN (W.), *Chinese Painting*, Londres, 1948.

COMBRIDGE (J. H.), *The Celestial Balance, A Pratical Reconstruction* (*HORJ*, 1962).

GREEL (H. G.), *Confucius, the Man and the Myth*, New York, 1949.

— *Bronze Inscriptions of the Western Chou Dynasts as Historical Documents* (*JAOS*, 1936).

— *Studies in Early Chou Culture*, Baltimore, 1937.

CHANG CH'I-YUN, *A Life of Confucius*, Taipei, 1954.

COHEN et MEILLET, *Les Langues du Monde*. Nouvelle édition, Paris, 1952. (Chapitre concernant le chinois et les langues sino-tibétaines rédigé par Henri Maspero).

(CONFUCIUS)

— *Gedanken und Gespräche des Konfuzius : Lun-yu. Aus dem chinesischen Urtext neu übertragen und eingeleitet von Hans O. H. Stange*, Munich, 1953.

— *Kung-fu-tse. Worte der Weisheit. Lun-yu. Die Diskussionsreden Meister Kung's mit seinen Schülern. Uebertragen und erläutert von Haymo Kremsmayer*, Vienne, 1954.

— *The Sayings of Confucius, A New Translation by James R. Ware*, New York, 1955.

CRESSEY (G. B.), *Land of the 500 millions*, New York, 1955.

CROSSLEY-HOLLAND (P. C.), *Non-Western Music. In The pelican history of Music*, vol. 1: *Ancient Forms to Polyphony*, Londres, 1960.

DEHERGNE (J.), *Bibliographie de quelques Industries Chinoises. Techniques Artisanales en Histoire Ancienne* (*BUA*, 1949).

DEMIÉVILLE (P.), *Anthologie de la Poésie Chinoise Classique*, Paris, 1962.

DEBNICHI (A.), *The Chu-Shu-Chi-Nien, As A Source of the Social History of Ancient China*, Varsovie, 1956.

DEWALL (M. von), *Pferd und Wagen im frühen China. Aufschlüsse zur Kulturgeschichte aus der « Shih Ching ». Dichtung und Bodenfunden der Shang-und frühen Chou-Zeit*, Sarrebruck, 1962.

DORE (H.), *Recherches sur les Superstitions de la Chine*, Changhai, 1914-1929.

DUYVENDAK (J. J. L.), *Tao Tê Ching, The Book of the Way and Its Virtue*, Londres, 1954.

EBERHARD (W.), *The Formation of Chinese Civilisation, According to Socio-Anthropological Analysis*, In *Sociologus*, 1957.

— *A History of China*, Berkeley, 1950.

— *Chinese Festivals*, New York, 1952.

EBERHARD, *Lokal Kulturen im Alten China*. 2 vol., Leyde et Pékin, 1942.

EICHHORN (W.), *Wang Chia's Shih I Chi* (*ZDMG*, 1952).

ERKES (E.), *Geschichte Chinas, von den Anfängen bis zum Eindringen des ausländischen Kapitals*, Berlin, 1956.

— *Ursprung und Bedeutung der Sklaverei in China* (*AA*, 1937).

— *Das Problem der Sklaverei in China* (*BUSAW/PH*, 1954).

— *Der Hund im Alten China* (*TP*, XXXVII).

FAIRBANK (W.), *A Structural Key to Han Mural Art* (*HJAS*, 1942).

FITZGERALD (C. P.), *China, A Short Cultural History*, Londres, 1935.

FORKE (A.), *Geschichte d. Mittelälterlichen Chinesischen Philosophie*, Hambourg, 1934.

FRANKE (W.), *Die Han-zeitlichen Felsengräber bei Chiating, West-Szechuan* (*SSE*, 1948).

FUNG YU-LAN, *The Spirit of Chinese Philosophy*, Londres, 1947.

— *A History of Chinese Philosophy*, Tr. D. Boddé, Princeton, 1952.

GERNET (J.), *La Chine Ancienne*, Paris, 1964.

GIBSON (H. E.), *Communications in China during the Shang Period* (*CJ*, 1937).

GILES (L.), *A Gallery of Chinese Immortals* (*Hsien*). *Selected Biographies translated from Chinese Sources*, Londres, 1948.

GOODRICH (L. C.), *Short History of the Chinese People*, New York, 1943.

GOODRICH (L. C.) et FENN (H. C.), *A Syllabus of the History of Chinese Civilization and Culture*, New York, 1958.

GOUROU (P.), *L'Asie*, Paris, 1953.

GRAHAM (A. C.), *The Book of Lieh Tzu*, Londres, 1960.

GRANET (M.), *La Religion des Chinois*, Paris, 2ᵉ édit., 1951.

— *La Féodalité Chinoise*, Oslo, 1952.

— *Études Sociologiques sur la Chine*, Paris, 1953.

GRAY (B.), *Early Chinese Pottery and Porcelain*, Londres, 1953.

GRIFFITH (S. B.), *Sun Tzu, The Art of War*, Oxford, 1963.

GROUSSET (R.), *L'Empire des Steppes*, Paris, 1948.

GULIK (R. H. van), *Sexual Life in Ancient China*, Leyde, 1961.

GYLLENSVARD (B.), *Chinese Gold and Silver-Work in the Carl Kempe Collection*, Whashington, 1954.

HANSFORD (S. H.), *Chinese Jade Carving*, Londres, 1950.

HAWKES (D.), *Ch'u Tz'u, The Songs of the South, An Ancient Chinese Anthology*, Oxford, 1959.

HENTZE (C.), *Objets Rituels, Croyances et Dieux de la Chine Antique*, Anvers, 1936.

— *Frühchinesische Bronzen und Kulturdarstellugen*, 2. vol., Anvers, 1937.

HERVOUET (Y.), *Sseu-ma Siang-jou, Un poète de Cour sous les Han*, Paris, 1964.

HOCHSTADTER (W.), *Pottery and Stonewares of Shang, Chou and Han* (*BMFEA*, 1952).

HSIA NAI, *New Archaeological Discoveries* (*CREC*, 1952).

HUCKER (C. O.), *Chinese History. A Bibliography Review*, Washington, 1958.

HSU (C. Y.), *Ancient China in Transition*, Stanford, 1965.

HUGHES (E. R.), *Chinese Philosophy in Classical Times*, Londres, 1942.

HUGHES (E. R.), *The Art of Letters, Lu Chi's Wen Fu, AD. 302. A Translation and Comparative Study*, New York, 1951.

— *Religion in China*, Londres et New York, 1950.

— *Two Chinese Poets* (*Pan Ku and Chang Hêng,*) *Vignettes of Han Life and Thought*, Princeton, 1960.

(I CHING. I GING)
— *The I Ching or Book of Changes. The Richard Wilhelm Translation rendered into English by Cary F. Baynes*, New York, 1950.
— *Das Chinesische Orakelbuch I Ging (von) Bill Behm*, Munich 1955.
KALTENMARK (M.), *Le Lie Sien Tchouan, Biographies Légendaires des Immortels Taoïstes de l'Antiquité*, Paris, 1953.
— *Lao Tseu et le Taoïsme*, Paris, 1965.
— *Religion et Politique dans la Chine des Ts'in et des Han*. In *Diogène* n° 34, Paris, 1961.
KARLBECK (O.), *Anyang Marble Sculptures (BMFEA, 1935)*.
— *Anyang Moulds (BMFEA, 1935)*.
— *Selected Objects from Ancient Shou Chou (BMFEA, 1935)*.
KARLGREN (B.), *Some Fecundity Symbols in Ancient China (BMFEA, 1930)*.
— *Legends and Cults in Ancient China (BMFEA, 1946)*.
— *The Book of Documents (BMFEA, 1945)*.
— *Weapons and Tools of the Yin Dynasty (BMFEA, 1945)*.
— *The Book of Odes, Chinese Text, Transcription and Translation*, Stockholm, 1950.
— *Notes on the Grammar of Early Chinese Bronze Decor (BMFEA, 1951)*
— *The Chinese Language, An Essay on its Nature and History*, New York, 1949.
KATO (Joken), *Religion and Though in Ancient China*, Cambridge, 1953.
KENNEY (E. H.), *A Confucian Notebook*. Préface d'A. Waley, Londres, 1950.
KOO (T. Z.), *Basic Values in Chinese Culture*, Iowa-City, 1950.
KOU PAO-KOH, *Deux Sophistes Chinois : Houei Che et Kong Souen Long*, Paris, 1953.
KRAMERS (R. P.), *K'ung tzu chia yü. The School Sayings of Confucius*, Leyde, 1949.
LANCHESTER (G.), *The Yellow Emperor's South-Pointing Chariot*, Londres, 1947.
LATOURETTE (K. S.), *The Chinese, Their History and Culture*, New York, 3e édit., 1946.
LATTIMORE (O.), *Inner Asian Frontiers of China*, New York, 1951.
LI CHI, *The Beginnings of Chinese Civilization*, Seattle, 1957.
LIN WEN-CH'ING, *The Li Sao, An Elegy on Encountering Sorrows*, Changhai, 1935.
LIN YU-TANG, *The Wisdom of Lao Tzu*, New York, 1948.
LIU WU-CHI, *A Short History of Confucian Philosophy*, Harmondsworth, 1955.
— *Confucius, his Life and Time*, New York, 1955.
LOEHR (M.), *Chinese Bronze Age Weapons*, Ann Arbor, 1956.
LOEWE (M.), *The Han Documents from Chu-Yen*, Londres, 1963.
— *Imperial China*, Londres, 1966.
LUEBKE (A.), *Altchinesische Uhren (DUZ, 1931)*.
— *Chinesische Zeitmesskunde (NUK, 1931)*.
— *Der Himmel der Chinesen*, Leipzig, 1935.
MASPERO (H.), *La Société Chinoise à la Fin des Chang et au début de Tcheou (BEFEO, 1954)*.
— *Mélanges Posthumes sur les Religions et l'Histoire de la Chine*, Vol. 1 : *Les Religions*, Vol. 2 : *Le Taoïsme*, Vol. 3 : *Études Historiques*, Paris, 1950.
— *Les Documents Chinois de la 3e Expédition de Sir Aurel Stein en Asie Centrale*, Londres, 1953.
MAVERICK (L. A.), *Economic Dialogues in Ancient China. Selections from the Kuan-tzu*, Londres, 1954.

MIKAMI (Y.), *The Development of Mathematics in China and Japan*, nouvelle édit., New York, 1961.

MIZUMO (S.), *An Outline of World Archaeology*. Vol. 6 : Eastern Asia II, The Yin-Chou Period, Tokyo, 1958.

— *Bronzes and Jades of Ancient China*, Tokyo, 1959.

MORIKIMI (D.), *Ancient Chinese Myths*, Kyoto, 1944.

MOULE (A. C.) et YETTS (W. P.), *The Rulers of China. Chronological Tables compiled by A. C. Moule, With an Introductory Section on the Earlier Rulers by W. P. Yetts*, Londres, 1957.

NAGASAWA (K.), *Geschichte der Chinesischen Literatur, und ihrer gedanklichen Grundlage*. Traduit du japonais par E. Feifel, Pékin, 1945.

NAITO (T.), *Ancient History of China*, Tokyo, 1944.

NEEDHAM (J.), *Science and Civilization in China*. Vol. 1 à 4, Cambridge, 1945-1965.

— *Science and Society in Ancient China*, Londres, 1947.

— *Remarques relatives à l'Histoire de la Sidérugie Chinoise (AEST* 1956, Mémoire n° 16).

— *An Archaeology study Tour in China*, 1958. *(AQ*, 1959).

OLDENBOURGS, *Abriss der Weltgeschichte*. Vol. 2, Munich, 1954.

PALMGREN (N.), *Kansu Mortuary Urns of the Pan Shan and Ma Chang Groups*, Pékin, 1934. Geological Survey of China.

PEI WEN-CHUNG, *Studies in Chinese Prehistory*, Changhai, 1948.

PERLEBERG (M.), *The Works of Kung-sun Lung-tzu*, Hong Kong, 1952.

PLENDERLEITH (H.), *Technical Notes on Chinese Bronzes (Tr. OCS*, 1938-9).

PICKEN (L.), *Chinese Music*, in Grove's Dictionary of Music and Musicians, Londres, 1954.

READ (B.), *Chinese Materia Medica*, Pékin, de 1931 à 1941.

REISCHAUER (E. O.) et FAIRBANK (J. K.), *East Asia, The Great Tradition*, Boston, 1960.

RICKETT (W. A.), *The Kuan Tzu Book*, Hong Kong, 1966.

RUDOLPH (R. C.), *A Second Century Chinese Illustration of Salt Mining (Isis*, 1952).

RUDOLPH (R. C.) et WEN YU, *Han Tomb Art of West China, A Collection of First and Second-Century Reliefs*, Los Angeles, 1957.

RYGALOFF (A.), *Confucius*, Paris, 1946.

SALMONY (A.), *Archaic Jades from the Sonnenschein Collection*, Chicago, 1952.

SEGALEN (V.), VOISIN, LARTIGUE, *L'Art funéraire à l'Époque des Hans*, Paris, 1935.

SICKMAN (L.) & SOPER (L.), *The Art and Architecture in China*, Londres, 1956.

SIREN (O.), *Chinese Painting, Leading Masters and Principles*. Vol. 1 : *The Pre-Sung Era*, Londres, 1956.

SMITH (C. A. M.), *Chinese Creative Genius (CTE*, 1946).

SOWERBY (A. de C.), *Nature in Chinese Art*. Avec deux appendices concernant les Shang, par H. B. Gibson, New York, 1940.

— *The Horse and Other Beasts of Burden in China (CJ*, 1937).

STANGE (H. O. H.), *Dichtung und Weisheit von Tschuang-tse. Aus dem Chinesischen Text übersetzt*, Wiesbaden, 1954.

SULLIVAN (M.), *An Introduction to Chinese Art*, Londres, 1961.

— *The Birth of Landscape in China*, Berkeley, 1962.

SUN ZEN E-TU et FRANCIS (J.), de *Chinese Social History*. Translations of Selected Studies, Washington, 1956.

SWALLOW (R. W.), *Ancient Chinese Bronze Mirrors*, Pékin, 1937.

SWANN (N. L.), *Food and Money in Ancient China, The Earliest Economic History of China to + 25*, Princeton, 1950.

SYLWAN (V.), *Silk from Yin Dynasty*, (*BMFEA*, 1937).

TJAN TJOE-SOM, *Po Hu T'ung, The Comprehensive Discussions in the White Tiger Hall, A Contribution to the History of Classical Studies in the Han Period*, 2 vol., Leyde, 1949-1952.

UMEHARA (S.), *Catalogue Raisonné of Chinese Dated Lacquer Vessels of the Han Dynasty*, Kyoto, 1943.

VANDERMEERSCH (L.), *La Fondation du Légisme*, Paris, 1965.

VANDIER-NICOLAS (N.), *Le Taoïsme*, Paris, 1965.

WALEY (A.), *The Book of Songs*, Londres, 1937.

— *The Way and Its Power, A Study of the Tao tê ching and its Place in Chinese Thought*, Londres, 1934.

— *The Analects of Confucius*, Londres, 1934.

— *The Book of Changes* (*BMFEA*, 1934).

— *Life under Han Dynasty*, History Today, 1953.

— *The Nine Songs. A Study of Shamanism in Ancient China*, Londres, 1955.

WALKER (R. L.), *The Multistate System of Ancient China*, Hamden, 1953.

WALLACKER (B. E.), *The Huai Nan Tzu Book. Behaviour, Culture and the Cosmos*, New Haven, 1962.

WANG LING et NEEDHAM (J.), *Horner's Method in Chinese Mathematics. Its Origins in the Root-Extraction Procedures of the Han Dynasty* (*TP*, 1955).

WATSON (B.), *Records of the Grand Historian of China, translated from the Shih Chi of Ssuma Ch'ien*, 2 vol., New York, 1961.

— *Ssuma Ch'ien Grand Gistorian of China*, New York, 1958.

WATSON (W.), *Archaeology in China*, Londres, 1960.

— *China before the Han Dynasty*, Londres, 1961.

WELCH (H.), *The Parting of the Way. Lao Tzu and the Taoist Movement*, Boston, 1957.

WHITE (W. C.), *Bone Culture of Ancient China*, Toronto, 1945.

— *Bronze Culture of Ancient China*, Toronto, 1956.

WILBUR (C. M.), *Slavery in China during the former Han Dynasty* (*FMNHP/AS*, 1943).

— *Industrial Slavery in China during the former Han Dynasty* (*JEH*, 1943).

WILLETS (W.), *Chinese Art*, Londres, 1958.

WU (G. D.), *Prehistoric Pottery in China*, Londres, 1938.

YANG (K. P.), *An Outline of the History of Korean Confucianism*, Washington, 1956.

YANG LIENG-SHENG, *Studies in Chinese Institutional History*, Cambridge 1961.

YUAN KANG, *I Ging, Praxis Chinesischer Weissagung. Uebersetzung besagte Fritz Werle*, Munich, 1951.

ZACH (E. von), *Die Chinesische Anthologie. Uebersetzungen aus dem Wên Hsüan*, Cambridge, Mass., 1958.

COMMENTAIRES

CHANG KWANG-CHIH, *The archaeology of ancient China* (1953).

L'auteur a une vue originale des périodes et de l'évolution des cultures préhistoriques en Chine.

CHENG TE K'UN, *Archaeology in China*, 4 vol., dont 3 parus :

Vol. 1 : *Prehistoric China* (1959). Vol. 2 : *Shang China* (1960). vol. 3 : *Chou China* (1963).

Attaché à rendre le développement humain en Chine, l'auteur ne s'est pas borné à la Chine seule, mais a tenu compte également des

problèmes posés par les pays et les peuples périphériques. Clair,
écrit dans une langue accessible, cet ouvrage est fondamental.

DUYVENDAK (J. J. L.), *Tao Tê Ching, The Book of the Way and Its Virtue.*
(1954).
> Traduction complète, fondée sur une analyse philologique. L'auteur
> a voulu donner de l'œuvre de Lao Tseu une interprétation ration-
> nelle. Bien annoté.

FUNG YU LAN, *A History of Chinese Philosophy* (1952).
> Cette histoire de la Philosophie chinoise, traduite en anglais par
> Derk Bodde, est une des plus réputées. C'est un ouvrage de référence
> très fréquemment cité.

KALGREN (B.), Toute l'œuvre, et spécialement ici : *The Book of Documents* (1945) et *The Book of Odes* (1950).
> Karlgren est l'un de ceux qui ont le plus fait pour les études sino-
> logiques. Ses traductions du « Livre des Documents » et du
> « Livre des Odes » sont complètes et font autorité.

MASPERO (H.), *La Société Chinoise à la fin des Chang et au début des
Tcheou* (1954). *Mélanges posthumes sur les Religions et l'Histoire de
la Chine,* (1950).
> Il y aurait trop à dire sur l'œuvre de Maspero et nous renvoyons
> à ce sujet à la préface d'Eugène Cavaignac pour la réédition de *La
> Chine antique* (1955). Les articles posthumes indiqués ci-dessus sont
> des examens critiques concernant la Société, l'Histoire et les Religions
> de la Chine antique. Le vol. 2 des *Mélanges* est consacré au Taoïsme.

NEEDHAM (J.), *Science and Civilization in China,* vol. 1 à 4, parus de 1945
à 1965.
> Relations et échanges de la Chine et du reste du Monde au niveau
> scientifique, technique, industriel. C'est là un travail neuf et véri-
> tablement monumental dont le dessein est d'inciter le lecteur à
> reconsidérer la place de la Science dans la culture de la Chine anti-
> que et médiévale.

SIREN (O.), *Chinese Painting. Leading Masters and Principles.* Vol. 1 :
The Pre-Sung Era (1956).
> Siren est actuellement un spécialiste renommé de l'Art chinois.
> L'ouvrage mentionné ici est une étude remarquable sur la peinture,
> accompagnée de plus de 1400 notices biographiques.

WALEY (A.), *The Book of Songs* (1937). *The Way and Its Power* (1934).
The Analects of Confucius (1934). *The Book of Changes* (1934). *Life
under the Han Dynasty* (1953). *The Nine Songs* (1955). etc...
> Ce n'est pas seulement grâce à ses dons d'universitaire et de lin-
> guiste qu'Arthur Waley réussit à rendre de façon vivante en langue
> anglaise les classiques de l'Extrême-Orient. Il possédait en outre
> le talent et l'imagination d'un véritable poète. R. Mortimer a dit
> de lui : « Nobody... has ever transformed foreign verse into better
> English poetry. »

WATSON (B.), *Ssuma Ch'ien Grand Historian of China* (1958).
> Burton Watson, par ses traductions des *Mémoires Historiques* de
> Se-ma Ts'ien se trouve être le continuateur de Chavannes, le pre-
> mier traducteur du « Che ki ».

WILLETS (W.), *Chinese Art* (1958).
> Étude bien documentée sur l'Art de la Chine dans son ensemble.

Jeanne-Marie BOCH-PUYRAIMOND.

Index

Z

Table des matières

OUVRAGES DE MARCEL GRANET

Fêtes et Chansons anciennes de la Chine, Paris, 1919 ; rééd. 1982, Albin Michel.

La Religion des Chinois, Paris, 1922 ; rééd. 1980, Payot.

Danses et Légendes de la Chine ancienne, Paris, 1926 ; rééd. 1959, P.U.F. ; 1982, Les Introuvables.

La Civilisation chinoise, Paris, 1929, Albin Michel ; rééd. en format de poche, Paris, 1968 ; format semi-poche, 1994.

Études sociologiques sur la Chine, Paris, P.U.F., 1953.

Henri-Jean Martin, *Histoire et pouvoirs de l'écrit*.

Robert Mauzi, *L'Idée du bonheur dans la littérature et la pensée françaises au XVIII⁰ siècle*.

Ignace Meyerson, *Les Fonctions psychologiques et les œuvres* ; postface de Riccardo Di Donato.

Alain Michel, *La Parole et la Beauté. Rhétorique et esthétique dans la tradition occidentale*.

Émile Poulat, *Histoire, dogme et critique dans la crise moderniste* ; postface d'Alphonse Dupront.

Jacques Proust, *Diderot et l'Encyclopédie*.

Philippe Sellier, *Pascal et saint Augustin*.

George Steiner, *Après Babel. Une poétique du dire et de la traduction*.

Roger Zuber, *Les « Belles Infidèles » et la formation du goût classique* ; postface d'Emmanuel Bury.

Cet ouvrage a été achevé d'imprimer en février 1999
dans les ateliers de Normandie Roto Impression s.a.
61250 Lonrai

N° d'édition : 17532
N° d'impression : 990205
Dépôt légal : mars 1999

Imprimé en France